*Chers lecteurs,*

*Au moment où vous allez vous plonger dans ce roman, je voudrais rendre hommage à mon éditeur, Bernard de Fallois, qui nous a quittés en janvier 2018.*

*C'était un homme hors du commun, doté d'un sens exceptionnel de l'édition. Je lui dois tout. Il a été la chance de ma vie. Il me manquera terriblement.*

*Lisons !*

OUVRAGES DE JOËL DICKER

*Les Derniers Jours de nos pères*, roman, Éditions de Fallois/L'Âge d'Homme, 2012, Prix des écrivains genevois 2010, Mention spéciale du Prix Erwan Bergot 2012; *Éditions de Fallois/Poche, 2015.*

*La Vérité sur l'Affaire Harry Quebert*, roman, Éditions de Fallois/L'Âge d'Homme, 2012, Prix de la Vocation Bleustein-Blanchet, Grand Prix du Roman de l'Académie française, 25e Prix Goncourt des Lycéens 2012; *Éditions de Fallois/Poche, 2014.*

*Le Livre des Baltimore*, roman, Éditions de Fallois, 2015; *Éditions de Fallois/Poche, 2017.*

*La Disparition de Stephanie Mailer*, roman, Éditions de Fallois, 2018; *Éditions de Fallois/Poche, 2019.*

*Le Tigre*, conte, Éditions de Fallois, 2019.

*www.joeldicker.com*

JOËL DICKER

# La Disparition de Stephanie Mailer

*– ROMAN –*

Éditions de Fallois
PARIS

22, rue La Boétie, 75008 Paris
ISBN 979-10-321-0223-7
ISSN 2273-7561 – *N° 4*

*Pour Constance*

## *À propos des évènements du 30 juillet 1994*

Seuls les gens familiers avec la région des Hamptons, dans l'État de New York, ont eu vent de ce qui se passa le 30 juillet 1994 à Orphea, petite ville balnéaire huppée du bord de l'océan.

Ce soir-là, Orphea inaugurait son tout premier festival de théâtre, et la manifestation, de portée nationale, avait drainé un public important. Dès la fin de l'après-midi, les touristes et la population locale avaient commencé à se masser sur la rue principale pour assister aux nombreuses festivités organisées par la mairie. Les quartiers résidentiels s'étaient vidés de leurs habitants, au point de prendre des allures de ville fantôme : plus de promeneurs sur les trottoirs, plus de couples sous les porches, plus d'enfants en patins à roulettes dans la rue, personne dans les jardins. Tout le monde était dans la rue principale.

Vers 20 heures, dans le quartier totalement déserté de Penfield, la seule trace de vie était une voiture qui sillonnait lentement les rues abandonnées. Au volant, un homme scrutait les trottoirs, avec des lueurs de panique dans le regard. Il ne s'était jamais senti aussi seul au monde. Personne pour l'aider. Il ne savait plus quoi faire. Il cherchait désespérément sa femme : elle était partie courir et n'était jamais revenue.

Samuel et Meghan Padalin faisaient partie des rares habitants à avoir décidé de rester chez eux en ce premier soir de festival. Ils n'avaient pas réussi à obtenir de tickets pour la pièce d'ouverture, dont la billetterie avait été prise d'assaut, et ils n'avaient éprouvé aucun intérêt à aller se mêler aux festivités populaires de la rue principale et de la marina.

À la fin de la journée, Meghan était partie, comme tous les jours, aux alentours de 18 heures 30, pour faire son jogging. En dehors du dimanche, jour pendant lequel elle octroyait à son corps un peu de repos, elle effectuait la même boucle tous les soirs de la semaine. Elle partait de chez elle et remontait la rue Penfield jusqu'à Penfield Crescent, qui formait un demi-cercle autour d'un petit parc. Elle s'y arrêtait pour s'adonner à une série d'exercices sur le gazon – toujours les mêmes – puis retournait chez elle par le même chemin. Son tour prenait trois quarts d'heure exactement. Parfois cinquante minutes si elle avait prolongé ses exercices. Jamais plus.

À 19 heures 30, Samuel Padalin avait trouvé étrange que sa femme ne soit toujours pas rentrée.

À 19 heures 45, il avait commencé à s'inquiéter.

À 20 heures, il faisait les cent pas dans le salon.

À 20 heures 10, n'y tenant plus, il avait finalement pris sa voiture pour parcourir le quartier. Il lui sembla que la façon la plus logique de procéder était de remonter le fil de la course habituelle de Meghan. C'est donc ce qu'il fit.

Il s'engagea sur la rue Penfield, et remonta jusqu'à Penfield Crescent, où il bifurqua. Il était 20 heures 20. Pas âme qui vive. Il s'arrêta un instant pour observer le parc mais n'y vit personne. C'est en redémarrant qu'il aperçut une forme sur le trottoir. Il crut d'abord à un amas de vêtements. Avant de comprendre qu'il s'agissait d'un corps. Il se précipita hors de sa voiture, le cœur battant : c'était sa femme.

À la police, Samuel Padalin dira avoir d'abord cru à un malaise, à cause de la chaleur. Il avait craint une crise cardiaque. Mais en s'approchant de Meghan, il avait vu le sang et le trou à l'arrière de son crâne.

Il se mit à hurler, à appeler à l'aide, ne sachant pas s'il devait rester près de sa femme ou courir frapper aux portes des maisons pour que quelqu'un prévienne les secours. Sa vision était trouble, il avait l'impression que ses jambes ne le portaient plus. Ses cris finirent par alerter un habitant d'une rue parallèle, qui prévint les secours.

Quelques minutes plus tard, la police bouclait le quartier.

C'est l'un des premiers agents arrivés sur place qui, au moment d'établir le périmètre de sécurité, remarqua que la porte de la maison du maire de la ville, à proximité directe du corps de Meghan, était entrouverte. Il s'en approcha, intrigué. Il constata que la porte avait été défoncée. Il dégaina son arme, monta d'un bond les marches du perron et s'annonça. Il n'obtint aucune réponse. Il poussa la porte du bout du pied et vit un cadavre de femme, gisant dans le couloir. Il appela aussitôt des renforts, avant de progresser lentement dans la maison, son arme à la main. À sa droite, dans un petit salon, il découvrit avec horreur le corps d'un garçon. Puis, dans la cuisine, il trouva le maire, baignant dans son sang, assassiné également.

Toute la famille avait été massacrée.

*Première Partie*

# Dans les abysses

-7

# Disparition d’une journaliste

---

LUNDI 23 JUIN - MARDI 1$^{er}$ JUILLET 2014

## JESSE ROSENBERG

### *Lundi 23 juin 2014*

*33 jours avant la première du 21e festival de théâtre d'Orphea*

La première et dernière fois que je vis Stephanie Mailer fut lorsqu'elle s'incrusta à la petite réception organisée en l'honneur de mon départ de la police d'État de New York.

Ce jour-là, une foule de policiers de toutes les brigades s'était réunie sous le soleil de midi, face à l'estrade en bois qu'on dressait pour les grandes occasions sur le parking du centre régional de la police d'État. Je me tenais dessus, à côté de mon supérieur, le major McKenna, qui m'avait dirigé tout au long de ma carrière, et me rendait un hommage appuyé.

« Jesse Rosenberg est un jeune capitaine de police, mais il est visiblement très pressé de partir, dit le major, déclenchant les rires de l'assemblée. Je n'aurais jamais imaginé qu'il s'en aille avant moi. La vie est quand même mal faite : tout le monde voudrait que je parte, mais je suis toujours là, et tout le monde voudrait garder Jesse, mais Jesse s'en va. »

J'avais 45 ans et je quittais la police serein et heureux. Après vingt-trois années de service, j'avais décidé de prendre la pension à laquelle j'avais désormais droit afin de mener à bien un projet qui me tenait à cœur depuis très longtemps. Il me restait encore une semaine de travail jusqu'au 30 juin. Après cela, un nouveau chapitre de ma vie s'ouvrirait.

«Je me souviens de la première grosse affaire de Jesse, poursuivit le major. Un quadruple meurtre épouvantable, qu'il avait brillamment résolu, alors que personne dans la brigade ne l'en croyait capable. C'était encore un tout jeune policier. À partir de ce moment-là tout le monde a compris de quelle trempe était Jesse. Tous ceux qui l'ont côtoyé savent qu'il a été un enquêteur hors pair, je crois pouvoir dire qu'il a même été le meilleur d'entre nous. Nous l'avons baptisé *capitaine 100 %* pour avoir résolu toutes les enquêtes auxquelles il a participé, ce qui fait de lui un enquêteur unique. Policier admiré de ses collègues, expert consulté et instructeur de l'académie pendant de longues années. Laisse-moi te dire, Jesse: ça fait vingt ans que nous sommes tous jaloux de toi!»

L'assemblée éclata de rire à nouveau.

«Nous n'avons pas très bien compris quel est ce nouveau projet qui t'attend, Jesse, mais nous te souhaitons bonne chance dans cette entreprise. Sache que tu nous manqueras, tu manqueras à la police, mais surtout tu manqueras à nos femmes qui passaient les kermesses de la police à te dévorer des yeux.»

Un tonnerre d'applaudissements salua le discours. Le major me donna une accolade amicale puis je descendis de la scène pour aller saluer tous ceux qui m'avaient fait l'amitié d'être présents, avant qu'ils ne se précipitent sur le buffet.

Me retrouvant seul un instant, je fus alors abordé par une très jolie femme, dans la trentaine, que je ne me souvenais pas d'avoir jamais vue.

— C'est donc vous le fameux *capitaine 100 %* ? me demanda-t-elle d'un ton charmeur.

— Il paraît, répondis-je en souriant. Est-ce qu'on se connaît ?

— Non. Je m'appelle Stephanie Mailer. Je suis journaliste pour l'*Orphea Chronicle*.

Nous échangeâmes une poignée de main. Stephanie me dit alors :

— Ça vous dérange si je vous appelle *capitaine 99 %* ?

Je fronçai les sourcils :

— Est-ce que vous insinueriez que je n'ai pas résolu l'une de mes enquêtes ?

Pour toute réponse, elle sortit de son sac la photocopie d'une coupure de presse de l'*Orphea Chronicle* datant du 1er août 1994 et me la tendit :

*QUADRUPLE MEURTRE À ORPHEA :*
*LE MAIRE ET SA FAMILLE ASSASSINÉS*

*Samedi soir, le maire d'Orphea, Joseph Gordon, sa femme, ainsi que leur jeune fils de 10 ans ont été abattus chez eux. La quatrième victime se prénomme Meghan Padalin, 32 ans. La jeune femme, qui faisait son jogging au moment des faits, a sans doute été le témoin malheureux de la scène. Elle a été tuée par balles en pleine rue devant la maison du maire.*

Illustrant l'article, il y avait une photo de moi et de mon coéquipier de l'époque, Derek Scott, sur les lieux du crime.

— Où voulez-vous en venir ? lui demandai-je.

— Vous n'avez pas résolu cette affaire, capitaine.

— Qu'est-ce que vous racontez ?

— En 1994, vous vous êtes trompé de coupable. Je pensais que vous voudriez le savoir avant de quitter la police.

Je crus d'abord à une mauvaise plaisanterie de mes collègues, avant de comprendre que Stephanie était très sérieuse.

— Est-ce que vous menez votre propre enquête ? l'interrogeai-je.

— En quelque sorte, capitaine.

— *En quelque sorte* ? Il va falloir m'en dire plus si vous voulez que je vous croie.

— Je dis la vérité, capitaine. J'ai un rendez-vous tout à l'heure qui devrait me permettre d'obtenir une preuve irréfutable.

— Rendez-vous avec qui ?

— Capitaine, me dit-elle d'un ton amusé, je ne suis pas une débutante. C'est le genre de scoop qu'un journaliste ne veut pas risquer de perdre. Je promets de partager mes découvertes avec vous dès que ce sera le moment. En attendant, j'ai une faveur à vous demander : pouvoir accéder au dossier de la police d'État.

— Vous appelez ça une faveur, moi du chantage ! lui rétorquai-je. Commencez par me montrer votre enquête, Stephanie. Ce sont des allégations très graves.

— J'en suis consciente, capitaine Rosenberg. Et justement, je n'ai pas envie de me faire doubler par la police d'État.

— Je vous rappelle que vous avez le devoir de partager toutes les informations sensibles en votre possession avec la police. C'est la loi. Je pourrais aussi venir perquisitionner votre journal.

Stephanie sembla déçue de ma réaction.

— Tant pis, *capitaine 99 %*, dit-elle. J'imaginais que cela vous intéresserait, mais vous devez déjà penser à votre retraite et à ce nouveau projet dont votre major a parlé dans son discours. De quoi s'agit-il ? Retaper un vieux bateau ?

— Ça ne vous regarde pas, répondis-je sèchement.

Elle haussa les épaules, fit mine de partir. J'étais certain qu'elle bluffait et, effectivement, elle s'arrêta après quelques pas et se tourna vers moi :

— La réponse était juste sous vos yeux, capitaine Rosenberg. Vous ne l'avez simplement pas vue.

J'étais à la fois intrigué et agacé.

— Je ne suis pas sûr de vous suivre, Stephanie.

Elle leva alors sa main et la plaça à hauteur de mes yeux.

— Que voyez-vous, capitaine ?

— Votre main.

— Je vous montrais mes doigts, corrigea-t-elle.

— Mais moi je vois votre main, rétorquai-je sans comprendre.

— C'est bien le problème, me dit-elle. Vous avez vu ce que vous vouliez voir, et non pas ce que l'on vous montrait. C'est ce que vous avez raté il y a vingt ans.

Ce furent ses dernières paroles. Elle s'en alla, me laissant avec son énigme, sa carte de visite et la photocopie de l'article.

Avisant au buffet Derek Scott, mon ancien coéquipier qui végétait aujourd'hui au sein de la brigade administrative, je m'empressai de le rejoindre et lui montrai la coupure de presse.

— T'as toujours la même tête, Jesse, me dit-il en souriant, s'amusant de retrouver cette vieille archive. Que te voulait cette fille ?

— C'est une journaliste. Selon elle, on s'est planté en 1994. Elle affirme qu'on est passé à côté de l'enquête et qu'on s'est trompé de coupable.

— Quoi ? s'étrangla Derek, mais c'est insensé.

— Je sais.

— Qu'a-t-elle dit exactement ?

— Que la réponse se trouvait sous nos yeux et qu'on ne l'a pas vue.

Derek resta perplexe. Il semblait troublé lui aussi, mais il décida de chasser cette idée de son esprit.

— J'y crois pas un instant, finit-il par maugréer. C'est juste une journaliste de seconde zone qui veut se faire de la pub à bon compte.

— Peut-être, répondis-je, songeur. Peut-être pas.

Balayant le parking du regard, j'aperçus Stephanie qui montait dans sa voiture. Elle me fit signe et me cria : « À bientôt, capitaine Rosenberg. »

Mais il n'y eut pas de « bientôt ».

Parce que ce jour-là fut le jour de sa disparition.

## *DEREK SCOTT*

Je me souviens du jour où toute cette affaire a commencé. C'était le samedi 30 juillet 1994.

Ce soir-là, Jesse et moi étions de service. Nous nous étions arrêtés pour dîner au *Blue Lagoon*, un restaurant à la mode où Darla et Natasha travaillaient comme serveuses.

À cette époque, Jesse était en couple avec Natasha depuis des années déjà. Darla était l'une de ses meilleures amies. Elles projetaient toutes les deux d'ouvrir un restaurant ensemble et consacraient leurs journées à ce projet: elles avaient trouvé un lieu et se chargeaient à présent d'obtenir les autorisations de travaux. Le soir et le week-end, elles assuraient le service au *Blue Lagoon*, mettant de côté la moitié de ce qu'elles gagnaient pour le réinvestir dans leur futur établissement.

Au *Blue Lagoon*, elles se seraient bien vues assurer la gérance, ou travailler en cuisine, mais le propriétaire des lieux leur disait: « Avec votre jolie petite tête et votre joli petit cul, votre place est en salle. Et ne vous plaignez pas, vous vous faites bien plus en pourboires que ce que vous gagneriez en cuisine. » Sur ce dernier point, il n'avait pas tort: de nombreux clients venaient au *Blue Lagoon* uniquement pour être servis par elles. Elles étaient belles, douces, souriantes. Elles avaient tout pour elles. Il ne faisait aucun doute que leur restaurant connaîtrait un succès retentissant et tout le monde en parlait déjà.

Darla était célibataire. Et j'avoue que depuis que je l'avais rencontrée je ne pensais qu'à elle. Je bassinais Jesse pour aller au *Blue Lagoon* lorsque Natasha et Darla s'y trouvaient, pour prendre un café avec elles. Et quand elles se réunissaient chez Jesse pour travailler sur leur projet de restaurant, je m'incrustais pour faire un numéro de charme à Darla, qui ne marchait qu'à moitié.

Vers 20 heures 30, ce fameux soir du 30 juillet, Jesse et moi dînions au bar tout en échangeant gaiement quelques mots avec Natasha et Darla qui nous tournaient autour. Soudain mon bip et celui de Jesse se mirent à sonner simultanément. Nous nous dévisageâmes l'un l'autre d'un air inquiet.

— Pour que vos deux bips sonnent en même temps, ça doit être grave, releva Natasha.

Elle nous désigna la cabine téléphonique du restaurant ainsi qu'un combiné sur le comptoir. Jesse se dirigea vers la cabine, j'optai pour le comptoir. Nos deux appels furent brefs.

— On a un appel général pour un quadruple meurtre, expliquai-je à Natasha et Darla après avoir raccroché, me précipitant vers la porte.

Jesse était en train d'enfiler sa veste.

— Grouille-toi, le tançai-je. La première unité de la brigade criminelle qui sera sur les lieux aura l'enquête.

Nous étions jeunes et ambitieux. C'était là l'opportunité de notre première enquête d'importance ensemble. J'étais un policier plus expérimenté que Jesse et j'avais déjà le grade de sergent. Ma hiérarchie m'appréciait énormément. Tout le monde disait que j'allais faire une carrière de grand flic.

Nous courûmes dans la rue jusqu'à la voiture et nous engouffrâmes dans l'habitacle, moi côté conducteur, Jesse côté passager.

Je démarrai en trombe et Jesse ramassa le gyrophare posé sur le plancher. Il l'enclencha et le posa, par la fenêtre ouverte, sur le toit de notre voiture banalisée, illuminant la nuit d'un éclat rouge.

C'est ainsi que tout commença.

## JESSE ROSENBERG

*Jeudi 26 juin 2014*

*30 jours avant la première*

J'avais imaginé que je passerais ma dernière semaine au sein de la police à flâner dans les couloirs et à boire des cafés avec mes collègues pour leur faire mes adieux. Mais depuis trois jours, j'étais enfermé dans mon bureau du matin au soir, plongé dans le dossier d'enquête du quadruple meurtre de 1994, que j'avais ressorti des archives. La visite de cette Stephanie Mailer m'avait ébranlé : je ne pouvais penser à rien d'autre qu'à cet article, et à cette phrase qu'elle avait prononcée : « La réponse était juste sous vos yeux. Vous ne l'avez simplement pas vue. »

Mais il me semblait que nous avions tout vu. Plus je ressassais le dossier, plus je me confortais dans l'idée qu'il s'agissait de l'une des plus solides enquêtes que j'aie menées dans ma carrière : tous les éléments étaient là, les preuves contre l'homme considéré comme le meurtrier étaient accablantes. Derek et moi avions travaillé avec un sérieux et une minutie implacables. Je ne trouvais pas la moindre faille. Comment aurions-nous donc pu nous tromper de coupable ?

Cet après-midi-là, Derek, justement, débarqua dans mon bureau.

— Qu'est-ce que tu fabriques, Jesse ? Tout le monde t'attend à la cafétéria. Les collègues du secrétariat t'ont fait un gâteau.

— J'arrive, Derek, désolé, j'ai un peu la tête ailleurs.

Il regarda les documents éparpillés sur mon bureau, en attrapa un et s'écria :

— Ah non, ne me dis pas que tu gobes les conneries de cette journaliste ?

— Derek, je voudrais juste m'assurer que…

Il ne me laissa pas finir ma phrase :

— Jesse, le dossier était béton ! Tu le sais aussi bien que moi. Allez, viens, tout le monde t'attend.

J'acquiesçai.

— Donne-moi une minute, Derek. J'arrive.

Il soupira et sortit de mon bureau. J'attrapai la carte de visite posée devant moi et composai le numéro de Stephanie. Son téléphone était éteint. J'avais déjà essayé de l'appeler la veille, sans succès. Elle-même ne m'avait pas recontacté depuis notre rencontre de lundi et je décidai de ne pas insister davantage. Elle savait où me trouver. Je finis par me dire que Derek avait raison : rien ne permettait de douter des conclusions de l'enquête de 1994, et c'est l'esprit apaisé que je rejoignis mes collègues à la cafétéria.

Mais en remontant dans mon bureau, une heure plus tard, je trouvai un fax de la police d'État de Riverdale, dans les Hamptons, qui annonçait la disparition d'une jeune femme : Stephanie Mailer, 32 ans, journaliste. Sans nouvelles d'elle depuis lundi.

Mon sang ne fit qu'un tour. J'arrachai la page de la machine et me ruai sur le téléphone pour contacter le poste de Riverdale. À l'autre bout du fil, un policier m'expliqua que les parents de Stephanie Mailer étaient venus en début d'après-midi, inquiets que leur fille ne se soit pas manifestée depuis lundi.

— Pourquoi les parents ont-ils directement contacté la police d'État et pas la police locale? demandai-je.

— Ils l'ont fait, mais la police locale n'a apparemment pas pris l'affaire au sérieux. Du coup, je me suis dit qu'il valait mieux faire remonter ça directement à la brigade des crimes majeurs. Ce n'est peut-être rien, mais je préférais vous donner l'information.

— Vous avez bien fait. Je m'en occupe.

La mère de Stephanie, à qui je téléphonai aussitôt, me fit part de sa plus grande inquiétude. Son dernier échange avec sa fille datait de lundi matin. Depuis, plus rien. Son portable était coupé. Aucune des amies de Stephanie n'avait pu la joindre non plus. Elle avait fini par se rendre à l'appartement de sa fille avec la police locale, mais il n'y avait personne.

J'allai immédiatement trouver Derek dans son bureau de la brigade administrative.

— Stephanie Mailer, lui dis-je, la journaliste qui est venue ici lundi, a disparu.

— Qu'est-ce que tu me racontes, Jesse?

Je lui tendis l'avis de disparition.

— Regarde toi-même. Il faut aller à Orphea. Il faut aller voir ce qui se passe. Tout ça ne peut pas être une coïncidence.

Il soupira:

— Jesse, tu n'es pas censé quitter la police?

— Dans quatre jours seulement. Je suis encore flic pendant quatre jours. Lundi, quand je l'ai vue, Stephanie disait avoir un rendez-vous qui allait lui apporter les éléments manquant à son dossier…

— Laisse l'affaire à l'un de tes collègues, me suggéra-t-il.

— Hors de question ! Derek, cette fille m'a assuré qu'en 1994…

Il ne me laissa pas terminer ma phrase :

— On a bouclé l'enquête, Jesse ! C'est du passé ! Qu'est-ce qui te prend tout d'un coup ? Pourquoi veux-tu à tout prix te replonger là-dedans ? Tu as vraiment envie de revivre tout ça ?

Je regrettai son manque de soutien.

— Alors, tu ne veux pas venir à Orphea avec moi ?

— Non, Jesse. Désolé. Je crois que tu délires complètement.

C'est donc seul que je me rendis à Orphea, vingt ans après y avoir mis les pieds pour la dernière fois. Depuis le quadruple meurtre.

Il fallait compter une heure de route depuis le centre régional de la police d'État, mais pour gagner du temps, je m'affranchis des limitations de vitesse en enclenchant la sirène et les gyrophares de mon véhicule banalisé. Je pris l'autoroute 27 jusqu'à la bifurcation vers Riverhead, puis la 25 en direction du nord-ouest. La route, dans le dernier tronçon, traversait une nature somptueuse, entre forêt luxuriante et étangs parsemés de nénuphars. J'atteignis bientôt la route 17, longiligne et déserte, qui rejoignait Orphea et sur laquelle je filai comme une flèche. Un immense panneau routier m'annonça bientôt que j'étais arrivé.

BIENVENUE À ORPHEA, NEW YORK.

*Festival national de théâtre, 26 juillet - 9 août*

Il était 17 heures. Je pénétrai dans la rue principale, verdoyante et colorée. Je vis défiler les restaurants, les terrasses et les boutiques. L'ambiance était paisible et vacancière. À l'approche des festivités du 4 Juillet[1], les lampadaires avaient été ornés de bannières étoilées, et des panneaux annonçaient un feu d'artifice pour le soir de la fête nationale. Le long de la marina bordée de massifs de fleurs et de buissons taillés, des promeneurs flânaient entre les cabanons proposant des tours d'observation des baleines et ceux des loueurs de vélos. Cette ville semblait sortie tout droit d'un décor de film.

Mon premier arrêt fut au poste de la police locale.

Le chef Ron Gulliver, qui dirigeait la police d'Orphea, me reçut dans son bureau. Je n'eus pas besoin de lui rappeler que nous nous étions déjà rencontrés vingt ans plus tôt : il se souvenait de moi.

— Vous n'avez pas changé, me dit-il en me secouant la main.

Je ne pouvais pas en dire autant de lui. Il avait mal vieilli et passablement grossi. Bien qu'il ne fût plus l'heure de déjeuner et pas encore celle de dîner, il était en train de manger des spaghettis dans une barquette en plastique. Et tandis que je lui expliquais les raisons de ma venue, il avala la moitié de son plat de façon tout à fait dégoûtante.

— Stephanie Mailer ? s'étonna-t-il, la bouche pleine. Nous avons déjà traité cette affaire. Il ne s'agit pas d'une disparition. Je l'ai expliqué à ses parents qui

---

[1] Jour de la fête nationale américaine.

sont décidément de fichus enquiquineurs. Ils sortent par la porte et ils rentrent par la fenêtre, ceux-là !

— Ce sont peut-être simplement des parents inquiets pour leur fille, lui fis-je remarquer. Ils n'ont pas eu de nouvelles de Stephanie depuis trois jours et disent que c'est très inhabituel. Vous comprendrez que je veuille traiter cela avec la diligence nécessaire.

— Stephanie Mailer a 32 ans, elle fait ce qu'elle veut, non ? Croyez-moi, si j'avais des parents comme les siens, j'aurais moi aussi envie de m'enfuir, capitaine Rosenberg. Vous pouvez être tranquille, Stephanie s'est simplement absentée quelque temps.

— Comment pouvez-vous en avoir la certitude ?

— C'est son patron, le rédacteur en chef de l'*Orphea Chronicle,* qui me l'a dit. Elle lui a envoyé un message sur son portable lundi soir.

— Le soir de sa disparition, relevai-je.

— Mais puisque je vous dis qu'elle n'a pas disparu ! s'agaça le chef Gulliver.

À chacune de ses exclamations, un feu d'artifice *al pomodoro* sortait de sa bouche. Je reculai d'un pas pour éviter que les projections n'atterrissent sur ma chemise immaculée. Gulliver, après avoir dégluti, reprit :

— Mon adjoint a accompagné les parents chez elle. Ils ont ouvert avec leur double de la clé et inspecté : tout était en ordre. Le message reçu par son rédacteur en chef a confirmé qu'il n'y avait aucune raison de s'inquiéter. Stephanie n'a de comptes à rendre à personne. Ce qu'elle fait de sa vie ne nous regarde pas. Quant à nous, nous avons fait notre boulot correctement. Alors, de grâce, ne venez pas me casser les pieds.

— Les parents sont très inquiets, insistai-je, et

avec votre accord, je serais content de vérifier par moi-même que tout va bien.

— Si vous avez du temps à perdre, capitaine, ne vous gênez pas pour moi. Vous n'avez qu'à attendre que mon chef-adjoint, Jasper Montagne, revienne de sa patrouille. C'est lui qui s'est occupé de tout cela.

Quand le sergent-chef Jasper Montagne arriva enfin, je me retrouvai face à une gigantesque armoire à glace, aux muscles saillants et à l'air redoutable. Il m'expliqua qu'il avait accompagné les parents Mailer chez Stephanie. Ils étaient entrés dans son appartement : elle n'y était pas. Rien à signaler. Pas de signe de lutte, rien d'anormal. Montagne avait ensuite inspecté les rues avoisinantes à la recherche de la voiture de Stephanie, en vain. Il avait poussé le zèle jusqu'à appeler les hôpitaux et les postes de police de la région : rien. Stephanie Mailer s'était simplement absentée de chez elle.

Comme je voulais jeter un coup d'œil à l'appartement de Stephanie, il proposa de m'accompagner. Elle habitait sur Bendham Road, une petite rue calme proche de la rue principale, dans un immeuble étroit, bâti sur trois niveaux. Une quincaillerie occupait le rez-de-chaussée, un locataire louait l'appartement unique du premier étage, et Stephanie celui du deuxième.

Je sonnai longuement à la porte de son appartement. Je tambourinai, criai, mais en vain : il n'y avait visiblement personne.

— Vous voyez bien, elle n'est pas là, me dit Montagne.

Je tournai la poignée de la porte : elle était fermée à clé.

— Est-ce qu'on peut entrer ? demandai-je.

— Vous avez la clé ?

— Non.

— Moi non plus. Ce sont les parents qui ont ouvert l'autre jour.

— Donc on ne peut pas entrer ?

— Non. On ne va pas commencer à casser la porte des gens sans raison ! Si vous voulez être tout à fait rassuré, allez au journal local et parlez au rédacteur en chef, il vous montrera le message reçu de Stephanie lundi soir.

— Et le voisin du dessous ? demandai-je.

— Brad Melshaw ? Je l'ai interrogé hier, il n'a rien vu, ni rien entendu de particulier. Ça ne sert à rien d'aller sonner chez lui : il est cuisinier au *Café Athéna*, le restaurant branché du haut de la rue principale, et il y est en ce moment.

Je ne me laissai pas démonter pour autant : je descendis d'un étage et sonnai chez ce Brad Melshaw. En vain.

— Je vous l'avais dit, soupira Montagne en redescendant les escaliers tandis que je restais encore un instant sur le palier à espérer qu'on m'ouvrirait.

Lorsque je pris les escaliers à mon tour pour redescendre, Montagne était déjà sorti de l'immeuble. Arrivé dans le hall d'entrée, je profitai d'être seul pour inspecter la boîte aux lettres de Stephanie. D'un coup d'œil par la fente, je vis qu'il y avait une lettre à l'intérieur et je parvins à l'attraper du bout des doigts. Je la pliai en deux et la glissai discrètement dans la poche arrière de mon pantalon.

Après notre arrêt dans l'immeuble de Stephanie, Montagne me conduisit à la rédaction de l'*Orphea Chronicle*, à deux pas de la rue principale, pour que je puisse parler avec Michael Bird, le rédacteur en chef du journal.

La rédaction se trouvait dans un bâtiment en briques rouges. Si l'extérieur avait bonne allure, l'intérieur, en revanche, était décati.

Michael Bird, le rédacteur en chef, nous reçut dans son bureau. Il était déjà à Orphea en 1994, mais je n'avais plus souvenir de l'avoir croisé. Bird m'expliqua que, par un concours de circonstances, il avait repris les rênes de l'*Orphea Chronicle* trois jours après le quadruple meurtre et qu'il avait du coup passé l'essentiel de cette période le nez dans la paperasse et non sur le terrain.

— Depuis combien de temps Stephanie Mailer travaille-t-elle pour vous ? demandai-je à Michael Bird.

— Environ neuf mois. Je l'ai engagée en septembre dernier.

— C'est une bonne journaliste ?

— Très. Elle remonte le niveau du journal. C'est important pour nous car il est difficile d'avoir toujours du contenu de qualité. Vous savez, le journal va très mal financièrement : nous survivons parce que les locaux nous sont prêtés par la mairie. Les gens ne lisent plus la presse aujourd'hui, les annonceurs ne sont plus intéressés. Avant, nous étions un journal régional important, lu et respecté. Aujourd'hui, pourquoi liriez-vous l'*Orphea Chronicle* quand vous pouvez lire le *New York Times* en ligne ? Et je ne vous parle même pas de ceux qui ne lisent plus rien et se contentent de s'informer sur Facebook.

— Quand avez-vous vu Stephanie pour la dernière fois ? l'interrogeai-je.

— Lundi matin. À la réunion de rédaction hebdomadaire.

— Et avez-vous remarqué quelque chose de particulier ? Un comportement inhabituel ?

— Non, rien de spécial. Je sais que les parents de Stephanie sont inquiets, mais comme je le leur ai expliqué hier ainsi qu'au chef-adjoint Montagne, Stephanie m'a envoyé un message lundi soir, tard, pour me dire qu'elle devait s'absenter.

Il sortit son portable de sa poche et me montra le message en question, reçu à minuit, dans la nuit de lundi à mardi :

*Je dois m'absenter quelque temps d'Orphea. C'est important. Je t'expliquerai tout.*

— Et vous n'avez pas eu de nouvelles depuis ce message ? demandai-je.

— Non. Mais honnêtement, ça ne m'inquiète pas. Stephanie est une journaliste au caractère indépendant. Elle avance à son rythme sur ses articles. Je ne me mêle pas trop de ce qu'elle fait.

— Sur quoi travaille-t-elle en ce moment ?

— Le festival de théâtre. Chaque année, à la fin juillet, nous avons un important festival de théâtre à Orphea…

— Oui, je suis au courant.

— Eh bien, Stephanie avait envie de raconter le festival de l'intérieur. Elle rédige une série d'articles à ce sujet. En ce moment, elle interviewe les bénévoles qui assurent la pérennité du festival.

— Est-ce que c'est son genre de « disparaître » ainsi ? m'enquis-je.

— Je dirais « s'absenter », nuança Michael Bird. Oui, elle s'absente régulièrement. Vous savez, le métier de journaliste nécessite de quitter souvent son bureau.

— Est-ce que Stephanie vous a parlé d'une enquête d'envergure qu'elle menait ? interrogeai-je encore. Elle affirmait avoir un rendez-vous important à ce sujet lundi soir…

Je restais volontairement flou, ne souhaitant pas donner plus de détails. Mais Michael Bird secoua la tête.

— Non, me dit-il, elle ne m'en a jamais parlé.

Au sortir de la rédaction, Montagne, qui considérait qu'il n'y avait pas de quoi s'inquiéter, m'invita à quitter la ville.

— Le chef Gulliver voudrait savoir si vous allez partir maintenant.

— Oui, lui répondis-je, je crois que j'ai fait le tour.

De retour dans ma voiture, j'ouvris l'enveloppe trouvée dans la boîte aux lettres de Stephanie. C'était un relevé de carte de crédit. Je l'examinai attentivement.

En dehors des dépenses de sa vie courante (essence, courses au supermarché, quelques retraits au distributeur, des achats à la librairie d'Orphea), je remarquai de nombreux débits de péages routiers de l'entrée de Manhattan : Stephanie s'était régulièrement rendue à New York ces derniers temps. Mais surtout, elle s'était acheté un billet d'avion pour Los Angeles : un rapide aller-retour du 10 au 13 juin. Quelques dépenses sur place – notamment un hôtel – confirmaient qu'elle avait bien effectué ce voyage. Peut-être avait-elle un petit copain en Californie. En tous les cas, c'était une jeune femme qui bougeait beaucoup. Il n'y avait rien d'étonnant à ce qu'elle s'absentât. Je pouvais parfaitement comprendre la police locale : aucun élément ne penchait en faveur de la thèse d'une disparition. Stephanie était majeure et libre de faire ce qu'elle voulait sans avoir de comptes à rendre. Faute d'éléments, j'étais à mon tour sur le point de renoncer à cette enquête, lorsque je fus frappé par un détail. Un élément clochait : la rédaction de l'*Orphea Chronicle*. Son décor ne collait pas du tout avec l'image que je m'étais faite de Stephanie. Je ne la connaissais certes pas, mais l'aplomb avec lequel elle m'avait interpellé trois jours auparavant m'avait fait l'imaginer plutôt au *New York Times* que dans un journal local d'une petite ville balnéaire des Hamptons. C'est ce détail qui me poussa à creuser encore un peu plus loin et à rendre visite aux parents de Stephanie, qui vivaient à Sag Harbor, à vingt minutes de là.

Il était 19 heures.

*
* *

Au même instant, sur la rue principale d'Orphea, Anna Kanner se garait devant le *Café Athéna* où elle avait rendez-vous pour dîner avec Lauren, son amie d'enfance, et Paul, le mari de cette dernière.

Lauren et Paul étaient ceux de ses amis qu'Anna voyait le plus régulièrement depuis qu'elle avait quitté New York pour s'établir à Orphea. Les parents de Paul possédaient une maison de vacances à Southampton, à une quinzaine de miles de là, où ils venaient régulièrement passer de longs week-ends, quittant Manhattan dès le jeudi pour éviter le trafic.

Alors qu'Anna s'apprêtait à descendre de sa voiture, elle vit Lauren et Paul, déjà attablés sur la terrasse du restaurant, et elle remarqua surtout qu'un homme les accompagnait. Comprenant aussitôt ce qui se passait, Anna téléphona à Lauren.

— Tu m'as organisé un rancard, Lauren ? lui demanda-t-elle dès que celle-ci décrocha.

Il y eut un instant de silence gêné.

— Peut-être que oui, finit par répondre Lauren. Comment le sais-tu ?

— Mon instinct, lui mentit Anna. Enfin, Lauren, pourquoi tu m'as fait ça ?

Le seul reproche qu'Anna pouvait faire à son amie était qu'elle passait son temps à se mêler de sa vie sentimentale en essayant de la caser avec le premier venu.

— Celui-là, tu vas l'adorer, assura Lauren, après s'être éloignée de la table pour que l'homme qui les accompagnait n'entende pas sa conversation. Fais-moi confiance, Anna.

— Tu sais quoi, Lauren, en fait ce n'est pas idéal ce soir. Je suis encore au bureau et j'ai une tonne de paperasse à terminer.

Anna s'amusa de voir Lauren s'agiter sur la terrasse.

— Anna, je t'interdis de me poser un lapin ! Tu as 33 ans, tu as besoin d'un mec ! Ça fait combien de temps que tu n'as pas baisé, hein ?

Ça, c'était l'argument que Lauren utilisait en dernier recours. Mais Anna n'était vraiment pas d'humeur à se farcir un rendez-vous arrangé.

— Je suis désolée, Lauren. En plus, je suis de permanence…

— Oh, ne commence pas avec ta permanence !

Il ne se passe jamais rien dans cette ville. Tu as le droit de t'amuser un peu aussi !

À cet instant, un automobiliste klaxonna et Lauren l'entendit à la fois dans la rue et à travers le téléphone.

— Alors là, ma vieille, tu es grillée ! s'exclama-t-elle en se précipitant sur le trottoir. Où es-tu ?

Anna n'eut pas le temps de réagir.

— Je te vois ! s'écria Lauren. Si tu crois que tu vas te débiner comme ça et me planter maintenant ? Tu te rends compte que tu passes la plupart de tes soirées toute seule, comme une grand-mère ! Tu sais, je me demande si tu as fait le bon choix en venant t'enterrer ici…

— Oh, pitié, Lauren ! J'ai l'impression d'entendre mon père !

— Mais si tu continues comme ça, tu vas finir ta vie toute seule, Anna !

Anna éclata de rire et sortit de sa voiture. Si on lui avait donné une pièce de monnaie chaque fois qu'elle s'était entendu dire cela, elle nagerait aujourd'hui dans une piscine remplie d'argent. Elle était cependant bien obligée d'avouer qu'à ce stade, elle ne pouvait pas donner tort à Lauren : elle était fraîchement divorcée, sans enfant, et vivait seule à Orphea.

Selon Lauren, la cause des échecs amoureux successifs d'Anna était double : ils tenaient d'une part à son manque de bonne volonté, et d'autre part à son métier qui « faisait peur aux hommes ». « Je ne leur dis jamais d'avance ce que tu fais dans la vie, avait expliqué Lauren à plusieurs reprises en parlant à Anna des rendez-vous qu'elle lui arrangeait. Je pense que ça les intimide. »

Anna rejoignit la terrasse. Le candidat du jour s'appelait Josh. Il avait cet air affreux des hommes trop sûrs d'eux. Il salua Anna en la dévorant des yeux de façon gênante, soufflant d'une haleine fatiguée. Elle sut aussitôt que ce ne serait pas ce soir-là qu'elle rencontrerait le prince charmant.

*
* *

— Nous sommes très inquiets, capitaine Rosenberg, me dirent à l'unisson Trudy et Dennis Mailer, les parents de Stephanie, dans le salon de leur coquette maison de Sag Harbor.

— J'ai téléphoné à Stephanie lundi matin, expliqua Trudy Mailer. Elle m'a dit qu'elle était à une réunion de rédaction au journal et qu'elle me rappellerait. Elle ne l'a jamais fait.

— Stephanie rappelle toujours, assura Dennis Mailer.

J'avais immédiatement compris pourquoi les parents Mailer avaient pu agacer la police. Avec eux, tout prenait une dimension dramatique, même le café que j'avais refusé en arrivant :

— Vous n'aimez pas le café ? s'était désespérée Trudy Mailer.

— Vous voulez peut-être du thé ? avait demandé Dennis Mailer.

Parvenant finalement à capter leur attention, j'avais pu leur poser quelques questions préliminaires. Stephanie avait-elle des problèmes ? Non, ils étaient catégoriques. Se droguait-elle ? Non plus. Avait-elle un fiancé ? Un petit ami ? Pas qu'ils sachent. Y aurait-il eu une raison pour qu'elle disparaisse de la circulation ? Aucune.

Les parents Mailer m'assurèrent que leur fille n'était pas du genre à leur cacher quoi que ce soit. Mais je découvris rapidement que ce n'était pas exactement le cas.

— Pourquoi Stephanie s'est-elle rendue à Los Angeles il y a deux semaines ? demandai-je.

— À Los Angeles ? s'étonna la mère. Que voulez-vous dire ?

— Il y a deux semaines, Stephanie a fait un voyage de trois jours en Californie.

— Nous n'en savions rien, se désola le père. Ça ne lui ressemble pas de partir à Los Angeles sans nous en avertir. Peut-être était-ce en lien avec le journal ? Elle est toujours assez discrète à propos des articles sur lesquels elle travaille.

Je doutais que l'*Orphea Chronicle* puisse se permettre d'envoyer ses journalistes en reportage à l'autre bout du pays. Et c'est justement la question de son emploi au sein du journal qui allait soulever encore un certain nombre d'interrogations.

— Quand et comment Stephanie est-elle arrivée à Orphea ? demandai-je.

— Elle vivait à New York ces dernières années, m'expliqua Trudy Mailer. Elle a étudié la littérature à l'université Notre-Dame. Depuis toute petite, elle veut devenir écrivain. Elle a déjà publié des nouvelles, dont deux dans le *New Yorker*. Après ses études, elle a travaillé à la *Revue des lettres new-yorkaises*, mais elle s'est fait licencier en septembre.

— Pour quel motif ?

— Difficultés économiques apparemment. Les choses se sont enchaînées rapidement : elle a trouvé un emploi à l'*Orphea Chronicle* et elle a décidé de revenir vivre dans la région. Elle semblait contente de s'être éloignée de Manhattan et de retrouver un environnement plus calme.

Il y eut un moment de flottement. Puis, le père de Stephanie me dit :

— Capitaine Rosenberg, nous ne sommes pas du genre à déranger la police pour rien, croyez-moi. Nous n'aurions pas donné l'alerte si nous n'étions pas convaincus, ma femme et moi, qu'il se passe quelque chose d'inhabituel. La police d'Orphea nous a bien fait comprendre qu'il n'y a aucun élément tangible. Mais, même quand elle faisait un aller-retour à New York dans la journée, Stephanie nous envoyait un message, ou nous appelait à son retour pour dire que tout s'était bien passé. Pourquoi envoyer un message à son rédacteur en chef et pas à ses parents ? Si elle n'avait pas voulu que l'on s'inquiète, elle nous aurait envoyé un message à nous aussi.

— À propos de New York, rebondis-je, pourquoi Stephanie se rend-elle si régulièrement à Manhattan ?

— Je ne disais pas qu'elle y allait souvent, précisa le père, je donnais juste un exemple.

— Non, elle s'y rend très souvent, dis-je. Souvent les mêmes jours et aux mêmes heures. Comme si elle avait un rendez-vous régulier. Que va-t-elle faire là-bas ?

De nouveau, les parents Mailer ne semblaient pas savoir de quoi je leur parlais. Trudy Mailer, comprenant qu'elle n'avait pas réussi à me convaincre complètement de la gravité de la situation, me demanda alors :

— Êtes-vous allé chez elle, capitaine Rosenberg ?

— Non, j'aurais aimé accéder à son appartement, mais la porte était fermée et je n'avais pas la clé.

— Voudriez-vous aller y jeter un coup d'œil

maintenant ? Vous verrez peut-être quelque chose que nous n'avons pas vu.

J'acceptai dans le seul but de clore ce dossier. Un coup d'œil chez Stephanie achèverait de me convaincre que la police d'Orphea avait raison : il n'y avait aucun élément qui puisse faire penser à une disparition inquiétante. Stephanie pouvait aller à Los Angeles ou New York autant qu'elle le voulait. Quant à son travail à l'*Orphea Chronicle*, on pouvait parfaitement considérer qu'après son licenciement, elle avait saisi une opportunité en attendant mieux.

Il était 20 heures précises lorsque nous arrivâmes en bas de l'immeuble de Stephanie, sur Bendham Road. Nous montâmes tous les trois jusqu'à son appartement. Trudy Mailer me donna la clé pour que j'ouvre la porte, mais alors que je la tournais dans la serrure, elle résista. La porte n'était pas fermée à clé. Je ressentis une puissante montée d'adrénaline : il y avait quelqu'un à l'intérieur. Était-ce Stephanie ?

J'appuyai doucement sur la poignée et la porte s'entrebâilla. Je fis signe aux parents de rester silencieux. Je poussai doucement la porte qui s'ouvrit sans bruit. Je vis aussitôt du désordre dans le salon : quelqu'un était venu fouiller les lieux.

— Descendez, murmurai-je aux parents. Retournez à votre voiture et attendez que je vienne vous chercher.

Dennis Mailer acquiesça et entraîna sa femme avec lui. Je dégainai mon arme et fis quelques pas dans l'appartement. Tout avait été retourné. Je commençai par inspecter le salon : les étagères avaient été renversées, les coussins du canapé éventrés. Des objets divers éparpillés sur le sol attirèrent mon attention, et je ne remarquai pas la silhouette menaçante qui approchait derrière moi en silence. C'est en me retournant pour aller faire le tour des autres pièces que je me retrouvai nez à nez avec une ombre qui m'aspergea le visage avec une bombe lacrymogène. Mes yeux me brûlèrent, j'eus la respiration coupée. Je me pliai en deux, aveuglé. Je reçus un coup.

Ce fut le rideau noir.

*
* *

20 heures 05 au *Café Athéna*.

Il paraît que l'Amour arrive toujours sans prévenir, mais il ne faisait aucun doute que l'Amour avait décidé de rester chez lui ce soir-là en infligeant ce dîner à Anna. Cela faisait une heure maintenant que Josh parlait sans discontinuer. Son monologue tenait de la prouesse. Anna, qui avait cessé de l'écouter, s'amusait à compter les *je* et les *moi* qui sortaient de sa bouche comme des petits cafards qui la rebutaient un peu plus à chaque mot. Lauren, qui ne savait plus où se mettre, en était à son cinquième verre de vin blanc, tandis qu'Anna se contentait de cocktails sans alcool.

Finalement, sans doute épuisé par ses propres paroles, Josh attrapa un verre d'eau et l'avala d'un trait, ce qui le força à se taire. Après cet instant de silence bienvenu, il se tourna vers Anna et lui demanda d'un ton compassé : « Et toi, Anna, qu'est-ce que tu fais dans la vie ? Lauren n'a pas voulu me le dire. » À ce moment précis, le téléphone d'Anna sonna. En voyant le numéro qui s'affichait sur l'écran, elle comprit immédiatement qu'il s'agissait d'une urgence.

— Désolée, s'excusa-t-elle, je dois prendre cet appel.

Elle se leva de table, et fit quelques pas à l'écart, avant de revenir rapidement en annonçant qu'elle devait malheureusement s'éclipser.

— Déjà? regretta Josh visiblement déçu. On n'a même pas eu le temps de faire connaissance.

— Je connais tout de toi, c'était… passionnant.

Elle embrassa Lauren et son mari, salua Josh d'un geste de la main qui signifiait «à jamais!» puis elle quitta rapidement la terrasse. Elle avait dû taper dans l'œil de ce pauvre Josh parce qu'il lui emboîta le pas et l'accompagna sur le trottoir.

— Tu veux que je te dépose quelque part? lui demanda-t-il. J'ai un…

— Coupé Mercedes, l'interrompit-elle. Je sais, tu me l'as dit deux fois. C'est gentil, mais je suis garée juste là.

Elle ouvrit le coffre de sa voiture, tandis que Josh restait planté derrière elle.

— Je demanderai ton numéro à Lauren, dit-il, je suis souvent dans le coin, on pourrait boire un café.

— Très bien, répondit Anna pour qu'il s'en aille, tout en ouvrant un grand sac en toile qui encombrait son coffre.

Josh poursuivit:

— En fait, tu ne m'as toujours pas dit ce que tu faisais comme métier.

Au moment où il terminait sa phrase, Anna sortit du sac un gilet pare-balles et l'enfila. Alors qu'elle ajustait les fixations autour de son corps, elle vit les yeux de Josh s'écarquiller et fixer l'écusson réfléchissant sur lequel était inscrit en lettres majuscules :

POLICE

— Je suis le chef-adjoint de la police d'Orphea, lui dit-elle en sortant un étui dans lequel était rangée son arme et qu'elle accrocha à sa ceinture.

Josh la dévisagea, hébété et incrédule. Elle monta dans sa voiture banalisée et démarra en trombe, faisant resplendir dans la lumière du soir tombant les éclairs bleus et rouges de ses gyrophares, avant d'enclencher sa sirène, attirant les regards de tous les passants.

D'après la centrale, un agent de la police d'État venait d'être agressé dans un immeuble tout proche. Toutes les patrouilles disponibles ainsi que l'officier de permanence avaient été appelés pour intervenir.

Elle descendit la rue principale à toute allure : les piétons en train de traverser retournèrent se réfugier sur les trottoirs et, dans les deux sens du trafic, les voitures se rangeaient sur le côté en la voyant approcher. Elle roulait au milieu de la route, pied au plancher. Elle avait l'expérience des appels d'urgence aux heures de pointe à New York.

Lorsqu'elle arriva au bas de l'immeuble, une patrouille de police était déjà sur place. En pénétrant dans le hall, elle tomba sur l'un de ses collègues qui redescendait les escaliers. Il lui cria :

— Le suspect s'est enfui par la porte arrière de l'immeuble !

Anna traversa tout le rez-de-chaussée jusqu'à l'issue de secours, à l'arrière du bâtiment, qui donnait sur une ruelle déserte. Un étrange silence régnait : elle tendit l'oreille, à l'affût d'un son qui puisse l'aiguiller, avant de reprendre sa course et d'arriver jusqu'à un petit parc désert. À nouveau, silence total.

Elle crut entendre un bruit dans les fourrés : elle sortit son arme de son étui et se précipita à l'intérieur du parc. Rien. Soudain, il lui sembla voir une ombre courir. Elle s'élança à sa poursuite, mais elle perdit rapidement sa trace. Elle finit par s'arrêter, désorientée et hors d'haleine. Le sang martelait ses tempes. Elle entendit un bruit derrière une haie de buissons : elle s'approcha lentement, le cœur battant. Elle vit une ombre, qui avançait à pas feutrés. Elle attendit le moment propice, puis elle bondit, braquant son arme sur le suspect et lui ordonnant de ne plus bouger. C'était Montagne, qui la braquait aussi.

— Putain, Anna, t'es cinglée ? s'écria-t-il.

Elle soupira et remit son arme dans son étui tout en se pliant en deux pour reprendre son souffle.

— Montagne, qu'est-ce que tu fous ici ? lui demanda-t-elle.

— Permets-moi de te retourner la question ! Tu n'es pas de service ce soir !

En sa qualité de chef-adjoint, Montagne était techniquement son supérieur hiérarchique. Elle n'était que deuxième adjoint.

— Je suis de permanence, expliqua Anna. La centrale m'a appelée.

— Dire que j'étais sur le point de le coincer ! s'agaça Montagne.

— De le coincer ? Je suis arrivée avant toi. Il n'y avait qu'une patrouille devant l'immeuble.

— Je suis passé par la rue arrière. Tu aurais dû donner ta position à la radio. C'est ce que les équipiers font. Ils communiquent les informations, ils ne jouent pas les têtes brûlées.

— J'étais seule, je n'avais pas de radio.

— Tu en as une dans ta voiture, non ? Tu fais chier, Anna ! Depuis ton premier jour ici, tu fais chier tout le monde !

Il cracha par terre et retourna en direction de l'immeuble. Anna le suivit. Bendham Road était à présent envahie de véhicules d'urgence.

— Anna ! Montagne ! les apostropha le chef Ron Gulliver en les voyant arriver.

— On l'a loupé, chef, maugréa Montagne. J'aurais pu l'avoir si Anna n'avait pas foutu la merde comme toujours.

— Va te faire foutre, Montagne ! s'écria-t-elle.

— Toi, va te faire foutre, Anna ! tempêta Montagne. Tu peux rentrer chez toi, c'est mon affaire !

— Non, c'est mon affaire ! Je suis arrivée avant toi.

— Rends-nous service à tous et dégage d'ici ! rugit Montagne.

Anna se tourna vers Gulliver pour le prendre à témoin.

— Chef… vous pouvez intervenir ?

Gulliver détestait les conflits.

— Tu n'es pas en service, Anna, dit-il d'une voix apaisante.

— Je suis de permanence !

— Laisse l'affaire à Montagne, trancha Gulliver.

Montagne eut un sourire triomphant et se dirigea vers l'immeuble, laissant Anna et Gulliver seuls.

— Ce n'est pas juste, chef ! fulmina-t-elle. Et vous laissez Montagne me parler de cette façon ?

Gulliver ne voulait rien entendre.

— S'il te plaît, Anna, ne fais pas une scène ! lui demanda-t-il gentiment. Tout le monde nous regarde. Je n'ai pas besoin de ça maintenant.

Il dévisagea la jeune femme d'un œil curieux puis lui demanda :

— Tu avais un rancard ?

— Qu'est-ce qui vous fait dire ça ?

— Tu as mis du rouge à lèvres.

— Je mets souvent du rouge à lèvres.

— Là, c'est différent. T'as une tête à avoir un rancard. Pourquoi tu n'y retournes pas ? On se verra au commissariat demain.

Gulliver se dirigea vers l'immeuble à son tour, la laissant toute seule. Elle entendit soudain une voix qui l'interpellait et tourna la tête. C'était Michael Bird, le rédacteur en chef de l'*Orphea Chronicle*.

— Anna, lui demanda-t-il en arrivant à sa hauteur, que se passe-t-il ici ?

— Je n'ai pas de commentaires à faire, répondit-elle, je ne suis en charge de rien.

— Tu le seras bientôt, sourit-il.

— Qu'est-ce que tu veux dire ?

— Ben, quand tu reprendras la direction de la police de la ville ! Est-ce pour ça que tu viens de te disputer avec le chef-adjoint Montagne ?

— Je ne sais pas de quoi tu parles, Michael, affirma Anna.

— Vraiment ? répondit-il d'un air faussement étonné. Tout le monde sait que tu seras le prochain chef de la police.

Elle s'éloigna sans répondre et retourna à sa voiture. Elle enleva son gilet pare-balles, le jeta sur la banquette arrière et démarra. Elle aurait pu retourner au *Café Athéna*, mais elle n'en avait aucune envie. Elle rentra chez elle et s'installa sous le porche de sa maison avec un verre et une cigarette, et profita de la douceur de la soirée.

## *ANNA KANNER*

Je suis arrivée à Orphea le samedi 14 septembre 2013.

La route, depuis New York, avait pris deux petites heures à peine: j'avais pourtant l'impression d'avoir traversé le globe. Des gratte-ciel de Manhattan, j'étais passée à cette petite ville paisible, baignée par un doux soleil de fin de journée. Après avoir remonté la rue principale, je traversai mon nouveau quartier pour rejoindre la maison que j'avais louée. Je roulais au pas, observant les promeneurs, les enfants qui s'agglutinaient devant la camionnette d'un marchand de glaces, les riverains consciencieux qui entretenaient leurs plates-bandes. Il régnait un calme absolu.

J'arrivai finalement à la maison. Une nouvelle existence s'offrait à moi. Les seuls vestiges de mon ancienne vie étaient mes meubles, que j'avais fait déménager depuis New York. Je déverrouillai la porte d'entrée, pénétrai à l'intérieur, et allumai la lumière du hall plongé dans l'obscurité. À ma stupéfaction, je découvris que le sol était encombré de mes cartons. Je parcourus le rez-de-chaussée au pas de course: les meubles étaient tous emballés, rien n'avait été monté, mes affaires étaient toutes entassées dans des boîtes empilées au gré des pièces.

J'appelai immédiatement l'entreprise de déménagement que j'avais mandatée. Mais la personne qui me répondit me dit d'un ton sec : « Je crois que vous faites erreur, madame Kanner. J'ai votre dossier sous les yeux et vous avez visiblement coché les mauvaises cases. La prestation que vous avez demandée n'incluait pas le déballage. » Elle raccrocha. Je ressortis de la maison pour ne plus voir ce capharnaüm et m'assis sur les marches du porche. J'étais dépitée. Une silhouette apparut, une bouteille de bière dans chaque main. C'était mon voisin, Cody Illinois. Je l'avais rencontré à deux reprises : au moment de visiter la maison, et après avoir signé le bail, lorsque j'étais venue préparer mon emménagement.

— Je voulais vous souhaiter la bienvenue, Anna.

— C'est gentil, répondis-je avec une moue.

— Vous n'avez pas l'air de bonne humeur, me dit-il.

Je haussai les épaules. Il me tendit une bière et s'assit à côté de moi. Je lui expliquai ma mésaventure avec les déménageurs, il proposa de m'aider à déballer mes affaires, et quelques minutes plus tard nous montions mon lit dans ce qui devait être ma chambre. Je lui demandai alors :

— Qu'est-ce que je devrais faire pour m'intégrer ici ?

— Vous n'avez pas de souci à vous faire, Anna. Les gens vont vous apprécier. Vous pouvez toujours vous engager comme bénévole pour le festival de théâtre, l'été prochain. C'est un évènement très fédérateur.

Cody fut la première personne avec qui je me liai à Orphea. Il tenait une librairie merveilleuse sur la rue principale, qui allait devenir rapidement comme une seconde maison pour moi.

Ce soir-là, après que Cody fut parti et alors que j'étais occupée à déballer des cartons de vêtements, je reçus un appel téléphonique de mon ex-mari.

— T'es pas sérieuse, Anna ? me dit-il lorsque je décrochai. Tu es partie de New York sans me dire au revoir.

— Je t'ai dit au revoir il y a longtemps, Mark.

— Aïe ! ça fait mal !

— Pourquoi tu m'appelles ?

— J'avais envie de te parler, Anna.

— Mark, je n'ai pas envie de « parler ». On ne se remettra pas ensemble. C'est fini.

Il ignora ma remarque.

— J'ai dîné avec ton père ce soir. C'était formidable.

— Laisse mon père tranquille, veux-tu ?

— Est-ce de ma faute s'il m'adore ?

— Pourquoi tu me fais ça, Mark ? Pour te venger ?

— Tu es de mauvaise humeur, Anna ?

— Oui, m'emportai-je, je suis de mauvaise humeur ! J'ai des meubles en pièces détachées, que je ne sais pas comment monter, j'ai donc vraiment mieux à faire que de t'écouter !

Je regrettai aussitôt ces paroles car il sauta sur l'occasion pour me proposer de venir à la rescousse.

— Tu as besoin d'aide ? Je suis déjà en voiture, j'arrive !

— Non, surtout pas !

— Je serai là dans deux heures. On passera la nuit à monter tes meubles et refaire le monde... Ce sera comme au bon vieux temps.

— Mark, je t'interdis de venir.

Je raccrochai et éteignis mon téléphone pour avoir la paix. Mais le lendemain matin, j'eus la mauvaise surprise de voir Mark débarquer chez moi.

— Qu'est-ce que tu fais là ? demandai-je d'un ton désagréable en ouvrant la porte.

Il m'adressa un large sourire.

— Quel accueil chaleureux ! Je suis venu t'aider.

— Qui t'a donné mon adresse ?

— Ta mère.

— Oh, c'est pas vrai, je vais la tuer !

— Anna, elle rêve de nous revoir ensemble. Elle veut des petits-enfants !

— Au revoir, Mark.

Il retint la porte au moment où je la lui fermais au visage.

— Attends, Anna : laisse-moi au moins t'aider.

J'avais trop besoin d'un coup de main pour refuser. Et puis, il était là de toute façon. Il me fit son numéro d'homme parfait : il transporta des meubles, fixa des tableaux au mur et installa un lustre.

— Tu vas vivre toute seule ici ? finit-il par me demander entre deux coups de perceuse.

— Oui, Mark. C'est ici que commence ma nouvelle vie.

*

Le lundi suivant marqua mon premier jour au commissariat. Il était 8 heures du matin lorsque je me présentai au guichet d'accueil, en civil.

— C'est pour une plainte ? me demanda le policier sans lever le nez de son journal.

— Non, répondis-je. Je suis votre nouvelle collègue.

Il posa ses yeux sur moi, me sourit amicalement puis cria à la cantonade: «Les gars, la fille est là!» Je vis apparaître une escouade de policiers qui m'observèrent comme un animal curieux. Le chef Gulliver s'avança et me tendit une main amicale: «Bienvenue, Anna.»

Je fus chaleureusement accueillie. Je saluai tour à tour mes nouveaux collègues, nous échangeâmes quelques mots, on m'offrit un café, on me posa beaucoup de questions. Quelqu'un s'écria joyeusement: «Les gars, je vais commencer à croire au Père Noël: un vieux flic rabougri part à la retraite et il est remplacé par une sublime jeunette!» Ils éclatèrent tous de rire. Malheureusement, l'atmosphère bon enfant n'allait pas durer.

## JESSE ROSENBERG

*Vendredi 27 juin 2014*

*29 jours avant la première*

De bon matin, j'étais sur la route vers Orphea.

Je voulais impérativement comprendre ce qui s'était passé la veille dans l'appartement de Stephanie. Pour le chef Gulliver, il s'agissait d'un simple cambriolage. Je n'y croyais pas un instant. Mes collègues de la police scientifique étaient restés jusque tard dans la nuit pour essayer de relever des empreintes, mais ils n'avaient rien trouvé. Pour ma part, à en juger par la violence du coup reçu, je penchais fortement vers l'idée que l'agresseur était un homme.

Il fallait retrouver Stephanie. Je sentais que le temps pressait. Roulant à présent sur la route 17, j'accélérai sur la dernière ligne droite avant l'entrée de la ville, sans avoir enclenché ni mes gyrophares, ni ma sirène.

Ce n'est qu'au moment de dépasser le panneau routier marquant la limite d'Orphea que je remarquai la voiture de police banalisée dissimulée derrière et qui me prit immédiatement en chasse. Je me rangeai sur le bas-côté, et je vis dans mon rétroviseur une jolie jeune femme en uniforme sortir du véhicule et marcher vers moi. Je m'apprêtais à faire la connaissance de la première personne qui allait accepter de m'aider à démêler cette affaire : Anna Kanner.

Comme elle s'approchait de ma fenêtre ouverte, je brandis mon badge de policier en lui souriant.

— Capitaine Jesse Rosenberg, lut-elle sur ma carte d'identification. Une urgence ?

— Il me semble vous avoir vue hier brièvement sur Bendham Road. Je suis le flic qui s'est fait assommer.

— Chef-adjoint Anna Kanner, se présenta la jeune femme. Comment va votre tête, capitaine ?

— Ma tête va très bien, je vous remercie. Mais je vous avoue que je suis troublé par ce qui s'est passé dans cet appartement. Le chef Gulliver pense qu'il s'agit d'un cambriolage, je n'y crois pas un instant. Je me demande si je n'ai pas mis les pieds dans une drôle d'affaire.

— Gulliver est le dernier des idiots, me dit Anna. Parlez-moi plutôt de votre affaire, ça m'intéresse.

Je compris alors qu'Anna pourrait être une alliée précieuse à Orphea. J'allais découvrir par la suite qu'elle était de surcroît un flic hors pair. Je lui proposai alors :

— Anna, si tu me permets de te tutoyer, puis-je t'offrir un café ? Je vais tout te raconter.

Quelques minutes plus tard, à la table d'un petit *diner* tranquille du bord de la route, j'expliquai à Anna que tout avait commencé lorsque Stephanie Mailer était venue me trouver en début de semaine pour me parler d'une enquête qu'elle menait sur le quadruple meurtre d'Orphea de 1994.

— Qu'est-ce que c'est que le quadruple meurtre de 1994 ? demanda Anna.

— Le maire d'Orphea et sa famille ont été assassinés, expliquai-je. Ainsi qu'une passante qui faisait son jogging. Une vraie boucherie. C'était le soir de l'inauguration du festival de théâtre d'Orphea. Ça a surtout été la première grosse enquête que j'ai menée. À l'époque, mon coéquipier, Derek Scott, et moi avions résolu cette affaire. Mais voilà que lundi dernier, Stephanie est venue me dire qu'elle pensait que nous nous étions trompés : que l'enquête n'était pas bouclée et que nous avions fait erreur sur le coupable. Depuis, elle a disparu et son appartement a été visité hier.

Anna semblait très intriguée par mon récit. Après notre café, nous nous rendîmes donc tous les deux à l'appartement de Stephanie, fermé et mis sous scellés, dont les parents m'avaient laissé leur clé.

Les lieux avaient été complètement retournés, tout était en désordre. Le seul élément concret dont nous disposions était que la porte d'entrée de l'appartement n'avait pas été forcée.

Je dis à Anna :

— D'après les parents Mailer, le seul double était celui en leur possession. Cela signifie que la personne qui s'est introduite ici avait les clés de Stephanie.

Comme je lui avais mentionné plus tôt le message envoyé par Stephanie à Michael Bird, le rédacteur en chef de l'*Orphea Chronicle,* Anna s'interrogea alors :

— Si quelqu'un a les clés de Stephanie, il a peut-être aussi son téléphone portable.

— Tu veux dire que ce ne serait pas elle qui a envoyé ce message ? Mais qui alors ?

— Quelqu'un qui voulait gagner du temps, suggéra-t-elle.

Je sortis de la poche arrière de mon pantalon

l'enveloppe récupérée la veille dans la boîte aux lettres et la tendis à Anna.

— C'est le relevé de la carte de crédit de Stephanie, expliquai-je. Elle a effectué un voyage à Los Angeles au début du mois, et il faut encore déterminer de quoi il s'agit. D'après mes vérifications elle n'a pas repris l'avion depuis. Si elle est partie de son plein gré, c'est donc en voiture. J'ai émis un avis de recherche général pour les plaques d'immatriculation : si elle est en route quelque part, les polices de l'autoroute vont la trouver rapidement.

— Tu n'as pas traîné, me dit Anna, impressionnée.

— Il n'y a pas de temps à perdre, répondis-je. J'ai également fait une demande de ses relevés de téléphone et carte de crédit de ces derniers mois. J'espère les avoir dès ce soir.

Anna jeta un coup d'œil rapide au relevé.

— Sa carte de crédit a été utilisée pour la dernière fois lundi soir à 21 heures 55 au *Kodiak Grill*, constata-t-elle. C'est un restaurant de la rue principale. Nous devrions y aller. Quelqu'un a peut-être vu quelque chose.

Le *Kodiak Grill* était situé en haut de la rue principale. Le gérant, après avoir consulté le planning de la semaine, nous indiqua ceux qui, parmi les membres du personnel présents, étaient de service lundi soir. L'une des serveuses que nous interrogeâmes reconnut Stephanie sur la photo que nous lui présentâmes.

— Oui, nous dit-elle, je me souviens d'elle. Elle était là en début de semaine. Une jolie fille, toute seule.

— Quelque chose vous a-t-il marquée en

particulier pour que vous vous souveniez d'elle au milieu des clients qui défilent tous les jours ici ?

— Ce n'était pas la première fois qu'elle venait. Elle demandait toujours la même table. Elle disait attendre quelqu'un, qui ne venait jamais.

— Et lundi, que s'est-il passé ?

— Elle est arrivée vers 18 heures, au début du service. Et elle a attendu. Elle a fini par commander une salade César et un Coca, et elle est finalement repartie.

— Vers 22 heures, c'est exact.

— C'est possible. Je ne me souviens pas de l'heure mais elle est restée longtemps. Elle a payé et elle est partie. C'est tout ce que je me rappelle.

En ressortant du *Kodiak Grill*, nous remarquâmes que le bâtiment voisin était une banque munie d'un distributeur automatique extérieur.

— Il y a forcément des caméras, me dit Anna. Stephanie a peut-être été filmée lundi.

Quelques minutes plus tard, nous étions dans le bureau étroit d'un agent de sécurité de la banque qui nous montra le champ de vision des différentes caméras du bâtiment. L'une filmait le trottoir et on apercevait la terrasse du *Kodiak Grill.* Il nous passa les enregistrements vidéo du lundi à partir de 18 heures. Scrutant les passants qui défilaient sur l'écran, je la vis soudain.

— Stop ! m'écriai-je. C'est elle, c'est Stephanie.

L'agent de sécurité figea l'image.

— Maintenant, revenez lentement en arrière, lui demandai-je.

Sur l'écran, Stephanie marcha à reculons. La cigarette qu'elle tenait entre ses lèvres se reconstitua, puis elle l'alluma avec un briquet doré, la prit entre ses doigts et la rangea dans un paquet qu'elle remit dans son sac. Elle recula encore et dévia de trajectoire sur le trottoir jusqu'à une petite voiture compacte bleue dans laquelle elle s'installa.

— C'est sa voiture, dis-je. Une Mazda trois portes de couleur bleue. Je l'ai vue monter dedans lundi, sur le parking du centre régional de la police d'État.

Je priai l'agent de sécurité de repasser la séquence dans le bon sens et l'on vit Stephanie sortir de voiture, allumer une cigarette, la fumer en faisant quelques pas sur le trottoir, avant de se diriger vers le *Kodiak Grill*.

Nous avançâmes ensuite l'enregistrement jusqu'à 21 heures 55, heure à laquelle Stephanie avait payé son dîner avec sa carte de crédit. Au bout de deux minutes, on la vit apparaître de nouveau. Elle marcha d'un pas nerveux jusqu'à sa voiture. Au moment de monter, elle sortit son téléphone de son sac. Quelqu'un l'appelait. Elle répondit, l'appel fut bref. Il semblait qu'elle ne parlait pas mais qu'elle écoutait seulement. Après avoir raccroché, elle s'assit dans l'habitacle et resta immobile pendant un instant. On pouvait la voir distinctement à travers la vitre de la voiture. Elle chercha un numéro dans le répertoire de son téléphone et l'appela, mais elle raccrocha aussitôt. Comme si la communication ne passait pas. Elle attendit alors cinq minutes, assise au volant de sa voiture. Elle semblait nerveuse. Puis elle passa un deuxième appel : on la vit parler cette fois. L'échange dura une vingtaine de secondes. Puis finalement, elle démarra et disparut en direction du nord.

— Voici ce qui constitue peut-être la dernière image de Stephanie Mailer, murmurai-je alors.

Nous passâmes la moitié de l'après-midi à interroger les amis de Stephanie. La plupart habitaient à Sag Harbor, d'où elle était originaire.

Aucun d'entre eux n'avait eu de nouvelles de Stephanie depuis lundi et tous s'inquiétaient. D'autant plus que les parents Mailer les avaient appelés également, ce qui avait ajouté à leur inquiétude. Ils avaient essayé de la joindre par téléphone, par courriel, à travers les réseaux sociaux, ils étaient allés frapper à sa porte, mais sans succès.

Il ressortit de nos diverses conversations que Stephanie était une jeune femme bien sous tous rapports. Elle ne se droguait pas, ne buvait pas de façon excessive et s'entendait bien avec tout le monde. Ses amis en savaient plus que ses parents sur sa vie intime. L'une de ses amies nous affirma lui avoir connu un petit copain récemment :

— Oui, il y avait un type, un certain Sean qu'elle avait amené à une soirée. C'était bizarre.

— Qu'est-ce qui était bizarre ?

— La chimie entre eux. Quelque chose ne collait pas.

Une autre nous affirma que Stephanie était plongée dans le travail :

— On ne voyait quasiment plus Stephanie ces derniers temps. Elle disait qu'elle avait énormément de travail.

— Et sur quoi travaillait-elle ?

— Je l'ignore.

Une troisième nous parla de son voyage à Los Angeles :

— Oui, elle avait fait un voyage à Los Angeles il y a quinze jours, mais elle m'a dit de ne pas en parler.

— C'était à propos de quoi ?

— Je l'ignore.

Le dernier de ses amis à lui avoir parlé était Timothy Volt. Stephanie et lui s'étaient vus le dimanche soir précédent.

— Elle est venue chez moi, nous expliqua-t-il. J'étais seul, nous avons bu quelques verres.

— Vous a-t-elle semblé nerveuse, inquiète ? demandai-je.

— Non.

— Quel genre de fille est Stephanie ?

— Une fille géniale, ultra-brillante, mais avec un sacré caractère, et même une tête de mule. Quand elle a une idée, elle ne la lâche plus.

— Elle vous tenait au courant de ce sur quoi elle travaillait ?

— Un peu. Elle disait être sur un très gros projet en ce moment, sans entrer dans les détails.

— Quel genre de projet ?

— Un livre. En tout cas, c'est pour ça qu'elle est revenue dans la région.

— Comment ça ?

— Stephanie déborde d'ambition. Elle rêve d'être un écrivain célèbre, et elle y arrivera. Elle gagnait sa vie à côté en travaillant pour un journal littéraire jusqu'en septembre dernier… le nom m'échappe…

— Oui, acquiesçai-je, la *Revue des lettres new-yorkaises*.

— Voilà, c'est ça. Mais ce n'était vraiment qu'un à-côté pour payer ses factures. Quand elle a été licenciée, elle a dit vouloir revenir dans les Hamptons pour être au calme et pouvoir écrire. Je me souviens qu'un jour elle m'a dit : « Si je suis ici, c'est pour écrire un livre. » Je pense qu'elle avait besoin de temps et de calme, ce qu'elle a trouvé ici. Et puis sinon, pourquoi aurait-elle accepté un boulot de pigiste dans un journal local ? Je vous le dis, c'est une ambitieuse. Elle vise la lune. Si elle est venue à Orphea, c'est qu'il y a une bonne raison. Peut-être qu'elle n'arrivait pas à se concentrer dans l'agitation de New York. Les écrivains qui se mettent au vert, on voit ça souvent, non ?

— Où écrivait-elle ?

— Chez elle, j'imagine.

— Sur un ordinateur ?

— Je n'en sais rien. Pourquoi ?

En sortant de chez Timothy Volt, Anna me fit remarquer qu'il n'y avait pas d'ordinateur chez Stephanie.

— À moins que le « visiteur » d'hier soir s'en soit emparé, dis-je.

Nous profitâmes d'être à Sag Harbor pour aller voir les parents de Stephanie. Ces derniers n'avaient jamais entendu parler du petit ami prénommé Sean et Stephanie n'avait pas laissé d'ordinateur chez eux. Par précaution, nous demandâmes à pouvoir jeter un coup d'œil à la chambre de Stephanie. Elle n'avait plus été occupée depuis la fin du lycée et était restée intacte : les affiches sur le mur, les trophées de championnats sportifs, les peluches sur le lit et les livres d'école.

— Ça fait des années que Stephanie n'a plus dormi ici, nous indiqua Trudy Mailer. Après le lycée, elle est partie à l'université, et elle est restée à New York jusqu'à son licenciement en septembre de la *Revue des lettres new-yorkaises*.

— Y a-t-il une raison précise qui ait poussé Stephanie à s'installer à Orphea ? demandai-je sans dévoiler ce que Timothy Volt m'avait confié.

— Comme je vous l'ai dit hier, elle avait perdu son emploi à New York et elle avait envie de revenir dans les Hamptons.

— Mais pourquoi Orphea ? insistai-je.

— Parce que c'est la plus grande ville de la région, j'imagine.

Je me hasardai à demander :

— Et à New York, madame Mailer, Stephanie avait-elle des ennemis ? Était-elle en conflit avec quelqu'un ?

— Non, rien de tout cela.

— Est-ce qu'elle vivait seule ?

— Elle avait une colocataire, une jeune femme qui travaillait à la *Revue des lettres new-yorkaises* également. Alice Filmore. Nous l'avons croisée une fois, quand nous sommes allés aider Stephanie à reprendre ses quelques meubles après qu'elle avait décidé de quitter New York. Elle n'avait vraiment que trois bricoles, nous avons tout emporté directement dans son appartement d'Orphea.

Faute d'avoir trouvé quoi que ce soit chez elle, ni chez ses parents, nous décidâmes de retourner à Orphea et consulter l'ordinateur de Stephanie à la rédaction de l'*Orphea Chronicle*.

Il était 17 heures lorsque nous arrivâmes dans les locaux du journal. C'est Michael Bird qui nous guida à travers les bureaux de ses employés. Il pointa celui de Stephanie, bien rangé, sur lequel étaient posés un écran d'ordinateur, un clavier, une boîte de mouchoirs, une quantité astronomique de stylos identiques rangés dans une tasse à thé, un bloc-notes et quelques papiers en vrac. Je les parcourus rapidement sans rien y trouver de très intéressant, avant de demander :

— Est-ce que quelqu'un a pu accéder à son ordinateur en son absence ces derniers jours ?

Tout en parlant, j'appuyai sur la touche du clavier censée allumer la machine.

— Non, me répondit Michael, les ordinateurs sont protégés par un mot de passe individuel.

Comme l'ordinateur ne s'allumait pas, je pressai à nouveau sur le bouton de démarrage tout en continuant d'interroger Michael :

— Il n'y aurait donc aucune possibilité que quelqu'un ait consulté l'ordinateur de Stephanie à son insu ?

— Aucune, nous assura Michael. Seule Stephanie a le code. Personne d'autre, même pas l'informaticien. D'ailleurs je ne sais même pas comment vous consulterez son ordinateur si vous n'avez pas le mot de passe.

— On a des spécialistes qui s'en chargeront, ne vous inquiétez pas. Mais je voudrais déjà qu'il s'allume.

Je me baissai sous le bureau pour contrôler que la tour de l'ordinateur était bien branchée, mais il n'y avait pas de tour d'ordinateur. Il n'y avait rien.

Je relevai la tête et demandai :

— Où est l'ordinateur de Stephanie ?

— Eh bien, là-dessous, non ? me répondit Michael.

— Non, il n'y a rien !

Michael et Anna se baissèrent aussitôt pour constater qu'il n'y avait que des câbles qui pendaient dans le vide. Et Michael de s'écrier, d'un ton hébété :

— Quelqu'un a volé l'ordinateur de Stephanie !

À 18 heures 30, un flot pêle-mêle de véhicules de la police d'Orphea et de la police d'État étaient garés le long du bâtiment de l'*Orphea Chronicle*.

À l'intérieur, un officier de la brigade scientifique nous confirmait qu'il y avait bien eu cambriolage avec effraction. Michael, Anna et moi le suivîmes en procession jusque dans un local technique du sous-sol qui servait également de débarras et d'issue de secours. Au fond de la pièce, une porte donnait sur un escalier raide qui remontait vers la rue. La vitre avait été cassée et il avait suffi de passer une main à travers pour tourner la poignée de l'intérieur et ouvrir la porte.

— Vous ne venez jamais dans cette pièce ? demandai-je à Michael.

— Jamais. Personne ne vient au sous-sol. Il n'y a que les archives, qui ne sont jamais consultées.

— Et il n'y a pas d'alarme, ni de caméras ? s'enquit Anna.

— Non, qui voudrait payer pour ça ? Croyez-moi, s'il y avait de l'argent, il irait d'abord dans la plomberie.

— Nous avons essayé de relever des traces sur les poignées, expliqua le policier de la brigade scientifique, mais il y a un cumul d'empreintes et de saletés de toutes sortes, autant dire que c'est inexploitable. Nous n'avons rien trouvé non plus autour du bureau de Stephanie. À mon avis, il est entré par cette porte, il est monté à l'étage et a embarqué l'ordinateur avant de sortir par le même chemin.

Nous retournâmes à la salle de rédaction.

— Michael, demandai-je, est-ce que cela pourrait être un membre de la rédaction qui ait fait ça ?

— Non, enfin ! s'offusqua Michael. Comment pouvez-vous imaginer une chose pareille ? J'ai toute confiance en mes journalistes.

— Alors, comment expliquez-vous que quelqu'un d'étranger à la rédaction ait pu savoir quel était l'ordinateur de Stephanie ?

— Je n'en sais rien, soupira Michael.

— Qui arrive en premier ici le matin ? demanda Anna.

— Shirley. En général, c'est elle qui ouvre les bureaux tous les matins.

Nous fîmes venir Shirley. Je l'interrogeai :

— Est-ce que l'un de ces derniers matins, vous avez constaté quelque chose d'inhabituel en arrivant ?

Shirley, d'abord perplexe, fit un effort de mémoire et son regard s'illumina soudain.

— Moi, je n'ai rien vu. Mais il est vrai que mardi matin Newton, l'un des journalistes, m'a dit que son ordinateur était allumé. Il savait qu'il l'avait éteint la veille car il était parti le dernier. Il m'a fait une scène, affirmant que quelqu'un avait allumé son ordinateur à son insu, mais je pensais qu'il avait simplement oublié de l'éteindre.

— Où est le bureau de Newton ? demandai-je.

— C'est le premier à côté de celui de Stephanie.

J'appuyai sur le bouton de démarrage de l'ordinateur, sachant qu'il ne pouvait plus y avoir d'empreintes exploitables dessus puisqu'il avait été utilisé entre-temps. L'écran s'alluma :

*ORDINATEUR DE: Newton*
*MOT DE PASSE:*

— Il a allumé un premier ordinateur, dis-je. Il a vu le nom s'afficher et a compris que ce n'était pas le bon. Il a alors allumé le deuxième et le nom de Stephanie s'est affiché. Il n'a pas eu besoin de chercher plus loin.

— Ce qui prouve que c'est quelqu'un d'étranger à la rédaction qui a fait ça, intervint Michael, rassuré.

— Ça veut surtout dire que le cambriolage a eu lieu dans la nuit de lundi à mardi, repris-je. Soit la nuit de la disparition de Stephanie.

— La disparition de Stephanie ? répéta Michael, intrigué. Que voulez-vous dire par *la disparition* ?

Pour toute réponse, je lui demandai :

— Michael, pourriez-vous m'imprimer tous les articles que Stephanie a écrits depuis son arrivée au journal ?

— Bien entendu. Mais allez-vous me dire ce qui se passe, capitaine ? Est-ce que vous pensez qu'il est arrivé quelque chose à Stephanie ?

— Je le crois, lui confiai-je. Et je pense que c'est grave.

En quittant la rédaction, nous tombâmes sur le chef Gulliver et le maire d'Orphea, Alan Brown, qui discutaient de la situation sur le trottoir. Le maire me reconnut immédiatement. On aurait dit qu'il venait de voir un fantôme.

— Vous ici ? s'étonna-t-il.

— J'aurais aimé vous revoir dans d'autres circonstances.

— Quelles circonstances ? demanda-t-il. Que se passe-t-il ? Depuis quand la police d'État se déplace-t-elle pour un vulgaire cambriolage ?

— Vous n'avez pas autorité pour agir ici ! ajouta le chef Gulliver.

— Il y a eu une disparition dans cette ville, chef Gulliver, et les disparitions sont du ressort de la police d'État.

— Une disparition ? s'étrangla le maire Brown.

— Il n'y a pas de disparition ! s'écria le chef

Gulliver, exaspéré. Vous n'avez pas le moindre élément, capitaine Rosenberg ! Avez-vous appelé le bureau du procureur ? Vous devriez l'avoir déjà fait si vous êtes si sûr de vous ! Peut-être que je devrais leur passer un coup de fil ?

Je ne répondis rien et m'en allai.

Cette nuit-là, à 3 heures du matin, la centrale des pompiers d'Orphea fut avertie d'un incendie au 77 Bendham Road, l'adresse de Stephanie Mailer.

## *DEREK SCOTT*

30 juillet 1994, le soir du quadruple meurtre.

Il était 20 heures 55 lorsque nous arrivâmes à Orphea. Nous avions traversé Long Island en un temps record.

Nous débouchâmes sirène hurlante à l'angle de la rue principale qui était fermée en raison de la première du festival de théâtre. Un véhicule de la police locale, qui stationnait là, nous ouvrit la route à travers le quartier de Penfield. Le quartier était complètement bouclé, envahi par des véhicules d'urgence venus de toutes les villes voisines. Des bandes de police avaient été tirées autour de Penfield Lane, derrière lesquelles se massaient les curieux qui affluaient depuis la rue principale pour ne pas rater une miette du spectacle.

Jesse et moi étions les premiers enquêteurs de la Criminelle sur les lieux. C'est Kirk Harvey, le chef de la police d'Orphea, qui nous accueillit.

— Je suis le sergent Derek Scott, police d'État, me présentai-je en brandissant mon badge, et voici mon adjoint, l'inspecteur Jesse Rosenberg.

— Je suis le chef Kirk Harvey, nous salua le policier, visiblement soulagé de pouvoir passer la main à quelqu'un. Je ne vous cache pas que je suis complètement dépassé. On n'a jamais eu affaire à un truc pareil. Il y a quatre morts. Une vraie boucherie.

Des policiers couraient dans tous les sens, criant des ordres et des contre-ordres. J'étais de fait l'officier le plus gradé sur place et décidai de prendre la situation en main.

— Il faut fermer toutes les routes, intimai-je au chef Harvey. Mettez des barrages en place. Je demande des renforts de la police de l'autoroute et de toutes les unités de police d'État disponibles.

À vingt mètres de nous, gisait le corps d'une femme, en vêtements de sport, qui baignait dans son sang. Nous nous approchâmes d'elle lentement. Un policier se tenait en faction à proximité, s'efforçant de ne pas regarder.

— C'est son mari qui l'a trouvée. Il est dans une ambulance, juste là-bas, si vous voulez l'interroger. Mais le plus épouvantable c'est à l'intérieur, nous dit-il en désignant la maison à côté de laquelle nous nous trouvions. Un gamin et sa mère…

Nous nous dirigeâmes aussitôt vers la maison. Nous voulûmes couper en passant par le gazon et nous nous retrouvâmes les chaussures dans quatre centimètres d'eau.

— Merde, pestai-je, j'ai les pieds trempés, je vais en mettre partout. Pourquoi est-ce qu'il y a toute cette flotte ici ? Ça fait des semaines qu'il n'a pas plu.

— Une conduite de l'arrosage automatique qui a sauté, sergent, m'indiqua depuis la maison un policier en faction. On est en train d'essayer de couper l'eau.

— Surtout ne touchez à rien, ordonnai-je. On laisse tout en l'état tant que la brigade scientifique n'est pas intervenue. Et mettez-moi des bandes de police des deux côtés de la pelouse pour que les gens passent sur les dalles. Je ne veux pas que toute la scène de crime soit contaminée par de la flotte.

Je m'essuyai les pieds tant bien que mal sur les marches des escaliers du porche. Puis nous pénétrâmes dans la maison : la porte avait été défoncée à coups de pied. Droit devant nous, dans le couloir, une femme étendue par terre, tuée par balles. À côté d'elle, une valise ouverte et à moitié remplie. À droite, un petit living-room dans lequel il y avait le corps d'un garçon d'une dizaine d'années mort par balles et qui s'était effondré dans les rideaux, comme s'il avait été fauché avant d'avoir pu se cacher. Dans la cuisine, un homme d'une quarantaine d'années couché sur le ventre, étalé dans une flaque de sang : il s'était fait abattre en cherchant à fuir.

L'odeur de mort et de tripes était insoutenable. Nous ressortîmes rapidement de la maison, livides et choqués par ce que nous venions de voir.

Bientôt, on nous appela dans le garage du maire. Des policiers avaient trouvé d'autres valises dans le coffre de la voiture. Le maire et sa famille étaient visiblement sur le point de s'en aller.

*

La nuit était chaude et le jeune maire-adjoint Brown était en sueur dans son costume : il descendait la rue principale aussi vite qu'il le pouvait, se frayant un passage parmi la foule. Il avait quitté le théâtre aussitôt qu'on l'avait prévenu des évènements et avait décidé de rejoindre Penfield Crescent à pied, convaincu qu'il irait plus vite en marchant qu'en voiture. Il avait raison : le centre-ville, noir de monde, était impraticable. À l'angle de la rue Durham, des habitants, informés d'une inquiétante rumeur, l'aperçurent et l'encerclèrent pour avoir des nouvelles : il ne répondit même pas et se mit à courir comme un dératé. Il bifurqua à droite à la hauteur de Bendham Road et continua jusqu'à une zone résidentielle. Il passa d'abord dans des rues désertes aux maisons éteintes. Puis, il perçut l'agitation au loin. À mesure qu'il approchait, il voyait s'intensifier un halo de lumière et les crépitements des gyrophares des véhicules d'urgence. La foule des badauds grandissait. Certains l'interpellaient, mais il les ignora et ne s'arrêta pas. Il se fraya un chemin jusque devant les bandes de police. Le chef-adjoint Ron Gulliver, l'apercevant, le laissa aussitôt passer. Alan Brown fut d'abord dépassé par la scène : le bruit, les lumières, un corps recouvert d'un drap blanc sur le trottoir. Il ne savait pas où se diriger. Il vit alors avec soulagement le visage familier de Kirk Harvey, le chef de la police d'Orphea, avec qui Jesse et moi étions en train de parler.

— Kirk, dit le maire-adjoint Brown au chef, en se précipitant vers lui, que se passe-t-il, au nom du ciel ? Est-ce que la rumeur dit vrai ? Joseph et sa famille ont été assassinés ?

— Tous les trois, Alan, répondit le chef Harvey d'un ton grave.

Il désigna de la tête la maison dans laquelle des policiers allaient et venaient.

— On les a retrouvés tous les trois dans la maison. Un massacre total.

Le chef Harvey nous présenta au maire adjoint.

— Avez-vous une piste ? Des indices ? nous interrogea Brown.

— Pour l'instant, rien, lui répondis-je. Ce qui me trotte dans la tête, c'est que cela se soit passé le soir de l'inauguration du festival de théâtre.

— Vous pensez qu'il y a un lien ?

— C'est trop tôt pour le dire. Je ne comprends même pas ce que le maire faisait chez lui. Ne devait-il pas déjà être au Grand Théâtre ?

— Si, nous avions rendez-vous à 19 heures. Ne le voyant pas venir, j'ai essayé d'appeler chez lui, mais personne n'a répondu. La pièce devant bien commencer, j'ai improvisé à sa place le discours d'ouverture et son siège est resté vide. C'est à l'entracte qu'on m'a informé de ce qui se passait.

— Alan, dit le chef Harvey, on a retrouvé des bagages dans la voiture du maire Gordon. Lui et sa famille avaient l'air d'être sur le départ.

— *Sur le départ* ? Comment ça, *sur le départ* ? Quel départ ?

— Toutes les hypothèses sont encore ouvertes, lui expliquai-je. Mais est-ce que le maire vous a semblé préoccupé ces derniers temps ? Vous aurait-il fait part de menaces ? Était-il inquiet pour sa sécurité ?

— Des menaces ? Non, il ne m'a jamais rien dit de tel. Est-ce que… Est-ce que je peux aller voir à l'intérieur la maison ?

— Il vaut mieux éviter de contaminer la scène de crime, le dissuada le chef Harvey. Et puis c'est vraiment pas beau à voir, Alan. Une vraie boucherie. Le petit s'est fait tuer dans le salon, la femme de Gordon, Leslie, dans le couloir, et Joseph dans la cuisine.

Le maire-adjoint Brown se sentit vaciller. Il eut soudain l'impression que ses jambes le lâchaient et il s'assit sur le trottoir. Son regard se posa à nouveau sur le drap blanc à quelques dizaines de mètres de lui.

— Mais s'ils sont tous morts dans la maison, alors qui est là ? demanda-t-il en désignant le corps.

— Une petite jeune femme, Meghan Padalin, lui répondis-je. Elle faisait son jogging. Elle a dû tomber sur le meurtrier au moment où il sortait de la maison et elle a été abattue aussi.

— C'est pas possible ! dit le maire-adjoint en plongeant son visage entre ses mains. C'est un cauchemar !

Le chef-adjoint Ron Gulliver nous rejoignit à cet instant. Il s'adressa directement à Brown :

— La presse pose beaucoup de questions. Il faudrait que quelqu'un fasse une déclaration.

— Je... je ne sais pas si je peux affronter ça, bredouilla Alan, le visage livide.

— Alan, répondit le chef Harvey, il le faut. Tu es le maire de cette ville désormais.

## JESSE ROSENBERG

*Samedi 28 juin 2014*

*28 jours avant la première*

Il était 8 heures du matin. Tandis qu'Orphea se réveillait doucement, sur Bendham Road envahie de camions de pompiers, l'agitation était à son comble. L'immeuble où vivait Stephanie n'était plus qu'une ruine fumante. Son appartement avait été totalement détruit par les flammes.

Anna et moi, sur le trottoir, observions le va-et-vient des pompiers qui s'affairaient à enrouler des tuyaux et à ranger du matériel. Nous fûmes bientôt rejoints par le chef des pompiers.

— C'est un incendie volontaire, nous dit-il d'un ton catégorique. Heureusement, il n'y a pas de blessés. Seul le locataire du premier étage était dans l'immeuble et il a eu le temps de sortir. C'est lui qui nous a prévenus. Pourriez-vous venir avec moi ? Je voudrais vous montrer quelque chose.

Nous le suivîmes à l'intérieur du bâtiment puis dans les escaliers. L'air était enfumé et âcre. Arrivés au deuxième étage, nous découvrîmes que la porte de l'appartement de Stephanie était grande ouverte. Elle semblait parfaitement intacte. La serrure également.

— Comment êtes-vous entrés sans casser la porte ni briser la serrure ? demanda Anna.

— C'est justement ce que je voulais vous montrer, répondit le chef des pompiers. Quand nous sommes arrivés, la porte était grande ouverte, telle que vous la voyez ici.

— L'incendiaire avait les clés, dis-je.

Anna me regarda d'un air grave :

— Jesse, je crois que celui que tu as surpris ici jeudi soir est venu finir le travail.

Je m'approchai jusque sur le palier pour observer l'intérieur de l'appartement : il n'en restait plus rien. Les meubles, les murs, les livres : tout était carbonisé. La personne qui avait mis le feu à l'appartement n'avait qu'un but : tout faire brûler.

Dans la rue, Brad Melshaw, le locataire du premier étage, assis sur les marches d'un immeuble voisin, enveloppé dans une couverture et buvant un café, contemplait la façade du bâtiment noircie par les flammes. Il nous expliqua avoir terminé son service au *Café Athéna* vers 23 heures 30.

— Je suis rentré directement chez moi, nous dit-il. Je n'ai rien remarqué de particulier. Je me suis douché, j'ai regardé un peu la télé et je me suis endormi sur mon canapé, comme cela m'arrive souvent. Vers 3 heures du matin, je me suis réveillé en sursaut. L'appartement était envahi de fumée. J'ai rapidement compris que ça venait de la cage d'escalier et en ouvrant la porte d'entrée j'ai vu que l'étage au-dessus brûlait. Je suis descendu aussitôt dans la rue et j'ai prévenu les secours avec mon portable. Apparemment, Stephanie n'était pas chez elle. Elle a des problèmes, c'est ça ?

— Qui vous en a parlé ?

— Tout le monde en parle. C'est une petite ville ici, vous savez.

— Connaissez-vous bien Stephanie ?

— Non. Comme des voisins qui se croisent, et encore. Nos horaires sont très différents. Elle a emménagé ici en septembre de l'année dernière. Elle est sympathique.

— Vous a-t-elle parlé d'un projet de voyage ? Vous a-t-elle parlé de s'absenter ?

— Non. Ainsi que je vous l'ai dit, nous n'étions pas suffisamment proches pour qu'elle m'en parle.

— Elle aurait pu vous demander d'arroser ses plantes ou de relever son courrier ?

— Elle ne m'a jamais demandé ce genre de service.

Soudain, le regard de Brad Melshaw se troubla. Il s'écria alors :

— Si ! Comment ai-je pu oublier cela ? Elle s'est disputée avec un policier l'autre soir.

— Quand ?

— Samedi soir dernier.

— Que s'est-il passé ?

— Je rentrais du restaurant à pied. C'était vers minuit. Il y avait une voiture de police garée devant l'immeuble et Stephanie parlait au conducteur. Elle lui disait : « Tu ne peux pas me faire ça, j'ai besoin de toi. » Et il lui a répondu : « Je ne veux plus entendre parler de toi. Si tu m'appelles encore, je porte plainte. » Il a démarré et il est parti. Elle est restée un moment sur le trottoir. Elle avait l'air complètement paumée. J'ai attendu à l'angle de la rue, d'où j'avais assisté à la scène, jusqu'à ce qu'elle remonte chez elle. Je ne voulais pas la mettre mal à l'aise.

— De quel type de voiture de police s'agissait-il ?

demanda Anna. La police d'Orphea ou d'une autre ville ? La police d'État ? La police de l'autoroute ?

— Je n'en sais rien. Sur le moment, je n'ai pas fait attention. Et il faisait nuit.

Nous fûmes interrompus par le maire Brown qui me tomba dessus.

— J'imagine que vous avez lu le journal du jour, capitaine Rosenberg ? me demanda-t-il d'un ton furieux, en dépliant devant moi un exemplaire de l'*Orphea Chronicle*.

Sur la une, s'affichait un portrait de Stephanie surmonté du titre suivant :

*AVEZ-VOUS VU CETTE JEUNE FEMME ?*

> *Stephanie Mailer, journaliste à l'*Orphea Chronicle*, n'a plus donné signe de vie depuis lundi. Autour de sa disparition se produisent d'étranges évènements. La police d'État enquête.*

— Je n'étais pas au courant de cet article, monsieur le maire, assurai-je.

— Au courant ou pas au courant, capitaine Rosenberg, c'est vous qui créez toute cette agitation ! s'agaça Brown.

Je me tournai vers l'immeuble détruit par les flammes.

— Vous soutenez qu'il ne se passe rien à Orphea ?

— Rien dont la police locale ne puisse pas se charger. Alors ne venez pas créer davantage de désordre, voulez-vous ? La santé financière de la ville n'est pas au beau fixe et tout le monde compte sur la saison estivale et le festival de théâtre pour relancer l'économie. Si les touristes ont peur, ils ne viendront pas.

— Permettez-moi d'insister, monsieur le maire : je crois qu'il peut s'agir d'une affaire très grave…

— Vous n'avez pas le premier élément, capitaine Rosenberg. Le chef Gulliver me disait hier que la voiture de Stephanie n'a plus été vue depuis lundi. Et si elle était tout simplement partie ? J'ai passé quelques coups de fil à votre sujet, il paraît que vous partez à la retraite lundi ?

Anna me dévisagea d'un drôle d'air.

— Jesse, me dit-elle, tu quittes la police ?

— Je ne vais nulle part sans avoir tiré cette affaire au clair.

Je compris que le maire Brown avait le bras long lorsque, après avoir quitté Bendham Road, alors qu'Anna et moi regagnions le commissariat d'Orphea, je reçus un appel de mon supérieur, le major McKenna.

— Rosenberg, me dit-il, le maire d'Orphea me harcèle par téléphone. Il affirme que tu sèmes la panique dans sa ville.

— Major, expliquai-je, une femme a disparu et ce pourrait être en relation avec le quadruple meurtre de 1994.

— L'affaire du quadruple meurtre a été bouclée, Rosenberg. Et tu devrais le savoir puisque c'est toi qui l'as résolue.

— Je sais, major. Mais je commence à me demander si nous n'avons pas manqué quelque chose à l'époque…

— Qu'est-ce que tu me chantes là ?

— La jeune femme disparue est une journaliste qui avait rouvert cette enquête. Est-ce que ce n'est pas le signe qu'il faut creuser ?

— Rosenberg, me dit McKenna d'un ton agacé, d'après le chef de la police locale, tu n'as pas le moindre élément. Tu es en train de pourrir mon samedi et tu vas passer pour un idiot à deux jours de quitter la police. Est-ce vraiment ce que tu veux ?

Je restai silencieux et McKenna reprit d'une voix plus amicale :

— Écoute-moi. Je dois partir avec ma famille au lac Champlain pour le week-end, ce que je vais faire en prenant soin d'oublier mon téléphone portable à la maison. Je serai injoignable jusqu'à demain soir et de retour au bureau lundi matin. Tu as donc jusqu'à lundi matin, première heure, pour trouver quelque chose de solide à me présenter. Sinon, tu reviens gentiment au bureau, comme si de rien n'était. Nous boirons un verre pour célébrer ton départ de la police et je ne veux plus jamais entendre parler de cette histoire. Est-ce clair ?

— Compris, major. Merci.

Le temps était compté. Dans le bureau d'Anna, nous commençâmes à coller les différents éléments sur un tableau magnétique.

— D'après le témoignage des journalistes, dis-je à Anna, le vol de l'ordinateur à la rédaction aurait eu lieu dans la nuit de lundi à mardi. L'intrusion dans l'appartement a eu lieu jeudi soir, et finalement il y a eu l'incendie cette nuit.

— Où veux-tu en venir ? me demanda Anna en me tendant une tasse de café brûlant.

— Eh bien, tout laisse à penser que ce que cette

personne cherchait ne se trouvait pas dans l'ordinateur de la rédaction, ce qui l'a obligée à aller fouiller l'appartement de Stephanie. Vraisemblablement sans succès, puisqu'elle a pris le risque de revenir le lendemain soir et d'y mettre le feu. Pourquoi agir ainsi si ce n'est pour espérer détruire les documents, faute d'avoir mis la main dessus ?

— Donc ce que l'on cherche est peut-être encore dans la nature ! s'exclama Anna.

— Exact, acquiesçai-je. Mais où ?

J'avais emporté avec moi les relevés téléphoniques et bancaires de Stephanie, récupérés la veille au centre régional de la police d'État, et je les déposai sur la table.

— Commençons par essayer de découvrir qui a téléphoné à Stephanie à la sortie du *Kodiak Grill*, dis-je en fouillant parmi les documents jusqu'à trouver la liste des derniers appels émis et reçus.

Stephanie avait reçu un appel à 22 heures 03. Puis elle avait téléphoné deux fois de suite à un même correspondant. À 22 heures 05 et 22 heures 10. Le premier appel avait duré à peine une seconde, le deuxième en avait duré 20.

Anna s'installa à son ordinateur. Je lui dictai le numéro de l'appel reçu par Stephanie à 22 heures 03 et elle l'entra dans le système de recherche pour identifier l'abonné correspondant.

— Ça alors, Jesse ! s'écria Anna.

— Quoi ? demandai-je, en me précipitant vers l'écran.

— Le numéro correspond à la cabine téléphonique du *Kodiak Grill* !

— Quelqu'un a appelé Stephanie depuis le *Kodiak Grill* juste après qu'elle en est sortie ? m'étonnai-je.

— Quelqu'un l'observait, dit Anna. Pendant tout le temps où elle attendait, quelqu'un l'observait.

Reprenant mon document, je surlignai le dernier numéro composé par Stephanie. Je le dictai à Anna qui l'entra à son tour dans le système.

Elle resta stupéfaite devant le nom qui s'afficha sur l'ordinateur.

— Non, ce doit être une erreur! me dit-elle, soudain blême.

Elle me demanda de répéter le numéro et frappa frénétiquement le clavier, entrant à nouveau la série de chiffres.

Je m'approchai de l'écran et lus le nom qui s'y affichait :

— Sean O'Donnell. Quel est le problème, Anna ? Tu le connais ?

— Je le connais très bien, répondit-elle, atterrée. C'est un de mes policiers. Sean O'Donnell est un flic d'Orphea.

*

Le chef Gulliver, en voyant le relevé téléphonique, ne put me refuser d'interroger Sean O'Donnell. Il le fit revenir de patrouille et installer dans une salle d'interrogatoire. Lorsque j'entrai dans la pièce, accompagné d'Anna et du chef Gulliver, Sean se leva à moitié de sa chaise, comme s'il avait les jambes molles.

— Va-t-on me dire ce qui se passe ? exigea-t-il sur un ton inquiet.

— Assieds-toi, lui dit Gulliver. Le capitaine Rosenberg a des questions à te poser.

Il obéit. Gulliver et moi nous assîmes derrière la

table, face à lui. Anna se tenait contre le mur, en retrait.

— Sean, lui dis-je, je sais que Stephanie Mailer vous a téléphoné lundi soir. Vous êtes la dernière personne qu'elle ait tenté de joindre. Qu'est-ce que vous nous cachez ?

Sean se prit la tête entre les mains.

— Capitaine, gémit-il, j'ai complètement merdé. J'aurais dû en parler à Gulliver. Je voulais le faire, d'ailleurs ! Je regrette tellement…

— Mais vous ne l'avez pas fait, Sean ! Alors, il faut que vous me disiez tout, maintenant.

Il ne parla qu'après un long soupir :

— Stephanie et moi on est brièvement sortis ensemble. On s'était rencontrés dans un bar, il y a quelque temps. C'est moi qui l'ai abordée et, pour être honnête avec vous, elle n'avait pas l'air très emballée. Elle a finalement accepté que je lui paie un verre, on a discuté un peu, je pensais que ça n'irait pas plus loin. Jusqu'à ce que je lui dise que j'étais flic ici à Orphea : ça a eu l'air de la brancher tout de suite. Elle a immédiatement changé d'attitude et s'est soudain montrée très intéressée par moi. On a échangé nos numéros, on s'est revus quelques fois. Sans plus. Mais les choses se sont subitement accélérées il y a deux semaines. On a couché ensemble. Juste une fois.

— Pourquoi ça n'a pas duré entre vous ? demandai-je.

— Parce que j'ai compris que ce n'était pas moi qui l'intéressais, mais la salle des archives du commissariat.

— *La salle des archives* ?

— Oui, capitaine. C'était très étrange. Elle m'en avait parlé plusieurs fois. Elle voulait absolument que je l'y emmène. Je pensais qu'elle plaisantait et je lui disais que c'était impossible évidemment. Mais voilà qu'en me réveillant dans son lit il y a quinze jours, elle a exigé que je la conduise à la salle des archives. Comme si je lui devais une contrepartie pour avoir passé la nuit avec elle. J'ai été terriblement blessé. Je suis parti furieux en lui faisant comprendre que je ne voulais plus la voir.

— Tu n'as pas eu la curiosité de savoir pourquoi elle s'intéressait tant à la salle des archives ? demanda le chef Gulliver.

— Bien sûr. Une partie de moi voulait absolument savoir. Mais je ne voulais pas montrer à Stephanie que son histoire m'intéressait. Je me sentais manipulé, et comme elle me plaisait vraiment, ça m'a fait mal.

— Et vous l'avez revue ensuite ? l'interrogeai-je

— Une seule fois. Samedi dernier. Ce soir-là, elle m'a appelé à plusieurs reprises, mais je n'ai pas répondu. Je pensais qu'elle se lasserait mais elle appelait sans discontinuer. J'étais de service et son insistance était insupportable. Finalement, à bout de nerfs, je lui ai dit de me retrouver en bas de chez elle. Je ne suis même pas sorti de ma voiture, je lui ai dit que si elle me recontactait, je porterais plainte pour harcèlement. Elle m'a dit qu'elle avait besoin d'aide, mais je ne l'ai pas crue.

— Qu'a-t-elle dit exactement ?

— Elle m'a dit qu'elle avait besoin de consulter un dossier lié à un crime commis ici et pour lequel elle avait des informations. Elle m'a dit : « Il y a une enquête qui a été bouclée à tort. Il y a un détail, quelque chose que personne n'a vu à l'époque et qui était pourtant tellement évident. » Pour me convaincre, elle m'a montré sa main et elle m'a demandé ce que je voyais. « Ta main », ai-je répondu.

« Ce sont mes doigts qu'il fallait voir. » Avec son histoire de main et de doigts, je me suis dit qu'elle me prenait pour un idiot. Je suis reparti en la laissant plantée dans la rue, me jurant de ne plus jamais me laisser avoir par elle.

— Plus jamais ? demandai-je.

— Plus jamais, capitaine Rosenberg. Je ne lui ai plus parlé depuis.

Je laissai planer un court silence avant d'abattre mon atout :

— Ne nous prenez pas pour des imbéciles, Sean ! Je sais que vous avez parlé avec Stephanie lundi soir, le soir de sa disparition.

— Non, capitaine ! Je vous jure que je ne lui ai pas parlé !

Je brandis le relevé de téléphone et le plaquai devant lui.

— Arrêtez de mentir, c'est écrit ici : vous vous êtes parlé pendant 20 secondes.

— Non, nous ne nous sommes pas parlé ! s'écria Sean. Elle m'a appelé, c'est vrai. Deux fois. Mais je n'ai pas répondu ! Au dernier appel, elle m'a laissé un message sur mon répondeur. Nos téléphones se sont effectivement connectés comme l'indique le relevé, mais nous ne nous sommes pas parlé.

Sean ne mentait pas. En interrogeant son téléphone, nous découvrîmes un message reçu lundi à 22 heures 10, d'une durée de 20 secondes. J'appuyai sur le bouton d'écoute et la voix de Stephanie surgit soudain du haut-parleur du téléphone.

> *Sean, c'est moi. Je dois absolument te parler, c'est urgent. S'il te plaît…* [Pause.] *Sean, j'ai peur. J'ai vraiment peur.*

Sa voix laissait transparaître une légère panique.

— Je n'ai pas écouté ce message sur le moment. Je pensais que c'était encore ses pleurnicheries. Je l'ai finalement fait mercredi, après que ses parents sont venus au commissariat annoncer sa disparition, expliqua Sean. Et je n'ai pas su quoi faire.

— Pourquoi n'avez-vous rien dit ? demandai-je.

— J'ai eu peur, capitaine. Et je me suis senti honteux.

— Est-ce que Stephanie se sentait menacée ?

— Non... En tout cas, elle n'en a jamais fait mention. C'est la première fois qu'elle disait avoir peur.

J'échangeai un regard avec Anna et le chef Gulliver, puis je demandai à Sean :

— J'ai besoin de savoir où vous étiez et ce que vous faisiez lundi soir vers 22 heures, quand Stephanie a essayé de vous joindre.

— J'étais dans un bar à East Hampton. L'un de mes copains en est le gérant, on était tout un groupe d'amis. On y a passé la soirée. Je vais vous donner tous les noms, vous pouvez vérifier.

Plusieurs témoins confirmèrent la présence de Sean dans le bar en question, de 19 heures jusqu'à 1 heure du matin le soir de la disparition. Dans le bureau d'Anna, j'écrivis sur le tableau magnétique l'énigme de Stephanie : *Ce qui était sous nos yeux et que nous n'avons pas vu en 1994.*

Nous pensions que Stephanie voulait se rendre aux archives du commissariat d'Orphea pour accéder au dossier d'enquête du quadruple meurtre de 1994. Nous nous rendîmes donc à la salle des archives et trouvâmes sans difficulté le grand carton censé contenir le dossier en question. Mais à notre grande surprise, la boîte était vide. Tout avait disparu. À l'intérieur, il n'y avait qu'une feuille de papier jaunie par le temps et sur laquelle on avait tapé à la machine à écrire :

*Ici commence* LA NUIT NOIRE.

Comme le début d'un jeu de piste.

*

Le seul élément concret dont nous disposions était le coup de fil passé depuis le *Kodiak Grill* juste après que Stephanie en était partie. Nous nous rendîmes sur place et y retrouvâmes l'employée interrogée la veille.

— Où se trouve votre téléphone public ? lui demandai-je.

— Vous pouvez utiliser le téléphone du comptoir, me répondit-elle.

— C'est gentil, mais je voudrais voir votre téléphone public.

Elle nous conduisit à travers le restaurant jusqu'à la partie arrière où l'on trouvait deux rangées de portemanteaux fixés au mur, les toilettes, un distributeur d'argent, et, dans un angle, un téléphone à pièces.

— Y a-t-il une caméra ? interrogea Anna en scrutant le plafond.

— Non, il n'y a aucune caméra dans le restaurant.

— Cette cabine est-elle souvent utilisée ?

— Je ne sais pas, il y a toujours beaucoup de va-et-vient par ici. Les toilettes sont réservées aux clients mais il y a toujours des gens qui entrent et demandent innocemment s'il y a le téléphone ici. On répond que oui. Mais on ne sait pas s'ils ont vraiment besoin de passer un coup de fil ou s'ils ont besoin de faire pipi. Aujourd'hui tout le monde a un portable, non ?

À cet instant justement, le téléphone d'Anna sonna. On venait de retrouver la voiture de Stephanie à proximité de la plage.

*

Anna et moi roulions à toute allure sur Ocean Road, qui partait de la rue principale et menait jusqu'à la plage d'Orphea. La route se terminait par un parking qui consistait en un vaste cercle de béton, sur lequel les baigneurs garaient leurs voitures sans qu'il n'y ait ni ordre ni limite de temps. En hiver, il restait clairsemé des véhicules de quelques promeneurs et de pères de famille venus faire voler des cerfs-volants avec leurs enfants. Il commençait à se remplir dans les beaux jours du printemps. Au cœur de l'été, il était pris d'assaut dès le début des matinées brûlantes et le nombre de voitures qui parvenaient à s'y entasser était spectaculaire.

À environ 100 mètres du parking, une voiture de police était garée sur le bas-côté. Un agent nous fit un signe de la main et je me rangeai derrière sa voiture. À cet endroit, un petit chemin routier s'enfonçait dans la forêt. Le policier nous expliqua :

— Ce sont des promeneurs qui ont vu la voiture. Apparemment, elle est garée ici depuis mardi. C'est en lisant le journal ce matin qu'ils ont fait le lien. J'ai vérifié, la plaque correspond au véhicule de Stephanie Mailer.

Il nous fallut marcher environ deux cents mètres pour arriver à la voiture, convenablement garée dans un renfoncement. C'était bien la Mazda bleue filmée par les caméras de la banque. J'enfilai une paire de gants en latex et en fis rapidement le tour, inspectant l'intérieur à travers les vitres. Je voulus ouvrir la porte, mais elle était fermée à clé. Anna finit par exprimer à voix haute l'idée qui me trottait dans la tête :

— Jesse, est-ce que tu crois qu'elle est dans le coffre ?

— Il n'y a qu'une façon de le savoir, répondis-je.

Le policier nous apporta un pied-de-biche. Je l'enfonçai dans la rainure du coffre. Anna se tenait juste derrière moi, retenant sa respiration. La serrure céda facilement et le coffre s'ouvrit brusquement. J'eus un mouvement de recul, puis me penchant en avant pour mieux voir l'intérieur, je constatai qu'il était vide. « Il n'y a rien, dis-je en m'écartant de la voiture. Appelons la police scientifique avant qu'on ne pollue la scène. Je pense que, cette fois, le maire sera d'avis qu'il faut employer les grands moyens. »

La découverte de la voiture de Stephanie changeait effectivement la donne. Le maire Brown, informé de la situation, débarqua avec Gulliver sur les lieux et, comprenant qu'il fallait lancer des opérations de recherche et que la police locale serait rapidement dépassée par la situation, il fit appeler en renfort des effectifs de police des villes voisines.

En une heure, Ocean Road était complètement bouclée, de son milieu jusqu'au parking de la plage. Les polices de tout le comté avaient envoyé des hommes, appuyés par des patrouilles de la police d'État. Des groupes de curieux s'étaient massés de part et d'autre des bandes de police.

Du côté de la forêt, les hommes de la police

scientifique jouaient leur ballet en combinaisons blanches autour de la voiture de Stephanie, qu'ils passèrent au peigne fin. Des équipes cynophiles avaient également été dépêchées.

Bientôt, le responsable de la brigade canine nous fit appeler sur le parking de la plage.

— Tous les chiens suivent une même piste, nous dit-il lorsque nous l'eûmes rejoint. Ils partent de la voiture et prennent ce petit chemin qui serpente depuis la forêt entre les herbes et arrive ici.

Il nous montra du doigt le tracé du chemin qui était un raccourci emprunté par les promeneurs pour aller de la plage jusqu'au chemin forestier.

— Les chiens marquent tous l'arrêt sur le parking. À l'endroit où je me trouve. Ensuite, ils perdent sa trace.

Le policier se tenait littéralement au milieu du parking.

— Qu'est-ce que cela signifie ? demandai-je.

— Qu'elle est montée dans une voiture ici, capitaine Rosenberg. Et qu'elle est partie à bord de ce véhicule.

Le maire se tourna vers moi.

— Qu'en pensez-vous, capitaine ? me demanda-t-il.

— Je pense que quelqu'un attendait Stephanie. Elle avait rendez-vous. La personne avec qui elle avait rendez-vous au *Kodiak Grill* l'épiait, installée à une table du fond. Quand elle repart du restaurant, cette personne l'appelle depuis la cabine téléphonique et lui donne rendez-vous à la plage. Stephanie est inquiète : elle pensait à un rendez-vous dans un lieu public et elle se retrouve à devoir aller à la plage, déserte à cette heure-là. Elle téléphone à Sean qui ne répond pas. Elle décide finalement de se garer sur le sentier de la forêt. Peut-être pour avoir une solution de repli ? Ou alors pour guetter la venue de son mystérieux rendez-vous ? En tout cas, elle ferme sa voiture à clé. Elle descend jusqu'au parking et monte dans le véhicule de son contact. Où a-t-elle été emmenée ? Dieu seul le sait.

Il y eut un silence glaçant. Puis, le chef Gulliver, comme s'il était en train de prendre la mesure de la situation, murmura :

— Ainsi commence la disparition de Stephanie Mailer.

## *DEREK SCOTT*

Ce soir du 30 juillet 1994, à Orphea, il fallut un moment pour qu'arrivent finalement sur la scène de crime les premiers de nos collègues de la brigade criminelle ainsi que notre chef, le major McKenna. Après un point de la situation, il me prit à l'écart et me demanda :

— Derek, c'est toi qui es arrivé le premier sur les lieux ?

— Oui, major, lui répondis-je. Ça fait plus d'une heure qu'on est là avec Jesse. Étant l'officier le plus gradé, j'ai dû prendre quelques décisions, notamment de dresser des barrages routiers.

— Tu as bien fait. Et la situation me semble bien gérée. Tu te sens capable de prendre en charge cette affaire ?

— Oui, major. J'en serais très honoré.

Je sentais que McKenna hésitait.

— Ce serait ta première grosse affaire, dit-il, et Jesse est un inspecteur encore peu expérimenté.

— Rosenberg a un bon instinct de flic, assurai-je. Faites-nous confiance, major. Nous ne vous décevrons pas.

Après un instant de réflexion, le major finit par acquiescer :

— J'ai envie de vous donner votre chance, Scott. Je vous aime bien, Jesse et toi. Mais ne merdez pas. Parce que, quand vos collègues apprendront que je vous ai confié une affaire de cette envergure, ça va jaser sec. En même temps, ils n'avaient qu'à être là ! Où sont-ils tous, nom d'un chien ? En vacances ? Foutus connards…

Le major héla Jesse puis annonça à la cantonade pour que nos collègues entendent également :

— Scott et Rosenberg, c'est vous qui dirigerez cette affaire.

Jesse et moi étions bien décidés à ne pas faire regretter au major sa décision. Nous passâmes la nuit à Orphea, à réunir les premiers éléments de notre enquête. Il était presque 7 heures du matin lorsque je déposai Jesse devant chez lui, dans le Queens. Il me proposa de rentrer à l'intérieur boire un café et j'acceptai. Nous étions épuisés mais beaucoup trop excités par cette affaire pour dormir. Dans la cuisine, tandis que Jesse préparait la cafetière, je me mis à prendre des notes.

— *Qui en voulait au maire au point de le tuer avec sa femme et son fils ?* demandai-je à haute voix tout en notant cette phrase sur une feuille qu'il colla sur le frigo.

— Il faut interroger ses proches, suggéra Jesse.

— Que faisaient-ils tous chez eux le soir de la première du festival de théâtre ? Ils auraient dû être au Grand Théâtre. Et puis ces valises pleines de vêtements qu'on a trouvées dans la voiture. Je crois qu'ils étaient sur le point de partir.

— Ils s'enfuyaient ? Mais pourquoi ?

— Ça, Jesse, lui dis-je, c'est ce que nous devons découvrir.

Je collai une seconde feuille sur laquelle il inscrivit : *Le maire avait-il des ennemis ?*

Natasha, sans doute réveillée par nos éclats de voix, apparut à la porte de la cuisine, encore à moitié endormie.

— Qu'est-ce qui s'est passé hier soir ? demanda-t-elle en se blottissant contre Jesse.

— Un massacre, lui répondis-je.

— *Meurtres au festival de théâtre* ? lut Natasha sur la porte du frigo avant de l'ouvrir. Ça sonne comme une bonne pièce policière.

— Ça pourrait en être une, acquiesça Jesse.

Natasha sortit du lait, des œufs, de la farine qu'elle déposa sur le comptoir pour préparer des pancakes et se servit de café. Elle regarda encore les notes et nous demanda :

— Et alors, quelles sont vos premières hypothèses ?

## JESSE ROSENBERG

### *Dimanche 29 juin 2014*

*27 jours avant la première*

Les recherches pour retrouver Stephanie ne donnaient rien.

Il y avait presque vingt-quatre heures que la région était mobilisée, en vain. Des équipes de policiers et de volontaires ratissaient le comté. Des équipes cynophiles, des plongeurs ainsi qu'un hélicoptère étaient à pied d'œuvre également. Des bénévoles collaient des affiches dans les supermarchés et défilaient dans les magasins et les stations-service dans l'espoir que quelqu'un, client ou employé, aurait aperçu Stephanie. Les parents Mailer avaient fait une déclaration à la presse et aux télévisions locales, présentant une photo de leur fille, appelant quiconque l'aurait vue à contacter immédiatement la police.

Tout le monde voulait participer à l'effort : le *Kodiak Grill* offrait des rafraîchissements à quiconque avait pris part aux recherches. Le Palace du Lac, l'un des plus luxueux hôtels de la région et situé sur le comté d'Orphea, avait mis l'un de ses salons à disposition de la police qui s'en servait comme point de ralliement pour les volontaires désireux de se joindre aux forces vives, d'où ils étaient ensuite dirigés vers une zone de recherche.

Installés dans son bureau du commissariat d'Orphea, Anna et moi poursuivions notre enquête. Le voyage de Stephanie à Los Angeles restait un mystère total. C'est à son retour de Californie qu'elle s'était soudain rapprochée du policier Sean O'Donnell, insistant pour accéder à la salle des archives de la police. Qu'avait-elle pu découvrir là-bas ? Nous contactâmes l'hôtel où elle était restée mais sans que cela soit d'aucune utilité. En revanche, en nous penchant sur ses allers-retours réguliers vers New York – trahis par les débits de sa carte de crédit aux péages –, nous découvrîmes qu'elle avait reçu des amendes pour stationnement prolongé ou illégal – et même une mise en fourrière – toujours dans la même rue. Anna trouva sans difficulté la liste des différents établissements de la rue : restaurants, médecins, avocats, chiropraticiens, laverie. Mais surtout : la rédaction de la *Revue des lettres new-yorkaises.*

— Comment est-ce possible ? m'interrogeai-je. La mère de Stephanie m'a affirmé que sa fille avait été licenciée en septembre de la *Revue des lettres new-yorkaises*, raison pour laquelle elle est venue à Orphea. Pourquoi aurait-elle continué à se rendre là-bas ? Ça n'a aucun sens.

— En tout cas, me dit Anna, les dates de passage aux péages coïncident avec les contraventions reçues. Et d'après ce que je vois ici, les emplacements où elle a été verbalisée semblent être à proximité immédiate de l'entrée de l'immeuble où se trouvent les locaux de la *Revue*. Appelons le rédacteur en chef de la *Revue* pour lui demander des explications, proposa-t-elle en décrochant son téléphone.

Elle n'eut pas le temps de composer le numéro car au même moment on frappa à la porte de son bureau. C'était le responsable de la brigade scientifique de la police d'État.

— Je vous apporte le résultat de ce que nous avons trouvé dans l'appartement et la voiture de Stephanie Mailer, nous dit-il en agitant une lourde enveloppe. Et je pense que ça va vous intéresser.

Il s'assit sur le bord de la table de réunion.

— Commençons par l'appartement, dit-il. Je vous confirme qu'il s'agit d'un incendie criminel. Les lieux ont été arrosés de produits accélérants. Et si vous aviez un doute, ce n'est certainement pas Stephanie Mailer qui a mis le feu.

— Pourquoi dites-vous cela? demandai-je.

Le policier brandit un sac en plastique contenant des liasses de billets:

— Nous avons trouvé 10000 dollars en liquide dans l'appartement, cachés dans le réservoir d'une cafetière italienne en fonte. Ils sont intacts.

Anna dit alors:

— Effectivement, si j'étais Stephanie et que j'avais caché 10000 dollars en liquide chez moi, je prendrais la peine de les récupérer avant de mettre le feu à mon appartement.

— Et dans la voiture, demandai-je au policier, qu'avez-vous trouvé?

— Malheureusement aucune trace d'ADN en dehors de celles de Stephanie elle-même. Nous avons pu comparer avec un prélèvement sur ses parents. En revanche, nous avons retrouvé une note manuscrite assez énigmatique, sous le siège conducteur et dont l'écriture serait celle de Stephanie.

Le policier replongea la main dans son enveloppe

et en sortit un second sac en plastique qui contenait une feuille arrachée à un cahier d'écolier, et sur laquelle il était inscrit :

*La Nuit noire* → *Festival de théâtre d'Orphea*

*En parler à Michael Bird*

— *La Nuit noire* ! s'écria Anna, comme l'inscription laissée à la place du dossier de police sur le quadruple meurtre de 1994.

— Il faut aller parler à Michael Bird, dis-je. Il se peut qu'il en sache plus que ce qu'il a bien voulu nous dire.

*

Nous retrouvâmes Michael dans son bureau de la rédaction de l'*Orphea Chronicle*. Il avait préparé à notre intention un dossier contenant les copies de tous les articles écrits par Stephanie pour le journal. On retrouvait pour l'essentiel de l'information très locale : kermesse scolaire, la parade de Colombus Day, célébration communale de Thanksgiving pour les esseulés, concours de citrouilles pour Halloween, accident de la route et autres sujets de la rubrique des chiens écrasés. Tout en faisant défiler les articles devant moi, je demandai à Michael :

— Quel est le salaire de Stephanie au journal ?

— 1 500 dollars par mois, répondit-il. Pourquoi cette question ?

— Cela peut avoir de l'importance pour l'enquête.

Je ne vous cache pas que je cherche encore à comprendre pourquoi Stephanie a quitté New York pour venir à Orphea écrire des articles sur Columbus Day et la fête de la courge. Ça n'a aucun sens à mes yeux. Ne le prenez pas mal, Michael, mais ça ne colle pas avec le portrait ambitieux que m'ont fait d'elle ses parents et ses amis.

— Je comprends parfaitement votre question, capitaine Rosenberg. Je me la suis posée d'ailleurs. Stephanie m'a dit qu'elle avait été écœurée par son licenciement de la *Revue des lettres new-yorkaises*. Elle avait envie de renouveau. C'est une idéaliste, vous savez. Elle veut changer les choses. Le défi de travailler pour un journal local ne l'effraie pas, au contraire.

— Je pense qu'il y a autre chose, dis-je avant de montrer à Michael le morceau de papier retrouvé dans la voiture de Stephanie.

— Qu'est-ce que c'est ? demanda Michael.

— Une note écrite de la main de Stephanie. Elle y mentionne le festival de théâtre d'Orphea, et elle ajoute vouloir vous en parler. Que savez-vous que vous ne nous dites pas, Michael ?

Michael soupira :

— Je lui ai promis de ne rien révéler… Je lui ai donné ma parole.

— Michael, lui dis-je, je crois que vous ne comprenez pas la gravité de la situation.

— C'est vous qui ne comprenez pas, répliqua-t-il. Il y a peut-être une bonne raison qui justifie que Stephanie ait décidé de disparaître quelque temps. Et vous êtes en train de tout compromettre en rameutant la population.

— Une bonne raison ? m'étranglai-je.

— Elle se savait peut-être en danger et a décidé de se cacher. En retournant la région, vous risquez de la compromettre : son enquête est plus importante que ce que vous pouvez imaginer, ceux qui la cherchent en ce moment sont peut-être ceux dont elle se cache.

— Vous voulez dire un policier ?

— C'est possible. Elle est restée très mystérieuse. J'ai insisté pourtant pour qu'elle m'en révèle davantage, mais elle n'a jamais voulu me dire de quoi il retournait.

— Ça ressemble bien à la Stephanie que j'ai rencontrée l'autre jour, soupirai-je. Mais quel est le lien avec le festival de théâtre ?

Bien que la rédaction fût déserte et la porte de son bureau fermée, Michael baissa encore d'un ton, comme s'il craignait qu'on puisse l'entendre :

— Stephanie pensait qu'il se tramait quelque chose au festival, qu'elle avait besoin d'interroger les bénévoles sans que personne ne soupçonne quoi que ce soit. Je lui ai suggéré de faire une série d'articles pour le journal. C'était la couverture parfaite.

— Des interviews bidon ? m'étonnai-je.

— Pas vraiment bidon, parce que nous les publiions ensuite… Je vous ai parlé des difficultés économiques rencontrées par le journal : Stephanie m'avait assuré que la publication des résultats de son enquête permettrait de renflouer la caisse. « Quand on publiera ça, les gens s'arracheront l'*Orphea Chronicle* », m'a-t-elle dit un jour.

De retour au commissariat, nous contactâmes finalement l'ancien patron de Stephanie, le rédacteur en chef de la *Revue des lettres new-yorkaises*. Il s'appelait Steven Bergdorf et vivait à Brooklyn.

C'est Anna qui lui téléphona. Elle brancha le téléphone sur haut-parleur pour que je puisse entendre la conversation.

— Pauvre Stephanie, se désola Steven Bergdorf après qu'Anna l'eut informé de la situation. J'espère qu'il ne lui est rien arrivé de grave. C'est une femme très intelligente, une excellente journaliste littéraire, une belle plume. Et très gentille. Toujours aimable avec tout le monde. Pas le genre à s'attirer la malveillance ou des ennuis.

— Si mes informations sont exactes, vous l'avez licenciée l'automne dernier…

— C'est exact. Ça a été un déchirement : une fille si brillante. Mais le budget de la *Revue* a été resserré pendant l'été. Les abonnements sont en chute libre. Je devais absolument faire des économies et me séparer de quelqu'un.

— Comment a-t-elle réagi à son renvoi ?

— Elle n'était pas très contente, vous vous en doutez. Mais nous étions restés en bons termes. Je lui ai même écrit au mois de décembre pour prendre de ses nouvelles. Elle m'avait indiqué à ce moment-là qu'elle travaillait pour l'*Orphea Chronicle* et qu'elle s'y plaisait beaucoup. J'ai été content pour elle, même si j'étais un peu surpris.

— Surpris ?

Bergdorf détailla sa pensée :

— Une fille comme Stephanie Mailer, c'est un calibre du niveau du *New York Times*. Qu'est-ce qu'elle est allée faire dans un journal de seconde zone ?

— Monsieur Bergdorf, est-ce que Stephanie est revenue à la rédaction de votre revue depuis son licenciement ?

— Non. Du moins pas que je sache. Pourquoi ?

— Parce que nous avons établi que sa voiture s'est garée à proximité de l'immeuble à de fréquentes reprises ces derniers mois.

*
* *

Dans son bureau de la rédaction de la *Revue des lettres new-yorkaises*, déserte en ce dimanche, Steven Bergdorf, après avoir raccroché, resta longuement troublé.

— Que se passe-t-il, Stevie ? lui demanda Alice, 25 ans, assise sur le canapé du bureau, peignant ses ongles avec du vernis rouge.

— C'était la police. Stephanie Mailer a disparu.

— Stephanie ? C'était une sale idiote.

— Comment ça, *c'était* ? s'inquiéta Steven. Est-ce que tu es au courant de quelque chose ?

— Mais non, je dis *c'était* parce que je l'ai pas revue depuis son départ. Elle est sans doute toujours idiote, tu as raison.

Bergdorf se leva de sa chaise de bureau et alla se poster à la fenêtre, pensif.

— Stevie mon chouchou, le gourmanda Alice, tu ne vas pas commencer à te ronger les sangs ?

— Si tu ne m'avais pas forcé à la virer…

— Ne commence pas, Stevie ! Tu as fait ce qu'il fallait.

— Tu ne lui as plus parlé depuis son départ ?

— Je l'ai peut-être eue au téléphone. Qu'est-ce que ça change ?

— Au nom du ciel, Alice, tu viens de me dire que tu ne l'avais pas vue !…

— Je ne l'ai pas vue. Mais je lui ai parlé au téléphone. Une seule fois. C'était il y a deux semaines.

— Ne me dis pas que tu l'as appelée pour la narguer ! Est-ce qu'elle sait la vérité sur son licenciement ?

— Non.

— Comment peux-tu en être si sûre ?

— Parce que c'est elle qui m'a téléphoné pour obtenir un conseil. Elle semblait inquiète. Elle m'a dit : « J'ai besoin des faveurs d'un homme. » Je lui ai répondu : « Les hommes c'est pas compliqué : tu leur suces la bite, tu leur promets ton cul, et en échange, eux te donnent leur infaillible loyauté. »

— De qui s'agissait-il ? On devrait peut-être prévenir la police.

— Pas de police... Sois gentil et tais-toi maintenant.

— Mais...

— Ne me mets pas de mauvaise humeur, Stevie ! Tu sais ce qui se passe quand tu m'énerves. As-tu une chemise de rechange ? La tienne est toute froissée. Fais-toi beau, j'ai envie de sortir ce soir.

— Je ne peux pas sortir ce soir, je...

— J'ai dit que j'avais envie de sortir !

Bergdorf, la tête basse, quitta son bureau pour aller se chercher un café. Il téléphona à sa femme, il lui dit qu'il avait une urgence pour le bouclage de la *Revue* et qu'il ne rentrerait pas dîner. Quand il eut raccroché, il enfouit son visage entre ses mains. Comment en était-il arrivé là ? Comment s'était-il retrouvé, à 50 ans, à avoir une liaison avec cette jeune femme ?

*
* *

Anna et moi avions la conviction que l'argent retrouvé chez Stephanie était une des pistes de notre enquête. D'où provenaient ces 10000 dollars en liquide retrouvés chez elle ? Stephanie gagnait 1500 dollars par mois : une fois payés son loyer, sa voiture, ses courses et ses assurances, il ne devait pas rester grand-chose. S'il s'agissait d'économies personnelles, cette somme aurait plutôt été sur un compte en banque.

Nous passâmes la fin de la journée à interroger les parents de Stephanie, ainsi que ses amis, à propos de l'existence de cette somme. Mais sans succès. Les parents Mailer affirmèrent que leur fille s'était toujours débrouillée toute seule. Elle avait obtenu une bourse pour payer ses études universitaires et avait vécu de son salaire ensuite. Les amis, eux, nous assurèrent que Stephanie avait souvent de la peine à boucler ses fins de mois. Ils la voyaient mal mettre de l'argent de côté.

Au moment de quitter Orphea, alors que je descendais la rue principale, au lieu de continuer vers la route 17 pour rejoindre l'autoroute, je bifurquai presque sans réfléchir dans le quartier de Penfield et rejoignis Penfield Crescent. Je longeai le petit square et m'arrêtai devant la maison qui avait été celle du maire Gordon vingt ans plus tôt, là où tout avait commencé.

Je restai garé là un long moment, puis, en route pour chez moi, je ne pus m'empêcher de faire un arrêt à la maison de Derek et Darla. Je ne sais pas si c'était parce que j'avais besoin de voir Derek, ou simplement parce que je n'avais pas envie d'être seul et qu'en dehors de lui, je n'avais personne.

Il était 20 heures lorsque j'arrivai devant leur maison. Je restai un moment devant la porte, sans oser sonner. De l'extérieur, je pouvais percevoir les conversations joyeuses et les éclats de voix depuis la cuisine où ils étaient en train de dîner. Tous les dimanches, Derek et sa famille mangeaient des pizzas.

Je m'approchai discrètement de la fenêtre et j'observai le repas. Les trois enfants de Derek étaient encore au lycée. L'aîné devait entrer à l'université l'année prochaine. Soudain, l'un d'eux remarqua ma présence. Tous se retournèrent en direction de la fenêtre et me dévisagèrent.

Derek sortit de la maison, terminant de mâcher sa part de pizza, sa serviette en papier encore dans la main.

— Jesse, s'étonna-t-il, qu'est-ce que tu fais dehors ? Viens manger avec nous.

— Non, merci. J'ai pas trop faim. Écoute, il se passe des choses étranges à Orphea…

— Jesse, soupira Derek, ne me dis pas que tu as passé ton week-end là-bas !

Je lui fis un rapide résumé des derniers évènements.

— Il n'y a plus de doute possible, affirmai-je. Stephanie avait découvert des éléments nouveaux sur le quadruple meurtre de 1994.

— Ce ne sont que des suppositions, Jesse.

— Mais enfin, m'écriai-je, il y a cette note sur *La Nuit noire* retrouvée dans la voiture de Stephanie et ces mots identiques qui remplacent le dossier de police du quadruple meurtre qui a disparu ! Et le lien qu'elle a fait avec le festival de théâtre dont l'été 1994 marquait la toute première édition, si tu te rappelles bien ! Ce ne sont pas des éléments tangibles ?

— Tu vois les liens que tu as envie de voir, Jesse ! Tu te rends compte de ce que cela signifie de rouvrir le dossier de 1994 ? Ça veut dire qu'on s'est planté.

— Et si on s'était planté ! Stephanie a dit qu'on avait raté un détail essentiel qui était pourtant sous nos yeux.

— Mais qu'est-ce qu'on a fait de faux à l'époque ? s'agaça Derek. Dis-moi ce qu'on a fait de faux, Jesse ! Tu te rappelles très bien avec quelle diligence on a travaillé. Notre dossier était béton ! Je crois que ton départ de la police te fait ruminer des mauvais souvenirs. On ne pourra pas revenir en arrière, on ne pourra jamais revenir sur ce qu'on a fait ! Alors pourquoi tu nous fais ça ? Pourquoi tu veux rouvrir ce dossier ?

— Parce qu'il le faut !

— Non, il ne faut rien, Jesse ! Demain est ta dernière journée de flic. Qu'est-ce que tu veux aller foutre au beau milieu d'un merdier qui ne te concerne plus ?

— Je compte suspendre mon départ. Je ne peux pas quitter la police comme ça. Je ne peux pas vivre avec ça sur le cœur !

— Eh bien moi, si !

Il fit mine de vouloir rentrer à l'intérieur, comme pour essayer de clore cette conversation qu'il ne voulait pas avoir.

— Aide-moi, Derek ! m'écriai-je alors. Si je n'apporte pas demain au major une preuve formelle du lien entre Stephanie Mailer et l'enquête de 1994, il me forcera à clore définitivement cette enquête.

Il se retourna.

— Pourquoi tu fais ça, Jesse ? me demanda-t-il. Pourquoi tu veux remuer toute cette merde ?

— Fais équipe avec moi, Derek…

— Ça fait vingt ans que je n'ai pas remis les pieds sur le terrain, Jesse. Alors pourquoi tu veux m'entraîner là-dedans ?

— Parce que tu es le meilleur flic que je connaisse, Derek. Tu as toujours été un bien meilleur flic que moi. Tu aurais dû être le capitaine de notre unité à ma place.

— Ne viens pas ici me juger ou me faire une leçon de morale sur la façon dont j'aurais dû conduire ma carrière, Jesse ! Tu sais très bien pourquoi j'ai passé les vingt dernières années derrière un bureau à remplir de la paperasse.

— Je crois que nous avons là une occasion de tout réparer, Derek.

— Il n'y a rien que l'on puisse réparer, Jesse. Tu es le bienvenu à l'intérieur pour une part de pizza si tu le veux. Mais le sujet de l'enquête est clos.

Il poussa la porte de sa maison.

— Je t'envie, Derek ! lui dis-je alors.

Il se retourna :

— Tu m'envies ? Mais de quoi pourrais-tu bien m'envier ?

— D'aimer et d'être aimé.

Il hocha la tête, dépité :

— Jesse, ça fait vingt ans que Natasha est partie. Il y a longtemps que tu aurais dû refaire ta vie. Parfois, j'ai l'impression que c'est comme si tu t'attendais à ce qu'elle revienne.

— Chaque jour, Derek. Chaque jour, je me dis qu'elle va réapparaître. Chaque fois que je passe la porte de ma maison j'ai l'espoir de l'y retrouver.

Il soupira.

— Je ne sais pas quoi te dire. Je suis désolé. Tu

devrais voir quelqu'un. Tu dois aller de l'avant dans ta vie, Jesse.

Il rentra à l'intérieur, je retournai à ma voiture. Alors que j'étais sur le point de démarrer, je vis Darla sortir de la maison et accourir vers moi d'un pas nerveux. Elle semblait en colère et j'en connaissais la raison. Je baissai ma vitre et elle s'écria :

— Ne lui fais pas ça, Jesse ! Ne viens pas réveiller les fantômes du passé.

— Écoute, Darla…

— Non, Jesse. Toi, écoute-moi ! Derek ne mérite pas que tu lui fasses ça ! Fous-lui la paix avec ce dossier ! Ne lui fais pas ça ! Tu n'es pas le bienvenu ici si c'est pour remuer le passé. Dois-je te rappeler ce qui est arrivé il y a vingt ans ?

— Non, Darla, tu n'as pas besoin ! Personne n'a besoin de me le rappeler. Je me le rappelle tous les jours. Tous les putains de jours, Darla, tu m'entends ? Tous les putains de matins à mon lever et tous les soirs en m'endormant.

Elle me lança un regard triste et je compris qu'elle regrettait d'avoir abordé ce sujet.

— Je suis désolée, Jesse. Viens dîner, il reste de la pizza et j'ai fait un tiramisu.

— Non, merci. Je vais rentrer.

Je démarrai.

De retour chez moi, je me servis un verre et ressortis un classeur que je n'avais pas touché depuis bien longtemps. À l'intérieur, des articles en vrac datant de 1994. Je les parcourus longuement. L'un d'eux retint mon attention.

LA POLICE CÉLÈBRE UN HÉROS

*Le sergent Derek Scott a été décoré hier lors d'une cérémonie au centre régional de la police d'État pour son courage après avoir sauvé la vie de son coéquipier, l'inspecteur Jesse Rosenberg, au cours de l'arrestation d'un dangereux meurtrier, coupable d'avoir assassiné quatre personnes dans les Hamptons durant l'été.*

La sonnette de la porte d'entrée m'arracha à mes réflexions. Je regardai l'heure: qui pouvait venir si tard? J'attrapai mon arme, laissée sur la table devant moi, et m'approchai sans bruit de la porte, méfiant. Je jetai un coup d'œil par le judas: c'était Derek.

Je lui ouvris et le dévisageai un instant, en silence. Il remarqua mon arme.

— Tu penses vraiment que c'est sérieux, hein? me dit-il.

J'acquiesçai. Il ajouta:

— Montre-moi ce que tu as, Jesse.

Je ressortis toutes les pièces dont je disposais et les étalai sur la table de la salle à manger. Derek étudia les photos des caméras de surveillance, la note retrouvée dans la voiture, l'argent liquide et les relevés de carte de crédit.

— Il est évident que Stephanie dépensait plus qu'elle ne gagnait, expliquai-je à Derek. Son seul billet pour Los Angeles lui a coûté 900 dollars. Elle avait forcément une autre source de revenus. Il faut trouver laquelle.

Derek se plongea dans les dépenses de Stephanie.

J'aperçus dans son regard une lueur pétillante que je n'avais pas vue depuis bien longtemps. Après avoir longuement épluché les dépenses de la carte de crédit, il attrapa un stylo et entoura un prélèvement automatique mensuel de 60 dollars depuis le mois de novembre.

— Les débits sont faits au nom d'une société appelée SVMA, me dit-il. Est-ce que ce nom t'évoque quelque chose ?

— Non, rien, lui répondis-je.

Il attrapa mon ordinateur portable posé sur la table et interrogea Internet.

— Il s'agit d'un garde-meuble en libre-service à Orphea, m'annonça-t-il en tournant l'écran vers moi.

— Un garde-meuble ? m'étonnai-je en me remémorant ma discussion avec Trudy Mailer. Selon sa mère, Stephanie n'avait que quelques affaires à New York, qu'elle avait emportées directement dans son appartement d'Orphea. Alors pourquoi louer un garde-meuble depuis le mois de novembre ?

Le garde-meuble était ouvert 24 heures sur 24 et nous décidâmes de nous y rendre immédiatement. Le vigile de permanence, après que je lui eus présenté ma plaque, consulta son registre et nous indiqua le numéro du local loué par Stephanie.

Nous traversâmes un dédale de portes et de stores baissés et arrivâmes face à un rideau métallique, fermé par un cadenas. J'avais apporté une pince à métaux et je vins sans difficulté à bout du verrou. Je fis coulisser le rideau tandis que Derek éclairait la pièce au moyen d'une lampe de poche.

Ce que nous y découvrîmes nous laissa stupéfaits.

## *DEREK SCOTT*

Début août 1994. Une semaine s'était écoulée depuis le quadruple meurtre.

Jesse et moi consacrions toutes nos ressources à l'enquête, y travaillant jour et nuit, sans nous préoccuper de sommeil, de congés ou d'heures supplémentaires.

Nous avions pris nos quartiers dans l'appartement de Jesse et Natasha, beaucoup plus accueillant que le bureau froid du centre de la police d'État. Nous nous étions installés dans le salon, dans lequel nous avions disposé deux lits de camp, allant et venant à notre gré. Natasha était aux petits soins pour nous. Il lui arrivait de se lever au milieu de la nuit pour nous faire à manger. Elle disait que c'était une bonne façon de tester les plats qu'elle mettrait à la carte de son restaurant.

— Jesse, disais-je la bouche pleine et me délectant de ce que Natasha nous avait préparé, assure-toi que tu épouses cette femme. Elle est absolument fantastique.

— C'est prévu, me répondit un soir Jesse.

— Pour quand ? m'exclamai-je, enjoué.

Il sourit :

— Prochainement. Tu veux voir la bague ?

— Et comment !

Il disparut un instant pour revenir avec un écrin contenant un diamant magnifique.

— Mon Dieu, Jesse, elle est magnifique !

— Elle est à ma grand-mère, m'expliqua-t-il avant de la ranger précipitamment dans sa poche car Natasha arrivait.

*

Les analyses balistiques étaient formelles : une seule arme avait été utilisée, un pistolet de marque Beretta. Il n'y avait qu'une seule personne impliquée dans les meurtres. Les experts considéraient qu'il s'agissait vraisemblablement d'un homme, non seulement pour la violence du crime, mais parce que la porte de la maison avait été défoncée d'un solide coup de pied. Celle-ci n'était d'ailleurs même pas fermée à clé.

À la demande du bureau du procureur, une reconstitution des évènements permit d'établir que les faits avaient été les suivants : le meurtrier avait défoncé la porte de la maison de la famille Gordon. Il était d'abord tombé sur Leslie Gordon dans le hall d'entrée et lui avait tiré dessus de face, quasiment à bout portant. Puis il avait vu l'enfant dans le salon et l'avait abattu de deux balles dans le dos, tirées depuis le couloir. Le meurtrier s'était ensuite dirigé vers la cuisine, sans doute parce qu'il avait entendu du bruit. Le maire Joseph Gordon tentait de s'enfuir dans le jardin par la porte-fenêtre de la cuisine. Il lui avait tiré dessus à quatre reprises dans le dos. Le tireur était reparti par le couloir et la porte d'entrée. Aucune balle n'avait manqué sa cible, c'était donc un tireur expérimenté.

Il était ressorti de la maison par la porte principale et était tombé sur Meghan Padalin qui faisait son jogging. Elle avait certainement essayé de prendre la fuite et il l'avait abattue de deux balles tirées dans le dos. Il avait probablement agi à visage découvert car il avait ensuite tiré une balle à bout portant dans la tête de la jeune femme, comme pour s'assurer qu'elle était bien morte et qu'elle ne parlerait pas.

Difficulté supplémentaire, il y avait deux témoins indirects mais qui n'étaient pas en mesure de contribuer utilement à l'enquête. Au moment des faits, Penfield Crescent était quasiment vidée de ses habitants. Sur les huit maisons de la rue, l'une était à vendre, les habitants des cinq autres étaient au Grand Théâtre. La dernière maison était habitée par la famille Bellamy, dont seule Lena Bellamy, jeune mère de trois enfants, était restée à la maison ce soir-là avec son dernier-né, âgé d'à peine trois mois. Terrence, son mari, était sur la marina avec leurs deux aînés.

Lena Bellamy avait bien entendu les détonations, mais elle avait pensé à des feux d'artifice tirés sur la marina à l'occasion du festival. Elle avait néanmoins remarqué, juste avant les déflagrations, une camionnette noire avec un large logo apposé sur la vitre arrière mais qu'elle ne pouvait pas décrire. Elle se souvenait d'un dessin, mais n'y avait pas prêté assez attention pour se souvenir de ce qu'il représentait.

Le second témoin était un homme vivant seul, Albert Plant, qui habitait une maison de plain-pied dans une rue parallèle. Ce dernier, condamné à se déplacer en fauteuil roulant depuis un accident, était resté chez lui ce soir-là. Il avait entendu les coups de feu alors qu'il dînait. Une série de détonations qui avaient suffisamment attiré son attention pour qu'il sorte sur le porche écouter ce qui se passait dans le quartier. Il eut la présence d'esprit de regarder l'heure : il était 19 heures 10. Mais un silence total étant revenu, il pensa que des enfants avaient dû tirer des pétards. Il resta sur le seuil, profitant de la douceur de la soirée, jusqu'à ce qu'environ une heure plus tard, vers 20 heures 20, il entende un homme hurler et appeler à l'aide. Il avait aussitôt appelé la police.

L'une de nos premières difficultés fut l'absence de mobile. Pour découvrir qui avait tué le maire et sa famille, nous avions besoin de savoir qui avait une bonne raison de le faire. Or, les premiers éléments de l'enquête n'aboutissaient à rien : nous avions interrogé les habitants de la ville, les employés municipaux, les familles et amis du maire et de sa femme, en vain. L'existence des Gordon semblait parfaitement paisible. Pas d'ennemis connus, pas de dettes, pas de drame, pas de passé trouble. Rien. Une famille ordinaire. Leslie Gordon, la femme du maire, était une enseignante appréciée de l'école primaire d'Orphea, quant au maire lui-même, sans que les qualificatifs à son endroit soient dithyrambiques, il était suffisamment bien considéré par ses concitoyens, et tous estimaient qu'il allait être réélu aux élections municipales de septembre, auxquelles son adjoint, Alan Brown, se présentait contre lui.

Une après-midi que nous reprenions pour la énième fois les documents de l'enquête, je finis par dire à Jesse :

— Et si les Gordon n'étaient pas sur le point de fuir ? Et si nous étions à côté depuis le début ?

— Où veux-tu en venir, Derek ? me demanda Jesse.

— Eh bien, nous nous sommes focalisés sur le fait que Gordon était chez lui, et pas au Grand Théâtre, et que leurs valises étaient bouclées.

— Tu avoueras, m'opposa Jesse, que c'est très étrange que le maire décide de ne pas se pointer à l'inauguration du festival qu'il a lui-même créé.

— Peut-être qu'il était simplement en retard, dis-je. Qu'il était sur le point de s'y rendre. La cérémonie officielle ne devait débuter qu'à 19 heures 30, il avait encore le temps de rejoindre le Grand Théâtre. Il n'est même pas à dix minutes en voiture. Quant aux valises, les Gordon avaient peut-être prévu de partir en vacances. La femme et le fils étaient en congé pour tout l'été. Ce serait très logique. Ils ont prévu de partir le lendemain de bonne heure et ils veulent boucler leurs valises avant d'aller au Grand Théâtre car ils savent qu'ils rentreront tard.

— Et comment expliques-tu qu'ils se soient fait tuer ? s'interrogea Jesse.

— Un cambriolage qui aurait mal tourné, suggérai-je. Quelqu'un qui pensait que les Gordon seraient déjà au Grand Théâtre à ce moment-là et que l'accès à leur maison était libre.

— Sauf que le soi-disant cambrioleur n'a apparemment rien pris, à part leurs vies. Et il aurait défoncé la porte d'un coup de pied pour entrer ? Pas très discret comme méthode. Et puis, aucun des employés municipaux n'a indiqué qu'il était prévu que le maire parte en vacances. Non, Derek, c'est autre chose. Celui qui les a massacrés voulait les éliminer. Une violence pareille ne laisse aucun doute.

Jesse sortit du dossier une photo du cadavre du

maire prise dans la maison et la fixa longuement avant de me demander :

— Il n'y a rien qui t'étonne sur cette photo, Derek ?

— Tu veux dire en dehors du fait que le maire baigne dans son sang ?

— Il n'était pas en costume-cravate, me dit Jesse. Il portait des vêtements décontractés. Quel maire irait inaugurer un festival dans cette tenue ? Ça n'a aucun sens. Tu sais ce que je pense, Derek ? Je pense que le maire n'a jamais eu l'intention d'aller assister à cette pièce de théâtre.

Les clichés de la valise ouverte à côté de Leslie Gordon laissaient entrevoir des albums photo et un bibelot à l'intérieur.

— Regarde, Derek, reprit alors Jesse. Leslie Gordon remplissait une valise d'objets personnels quand elle a été tuée. Qui emporte des albums photo en vacances ? Ils fuyaient. Ils fuyaient probablement celui qui les a tués. Quelqu'un qui savait justement qu'ils ne seraient pas au festival de théâtre.

Natasha entra dans la pièce au moment où Jesse terminait sa phrase.

— Alors, les gars, nous sourit-elle, vous avez une piste ?

— Rien, soupirai-je. À part une camionnette noire avec un dessin sur la vitre arrière. Ce qui est assez vague.

Nous fûmes interrompus par la sonnette de la porte.

— Qui est-ce ? demandai-je.

— Darla, me répondit Natasha. Elle vient regarder des plans de l'aménagement du restaurant.

J'attrapai les documents et les rangeai dans un dossier en carton.

— Tu ne peux pas lui parler de l'enquête, intimai-je à Natasha alors qu'elle allait ouvrir la porte.

— D'accord, Derek, m'assura-t-elle d'un ton détaché.

— C'est sérieux, Nat, répétai-je. On est tenus au secret d'enquête. On ne devrait pas être ici, tu ne devrais pas voir tout cela. Jesse et moi pourrions avoir des ennuis.

— C'est promis, lui assura Natasha, je ne dirai rien.

Natasha ouvrit la porte et Darla, en pénétrant dans l'appartement, remarqua aussitôt le dossier que je tenais dans mes mains.

— Alors, comment avance votre enquête ? demanda-t-elle.

— Ça va, répondis-je.

— Allons, Derek, c'est tout ce que tu as à me raconter ? se rebiffa Darla d'un ton mutin.

— Secret d'enquête, me contentai-je de dire.

Ma réponse avait été un peu sèche malgré moi. Darla eut une moue agacée :

— Secret d'enquête, mon œil ! Je suis certaine que Natasha est au courant de tout, elle.

## JESSE ROSENBERG

*Lundi 30 juin 2014*

*26 jours avant la première*

Je réveillai Anna à 1 heure 30 du matin pour qu'elle vienne nous retrouver, Derek et moi, au garde-meuble. Elle connaissait l'endroit et nous y rejoignit vingt minutes plus tard. Nous la retrouvâmes sur le parking. La nuit était chaude, le ciel constellé.

Après lui avoir présenté Derek, je dis à Anna :

— C'est Derek qui a découvert où Stephanie menait son enquête.

— Dans un garde-meuble ? s'étonna-t-elle.

Derek et moi acquiesçâmes d'un même mouvement de la tête avant d'entraîner Anna à travers les allées de rideaux métalliques. Nous nous arrêtâmes devant le numéro 234-A. Je le relevai et allumai la lumière. Anna découvrit une petite pièce de deux mètres sur trois, entièrement tapissée de documents, tous consacrés au quadruple meurtre de 1994. Il y avait des articles trouvés dans divers quotidiens régionaux de l'époque, et notamment une succession d'articles de l'*Orphea Chronicle*. Il y avait aussi des agrandissements de photos de chacune des victimes et une photo de la maison du maire Gordon prise le soir du meurtre et sans doute tirée d'un article. On me voyait, au premier plan, avec Derek ainsi qu'un groupe de policiers autour d'un drap blanc dissimulant le corps de Meghan Padalin. Stephanie avait écrit au feutre sur le cliché :

*Ce qui était sous nos yeux et que personne n'a vu*

Pour tout mobilier, il y avait une petite table et une chaise, sur laquelle on imaginait que Stephanie avait passé des heures. Sur ce bureau de fortune, du papier et des stylos. Et une feuille collée contre le mur, comme pour la mettre en évidence et sur laquelle il avait été inscrit :

*Trouver Kirk Harvey*

— Qui est Kirk Harvey ? demanda Anna à haute voix.

— C'était le chef de la police d'Orphea à l'époque des meurtres, lui répondis-je. Il a enquêté avec nous.

— Et où se trouve-t-il aujourd'hui ?

— Je n'en sais rien. J'imagine qu'il a dû prendre sa retraite depuis le temps. Il faut impérativement le contacter : il a peut-être parlé à Stephanie.

En fouillant parmi les notes empilées sur le bureau, j'avais fait une autre découverte.

— Anna, regarde ça, dis-je en lui tendant un morceau de papier rectangulaire.

C'était le billet d'avion de Stephanie pour Los Angeles. Elle avait écrit dessus :

*La Nuit noire → Archives de la police*

— Encore *La Nuit noire*, murmura Anna. Qu'est-ce que ça peut bien signifier ?

— Que son voyage à Los Angeles était en lien avec son enquête, suggérai-je. Et nous avons à présent la certitude absolue que Stephanie enquêtait bien sur le quadruple meurtre de 1994.

Sur le mur, il y avait une photo du maire Brown, prise au moins vingt ans plus tôt. On aurait dit que le cliché avait été extrait d'une vidéo. Brown se tenait debout, derrière un micro, une feuille de notes à la main, comme s'il faisait un discours. Le morceau de papier avait été entouré au feutre également. L'arrière-plan laissait penser à la scène du Grand Théâtre.

— Ça pourrait être une image du maire Brown faisant le discours d'ouverture du festival au Grand Théâtre, le soir des meurtres, dit Derek.

— Comment peux-tu savoir qu'il s'agit du soir des meurtres ? lui demandai-je. Tu te rappelles ce qu'il portait ce soir-là ?

Derek reprit la photo de l'article de journal sur laquelle Brown figurait également et dit :

— On dirait qu'il porte exactement les mêmes vêtements.

Nous passâmes toute la nuit au garde-meuble. Il n'y avait pas de caméras et le gardien n'avait rien vu : il nous expliqua n'être là qu'en cas de problème, mais qu'il n'y avait jamais de problème. Les clients allaient et venaient à leur gré, sans contrôle et sans besoin de poser des questions.

La brigade scientifique de la police d'État fut dépêchée sur place pour inspecter les lieux, dont la fouille minutieuse permit la découverte de l'ordinateur de Stephanie, caché dans le double fond d'un carton supposé vide mais dont le policier qui le souleva s'étonna du poids au moment de le déplacer.

— Voilà ce que cherchait celui qui a mis le feu à l'appartement et cambriolé le journal, dis-je.

L'ordinateur fut emporté par la police scientifique pour être analysé. De notre côté, Anna, Derek et moi emportâmes les documents collés contre le mur du garde-meuble et les reconstituâmes à l'identique dans le bureau d'Anna. À 6 heures 30 du matin, Derek, les yeux gonflés par le sommeil, punaisa la photo de la maison du maire Gordon, la fixa pendant un long instant et lut encore une fois à haute voix ce qu'y avait inscrit Stephanie: *« Ce que personne n'a vu. »* Il approcha ses yeux à quelques centimètres du cliché pour étudier les visages des personnes présentes. « Donc ça, c'est le maire Brown, nous rappela-t-il en désignant un homme en costume clair. Et lui, ajouta-il en pointant du doigt une tête miniature, c'est le chef Kirk Harvey. »

Je devais retourner au centre régional de la police d'État pour rendre compte de mes avancées au major McKenna. Derek m'y accompagna. Alors que nous quittions Orphea, redescendant la rue principale illuminée par le soleil du matin, Derek, qui retrouvait lui aussi Orphea vingt ans plus tard, me dit:

— Rien n'a changé ici. C'est comme si le temps ne s'était pas écoulé.

Une heure plus tard, nous étions dans le bureau du major McKenna qui écouta, sidéré, le récit de mon week-end. Avec la découverte du garde-meuble, nous avions désormais la preuve que Stephanie enquêtait sur le quadruple meurtre de 1994 et qu'elle avait peut-être fait une découverte d'importance.

— Sacré nom de Dieu, Jesse, souffla McKenna, est-ce que cette affaire va nous poursuivre toute notre vie ?

— Je ne l'espère pas, major, lui répondis-je. Mais il faut aller au bout de cette enquête.

— Est-ce que tu te rends compte de ce que cela signifie si vous vous êtes plantés à l'époque ?

— J'en suis parfaitement conscient. C'est pour cela que je voudrais que vous me gardiez au sein de la police le temps que je puisse mener cette enquête à terme.

Il soupira.

— Tu sais, Jesse, ça va me coûter un temps fou en paperasses et en explications à la hiérarchie.

— J'en suis conscient, major. Et j'en suis désolé.

— Et qu'en est-il de ton fameux projet qui t'a convaincu de quitter la police ?

— Ça peut attendre que je boucle le dossier, major, assurai-je.

McKenna grogna et sortit des formulaires d'un tiroir.

— Je vais faire ça pour toi, Jesse, parce que tu es le meilleur flic que j'aie jamais connu.

— Je vous en suis très reconnaissant, major.

— Par contre, j'ai déjà attribué ton bureau à quelqu'un à partir de demain.

— Je n'ai pas besoin de bureau, major. Je vais aller récupérer mes affaires.

— Et je ne veux pas que tu enquêtes seul. Je vais t'assigner un coéquipier. Malheureusement, les autres binômes de votre unité sont déjà complets puisque tu devais partir aujourd'hui, mais ne te fais pas de souci, je vais te trouver quelqu'un.

Derek, qui était assis à côté de moi, sortit de son silence :

— Je suis prêt à épauler Jesse, major. C'est la raison pour laquelle je suis ici.

— Toi, Derek ? s'étonna McKenna. Mais tu n'as plus mis les pieds sur le terrain depuis combien de temps ?

— Vingt ans.

— C'est grâce à Derek que nous avons trouvé le garde-meuble, précisai-je.

Le major soupira encore. Je voyais bien qu'il était tracassé.

— Derek, tu es en train de me dire que tu veux te replonger dans l'enquête qui t'a poussé à quitter le terrain ?

— Oui, répondit Derek d'un ton décidé.

Le major nous dévisagea longuement.

— Et où est ton arme de service, Derek ? demanda-t-il finalement.

— Dans un tiroir de mon bureau.

— Tu sais encore t'en servir ?

— Oui.

— Eh bien, fais-moi quand même le plaisir d'aller vider un chargeur au stand de tir avant de te promener avec ce machin à la ceinture. Messieurs, bouclez-moi cette enquête vite et bien. Je n'ai pas très envie que le ciel nous tombe sur la tête.

*
* *

Pendant que Derek et moi étions au centre régional de la police d'État, Anna ne perdit pas son temps. Elle s'était mis en tête de retrouver Kirk Harvey, mais cette initiative allait s'avérer infiniment plus compliquée qu'elle ne l'imaginait. Elle consacra des heures à chercher la trace de l'ancien chef, en vain : il avait totalement disparu de la circulation. Il n'avait plus ni adresse, ni numéro de téléphone. Faute de sources, elle s'en remit à la seule personne en qui elle pouvait avoir confiance à Orphea : son voisin Cody, qu'elle alla trouver dans sa librairie, située à proximité de la rédaction de l'*Orphea Chronicle*.

— Décidément, pas un chat aujourd'hui, soupira Cody en la voyant entrer.

Anna comprit qu'il avait espéré un client en entendant la porte s'ouvrir. Il poursuivit :

— J'espère que le feu d'artifice du 4 Juillet attirera un peu de monde, j'ai eu un mois de juin terrible.

Anna attrapa un roman sur un présentoir.

— Il est bien ? demanda-t-elle au libraire.

— Pas mal.

— Je le prends.

— Anna, t'es pas obligée de faire ça…

— Je n'ai plus rien à lire. Ça tombe à pic.

— Mais j'imagine que tu n'es pas venue pour ça.

— Je ne suis pas venue *que* pour cela, lui sourit-elle en lui tendant un billet de cinquante dollars. Que peux-tu me dire du quadruple meurtre de 1994 ?

Il fronça les sourcils.

— Ça faisait bien longtemps que je n'avais plus entendu parler de cette histoire. Que veux-tu savoir ?

— Je suis juste curieuse de connaître l'ambiance en ville à l'époque.

— Ça a été terrible, dit Cody. Les gens ont été évidemment très choqués. Tu imagines, une famille totalement décimée, dont un petit garçon. Et Meghan, qui était la fille la plus douce qu'on puisse imaginer et que tout le monde adorait ici.

— Tu la connaissais bien ?

— Si je la connaissais bien ? Elle travaillait à la librairie. À l'époque, le magasin marchait du tonnerre, et c'était notamment grâce à elle. Imagine une jeune et jolie libraire, passionnée, délicieuse, brillante. Les gens venaient de tout Long Island juste pour elle. Quel gâchis ! Quelle injustice ! Pour moi, ça a été un choc terrible. À un moment, j'avais même hésité à tout plaquer et à partir d'ici. Mais pour aller où ? J'ai toutes mes attaches ici. Tu sais, Anna, le pire c'est que tout le monde a tout de suite compris : si Meghan était morte, c'était parce qu'elle avait reconnu le meurtrier des Gordon. Cela signifiait que c'était l'un d'entre nous. Quelqu'un que nous connaissions. Que l'on voyait au supermarché, à la plage, ou même à la librairie. Et malheureusement, nous ne nous sommes pas trompés lorsque le meurtrier a été confondu.

— De qui s'agissait-il ?

— Ted Tennenbaum, un homme sympathique, avenant, issu d'une bonne famille. Un citoyen actif et engagé. Restaurateur de métier. Membre du corps des pompiers volontaires. Il avait contribué à l'organisation du premier festival.

Cody soupira et ajouta :

— Je n'aime pas parler de tout ça, Anna, ça me remue trop.

— Désolée, Cody. Juste une dernière question : est-ce que le nom de Kirk Harvey te dit quelque chose ?

— Oui, c'était l'ancien chef de la police d'Orphea. Juste avant Gulliver.

— Et qu'est-il devenu ? Je cherche à retrouver sa trace.

Cody la dévisagea avec un drôle d'air.

— Il a disparu du jour au lendemain, lui dit-il en lui rendant sa monnaie et en glissant le livre dans un sac en papier. Plus personne n'a jamais entendu parler de lui.

— Que s'est-il passé ?

— Personne ne le sait. Il a disparu un beau jour de l'automne 1994.

— Tu veux dire la même année que le quadruple meurtre ?

— Oui, trois mois après. C'est pour cela que je m'en souviens. Ça a été un drôle d'été. La plupart des habitants de la ville ont préféré oublier ce qui a pu se passer ici.

Tout en parlant, il attrapa ses clés et fourra son téléphone portable, posé sur le comptoir, dans sa poche.

— Tu t'en vas ? lui demanda Anna.

— Oui, je vais profiter qu'il n'y a personne pour aller travailler un moment avec les autres bénévoles au Grand Théâtre. Ça fait un moment qu'on ne t'a pas vue, d'ailleurs.

— Je sais, je suis un peu débordée en ce moment. Je te dépose ? Je voulais justement aller au Grand Théâtre pour interroger les bénévoles à propos de Stephanie.

— Volontiers.

Le Grand Théâtre se situait à côté du *Café Athéna*, c'est-à-dire sur le haut de la rue principale, presque en face du début de la marina.

Comme dans toutes les villes paisibles, les accès aux bâtiments publics n'étaient guère surveillés et Anna et Cody pénétrèrent à l'intérieur du théâtre en en poussant simplement la porte principale.

Ils traversèrent le foyer, puis la salle elle-même, descendant l'allée centrale, entre les rangées de sièges en velours rouge.

« Imagine cet endroit dans un mois, rempli de monde, dit Cody avec fierté. Tout ça grâce au travail des bénévoles. » Il gravit dans son élan les marches qui menaient à la scène et Anna lui emboîta le pas. Ils passèrent derrière les rideaux et rejoignirent les coulisses. Après un dédale de couloirs, ils poussèrent une porte derrière laquelle bourdonnait la ruche des bénévoles, qui se pressaient en tous sens: certains géraient la billetterie, d'autres les aspects logistiques. Dans une salle, on se préparait au collage des affiches et à la relecture des prospectus qui partiraient bientôt à l'impression. Dans l'atelier, une équipe s'attelait à monter un décor en charpente.

Anna prit le temps de discuter avec tous les bénévoles. Une grande partie d'entre eux avaient déserté le Grand Théâtre la veille pour participer aux opérations de recherche de Stephanie et ils vinrent spontanément lui demander si l'enquête avançait.

— Pas aussi vite que je le souhaiterais, leur confia-t-elle. Mais je sais qu'elle venait beaucoup au Grand Théâtre. Je l'ai moi-même croisée ici à quelques reprises.

— Oui, lui indiqua un petit monsieur qui gérait la billetterie, c'était pour ses articles sur les bénévoles. Toi, elle ne t'a pas interrogée, Anna ?

— Non, répondit Anna.

Elle ne l'avait même pas réalisé.

— Moi non plus, releva un homme arrivé récemment à Orphea.

— C'est sûrement parce que vous êtes nouveaux ici, suggéra quelqu'un.

— Oui, c'est vrai, renchérit un autre. Vous n'étiez pas là en 1994.

— En 1994 ? s'étonna Anna. Stephanie vous parlait de 1994 ?

— Oui. Elle s'intéressait essentiellement au tout premier festival de théâtre.

— Que voulait-elle savoir ?

À cette question, Anna obtint un panel de réponses variées, mais l'une revint de façon récurrente : Stephanie avait systématiquement posé des questions à propos du pompier de service au théâtre le soir de la première. En compilant les témoignages des bénévoles, c'était comme si elle essayait de reconstituer minutieusement le programme de la soirée.

Anna finit par aller trouver Cody dans le réduit qui lui servait de bureau. Il était installé derrière une table de fortune, sur laquelle étaient un vieil ordinateur et des piles de documents en vrac.

— Tu as fini de déranger mes bénévoles, Anna ? dit-il en plaisantant.

— Cody, est-ce que tu te rappelles par miracle qui était le pompier de service le soir de la première en 1994 et s'il vit encore à Orphea ?

Cody ouvrit de grands yeux :

— Si je me rappelle ? Mon Dieu, Anna, c'est vraiment la journée des fantômes aujourd'hui. C'était Ted Tennenbaum, l'auteur du quadruple meurtre de 1994, justement. Et tu ne pourras le trouver nulle part parce qu'il est mort.

## *ANNA KANNER*

À l'automne 2013, l'atmosphère bon enfant qui régnait au commissariat au moment de mon arrivée ne dura guère plus de deux jours, laissant rapidement place aux premières difficultés d'intégration. Elles se manifestèrent d'abord dans un détail d'organisation. La première question que tous se posèrent fut de savoir comment on ferait pour les toilettes. Dans la partie du commissariat réservée aux policiers, il y avait des toilettes à chaque étage, toutes conçues pour des hommes, alliant rangées d'urinoirs et cabines individuelles.

— Il faut décréter que l'une des toilettes est pour les femmes, suggéra un policier.

— Oui, mais alors ça devient compliqué s'il faut changer d'étage pour aller pisser, lui répondit son voisin de rangée.

— On peut dire que les toilettes sont mixtes, proposai-je pour ne pas compliquer la situation. Sauf si cela pose problème à quelqu'un.

— Moi, je trouve malheureux d'être en train de pisser avec une femme qui fait je-ne-sais-quoi dans la cabine derrière, releva l'un de mes nouveaux collègues qui avait parlé en levant la main comme à l'école primaire.

— Ça te la bloque ? ricana quelqu'un.

L'assistance éclata de rire.

Il se trouvait que le commissariat disposait, côté visiteurs, de toilettes séparées pour hommes et femmes, juste à côté du guichet d'accueil. Il fut décidé que j'utiliserais les toilettes femmes visiteurs, ce qui me convenait parfaitement. Le fait que je doive traverser l'accueil du commissariat chaque fois que je voulais aller aux toilettes ne m'aurait pas dérangée si je n'avais pas perçu un jour les ricanements de l'agent d'accueil qui comptait mes allées et venues.

— Dis donc, elle pisse drôlement souvent celle-là, glissa-t-il au collègue avec qui il conversait, vautré sur le guichet. Ça fait déjà trois fois aujourd'hui.

— Peut-être qu'elle a ses règles, répondit l'autre.

— Ou qu'elle se touche en pensant à Gulliver.

Ils pouffèrent.

— Tu voudrais bien qu'elle se touche en pensant à toi, hein ? T'as vu comme elle est gaulée ?

L'autre problème de la mixité nouvelle au sein du commissariat fut celui du vestiaire. Le commissariat n'était pourvu que d'un seul grand vestiaire, muni de douches et de casiers, dans lequel les policiers pouvaient se changer en début et en fin de service. Mon arrivée, et sans que je ne demande rien à personne, eut pour conséquence de voir l'accès au vestiaire interdit à tout le personnel masculin. Sur la porte, en dessous de la plaque en métal sur laquelle était gravé *VESTIAIRE*, le chef Gulliver apposa la mention *femme*, au singulier, sur une feuille de papier. « Chacun des deux sexes doit avoir un vestiaire séparé, c'est la loi, expliqua Gulliver à ses troupes qui le regardèrent faire, médusées. Le maire Brown a insisté pour qu'Anna ait un vestiaire pour se changer. Donc, messieurs, dorénavant vous

vous changerez dans vos bureaux.» Tous les agents présents se mirent à grommeler et je proposai que ce soit moi qui me change dans mon bureau, ce que le chef Gulliver refusa. «Je ne veux pas que les gars tombent sur toi en petite culotte, ça va encore faire des histoires.» Il ajouta d'un rire gras: «Il vaut mieux que tu gardes ton pantalon bien boutonné, si tu vois ce que je veux dire.» Nous trouvâmes finalement un compromis: il fut décidé que je me changerais chez moi et viendrais directement au poste en uniforme. Tout le monde était content.

Mais le lendemain, me voyant sortir de ma voiture à mon arrivée sur le parking du commissariat, le chef Gulliver me convoqua dans son bureau.

— Anna, me dit-il, je ne veux pas que tu roules dans ton véhicule privé en uniforme.

— Mais je n'ai aucun endroit pour me changer au commissariat, expliquai-je.

— Je sais. C'est pourquoi je vais mettre l'un de nos véhicules banalisés à ta disposition. Je veux que tu l'utilises pour tes déplacements entre chez toi et le commissariat lorsque tu es en uniforme.

Je m'étais ainsi retrouvée avec une voiture de fonction, un tout-terrain noir aux vitres teintées, dont les gyrophares étaient cachés dans le haut du pare-brise et la calandre.

Ce que j'ignorais, c'est qu'il n'y avait que deux voitures banalisées dans le parc automobile de la police d'Orphea. Le chef Gulliver s'en était octroyé une pour son usage personnel. La seconde, restée au parking, était un trésor convoité de tous mes collègues et voilà qu'elle m'était maintenant attribuée. Ce qui suscita évidemment l'agacement général des autres policiers.

« C'est un privilège ! se plaignirent-ils lors d'une réunion improvisée dans la salle de repos du commissariat. Elle arrive à peine et elle a déjà des privilèges. »

— Il faut choisir, les gars, leur dis-je quand ils s'en ouvrirent à moi. Partagez-vous la voiture entre vous et laissez-moi le vestiaire si vous préférez. Moi, ça me va bien aussi.

— T'as qu'à te changer dans ton bureau, au lieu de faire des histoires ! m'opposa-t-on. T'as peur de quoi ? Qu'on te viole ?

L'épisode de la voiture fut le premier affront fait à Montagne malgré moi. Il convoitait la voiture banalisée depuis longtemps et je la lui avais piquée sous son nez.

— Ç'aurait dû être moi, geignit-il auprès de Gulliver. Je suis le chef-adjoint, après tout ! De quoi j'ai l'air maintenant ?

Mais Gulliver lui opposa une fin de non-recevoir.

— Écoute, Jasper, lui dit-il, je sais que cette situation est compliquée. Elle l'est pour tout le monde et pour moi le premier. Crois-moi, je m'en serais passé volontiers. Les femmes, ça crée toujours des tensions dans les équipes. Elles ont trop à prouver. Et puis je te parle même pas de quand elle va tomber enceinte et qu'il nous faudra tous faire des heures sup pour la remplacer !

Un drame en chassait un autre. Après les questions d'ordre logistique, vinrent celles sur ma légitimité et ma compétence. J'arrivais au sein du commissariat au poste de deuxième adjoint du chef, créé pour moi. La raison officielle en était qu'au fil des ans, avec le développement de la ville, la police d'Orphea avait vu ses missions prendre de l'ampleur, ses effectifs augmenter, et l'arrivée d'un troisième officier de commandement devait apporter au chef Gulliver et à son adjoint Jasper Montagne une bouffée d'oxygène nécessaire.

D'abord on me demanda :

— Pourquoi ils ont eu besoin de te créer un poste ? C'est parce que tu es une femme ?

— Non, expliquai-je, le poste a été créé d'abord et ensuite ils ont cherché à le pourvoir.

Puis on s'inquiéta :

— Qu'est-ce qui se passe si tu dois te battre contre un homme ? Je veux dire, t'es quand même une femme toute seule dans une voiture de patrouille. Tu peux arrêter un gars toute seule ?

— Toi, tu le peux ? demandai-je en retour.

— Bien sûr.

— Alors pourquoi pas moi ?

Enfin on me jaugea :

— T'as l'expérience du terrain ?

— J'ai l'expérience des rues de New York, répondis-je.

— C'est pas la même chose, m'opposa-t-on. Tu faisais quoi à New York ?

J'espérais que mon CV les impressionnerait :

— J'étais négociatrice au sein d'une unité de gestion de crise. J'étais en intervention tout le temps. Prises d'otages, drames familiaux, menaces de suicide.

Mais mes collègues haussaient les épaules.

— Ce n'est pas la même chose, m'opposèrent-ils.

*

Je passai le premier mois en binôme avec Lewis Erban, un vieux policier usé qui partait à la retraite et que je remplaçais dans l'effectif. J'appris rapidement les patrouilles nocturnes sur la plage et dans le parc municipal, la verbalisation des infractions routières, les interventions sur des bagarres à l'heure de la fermeture des bars.

Si je fis rapidement mes preuves sur le terrain, tant en qualité d'officier supérieur que lors d'interventions, les rapports au quotidien restaient plus compliqués: l'ordre hiérarchique qui prévalait jusque-là avait été bousculé. Pendant des années, le chef Ron Gulliver et Montagne avaient assuré un commandement bicéphale, deux loups à la tête de leur meute. Gulliver prenait sa retraite au 1er octobre de l'année suivante et il était acquis pour tous que Montagne lui succéderait. C'était d'ailleurs Montagne qui faisait en réalité déjà la loi au sein du commissariat, Gulliver faisant semblant de donner des ordres. Gulliver était un homme au fond plutôt sympathique mais un mauvais chef, complètement manipulé par Montagne qui s'était emparé de la tête de la chaîne de commandement depuis longtemps. Mais tout cela avait changé: avec mon arrivée au poste de deuxième adjoint au chef, nous étions désormais trois à diriger.

Il n'en fallut pas plus pour que Montagne se lance dans une intense campagne de dénigrement à mon égard. Il fit comprendre à tous les autres policiers qu'il valait mieux pour eux ne pas trop s'acoquiner avec moi. Personne au commissariat ne voulait être dans les mauvais papiers de Montagne et mes collègues évitèrent soigneusement tout rapport avec moi en dehors de nos échanges professionnels. Je savais que dans les vestiaires, lorsque les gars en fin de service parlaient d'aller boire une bière, il les sermonnait : « Ne vous avisez pas d'inviter cette idiote à vous accompagner. À moins que vous n'ayez envie de récurer les chiottes du commissariat pendant ces dix prochaines années. »

« Sûr que non ! » répondaient les policiers, l'assurant de leur fidélité.

Cette campagne de dénigrement orchestrée par Montagne ne facilita pas mon intégration au sein de la ville d'Orphea. Mes collègues n'étaient pas enclins à me voir après le service, et mes invitations à dîner avec leur femme se soldèrent soit par des refus, soit des annulations de dernière minute ou même des lapins. Je ne compte même plus le nombre de brunchs du dimanche que je passai seule, devant une table dressée pour huit ou dix et couverte d'une montagne de nourriture. Mes activités sociales étaient très limitées : je sortais parfois avec la femme du maire, Charlotte Brown. Comme j'affectionnais particulièrement le *Café Athéna*, sur la rue principale, je sympathisai un peu avec la propriétaire, Sylvia Tennenbaum, avec qui je papotais parfois sans pouvoir dire que nous étions amies. La personne que je fréquentais le plus était mon voisin, Cody Illinois. Quand je m'ennuyais, je passais à sa librairie. Je lui donnais des coups de main ponctuels. Cody présidait également l'association des bénévoles du festival de théâtre, que je rejoignis finalement à l'approche de l'été, ce qui me garantissait une soirée occupée par semaine pendant laquelle nous préparions le festival de théâtre à venir à la fin juillet.

Au commissariat, dès que j'avais l'impression qu'on m'acceptait un peu, Montagne revenait à la charge. Il passa à la vitesse supérieure, en fouillant dans mon passé et en commençant à me donner des surnoms pleins de sous-entendus: « Anna la gâchette » ou « la Tueuse », avant de dire à mes collègues: « Méfiez-vous, les gars: Anna a le coup de feu facile. » Il rigolait comme un imbécile puis ajouta: « Anna, est-ce que les gens savent pourquoi tu as quitté New York ? »

Un matin, j'avais trouvé, collée sur la porte de mon bureau, une ancienne coupure de presse titrant:

*MANHATTAN: UN OTAGE TUÉ PAR LA POLICE DANS UNE BIJOUTERIE*

J'avais débarqué dans le bureau de Gulliver en brandissant le morceau de journal:

— Vous lui avez dit, chef? C'est vous qui avez raconté ça à Montagne ?

— Je n'y suis pour rien, Anna, assura-t-il.

— Alors, expliquez-moi comment il est au courant !

— C'est dans ton dossier. Il y aura eu accès d'une façon ou d'une autre.

Montagne, décidé à se débarrasser de moi, s'arrangeait pour que je sois envoyée sur les missions les plus ennuyeuses et les plus ingrates. Alors que j'étais seule en patrouille dans la ville ou ses environs, il m'arrivait fréquemment de recevoir un appel radio du commissariat: *« Kanner, ici la centrale. J'ai besoin que tu répondes à un appel d'urgence. »* Je me rendais à l'adresse indiquée avec sirène et gyrophares, ne comprenant qu'en arrivant qu'il s'agissait d'un incident mineur.

Des oies sauvages qui bloquaient la route 17 ? C'était pour moi.

Un chat coincé dans un arbre ? C'était pour moi.

La vieille dame un peu sénile qui entendait sans cesse des bruits suspects et qui appelait trois fois par nuit ? C'était pour moi aussi.

J'eus même droit à ma photo dans l'*Orphea Chronicle* dans un article concernant des vaches échappées d'un enclos. On m'y voyait, ridicule, couverte de boue, essayant désespérément de ramener une vache vers un champ en la tirant par la queue, sous le titre suivant : *LA POLICE EN ACTION*.

L'article me valut évidemment d'être chambrée par mes collègues, avec plus ou moins d'humour : j'en trouvai une coupure déposée sous l'essuie-glace de la voiture banalisée que je conduisais, sur laquelle une main anonyme avait écrit au feutre noir *Deux vaches à Orphea*. Et comme si ça ne suffisait pas, mes parents vinrent de New York me rendre visite ce week-end-là.

— Voilà pourquoi tu es venue ici ? m'interrogea mon père en arrivant, brandissant devant moi une copie de l'*Orphea Chronicle*. Tu as foutu ton mariage en l'air pour devenir gardienne de vaches ?

— Papa, est-ce qu'on va déjà commencer à se disputer ?

— Non, mais je pense que tu aurais fait une bonne avocate.

— Je sais, papa, ça fait quinze ans que tu me dis ça.

— Quand je pense que tu as fait toutes ces études de droit pour finir flic dans une petite ville ? Quel gâchis !

— Je fais ce que j'aime, c'est le plus important, non ?

— Je vais prendre Mark comme associé, m'annonça-t-il alors.

— Bon sang, papa, soupirai-je, est-ce que tu as vraiment besoin de travailler avec mon ex-mari ?

— C’est un bon garçon, tu sais.

— Papa, ne commence pas ! le suppliai-je.

— Il est prêt à te pardonner. Vous pourriez vous remettre ensemble, tu pourrais rejoindre le cabinet…

— Je suis fière d’être flic, papa.

## JESSE ROSENBERG

*Mardi 1er juillet 2014*

*25 jours avant la première*

Il y avait huit jours que Stephanie avait disparu.

Dans la région, les gens ne parlaient plus que de cela. Une poignée d'entre eux était convaincue qu'elle avait orchestré sa fuite. La majorité pensait qu'il lui était arrivé malheur et s'inquiétait de savoir qui serait la prochaine victime. Une mère de famille partie faire ses courses ? Une fille sur le chemin de la plage ?

Ce matin du 1er juillet, Derek et moi retrouvâmes Anna au *Café Athéna* pour le petit-déjeuner. Elle nous parla de la disparition mystérieuse de Kirk Harvey, dont ni Derek ni moi n'avions eu connaissance à l'époque. Ceci signifiait qu'elle remontait à après la résolution du quadruple meurtre.

— Je suis allée faire un tour aux archives de l'*Orphea Chronicle*, nous dit Anna. Et regardez ce que j'ai découvert en cherchant des articles sur le premier festival de 1994…

Elle nous présenta la photocopie d'un article qui portait pour titre :

*Le grand critique Ostrovski raconte son festival*

Je parcourus rapidement le début de l'article. Il s'agissait du point de vue de Meta Ostrovski, célèbre critique new-yorkais, sur cette première édition du festival. Soudain mes yeux s'arrêtèrent sur une phrase.

— Écoute ça, dis-je à Derek. Le journaliste demande à Ostrovski quelles sont les bonnes et les mauvaises surprises du festival et Ostrovski répond: *« La bonne surprise est certainement – et tout le monde en conviendra – la magnifique représentation d'*Oncle Vania *sublimée par Charlotte Carell qui y tient le rôle d'Elena. Quant à la mauvaise surprise, c'est indéniablement le monologue farfelu de Kirk Harvey. Quel désastre du début à la fin, c'est indigne d'un festival de programmer une nullité pareille. Je dirais même que c'est une offense faite aux spectateurs. »*

— Il a dit *Kirk Harvey*? répéta Derek, incrédule.

— Il a dit Kirk Harvey, confirma Anna, fière de sa découverte.

— Qu'est-ce que c'est que ce micmac? m'étonnai-je. Le chef de la police d'Orphea participait au festival?

— Qui plus est, ajouta Derek, Harvey a enquêté sur les meurtres de 1994. Il était donc lié et aux meurtres et au festival.

— Est-ce la raison pour laquelle Stephanie voulait le retrouver? interrogeai-je. Il faut absolument lui mettre la main dessus.

Un homme pouvait nous aider dans notre quête de Kirk Harvey: Lewis Erban, le policier qu'Anna avait remplacé à Orphea. Il avait passé toute sa carrière au sein de la police d'Orphea et avait donc forcément côtoyé Harvey.

Anna, Derek et moi passâmes lui rendre visite: nous le trouvâmes en train de s'occuper d'un massif de fleurs devant sa maison. En voyant Anna, son visage s'illumina d'un sourire sympathique.

— Anna, dit-il, quel plaisir! T'es bien la première des collègues à venir prendre de mes nouvelles.

— C'est une visite intéressée, lui avoua Anna d'emblée. Ces messieurs qui m'accompagnent sont de la police d'État. Nous voudrions te parler de Kirk Harvey.

Installés dans sa cuisine où il insista pour nous offrir du café, Lewis Erban nous expliqua n'avoir aucune idée de ce qu'il était advenu de Kirk Harvey.

— Est-ce qu'il est mort? demanda Anna.

— Je n'en sais rien. J'en doute. Quel âge aurait-il aujourd'hui? Dans les 55 ans.

— Donc il a disparu en octobre 1994, soit juste après la résolution de l'assassinat du maire Gordon et de sa famille, c'est cela? poursuivit Anna.

— Oui. Du jour au lendemain. Il a laissé une étrange lettre de démission. On n'a jamais su le pourquoi du comment.

— Il y a eu une enquête? demanda Anna.

— Pas vraiment, répondit Lewis d'un air un peu honteux, le nez dans sa tasse.

— Comment ça? bondit Anna. Votre chef de la police plaque tout et personne ne cherche à en savoir davantage?

— La vérité, c'est que tout le monde le détestait au

poste, répondit Erban. Au moment de sa disparition, le chef Harvey ne contrôlait plus la police. C'était son adjoint, Ron Gulliver, qui avait pris le pouvoir. Les policiers du commissariat ne voulaient plus avoir affaire à lui. Ils le haïssaient. Nous l'appelions le chef-tout-seul.

— Le chef-tout-seul ? s'étonna Anna.

— Comme je te le dis. Tout le monde méprisait Harvey.

— Pourquoi a-t-il été nommé chef alors ? intervint Derek.

— Parce qu'au début nous l'adorions. C'était un homme charismatique et très intelligent. Un bon chef de surcroît. Fanatique de théâtre. Vous savez ce qu'il faisait pendant son temps libre ? Il écrivait des pièces de théâtre ! Il passait ses congés à New York, il allait voir toutes les pièces qui s'y jouaient. Il a même monté une pièce qui avait eu son petit succès avec la troupe étudiante de l'université d'Albany. On avait parlé de lui dans le journal et tout ça. Il s'était trouvé une petite copine belle comme un cœur, une étudiante qui participait à la troupe. Enfin, la totale quoi. Le type avait tout pour lui, tout.

— Que s'est-il passé alors ? poursuivit Derek.

— Son moment de gloire a duré une petite année à peine, expliqua Lewis Erban. Fort de son succès, il a écrit une nouvelle pièce. Il nous en parlait tout le temps. Il disait que ça allait être un chef-d'œuvre. Quand le festival de théâtre d'Orphea a été créé, il a fait des pieds et des mains pour que sa pièce soit jouée en ouverture. Mais le maire Gordon le lui a refusé. Il a dit que la pièce était mauvaise. Ils se sont beaucoup disputés à ce sujet.

— Mais sa pièce a quand même été jouée lors du

festival, non ? J'ai lu une critique à son sujet dans les archives de l'*Orphea Chronicle*.

— Il a joué un monologue de son cru. Ça a été un désastre.

Derek précisa :

— Ma question est : comment Kirk Harvey a-t-il pu participer au festival alors que le maire Gordon ne voulait pas de lui ?

— Parce que le maire s'est fait dézinguer le soir de l'ouverture du festival ! C'est son adjoint de l'époque, Alan Brown, qui a repris les rênes de la ville et Kirk Harvey a réussi à faire ajouter sa pièce dans le programme. J'ignore pourquoi Brown a accepté. Il avait sans doute des problèmes plus importants à régler.

— Donc, c'est uniquement parce que le maire Gordon est mort que Kirk Harvey a pu se produire, conclus-je.

— Exactement, capitaine Rosenberg. Tous les soirs en deuxième partie de soirée, dans le Grand Théâtre. Ça a été un fiasco total. C'était lamentable, vous ne pouvez pas imaginer. Il s'est ridiculisé aux yeux de tous. D'ailleurs, ça a été le début de la fin pour lui : sa réputation était flinguée, sa petite copine l'a quitté, tout est parti en vrille.

— Mais est-ce à cause de sa pièce que tous les autres flics se sont mis à détester Harvey ?

— Non, répondit Lewis Erban, pas directement, du moins. Durant les mois qui ont précédé le festival, Harvey nous a annoncé que son père avait un cancer et qu'il était traité dans un hôpital d'Albany. Il nous a expliqué qu'il allait prendre un congé sans solde pour veiller sur lui pendant son traitement. Au commissariat, ça nous a brisé le cœur cette histoire.

Pauvre Kirk, son père mourant. On a essayé de lever de l'argent pour combler sa perte de salaire, on a organisé divers évènements, on a même cotisé sur nos congés pour les lui offrir et qu'il continue à être payé pendant ses absences. C'était notre chef et on l'appréciait.

— Et que s'est-il passé ?

— On a découvert le pot aux roses: le père se portait en réalité très bien. Harvey avait inventé cette histoire pour aller à Albany préparer sa fameuse pièce de théâtre. À partir de ce moment, plus personne n'a voulu entendre parler de lui, ni lui obéir. Lui s'est défendu en disant qu'il avait été pris dans son mensonge et qu'il n'avait jamais imaginé qu'on allait tous se cotiser pour l'aider. Ça n'a fait que nous énerver davantage, ça voulait dire qu'il ne pensait pas comme nous. À partir de ce jour, nous ne l'avons plus considéré comme notre chef.

— À quand remonte cet incident ?

— On a découvert ça dans le courant du mois de juillet 1994.

— Mais comment la police a-t-elle pu fonctionner sans chef de juillet à octobre ?

— Ron Gulliver est devenu chef *de facto.* Les gars respectaient son autorité, tout s'est bien passé. Cette situation n'avait rien d'officiel, mais personne ne s'en est offusqué parce que, peu après ça, il y a eu l'assassinat du maire Gordon, et ensuite son remplaçant, le maire Brown, s'est retrouvé pendant les mois qui ont suivi avec des dossiers sur les bras plus importants à régler.

— Pourtant, réagit Derek, nous avons collaboré régulièrement avec Kirk Harvey pendant l'enquête sur le quadruple meurtre.

— Et qui d'autre du commissariat avez-vous côtoyé ? lui répondit Erban.

— Personne, admit Derek.

— Et ça ne vous a pas paru étrange de n'avoir d'interactions qu'avec Kirk Harvey ?

— Je n'y ai même pas pensé à l'époque.

— Attention, précisa Erban, ça ne veut pas dire qu'on a négligé notre boulot pour autant. C'était un quadruple meurtre, quand même. Tous les appels de la population ont été pris au sérieux, toutes les demandes de la police d'État aussi. Mais en dehors de cela, Harvey a mené sa propre enquête tout seul, dans son coin. Il était complètement obsédé par cette affaire.

— Il y avait donc un dossier ?

— Bien entendu. Compilé par Harvey. Il doit être conservé dans la salle des archives.

— Il n'y a rien, dit Anna. Juste une boîte vide.

— Peut-être dans son bureau du sous-sol, suggéra Erban.

— Quel bureau du sous-sol ? demanda Anna.

— En juillet 1994, quand on a découvert l'histoire du faux cancer du père, tous les policiers ont débarqué dans le bureau de Harvey pour lui demander des explications. Il n'était pas là, alors on a commencé à fouiller et on a compris qu'il passait plus de temps à travailler sa pièce de théâtre qu'à faire son boulot de flic : il y avait des textes manuscrits, des scénarios. On a décidé de faire le ménage : on a passé à la broyeuse tout ce qui ne concernait pas son boulot de chef de la police, et laissez-moi vous dire qu'il ne restait plus grand-chose. Après quoi, on a débranché son ordinateur, saisi sa chaise et son bureau, et on l'a déménagé dans une pièce du sous-sol. Un local de stockage de matériel, au milieu d'un gigantesque capharnaüm, sans fenêtre et sans air frais. À partir de ce jour-là, en arrivant au commissariat, Harvey descendait directement dans son nouveau bureau. On pensait qu'il ne tiendrait pas une semaine, il est quand même resté dans son sous-sol pendant trois mois, jusqu'à ce qu'il disparaisse de la circulation, en octobre 1994.

Nous restâmes estomaqués un instant par la scène de putsch décrite par Erban. Finalement, je repris :

— Et donc un beau jour, il a disparu.

— Oui, capitaine. Je m'en souviens bien parce que, la veille, il voulait absolument me parler de son affaire.

*
* *

*Orphea, fin octobre 1994*

En entrant dans les toilettes du commissariat, Lewis Erban tomba sur Kirk Harvey qui se lavait les mains.

— Lewis, il faut que je te parle, lui dit Harvey.

Erban fit d'abord semblant de ne pas l'entendre. Mais comme Harvey le fixait, il lui murmura :

— Kirk, je ne veux pas me griller auprès des autres…

— Écoute, Lewis, je sais que j'ai merdé…

— Mais putain, Kirk, qu'est-ce qui t'a pris ? On a tous cotisé sur nos jours de congé pour toi.

— Je ne vous avais rien demandé ! protesta Harvey. J'avais pris un congé sans solde. Je ne faisais chier personne. C'est vous qui vous êtes mêlés de tout ça.

— Alors c'est de notre faute maintenant ?

— Écoute, Lewis, tu as le droit de me haïr. Mais j'ai besoin de ton aide.

— Laisse tomber. Si les gars apprennent que je te parle, je vais me retrouver au sous-sol moi aussi.

— Alors, voyons-nous ailleurs. Retrouve-moi ce soir au parking de la marina, vers 20 heures. Je te raconterai tout. C'est très important. Ça concerne Ted Tennenbaum.

*
* *

— Ted Tennenbaum ? répétai-je.

— Oui, capitaine Rosenberg, me confirma Lewis. Évidemment, je n'y suis pas allé. Être vu avec Harvey, c'était comme avoir la gale. Cette conversation fut ma dernière avec lui. Le lendemain, en arrivant au commissariat, j'appris que Ron Gulliver avait découvert une lettre signée de sa main sur son bureau, l'informant qu'il était parti et qu'il ne reviendrait plus jamais à Orphea.

— Quelle a été votre réaction ? demanda Derek.

— Je me suis dit *bon débarras*. Honnêtement, c'était mieux pour tout le monde.

En repartant de chez Lewis Erban, Anna nous dit :

— Au Grand Théâtre, Stephanie interrogeait les bénévoles afin d'établir l'emploi du temps exact de Ted Tennenbaum le soir du quadruple meurtre.

— Merde, souffla Derek.

Il crut devoir préciser :

— Ted Tennenbaum était…

— … l'auteur du quadruple meurtre de 1994, je sais, le coupa Anna.

Derek ajouta alors :

— Du moins est-ce ce que nous avons cru pendant vingt ans. Qu'est-ce que Kirk Harvey avait découvert sur lui et pourquoi ne nous en a-t-il pas parlé ?

Ce même jour, nous reçûmes de la police scientifique l'analyse du contenu de l'ordinateur de Stephanie : il n'y avait sur le disque dur qu'un seul document, en format Word, et protégé par un code que les informaticiens avaient pu facilement contourner.

Nous l'ouvrîmes, tous les trois agglutinés derrière l'ordinateur de Stephanie.

— C'est un texte, dit Derek. Sans doute son article.

— On dirait plutôt un livre, fit remarquer Anna.

Elle avait raison. En lisant le document, nous découvrîmes que Stephanie consacrait un livre entier à l'affaire. J'en retranscris le début ici :

*NON-COUPABLE*
*par Stephanie Mailer*

*L'annonce se trouvait entre une publicité pour un cordonnier et une autre pour un restaurant chinois qui offrait un buffet à volonté à moins de 20 dollars.*

VOULEZ-VOUS ÉCRIRE UN LIVRE À SUCCÈS ?

HOMME DE LETTRES RECHERCHE ÉCRIVAIN AMBITIEUX POUR TRAVAIL SÉRIEUX. RÉFÉRENCES INDISPENSABLES.

*D'abord je ne la pris pas au sérieux. Intriguée, je décidai de composer malgré tout le numéro qui était indiqué. Un homme me répondit, dont je ne reconnus pas immédiatement la voix. Je ne compris que lorsque je le retrouvai le lendemain dans le café de SoHo où il me donna rendez-vous.*

*— Vous ? m'étonnai-je en le voyant.*

*Il paraissait aussi surpris que moi. Il m'expliqua qu'il avait besoin de quelqu'un pour écrire un livre qui lui trottait dans la tête depuis longtemps.*

*— Ça va faire vingt ans que je diffuse cette annonce, Stephanie, me dit-il. Tous les candidats qui y ont répondu au fil des années étaient plus pitoyables les uns que les autres.*

*— Mais pourquoi recherchez-vous quelqu'un pour écrire un livre à votre place ?*

*— Pas à ma place. Un livre pour moi. Je vous donne le sujet, vous serez la plume.*

*— Pourquoi ne l'écrivez-vous pas vous-même ?*

*— Moi ? Impossible ! Que diraient les gens ? Vous imaginez… Enfin, bref, je paierai tous vos frais pendant l'écriture. Et ensuite vous n'aurez plus de souci à vous faire.*

*— Pourquoi ? demandai-je.*

*— Parce que ce livre fera de vous un écrivain riche et célèbre, et de moi un homme plus apaisé. J'aurai enfin la satisfaction*

*d'avoir des réponses à des questions qui m'obsèdent depuis vingt ans. Et le bonheur de voir ce livre exister. Si vous trouvez la clé de l'énigme, cela fera un merveilleux roman policier. Les lecteurs se régaleront.*

Il faut avouer que le livre était écrit de façon passionnante. Stephanie y racontait qu'elle s'était fait engager à l'*Orphea Chronicle* pour avoir une couverture et enquêter tranquillement sur le quadruple meurtre de 1994.

Il était cependant difficile de distinguer ce qui était récit et fiction. Si elle ne dépeignait que la réalité des faits, alors qui était ce mystérieux commanditaire qui lui avait demandé d'écrire ce livre ? Et pourquoi ? Elle ne mentionnait pas son nom, mais elle semblait dire qu'il s'agissait d'un homme qu'elle connaissait, et qui était apparemment à l'intérieur du Grand Théâtre le soir du quadruple meurtre.

*— C'est peut-être la raison pour laquelle je suis tellement obsédé par ce fait divers. J'étais dans cette salle, à regarder la pièce qui se jouait. Une version très moyenne d'*Oncle Vania*. Et voilà que la vraie tragédie, passionnante, elle, se déroulait à quelques rues de là, dans le quartier de Penfield. Depuis ce soir-là, je me demande tous les jours ce qui a bien pu se passer, et tous les jours je me dis que cette histoire ferait un roman policier fantastique.*

*— Mais d'après mes informations, le meurtrier a été démasqué. Il s'agissait d'un*

*certain Ted Tennenbaum, restaurateur à Orphea.*

*— Je sais, Stephanie. Je sais également que tous les éléments confirment sa culpabilité. Mais je ne suis pas complètement convaincu. Il était le pompier de service dans le théâtre ce soir-là. Or, un peu avant 19 heures, je suis sorti dans la rue faire quelques pas, j'ai vu une camionnette passer. Elle était facilement identifiable à son autocollant singulier sur la vitre arrière. J'ai compris bien après, en lisant les journaux, que c'était le véhicule de Ted Tennenbaum. Le problème est que ce n'était pas lui qui était au volant.*

— Qu'est-ce que c'est que cette histoire de camionnette ? demanda Anna.

— La camionnette de Ted Tennenbaum est l'un des points centraux qui ont mené à son arrestation, expliqua Derek. Un témoin a formellement établi qu'elle était stationnée devant la maison du maire juste avant les meurtres.

— Donc c'était bien sa camionnette, mais pas lui au volant ? s'interrogea Anna.

— C'est ce que semble affirmer cet homme, dis-je. C'est pour cela que Stephanie est venue me dire qu'on s'était trompé de coupable.

— Il y aurait donc quelqu'un qui douterait de sa culpabilité et qui n'aurait rien dit pendant tout ce temps ? interrogea Derek.

Un détail était évident pour nous trois : si Stephanie avait volontairement disparu, elle ne serait jamais partie sans son ordinateur.

Malheureusement, notre conviction allait se révéler

exacte : le lendemain matin, mercredi 2 juillet, une ornithologue amateur qui se promenait à l'aube aux abords du lac des Cerfs remarqua une masse flottant au loin, au milieu des nénuphars et des roseaux. Intriguée, elle prit ses jumelles. Il lui fallut de longues minutes pour comprendre. C'était un corps humain.

## *DEREK SCOTT*

Août 1994. Notre enquête piétinait : nous n'avions ni suspect, ni mobile. Si le maire Gordon et sa famille étaient réellement sur le point de fuir Orphea, nous n'avions aucune idée de la destination, ni de la raison. Nous n'avions trouvé aucun indice, aucune piste. Rien dans le comportement de Leslie ni de Joseph Gordon n'avait alerté leurs proches, leurs relevés bancaires n'indiquaient rien d'anormal.

Pour remonter la piste du tueur, faute de comprendre encore le mobile du meurtre, nous avions besoin d'éléments concrets. Grâce aux experts balistiques, nous savions que l'arme utilisée pour les meurtres était un pistolet de marque Beretta, et à en juger par la précision des tirs, le meurtrier était relativement bien entraîné. Mais nous nous noyions, tant dans les registres des armes que dans les listes de membres des associations de tir.

Nous disposions cependant d'un élément d'importance, qui pouvait changer le cours de l'enquête : ce fameux véhicule repéré dans la rue par Lena Bellamy, juste avant les meurtres. Malheureusement, elle était incapable de se remémorer le moindre détail. Elle se souvenait vaguement d'une camionnette noire, avec un imposant dessin sur la vitre arrière.

Jesse et moi passâmes des heures avec elle, à lui présenter des images de tous les véhicules possibles et imaginables.

— Est-ce que c'était plutôt ce genre-là ? lui demandait-on.

Elle regardait attentivement les photos qui défilaient devant elle.

— C'est vraiment dur à dire, nous répondait-elle.

— Quand vous dites camionnette, vous voulez dire plutôt un van ? Ou plutôt un pick-up ?

— Quelle est la différence entre les deux ? Vous savez, plus vous me montrez de voitures, plus ça me brouille les souvenirs.

Malgré toute la bonne volonté de Lena Bellamy, nous tournions en rond. Et le temps jouait contre nous. Le major McKenna nous mettait une pression folle :

— Alors ? nous demandait-il sans cesse. Dites-moi que vous avez quelque chose, les gars.

— Rien, major. C'est un vrai casse-tête.

— Bon sang, vous devez absolument avancer. Ne me dites pas que je me suis trompé sur vous ? C'est une grosse affaire et tout le monde à la brigade attend de vous voir vous planter. Vous savez ce qu'on murmure sur vous à la machine à café ? Que vous êtes des amateurs. Vous allez passer pour des cons, je vais passer pour un con, et tout ceci va être très désagréable pour tout le monde. Alors j'ai besoin que vous ne respiriez que pour cette enquête. Quatre morts en plein jour, il doit bien y avoir un os à ronger quelque part.

Nous ne vivions que pour cette enquête. Vingt heures par jour, sept jours par semaine. Nous ne faisions que ça. J'habitais pratiquement chez Jesse et Natasha. Dans leur salle de bains, il y avait désormais trois brosses à dents.

C'est grâce à Lena Bellamy que le cours de l'enquête bascula.

Dix jours après les meurtres, son mari l'emmena dîner un soir sur la rue principale. Depuis cette terrible nuit du 30 juillet, Lena n'était guère sortie de sa maison. Elle était inquiète, angoissée. Elle ne laissait plus les enfants aller jouer dans le parc en face de la maison. Elle préférait les emmener plus loin, quitte à faire quarante-cinq minutes de voiture. Elle songeait même à déménager. Son mari, Terrence, soucieux de lui changer les idées, parvint finalement à lui faire accepter une sortie en tête à tête. Il avait envie d'essayer ce nouveau restaurant dont tout le monde parlait, situé sur la rue principale, à côté du Grand Théâtre. Le *Café Athéna*. C'était le nouvel endroit à la mode, il avait ouvert juste à temps pour le festival. Les réservations s'arrachaient : il y avait enfin un restaurant digne de ce nom à Orphea.

La soirée était douce. Terrence s'était garé sur le parking de la marina et ils avaient flâné tranquillement jusqu'au restaurant. L'endroit était magnifique, disposant d'une terrasse entourée de massifs fleuris et intégralement éclairée à la bougie. La façade du restaurant était une grande baie vitrée, sur laquelle avait été dessinée une série de lignes et de points, qui, au premier coup d'œil, donnait l'impression d'un motif tribal, avant que l'on comprenne qu'il s'agissait d'une chouette.

En voyant la devanture, Lena Bellamy se mit à trembler, pétrifiée.

— C'est le dessin ! dit-elle à son mari.

— Quel dessin ?

— Le dessin que j'ai vu à l'arrière de la camionnette.

Terrence Bellamy nous avait immédiatement prévenus depuis une cabine téléphonique. Jesse et moi avions foncé jusqu'à Orphea et avions retrouvé les Bellamy terrés dans leur voiture sur le parking de la marina. Lena Bellamy était en pleurs. D'autant plus qu'entre-temps, la fameuse camionnette noire s'était garée devant le *Café Athéna* : le logo sur la vitre arrière était effectivement identique à celui sur la devanture. Son conducteur était un homme à la carrure imposante que les Bellamy avaient vu s'engouffrer dans l'établissement. Nous pûmes l'identifier grâce aux plaques de son véhicule : il s'agissait de Ted Tennenbaum, le propriétaire du *Café Athéna*.

Nous décidâmes de ne pas précipiter l'arrestation de Tennenbaum et de commencer par enquêter discrètement sur lui. Et nous comprîmes très rapidement qu'il correspondait au profil que nous recherchions : Tennenbaum avait fait l'acquisition d'une arme de poing une année plus tôt – mais qui n'était pas un Beretta – et il s'entraînait très régulièrement dans un stand de tir de la région, dont le patron nous indiqua qu'il était plutôt doué pour cet exercice.

D'après nos renseignements, Tennenbaum était issu d'une famille aisée de Manhattan, le genre de fils à papa impulsif et pas avare de coups de poing. Sa propension à la bagarre l'avait fait virer de l'université de Stanford et l'avait même envoyé quelques mois en prison. Ce qui ne l'avait pas empêché ensuite d'acquérir une arme. Il était installé à Orphea depuis quelques années, ne s'y était apparemment plus fait remarquer. Il avait travaillé au Palace du Lac, avant de se lancer dans sa propre affaire : le *Café Athéna*. Et le *Café Athéna* avait justement placé Ted Tennenbaum au cœur d'une importante dispute avec le maire.

Tennenbaum, certain que son restaurant allait faire un malheur, avait acheté un bâtiment idéalement situé sur la rue principale et dont le prix élevé qu'en demandait le propriétaire avait dissuadé les autres acquéreurs. Il restait un problème de taille cependant : l'affectation cadastrale ne l'autorisait pas à ouvrir un restaurant à cet endroit. Tennenbaum était convaincu que la mairie lui accorderait sans problème un passe-droit, mais le maire Gordon ne l'avait pas entendu de cette oreille. Il s'opposa farouchement au projet du *Café Athéna*. Tennenbaum prévoyait d'en faire un établissement huppé, du style de ce qu'on trouvait à Manhattan, et Gordon n'y voyait aucun intérêt pour Orphea. Il refusa toute dérogation au plan cadastral et les employés de la mairie rapportèrent de nombreuses disputes entre les deux hommes.

Nous découvrîmes alors que, par une nuit de février, le bâtiment fut ravagé par un incendie. Ce fut une circonstance heureuse pour Tennenbaum : la nécessité de reconstruire totalement le bâtiment permettait de changer son affectation. C'est le chef Harvey qui nous rapporta cet épisode.

— Donc vous êtes en train de nous dire que, grâce à cet incendie, Tennenbaum a pu ouvrir son restaurant.

— Exactement.

— Et l'incendie était d'origine criminelle, j'imagine.

— Évidemment. Mais nous n'avons rien trouvé qui puisse prouver que Tennenbaum en était l'auteur. En tous les cas, comme le hasard fait bien les choses, l'incendie a eu lieu à temps pour que Tennenbaum puisse réaliser les travaux et ouvrir le *Café Athéna* juste avant le début du festival. Depuis, il ne désemplit plus. Il n'aurait pas pu se permettre que les travaux prennent le moindre retard.

Et c'est ce point qui allait être déterminant justement. Car plusieurs témoins affirmèrent que Gordon avait implicitement menacé Tennenbaum de faire traîner les travaux. Le chef-adjoint Gulliver nous raconta notamment être intervenu alors que les deux hommes s'apprêtaient à en venir aux mains, en pleine rue.

— Pourquoi personne ne nous a parlé de ce différend avec Tennenbaum ? m'étonnai-je.

— Parce que c'était au mois de mars, me répondit Gulliver. Ça m'était sorti de la tête. Vous savez, en politique les esprits s'échauffent facilement. Des histoires comme celle-là, j'en ai des tonnes. Il faut aller voir les séances du conseil municipal : les gars s'écharpent sans cesse. Ça ne veut pas dire qu'ils vont finir par se tirer dessus.

Mais pour Jesse et moi, c'était largement assez. Nous avions un dossier en béton : Tennenbaum avait un mobile pour tuer le maire, il était un tireur aguerri et sa camionnette avait été formellement identifiée devant la maison des Gordon quelques minutes avant la tuerie. À l'aube du 12 août 1994, nous arrêtions Ted Tennenbaum chez lui pour les meurtres de Joseph, Leslie et Arthur Gordon, et Meghan Padalin.

Nous arrivâmes triomphants au centre régional de la police d'État et conduisîmes Tennenbaum en cellule sous les regards admiratifs de nos collègues et du major McKenna.

Mais notre gloire ne dura que quelques heures. Le temps pour Ted de faire appel à Robin Starr, un ténor du barreau new-yorkais, qui débarqua depuis Manhattan aussitôt après que la sœur de Tennenbaum lui eut versé 100 000 dollars de provision.

En salle d'interrogatoire, Starr nous infligea une sévère humiliation, sous le regard dépité du major et de tous nos collègues, pliés de rire, qui nous observaient derrière une glace sans tain.

— J'en ai vu des flics pas doués, tonna Robin Starr, mais alors vous deux, c'est le pompon. Répétez-moi encore votre histoire, sergent Scott ?

— Ce n'est pas la peine de nous prendre de haut, répliquai-je. Nous savons que votre client était en litige avec le maire Gordon depuis plusieurs mois à propos des travaux de réfection du *Café Athéna*.

Starr me regarda d'un air intrigué :

— Les travaux ont déjà eu lieu, il me semble, où est le problème, sergent Scott ?

— Les travaux de construction du *Café Athéna* ne pouvaient souffrir aucun retard et je sais que le maire Gordon avait menacé votre client de tout bloquer. Après un énième différend, Ted Tennenbaum a fini par tuer le maire, sa famille et cette pauvre joggeuse qui passait devant la maison. Car comme vous le savez sûrement, maître Starr, votre client est un tireur aguerri.

Starr opina ironiquement.

— C'est prodigieux de confusion, sergent. Je suis vraiment ébaubi.

Tennenbaum ne réagissait pas, se contentant de

laisser son avocat parler à sa place, ce qui fonctionnait plutôt bien jusque-là. Starr poursuivit :

— Si vous en avez terminé avec votre histoire à dormir debout, permettez-moi à présent d'y répondre. Mon client ne pouvait pas être chez le maire Gordon le 30 juillet à 19 heures pour la simple et bonne raison qu'il était pompier de garde au Grand Théâtre. Vous pouvez aller demander à quiconque se trouvait dans les coulisses ce soir-là, ils vous diront avoir vu Ted.

— Il y avait pas mal de va-et-vient ce soir-là, dis-je. Ted aura eu le temps de s'éclipser. Il n'est qu'à quelques minutes de voiture de la maison du maire.

— Ah, d'accord, sergent ! Donc votre théorie est que mon client a vite sauté dans sa camionnette pour faire un petit saut chez le maire, tué tous ceux qui se trouvaient sur son chemin, et est ensuite tranquillement retourné prendre sa place au Grand Théâtre.

Je décidai d'abattre mon atout. Ce que je croyais être le coup de grâce. Après avoir volontairement fait peser un instant de silence, je dis à Starr :

— La camionnette de votre client a été formellement identifiée devant la maison de la famille Gordon quelques minutes avant les meurtres. C'est la raison pour laquelle votre client est dans ce commissariat, et c'est la raison pour laquelle il n'en ressortira que pour aller dans une prison fédérale en attendant de passer devant une cour.

Starr me dévisagea sévèrement. Je crus avoir fait mouche. Il se mit alors à applaudir.

— Bravo, sergent. Et merci. Il y avait longtemps que je ne m'étais pas autant amusé. Donc votre château de cartes repose sur cette abracadabrantesque histoire de camionnette ? Que votre témoin a été incapable de reconnaître pendant dix jours avant de subitement retrouver la mémoire ?

— Comment pouvez-vous le savoir ? m'offusquai-je.

— Parce que je fais mon travail, moi, contrairement à vous, tempêta Starr. Et vous devriez savoir qu'aucun juge ne recevra ce témoignage à dormir debout ! Vous n'avez donc aucune preuve tangible. Votre dossier est digne d'un boy-scout, vous devriez avoir honte, sergent. Si vous n'avez rien à ajouter, mon client et moi allons prendre congé de vous à présent.

La porte de la salle s'ouvrit. C'était le major qui nous fusilla du regard. Il laissa Starr et Tennenbaum s'en aller, et lorsqu'ils furent partis, il entra dans la pièce. D'un coup de pied rageur, il envoya une chaise valdinguer. Je ne l'avais jamais vu dans une colère pareille.

— Alors c'est ça votre grande enquête ? s'écria-t-il. Je vous avais demandé d'avancer, pas de faire n'importe quoi !

Jesse et moi baissâmes les yeux. Nous ne pipâmes mot, ce qui eut pour effet d'agacer le major davantage.

— Qu'est-ce que vous avez à répondre, hein ?

— J'ai la conviction que c'est Tennenbaum qui a fait ça, major, dis-je.

— Quel genre de conviction, Scott ? Une conviction de flic ? Qui ne vous fera ni dormir, ni manger jusqu'à ce que vous ayez bouclé ce dossier ?

— Oui, major.

— Alors, allez-y ! Foutez-moi le camp d'ici tous les deux et allez me reprendre cette enquête !

-6

# Meurtre d'une journaliste

---

MERCREDI 2 JUILLET - MARDI 8 JUILLET 2014

## JESSE ROSENBERG

*Mercredi 2 juillet 2014*

*24 jours avant le festival*

Sur la route 117 une armada de véhicules d'urgence, camions de pompiers, ambulances et voitures de police par dizaines venues de toute la région, bloquait l'accès au lac des Cerfs. Le trafic était détourné par la police de l'autoroute et des bandes avaient été déroulées dans les prés alentour, d'un pan de forêt à un autre, derrière lesquelles des agents montaient la garde, empêchant le passage des curieux et des journalistes qui affluaient.

À quelques dizaines de mètres de là, au bas d'une pente douce, au milieu des herbes hautes et des buissons de myrtilles, Anna, Derek et moi, ainsi que le chef Gulliver et une poignée de policiers, contemplions en silence le décor féerique d'une vaste étendue d'eau, couverte de plantes aquatiques. Au beau milieu du lac, une tache de couleur apparaissait clairement dans la végétation aquatique : c'était un amas de chair blanche. Un corps humain était coincé dans les nénuphars.

Il était impossible de dire à distance s'il s'agissait de Stephanie. Nous attendions les plongeurs de la police d'État. En attendant, nous observions, impuissants, silencieux, l'étendue d'eau tranquille.

Sur l'une des berges opposées, des policiers, en voulant s'approcher, s'étaient empêtrés dans la boue.

— Est-ce que cette zone n'a pas été fouillée ? demandai-je au chef Gulliver.

— Nous ne sommes pas venus jusqu'ici. L'endroit est peu accessible. Et puis, les berges sont impraticables, entre la boue et les roseaux…

Nous entendîmes des sirènes au loin. Des renforts affluaient. Puis arriva le maire Brown, escorté par Montagne qui était allé le chercher à la mairie pour le conduire ici. Finalement, les unités de la police d'État débarquèrent à leur tour et ce fut le début de l'agitation totale : des policiers et des pompiers transportèrent des canots pneumatiques, suivis de plongeurs portant de lourdes caisses de matériel.

« Qu'est-ce qui est en train de se passer dans cette ville ? » murmura le maire en nous rejoignant, tout en fixant du regard les somptueuses étendues de nénuphars.

Les plongeurs s'équipèrent rapidement, les canots pneumatiques furent mis à l'eau. Le chef Gulliver et moi montâmes à bord de l'un d'eux. Nous nous élançâmes sur le lac, rapidement suivis par un deuxième canot dans lequel se trouvaient les plongeurs. Les grenouilles et les oiseaux d'eau se turent soudain, et lorsque les moteurs des bateaux furent coupés, il régna un silence éprouvant. Les canots, portés par leur élan, fendirent les tapis de nénuphars en fleurs, et arrivèrent bientôt à hauteur du corps. Les plongeurs se glissèrent dans l'eau et disparurent dans un nuage de bulles. Je m'accroupis à la proue du bateau et me penchai vers l'eau pour mieux observer le corps qui était dégagé par les hommes-grenouilles. Lorsqu'ils parvinrent enfin à le retourner, j'eus un brusque mouvement de recul. Le visage déformé par l'eau qu'on me présentait était bien celui de Stephanie Mailer.

L'annonce de la découverte du corps de Stephanie Mailer noyée dans le lac des Cerfs s'empara de la région. Les curieux accoururent, se massant le long des barrières de police. Les médias locaux étaient également là en nombre. Tout le bord de la route 17 se transforma en une espèce de gigantesque kermesse bruyante.

Sur la berge, où le corps avait été ramené, le médecin légiste, le docteur Ranjit Singh, procéda aux premières constatations avant de nous réunir, Anna, Derek, le maire Brown, le chef Gulliver et moi, pour un point de la situation.

— Je pense que Stephanie Mailer a été étranglée, nous dit-il.

Le maire Brown se cacha le visage. Le médecin légiste poursuivit :

— Il va falloir attendre les résultats de l'autopsie pour savoir exactement ce qui s'est passé, mais j'ai déjà relevé de larges hématomes au niveau du cou ainsi que des signes d'une importante cyanose. Elle présente également des griffures sur les bras et le visage, et des écorchures sur les coudes et les genoux.

— Pourquoi ne l'a-t-on pas remarquée avant ? demanda Gulliver.

— Il faut du temps pour que les corps immergés remontent à la surface. À en juger par l'état du cadavre, le décès a eu lieu il y a huit ou neuf jours. Plus d'une semaine en tout cas.

— Ce qui nous ramènerait à la nuit de la disparition, dit Derek. Stephanie aurait donc été enlevée et tuée.

— Seigneur ! murmura Brown en se passant la main dans les cheveux, atterré. Comment est-ce possible ? Qui a bien pu faire ça à cette pauvre jeune fille ?

— C'est ce que nous allons devoir découvrir, répondit Derek. Vous êtes face à une situation très grave, monsieur le maire. Il y a un tueur dans la région, peut-être dans votre ville. Nous ne connaissons encore rien de ses motifs et on ne peut pas exclure qu'il frappe à nouveau. Tant que nous ne l'aurons pas arrêté, il va falloir redoubler de prudence. Mettre éventuellement un plan de sécurisation en place avec la police d'État pour appuyer la police d'Orphea.

— Un plan de sécurisation ? s'inquiéta Brown. Vous n'y pensez pas, vous allez effrayer tout le monde ! Vous ne vous rendez pas compte, Orphea est une ville balnéaire. Que la rumeur coure qu'un assassin rôde ici et la saison d'été est foutue ! Est-ce que vous comprenez ce que cela signifie pour nous ?

Le maire Brown se tourna alors vers le chef Gulliver et Anna :

— Combien de temps pouvez-vous bloquer cette information ? leur demanda-t-il.

— Tout le monde est déjà au courant, Alan, lui dit Gulliver. La rumeur a fait le tour de la région. Allez voir vous-même là-haut, au bord de la route, c'est une véritable fête foraine !

Nous fûmes soudain interrompus par des cris : les parents Mailer venaient d'arriver. Ils apparurent sur le haut de la berge. *« Stephanie ! »* hurla Trudy Mailer, épouvantée, suivie par son mari. Derek et moi, les voyant dévaler la pente, nous précipitâmes pour les empêcher d'avancer plus loin et leur épargner la vision du cadavre de leur fille, gisant sur la berge, sur le point d'être chargé dans un sac mortuaire.

« Vous ne pouvez pas voir ça, madame », murmurai-je à Trudy Mailer, qui se serrait contre moi. Elle se mit à crier et à pleurer. Nous conduisîmes Trudy et Dennis Mailer jusqu'à un camion de police où une psychologue s'apprêtait à les rejoindre.

Il fallait parler aux médias. Je préférais laisser le maire s'en charger. Gulliver, qui ne voulait pas rater une occasion de passer à la télévision, insista pour l'accompagner.

Ils remontèrent tous les deux jusqu'au cordon de sécurité derrière lequel des journalistes venus de toute la région trépignaient. Il y avait des chaînes de télévision régionales, des photographes, et la presse écrite également. À l'arrivée du maire Brown et de Gulliver, une forêt de micros et d'objectifs se tendit dans leur direction. D'une voix se démarquant de celle de ses collègues, Michael Bird posa la première question :

— Est-ce que Stephanie Mailer a été assassinée ?

Un silence glacé plana.

— Il faut attendre les progrès de l'enquête, répondit le maire Brown. Pas de conclusions hâtives, s'il vous plaît. Un communiqué officiel sera fait en temps utile.

— Mais c'est bien Stephanie Mailer qui a été retrouvée dans le lac ? demanda encore Michael.

— Je ne peux pas vous en dire plus.

— Nous avons tous vu ses parents arriver, monsieur le maire, insista Michael.

— Il semblerait effectivement que ce soit Stephanie Mailer, fut obligé de confirmer Brown, acculé. Ses parents ne l'ont pas encore identifiée formellement.

Il fut aussitôt assailli par un brouhaha de questions émanant de tous les autres journalistes présents. La voix de Michael s'éleva à nouveau de la masse :

— Stephanie a donc été assassinée, conclut-il. N'allez pas nous dire que l'incendie de son appartement est une coïncidence. Que se passe-t-il à Orphea ? Que cachez-vous à la population, monsieur le maire ?

Brown, gardant son sang-froid, répondit d'une voix calme :

— Je comprends vos interrogations, mais il est important que vous laissiez les enquêteurs faire leur travail. Je ne ferai pas de commentaires pour le moment, je ne veux pas risquer d'entraver le travail de la police.

Michael, visiblement ému et remonté, cria encore :

— Monsieur le maire, comptez-vous maintenir les célébrations du 4 Juillet alors que votre ville est endeuillée ?

Le maire Brown, pris au dépourvu, n'eut qu'une fraction de seconde pour répondre :

— Pour l'instant, je décrète que le feu d'artifice du 4 Juillet est annulé.

Une rumeur envahit les journalistes et les badauds.

De notre côté, Anna, Derek et moi examinions les berges du lac pour essayer de comprendre comment Stephanie avait pu se retrouver ici. Derek considérait qu'il s'agissait d'un meurtre précipité.

— À mon avis, dit-il, n'importe quel assassin un

peu minutieux aurait lesté le corps de Stephanie pour s'assurer qu'il ne remonte pas avant un bout de temps. La personne qui a fait ça n'avait pas prévu de la tuer ici ni de cette façon.

La majeure partie des berges du lac des Cerfs – et c'est ce qui en faisait un paradis ornithologique – étaient inaccessibles à pied car recouvertes d'une roselière, immense et dense, qui se dressait comme une muraille. Dans cette véritable forêt vierge, des dizaines d'espèces d'oiseaux nichaient et vivaient en toute tranquillité. Une autre partie était directement bordée par une épaisse forêt de pins qui longeait toute la route 17, jusqu'à l'océan.

Il nous sembla d'abord que l'accès à pied n'était possible que par la berge par laquelle nous étions arrivés. Mais en observant attentivement la topographie des lieux, nous remarquâmes que les herbes hautes côté forêt avaient été récemment aplaties. Nous atteignîmes très péniblement cette partie-là : le sol était meuble et marécageux. Nous découvrîmes alors un endroit plat débouchant de la forêt, où la boue avait été remuée. Il était impossible de l'affirmer, mais on aurait dit comme des empreintes de pas.

— Il s'est passé quelque chose ici, affirma Derek. Mais je doute que Stephanie ait emprunté le même chemin que nous. C'est beaucoup trop escarpé. À mon avis, le seul moyen pour atteindre cette berge…

— Est de passer par la forêt ? suggéra Anna.

— Exactement.

Assistés d'une poignée de policiers d'Orphea, nous entreprîmes une fouille minutieuse de la bande de forêt. Nous découvrîmes des branches cassées et des signes de passage. Accroché à un buisson, un morceau de tissu.

— Ça pourrait être un morceau du t-shirt que portait Stephanie lundi, dis-je à Anna et Derek en prélevant le tissu avec des gants en latex.

Telle que je l'avais vue dans l'eau, Stephanie n'avait qu'une seule chaussure. Sur le pied droit. Nous trouvâmes la chaussure gauche dans la forêt, prise derrière une souche.

— Donc elle courait dans la forêt, conclut Derek, elle essayait d'échapper à quelqu'un. Sinon elle aurait pris le temps de remettre sa chaussure.

— Et son poursuivant l'aurait rattrapée au niveau du lac avant de l'y noyer, ajouta Anna.

— Tu as certainement raison, Anna, acquiesça Derek. Mais elle aurait couru jusqu'ici depuis la plage ?

Il y avait plus de cinq miles entre les deux.

En suivant les traces de passage à travers la forêt, nous débouchâmes sur la route. À environ deux cents mètres des barrières de police.

— Elle serait rentrée par là, dit Derek.

Plus ou moins à cet endroit, nous remarquâmes sur le bas-côté des traces de pneus. Son poursuivant était donc en voiture.

*
* *

*Au même instant, à New York*

Dans les locaux de la *Revue des lettres new-yorkaises*, Meta Ostrovski contemplait par la fenêtre de son bureau un écureuil qui bondissait à travers la pelouse d'un square. Dans un français presque parfait, il répondait à une interview par téléphone pour une obscure revue intellectuelle parisienne curieuse de connaître son opinion sur la perception de la littérature européenne aux États-Unis.

— Bien entendu ! s'exclama Ostrovski, d'un ton enjoué. Si je suis aujourd'hui l'un des plus éminents critiques du monde, c'est parce que je suis intransigeant depuis trente ans. La discipline d'un esprit inflexible, voilà mon secret. Surtout, ne jamais aimer. Aimer, c'est être faible !

— Pourtant, objecta la journaliste au bout du fil, certaines mauvaises langues affirment que les critiques littéraires sont des écrivains ratés…

— Balivernes, ma chère amie, répondit Ostrovski en ricanant. Je n'ai jamais, et je dis bien *jamais*, rencontré un critique qui rêvait d'écrire. Les critiques sont au-dessus de cela. Écrire est un art mineur. Écrire, c'est mettre des mots ensemble qui forment ensuite des phrases. Même une guenon un peu dressée peut faire cela !

— Quel est le rôle du critique alors ?

— Établir la vérité. Permettre à la masse de trier ce qui est bon et ce qui est nul. Vous savez, seule une toute petite partie de la population peut comprendre d'elle-même ce qui est vraiment bon. Malheureusement, comme aujourd'hui tout le monde veut donner son avis sur tout et qu'on a vu porter aux nues des nullités totales, nous, critiques, sommes bien obligés de mettre un peu d'ordre dans ce cirque. Nous sommes la police de la vérité intellectuelle. Voilà tout.

L'interview terminée, Ostrovski resta pensif. Qu'il avait bien parlé ! Qu'il était intéressant ! Et l'analogie des guenons-écrivains, quelle brillante idée ! En quelques mots, il avait résumé le déclin de l'humanité. Grande fierté que sa pensée soit si rapide, et son cerveau si magnifique !

Une secrétaire fatiguée poussa la porte du bureau en désordre sans frapper.

— Frappez avant d'entrer, nom de Dieu ! beugla Ostrovski. Ceci est le bureau d'un homme important.

Il détestait cette femme qu'il soupçonnait d'être dépressive.

— Courrier du jour, lui dit-elle, sans même relever sa remarque.

Elle déposa une lettre sur une pile de livres en attente de lecture.

— Une seule lettre, c'est tout ? demanda Ostrovski, déçu.

— C'est tout, répondit la secrétaire en quittant la pièce, fermant la porte derrière elle.

Quel malheur que ce courrier devenu misérable ! À l'époque du *New York Times*, il recevait des sacs entiers de lettres enflammées de lecteurs qui ne manquaient aucune de ses critiques ni de ses chroniques. Mais ça, c'était avant ; les beaux jours d'antan, ceux de sa toute-puissance, un temps révolu. Aujourd'hui on ne lui écrivait plus, on ne le reconnaissait plus dans la rue, dans les salles de spectacle la file des spectateurs ne bruissait plus à son passage, les auteurs ne faisaient plus le pied de grue en bas de son immeuble pour lui donner leur livre, avant de se jeter sur le cahier littéraire le dimanche suivant pour espérer en lire un compte rendu. Combien de carrières avait-il fait par le rayonnement de ses critiques, combien de noms avait-il détruit par ses phrases assassines ! Il avait porté aux nues, il avait foulé du pied. Mais c'était avant. Aujourd'hui, on ne le craignait plus comme on l'avait craint. Ses critiques n'étaient plus suivies que par les lecteurs de la *Revue*, certes très réputée mais lue à une bien moindre échelle.

En se réveillant ce matin-là, Ostrovski avait eu un pressentiment. Il allait se passer un évènement important qui relancerait sa carrière. Il comprit alors que c'était la lettre. Cette lettre était importante. Son instinct ne le trompait jamais, lui qui pouvait savoir si un livre était bon ou pas à la seule impression qu'il avait en le prenant en main. Mais que pouvait contenir cette lettre ? Il ne voulait pas l'ouvrir trop vite. Pourquoi une lettre et pas un coup de téléphone ? Il réfléchit intensément : et s'il s'agissait d'un producteur qui voulait réaliser un film sur sa vie ? Après avoir observé encore, le cœur battant, l'enveloppe merveilleuse, il la déchira et en sortit avec minutie la feuille de papier qu'elle contenait. Il en regarda directement le signataire : *Alan Brown, maire d'Orphea.*

*Cher monsieur Ostrovski,*

*Nous serions très heureux de vous accueillir au 21ᵉ festival de théâtre national d'Orphea, dans l'État de New York, cette année. Votre réputation de critique n'est plus à faire et votre présence au festival serait pour nous un immense honneur. Il y a vingt ans, vous nous aviez fait le bonheur de votre présence pour la première édition de notre festival. Ce serait une joie extraordinaire de pouvoir célébrer nos 20 ans avec vous. Bien évidemment tous les frais de votre séjour seraient à notre charge et vous seriez logé dans les meilleures conditions.*

La lettre se terminait par les grandes marques de respect habituelles. En annexe, un programme du festival ainsi qu'un dépliant de l'office du tourisme de la ville.

Quelle déception que cette méchante lettre ! Méchante lettre pas importante du tout d'un méchant maire d'une méchante ville de l'arrière-campagne ! Pourquoi n'était-il pas invité à des évènements plus prestigieux ? Il jeta le courrier à la poubelle.

Pour se changer les idées, il décida d'écrire sa prochaine critique pour la *Revue*. Comme il était de coutume avant cet exercice, il se saisit du dernier classement de ventes de livres à New York, remonta la grille du doigt jusqu'à la meilleure vente et écrivit un texte assassin sur ce roman déplorable qu'il n'avait pas ouvert. Il fut interrompu dans son exercice par la sonnerie de son ordinateur qui lui annonçait qu'un courriel venait d'arriver. Ostrovski leva les yeux sur l'écran. C'était Steven Bergdorf, le rédacteur en chef de la *Revue*, qui lui écrivait. Il se demandait ce que Bergdorf pouvait bien lui vouloir : il avait essayé de l'appeler plus tôt, mais il était occupé avec son interview. Ostrovski ouvrit le courriel :

> *Meta, comme vous ne daignez pas répondre à votre téléphone, je vous écris pour vous dire que vous êtes viré de la* Revue *avec effet immédiat. Steven Bergdorf.*

Ostrovski bondit de son fauteuil et se précipita hors de son bureau, traversa le couloir et ouvrit brusquement la porte de son rédacteur en chef qui était assis à son bureau.

— ME FAIRE ÇA À MOI ! hurla-t-il.

— Tiens, Ostrovski ! dit placidement Bergdorf. Ça fait deux jours que j'essaie de vous parler.

— Comment osez-vous me renvoyer, Steven ? Avez-vous perdu la tête ? La ville de New York va vous crucifier ! La foule en furie vous traînera à travers Manhattan jusqu'à Times Square et là ils vous pendront à un lampadaire, m'entendez-vous ! Et moi je ne pourrai plus rien pour vous. Je leur dirai : « Cessez ! Laissez ce pauvre homme, il n'avait pas conscience de ce qu'il faisait ! », et ils me répondront, fous de rage : « Seule la mort peut venger l'affront fait au Grand Ostrovski. »

Bergdorf dévisagea son critique d'un air dubitatif.

— Êtes-vous en train de me menacer de mort, Ostrovski ?

— Pas-du-tout ! se défendit Ostrovski, au contraire : je vous sauve la vie tant que je le peux encore. Le peuple de New York aime Ostrovski !

— Mais mon vieux, arrêtez vos salades ! Les New-Yorkais se foutent de vous comme de leur première chemise. Ils ne savent plus qui vous êtes. Vous êtes complètement ringard.

— J'ai été le critique le plus craint de ces trente dernières années !

— Justement, il est temps d'en changer.

— Les lecteurs m'adorent ! Je suis…

— *Dieu mais en mieux*, le coupa le rédacteur en chef. Je connais votre slogan, Ostrovski. Vous êtes surtout trop vieux. Lâchez l'affaire. Il est l'heure de laisser la place à la nouvelle génération. Je suis désolé.

— Les acteurs se pissaient dessus rien qu'à me savoir dans le théâtre !

— Oui, mais ça, c'était avant, à l'époque du télégraphe et des ballons dirigeables !

Ostrovski se retint de ne pas lui envoyer une baffe en pleine figure. Il ne voulait pas se rabaisser à des coups. Il tourna les talons sans saluer, la pire des offenses selon lui. Il retourna dans son bureau, se fit apporter un carton par la secrétaire et y entassa ses plus précieux souvenirs avant de s'enfuir avec. De toute sa vie, il n'avait jamais été pareillement humilié.

*
* *

Orphea était en ébullition. Entre la découverte du cadavre de Stephanie et l'annonce par le maire de l'annulation du feu d'artifice du 4 Juillet, la population était en émoi. Tandis que Derek et moi poursuivions l'enquête au bord du lac des Cerfs, Anna fut appelée en renfort à l'hôtel de ville où une manifestation venait de commencer. Devant le bâtiment municipal, un groupe de manifestants, tous des commerçants de la ville, s'étaient réunis pour réclamer le maintien du feu d'artifice. Ils agitaient des pancartes tout en se plaignant de la situation.

— S'il n'y a pas de feu d'artifice vendredi soir, moi je suis bon pour mettre la clé sous la porte, protesta un petit type chauve qui tenait un stand de nourriture mexicaine. C'est ma plus grosse soirée de la saison.

— Moi, j'ai fait des frais importants pour louer un emplacement sur la marina et engager du personnel, expliqua un autre. Est-ce que la mairie me remboursera si le feu d'artifice est annulé ?

— Ce qui est arrivé à la petite Mailer est affreux, mais quel est le lien avec la fête nationale ? Chaque année des milliers de personnes viennent sur la marina pour voir le feu d'artifice. Ils arrivent de bonne heure, en profitent pour faire un tour dans les magasins de la rue principale, puis mangent dans les restaurants de la ville. S'il n'est pas maintenu, les gens ne viendront pas !

La manifestation était placide. Anna décida d'aller rejoindre le maire Brown dans son bureau du deuxième étage. Elle le trouva debout, face à la fenêtre. Il la salua tout en observant les manifestants.

— Les joies de la politique, Anna, lui dit-il. Avec ce meurtre qui secoue la ville, si je maintiens les festivités, je suis un sans-cœur, et si je les annule, je suis un inconscient qui pousse les commerçants à la ruine.

Il y eut un moment de silence. Anna finit par essayer de le réconforter un peu :

— Les gens vous aiment beaucoup ici, Alan…

— Malheureusement, Anna, je risque bien ne pas être réélu en septembre. Orphea n'est plus la ville qu'elle était et les habitants réclament du changement. J'ai besoin d'un café. Tu veux un café ?

— Volontiers, répondit-elle.

Anna pensait que le maire allait demander deux cafés à son assistante, mais il l'entraîna dans le couloir au bout duquel il y avait un distributeur de boissons chaudes. Il mit une pièce dans la machine. Un liquide noirâtre coula dans un gobelet en carton.

Alan Brown avait beaucoup d'allure, un regard profond et un physique d'acteur. Il était toujours tiré à quatre épingles, et ses cheveux poivre et sel étaient impeccablement coiffés. Le premier café était prêt, il le tendit à Anna, puis répéta l'opération pour lui.

— Et si vous n'étiez pas réélu, lui demanda Anna après avoir trempé ses lèvres dans le café infâme, est-ce que ce serait si grave ?

— Anna, sais-tu ce qui m'a plu chez toi la première fois que je t'ai vue sur la marina, l'été passé ?

— Non…

— Nous partageons des idéaux forts, des mêmes ambitions pour notre société. Tu aurais pu faire une immense carrière de policier à New York. Il y a longtemps que j'aurais pu céder aux sirènes de la politique et chercher à être élu au Sénat ou au Congrès. Mais au fond, cela ne nous intéresse pas, car ce que nous pouvons réaliser à Orphea, nous ne le pourrions jamais à New York, Washington ou Los Angeles, c'est-à-dire l'idée d'une ville juste, d'une société qui fonctionne, sans trop d'inégalités. Quand le maire Gordon m'a proposé de devenir son adjoint, en 1992, tout était à faire. Cette ville était comme une page blanche. J'ai pu la modeler au plus près de mes convictions, essayant toujours de penser à ce qui était *juste*, ce qui était le mieux pour le bien de notre communauté. Depuis que je suis maire, les gens gagnent mieux leur vie, ils ont vu leur quotidien s'améliorer grâce à des services de meilleure qualité, de meilleures prestations sociales, et cela sans que les impôts n'augmentent.

— Alors pourquoi pensez-vous que les citoyens d'Orphea ne vous rééliraient pas cette année ?

— Parce que le temps a passé et qu'ils ont oublié. Il y a presque eu une génération qui s'est écoulée depuis mon premier mandat. Aujourd'hui, les attentes ont changé, les exigences aussi car tout est pris pour acquis. Et puis, Orphea, devenue prospère, aiguise désormais les appétits, et il y a tout un tas de petits ambitieux avides d'un peu de pouvoir qui se verraient bien à la mairie. La prochaine élection pourrait marquer la fin de cette ville, gâchée par l'envie de pouvoir, la soif égoïste de gouverner qui animera mon successeur.

— Votre successeur ? Qui est-il ?

— Je n'en sais encore rien. Il va sortir du bois, tu vas voir. Les candidatures pour la mairie peuvent encore être déposées jusqu'à la fin du mois.

Le maire Brown disposait d'une impressionnante capacité à se remettre en selle. Anna s'en rendit compte en l'accompagnant chez les parents de Stephanie à Sag Harbor en fin de journée.

Devant la maison des Mailer, protégée par un cordon de police, l'ambiance était électrique. Une foule compacte s'était massée sur la rue. Certains étaient des curieux attirés par l'agitation, d'autres voulaient témoigner leur soutien à la famille. Beaucoup parmi les personnes présentes tenaient une bougie. Un autel avait été improvisé contre un lampadaire, autour duquel s'entassaient des fleurs, des messages et des peluches. Certains chantaient, d'autres priaient, d'autres encore prenaient des photos. Il y avait également beaucoup de journalistes, venus de toute la région, et une partie du trottoir avait d'ailleurs été envahie par les camionnettes des chaînes de télévision locales. Aussitôt que le maire Brown apparut, les journalistes se précipitèrent sur lui pour l'interroger quant à l'annulation du feu d'artifice du 4 Juillet. Anna voulut les écarter pour permettre à Brown de s'en aller sans avoir à répondre, mais celui-ci la retint. Il voulait parler aux médias. L'homme, acculé un peu plus tôt dans son bureau, était à présent plein de panache et sûr de lui.

« J'ai entendu les inquiétudes des commerçants de notre ville, déclara-t-il. Je les comprends parfaitement et je suis bien conscient que l'annulation des festivités du 4 Juillet pourrait mettre en péril une économie locale déjà fragile. Aussi, après consultation de mon cabinet, j'ai décidé de maintenir le feu d'artifice et de le dédier à la mémoire de Stephanie Mailer. » Content de son effet, le maire ne répondit pas aux questions et poursuivit son chemin.

Ce soir-là, après avoir reconduit Brown chez lui, Anna s'arrêta sur le parking de la marina, face à l'océan. Il était 20 heures. Par les vitres baissées, la chaleur délicieuse de la soirée pénétra dans l'habitacle. Elle n'avait pas envie de se retrouver seule chez elle, et encore moins d'aller dîner au restaurant sans personne.

Elle téléphona à son amie Lauren. Mais celle-ci était à New York.

— Je ne comprends pas, Anna, lui dit Lauren. Quand on dîne ensemble, tu te barres à la première occasion, et quand je suis à New York tu me proposes de dîner ?

Anna n'était pas d'humeur à parlementer. Elle raccrocha et alla s'acheter un repas à emporter dans un snack de la marina. Puis elle se rendit à son bureau du commissariat et dîna en contemplant le tableau de l'enquête. Soudain, alors qu'elle fixait le nom de *Kirk Harvey* écrit sur le tableau, elle repensa à ce qu'avait dit Lewis Erban, la veille, à propos du déménagement forcé de l'ancien chef de la police dans le sous-sol. Il existait effectivement un local qui servait de débarras et elle décida d'y descendre aussitôt. En en poussant la porte, elle fut prise d'un étrange sentiment de malaise. Elle imaginait Kirk Harvey, ici même, vingt ans plus tôt.

La lumière ne fonctionnant plus, elle dut s'éclairer avec sa lampe de poche. L'espace était encombré de chaises, d'armoires, de tables bancales et de cartons. Elle se fraya un chemin dans ce cimetière du mobilier, jusqu'à arriver à un bureau en bois laqué, couvert de poussière et jonché d'objets divers, parmi lesquels elle remarqua un chevalet en métal gravé au nom de *CHEF K. HARVEY*. C'était son bureau. Elle ouvrit les quatre tiroirs. Trois étaient vides, le quatrième lui résista. Celui-ci disposait d'une serrure, il était fermé à clé. Elle s'empara d'un pied-de-biche dans l'atelier voisin et s'attaqua au verrou qui céda facilement et le tiroir s'ouvrit d'un coup sec. À l'intérieur, il y avait une feuille de papier jauni sur laquelle avait été inscrit à la main :

*LA NUIT NOIRE*

## *ANNA KANNER*

Il n'y a rien que j'aime plus que les nuits de patrouille à Orphea.

Il n'y a rien que j'aime plus que les rues tranquilles et calmes, baignées dans la chaleur des nuits d'été au ciel bleu marin constellé d'étoiles. Rouler au pas à travers les quartiers paisibles et endormis, les volets clos. Y croiser un promeneur insomniaque ou des habitants heureux qui, profitant de ces heures nocturnes, veillent sur leur terrasse et saluent votre passage d'un geste amical de la main.

Il n'y a rien que j'aime plus que les rues du centre-ville les nuits d'hiver, quand il se met soudain à neiger et que rapidement le sol se couvre d'une épaisse couche de poudre blanche. Ce moment où vous êtes le seul être éveillé, où les chasse-neige n'ont pas encore commencé leur ballet, et où vous êtes le premier à marquer la neige vierge. Sortir de la voiture, patrouiller à pied dans le square et entendre la neige crisser sous vos pas, et emplir délicieusement vos poumons de ce froid sec et revigorant.

Il n'y a rien que j'aime plus que surprendre la balade d'un renard qui remonte toute la rue principale, aux petites heures du matin.

Il n'y a rien que j'aime plus que le lever de soleil, en toute saison, sur la marina. Voir l'horizon d'encre se percer d'un point rose vif puis orangé et voir cette boule de feu qui s'élève lentement au-dessus des flots.

Je me suis installée à Orphea quelques mois seulement après avoir signé les papiers de mon divorce.

Je me suis mariée trop vite, avec un homme plein de qualités mais qui n'était pas le bon. Je crois que je me suis mariée trop vite à cause de mon père.

J'ai toujours entretenu avec mon père une relation très forte et très étroite. Nous avons, lui et moi, été comme deux doigts de la main depuis ma prime enfance. Ce que mon père faisait, je voulais le faire. Ce que mon père disait, je le répétais. Où qu'il aille, je suivais ses pas.

Mon père aime le tennis. J'ai également joué au tennis, dans le même club que lui. Les dimanches, nous jouions souvent l'un contre l'autre, et plus les années passaient, plus nos matchs devenaient serrés.

Mon père adore jouer au Scrabble. Par le plus grand des hasards j'adore ce jeu, moi aussi. Longtemps nous avons passé les vacances d'hiver à Whistler, en Colombie-Britannique, pour y skier. Tous les soirs après le dîner, nous nous installions dans le salon de notre hôtel pour nous affronter au Scrabble, notant scrupuleusement, partie après partie, qui avait gagné et avec combien de points.

Mon père est avocat, diplômé de Harvard, et c'est tout naturellement et sans me poser la moindre question que je suis allée étudier le droit à Harvard. J'ai toujours eu la sensation que c'était ce que je voulais depuis toujours.

Mon père a toujours été très fier de moi. Au tennis,

au Scrabble, à Harvard. En toutes circonstances. Il ne se lassait jamais des brassées de compliments qu'on pouvait lui faire à mon sujet. Il aimait plus que tout qu'on lui dise combien j'étais intelligente et belle. Je sais sa fierté de voir les regards qui se tournaient vers moi quand j'arrivais quelque part, que ce soit à une soirée où nous nous rendions ensemble, sur les courts de tennis ou dans les salons de notre hôtel de Whistler. Mais, parallèlement à cela, mon père n'a jamais pu supporter aucun de mes petits copains. À partir de l'âge de 16 ou 17 ans, aucun des garçons avec qui j'ai eu une aventure n'était, aux yeux de mon père, assez bien, assez bon, assez beau ou assez intelligent pour moi.

— Quand même, Anna, me disait-il, tu peux viser mieux que ça !

— Je l'aime bien, papa, c'est le principal, non ?

— Mais tu t'imagines mariée avec ce type ?

— Papa, j'ai 17 ans ! Je n'en suis pas encore là !

Plus la relation durait, plus la campagne d'obstruction de mon père s'intensifiait. Jamais frontalement, mais insidieusement. Chaque fois qu'il le pouvait, par une remarque anodine, un détail qu'il mentionnait, une observation qu'il glissait, il démolissait, lentement mais sûrement, l'image que j'avais de mon amoureux du moment. Et je finissais immanquablement par rompre, certaine que cette rupture venait de moi, ou du moins c'est ce que je voulais croire. Et le pire étant qu'à chacune de mes nouvelles relations, mon père me disait : « Autant le précédent était vraiment un garçon charmant – dommage que vous ayez rompu d'ailleurs –, autant celui-ci, je ne vois vraiment pas ce que tu lui trouves. » Et chaque fois, je me laissais avoir. Mais étais-je réellement dupe au point que mon père puisse régir à mon insu mes ruptures ? Ou n'était-ce pas plutôt moi qui rompais non pas pour des motifs précis, mais simplement car je ne pouvais me résoudre à aimer un homme que mon père n'aimait pas. Je crois qu'il était inconcevable pour moi de m'imaginer avec quelqu'un qui ne plairait pas à mon père.

Après avoir terminé Harvard et passé le barreau de New York, je suis devenue avocate dans le cabinet de mon père. L'aventure a duré une année, au bout de laquelle je découvris que la justice, sublime dans son principe, était une machine au fonctionnement long et coûteux, procédurière et débordée, et dont, au fond, même les vainqueurs ne sortaient pas indemnes. J'acquis rapidement la conviction que la justice serait mieux servie si je pouvais l'appliquer en amont et que le travail dans la rue aurait plus d'impact que celui dans les parloirs. Je m'inscrivis à l'école de police de la NYPD au grand dam de mes parents, et de mon père particulièrement, qui prit mal ma désertion de son cabinet, mais espéra que mon engagement n'était qu'une passade et pas un renoncement, et que j'arrêterais ma formation en cours de route. Je sortis de l'école de police, une année plus tard, major de ma promotion, avec les louanges unanimes de tous mes instructeurs, et j'intégrai, au grade d'inspecteur, la brigade criminelle du 55e district.

J'ai immédiatement adoré ce métier, surtout pour toutes ces infimes victoires du quotidien qui me firent prendre conscience que, face à la fureur de la vie, un bon flic pouvait être une réparation.

Ma place laissée libre dans le cabinet de mon père fut offerte à un avocat déjà expérimenté, Mark, qui avait quelques années de plus que moi.

La première fois que j'entendis parler de Mark, ce

fut à un dîner de famille. Mon père était en admiration devant lui. « Un jeune homme brillant, doué, bel homme, me dit-il. Il a tout pour lui. Il joue même au tennis. » Puis soudain, il eut ces mots que je l'entendis prononcer pour la première fois de ma vie : « Je suis sûr et certain qu'il te plairait. Je voudrais bien que tu le rencontres. »

J'étais dans une période de ma vie où j'avais très envie de rencontrer quelqu'un. Mais les rencontres que je faisais ne débouchaient sur rien de sérieux. Après mon école de police, mes relations duraient le temps d'un premier dîner ou d'une première sortie avec des tiers : apprenant que j'étais flic, et à la brigade criminelle de surcroît, les gens se passionnaient et me mitraillaient de questions. J'accaparais malgré moi toute l'attention, je captais toute la lumière. Et souvent, ma liaison s'arrêtait sur une phrase du genre : « C'est dur d'être avec toi, Anna, les gens ne s'intéressent qu'à toi, j'ai l'impression de ne pas exister. Je crois que j'ai besoin d'être avec quelqu'un qui me laisse plus de place. »

Je rencontrai finalement le fameux Mark une après-midi où je passais voir mon père à son cabinet, et j'allais découvrir avec bonheur qu'il ne souffrait pas de ces complexes-là : par son charme naturel, il attirait les regards et nourrissait facilement toutes les conversations. Il connaissait tous les sujets, savait presque tout faire et quand il ne savait pas, il savait admirer. Je le regardai comme je n'avais jamais regardé personne auparavant, peut-être parce que mon père le regardait avec des yeux emplis d'admiration. Il l'adorait. Mark était son chouchou et ils se mirent même à jouer au tennis ensemble. Mon père s'extasiait chaque fois qu'il me parlait de lui.

Mark m'invita à boire un café. Le courant passa aussitôt. Il y avait une alchimie parfaite, une énergie folle. Le troisième café, il me l'apporta dans mon lit. Ni lui, ni moi n'en parlâmes à mon père et finalement, un soir, alors que nous dînions ensemble, il me dit :

— Je voudrais tellement que ça devienne plus sérieux entre nous…

— Mais… ? demandai-je avec appréhension.

— Je sais combien ton père t'admire, Anna. Il a placé la barre très haut. Je ne sais pas s'il m'apprécie assez.

Quand je rapportai ces mots à mon père, il l'adora plus encore, si c'était possible. Il le fit venir dans son bureau et ouvrit une bouteille de champagne.

Lorsque Mark me raconta cet épisode, j'eus un fou rire de plusieurs minutes. J'attrapai un verre, le levai en l'air et, imitant la voix grave de mon père et sa gestuelle paternaliste, je déclarai : « À l'homme qui baise ma fille ! »

Ce fut le début d'une aventure passionnée entre Mark et moi, qui se transforma en véritable relation sentimentale dans le meilleur sens du mot. Nous passâmes un premier vrai cap en allant dîner chez mes parents. Et pour la première fois, contrastant avec les quinze dernières années, je vis mon père rayonnant, affable et prévenant avec un homme qui m'accompagnait. Après avoir balayé tous les précédents, le voilà qui s'émerveillait.

« Quel type ! Quel type ! » me dit mon père au téléphone, le lendemain du dîner. « Il est extraordinaire ! » surenchérit ma mère en arrière-plan sonore. « Tâche de ne pas le faire fuir comme tous les autres ! » eut le culot d'ajouter mon père. « Oui, celui-ci est précieux », dit ma mère.

Le moment où Mark et moi allions passer le cap d'une année de relation coïncida avec nos traditionnelles vacances de ski en Colombie-Britannique. Mon père proposa de partir tous ensemble à Whistler et Mark accepta volontiers.

« Si tu survis à cinq soirées de suite avec mon père, et surtout aux compétitions de Scrabble, tu mériteras une médaille. »

Non seulement il survécut mais il gagna à trois reprises. À ajouter à cela qu'il skiait comme un dieu et que le dernier soir, alors que nous dînions au restaurant, un client à la table voisine fut pris d'un malaise cardiaque. Mark appela les secours tout en prodiguant des premiers soins vitaux à la victime en attendant l'ambulance.

L'homme fut sauvé et conduit à l'hôpital. Tandis que des secouristes l'emmenaient sur une civière, le médecin dépêché avec eux serra la main de Mark avec admiration. « Vous avez sauvé la vie de cet homme, monsieur. Vous êtes un héros. » Tout le restaurant l'applaudit et le patron refusa que l'on paie notre dîner.

C'est cette anecdote que mon père raconta à notre mariage, un an et demi plus tard, pour expliquer aux invités combien Mark était un homme exceptionnel. Et moi je rayonnais dans ma robe blanche, dévorant mon mari des yeux.

Notre mariage allait durer moins d'une année.

## JESSE ROSENBERG

*Jeudi 3 juillet 2014*

*23 jours avant le festival*

La une de l'*Orphea Chronicle* :

*Le meurtre de Stephanie Mailer*
*serait-il en lien*
*avec le festival de théâtre ?*

*L'assassinat de Stephanie Mailer, jeune journaliste de l'*Orphea Chronicle *dont le corps a été retrouvé dans le lac des Cerfs, laisse la ville en émoi. La population est inquiète et la municipalité est sous pression au moment où débute la saison estivale. Un tueur rôde-t-il parmi nous ?*

*Une note retrouvée dans la voiture de Stephanie et mentionnant le festival de théâtre d'Orphea laisserait penser qu'elle aurait payé de sa vie l'enquête qu'elle menait pour le compte de ce journal sur l'assassinat du maire Gordon, le fondateur du festival, ainsi que de sa famille en 1994.*

Anna montra le journal à Derek et moi alors que nous nous retrouvions ce matin-là au centre régional de la police d'État, où le docteur Ranjit Singh, le médecin légiste, devait nous livrer les premiers résultats de l'autopsie du corps de Stephanie.

— Il ne manquait plus que ça ! s'agaça Derek.

— J'ai été idiot de parler de cette note à Michael, dis-je.

— Je l'ai croisé au *Café Athéna* avant de venir ici, je crois qu'il vit assez mal la mort de Stephanie. Il dit qu'il se sent un peu responsable. Qu'ont donné les analyses de la police scientifique ?

— Les traces de pneus de voiture sur le bord de la route 17 sont inexploitables malheureusement. Par contre, la chaussure est bien celle de Stephanie et le morceau de tissu provient du t-shirt qu'elle portait. Ils ont également relevé une trace de sa chaussure sur le bord de la route.

— Ce qui confirme qu'elle a traversé la forêt à cet endroit, conclut Anna.

Nous fûmes interrompus par l'arrivée du docteur Singh.

— Merci d'avoir travaillé si vite, lui dit Derek.

— Je voulais que vous puissiez avancer avant les congés du 4 Juillet, répondit-il.

Le docteur Singh était un homme élégant et affable. Il chaussa ses lunettes pour nous donner lecture des points essentiels de son rapport.

— J'ai relevé des choses assez inhabituelles, expliqua-t-il d'emblée. Stephanie Mailer est morte de noyade. J'ai trouvé une grande quantité d'eau dans ses poumons et dans son estomac, ainsi que de la vase dans la trachée. Il y a des signes importants de cyanose et de détresse respiratoire, ce qui signifie qu'elle a lutté, ou dans son cas qu'elle s'est débattue : j'ai découvert des hématomes sur sa nuque qui laissent l'empreinte d'une main large, ce qui signifierait qu'on lui a agrippé le cou de façon ferme pour lui plonger la tête dans l'eau. En plus des traces de vase dans la trachée, il y en a sur ses lèvres et ses dents ainsi que sur le haut des cheveux, ce qui indique que sa tête a été maintenue au fond de l'eau, à faible profondeur.

— A-t-elle été physiquement violentée avant sa noyade ? demanda Derek.

— Il n'y a aucune trace de coups violents, je veux dire par là que Stephanie n'a pas été assommée, ni battue. Pas d'agression sexuelle non plus. Je pense que Stephanie fuyait son meurtrier et qu'il l'a rattrapée.

— *Il* ? demande Derek. Donc, pour toi, c'est un homme ?

— À en juger par la force nécessaire pour maintenir quelqu'un sous l'eau, je pencherais plutôt pour un homme, oui. Mais pourquoi pas une femme suffisamment forte ?

— Elle courait donc dans la forêt ? reprit Anna.

Singh acquiesça :

— J'ai relevé également de nombreuses contusions et marques sur le visage et les bras, dues à des griffures de branchages. Elle présente également des marques sur la plante de son pied déchaussé. Elle devait donc courir à toutes jambes dans la forêt et s'est écorché la plante du pied avec des branchages et des cailloux. Il y avait également des traces de terre sous ses ongles. Je pense qu'elle est probablement tombée sur la berge et que le meurtrier n'a eu qu'à lui appuyer la tête dans l'eau.

— Donc ce serait bien un crime de circonstance, dis-je. Celui qui a fait ça n'avait pas prévu de la tuer.

— J'allais y venir, Jesse, reprit le docteur Singh en nous présentant des photos en gros plans des épaules, des coudes, des mains et des genoux de Stephanie.

On y distinguait des plaies rougeâtres et sales.

— On dirait des brûlures, murmura Anna.

— Exactement, approuva Singh. Ce sont des abrasions relativement superficielles dans lesquelles j'ai trouvé des morceaux de bitume et des gravillons.

— Du bitume ? répéta Derek. Je ne suis pas certain de te suivre, doc.

— Eh bien, expliqua Singh, si l'on en croit la localisation des plaies, elles sont dues à un roulé-boulé sur du bitume, c'est-à-dire sur une route. Ce qui pourrait vouloir dire que Stephanie s'est volontairement éjectée d'une voiture en marche avant de s'enfuir dans la forêt.

Les conclusions de Singh allaient être étayées par deux témoignages importants. Le premier fut le récit d'un adolescent en vacances avec ses parents dans la région et qui retrouvait tous les soirs un groupe de copains sur la plage à proximité de laquelle nous avions retrouvé la voiture de Stephanie. C'est Anna qui l'interrogea après que ses parents, alertés par le battage médiatique, nous contactèrent, considérant que leur fils avait peut-être vu quelque chose d'important. Ils avaient raison.

D'après le docteur Singh, la mort de Stephanie remontait à la nuit de lundi à mardi, soit la nuit de sa disparition. L'adolescent expliqua que le lundi 23 juin justement, il s'était éloigné du groupe pour téléphoner au calme à sa petite amie restée à New York.

— Je me suis assis sur un rocher, raconta le garçon. De là, je voyais bien le parking dont je me souviens qu'il était totalement désert. Et puis soudain, j'ai vu une jeune femme descendre le sentier depuis la forêt. Elle a attendu un moment, jusqu'à 22 heures 30. Je le sais parce que c'est l'heure à laquelle j'ai terminé mon appel. J'ai vérifié sur mon téléphone. À ce moment-là, une voiture est arrivée sur le parking. J'ai vu la fille dans le faisceau des phares, c'est comme ça que j'ai su que c'était une jeune femme, vêtue d'un t-shirt blanc. La vitre côté passager s'est abaissée, la fille a échangé deux mots avec la personne au volant puis elle est montée à l'avant. La voiture est repartie aussitôt. Est-ce que c'est la fille qui est morte… ?

— Je vérifierai, lui répondit Anna pour ne pas le choquer inutilement. Est-ce que tu pourrais me décrire la voiture ? As-tu remarqué un détail dont tu te souviendrais ? Peut-être as-tu vu la plaque ? Même en partie ? Ou le nom de l'État ?

— Non, je regrette.

— Le conducteur était un homme ou une femme ?

— Impossible de vous le dire. Il faisait trop sombre et ça s'est passé très vite. Et puis, j'ai pas fait plus attention que ça. Si j'avais su…

— Tu m'as déjà beaucoup aidée. Donc tu confirmes que la fille est montée volontairement à bord ?

— Oh oui, absolument ! Elle l'attendait, c'est sûr.

L'adolescent était donc la dernière personne à avoir vu Stephanie en vie. À son témoignage s'ajouta celui d'un voyageur de commerce de Hicksville qui se présenta au centre régional de la police d'État. Il nous indiqua être venu à Orphea le lundi 26 juin pour voir des clients.

— J'ai quitté la ville vers 22 heures 30 environ, nous expliqua-t-il. J'ai pris la route 17 pour rejoindre l'autoroute. En arrivant au niveau du lac des Cerfs, j'ai vu une voiture arrêtée sur le bas-côté, moteur allumé, avec les deux portières avant ouvertes. Ça m'a intrigué évidemment, donc j'ai ralenti, j'ai pensé que quelqu'un avait peut-être eu un souci. Ça peut arriver.

— Quelle heure était-il ?

— Environ 22 heures 50. En tout cas, pas tout à fait 23 heures, ça c'est sûr.

— Donc vous ralentissez, et... ?

— Je ralentis, oui, car je trouve étrange cette voiture qui est arrêtée là. Je regarde autour, et là, je vois une silhouette qui remonte le talus. Je me suis dit que c'était sans doute une pause pipi pressante. Je ne me suis pas posé plus de questions. J'ai songé que si cette personne avait besoin d'aide, elle aurait fait un signe. J'ai repris ma route et je suis rentré chez moi sans que cela me préoccupe davantage. C'est seulement en entendant parler aux infos tout à l'heure d'un meurtre au bord du lac des Cerfs lundi soir que j'ai fait le lien avec ce que j'avais vu et que je me suis dit que c'était peut-être important.

— Est-ce que vous avez vu cette personne ? Était-ce un homme ? Une femme ?

— À en juger par la silhouette, j'aurais dit plutôt un homme. Mais il faisait très sombre.

— Et la voiture ?

Du peu qu'il avait vu, le témoin décrivit le même véhicule que l'adolescent avait vu sur la plage quinze minutes plus tôt. De retour dans le bureau d'Anna au commissariat d'Orphea, nous pûmes recouper ces différents éléments et refaire la chronologie de la dernière soirée de Stephanie.

— À 18 heures elle arrive au *Kodiak Grill*, dis-je. Elle attend quelqu'un – probablement son meurtrier – qui ne se montre pas, mais qui en fait l'observe en cachette dans le restaurant. À 22 heures, Stephanie repart du *Kodiak Grill.* Son possible meurtrier lui téléphone depuis la cabine du restaurant et lui donne rendez-vous à la plage. Stephanie est inquiète et elle appelle Sean, le policier, mais il ne répond pas. Elle va donc au lieu du rendez-vous. À 22 heures 30, le meurtrier vient la chercher à bord d'une voiture. Elle accepte de monter. Elle est donc suffisamment en confiance, ou peut-être le connaît-elle.

Anna, à l'aide d'une immense carte murale de la région, refit au marqueur rouge le tracé que la voiture avait dû emprunter: elle était partie de la plage, avait forcément pris Ocean Road, puis la route 17, en direction du nord-est, qui longeait le lac. De la plage au lac des Cerfs, il y avait cinq miles, soit un quart d'heure de voiture.

— Vers 22 heures 45, poursuivis-je, comprenant qu'elle est en danger, Stephanie s'éjecte de la voiture et s'enfuit à travers la forêt, avant d'être rattrapée et noyée. Son meurtrier s'est alors emparé de ses clés et s'est rendu chez elle sans doute dès le lundi soir. N'y trouvant rien, il cambriole la rédaction et repart avec l'ordinateur de Stephanie mais là encore il fait chou blanc. Stephanie était trop prudente. Pour gagner du temps, il envoie un SMS à minuit à Michael Bird, dont il sait qu'il est son rédacteur en chef, espérant encore pouvoir mettre la main sur le travail d'enquête de Stephanie. Mais quand il comprend que la police d'État soupçonne une disparition inquiétante, les choses se précipitent. L'homme retourne à l'appartement de Stephanie, mais je débarque. Il m'assomme et revient la nuit du lendemain pour y mettre le feu, espérant détruire l'enquête qu'il n'a jamais retrouvée.

Pour la première fois depuis le début de cette affaire, nous y voyions un peu plus clair. Mais si, de notre côté, l'étau commençait à se resserrer, en ville, la population était sur le point de céder à la psychose et la une du jour de l'*Orphea Chronicle* n'arrangeait rien. J'en pris pleinement conscience lorsque Anna reçut un appel de Cody: « Tu as lu le journal ? Le meurtre de Stephanie est lié au festival. Je réunis les bénévoles aujourd'hui à 17 heures au *Café Athéna* pour voter une grève. Nous ne sommes plus en sécurité. Il n'y aura peut-être pas de festival cette année. »

*
* *

*Au même instant, à New York*

Steven Bergdorf rentrait chez lui à pied avec sa femme.

— Je sais que la *Revue* a des soucis, lui dit sa femme d'une voix douce, mais qu'est-ce que c'est que cette histoire de ne pas pouvoir prendre de vacances ? Tu sais que ça nous ferait du bien à tous.

— Financièrement, il ne me semble pas que ce soit le moment de faire des voyages extravagants, la rabroua Steven.

— Extravagants ? se défendit sa femme. Ma sœur nous prête son camping-car. Nous voyagerons à travers le pays. Ça ne coûtera pas grand-chose. Allons jusqu'au parc national de Yellowstone. Les enfants rêvent de visiter Yellowstone.

— Yellowstone ? Trop dangereux avec les ours et tous ces machins.

— Oh, Steven, pour l'amour du ciel, que t'arrive-t-il ? s'exaspéra sa femme. Tu es tellement ronchon ces derniers temps.

Ils arrivèrent devant leur immeuble. Steven tressaillit soudain : Alice était là.

— Bonjour, monsieur Bergdorf, lui dit Alice.

— Alice, quelle bonne surprise ! balbutia-t-il.

— Je vous ai apporté les documents dont vous avez besoin, il faut juste que vous les signiez.

— Mais certainement, lui répondit Bergdorf, qui jouait la comédie comme un pied.

— Ce sont des documents urgents. Comme vous n'étiez pas au bureau cet après-midi, je me suis dit que je passerais vous les faire signer chez vous.

— Comme c'est gentil d'être venue jusqu'ici, la remercia Steven en souriant bêtement à sa femme.

Alice lui tendit un cartable avec des courriers divers. Il le plaça de sorte que sa femme ne voie rien et consulta une première lettre qui était un envoi publicitaire. Il fit semblant de prendre un air intéressé avant de passer à la lettre suivante qui consistait en une page blanche sur laquelle Alice avait écrit :

*Punition pour ne m'avoir donné aucune nouvelle de la journée : 1000 dollars.*

Et juste en dessous, accroché par un trombone, un chèque extrait du carnet qu'elle lui avait confisqué, déjà rempli à son nom à elle.

— Vous êtes sûre de ce montant ? demanda Bergdorf d'une voix tremblante. Ça me semble cher.

— C'est le juste prix, monsieur Bergdorf. La qualité a un prix.

— Alors je valide, s'étrangla-t-il.

Il signa le chèque de 1000 dollars, referma le cartable et le tendit à Alice. Il la salua d'un sourire crispé et s'engouffra avec sa femme dans l'immeuble. Quelques minutes plus tard, enfermé dans les toilettes et faisant couler l'eau dans le lavabo, il lui téléphona.

— Tu es folle, Alice ? lui chuchota-t-il, accroupi entre la cuvette des toilettes et le lavabo.

— Où étais-tu passé ? Tu disparais sans donner de nouvelles ?

— J'avais une course à faire, bredouilla Bergdorf et après je suis allé chercher ma femme à son travail.

— Une course ? Quel genre de course, Stevie ?

— Je ne peux pas t'en parler.

— Si tu ne me racontes pas immédiatement, je sonne à ta porte et je raconte tout à ta femme.

— C'est bon, c'est bon, implora Steven. Je suis allé à Orphea. Écoute, Alice, Stephanie a été assassinée…

— Quoi ?! Tu es allé là-bas, triple idiot ! Ah, pourquoi es-tu si idiot ? Qu'est-ce que je vais faire de toi, imbécile ?

Alice, furieuse, raccrocha. Elle sauta dans un taxi et remonta Manhattan : elle se dirigea vers le haut de la Cinquième Avenue, au niveau des boutiques de luxe. Elle avait 1000 dollars à dépenser et comptait bien se faire plaisir.

Le taxi déposa Alice à proximité de la tour vitrée qui abritait les locaux de Channel 14, la puissante station de télévision privée. Dans une salle de réunion du 53e étage, son PDG, Jerry Eden, avait convoqué ses principaux directeurs :

— Comme vous le savez, leur annonça-t-il, les audiences de ce début d'été sont très mauvaises, pour ne pas dire catastrophiques, raison pour laquelle je vous ai tous convoqués ici. Il faut absolument réagir.

— Quel est le principal problème ? demanda l'un des responsables créatifs.

— Le créneau de 18 heures. Nous nous sommes fait complètement distancer par *Regarde !*

*Regarde !* était la concurrente directe de Channel 14. Public similaire, audience similaire, contenu similaire : les deux chaînes se livraient une bataille acharnée avec, à la clé, des contrats publicitaires records pour les émissions phares.

— *Regarde !* diffuse une émission de téléréalité qui fait un tabac, expliqua le directeur marketing.

— Quel est le pitch de l'émission ? demanda Jerry Eden.

— Rien, justement. On suit ce groupe de trois sœurs. Elles vont déjeuner, elles font des courses, elles vont à la gym, elles se disputent, elles se réconcilient. On suit leur journée type.

— Et que font-elles comme métier ?

— Elles n'ont pas de métier, monsieur, expliqua le sous-directeur des programmes. On les paie pour ne rien faire.

— C'est là qu'on pourrait faire mieux qu'eux ! assura Jerry. En faisant de la téléréalité plus ancrée dans le quotidien.

— Mais monsieur, objecta le directeur de la division, le public cible de la téléréalité est plutôt pauvre financièrement et mal éduqué. Il cherche une part de rêve quand il allume sa télévision.

— Justement, répondit Jerry, il faut un concept qui mette le spectateur face à lui-même, à ses ambitions. Une émission de téléréalité qui le tire vers l'avant ! On pourrait présenter un nouveau concept à la rentrée.

Il faut frapper un grand coup ! Je vois déjà le slogan : *« CHANNEL 14. La part de rêve est en vous ! »*

La proposition déclencha une vague d'enthousiasme.

— Oh, c'est bien, ça ! approuva le directeur du marketing.

— Je veux une émission pour la rentrée qui frappe un grand coup. Je veux tout chambouler. Je veux qu'on lance d'ici septembre un concept génial et qu'on fasse une razzia sur les téléspectateurs. Je vous laisse exactement dix jours : lundi 14 juillet, je veux une proposition de programme phare pour la rentrée.

Jerry leva la réunion. Alors que les participants quittaient son bureau, son portable sonna. C'était Cynthia, sa femme. Il décrocha.

— Jerry, lui reprocha Cynthia, ça fait des heures que j'essaie de te joindre.

— Désolé, j'étais en rendez-vous. Tu sais qu'on prépare les programmes de la prochaine saison et que c'est tendu ici en ce moment. Que se passe-t-il ?

— Dakota est rentrée à 11 heures ce matin. Elle était encore ivre.

Jerry soupira, totalement impuissant.

— Et que veux-tu que j'y fasse, Cynthia ?

— Mais enfin, Jerry, c'est notre fille ! Tu as entendu ce que dit le docteur Lern : il faut l'éloigner de New York.

— L'éloigner de New York, comme si ça allait tout changer !

— Jerry, cesse d'être fataliste ! Elle n'a que 19 ans. Elle a besoin d'aide.

— Ne viens pas me dire que nous n'essayons pas de l'aider…

— Tu ne te rends pas compte de ce qu'elle traverse, Jerry !

— Je me rends surtout compte que j'ai une fille de 19 ans qui se défonce ! s'emporta-t-il en ayant tout de même pris le soin de chuchoter sa dernière phrase pour qu'on ne l'entendît pas.

— On en parlera de vive voix, lui proposa Cynthia pour le calmer. Où es-tu ?

— *Où je suis* ? répéta Jerry.

— Oui, la séance avec le docteur Lern est à 17 heures, rappela Cynthia. Ne me dis pas que tu as oublié ?

Jerry écarquilla les yeux : il avait complètement oublié. Il bondit hors de son bureau et se précipita dans l'ascenseur.

Par miracle, il arriva juste à l'heure au cabinet du docteur Lern sur Madison Avenue. Depuis six mois, Jerry avait consenti à y suivre chaque semaine une thérapie familiale avec sa femme Cynthia et leur fille Dakota âgée de 19 ans.

Les Eden prirent tous trois place dans un canapé face au thérapeute, installé dans son fauteuil habituel.

— Alors ? interrogea le docteur Lern, que s'est-il passé depuis la dernière séance ?

— Vous voulez dire il y a quinze jours, dégaina Dakota, puisque mon père a oublié de se pointer la semaine dernière ?...

— Excuse-moi de travailler pour payer les dépenses insensées de cette famille ! se défendit Jerry.

— Oh, Jerry, je t'en prie, ne commence pas ! le supplia sa femme.

— J'ai juste dit *dernière séance*, rappela le thérapeute d'une voix neutre.

Cynthia s'efforça de lancer la discussion de façon constructive.

— J'ai dit à Jerry qu'il devait passer plus de temps avec Dakota, expliqua-t-elle.

— Et qu'en pensez-vous, Jerry ? demanda le docteur Lern.

— J'en pense que cet été, ça va être compliqué : on doit boucler un concept d'émission. La concurrence est rude et on doit impérativement avoir développé un nouveau programme d'ici l'automne.

— Jerry ! s'énerva Cynthia, il doit bien y avoir quelqu'un qui peut te remplacer, non ? Tu n'as jamais de temps pour personne sauf pour ton travail !

— J'ai une famille et un psychiatre à nourrir, rétorqua cyniquement Jerry.

Le docteur Lern ne releva pas.

— De toute façon, tu penses qu'à ton boulot de merde, papa ! dit Dakota.

— N'utilise pas ce genre de vocabulaire, intima Jerry à sa fille.

— Jerry, lui demanda le thérapeute, que pensez-vous que Dakota essaie de vous dire lorsqu'elle parle en ces termes ?

— Que ce *boulot de merde* lui paie son téléphone, ses fringues, sa putain de voiture et tout ce qu'elle se fourre dans le nez !

— Dakota, est-ce que c'est ce que tu essaies de dire à ton père ? interrogea Lern.

— Nan. Mais je veux un chien, répondit Dakota.

— Toujours plus, se lamenta Jerry. D'abord tu veux un ordinateur, maintenant tu veux un chien…

— Ne parle plus de cet ordinateur ! se défendit Dakota. N'en parle plus jamais !

— Est-ce que l'ordinateur était une requête de Dakota ? interrogea Lern.

— Oui, expliqua Cynthia Eden. Elle aimait tellement écrire.

— Et pourquoi pas un chien ? interrogea le psychiatre.

— Parce qu'elle n'est pas responsable, dit Jerry.

— Comment tu peux le savoir si tu ne me laisses pas essayer ! protesta Dakota.

— Je vois comment tu t'occupes de toi et ça me suffit ! lui envoya son père.

— Jerry ! cria Cynthia.

— De toute façon, elle veut un chien parce que sa copine Neila a acheté un chien, expliqua doctement Jerry.

— C'est *Leyla*, pas *Neila* ! Tu ne connais même pas le nom de ma meilleure amie !

— Ta meilleure amie, cette fille ? Elle a appelé son chien Marijuana.

— Eh bien, Marijuana est très gentil ! protesta Dakota. Il a deux mois et il est déjà propre !

— Ça n'est pas le problème, bon sang ! s'agaça Jerry.

— Quel est le problème alors ? demanda le docteur Lern.

— Le problème, c'est que cette Leyla a une mauvaise influence sur ma fille. Chaque fois qu'elles sont ensemble, elles font des conneries. Vous voulez mon avis : tout ce qui s'est passé n'est pas la faute de l'ordinateur mais bien de cette Leyla !

— Le problème c'est toi, papa ! s'écria Dakota. Parce que tu es trop con et que tu ne comprends rien !

Elle se leva du canapé et quitta la séance qui n'avait duré qu'un quart d'heure.

*
* *

À 17 heures 15, Anna, Derek et moi arrivâmes au *Café Athéna* à Orphea. Nous nous trouvâmes une table au fond et nous y installâmes discrètement. L'établissement était rempli par les bénévoles et les curieux venus assister à l'étrange réunion qui s'y tenait. Cody, prenant sa fonction de président des bénévoles très à cœur, se tenait debout sur une chaise et martelait des propos que la foule reprenait en chœur.

— Nous sommes en danger ! cria Cody.

— *Oui, en danger !* répétèrent les bénévoles qui buvaient ses paroles.

— Le maire Brown nous cache la vérité sur la mort de Stephanie Mailer. Vous savez pourquoi elle a été tuée ?

— *Pourquoi ?* bêla le chœur.

— À cause du festival de théâtre !

— *Le festival de théâtre !* hurlèrent les bénévoles.

— Sommes-nous venus donner de notre temps pour nous faire massacrer ?

— *Noooooooon !* brailla la foule.

Un serveur vint nous servir du café et nous apporter les menus. Je l'avais déjà vu dans le restaurant. C'était un homme de type amérindien, aux cheveux mi-longs et grisonnants, et dont le prénom m'avait marqué. Il s'appelait Massachusetts.

Les bénévoles prirent la parole tour à tour. Beaucoup s'inquiétaient de ce qu'ils avaient lu dans l'*Orphea Chronicle* et craignaient d'être les prochaines victimes du tueur. Le maire Brown, présent également, écoutait les griefs de chacun et tâchait d'y apporter une réponse rassurante, espérant ramener les bénévoles à la raison.

— Il n'y a pas de tueur en série à Orphea, martela-t-il.

— Il y a bien un tueur, fit remarquer un petit homme, puisque Stephanie Mailer est morte.

— Écoutez, il s'est produit un évènement tragique, c'est vrai. Mais cela n'a rien à voir avec vous ou le festival. Vous n'avez pas le moindre souci à vous faire.

Cody remonta sur sa chaise pour répondre au maire :

— Monsieur le maire, nous ne nous ferons pas massacrer pour un festival de théâtre !

— Je vais vous le répéter pour la centième fois, lui répondit Brown, cette affaire, aussi terrible soit-elle, n'a absolument aucun lien avec le festival ! Votre raisonnement est absurde ! Est-ce que vous vous rendez compte que, sans vous, le festival ne pourra pas avoir lieu ?

— Alors, c'est tout ce qui vous préoccupe, monsieur le maire ? réagit Cody. Votre festival à la noix, plutôt que la sécurité de vos concitoyens ?

— Je vous préviens simplement des conséquences d'une décision irrationnelle : si le festival de théâtre n'a pas lieu, la ville ne s'en relèvera pas.

— C'est le signe ! cria soudain une femme.

— Quel signe ? demanda un jeune homme inquiet.

— C'est la *Nuit noire* ! hurla la femme.

À cet instant, Derek, Anna et moi nous dévisageâmes, stupéfaits, tandis qu'à l'évocation de ces mots le *Café Athéna* résonna d'un tohu-bohu de plaintes inquiètes. Cody s'efforça de reprendre l'assemblée en main et lorsque le silence revint enfin, il proposa de passer au vote.

— Qui parmi vous est en faveur d'une grève totale jusqu'à ce que l'assassin de Stephanie soit arrêté ? demanda-t-il.

Une forêt de mains se leva : la quasi-totalité des bénévoles refusait de continuer à travailler. Et Cody de déclarer alors : « La grève totale est approuvée, et ce jusqu'à ce que l'assassin de Stephanie Mailer soit arrêté et notre sécurité garantie. » La séance clôturée, la foule se dispersa bruyamment hors de l'établissement, sous le soleil chaud de la fin de journée. Derek s'empressa de rattraper la femme qui avait parlé de la *Nuit noire*.

— Qu'est-ce que la *Nuit noire*, madame ? lui demanda-t-il.

Elle le dévisagea d'un air apeuré.

— Vous n'êtes pas d'ici, monsieur ?

— Non, madame. Je suis de la police d'État.

Il lui montra son badge. La femme lui dit alors à voix basse :

— La *Nuit noire* est la pire chose qui puisse arriver. La personnification d'un grand malheur. Elle s'est déjà produite une fois, et elle va se reproduire.

— Je ne suis pas sûr de comprendre, madame.

— Vous n'êtes donc au courant de rien ? L'été 1994, l'été de la *Nuit noire* !

— Vous parlez des quatre assassinats ?

Elle acquiesça d'un geste inquiet de la tête.

— Ces assassinats, c'était la *Nuit noire* ! Et cela va se reproduire cet été ! Partez loin d'ici, partez avant que le malheur ne vous rattrape et frappe cette ville. Ce festival est maudit !

Elle quitta les lieux précipitamment et disparut avec les derniers bénévoles, qui laissèrent le *Café Athéna* vide. Derek revint à notre table. Hormis nous, il ne restait plus à l'intérieur que le maire Brown.

— Cette femme avait l'air drôlement effrayée par cette histoire de *Nuit noire*, dis-je au maire.

Il haussa les épaules.

— N'y prêtez pas attention, capitaine Rosenberg, la *Nuit noire* n'est qu'une légende ridicule. Cette femme débloque.

Le maire Brown s'en alla à son tour. Massachusetts s'empressa de venir à notre table verser du café dans nos tasses, que nous avions à peine touchées. Je compris que c'était un prétexte pour nous parler. Il murmura :

— Le maire ne vous a pas dit la vérité. La *Nuit noire* est plus qu'une légende urbaine. Beaucoup ici y croient et y voient une prédiction qui s'est déjà réalisée en 1994.

— Quel genre de prédiction ? demanda Derek.

— Qu'un jour, par la faute d'une pièce, la ville sera plongée dans le chaos pendant toute une nuit : la fameuse *Nuit noire.*

— Est-ce ce qui s'est passé en 1994 ? m'enquis-je.

— Je me souviens que juste après l'annonce de la création du festival de théâtre par le maire Gordon, il a commencé à se produire des évènements étranges en ville.

— Quel genre d'évènements ? l'interrogea Derek.

Massachusetts ne put nous en dire plus car, à cet instant, la porte du *Café Athéna* s'ouvrit. C'était la propriétaire des lieux qui arrivait. Je la reconnus aussitôt : il s'agissait de Sylvia Tennenbaum, la sœur de Ted Tennenbaum. Elle devait avoir 40 ans à l'époque et donc 60 aujourd'hui, mais elle n'avait physiquement guère changé : elle était restée cette femme sophistiquée que j'avais rencontrée dans le cadre de l'enquête. Lorsqu'elle nous vit, elle ne put retenir une expression déconcertée qu'elle s'empressa de remplacer par un visage glacial :

— On m'avait dit que vous étiez revenus en ville, nous dit-elle d'une voix dure.

— Bonjour, Sylvia, lui répondis-je. Je ne savais pas que c'était vous qui aviez repris cet établissement.

— Il fallait bien que quelqu'un s'en occupe, après que vous avez tué mon frère.

— Nous n'avons pas tué votre frère, objecta Derek.

— Vous n'êtes pas les bienvenus ici, martela-t-elle pour toute réponse. Payez et partez.

— Très bien, dis-je. Nous ne sommes pas venus ici pour vous chercher des ennuis.

Je demandai l'addition à Massachusetts, qui nous l'apporta aussitôt. Au bas du ticket de caisse, il avait inscrit au stylo à bille :

*Renseignez-vous sur ce qui s'est passé la nuit du 11 au 12 février 1994.*

*

— Je n'avais pas fait le lien entre Sylvia et Ted Tennenbaum, nous dit Anna alors que nous ressortions du *Café Athéna*. Que s'est-il passé avec son frère ?

Ni Derek ni moi n'avions envie d'en parler. Il y eut un silence et Derek finit par changer de sujet :

— Commençons par tirer au clair cette histoire de *Nuit noire* et cette note laissée par Massachusetts.

Il y avait une personne qui pouvait certainement nous aider à ce sujet : Michael Bird. Nous nous rendîmes à la rédaction de l'*Orphea Chronicle* et, en nous voyant entrer dans son bureau, Michael Bird nous demanda :

— Vous venez à cause de la une du journal ?

— Non, lui répondis-je, mais puisque vous en parlez je voudrais bien savoir pourquoi vous avez fait ça ? Je vous ai parlé de la note retrouvée dans la voiture de Stephanie au cours d'une conversation amicale ! Pas pour que cela finisse sur la première page de votre journal.

— Stephanie était une femme très courageuse, une journaliste exceptionnelle ! me répondit Michael. Je refuse qu'elle soit morte en vain : tout le monde doit connaître son travail !

— Justement, Michael, le meilleur moyen de lui rendre hommage est de terminer son enquête. Pas de semer la panique en ville en éventant les pistes de l'enquête.

— Je suis désolé, Jesse, dit Michael. J'ai l'impression de n'avoir pas su protéger Stephanie. Je voudrais tellement pouvoir revenir en arrière. Et dire que j'ai cru à son foutu SMS. C'est moi qui vous disais, il y a une semaine, qu'il n'y avait pas d'inquiétude à avoir.

— Vous ne pouviez pas savoir, Michael. Ne vous torturez pas inutilement parce que, de toute façon, elle était déjà morte à ce moment-là. Il n'y avait plus rien que l'on puisse faire.

Michael s'affala sur sa chaise, atterré. J'ajoutai alors :

— Mais vous pouvez nous aider à retrouver celui qui a fait ça.

— Tout ce que vous voulez, Jesse. Je suis à votre disposition.

— Stephanie s'était intéressée à un terme dont nous ne parvenons pas à saisir le sens : la *Nuit noire*.

Il eut un sourire amusé.

— J'ai vu ces deux mots sur la note que vous m'avez montrée et j'ai été intrigué aussi. Du coup, j'ai fait mes recherches dans les archives du journal.

Il sortit un dossier de son tiroir et nous le tendit. À l'intérieur, une série d'articles parus entre l'automne 1993 et l'été 1994 faisaient état d'inscriptions aussi inquiétantes qu'énigmatiques. D'abord sur le mur du bureau de poste : *Bientôt : La Nuit noire*. Puis à travers la ville.

Une nuit de novembre 1993, un feuillet fut déposé derrière les essuie-glaces de centaines de voitures, sur lequel il était écrit : *La Nuit noire arrive*.

Un matin de décembre 1993, les habitants de la ville se réveillèrent avec des feuillets déposés devant leur porte : *Préparez-vous, La Nuit noire arrive.*

En janvier 1994, une inscription à la peinture sur la porte d'entrée de la mairie lançait un compte à rebours : *Dans six mois : La Nuit noire.*

En février 1994, après l'incendie volontaire d'un bâtiment désaffecté de la rue principale, les pompiers découvraient sur les murs une nouvelle inscription : *La Nuit noire va bientôt débuter.*

Et ainsi de suite jusqu'à début juin 1994, où ce fut au tour du Grand Théâtre de voir sa façade vandalisée : *Le festival de théâtre va commencer : La Nuit noire aussi.*

— Donc la *Nuit noire* était en lien avec le festival de théâtre, en conclut Derek.

— La police n'a jamais découvert qui pouvait se cacher derrière ces menaces, ajouta Michael.

Je repris :

— Anna a trouvé cette inscription dans les archives à la place du dossier de police sur le quadruple meurtre de 1994, et également dans l'un des tiroirs du bureau du chef Kirk Harvey au commissariat.

Kirk Harvey savait-il quelque chose ? Était-ce la raison de sa disparition mystérieuse ? Nous étions également curieux de savoir ce qui avait pu se passer la nuit du 11 au 12 février 1994 à Orphea. Une recherche dans les archives nous permit de découvrir, dans l'édition du 13 février, un article sur l'incendie criminel d'un bâtiment de la rue principale appartenant à Ted Tennenbaum, qui voulait en faire un restaurant contre l'avis du maire Gordon.

Derek et moi avions déjà eu connaissance de cet épisode à l'époque de l'enquête sur les meurtres. Mais pour Anna, cette information était une découverte.

— C'était avant le *Café Athéna*, lui expliqua Derek. L'incendie a justement permis le changement d'affectation du bâtiment pour en faire un restaurant.

— À l'époque, Ted Tennenbaum aurait mis le feu lui-même ? demanda-t-elle.

— On n'a jamais su le fin mot de l'affaire, dit Derek. Mais cette histoire est de notoriété publique. Il doit y avoir une autre explication pour que le serveur du *Café Athéna* nous invite à nous pencher dessus.

Soudain, il fronça les sourcils et compara l'article sur l'incendie avec l'un des articles sur la *Nuit noire*.

— Bon sang, Jesse ! me dit-il.

— Qu'as-tu trouvé ? lui demandai-je.

— Écoute ça. C'est tiré de l'un des articles

concernant les inscriptions de *La Nuit noire*: « *Deux jours après l'incendie qui a ravagé le bâtiment du haut de la rue principale, les pompiers, en déblayant les décombres, ont découvert une inscription sur l'un des murs: La Nuit noire va bientôt débuter.* »

— Il y aurait donc un lien entre la *Nuit noire* et Ted Tennenbaum ?

— Et si cette histoire de *Nuit noire* était réelle ? suggéra Anna. Et si par la faute d'une pièce, la ville allait être plongée dans le chaos pendant toute une nuit ? Et si le 26 juillet, lors de la première du festival, il allait de nouveau se produire un meurtre ou un massacre similaire à celui de 1994 ? Et si le meurtre de Stephanie n'était que le prélude à quelque chose de beaucoup plus grave qui allait survenir ?

## *DEREK SCOTT*

Le soir de l'humiliation infligée par l'avocat de Ted Tennenbaum, en ce milieu du mois d'août 1994, Jesse et moi avions roulé jusque dans le Queens, à l'invitation de Darla et Natasha, bien décidées à nous changer les idées. Elles nous avaient donné une adresse à Rego Park. C'était une petite échoppe en travaux dont l'enseigne avait été recouverte d'un drap, devant laquelle Darla et Natasha nous attendaient. Elles étaient rayonnantes.

— Où est-on ? leur demandai-je, curieux.

— Devant notre futur restaurant, sourit Darla.

Jesse et moi restâmes émerveillés, oubliant aussitôt Orphea, les meurtres, Ted Tennenbaum. Leur projet de restaurant était sur le point d'aboutir. Toutes ces heures de travail acharné allaient enfin payer : elles allaient bientôt pouvoir quitter le *Blue Lagoon* et vivre leur rêve.

— Quand pensez-vous ouvrir ? demanda Jesse.

— D'ici la fin de l'année, nous répondit Natasha. À l'intérieur tout est encore à faire.

Nous savions qu'elles auraient un succès fou. Les gens feraient la queue autour du pâté de maisons en attendant qu'une table se libère.

— Au fait, interrogea alors Jesse, comment s'appellera votre restaurant ?

— C'est pour ça qu'on vous a conviés ici, nous expliqua Darla. On a fait mettre l'enseigne. On était certaines du nom et on s'est dit que, comme ça, les gens dans le quartier en parleraient déjà.

— Est-ce que ça ne porte pas malheur de dévoiler l'enseigne du restaurant avant qu'il n'existe vraiment ? les taquinai-je.

— Ne dis pas de bêtises, Derek, me répondit Natasha en riant.

Elle sortit d'un fourré une bouteille de vodka et quatre petits verres qu'elle nous tendit avant de les remplir à ras bord. Darla saisit une cordelette reliée au drap qui couvrait l'enseigne et, après s'être accordées sur un signal, elles tirèrent dessus d'un coup sec. Le drap flotta dans les airs jusqu'au sol comme un parachute et nous vîmes s'illuminer dans la nuit le nom du restaurant :

*LA PETITE RUSSIE*

Nous levâmes nos verres à *La Petite Russie* et nous descendîmes encore quelques vodkas, puis nous visitâmes les lieux. Darla et Natasha nous montrèrent les plans pour que nous puissions imaginer les lieux tels qu'ils seraient. Il y avait, au-dessus, un petit étage étriqué, dans lequel elles prévoyaient d'installer un bureau. Une échelle permettait d'accéder au toit et c'est là que nous passâmes une bonne partie de cette nuit d'été brûlante, à boire de la vodka et à dîner d'un pique-nique que les filles avaient préparé, à la lueur de quelques bougies, contemplant la silhouette de Manhattan qui se dressait au loin.

Je regardai Jesse et Natasha enlacés. Ils étaient tellement beaux ensemble, ils avaient l'air tellement heureux. C'était un couple dont vous pouviez croire que rien ne les séparerait jamais. C'est en les voyant à ce moment-là que je ressentis l'envie de vivre quelque chose de similaire. Darla était à côté de moi. Je plongeai mes yeux dans les siens. Elle avança sa main pour effleurer la mienne. Et je l'embrassai.

Le lendemain, nous étions de retour aux affaires, en planque devant le *Café Athéna*. Nous avions une gueule de bois carabinée.

— Alors, me demanda Jesse, tu as dormi chez Darla ?

Je souris pour toute réponse. Il éclata de rire. Mais nous n'avions pas l'esprit à la rigolade : nous devions reprendre notre enquête depuis le début.

Nous restions convaincus que c'était la camionnette de Ted Tennenbaum que Lena Bellamy avait vue dans la rue juste avant les meurtres. Le logo du *Café Athéna* était une création unique : Tennenbaum l'avait fait apposer sur la vitre arrière de son véhicule pour faire connaître son établissement. Mais c'était la parole de Lena contre celle de Ted. Nous avions besoin de plus que ça.

Nous tournions en rond. À la mairie, on nous indiqua que le maire Gordon avait été furieux de l'incendie du bâtiment de Ted Tennenbaum. Gordon était persuadé que Tennenbaum avait mis le feu lui-même. La police d'Orphea également. Mais rien ne le prouvait. Tennenbaum avait visiblement le don de ne pas laisser de traces derrière lui. Nous avions un espoir : invalider son alibi en parvenant à prouver qu'il avait quitté le Grand Théâtre à un moment donné le soir des meurtres. Sa garde avait duré de 17 heures à 23 heures. Soit six heures. Vingt minutes lui auraient suffi pour faire un aller-retour chez le maire. Vingt petites minutes. Nous interrogeâmes tous les bénévoles présents en coulisses le soir de la première : tout le monde affirmait avoir vu et revu Tennenbaum ce soir-là. Mais la question était de savoir s'il avait été présent au Grand Théâtre pendant 5 heures 40 ou 6 heures ? Cela pouvait faire toute la différence. Et bien entendu personne n'en savait rien. On l'avait vu tantôt dans la partie des loges, tantôt dans la partie des décors, tantôt faisant un saut au bar pour acheter un sandwich. On l'avait vu partout et nulle part.

Notre enquête était complètement embourbée et nous étions sur le point de perdre espoir lorsqu'un matin, nous reçûmes un appel d'une employée d'une banque de Hicksville qui allait changer le cours de l'enquête.

## JESSE ROSENBERG

### *Vendredi 4 et samedi 5 juillet 2014*

*22 jours avant le festival*

Derek et Darla organisaient tous les ans un grand barbecue dans leur jardin pour fêter le 4 Juillet, auquel ils nous convièrent, Anna et moi. Pour ma part, je déclinai l'invitation, prétextant être déjà invité ailleurs. Je passai la fête nationale seul, enfermé dans ma cuisine, à tenter désespérément de reproduire une sauce à hamburger, dont Natasha avait le secret à l'époque. Mais mes nombreux essais furent tous infructueux. Il manquait des ingrédients, et je n'avais aucun moyen d'identifier lesquels. Natasha avait d'abord conçu cette sauce pour des sandwichs au rosbif. J'avais suggéré de l'utiliser aussi sur des hamburgers, ce qui avait été un immense succès. Mais aucun parmi les dizaines de hamburgers que je confectionnai ce jour-là ne ressemblait à ceux que Natasha faisait.

Anna, elle, se rendit chez ses parents à Worchester, banlieue huppée située à quelques encablures de la ville de New York, pour une célébration familiale traditionnelle. Alors qu'elle était presque arrivée, elle reçut un appel paniqué de sa sœur :

— Anna, où es-tu ?

— Quasiment là. Que se passe-t-il ?

— Le barbecue est organisé par le nouveau voisin de papa et maman.

— La maison d'à côté a finalement été vendue ?

— Oui, Anna, répondit la sœur. Et tu ne devineras jamais qui l'a achetée : Mark. Mark ton ex-mari.

Anna écrasa la pédale de frein. Effarée. Elle entendait sa sœur dans le téléphone : « Anna ? Anna, tu es là ? » Le hasard voulut qu'elle s'arrêtât exactement devant la maison en question : elle qui l'avait toujours trouvée jolie, elle lui semblait désormais affreuse et tape-à-l'œil. Elle détailla les décorations ridicules de la fête nationale accrochées aux fenêtres. On se serait cru à la Maison Blanche. Comme toujours avec ses parents, Mark voulait en faire trop. Ne sachant plus si elle devait rester ou s'enfuir, Anna décida de s'enfermer dans sa voiture. Sur une pelouse voisine, elle vit des enfants qui jouaient et des parents heureux. De toutes ses ambitions, la plus chère qu'elle ait jamais eue avait été de fonder une famille. Elle enviait ses amies heureuses en ménage. Elle enviait ses amies mères comblées.

Des coups contre la vitre de sa voiture la firent sursauter. C'était sa mère.

— Anna, lui dit-elle, je t'en supplie, ne me fais pas honte et viens, s'il te plaît. Tout le monde sait que tu es là.

— Pourquoi tu ne m'as pas prévenue ? demanda Anna d'un ton cinglant. J'aurais évité de faire tout ce trajet.

— Voilà exactement pourquoi je ne t'ai rien dit.

— Mais vous êtes devenus fous ? Vous célébrez le 4 Juillet chez mon ex-mari ?

— Nous célébrons le 4 Juillet avec notre voisin, objecta sa mère.

— Oh, je t'en prie, ne joue pas sur les mots !

Peu à peu, les invités s'agglutinèrent sur le gazon pour observer la scène, et parmi eux, Mark, arborant son plus bel air de chien triste.

— Tout est ma faute, dit-il. Je n'aurais pas dû vous inviter sans en parler à Anna avant. On devrait annuler.

— On ne va rien annuler, Mark ! s'agaça la mère d'Anna. Tu n'as pas de comptes à rendre à ma fille !

Anna entendit quelqu'un murmurer :

— Pauvre Mark, se faire humilier ainsi alors qu'il nous reçoit si généreusement.

Anna sentait sur elle les regards lourds de désapprobation. Elle ne voulait pas donner à Mark une raison de fédérer sa propre famille contre elle. Elle descendit de voiture et rejoignit la fête qui se déroulait dans la partie arrière du jardin, au bord de la piscine.

Mark et le père d'Anna, tous les deux affublés de tabliers de cuisine identiques, s'activèrent autour du grill. Tout le monde s'extasiait sur la nouvelle maison de Mark et la qualité de ses hamburgers. Anna attrapa une bouteille de vin blanc et s'installa dans un coin, se jurant de se tenir correctement et de ne pas faire d'esclandre.

À quelques dizaines de miles de là, à Manhattan, dans le bureau de son appartement de Central Park West, Meta Ostrovski regardait tristement par la fenêtre. Il avait d'abord cru que son licenciement de la *Revue des lettres new-yorkaises* n'était qu'une saute d'humeur de Bergdorf et que celui-ci le rappellerait le lendemain pour lui dire qu'il était indispensable et unique. Mais Bergdorf n'avait jamais rappelé. Ostrovski s'était rendu à la rédaction pour découvrir que son bureau avait été intégralement vidé et ses livres entassés dans des cartons prêts à être emportés. Les secrétaires ne l'avaient pas laissé accéder au bureau de Bergdorf. Il avait essayé de lui téléphoner en vain. Qu'allait-il devenir ?

Sa femme de ménage entra dans la pièce et lui apporta une tasse de thé.

— Je vais y aller, monsieur Ostrovski, dit-elle doucement. Je vais chez mon fils pour la fête nationale.

— Vous avez bien raison, Erika, lui répondit le critique.

— Y a-t-il quelque chose que je puisse faire pour vous avant de partir ?

— Auriez-vous l'obligeance de bien vouloir prendre un coussin et m'étouffer avec ?

— Non, monsieur, je ne peux pas faire ça.

Ostrovski soupira :

— Alors, vous pouvez partir.

De l'autre côté du parc, dans leur appartement de la Cinquième Avenue, Jerry et Cynthia s'apprêtaient à s'en aller célébrer le Jour de l'indépendance chez des amis.

Dakota invoqua le fait de se sentir migraineuse pour rester à la maison. Ils ne s'y opposèrent pas. Ils préféraient la savoir à la maison. Quand ils partirent, elle était dans le salon, à regarder la télévision. Quelques heures s'écoulèrent. Lasse et seule dans cet immense appartement, elle finit par rouler un joint, s'empara d'une bouteille de vodka dans le bar de son père – elle savait où il cachait la clé – et s'installa sous la ventilation de la cuisine pour boire et fumer. Son joint terminé, légèrement défoncée et un peu ivre, elle s'en alla dans sa chambre. Elle sortit le Yearbook de son lycée, trouva la page qu'elle cherchait et retourna dans la cuisine. Elle roula un deuxième joint, but encore, et caressa du bout du doigt la photo d'une élève. Tara Scalini.

Elle prononça son nom. *Tara*. Elle se mit à rire, puis des larmes coulèrent de ses yeux. Elle éclata en un sanglot incontrôlé. Elle se laissa tomber au sol, pleurant en silence. Elle resta ainsi jusqu'à ce que son téléphone sonne. C'était Leyla.

— Salut, Leyl, dit Dakota en décrochant.

— T'as une voix de merde, Dakota. T'as chialé ?

— Ouais.

Elle était jeune et belle, presque encore enfant, allongée sur le sol, ses cheveux éparpillés comme une crinière autour de son visage mince.

— Tu veux me rejoindre ? lui demanda Leyla.

— J'ai promis à mes parents de rester à la maison. Mais je veux bien que tu viennes, toi, ici. Je ne veux pas être toute seule.

— Je saute dans un taxi et je suis là, lui promit Leyla.

Dakota raccrocha puis sortit de sa poche un sachet en plastique contenant une poudre claire : de la kétamine. Elle en versa dans le fond d'un verre et dilua le tout avec de la vodka avant de l'avaler d'un trait.

Ce n'est que le lendemain matin, samedi, que Jerry découvrit la bouteille de vodka aux trois quarts vide. Il avait alors fouillé la poubelle de la cuisine et y avait trouvé deux mégots de joints. Il était prêt à déloger sa fille de son lit, mais Cynthia lui avait enjoint d'attendre qu'elle se lève. Aussitôt que Dakota émergea de sa chambre, il exigea des explications.

— Tu as trahi notre confiance, une fois de plus ! s'emporta-t-il en brandissant la bouteille et les mégots.

— Oh, sois pas si coincé ! lui répondit Dakota. On dirait que t'as jamais été jeune.

Elle retourna dans sa chambre et se recoucha. Ses parents entrèrent aussitôt dans la pièce.

— Tu te rends compte que tu as descendu presque une bouteille de vodka et fumé de la marijuana dans notre maison ? lui dit son père, furieux.

— Pourquoi tu te détruis comme ça ? demanda Cynthia sa mère en s'efforçant de ne pas la brusquer.

— Qu'est-ce que ça peut vous foutre ? répliqua Dakota. De toute façon, vous serez contents quand je serai plus là !

— Dakota ! protesta sa mère, comment peux-tu dire des choses pareilles ?

— Il y avait deux verres dans l'évier, qui était là ? exigea de savoir Jerry Eden. Tu invites des gens comme ça ?

— J'invite des amis, où est le problème ?

— Le problème c'est que tu consommes de la marijuana !

— Relax, c'est juste un joint.

— Tu me prends pour un imbécile, je sais que tu prends des saloperies ! Qui était avec toi ? Cette petite conne de Neila ?

— C'est LEYLA, papa, pas NEILA ! Et c'est pas une conne ! Arrête de penser que tu es supérieur à tout le monde juste à cause de ton fric !

— C'est ce fric qui te fait vivre ! hurla Jerry.

— Ma chérie, dit Cynthia en s'efforçant de calmer le jeu, ton père et moi nous sommes inquiets. Nous pensons que tu dois aller faire soigner ton problème d'addiction.

— Je vais déjà voir le docteur Lern.

— Nous pensons à un établissement spécialisé.

— Une cure ? Je ne retournerai pas faire une cure ! Tirez-vous de ma chambre !

Elle attrapa une peluche d'enfant qui détonnait avec le reste de la pièce et la lança en direction de la porte pour chasser ses parents.

— Tu feras ce qu'on te dit, répliqua Jerry, décidé à ne plus se laisser faire.

— Je n'irai pas, vous m'entendez ? Je n'irai pas, et je vous hais !

Elle se leva de son lit pour claquer la porte, exigeant un peu d'intimité. Puis elle téléphona en pleurs à Leyla :

— Qu'est-ce qui t'arrive, Dakota ? lui demanda Leyla inquiète de ses sanglots.

— Mes vieux veulent m'envoyer dans un centre spécialisé.

— Quoi ? En désintox ? Mais quand ?

— J'en sais rien. Ils veulent parler avec le psy lundi. Mais je n'irai pas. Tu m'entends, je n'irai pas. Je me tire ce soir. Je ne veux plus jamais voir ces cons. Dès qu'ils dorment je me barre.

Ce même matin, à Worchester, Anna, qui avait dormi chez ses parents, subissait les assauts de sa mère, qui la bombardait de questions à la table du petit-déjeuner.

— Maman, finit par dire Anna, j'ai la gueule de

bois. Je voudrais boire mon café tranquillement si c'est possible.

— Ah voilà, tu as trop bu ! s'exaspéra sa mère. Donc, tu bois maintenant ?

— Quand tout le monde me fait chier, oui je bois, maman.

La mère soupira :

— Si tu étais encore avec Mark, nous habiterions à côté à présent.

— Une chance que nous ne soyons plus ensemble alors, dit Anna.

— Est-ce que c'est vraiment fini entre Mark et toi ?

— Maman, ça fait un an qu'on est divorcés !

— Oh, mais ma chérie, tu sais qu'aujourd'hui ça ne veut plus rien dire : les couples vivent ensemble d'abord et se marient après, et puis ils divorcent trois fois, se remettent ensemble finalement.

Anna soupira pour toute réponse, attrapa sa tasse de café et se leva de table. Sa mère lui dit alors :

— Depuis ce jour dramatique à la bijouterie Sabar, tu n'es plus la même, Anna. Être flic a gâché ta vie, voilà ce que je pense.

— J'ai pris la vie d'un homme, maman, répondit Anna. Et il n'y a rien que je puisse faire pour changer cela.

— Alors quoi, tu préfères te punir en allant vivre dans un bled paumé ?

— Je sais que je ne suis pas la fille que tu aurais aimé avoir, maman. Mais malgré ce que tu peux croire, je suis heureuse à Orphea.

— Je croyais que tu devais devenir chef de la police de cette ville, lui asséna sa mère. Que s'est-il passé ?

Anna ne répondit pas et alla s'isoler sur la terrasse pour profiter d'un moment de tranquillité.

## *ANNA KANNER*

Je me souviens de ce matin du printemps 2014, quelques semaines avant les évènements liés à la disparition de Stephanie. C'étaient les premiers beaux jours. Bien qu'il fût encore tôt, il faisait déjà chaud. Je sortis sous le porche de ma maison pour ramasser l'édition du jour de l'*Orphea Chronicle* déposé chaque matin et m'installai sur un fauteuil confortable pour le lire en buvant mon café. À cet instant, Cody, mon voisin, passant dans la rue devant moi, me salua et me dit :

— Bravo, Anna !

— Bravo pour quoi ? demandai-je.

— Pour l'article dans le journal.

Je dépliai aussitôt le quotidien et je découvris, effarée, en une, une large photo de moi surmontée du titre suivant :

*CETTE FEMME SERA-T-ELLE*
*LE PROCHAIN CHEF DE LA POLICE ?*

*Alors que l'actuel chef de la police, Ron Gulliver, doit prendre sa retraite cet automne, une rumeur voudrait que ce ne soit pas son adjoint, Jasper Montagne, qui lui succède, mais sa deuxième adjointe, Anna Kanner, arrivée à Orphea au mois de septembre dernier.*

Je fus envahie par la panique : qui avait prévenu l'*Orphea Chronicle* ? Et surtout : comment allaient réagir Montagne et ses collègues ? Je me précipitai au commissariat. Tous les policiers m'assaillirent : « Est-ce que c'est vrai, Anna ? Tu vas remplacer le chef Gulliver ? » Je me ruai, sans répondre, vers le bureau du chef Gulliver pour tenter d'empêcher ce désastre. Mais c'était trop tard : la porte était déjà close. Montagne était à l'intérieur. Je l'entendis crier :

— Qu'est-ce que c'est que cette histoire, chef ? Vous avez lu ça ? Est-ce que c'est vrai ? Anna va être le prochain chef de la police ?

Gulliver semblait aussi surpris que lui.

— Cesse de croire ce que tu lis dans le journal, Montagne, lui enjoignit-il. Ce ne sont que des idioties ! Je n'ai jamais entendu rien d'aussi ridicule de ma vie. Anna, le prochain chef ? Laisse-moi rire. Elle vient de débarquer ici ! Et puis les gars n'accepteraient jamais d'être dirigés par une femme !

— Vous l'avez pourtant nommée chef-adjoint, rétorqua Montagne.

— Deuxième adjointe, précisa Gulliver. Et tu sais qui était le deuxième adjoint avant elle ? Personne. Et tu sais pourquoi ? Parce que c'est un titre fantôme. Une invention du maire Brown qui veut faire moderne en propulsant des gonzesses partout. Égalité de mes fesses. Mais tu sais comme moi que tout ça, c'est de la connerie.

— Alors quoi, s'inquiéta Montagne, il faudra que je la nomme comme mon adjointe quand je serai chef ?

— Jasper, s'efforça de le rassurer Gulliver, quand tu seras chef, tu nommeras qui tu veux à tes côtés. Cette place de deuxième adjoint n'est qu'un placard. Tu sais que le maire Brown m'a forcé la main pour engager Anna et que je suis pieds et poings liés. Mais quand je serai parti et que tu seras chef, tu pourras la virer si ça te chante. Ne t'inquiète pas, je vais la recadrer, tu vas voir. Je vais lui montrer qui commande.

Quelques instants plus tard, j'étais convoquée dans le bureau de Gulliver. Il me fit asseoir face à lui et souleva l'exemplaire de l'*Orphea Chronicle* qui se trouvait sur son bureau.

— Anna, me dit-il d'une voix monocorde, je vais te donner un bon conseil. Un conseil d'ami. Fais-toi petite, toute petite. Petite comme une souris.

J'essayai de me défendre :

— Chef, je ne sais pas ce que c'est que cet article…

Mais Gulliver ne me laissa pas terminer ma phrase et me dit d'un ton cassant :

— Anna, je vais être très clair avec toi. Tu n'as été nommée deuxième adjoint que parce que tu es une femme. Alors, cesse de monter sur tes grands chevaux et de croire que c'est pour tes prétendues compétences que tu as été engagée. La seule raison pour laquelle tu es là, c'est parce que le maire Brown, avec ses foutues idées révolutionnaires, voulait à tout prix engager une femme au sein de la police. Il m'a enquiquiné avec ses histoires de diversité, de discrimination et de je ne sais quelle connerie. Il m'a mis une pression d'enfer. Tu sais comment ça marche : je ne voulais pas ouvrir une guerre larvée avec lui à une année de mon départ, ni qu'il nous fasse des crasses budgétaires. Bref, il voulait à tout prix une femme et tu étais le seul candidat féminin. Alors je t'ai prise. Mais ne viens pas fiche le bordel dans mon commissariat. Tu n'es qu'un quota, Anna. Tu n'es qu'un quota!

Les remontrances de Gulliver terminées, n'ayant aucune envie de subir les assauts de mes collègues, je partis en patrouille. J'étais allée me garer derrière le grand panneau routier planté sur le bord de la route 17 où, depuis mon arrivée à Orphea, je me réfugiais chaque fois que j'avais besoin de réfléchir au calme et que l'agitation du commissariat m'en empêchait.

Tout en gardant un œil sur le trafic encore clairsemé en cette heure matinale, je répondis à un message de Lauren: elle avait trouvé l'homme parfait pour moi et souhaitait organiser un dîner avec lui pour me le présenter. Comme je déclinais, elle me servit sa rengaine: «Si tu continues comme ça, Anna, tu vas finir toute seule.» Nous échangeâmes quelques messages. Je me plaignis du chef Gulliver, Lauren me suggéra de retourner vivre à New York. Mais je n'en avais aucune envie. En dehors de mes soucis d'acclimatation professionnelle, je me plaisais dans les Hamptons. Orphea était une ville paisible où il faisait bon vivre, bordée par l'océan et entourée d'une nature sauvage. Les longues plages sablonneuses, les forêts profondes, les étangs couverts de nénuphars, les bras de mer sinueux attirant une faune abondante étaient autant d'endroits enchanteurs que l'on pouvait trouver tout autour de la ville. Les étés y étaient merveilleux et chauds; les hivers rigoureux mais lumineux.

Je savais que c'était un endroit où je pourrais être enfin heureuse.

## JESSE ROSENBERG

### *Lundi 7 juillet 2014*

*19 jours avant le festival*

La une de l'*Orphea Chronicle*, édition du lundi 7 juillet 2014 :

*LE FESTIVAL DE THÉÂTRE À L'ABANDON*

*Et si c'était le rideau de fin pour le festival de théâtre d'Orphea ? Après avoir été le cœur de la vie estivale pendant vingt ans, il semblerait que l'édition de cette année soit plus compromise que jamais après que les bénévoles, fait unique dans l'histoire de cette institution, ont voté une grève illimitée, invoquant des craintes pour leur sécurité. Depuis, la question est sur toutes les lèvres : sans bénévoles, le festival pourra-t-il avoir lieu ?*

Anna avait passé son dimanche à remonter la piste de Kirk Harvey. Elle avait fini par retrouver son père, Cornelius Harvey, qui vivait dans une maison de retraite à Poughkeepsie, à trois heures de route d'Orphea. Elle avait contacté le directeur, qui attendait notre visite.

— Tu as travaillé hier, Anna ? m'étonnai-je alors que nous étions en route, elle et moi, pour la maison de retraite. Je te croyais chez tes parents pour le week-end.

Elle haussa les épaules.

— Les festivités ont été abrégées, me répondit-elle. J'étais contente d'avoir quelque chose à faire pour me changer les idées. Où est Derek ?

— Au centre régional. Il reprend le dossier d'enquête de 1994. Il est tracassé à l'idée qu'on a peut-être raté quelque chose.

— Qu'est-ce qui s'est passé entre vous deux, Jesse, en 1994 ? De ce que tu racontes, j'ai l'impression que vous étiez les meilleurs amis du monde.

— Nous le sommes toujours, assurai-je.

— Mais en 1994 quelque chose s'est brisé entre vous…

— Oui. Je ne suis pas sûr d'être prêt à en parler.

Elle acquiesça en silence, puis voulut changer de sujet.

— Et toi, Jesse, qu'est-ce que tu as fait pour la fête nationale ?

— J'étais chez moi.

— Tout seul ?

— Tout seul. Je me suis fait des hamburgers à la sauce Natasha.

J'eus un sourire : c'était une précision inutile.

— Qui est Natasha.

— Ma fiancée.

— Tu es fiancé ?

— C'est de l'histoire ancienne. Moi, je suis le célibataire de service.

Elle éclata de rire.

— Moi aussi, me dit-elle. Depuis mon divorce, mes copines me prédisent que je finirai ma vie toute seule.

— Ça fait mal ! compatis-je.

— Un peu. Mais j'espère que je trouverai quelqu'un. Et avec Natasha, pourquoi ça n'a pas marché ?

— La vie, Anna, nous joue parfois de drôles de tours.

Je vis à son regard qu'Anna comprenait ce que je voulais dire. Et elle se contenta d'opiner en silence.

La maison de retraite *Les Chênes* occupait un petit bâtiment aux balcons fleuris, en bordure de Poughkeepsie. Dans le hall d'entrée, un petit groupe de vieillards installés dans des fauteuils roulants guettaient chaque passage.

— Visiteurs ! Visiteurs ! s'écria l'un d'eux en nous voyant, un échiquier sur les genoux.

— Vous venez nous rendre visite ? demanda un vieux bonhomme sans dents qui ressemblait à une tortue.

— Nous venons voir Cornelius Harvey, lui répondit gentiment Anna.

— Pourquoi vous ne venez pas me voir, moi ? interrogea d'une voix chevrotante une petite vieille dame maigre comme une brindille.

— Moi, ça fait deux mois que mes enfants ne sont pas venus me rendre visite, intervint le joueur d'échecs.

Nous nous annonçâmes à l'accueil, et quelques instants plus tard, le directeur de l'établissement apparut. C'était un petit bonhomme rondouillard, au costume trempé de sueur. Il reluqua Anna dans son uniforme et nous serra vigoureusement la main. La sienne était poisseuse.

— Que voulez-vous à Cornelius Harvey ? demanda-t-il.

— Nous recherchons son fils dans le cadre d'une affaire criminelle.

— Et il a fait quoi le fiston ?

— On aimerait juste lui parler.

Il nous entraîna à travers les couloirs jusqu'à un salon dans lequel étaient dispersés des pensionnaires. Certains jouaient aux cartes, d'autres lisaient, d'autres encore se contentaient de regarder dans le vide.

— Cornelius, annonça le directeur, de la visite pour vous.

Un vieil homme, grand et mince, à la chevelure blanche ébouriffée et vêtu d'une épaisse robe de chambre, se leva de son fauteuil et nous regarda curieusement.

— La police d'Orphea ? s'étonna-t-il en arrivant vers nous, contemplant l'uniforme noir d'Anna. Que se passe-t-il ?

— Monsieur Harvey, lui dit Anna, nous devons absolument entrer en contact avec votre fils Kirk.

— Kirky ? Que lui voulez-vous ?

— Venez, monsieur Harvey, suggéra Anna, asseyons-nous.

Nous prîmes place tous les quatre dans un coin meublé d'un canapé et deux fauteuils. Un troupeau de vieillards curieux s'agglutina autour de nous.

— Que voulez-vous à mon Kirky ? demanda Cornelius, inquiet.

À la façon dont il avait parlé, nous avions levé un premier doute : Kirk Harvey était bel et bien en vie.

— Nous avons repris l'une de ses enquêtes, expliqua Anna. En 1994, votre fils a enquêté sur un quadruple meurtre perpétré à Orphea. Nous avons tout lieu de croire que le même meurtrier s'en est pris à une jeune femme il y a quelques jours. Nous avons impérativement besoin de parler à Kirk pour résoudre cette affaire. Êtes-vous en contact avec lui ?

— Oui, bien sûr. Nous nous téléphonons souvent.

— Est-ce qu'il vient ici ?

— Oh non ! Il habite trop loin !

— Où habite-t-il ?

— En Californie. Il travaille sur une pièce de théâtre qui va avoir un immense succès ! C'est un grand metteur en scène, vous savez. Il va devenir très célèbre. Très célèbre ! Quand sa pièce sera enfin jouée, je mettrai un costume magnifique et j'irai l'applaudir. Voulez-vous voir mon costume ? Il est dans ma chambre.

— Non, merci beaucoup, déclina Anna. Dites-moi, monsieur Harvey, comment peut-on joindre votre fils ?

— J'ai un numéro de téléphone. Je peux vous le donner. Il faut lui laisser un message et il vous rappellera.

Il sortit un calepin de sa poche et dicta le numéro à Anna.

— Depuis combien de temps Harvey vit-il en Californie ? demandai-je.

— Je ne sais plus. Longtemps. Vingt ans peut-être.

— Donc, quand il est parti d'Orphea, il est allé directement en Californie ?

— Oui, directement.

— Pourquoi a-t-il tout quitté du jour au lendemain ?

— Mais à cause de *La Nuit noire*, nous répondit Cornelius comme s'il s'agissait d'une évidence.

— *La Nuit noire*? Mais qu'est-ce que cette fameuse *Nuit noire*, monsieur Harvey ?

— Il avait tout découvert, nous dit Cornelius, sans vraiment répondre à la question. Il avait découvert l'identité de l'auteur du quadruple meurtre de 1994, et il a été obligé de partir.

— Donc il savait que ce n'était pas Ted Tennenbaum ? Mais pourquoi ne l'a-t-il pas arrêté ?

— Seul mon Kirky pourra vous répondre. Et s'il vous plaît, si vous le voyez, dites-lui que son papa lui fait de gros bisous.

Aussitôt que nous fûmes ressortis de la maison de retraite, Anna composa le numéro que nous avait donné Cornelius Harvey.

— Le *Beluga Bar*, bonjour, répondit une voix de femme à l'autre bout du fil.

— Bonjour, dit Anna une fois passé l'effet de surprise, je voudrais parler à Kirk Harvey.

— Laissez-moi votre message et il vous rappellera.

Anna laissa son nom et son numéro de téléphone et indiqua qu'il s'agissait d'une affaire d'une extrême importance. Une fois qu'elle eut raccroché, nous fîmes une rapide recherche sur Internet : le *Beluga Bar* était un établissement situé dans le quartier de Meadowood à Los Angeles. Ce nom ne m'était pas inconnu. Et je fis soudain le rapprochement. Je téléphonai aussitôt à Derek et lui demandai de reprendre les relevés de carte bancaire de Stephanie.

— Ton souvenir est exact, me confirma-il après s'être plongé dans les documents. D'après ses débits, Stephanie s'est rendue à trois reprises au *Beluga Bar* lorsqu'elle était à Los Angeles en juin.

— Voilà pourquoi elle était à Los Angeles! m'écriai-je. Elle avait retrouvé la trace de Kirk Harvey et elle était venue le voir.

*
* *

*New York, ce même jour*

Dans l'appartement des Eden, Cynthia était dans tous ses états. Cela faisait deux jours que Dakota avait disparu. La police était prévenue et la recherchait activement. Jerry et Cynthia avaient quadrillé la ville, fait le tour de tous ses amis, en vain. À présent, ils tournaient en rond dans leur appartement à espérer des nouvelles qui n'arrivaient pas. Ils avaient les nerfs à vif.

— Elle reviendra certainement quand elle aura besoin de fric pour acheter sa merde, finit par dire Jerry, excédé.

— Jerry, je ne te reconnais plus! C'est notre fille! Vous étiez tellement complices tous les deux! Tu te souviens? Quand elle était petite j'étais même jalouse de votre relation.

— Je sais, je sais, répondit Jerry, soucieux de calmer sa femme.

Ils ne s'étaient aperçus de la disparition de leur fille que tardivement le dimanche. Ils la croyaient en train de dormir et n'étaient pas allés dans sa chambre avant le début de l'après-midi.

— Nous aurions dû aller voir plus tôt, se reprocha Cynthia.

— Qu'est-ce que ça aurait changé? Et puis, de

toute façon, on est censé « respecter *son espace intime* » comme on me l'a demandé en séance de thérapie familiale. Nous n'avons fait qu'appliquer ce putain de principe de confiance de ton putain de docteur Lern !

— Ne déforme pas tout, Jerry ! Quand nous avons parlé de cela en séance, c'est parce que Dakota se plaignait que tu fouillais sa chambre à la recherche de drogue. Le docteur Lern a parlé de faire de sa chambre un espace à elle que nous respecterions, d'instaurer un principe de confiance. Il ne nous a pas dit de ne pas aller voir si notre fille allait bien !

— Tout laissait croire qu'elle faisait la grasse matinée. Je voulais lui laisser le bénéfice du doute.

— Son portable est toujours coupé ! s'étrangla Cynthia qui avait réessayé entre-temps de joindre sa fille. Je vais appeler le docteur Lern.

À cet instant, la sonnerie du téléphone de la maison retentit. Jerry se précipita pour décrocher.

— Monsieur Eden ? C'est la police de New York. Nous avons retrouvé votre fille. Elle va bien, ne vous inquiétez pas. Une patrouille l'a ramassée dans une ruelle, endormie, visiblement ivre. Ils l'ont emmenée au Mount Sinai pour des examens.

Au même moment, à la rédaction de la *Revue des lettres new-yorkaises*, Skip Nalan, le rédacteur en chef adjoint, entra en tempête dans le bureau de Steven Bergdorf.

— Tu as viré Ostrovski ? s'écria Skip. Mais tu as complètement perdu la tête ! Et qu'est-ce que c'est que cette rubrique minable que tu veux ajouter au prochain numéro ? Et d'où sort cette Alice Filmore ? Son texte est nul, ne me dis pas que tu veux publier une nullité pareille !

— Alice est une journaliste très douée. Je crois beaucoup en elle. Tu la connais, elle s'occupait du courrier avant.

Skip Nalan se prit la tête entre les mains.

— Au courrier ? répéta-t-il, exaspéré. Tu as viré Meta Ostrovski pour le remplacer par une fille du courrier qui écrit des articles de merde ? Est-ce que tu te drogues, Steven ?

— Ostrovski n'a plus le niveau. Il est odieux inutilement. Quant à Alice, c'est une jeune femme pleine de talent ! protesta Bergdorf. Je suis encore le patron de cette revue, oui ou merde ?

— Du talent ? C'est à chier, oui ! s'écria encore Skip qui sortit en claquant la porte.

Aussitôt qu'il fut parti, la porte du placard s'ouvrit brusquement et Alice en sortit. Steven se précipita pour verrouiller sa porte.

— Pas maintenant, Alice, l'implora-t-il, se doutant qu'elle allait lui faire une scène.

— Non mais ! Tu l'as entendu, Stevie ? Tu entends les horreurs qu'il dit sur moi, et toi tu ne me défends même pas !

— Bien sûr que je t'ai défendue. J'ai dit que ton article était très bon.

— Arrête d'être une couille molle, Stevie. Je veux que tu le chasses lui aussi !

— Ne sois pas ridicule, je ne vais pas renvoyer Skip. Tu as déjà obtenu le renvoi de Stephanie et la peau d'Ostrovski, tu ne vas pas me décimer ma revue quand même !

Alice le fusilla du regard, puis elle exigea un cadeau.

Bergdorf s'exécuta, penaud. Il fit le tour des magasins de luxe de la Cinquième Avenue qu'affectionnait Alice. Dans une maroquinerie, il dénicha un petit sac à main, très élégant. Il savait que c'était exactement le genre de modèle que voulait Alice. Il le prit et tendit sa carte de crédit à la vendeuse. Elle fut refusée, faute de solde suffisant. Il en essaya une autre qui fut rejetée également. La troisième aussi. Il se mit à paniquer, la sueur perlait sur son front. On n'était que le 7 juillet, ses cartes étaient au plafond et son compte à sec. Faute d'une autre solution, il se résolut à tendre la carte de la *Revue*, qui passa. Il ne restait plus que le compte avec l'argent des vacances. Il devait convaincre à tout prix sa femme de renoncer à son projet de voyage en camping-car à Yellowstone.

Son achat effectué, il erra encore à travers les rues. Dehors, le ciel lourd était en train de virer à l'orage. Une première salve de gouttes d'une pluie chaude et sale tomba et mouilla sa chemise et ses cheveux. Il continua de marcher sans y prêter attention, il se sentait totalement perdu. Il finit par entrer dans un McDonald's, s'y commanda un café qu'il but à une table crasseuse. Il se sentait désespéré.

*
* *

Anna et moi, de retour à Orphea, nous nous arrêtâmes au Grand Théâtre. Sur la route du retour depuis Poughkeepsie, nous avions appelé Cody: nous étions à la recherche de tout document concernant le premier festival de théâtre. Nous étions notamment curieux d'en apprendre davantage sur la pièce qu'avait jouée Kirk Harvey et que le maire Gordon avait initialement voulu interdire.

Anna me guida à travers le bâtiment jusque dans les coulisses. Cody nous attendait dans son bureau: il avait ressorti des archives un carton rempli de souvenirs en vrac.

— Que cherchez-vous en particulier? nous demanda Cody.

— Des informations pertinentes sur le premier festival. Le nom de la troupe qui a joué la pièce d'ouverture, quelle était la pièce de Kirk Harvey…

— Kirk Harvey? Il jouait une pièce ridicule qui s'appelait *Moi, Kirk Harvey*. Un monologue sans intérêt. La pièce d'ouverture était *Oncle Vania*. Tenez, voilà le programme.

Il sortit une vieille brochure au papier jauni et me le tendit.

— Vous pouvez le garder, me dit-il, j'en ai d'autres.

Puis, farfouillant encore dans sa boîte, il en sortit un petit livret.

— Ah, j'avais complètement oublié l'existence de ce livre. Une idée du maire Gordon à l'époque. Ça vous sera peut-être utile.

Je pris le livre entre les mains et en lus le titre:

*HISTOIRE DU FESTIVAL DE THÉÂTRE À ORPHEA*
*par Steven Bergdorf*

— Qu'est-ce que c'est que ce livre? demandai-je aussitôt à Cody.

— Steven Bergdorf? s'étrangla Anna en lisant le nom de l'auteur.

Cody nous raconta alors un épisode survenu deux mois avant le quadruple meurtre.

*
* *

*Orphea, mai 1994*

Enfermé dans son petit bureau de la librairie, Cody était occupé à passer des commandes lorsque Meghan Padalin poussa timidement la porte.

— Pardon de te déranger, Cody, mais il y a le maire qui est là et qui voudrait te voir.

Cody se leva aussitôt et passa de l'arrière-salle au magasin. Il était curieux de savoir ce que lui voulait le maire. Pour une raison mystérieuse, ce dernier ne venait plus à la librairie depuis le mois de mars. Cody ne s'en expliquait pas la raison. Il avait l'impression que le maire évitait son magasin. Il avait même été vu en train d'acheter ses livres à la librairie d'East Hampton.

Gordon se tenait derrière le comptoir, tripotant nerveusement un petit fascicule.

— Monsieur le maire ! s'exclama Cody.

— Bonjour, Cody.

Ils échangèrent une poignée de main chaleureuse.

— Quel bonheur, dit le maire Gordon en contemplant les rayonnages de livres, d'avoir une si belle librairie à Orphea.

— Est-ce que tout va bien, monsieur le maire ? s'enquit Cody. J'ai eu l'impression que vous m'évitiez récemment.

— Que je vous évitais ? s'amusa Gordon. Mais enfin, quelle drôle d'idée ! Vous savez, je suis impressionné de voir combien les gens lisent ici. Toujours un livre à la main. L'autre jour, je dînais au restaurant, et croyez-le ou non, mais il y avait, à la table voisine, un jeune couple assis face à face, chacun le nez plongé dans un bouquin ! Je me suis dit que les gens étaient devenus fous. Parlez-vous, que diable, au lieu d'être absorbés par votre livre ! Et puis les baigneurs ne vont à la plage qu'avec des piles de bons romans. C'est leur drogue.

Cody écouta, amusé, le récit du maire. Il le trouva affable et sympathique. Tout en bonhomie. Il songea qu'il s'était sans doute monté la tête tout seul. Mais la visite de Gordon n'était pas désintéressée.

— Je voulais vous poser une question, Cody, poursuivit alors Gordon. Comme vous le savez, le 30 juillet nous inaugurons notre tout premier festival de théâtre…

— Oui, bien entendu que je le sais, répondit Cody, enthousiaste. J'ai déjà commandé différentes éditions d'*Oncle Vania* pour les proposer à mes clients.

— Quelle belle idée ! approuva le maire. Alors voici ce que je voulais vous demander : Steven Bergdorf, le rédacteur en chef de l'*Orphea Chronicle*, a écrit un petit livre consacré au festival de théâtre. Pensez-vous que vous pourriez le mettre en vente ici ? Tenez, je vous en ai apporté un exemplaire.

Il tendit à Cody le fascicule. La couverture était une photo du maire posant devant le Grand Théâtre, surmontée du titre.

— *Histoire du festival*, lut Cody à haute voix, avant de s'étonner. Mais c'est seulement la première édition du festival, non ? N'est-ce pas un peu tôt pour lui consacrer un livre ?

— Vous savez, il y a déjà tant à dire à ce sujet, lui assura le maire avant de s'en aller. Attendez-vous à quelques belles surprises.

Cody ne voyait pas vraiment l'intérêt de ce livre, mais il voulait se montrer aimable avec le maire et accepta qu'il soit vendu dans sa librairie. Quand Gordon fut parti, Meghan Padalin réapparut.

— Qu'est-ce qu'il voulait ? demanda-t-elle à Cody.

— Faire la promotion d'un fascicule qu'il édite.

Elle s'adoucit et feuilleta le petit livre.

— Ça a l'air pas mal, jugea-t-elle. Tu sais, il y a pas mal de gens dans la région qui publient à compte d'auteur. On devrait leur consacrer un petit coin pour qu'ils puissent mettre leurs ouvrages en vente.

— Un coin ? Mais on n'a déjà pas de place. Et puis, ça n'intéressera personne, lui dit Cody. Les gens n'ont pas envie d'acheter le livre de leur voisin.

— Utilisons le débarras, au fond du magasin, insista Meghan. Un coup de peinture et ce sera comme neuf. On en fait une pièce pour les auteurs régionaux. Tu verras : les auteurs sont de bons clients pour les librairies. Ils viendront de toute la région voir leur propre livre dans les rayonnages, et ils en profiteront pour faire des achats.

Cody songea que ça pouvait être une bonne idée. Et puis, il voulait faire plaisir au maire Gordon : il sentait bien que quelque chose clochait et il n'aimait pas ça.

— Essayons si tu veux, Meghan, approuva Cody. On ne perdra rien à essayer. Au pire, on aura remis le débarras en état. En tout cas, grâce au maire Gordon, je découvre que Steven Bergdorf est écrivain à ses heures perdues.

*
* *

— Steven Bergdorf est l'ancien rédacteur en chef de l'*Orphea Chronicle* ? s'étonna Anna. Tu le savais, Jesse ?

Je haussai les épaules : je n'en avais moi-même aucune idée. L'avais-je rencontré à l'époque ? Je n'en savais plus rien.

— Vous le connaissez ? demanda alors Cody, surpris par notre réaction.

— Il est le rédacteur en chef de la *Revue* pour laquelle travaillait Stephanie Mailer à New York, expliqua Anna.

Comment pouvais-je ne pas me souvenir de Steven Bergdorf ? Renseignements pris, nous découvrîmes que Bergdorf avait démissionné de son poste de rédacteur en chef de l'*Orphea Chronicle* le lendemain du quadruple meurtre et avait laissé sa place à Michael Bird. Drôle de coïncidence. Et si Bergdorf était parti avec des interrogations qui le taraudaient encore aujourd'hui ? Et s'il était le mandataire du livre qu'écrivait Stephanie ? Elle parlait de quelqu'un qui ne pouvait pas l'écrire directement. On comprendrait bien que l'ancien rédacteur en chef du journal local ne pouvait revenir vingt ans plus tard mettre son nez dans cette affaire. Nous devions impérativement nous rendre à New York pour nous entretenir avec Bergdorf. Nous décidâmes de le faire le lendemain, à la première heure.

Nous n'étions pas au bout de nos surprises. Le même jour, tard dans la soirée, Anna reçut un appel sur son portable. Le numéro qui s'affichait était celui du *Beluga Bar*. « Chef-adjoint Kanner ? lui dit une voix d'homme à l'autre bout du fil. C'est Kirk Harvey à l'appareil. »

## *DEREK SCOTT*

Lundi 22 août 1994. Trois semaines après le quadruple meurtre.

Jesse et moi étions en route pour Hicksville, une ville de Long Island entre New York et Orphea. La femme qui nous avait contactés était une guichetière d'une petite succursale de la Bank of Long Island.

— Elle nous a fixé rendez-vous dans un café du centre-ville, expliquai-je à Jesse dans la voiture. Son patron n'est pas au courant qu'elle nous a contactés.

— Mais ça concerne le maire Gordon? me demanda Jesse.

— Apparemment.

Malgré l'heure matinale, Jesse était en train de manger un sandwich chaud à la viande recouvert d'une sauce brune qui sentait divinement bon.

— Tu veux goûter? me demanda Jesse, entre deux bouchées, en me tendant son casse-croûte. Ch'est vraiment très bon.

Je mordis dans le pain. J'avais rarement mangé quelque chose d'aussi délicieux.

— C'est la sauce qui est incroyable. Je ne sais pas comment Natasha la fait. Je l'appelle la sauce Natasha.

— Quoi, Natasha t'a fait ce sandwich ce matin avant de partir ?

— Oui, me répondit Jesse. Elle s'est levée à 4 heures du matin pour essayer des plats pour le restaurant. Darla doit passer tout à l'heure. J'avais l'embarras du choix. Pancakes, gaufres, salade russe. Il y avait de quoi nourrir un régiment. Je lui ai suggéré de servir ces sandwichs à *La Petite Russie*. Les gens vont se les arracher.

— Et avec beaucoup de frites, dis-je en m'y voyant déjà. Il n'y a jamais assez de frites en accompagnement.

L'employée de la Bank of Long Island s'appelait Macy Warwick. Elle nous attendait dans un café désert, remuant nerveusement une cuillère dans son cappuccino.

— Je suis allée dans les Hamptons le week-end dernier, et j'ai vu dans un journal une photo de cette famille qui a été massacrée. J'avais l'impression de reconnaître le monsieur, avant de comprendre que c'était un client de la banque.

Elle avait apporté un dossier en carton contenant des documents bancaires et le poussa dans notre direction. Elle reprit alors :

— Il m'a fallu un peu de temps pour retrouver son nom. Sur le moment je n'ai pas pris le journal avec moi et je n'avais pas retenu le nom de famille. J'ai dû remonter dans le système informatique de la banque pour retrouver les transactions. Ces derniers mois, il venait jusqu'à plusieurs fois par semaine.

Tout en l'écoutant, Jesse et moi consultâmes les relevés de comptes que Macy Warwick avait apportés. Il s'agissait chaque fois d'un dépôt de 20000 dollars en liquide à destination d'un compte enregistré à la Bank of Long Island.

— Plusieurs fois par semaine, Joseph Gordon venait dans cette succursale pour déposer 20 000 dollars ? s'étonna Jesse.

— Oui, acquiesça Macy. 20 000 dollars est le dépôt maximum pour lequel un client n'a pas besoin de fournir d'explications.

En étudiant les documents, nous découvrîmes que ce manège avait commencé au mois de mars dernier.

— Donc si je comprends bien, dis-je, vous n'avez jamais eu à demander de justification à monsieur Gordon pour cet argent ?

— Non. Et puis, mon patron n'aime pas qu'on pose trop des questions. Il dit que si les clients ne viennent pas ici, ils iront ailleurs. Il paraît que la direction de la banque songe à fermer des succursales.

— Et donc l'argent est encore sur ce compte, dans votre banque ?

— Dans notre banque si vous voulez, mais je me suis permis de regarder à quoi correspondait le compte sur lequel l'argent était versé : c'était un compte différent, appartenant toujours à monsieur Gordon, mais ouvert dans notre succursale de Bozeman dans le Montana.

Jesse et moi tombions des nues. Dans les documents bancaires trouvés chez Gordon, il n'y avait que ses comptes personnels, ouverts dans une banque des Hamptons. Qu'est-ce que c'était que ce compte secret ouvert à Bozeman, au fin fond du Montana ?

Nous contactâmes aussitôt la police d'État du Montana pour obtenir davantage d'informations. Et ce qu'ils découvrirent justifia que Jesse et moi prîmes un vol pour Yellowstone Bozeman Airport, via Chicago, munis de sandwichs à la sauce Natasha pour agrémenter le voyage.

Joseph Gordon louait une petite maison à Bozeman depuis avril, ce qui put être établi grâce à des débits automatiques émis depuis son mystérieux compte en banque ouvert dans le Montana. Nous retrouvâmes l'agent immobilier qui nous conduisit à une sinistre petite baraque en planches construite sur un seul niveau et qui faisait l'angle de deux rues.

— Oui, c'est bien lui, Joseph Gordon, nous assura l'agent immobilier lorsque nous lui montrâmes une photo du maire. Il est venu à Bozeman une fois. En avril. Il était seul. Il avait roulé depuis l'État de New York. Sa voiture était pleine de cartons. Il n'avait même pas encore vu la maison qu'il me confirmait déjà qu'il la prenait. « À un prix pareil, ça ne se refuse pas », m'a-t-il dit.

— Êtes-vous certain que c'est bien cet homme que vous avez vu ? demandai-je.

— Oui. Je n'avais pas confiance en lui, alors j'ai discrètement pris une photo pour avoir sa tête et sa plaque minéralogique, au cas où. Regardez !

L'agent immobilier sortit de son dossier un cliché sur lequel on voyait bel et bien le maire Gordon décharger des cartons d'une décapotable bleue.

— Vous a-t-il expliqué pourquoi il voulait venir vivre ici ?

— Pas vraiment, mais il a fini par dire à peu près ceci : « C'est pas très beau, par chez vous, mais au moins ici, personne ne viendra me chercher. »

— Et quand devait-il arriver ?

— Il louait la maison depuis avril mais il ne savait pas quand exactement il viendrait pour de bon. Moi, je m'en fichais pas mal, tant que le loyer est payé, le reste, ça ne me regarde pas.

— Puis-je prendre cette photo pour la verser au dossier ? demandai-je encore à l'agent immobilier.

— Je vous en prie, sergent.

Compte bancaire ouvert en mars, maison louée en avril : le maire Gordon avait planifié sa fuite. Le soir de sa mort, il était bien sur le point de quitter Orphea avec sa famille. Une question demeurait : comment le meurtrier pouvait-il le savoir ?

Il fallait également comprendre d'où sortait cet argent. Car il était à présent évident à nos yeux qu'il y avait un lien entre son meurtre et ces énormes sommes en liquide qu'il avait transférées vers le Montana : près de 500 000 dollars au total.

Notre premier réflexe fut de vérifier si cet argent pouvait constituer un lien entre Ted Tennenbaum et le maire Gordon. Nous dûmes déployer des trésors de persuasion pour que le major accepte de demander un mandat au substitut du procureur afin que nous puissions avoir accès aux informations bancaires de Tennenbaum.

— Vous savez, nous prévint le major, qu'avec un avocat comme Starr, si vous vous plantez encore une fois, vous êtes bons pour être traînés en commission disciplinaire, voire devant un juge pour acharnement. Et là, laissez-moi vous dire que c'est la fin de votre carrière.

Nous le savions parfaitement. Mais nous ne pouvions nous empêcher de constater que le maire avait commencé à percevoir ces mystérieuses sommes d'argent au moment où les travaux de réfection du *Café Athéna* avaient débuté. Et si le maire Gordon avait fait chanter Tennenbaum en échange de ne pas faire bloquer les travaux et de le laisser ouvrir à temps pour le festival ?

Le substitut du procureur, après avoir entendu nos arguments, jugea notre théorie suffisamment convaincante pour nous délivrer un mandat. Et c'est ainsi que nous découvrîmes qu'entre février et juillet 1994, Ted Tennenbaum avait retiré 500 000 dollars d'un compte hérité de son père dans une banque de Manhattan.

## JESSE ROSENBERG

*Mardi 8 juillet 2014*

*18 jours avant le festival*

Ce matin-là, dans la voiture pour aller trouver Steven Bergdorf à New York, Anna nous raconta, à Derek et moi, l'appel qu'elle avait eu avec Kirk Harvey.

— Il refuse de me révéler quoi que ce soit par téléphone, expliqua-t-elle. Il m'a donné rendez-vous demain mercredi à 18 heures au *Beluga Bar*.

— À Los Angeles ? m'étranglai-je. Il n'est pas sérieux ?

— Il avait l'air tout ce qu'il y a de plus sérieux, m'assura Anna. J'ai déjà regardé les horaires : tu peux prendre le vol de 10 heures demain matin depuis JFK, Jesse.

— Comment ça, *Jesse* ? protestai-je.

— C'est à la police d'État d'y aller, argumenta Anna, et Derek a des enfants.

— Va pour Los Angeles, soupirai-je.

Nous n'avions pas prévenu Steven Bergdorf de notre venue afin de jouer un peu de l'effet surprise. Nous le trouvâmes à la rédaction de la *Revue des lettres new-yorkaises* où il nous reçut dans son bureau en désordre.

— Oh, j'ai appris pour Stephanie, quelle affreuse nouvelle ! nous dit-il d'emblée. Est-ce que vous avez une piste ?

— C'est possible et il se pourrait qu'elle vous concerne, lui asséna Derek dont je découvrais qu'il n'avait rien perdu de sa verve même après vingt ans à l'écart du terrain.

— Moi ? blêmit Bergdorf.

— Stephanie s'est fait engager à l'*Orphea Chronicle* pour mener en toute discrétion une enquête sur le quadruple meurtre de 1994. Elle écrivait un livre à ce sujet.

— Les bras m'en tombent, nous assura Bergdorf. Je l'ignorais.

— Vraiment ? s'étonna Derek. Nous savons que l'idée du livre a été soufflée à Stephanie par quelqu'un qui était présent à Orphea le soir des meurtres. Et plus précisément, dans le Grand Théâtre. Où étiez-vous au moment des meurtres, monsieur Bergdorf ? Je suis certain que vous vous en souvenez.

— Au Grand Théâtre, c'est vrai. Comme tout le monde à Orphea ce soir-là ! Je n'ai même jamais abordé ce sujet avec Stephanie, c'est un fait divers sans la moindre importance à mes yeux.

— Vous étiez rédacteur en chef de l'*Orphea Chronicle* et vous avez subitement démissionné dans les jours qui ont suivi le quadruple meurtre. Sans parler de ce livre que vous avez écrit sur le festival, festival auquel Stephanie s'intéressait de près justement. Ça fait beaucoup de points de convergence, vous ne trouvez pas ? Monsieur Bergdorf, avez-vous mandaté Stephanie Mailer pour écrire une enquête sur le quadruple meurtre d'Orphea ?

— Je vous jure que non ! C'est insensé cette histoire. Pourquoi aurais-je fait cela ?

— Depuis combien de temps n'êtes-vous plus allé à Orphea ?

— Je m'y suis rendu pour un week-end au mois de mai de l'année passée, à l'invitation de la mairie. Je n'y avais plus mis les pieds depuis 1994. J'ai quitté Orphea sans y garder d'attaches : je me suis installé à New York, j'y ai rencontré ma femme et j'ai poursuivi ma carrière de journaliste.

— Pourquoi avez-vous quitté Orphea juste après le quadruple meurtre ?

— À cause du maire Gordon justement.

Bergdorf nous replongea vingt ans en arrière.

— Joseph Gordon, nous expliqua-t-il, était sur le plan personnel et professionnel un homme assez médiocre. C'était un homme d'affaires raté : ses sociétés avaient toutes sombré et il s'était finalement lancé dans la politique lorsque l'opportunité de devenir maire lui a fait miroiter le salaire qui allait avec.

— Comment a-t-il été élu ?

— C'était un grand baratineur, il était capable de faire bonne impression en surface. Il aurait vendu de la neige à des Esquimaux, mais il aurait été incapable de leur livrer la neige si vous voyez ce que je veux dire. Lors de l'élection municipale de 1990, la ville d'Orphea n'allait économiquement pas très bien et le climat était morose. Gordon a raconté aux gens ce qu'ils voulaient entendre et il a été élu. Mais rapidement, comme il était un politicien médiocre, il a été assez mal considéré.

— Médiocre, nuançai-je, mais pourtant le maire Gordon a créé le festival de théâtre qui a eu un important retentissement pour la ville.

— Ce n'est pas le maire Gordon qui a créé le festival de théâtre, capitaine Rosenberg. C'est son adjoint de l'époque: Alan Brown. Rapidement après avoir été élu, le maire Gordon a compris qu'il avait besoin d'aide pour gérer Orphea. À cette époque, Alan Brown, un enfant de la ville, venait d'obtenir son diplôme de droit. Il a accepté de devenir adjoint au maire, ce qui était un premier poste tout de même important pour un gars fraîchement diplômé. Rapidement, le jeune Brown a brillé par son intelligence. Il a tout mis en œuvre pour relancer l'économie de la ville. Et il y est parvenu. Les bonnes années qui ont suivi l'élection du président Clinton ont ensuite beaucoup aidé, mais Brown avait posé les jalons avec sa panoplie d'idées: il a relancé le tourisme de façon massive, puis il y a eu les célébrations du 4 Juillet, le feu d'artifice annuel, une aide à l'installation de nouveaux commerces, la réfection de la rue principale.

— Et il a ensuite été propulsé maire à la mort de Gordon, c'est bien cela? demandai-je.

— Propulsé, non, capitaine. Après l'assassinat de Gordon, Alan Brown a assuré les fonctions de maire par intérim pendant à peine un mois: en septembre 1994, il y avait de toute façon les élections municipales et Brown avait déjà prévu de s'y présenter. Il a été brillamment élu.

— Revenons au maire Gordon, proposa Derek. Avait-il des ennemis?

— Il n'avait pas de ligne politique claire, donc il fâchait tout le monde à un moment ou un autre.

— Par exemple Ted Tennenbaum ?

— Même pas. Ils ont bien eu une petite querelle quant à la réfection d'un bâtiment en restaurant, mais il n'y avait pas de quoi tuer un homme et toute sa famille.

— Vraiment ? demandai-je.

— Oh oui, je n'ai jamais cru qu'il ait pu faire ça pour un motif aussi futile !

— Pourquoi n'avez-vous rien dit à l'époque ?

— À qui ? À la police ? Vous me voyez débarquer au commissariat pour remettre en cause une enquête ? J'imaginais qu'il y avait certainement des preuves solides. Je veux dire : le pauvre gars en est mort quand même. Et puis, pour être franc, je m'en fichais un peu. Je ne vivais plus à Orphea de toute façon. J'ai suivi l'histoire de loin. Enfin bref, reprenons le fil de mon histoire. Je vous disais que la volonté du jeune Alan Brown de reconstruire la ville a été une bénédiction pour les petits entrepreneurs locaux : réfection de la mairie, réfection des restaurants, construction d'une bibliothèque municipale et de divers nouveaux bâtiments. Enfin, ça c'est la version officielle. Parce que sous couvert d'affirmer qu'il voulait faire travailler les habitants de la ville, Gordon leur demandait par-derrière de surfacturer leur prestation en échange de l'obtention du contrat.

— Gordon touchait des pots-de-vin ? s'écria Derek qui semblait tomber des nues.

— Eh oui !

— Pourquoi à l'époque de notre enquête, personne n'en a parlé ? s'étonna Anna.

— Vous vouliez quoi ? lui rétorqua Bergdorf. Que les entrepreneurs se dénoncent eux-mêmes ? Ils étaient aussi coupables que le maire. Autant confesser l'assassinat du président Kennedy tant que vous y êtes.

— Et vous ? Comment l'avez-vous su ?

— Les contrats étaient publics. Au moment des travaux, vous pouviez consulter les montants payés par la mairie aux différentes entreprises. Et il se trouvait que les entreprises participant aux chantiers municipaux devaient aussi présenter leurs bilans comptables à la mairie, qui voulait s'assurer qu'elles ne feraient pas faillite en cours de travaux. Au début de l'année 1994, je me suis arrangé pour obtenir le bilan des entreprises mandatées et je l'ai comparé avec les sommes officiellement versées par la mairie. Pour la plupart, la ligne comptable concernant le paiement effectué par la mairie affichait une somme inférieure à celle du contrat signé avec elle.

— Comment personne ne s'en est-il rendu compte ? interrogea Derek.

— J'imagine qu'il y avait une facture pour la mairie et une facture pour la comptabilité et que les deux montants ne correspondaient pas, ce que personne, à part moi, n'est jamais allé vérifier.

— Et vous n'avez rien dit ?

— Si, j'ai préparé un article pour l'*Orphea Chronicle*, et je suis allé voir le maire Gordon. Pour lui demander des explications. Et vous savez ce qu'il m'a répondu ?

*
* *

*Mairie d'Orphea, bureau du maire Gordon,*
*15 février 1994*

Le maire Gordon lut attentivement l'article que Bergdorf venait de lui soumettre. Un silence total régnait dans la pièce. Gordon paraissait tranquille alors que Bergdorf était, lui, nerveux. Finalement, le maire, posant le texte sur sa table, leva les yeux vers le journaliste et lui dit d'une voix presque comique :

— C'est très grave ce dont vous me prévenez ici, mon cher Steven. Il y aurait donc de la corruption au plus haut niveau à Orphea ?

— Oui, monsieur le maire.

— Ça va faire un sacré boucan. Bien entendu, vous avez des copies des contrats et des bilans pour prouver tout cela ?

— Oui, monsieur le maire, acquiesça Bergdorf.

— Quel travail consciencieux ! le félicita le maire Gordon. Vous savez, mon cher Steven, c'est une sacrée coïncidence que vous soyez venu me voir : je voulais justement vous parler d'un grand projet. Vous n'ignorez pas que dans quelques mois nous célébrerons l'ouverture de notre premier festival de théâtre ?

— Absolument, monsieur le maire, répondit Bergdorf qui ne comprenait pas bien où le maire voulait en venir.

— Eh bien, je voudrais que vous consacriez un livre à ce festival. Une plaquette dans laquelle vous raconteriez les coulisses de la création de ce festival, le tout agrémenté de quelques photos. Il paraîtrait au moment de l'ouverture. Ce serait un souvenir bienvenu pour les spectateurs qui l'achèteront sans hésiter. Au fait, Steven, combien demandez-vous pour un travail de commande ?

— Je... je ne sais pas, monsieur le maire. Je n'ai encore jamais fait cela.

— À mon avis, ça coûte bien dans les 100000 dollars, décréta le maire.

— Vous... vous me paieriez 100000 dollars pour écrire ce livre ? balbutia Steven.

— Oui, ça me paraît normal pour une plume comme la vôtre. Par contre, évidemment, cela ne serait pas possible si un article devait paraître dans l'*Orphea Chronicle* à propos de la gestion des comptes municipaux. Car les comptes seraient scrupuleusement examinés et les gens ne comprendraient pas que je vous verse une pareille somme. Vous voyez ce que je veux dire...

*
* *

— Et vous avez écrit ce livre ! m'exclamai-je en faisant aussitôt le lien avec le livre qu'Anna et moi avions déniché chez Cody. Vous vous êtes laissé corrompre...

— Ah, non, capitaine Rosenberg ! se rebiffa Steven. Pas de gros mots, je vous en prie ! Vous imaginez bien que je n'allais pas refuser une offre pareille ! C'était l'occasion de me faire un peu de fric, ça aurait pu me payer une maison. Malheureusement, je n'ai jamais été payé car cet imbécile de Gordon s'est fait assassiner avant que je touche l'argent. Pour empêcher que je me retourne contre lui après avoir reçu mes 100000 dollars, il m'avait dit qu'il me paierait après la publication du livre. Le surlendemain de la mort de Gordon, je suis allé voir illico Alan Brown, devenu maire par intérim. Il n'y avait pas de contrat écrit entre Gordon et moi et je ne voulais pas que notre accord parte aux oubliettes. Je pensais que Brown était mouillé, lui aussi, mais voilà que je découvre qu'il n'était au courant de rien. Il a été tellement effaré qu'il m'a demandé de démissionner avec effet immédiat, faute de quoi il préviendrait la police. Il m'a dit qu'il ne tolérerait pas de journaliste corrompu au sein de l'*Orphea Chronicle*. J'ai dû m'en aller, et c'est comme ça que ce cafard de Michael Bird s'est retrouvé rédacteur en chef, alors qu'il écrit comme un pied !

*
* *

À Orphea, Charlotte Brown, la femme du maire, avait réussi à arracher son mari à son bureau pour l'emmener déjeuner sur la terrasse du *Café Athéna*. Elle le trouvait affreusement tendu et nerveux. Il dormait à peine, se nourrissait de rien, il avait les traits tirés et la mine des gens trop soucieux. Elle avait songé qu'un déjeuner au soleil lui ferait le plus grand bien.

Son initiative fut un succès total : Alan, après avoir assuré qu'il n'avait pas le temps de déjeuner, s'était finalement laissé convaincre et sa pause semblait lui avoir fait du bien. Le répit fut de courte durée : le téléphone d'Alan se mit à vibrer sur la table et, lorsqu'il vit le nom de l'interlocuteur qui s'affichait sur l'écran, il eut un air inquiet. Il s'éloigna de la table pour répondre.

Charlotte Brown ne put entendre la teneur de sa conversation, mais elle perçut quelques éclats de voix et décela un extrême agacement dans la gestuelle de son mari. Elle l'entendit soudain dire d'une voix presque suppliante « Ne faites pas ça, je vais trouver une solution », avant de raccrocher et revenir furieux alors qu'un serveur déposait sur leur table les desserts qu'ils avaient commandés.

— Il faut que j'aille à la mairie, annonça Alan d'un ton désagréable.

— Déjà ? regretta Charlotte. Mais mange au moins ton dessert, Alan. Ça peut bien attendre un quart d'heure, non ?

— J'ai de grosses emmerdes, Charlotte. C'était l'impresario de la troupe qui doit jouer la pièce principale du festival. Il dit qu'il a appris pour la grève et que les acteurs ont peur pour leur sécurité. Ils se désistent. Je n'ai plus de pièce. C'est une catastrophe.

Le maire s'en alla aussitôt, et ne remarqua pas la personne, attablée dos à lui depuis le début de son déjeuner, qui n'avait pas perdu une miette de sa conversation. Elle attendit que Charlotte Brown fût partie à son tour pour décrocher son téléphone.

« Michael Bird ? dit-elle. C'est Sylvia Tennenbaum. J'ai des informations sur le maire qui devraient vous intéresser. Pouvez-vous passer au *Café Athéna* ? »

*
* *

Lorsque j'avais demandé à Steven Bergdorf où il se trouvait le soir de la disparition de Stephanie Mailer, celui-ci, prenant un air offusqué, avait répondu :

« J'étais à un vernissage, vous pouvez vérifier, capitaine. » C'est ce que nous fîmes, de retour dans le bureau d'Anna au commissariat d'Orphea.

La galerie qui organisait l'évènement nous confirma la présence de Bergdorf tout en précisant que le vernissage s'était terminé à 19 heures.

— En quittant Manhattan à 19 heures, il pouvait être à Orphea à 22 heures, fit remarquer Anna.

— Tu penses qu'il aurait pu s'en prendre à Stephanie ? lui demandai-je.

— Bergdorf connaît parfaitement le bâtiment de la rédaction de l'*Orphea Chronicle*. Il savait comment s'y introduire pour voler l'ordinateur. Il savait également que Michael Bird en était le rédacteur en chef et c'est à lui qu'il envoie le SMS depuis le téléphone de Stephanie. Et puis on peut imaginer qu'il craignait d'être encore connu à Orphea, raison pour laquelle il a finalement renoncé à rencontrer Stephanie au *Kodiak Grill* et lui a fixé rendez-vous à la plage. Rappelez-moi pourquoi on ne l'a pas embarqué tout à l'heure ?

— Parce que ce sont que des suppositions, Anna, intervint Derek. Rien de concret. Un avocat te démonte ça en cinq minutes. Nous n'avons rien de concret contre lui : quand bien même il aurait été seul chez lui, impossible de le prouver. Et puis, son alibi merdique est la preuve qu'il ne sait même pas à quelle heure Stephanie a été assassinée.

Derek n'avait pas tort sur ce point-là. Je collai malgré tout une photo de Bergdorf sur le tableau magnétique.

— Moi, Jesse, suggéra Anna, je verrais plutôt Bergdorf comme le commanditaire du livre de Stephanie.

Elle reprit des extraits du texte retrouvé dans l'ordinateur et que nous avions collés sur le tableau et nous dit :

— Lorsque Stephanie demande au commanditaire pourquoi il n'écrivait pas ce livre lui-même, celui-ci répond : *« Moi ? Impossible ! Que diraient les gens ? »* Ce serait donc une personne notoirement incapable d'écrire, au point de confier cette tâche à quelqu'un d'autre.

Je lus alors l'extrait suivant :

— *« Il était un peu avant 19 heures. Je suis sorti dans la rue faire quelques pas, j'ai vu une camionnette passer. J'ai compris bien après, en lisant les journaux, que c'était le véhicule de Ted Tennenbaum. Le problème est que ce n'était pas lui qui était au volant. »* Bergdorf nous a dit douter justement de la culpabilité de Tennenbaum. Et il était dans le Grand Théâtre ce soir-là.

— Je donnerais cher pour savoir qui était au volant de cette camionnette, dit Anna.

— Moi, lui répondit Derek, je me demande pourquoi est-ce que le maire Brown n'a jamais parlé de la corruption du maire Gordon ? Si on l'avait su à l'époque, ça aurait changé le cours de l'enquête. Et surtout : si l'argent transféré dans le Montana par Gordon provenait des pots-de-vin versés par des entrepreneurs, alors à quoi correspondent les retraits en liquide effectués par Ted Tennenbaum et dont il n'a jamais pu se justifier ?

Il y eut un long silence. Nous voyant Derek et moi complètement perplexes, Anna demanda alors :

— Comment est mort Ted Tennenbaum ?

— Pendant son arrestation, me contentai-je de répondre sobrement.

Derek, lui, détourna tout simplement la conversation pour signifier à Anna que nous n'avions pas envie d'en parler.

— On devrait aller manger un morceau, dit-il, on n'a pas déjeuné. C'est moi qui invite.

*
* *

Le maire Brown était rentré chez lui inhabituellement tôt. Il avait besoin de calme pour étudier les différents cas de figure à envisager si le festival de théâtre était annulé. Il tournait en rond dans son salon, le visage concentré. Sa femme, Charlotte, l'observant à distance, pouvait sentir sa nervosité. Elle finit par le rejoindre pour essayer de le raisonner.

— Alan chéri, dit-elle en passant tendrement sa main dans ses cheveux, et si c'était peut-être le signe qu'il faudrait renoncer à ce festival ? Ça te met dans un tel état…

— Comment peux-tu dire une chose pareille ? Toi qui étais actrice… Tu sais ce que ça représente ! J'ai besoin que tu me soutiennes.

— Mais je me dis que c'est peut-être le destin. Ça fait longtemps que ce festival perd de l'argent de toute façon.

— Ce festival doit avoir lieu, Charlotte ! Notre ville en dépend.

— Mais que vas-tu faire pour remplacer la pièce principale ?

— Je n'en sais rien, soupira-t-il. Je vais être ridiculisé.

— Tout va s'arranger, Alan, tu vas voir.

— Comment ? demanda-t-il.

Elle n'en avait aucune idée. Elle avait juste dit cela pour lui remonter le moral. Elle s'employa à trouver une solution :

— Je… je vais activer mes contacts dans le milieu du théâtre !

— Tes contacts ? Chérie, c'est adorable, mais tu n'es plus remontée sur les planches depuis vingt ans. Tu n'as plus la moindre connexion…

Il enroula un bras autour de sa femme qui posa la tête sur son épaule.

— C'est une catastrophe, dit-il. Personne ne veut venir à ce festival. Ni les acteurs, ni la presse, ni les critiques. Nous avons envoyé des dizaines d'invitations qui sont restées sans réponse. J'ai même écrit à Meta Ostrovski.

— Le Meta Ostrovski du *New York Times* ?

— Ex-*New York Times*. Il travaille maintenant à la *Revue des lettres new-yorkaises*. C'est mieux que rien. Mais pas de réponse non plus. On est à moins de vingt jours de la première et le festival est au bord de l'effondrement. Je ferais mieux de mettre le feu au théâtre pour…

— Alan, l'interrompit sa femme, ne dis pas de telles stupidités !

La sonnette de la porte d'entrée retentit à ce moment-là.

— Tiens, c'est peut-être lui, plaisanta Charlotte.

— Tu attends quelqu'un ? demanda Alan qui n'était pas d'humeur à rire.

— Non.

Il se leva et traversa la maison pour aller ouvrir : c'était Michael Bird.

— Bonjour, Michael, lui dit-il.

— Bonjour, monsieur le maire. Je vous demande pardon de vous importuner chez vous, j'ai essayé désespérément de vous appeler sur votre portable mais il était coupé.

— J'avais besoin d'un moment de tranquillité. Que se passe-t-il ?

— Je voulais avoir votre commentaire sur la rumeur, monsieur le maire.

— Quelle rumeur ?

— Celle qui veut que vous n'ayez plus de pièce principale pour le festival de théâtre.

— Qui vous a dit ça ?

— Je suis journaliste.

— Alors, vous devriez justement savoir que les rumeurs ne valent rien, Michael, s'agaça Brown.

— Je suis bien d'accord avec vous, monsieur le maire. C'est la raison pour laquelle j'ai pris la peine d'appeler l'agent de la troupe en question, qui m'a confirmé l'annulation du spectacle. Il m'a dit que les acteurs ne se sentent plus en sécurité à Orphea.

— Tout ceci est ridicule, répondit Alan sans se départir de son calme. Et si j'étais vous, je ne publierais pas ça…

— Ah ? Et pourquoi ?

— Parce que… vous vous ridiculiseriez !

— Je me ridiculiserais ?

— Parfaitement. Que croyez-vous, Michael, j'ai d'ores et déjà pallié la défection de la troupe de théâtre initialement programmée.

— Vraiment ? Et pourquoi ne l'avez-vous pas encore annoncé ?

— Parce que… Parce que c'est une très grande production, répondit le maire sans réfléchir. Quelque chose d'unique ! Quelque chose qui va faire tellement de bruit que les spectateurs accourront. Je veux faire une vraie et belle annonce, pas un communiqué à la va-vite qui passerait inaperçu.

— Et alors, quand ferez-vous cette grande annonce ? interrogea Michael.

— Je vais l'annoncer ce vendredi, répondit le maire Brown du tac au tac. Oui, voilà, ce vendredi 11 juillet, je ferai une conférence de presse à la mairie, et croyez-moi, ce que je vous annoncerai sera une surprise totale pour tout le monde !

— Eh bien, merci de ces informations, monsieur le maire. Je mettrai tout ça dans l'édition de demain, dit Michael qui voulait vérifier si le maire bluffait ou pas.

— Faites, je vous en prie, lui répondit Alan d'un ton qu'il s'efforça de garder confiant.

Michael acquiesça et fit mine de s'en aller. Mais Alan ne put s'empêcher d'ajouter :

— N'oubliez pas que c'est la mairie qui subventionne votre journal en vous épargnant un loyer, Michael.

— Que voulez-vous dire, monsieur le maire ?

— Que le chien ne mord pas la main qui le nourrit.

— Vous me menacez, monsieur le maire ?

— Je ne me permettrais pas. Je vous donne un conseil amical, c'est tout.

Michael le salua d'un geste de la tête et s'en alla. Alan referma la porte et serra le poing de rage. Il sentit une main se poser sur son épaule : Charlotte. Elle avait tout entendu et lui lança un regard inquiet.

— Une grande annonce ? répéta-t-elle. Mais, mon chéri, que vas-tu annoncer ?

— Je n'en sais rien. J'ai deux jours pour qu'un miracle survienne. Sinon, c'est ma démission que j'annoncerai.

# -5

# La Nuit noire

---

MERCREDI 9 JUILLET - JEUDI 10 JUILLET 2014

## JESSE ROSENBERG

*Mercredi 9 juillet 2014, Los Angeles*

*17 jours avant la première*

Extraits de la une de l'*Orphea Chronicle* du mercredi 9 juillet 2014 :

*MYSTÉRIEUSE PIÈCE POUR L'OUVERTURE DU FESTIVAL DE THÉÂTRE*

*Changement de programme : le maire annoncera vendredi la pièce qui assurera l'ouverture et prédit une production spectaculaire qui devrait faire de cette vingt et unième édition du festival l'une des plus marquantes de son histoire.*

Je reposai le journal au moment où mon avion atterrit à Los Angeles. C'était Anna qui m'avait donné son exemplaire de l'*Orphea Chronicle* lorsque je l'avais vue le matin avec Derek pour un dernier point de la situation.

— Tiens, m'avait-elle dit en me tendant le journal, ça te fera un peu de lecture pendant la route.

— Soit le maire est un génie, soit il est dans la merde jusqu'au cou, avais-je souri en lisant la une du quotidien avant de le glisser dans mon sac.

— J'opterais pour la deuxième hypothèse, avait ri Anna.

Il était 1 heure de l'après-midi en Californie. J'avais décollé de New York en milieu de matinée et malgré six heures et demie de vol, la magie du décalage horaire me laissait encore quelques heures avant mon rendez-vous avec Kirk Harvey. Je voulais les mettre à profit pour comprendre ce que Stephanie était venue faire ici. Je n'avais pas beaucoup de temps, mon vol de retour était réservé pour le lendemain après-midi, ce qui me laissait vingt-quatre heures exactement.

Procédure oblige, j'avais informé de ma venue la police de l'autoroute de Californie – équivalent là-bas de la police d'État. Un policier répondant au nom de Cruz était venu me chercher à l'aéroport et se tenait à ma disposition pour la durée de mon séjour ici. Je demandai au sergent Cruz de bien vouloir me conduire directement à l'hôtel où, d'après sa carte de crédit, Stephanie avait séjourné. C'était un Best Western coquet, tout proche du *Beluga Bar*. Le prix des chambres était élevé. L'argent n'était donc visiblement pas un problème pour elle. Quelqu'un la finançait. Mais qui ? Son mystérieux commanditaire ?

Le réceptionniste de l'hôtel reconnut immédiatement Stephanie lorsque je lui présentai une photo d'elle.

— Oui, je me souviens bien d'elle, m'assura-t-il.

— Y a-t-il quelque chose en particulier qui vous ait marqué ? demandai-je.

— Une jolie jeune femme, élégante, ça vous marque, me répondit le réceptionniste. Mais j'ai surtout été frappé parce qu'elle était le premier écrivain que je rencontrais.

— C'est comme ça qu'elle s'est présentée ?

— Oui, elle disait être en train d'écrire un roman policier basé sur une histoire vraie, et qu'elle venait ici chercher des réponses.

C'était donc bien un livre que Stephanie écrivait. Après son renvoi de la *Revue*, elle avait décidé d'accomplir son désir de devenir écrivain, mais à quel prix ?

Je n'avais pas réservé d'hôtel et par commodité je retins une chambre au Best Western pour la nuit. Puis, le sergent Cruz me conduisit au *Beluga Bar*, où j'arrivai à 17 heures pile. Au comptoir de l'établissement, une jeune femme essuyait des verres. Elle comprit à mon attitude que je cherchais quelqu'un. Lorsque je mentionnai le nom de Kirk Harvey, elle eut un sourire amusé.

— Vous êtes acteur ?

— Non, lui assurai-je.

Elle haussa les épaules, comme si elle ne me croyait pas.

— Traversez la rue, il y a une école. Descendez au sous-sol, à la salle de spectacle.

Je m'exécutai aussitôt. Ne trouvant pas l'accès au sous-sol, j'avisai le concierge qui balayait le préau :

— Pardon, monsieur, je cherche Kirk Harvey.

Le type éclata de rire.

— Encore un ! dit-il.

— Encore un quoi ? demandai-je.

— Z'êtes acteur, non ?

— Non. Pourquoi tout le monde pense que je suis acteur ?

L'autre s'esclaffa de plus belle.

— Vous allez vite comprendre. Vous voyez la porte en fer là-bas ? Vous descendez d'un niveau et là vous verrez un panneau. Vous ne pouvez pas vous tromper. Bonne chance !

Comme il riait encore, je le laissai à son hilarité et suivis ses indications. Je passai la porte qui donnait sur un escalier, descendis d'un niveau et je vis une lourde porte sur laquelle une énorme affiche avait été grossièrement collée avec du ruban adhésif :

*Ici répétition de :*

**« LA NUIT NOIRE »**

*PIÈCE DE THÉÂTRE DU SIÈCLE*

*Acteurs intéressés : prière de se présenter au Maître Kirk Harvey en fin de répétition. Cadeaux bienvenus.*

*En tout temps : Silence !*
*Bavardages interdits !*

Mon cœur se mit à battre fort dans ma poitrine. Je fis une photographie au moyen de mon téléphone portable et l'envoyai aussitôt à Anna et Derek. Puis, alors que je m'apprêtais à appuyer sur la poignée de la porte, le battant s'ouvrit violemment et je dus faire un pas en arrière pour ne pas le recevoir en plein visage. Je vis passer un homme qui s'enfuit dans les escaliers en sanglotant. Je l'entendis se jurer à lui-même rageusement : « Plus jamais ! Plus jamais on ne me traitera de la sorte ! »

La porte était restée ouverte et je pénétrai timidement dans la pièce plongée dans l'obscurité. C'était une salle de spectacle d'école typique, assez vaste, haute de plafond. Des rangées de chaises faisaient face à une petite scène, éclairée par des spots trop chauds à la lumière aveuglante, sur laquelle se trouvaient deux personnes : une grosse dame et un petit monsieur.

Massée devant eux, prêtant une attention religieuse à ce qui se passait, une petite foule impressionnante. Dans un coin, une table avec du café, des boissons, des beignets et des biscuits. J'avisai un homme à demi nu qui engloutissait une pâtisserie à la hâte tout en passant un uniforme de policier. C'était visiblement un acteur en train de se changer. Je m'approchai de lui et chuchotai :

— Pardon, mais qu'est-ce qui se passe ici ? demandai-je.

— Comment ça, *qu'est-ce qui passe* ? C'est la répétition de *La Nuit noire* !

— Ha ! fis-je, légèrement circonspect. Et qu'est-ce que *La Nuit noire* ?

— C'est la pièce sur laquelle le Maître Harvey travaille depuis vingt ans. Vingt ans qu'il répète ! Il y a une légende qui veut que le jour où la pièce sera prête, elle aura un succès jamais vu.

— Et quand sera-t-elle prête ?

— Personne ne le sait. Pour l'instant, il n'a pas

fini de répéter la première scène. Vingt ans pour la première scène seulement, vous imaginez la qualité du spectacle !

Les gens autour de moi se retournèrent et nous fixèrent d'un air mauvais pour nous signifier de nous taire. Je me rapprochai de mon interlocuteur et lui murmurai à l'oreille :

— Qui sont tous ces gens ?

— Des acteurs. Tout le monde veut tenter sa chance et faire partie de la distribution de la pièce.

— Il y a tant de rôles que ça ? demandai-je en évaluant le nombre de personnes présentes.

— Non, mais il y a un grand roulement. À cause du Maître. Il est exigeant…

— Et où est le Maître ?

— Là-bas au premier rang.

Il me fit signe que nous avions assez parlé et qu'il fallait se taire à présent. Je me faufilai dans la foule. Je compris que la pièce avait débuté et que le silence en faisait partie. En m'approchant de la scène, j'y vis un homme étendu, jouant le rôle d'un mort. Une femme s'avança vers le corps que le petit monsieur en uniforme contemplait.

Le silence dura de longues minutes. Soudain une voix dans l'assistance s'extasia :

— C'est un chef-d'œuvre !

— Ta gueule ! lui répondit une autre.

Le silence se fit à nouveau. Puis un enregistrement sonore s'enclencha et donna lecture d'une didascalie :

> *C'est un matin sinistre. Il pleut. Sur une route de campagne, la circulation est paralysée : un gigantesque embouteillage s'est formé. Les automobilistes, exaspérés,*

*klaxonnent rageusement. Une jeune femme, marchant sur le bas-côté, remonte la file des voitures immobiles. Elle avance jusqu'au barrage de police et interroge le policier en faction.*

LA JEUNE FEMME : Qu'est-ce qui se passe ?
LE POLICIER : Un homme mort. Accident de moto tragique.

— Coupé ! hurla une voix nasillarde. Lumière ! Lumière !

La lumière s'alluma brutalement et éclaira la salle. Un homme en costume froissé, les cheveux en bataille et un texte à la main s'approcha de la scène. C'était Kirk Harvey, vingt ans plus vieux que je l'avais connu.

— Non, non, non ! rugit-il en s'adressant au petit monsieur. Qu'est-ce que c'est que ce ton ? Soyez convaincant, mon vieux ! Allez-y, refaites-le-moi.

Le petit monsieur dans son uniforme trop grand bomba le torse et gueula :

— *Un type mort !*

— Mais non, espèce d'idiot ! s'emporta Kirk. C'est : *Un homme mort.* Et puis, pourquoi vous aboyez comme un chien ? Vous annoncez un décès, vous ne faites pas le décompte d'un troupeau à un berger. Soyez dramatique, bon sang ! Le spectateur doit frémir dans son siège.

— Pardon, maître Kirk, gémit le petit monsieur. Laissez-moi encore une chance, je vous en supplie !

— Bon, alors une dernière. Après je vous fous à la porte !

Je profitai de l'interruption pour m'annoncer auprès de Kirk Harvey.

— Bonjour, Kirk. Je suis Jesse Rosenberg et…

— Je devrais vous connaître, face d'idiot ? Si c'est un rôle que vous voulez, c'est à la fin de la répétition qu'il faut venir me voir, mais pour vous, c'est grillé ! Gâche-métier !

— Je suis le capitaine Rosenberg, précisai-je, police de l'État de New York. Nous avons enquêté ensemble il y a vingt ans sur le quadruple meurtre de 1994.

Son visage s'éclaira soudain.

— Ah, mais oui ! Bien sûr ! Leonberg ! Tu n'as pas changé.

— *Rosenberg.*

— Écoute, Leonberg, tu tombes affreusement mal. Tu me déranges en pleine répétition. Quel bon vent t'amène ?

— Vous avez parlé avec le chef-adjoint Anna Kanner de la police d'Orphea. C'est elle qui m'envoie. Comme vous aviez fixé un rendez-vous à 17 heures…

— Et quelle heure est-il ? m'interrogea Harvey.

— 17 heures.

— Dis donc, tu es le petit-fils d'Eichmann ou quoi ? Tu fais tout ce qu'on te dit dans la vie ? Si je te disais de prendre ton arme et de tirer dans la tête de mes acteurs, le ferais-tu ?

— Heu… non. Kirk, je dois vous parler, c'est important.

— Ha, écoutez-le celui-là ! *Important*, *important* ! Laisse-moi te dire ce qui est important, mon garçon : c'est cette scène. C'est ce qui se passe ici, maintenant !

Il se tourna vers la scène et, la désignant des deux mains :

— Regarde, Leonberg !

— *Rosenberg* !

— Que vois-tu ?

— Je ne vois qu'un plancher vide…

— Ferme les yeux et regarde bien. Il vient d'y avoir un meurtre, mais personne ne le sait encore. C'est le matin. C'est l'été, mais il fait froid. Une pluie gelée nous pisse dessus. On sent la tension, l'exaspération des automobilistes qui ne peuvent plus avancer car la route a été fermée par la police. L'air empeste des odeurs âcres des pots d'échappement à cause de tous ces imbéciles qui sont coincés depuis une heure mais qui n'ont pas jugé bon de couper leur moteur. Éteignez vos moteurs, bande de cons ! Et là, paf ! On voit cette femme qui arrive, apparaissant dans le brouillard. Elle demande à un policier : *« Qu'est-ce qui se passe ? »* et le flic lui répond : *« Un homme mort... »* Et la scène démarre pour de bon ! Le spectateur est médusé. Lumière ! Lumière ! Éteignez-moi cette lumière, sacré nom de Dieu !

La lumière de la salle s'éteignit et seule la scène resta éclairée dans un silence religieux.

— Allez, ma grosse ! cria Harvey à l'actrice qui jouait la femme pour lui donner le signal de départ.

Elle longea la moitié de la scène jusqu'au policier et récita son texte :

— *Qu'est-ce qui se passe ?* demanda-t-elle.

— *Un homme mort !* s'époumona le petit monsieur dans son uniforme trop grand.

Harvey approuva de la tête et laissa la scène se poursuivre.

L'actrice surjoua la femme intriguée et voulut s'approcher du cadavre. Mais, sans doute émue par le trac, elle ne remarqua pas la main de celui qui jouait le cadavre et l'écrasa.

— Aïe ! gémit le mort. Elle m'a marché dessus !

— Coupé ! hurla Harvey. Lumière ! Lumière, bon sang !

La salle se ralluma et Harvey bondit sur la scène. Celui qui jouait le cadavre se massa la main.

— Ne marche pas comme une grosse vache ! cria Harvey. Fais donc attention où tu mets tes pieds, pauvre idiote !

— Je ne suis pas une grosse vache, ni une idiote ! s'écria l'actrice en éclatant en sanglots.

— Ah non mais, quand même ! un peu d'honnêteté, de grâce ! Regarde-toi, toute ventrue que tu es !

— Je m'en vais ! hurla la femme. Je refuse de me faire traiter de la sorte !

Elle voulut quitter la scène, mais dans sa nervosité piétina de nouveau le cadavre qui hurla de plus belle.

— C'est ça, lui cria Harvey, va-t'en, vache affreuse !

La malheureuse, en pleurs, bouscula l'assistance pour se frayer un passage jusqu'à la porte et s'enfuit. On put entendre ses cris monter avec elle dans les escaliers. Harvey lança rageusement son mocassin verni contre la porte. Puis, se retournant, il toisa la foule des acteurs silencieux qui le dévisageaient et il laissa éclater sa colère :

— Vous êtes tous nuls ! Vous ne comprenez rien ! Que tout le monde s'en aille ! Foutez le camp ! Foutez le camp ! La répétition est terminée pour aujourd'hui !

Les acteurs s'en allèrent docilement. Lorsque le dernier fut parti, Harvey verrouilla la porte de l'intérieur et s'effondra contre. Il se laissa aller à un long râle désespéré :

— Je n'y arriverai jamais ! JAMAIS !

J'étais resté dans la salle et je m'approchai de lui, un peu embarrassé.

— Kirk, lui dis-je doucement.

— Appelle-moi Maestro, tout simplement.

Je lui tendis une main amicale, il se releva et essuya

ses yeux du revers de ses deux manches de costume noir.

— Tu ne voudrais pas être acteur, par hasard ? me demanda alors Harvey.

— Non, merci, maestro. Mais j'ai des questions à vous poser si vous avez un petit moment à m'accorder.

Il m'emmena boire une bière au *Beluga Bar*, tandis que le sergent Cruz, installé à une table voisine, attendait fidèlement en faisant des mots croisés.

— Stephanie Mailer ? me dit Harvey. Oui, je l'ai vue ici même. Elle voulait me parler. Elle écrivait un livre sur le quadruple meurtre de 1994. Pourquoi ?

— Elle est morte. Assassinée.

— Bigre...

— Je pense qu'elle est morte à cause de ce qu'elle a découvert à propos des meurtres de 1994. Que lui avez-vous dit exactement ?

— Que vous vous êtes certainement trompés de coupable.

— Alors c'est vous qui lui avez mis cette idée en tête ? Mais pourquoi ne pas nous en avoir parlé au moment de l'enquête ?

— Parce que je l'ai compris après coup.

— C'est la raison pour laquelle vous vous êtes enfui d'Orphea ?

— Je ne peux rien te révéler, Leonberg. Pas encore.

— Comment ça, *pas encore* ?

— Tu comprendras.

— Maestro, j'ai parcouru quatre mille kilomètres pour vous voir.

— Il ne fallait pas venir. Je ne peux pas risquer de compromettre ma pièce.

— Votre pièce ? Que signifie *La Nuit noire* ? Est-ce

en lien avec les évènements de 1994 ? Que s'est-il passé le soir du 30 juillet 1994 ? Qui a tué le maire et sa famille ? Pourquoi vous êtes-vous enfui ? Et que faites-vous dans cette salle du sous-sol d'une école ?

— Je vais t'emmener, tu vas comprendre.

À bord de sa voiture de patrouille, le sergent Cruz nous conduisit, Kirk Harvey et moi, au sommet des collines d'Hollywood pour contempler la ville qui s'étendait devant nous.

— Est-ce qu'il y a une raison à notre présence ici ? finis-je par demander à Harvey.

— Tu crois que tu connais Los Angeles, Leonberg ?

— Un peu…

— Es-tu un artiste ?

— Pas vraiment.

— Pfft ! alors tu es comme les *autres*, tu ne connais que ce qui brille : le Château Marmont, Nice Guy, Rodeo Drive et Beverly Hills.

— Je viens d'une famille modeste du Queens.

— Peu importe d'où tu viens, les gens te jugeront selon où tu vas. Quel est ton destin, Leonberg ? Qu'est-ce que l'art pour toi ? Et que fais-tu pour le servir ?

— Où voulez-vous en venir, Kirk ? Vous parlez comme si vous dirigiez une secte.

— Ça fait vingt ans que je construis cette pièce ! Chaque mot compte, chaque silence des acteurs aussi. C'est un chef-d'œuvre, tu m'entends ? Mais tu ne peux pas comprendre, tu ne peux pas percevoir. Ce n'est pas de ta faute, Leonberg, tu es né idiot.

— Est-ce qu'on pourrait arrêter avec les insultes ?

Il ne répondit rien et regarda encore l'immense étendue de Los Angeles.

— En route ! s'écria-t-il soudain. Je vais te montrer ! Je vais te montrer l'autre peuple de Los Angeles, celui qui a été trompé par le mirage de la gloire. Je vais te montrer la ville des rêves brisés et des anges aux ailes brûlées.

Il guida le sergent Cruz jusqu'à une enseigne de hamburgers et m'envoya seul à l'intérieur passer commande pour nous trois. J'obéis sans bien comprendre à quoi tout cela pouvait bien rimer. En m'approchant du comptoir, je reconnus le petit monsieur dans le costume trop grand de policier que j'avais vu sur scène deux heures plus tôt.

— Bienvenue chez In-N-Out, que souhaitez-vous commander ? me demanda-t-il.

— Je vous ai vu tout à l'heure, dis-je. Vous étiez à la répétition de *La Nuit noire* ?

— Oui.

— Ça s'est mal terminé.

— Ça finit souvent comme ça, le Maître Harvey est très exigeant.

— Je dirais surtout qu'il est complètement cinglé.

— Ne dites pas ça. Il est comme il est. Il monte un grand projet.

— *La Nuit noire* ?

— Oui.

— Mais qu'est-ce que c'est ?

— Seuls les initiés peuvent comprendre.

— Initiés à quoi ?

— Je n'en suis même pas certain.

— Quelqu'un m'a parlé d'une légende, repris-je.

— Oui, que *La Nuit Noire* va devenir la plus grande pièce de théâtre de tous les temps !

Son visage s'était soudain éclairé, et l'excitation l'avait submergé.

— Avez-vous un moyen de me procurer le texte de cette pièce ? demandai-je.

— Personne n'a le texte. Seul celui de la première scène circule.

— Mais pourquoi acceptez-vous d'être traité comme ça ?

— Regardez-moi : je suis arrivé ici il y a maintenant trente ans. Trente ans que j'essaie de percer en tant qu'acteur. J'ai 50 ans aujourd'hui, je gagne 7 dollars de l'heure, je n'ai ni retraite ni assurance. Je loue un studio. Je n'ai pas eu de famille. Je n'ai rien. *La Nuit noire* est mon seul espoir de percer. Que souhaitez-vous commander ?

Quelques minutes plus tard, je revins à la voiture chargé d'un sac de hamburgers et de frites.

— Alors ? me demanda-t-il.

— J'ai vu l'un de vos acteurs.

— Je sais. Gentil sergent Cruz, prenez Westwood Boulevard, s'il vous plaît. Il y a un bar branché qui s'appelle le *Flamingo*, vous ne pouvez pas le rater. J'irais bien y prendre un verre.

Cruz acquiesça et se mit en route. Harvey était aussi odieux qu'il était charismatique. En débarquant devant le *Flamingo*, je reconnus l'un des voituriers : c'était l'acteur à qui j'avais parlé à la table du café et des beignets. Au moment de m'approcher de lui, il monta dans la voiture de luxe de clients qui venaient d'arriver.

— Allez prendre une table, dis-je à Harvey, je vous rejoins plus tard.

Je me précipitai dans la voiture, côté passager.

— Que faites-vous ? s'inquiéta le voiturier.

— Vous vous souvenez de moi ? demandai-je en

brandissant ma plaque de policier. Nous nous sommes parlé à la répétition de *La Nuit noire*.

— Oui.

Il démarra et conduisit en direction d'un vaste parking à ciel ouvert.

— Qu'est-ce que *La Nuit noire* ? l'interrogeai-je.

— Ce dont tout le monde parle à Los Angeles. Ceux qui y participeront…

— Auront un succès immense. Je le sais. Que pouvez-vous me dire que je ne sache déjà ?

— Comme quoi ?

Il me vint alors à l'esprit une question que j'aurais dû poser à l'employé du In-N-Out :

— Est-ce que vous pensez que Kirk Harvey puisse être un meurtrier ?

L'autre répondit sans hésiter :

— Évidemment. Vous l'avez vu ? Si vous le contrariez, il vous écrase comme une mouche.

— A-t-il déjà été violent ?

— Y a qu'à voir comme il gueule, ça en dit long, non ?

Il gara la voiture et en sortit. Il se dirigea vers l'un de ses collègues, installé derrière une table de jardin en plastique et qui maniait les clés des voitures des clients au gré des appels radio émis depuis le restaurant. Il tendit un jeu au voiturier et lui désigna une voiture à ramener.

— Qu'est-ce que *La Nuit noire* représente pour vous ? demandai-je encore au voiturier.

— La réparation, me dit-il comme si c'était une évidence.

Il monta dans une BMW noire et disparut, me laissant avec davantage de questions que de réponses.

Je marchai jusqu'au *Flamingo*, qui n'était qu'à

un bloc de là. En pénétrant dans l'établissement, je reconnus immédiatement l'employé de l'accueil : c'était celui qui jouait le rôle du cadavre. Il m'escorta jusqu'à la table de Kirk qui sirotait déjà un martini. Une serveuse s'approcha de moi pour m'apporter un menu. C'était l'actrice de tout à l'heure.

— Alors ? me demanda Harvey.

— Qui sont ces gens ?

— Le peuple de ceux qui attendaient la gloire et l'attendent encore. C'est le message que nous envoie la société au quotidien : la gloire ou la mort. Eux attendront la gloire jusqu'à en crever, car à la fin toutes les deux se rejoignent.

Je lui demandai alors de but en blanc :

— Kirk, avez-vous tué le maire et sa famille ?

Il éclata de rire, avala son martini puis regarda sa montre :

— C'est l'heure. Je dois aller travailler. Emmène-moi, Leonberg !

Le sergent Cruz nous emmena à Burbank, dans la banlieue nord de Los Angeles. L'adresse que Harvey avait donnée correspondait à un village de caravanes.

— Terminus pour moi, me dit gentiment Kirk. Content de t'avoir recroisé, Leonberg.

— C'est ici que vous travaillez ? demandai-je.

— C'est ici que je vis, me répondit-il. Je dois aller mettre mon uniforme de travail.

— Que faites-vous comme métier ? demandai-je.

— Je suis balayeur de nuit dans les Studios Universal. Je suis comme tous ces gens que tu as vus ce soir, Leonberg : je me suis fait dévorer par mes rêves. Je crois que je suis un grand metteur en scène, mais je nettoie les chiottes des grands metteurs en scène.

Ainsi, l'ancien chef de la police d'Orphea, devenu metteur en scène, vivait dans la misère dans la banlieue de Los Angeles.

Kirk sortit de voiture. Je l'imitai pour prendre mon sac dans le coffre et lui donner ma carte de visite.

— Je voudrais vraiment pouvoir vous revoir encore demain, lui dis-je. J'ai besoin d'avancer dans cette enquête.

Tout en parlant, je fouillais parmi mes affaires. Kirk remarqua alors l'exemplaire de l'*Orphea Chronicle.*

— Je peux te prendre le journal ? me demanda-t-il. Ça me divertira pendant ma pause et ça me rappellera quelques souvenirs.

— Je vous en prie, répondis-je en lui tendant le quotidien.

Il le déplia et jeta un coup d'œil à la une :

*MYSTÉRIEUSE PIÈCE*
*POUR L'OUVERTURE DU FESTIVAL DE THÉÂTRE*

Kirk s'écria alors :

— Sacré nom de Dieu !

— Que se passe-t-il, Kirk ?

— Quelle est cette pièce mystérieuse ?

— Je l'ignore... À vrai dire, je ne sais même pas si le maire Brown le sait lui-même.

— Et si c'était le signe ? Le signe que j'attendais depuis vingt ans !

— Le signe de quoi ? demandai-je.

Le regard fou, Harvey m'attrapa par les épaules.

— Leonberg ! Je veux jouer *La Nuit noire* au festival d'Orphea !

— Quoi ? Le festival est dans deux semaines. Vous répétez depuis vingt ans et vous n'en êtes qu'à la première scène.

— Tu ne comprends pas…

— Pas quoi ?

— Leonberg, je veux être programmé au festival d'Orphea. Je veux jouer *La Nuit noire*. Et tu auras la réponse à tes questions.

— Sur le meurtre du maire ?

— Oui, tu sauras tout. Si vous me laissez jouer *La Nuit noire*, tu sauras tout ! Le soir de la première, toute la vérité sur cette affaire sera révélée !

Je téléphonai aussitôt à Anna et lui expliquai la situation :

— Harvey dit que si nous le laissons jouer la pièce, il nous révélera qui a tué le maire Gordon.

— Quoi ? Alors il sait tout ?

— C'est ce qu'il affirme.

— Est-ce qu'il bluffe ?

— Étrangement, je ne crois pas. Il a passé la soirée à refuser de répondre à mes questions et il était sur le point de partir lorsqu'il a vu la une de l'*Orphea Chronicle*. Sa réaction a été immédiate : il m'a proposé de me révéler la vérité si nous le laissons jouer sa fameuse pièce.

— Ou alors, me dit Anna, il a tué le maire et sa famille, il est cinglé et il va se dénoncer.

— Cette idée ne m'était même pas venue à l'esprit, répondis-je.

Anna me dit alors :

— Confirme à Harvey que c'est d'accord. Je m'arrangerai pour obtenir ce qu'il veut.

— Vraiment ?

— Oui. Il faut que tu le ramènes ici. Au pire, on

le fait arrêter, il relèvera de notre juridiction. Il sera obligé de parler.

— Très bien, approuvai-je. Laisse-moi aller lui poser la question.

Je retournai près de Kirk qui m'attendait devant sa caravane :

— Je suis en ligne avec le chef-adjoint de la police d'Orphea, lui expliquai-je. Elle me confirme que c'est d'accord.

— Ne me prenez pas pour une autruche ! gueula Harvey. Depuis quand la police décide-t-elle du programme du festival ? Je veux une lettre écrite de la main du maire d'Orphea. Je vais vous dicter mes conditions.

*
* *

Avec le décalage horaire, il était 23 heures sur la côte Est. Mais Anna n'eut pas d'autre choix que d'aller trouver le maire Brown chez lui.

En arrivant devant sa maison, elle remarqua que le rez-de-chaussée était éclairé. Avec un peu de chance, le maire était encore debout.

Alan Brown, effectivement, ne dormait pas. Il faisait les cent pas dans la pièce qui lui servait de bureau, relisant son discours de démission pour ses collaborateurs. Il n'avait pas trouvé de solution de remplacement à la pièce initiale. Les autres troupes étaient trop amateurs et modestes pour drainer suffisamment de spectateurs et remplir le Grand Théâtre d'Orphea. L'idée que la salle reste aux trois quarts vide lui était insupportable et elle était financièrement périlleuse. C'était décidé: demain matin jeudi, il réunirait les employés de la mairie et leur annoncerait son départ. Le vendredi, il réunirait la presse comme prévu et la nouvelle deviendrait publique.

Il étouffait. Il avait besoin d'air. Comme il répétait son discours à haute voix, il n'avait pas voulu ouvrir la fenêtre de peur que Charlotte, qui dormait dans la chambre juste au-dessus, ne l'entende. N'y tenant plus, il poussa les battants de la porte-fenêtre qui donnait sur le jardin et l'air tiède de la nuit pénétra dans la pièce. L'odeur des rosiers lui parvint et le calma. Il reprit, en chuchotant cette fois: *« Mesdames et messieurs, c'est la mort dans l'âme que je vous ai réunis aujourd'hui pour vous annoncer que le festival d'Orphea ne pourra pas avoir lieu. Vous savez combien j'étais lié à cet évènement, à titre personnel mais aussi politiquement. Je n'ai pas réussi à faire du festival le rendez-vous incontournable qui aurait dû redorer le blason de notre ville. J'ai échoué dans ce qui était le projet majeur de mon mandat. C'est donc avec beaucoup d'émotion que je dois vous annoncer que je vais démissionner de mon poste de maire de la ville d'Orphea. Je voulais que vous soyez les premiers à l'apprendre. Je compte sur votre totale discrétion pour que cette nouvelle ne s'ébruite pas jusqu'à la conférence de presse de vendredi. »*

Il se sentait presque soulagé. Il avait eu trop d'ambition, pour lui, pour Orphea, pour ce festival. Lorsqu'il avait lancé ce projet, il n'était alors qu'adjoint au maire. Il s'était imaginé en faire l'un des évènements culturels majeurs de l'État, puis du pays. Le Sundance du théâtre. Mais tout cela n'avait été qu'un magnifique raté.

À cet instant, la sonnette de la porte d'entrée retentit. Qui pouvait débarquer à une heure pareille ? Il se dirigea vers la porte d'entrée. Charlotte, réveillée par le bruit, était en train de descendre les escaliers en enfilant une robe de chambre. Il regarda par le judas et découvrit Anna, en uniforme.

— Alan, lui dit-elle, je suis vraiment désolée de vous importuner à une heure pareille. Je ne serais pas venue si ce n'était pas très important.

Quelques instants plus tard, dans la cuisine des Brown, Charlotte, qui préparait du thé, n'en revint pas en entendant le nom qui fut prononcé :

— Kirk Harvey ? répéta-t-elle.

— Que veut-il, ce fou ? demanda Alan, visiblement agacé.

— Il a monté une pièce de théâtre et il souhaiterait la jouer au festival d'Orphea. En échange, il…

Anna n'eut pas le temps de terminer sa phrase qu'Alan avait déjà bondi de sa chaise. Son visage s'était soudain recoloré.

— Une pièce de théâtre ? Mais bien sûr ! Penses-tu qu'il pourrait remplir le Grand Théâtre plusieurs soirs de suite ?

— Il paraît que c'est la pièce du siècle, répondit Anna en montrant la photo de l'affiche collée sur la porte de la salle de répétition.

— La pièce du siècle ! répéta le maire Brown, prêt à tout pour sauver sa peau.

— En échange de pouvoir jouer sa pièce, Harvey nous livrera des informations cruciales sur le quadruple meurtre de 1994, et probablement sur celui de Stephanie Mailer.

— Chéri, dit doucement Charlotte Brown, est-ce que tu ne crois pas que…

— Je crois que c'est un cadeau du ciel ! jubila Alan.

— Il a des exigences, prévint Anna en dépliant la feuille sur laquelle elle avait pris des notes, dont elle donna lecture. Il réclame une suite dans le meilleur hôtel de la ville, la prise en charge de tous ses frais et la mise à sa disposition immédiate du Grand Théâtre pour les répétitions. Il veut un accord écrit et signé de votre main. C'est la raison pour laquelle je me suis permis de venir à une heure pareille.

— Il ne demande pas de cachet ? s'étonna le maire Brown.

— Apparemment pas.

— Amen ! Tout ceci me va bien. Donne-moi cette feuille que je te la signe. Et va vite prévenir Harvey qu'il sera la tête d'affiche du festival ! J'ai besoin qu'il prenne le premier vol pour New York demain, peux-tu lui faire ce message ? Il faut impérativement qu'il soit à mes côtés vendredi matin pour la conférence de presse.

— Très bien, acquiesça Anna, je le lui dirai.

Le maire Brown attrapa un stylo et ajouta sur le bas du document une ligne manuscrite confirmant son engagement avant d'y apposer sa signature.

— Voilà, Anna. À toi de jouer maintenant.

Anna s'en alla, mais lorsque Alan referma la porte derrière elle, elle ne descendit pas tout de suite les marches du perron. Elle entendit alors la conversation entre le maire et sa femme.

— Tu es fou de faire confiance à Harvey ! dit Charlotte.

— Enfin, ma chérie, c'est inespéré !

— Il va revenir ici, à Orphea ! Tu te rends compte de ce que ça signifie ?

— Il va sauver ma carrière, voilà ce que ça signifie, répondit Brown.

*
* *

Mon téléphone sonna enfin.

— Jesse, me dit Anna, le maire accepte. Il a signé la demande de Harvey. Il veut que vous soyez présents à Orphea vendredi matin pour la conférence de presse.

Je transmis le message à Harvey qui s'excita aussitôt :

— Diable oui ! hurla-t-il. Diable oui ! Conférence de presse, et tout et tout ! Puis-je voir la lettre signée ? Je veux être certain que vous n'êtes pas en train de m'entourlouper.

— Tout est en ordre, promis-je à Harvey. Anna a la lettre avec elle.

— Alors qu'elle me la faxe ! s'écria-t-il.

— Qu'elle vous la faxe ? Mais Harvey, qui a encore un fax aujourd'hui ?

— Démerdez-vous, je suis la vedette !

Je commençais à perdre patience mais m'efforçai de garder mon calme. Kirk pouvait être en possession d'informations déterminantes. Il y avait un fax au commissariat d'Orphea et Anna suggéra d'envoyer la lettre au bureau du sergent Cruz, qui devait disposer d'un fax également.

Une demi-heure plus tard, dans un bureau du centre de la police de l'autoroute de Californie, Harvey relisait fièrement le fax.

— C'est merveilleux ! s'écria-t-il. *La Nuit noire* va être jouée !

— Harvey, lui dis-je alors, maintenant que vous avez obtenu la garantie que votre pièce sera jouée à

Orphea, pourriez-vous me dire ce que vous savez sur le quadruple meurtre de 1994 ?

— Le soir de la première, vous saurez tout, Leonberg !

— La première est le 26 juillet, nous ne pouvons pas attendre jusque-là. Une enquête de police dépend de vous.

— Rien avant le 26, c'est tout.

Je bouillonnai intérieurement.

— Harvey, j'exige de tout savoir, et maintenant. Ou je fais annuler votre pièce.

Il me regarda avec mépris :

— Ferme ta bouche, Leonmerde ! Comment oses-tu me menacer ? Je suis un grand metteur en scène ! Si tu continues, je te ferai lécher le sol à chacun de mes pas !

C'en était trop. Je perdis mes nerfs, attrapai Harvey par le col et le plaquai contre le mur.

— Vous allez parler ! hurlai-je. Parlez ou je vous casse toutes les dents ! Je veux savoir ce que vous savez ! Qui est le meurtrier de la famille Gordon ?

Comme Harvey appelait à l'aide, le sergent Cruz accourut et nous sépara.

— Je veux porter plainte contre cet homme ! prévint Harvey.

— Des innocents sont morts à cause de vous, Harvey ! Je ne vous lâcherai pas tant que vous n'aurez pas parlé.

Le sergent Cruz me fit sortir de la pièce pour que je me calme, mais je décidai de quitter le commissariat, furieux. Je trouvai un taxi qui me conduisit jusqu'au village de caravanes où vivait Kirk Harvey. Je me fis indiquer la sienne et défonçai la porte d'un coup de pied. Je me mis à fouiller l'intérieur. Si la réponse était dans la pièce de Kirk, il me suffisait de la retrouver. Je trouvai des papiers divers, sans intérêt. Puis, au fond d'un tiroir, un dossier en carton frappé du logo de la police d'Orphea. À l'intérieur, des photos de police des corps de la famille Gordon et de Meghan Padalin. C'était le dossier de l'enquête de 1994, celui qui avait disparu de la salle des archives.

À cet instant, j'entendis un cri : c'était Kirk Harvey justement.

— Qu'est-ce que tu fais là, Leonberg ? hurla-t-il. Sors immédiatement !

Je me ruai sur lui et nous roulâmes dans la poussière. Je lui décochai alors plusieurs coups de poing dans le ventre et au visage.

— Des gens sont morts, Harvey ! Vous comprenez ? Cette affaire m'a pris ce que j'avais de plus cher ! Et vous, vous gardez le secret depuis vingt ans ? Parlez maintenant !

Comme le dernier coup l'avait envoyé au sol, je le frappai d'un coup de pied dans les côtes.

— Qui est derrière toute cette affaire ? exigeai-je de savoir.

— Je n'en sais rien ! gémit Harvey. Je n'en sais rien ! Ça fait vingt ans que je me pose la question.

Des habitants du village de caravanes avaient prévenu la police et plusieurs patrouilles déboulèrent, sirènes hurlantes. Les policiers se jetèrent sur moi, me plaquèrent contre le capot d'une voiture et me menottèrent sans ménagement.

Je regardai Harvey, recroquevillé au sol, tremblant. Qu'est-ce qui m'avait pris de le frapper ainsi ? Je ne me reconnaissais plus. J'avais les nerfs à vif. Cette enquête me rongeait. Les démons du passé étaient en train de resurgir.

## *DEREK SCOTT*

Derniers jours d'août 1994. Un mois s'était écoulé depuis le quadruple meurtre. L'étau se resserrait autour de Ted Tennenbaum : aux soupçons que Jesse et moi avions déjà, s'ajoutait désormais celui du chantage opéré par le maire pour ne pas retarder les travaux du *Café Athéna*.

Bien que les prélèvements de Tennenbaum et les encaissements du maire Gordon coïncident, par leurs montants comme par leurs dates, ils n'avaient pas valeur de preuves concrètes. Nous voulions interroger Tennenbaum sur la nature de ses sorties d'argent mais surtout ne pas commettre de faux pas. Nous le convoquâmes donc officiellement, par courrier, au centre régional de la police d'État. Comme nous nous y attendions, il débarqua avec Robin Starr, son avocat.

— Vous pensez que le maire Gordon me faisait chanter ? s'amusa Tennenbaum. Ça devient de plus en plus délirant, sergent Scott.

— Monsieur Tennenbaum, répliquai-je, pendant la même période, une somme d'argent identique, à quelques milliers de dollars près, est sortie de votre compte et est entrée sur celui du maire Gordon.

— Vous savez, sergent, me fit remarquer Robin Starr, tous les jours des millions d'Américains font, sans le savoir, des transactions similaires.

— À quoi correspondent ces retraits, monsieur Tennenbaum ? demanda Jesse. Un demi-million de dollars tout de même, ce n'est pas rien. Et nous savons que ce n'est pas pour les travaux de votre restaurant, c'est une autre comptabilité à laquelle nous avons eu accès.

— Vous y avez eu accès grâce au bon-vouloir de mon client, nous rappela Starr. Ce que monsieur Tennenbaum fait de son argent ne regarde personne.

— Pourquoi vous ne nous dites pas simplement comment vous avez dépensé cette somme, monsieur Tennenbaum, puisque vous n'avez rien à cacher ?

— J'aime sortir, j'aime dîner, j'aime vivre. Je n'ai pas à me justifier de quoi que ce soit, répliqua Tennenbaum.

— Avez-vous des reçus qui attesteraient vos dires ?

— Et si c'était pour entretenir des petites copines à droite et à gauche ? suggéra-t-il d'un ton goguenard. Le genre de petites copines qui ne font pas de reçus. Trêve de plaisanterie, messieurs, cet argent est légal, je l'ai hérité de mon père. J'en fais ce que je veux.

Sur ce point Tennenbaum avait parfaitement raison. Nous savions que nous n'en tirerions rien de plus.

Le major McKenna nous fit remarquer, à Jesse et moi, que nous disposions d'un faisceau d'indices incriminant Tennenbaum, mais qu'il nous manquait un élément qui puisse enfoncer le clou. « Jusqu'à maintenant, nous dit McKenna, Tennenbaum n'a pas besoin de renverser la charge de la preuve. Vous ne pouvez pas prouver que sa camionnette était dans la rue, vous ne pouvez pas prouver le chantage. Trouvez un élément obligeant Tennenbaum à démontrer le contraire. »

Nous reprîmes à nouveau toute notre enquête depuis le début : il y avait forcément une faille quelque part, nous devions la mettre au jour. Dans le salon de Natasha, entièrement retapissé au fil de notre enquête, nous étudiâmes encore toutes les pistes possibles et, de nouveau, tout nous menait à Tennenbaum.

Entre le *Café Athéna* et *La Petite Russie*, nous passions d'un restaurant à un autre. Le projet de Darla et Natasha avançait bon train. Elles cuisinaient à longueur de journée, testant des recettes qu'elles notaient ensuite dans un grand livre rouge, en vue de l'élaboration de leur carte. Jesse et moi en étions les premiers bénéficiaires : chaque fois que nous allions et venions dans la maison, à toute heure du jour ou de la nuit, il se passait quelque chose dans la cuisine. Il y eut d'ailleurs un bref incident diplomatique lorsque je parlai des fameux sandwichs de Natasha.

— Je vous en prie, dites-moi que vous avez prévu de faire figurer dans le menu ces incroyables sandwichs à la viande braisée.

— Tu les as goûtés ? s'offusqua alors Darla.

Je compris que j'avais gaffé et Natasha s'efforça de limiter les dégâts :

— Quand ils sont partis dans le Montana, la semaine dernière, j'ai donné des sandwichs à Jesse pour l'avion.

— On avait dit qu'on leur ferait tout goûter ensemble, toutes les deux, pour voir leur réaction, déplora Darla.

— Désolée, regretta Natasha. Ils m'ont fait de la

peine à partir prendre leur vol à l'aube pour traverser le pays.

Je crus que l'incident avait été rapidement clos. Mais Darla m'en parla à nouveau quelques jours plus tard, alors que nous étions seuls.

— Quand même, Derek, me dit-elle, je n'en reviens pas que Natasha m'ait fait un coup pareil.

— Tu es toujours en train de parler de ces malheureux sandwichs ? lui dis-je.

— Oui. Pour toi ce n'est peut-être rien, mais quand tu as un partenaire et que la confiance est brisée, ça ne peut plus marcher.

— Tu ne crois pas que tu en fais un peu trop, Darla ?

— Tu es de quel côté, Derek ? Du mien ou du sien ?

Je crois que Darla, qui n'avait rien à envier à personne, était un peu jalouse de Natasha. Mais j'imagine que toutes les filles étaient jalouses de Natasha à un moment ou un autre : elle était plus intelligente, plus présente, plus belle. Quand elle entrait dans une pièce, on ne voyait plus qu'elle.

Du côté de l'enquête, Jesse et moi nous concentrâmes sur ce que nous pouvions prouver. Et un élément en particulier ressortait : l'absence de Tennenbaum du Grand Théâtre, pendant une période d'au moins 20 minutes. Il assurait qu'il n'en avait pas bougé. À nous donc de prouver qu'il mentait. Et sur ce point, il nous restait encore une marge de manœuvre. Nous avions interrogé tous les bénévoles, mais nous n'avions pas pu parler avec la troupe de théâtre qui avait joué la pièce d'ouverture, puisque nous n'avions commencé à suspecter Tennenbaum qu'après la fin du festival.

La troupe, rattachée à l'université d'Albany, s'était malheureusement dissoute entre-temps. La plupart des étudiants qui la composaient avaient terminé leur cursus et s'étaient éparpillés à travers le pays. Pour gagner du temps, nous décidâmes, Jesse et moi, de nous concentrer sur ceux qui vivaient encore dans l'État de New York, et nous nous partageâmes le travail.

C'est Jesse qui décrocha le gros lot en allant interroger Buzz Leonard, le metteur en scène de la troupe qui, lui, était resté à l'université d'Albany.

Lorsque Jesse lui parla de Ted Tennenbaum, Buzz Leonard lui dit aussitôt :

— Si j'ai remarqué un comportement étrange chez le pompier de service le soir de la première ? J'ai surtout remarqué qu'il en fichait pas une. Il y a eu un incident dans une loge, vers 19 heures. Un sèche-cheveux qui a pris feu. Le type était introuvable, j'ai dû me débrouiller tout seul. Heureusement qu'il y avait un extincteur.

— Donc vous affirmez qu'à 19 heures le pompier était absent ?

— Je l'affirme. Sur le moment, mes cris ont rameuté d'autres acteurs qui se trouvaient dans la loge voisine. Ils vous confirmeront tout ça. Quant à votre pompier, je lui ai finalement dit ma façon de penser quand il a magiquement réapparu sur le coup de 19 heures 30.

— Le pompier s'est donc absenté pendant une demi-heure ? répéta Jesse.

— Absolument, confirma Buzz Leonard.

## JESSE ROSENBERG

*Jeudi 10 juillet 2014*

*16 jours avant la première*

J'avais passé la nuit en cellule, de laquelle je fus sorti à l'aube. On me conduisit dans un bureau où m'attendait un téléphone décroché. À l'autre bout du fil, le major McKenna.

— Jesse, hurla-t-il, tu es devenu complètement fou ! Passer à tabac un pauvre bougre après lui avoir ravagé sa caravane !

— Je suis désolé, major. Il disait avoir des informations cruciales sur le quadruple meurtre de 1994.

— J'en ai rien à foutre de tes excuses, Jesse ! Rien ne justifie de perdre les pédales. À moins que tu ne sois plus en état psychique de mener cette enquête.

— Je vais me reprendre, major, je vous le promets.

Le major soupira longuement puis me dit d'une voix soudain plus douce :

— Écoute, Jesse, je ne peux pas imaginer ce que ça doit te faire de revivre tout ce qui s'est passé en 1994. Mais il faut que tu te contrôles. J'ai dû jouer de toutes mes relations pour te sortir de là.

— Merci, major.

— Ce Harvey ne portera pas plainte si tu t'engages à ne plus t'approcher de lui.

— Très bien, major.

— Alors maintenant, trouve-toi un vol pour New York et reviens illico par ici. Tu as une enquête à boucler.

Tandis que j'étais sur le chemin du retour de la Californie vers Orphea, Anna et Derek rendirent visite à Buzz Leonard, le metteur en scène de la pièce d'ouverture, qui vivait désormais dans le New Jersey, où il était devenu professeur d'art dramatique dans un lycée.

Sur la route, Derek fit un point de situation à Anna.

— En 1994, expliqua-t-il, deux éléments de l'enquête avaient été particulièrement déterminants contre Ted Tennenbaum: les transactions financières, dont nous savons désormais qu'elles n'émanaient pas de lui, et son absence lors d'un début d'incendie dans les coulisses du Grand Théâtre. Or, la possibilité qu'il se soit absenté pouvait être cruciale. L'un des témoins de l'époque, Lena Bellamy, qui habitait à quelques maisons des Gordon, affirmait avoir vu la camionnette de Tennenbaum dans la rue au moment des coups de feu, alors que Ted affirmait n'avoir pas quitté le théâtre où il officiait comme pompier de service. C'était la parole de Bellamy contre celle de Tennenbaum. Mais voilà que Buzz Leonard, le metteur en scène, était ensuite venu affirmer qu'avant le début de la représentation, un sèche-cheveux avait pris feu dans une loge et que Tennenbaum avait été introuvable.

— Donc si Tennenbaum n'était pas au Grand Théâtre, dit Anna, c'est qu'il avait pris sa camionnette pour aller massacrer le maire Gordon et sa famille.

— Exactement.

Dans le salon où il les reçut, Buzz Leonard, la soixantaine dégarnie, gardait sous verre une affiche du spectacle de 1994.

— *Oncle Vania* au festival d'Orphea cette année-là est restée gravée dans les mémoires. Rappelez-vous que nous n'étions qu'une troupe universitaire : à ce moment-là, le festival n'en était qu'à ses balbutiements et la mairie d'Orphea ne pouvait pas espérer attirer une troupe professionnelle. Mais nous avons offert au public une performance exceptionnelle. Pendant dix soirs de suite, le Grand Théâtre était plein, les critiques étaient unanimes. Un triomphe. Le succès était tel que tout le monde pensait que les acteurs feraient carrière.

On voyait à son air enjoué que Buzz Leonard prenait plaisir à se remémorer cette période. Le quadruple meurtre n'avait été pour lui qu'un vague fait divers sans beaucoup d'importance.

— Et alors ? demanda Derek, curieux. Est-ce que les autres membres de la troupe ont fait carrière dans le théâtre, comme vous ?

— Non, aucun n'a poursuivi dans cette voie. Je ne peux pas les blâmer, c'est un monde tellement difficile. J'en sais quelque chose : j'ai voulu viser Broadway et j'ai atterri dans un lycée privé de banlieue. Une seule personne parmi eux aurait pu devenir une véritable vedette : Charlotte Carell. Elle jouait le rôle d'Elena, la femme du professeur Serebriakov. Elle était extraordinaire, elle attirait tous les regards sur scène. Elle avait une forme de naïveté et de détachement qui la rendait supérieure. Plus présente, plus forte. Pour être honnête avec vous, le succès de la pièce au festival, c'est à elle que nous le devions. Aucun d'entre nous ne lui arrivait à la cheville.

— Pourquoi n'a-t-elle pas poursuivi sa carrière ?

— Elle n'y tenait pas. C'était sa dernière année d'université, elle avait suivi des études de vétérinaire. Aux dernières nouvelles, elle a ouvert une clinique pour animaux à Orphea.

— Attendez, dit Anna en comprenant soudain : la Charlotte dont vous parlez, c'est Charlotte Brown, la femme du maire d'Orphea ?

— Oui, absolument, acquiesça Buzz Leonard. C'est grâce à la pièce qu'ils se sont rencontrés, ça a été un coup de foudre immédiat. Ils faisaient un couple magnifique. J'étais à leur mariage, mais avec les années on a perdu le contact. C'est dommage.

Derek s'enquit alors :

— Ce qui veut donc dire que la ravissante petite amie de Kirk Harvey en 1994 était Charlotte, la future femme du maire ?

— Oui, absolument. Vous l'ignoriez, sergent ?

— Totalement, répondit Derek.

— Vous savez, ce Kirk Harvey, c'était un sale idiot, un flic prétentieux et un artiste raté. Il voulait être dramaturge et metteur en scène, mais il n'avait pas une once de talent.

— Pourtant, on m'a dit que sa première pièce avait connu un petit succès.

— Elle a eu du succès pour une seule raison : Charlotte jouait dedans. Elle a tout sublimé. La pièce en elle-même était nulle. Mais Charlotte sur scène, elle vous lisait l'annuaire téléphonique et vous tombiez à la renverse tellement c'était beau. D'ailleurs, je ne me suis pas expliqué qu'elle ait été en couple avec un type comme Harvey. Ça fait partie des mystères inexpliqués de la vie. On a tous croisé des filles extraordinaires et sublimes entichées de types aussi moches qu'idiots. Enfin, bref, de toute façon, ce type était tellement imbécile qu'il n'a pas su la garder.

— Ils sont restés longtemps ensemble ?

Buzz Leonard prit le temps de la réflexion avant de répondre :

— Une année, je pense. Harvey écumait les théâtres new-yorkais et Charlotte aussi. C'est comme ça qu'ils se sont rencontrés. Elle a participé à sa fameuse première pièce et son succès a donné des ailes à Harvey. C'était au printemps 1993. Je m'en souviens parce que c'est le moment où on commençait à préparer *Oncle Vania*. Lui s'est monté la tête, s'est cru doué et il a écrit une pièce de son côté. Quand il a été question qu'un festival de théâtre ait lieu à Orphea, il était convaincu que sa pièce serait choisie comme spectacle principal. Mais je l'avais lue, sa pièce, elle était nulle. Parallèlement, j'ai proposé *Oncle Vania* au comité artistique du festival et nous avons été choisis après plusieurs auditions.

— Harvey a dû être furieux contre vous !

— Oh oui ! Il disait que je l'avais trahi, que sans lui je n'aurais pas songé à présenter la pièce au festival. Ce qui était vrai. Mais de toute façon sa pièce n'aurait jamais été jouée. Le maire en personne s'y opposait.

— Le maire Gordon ?

— Oui. J'ai surpris une conversation un jour qu'il m'avait demandé de venir le trouver à son bureau. Ce devait être mi-juin. J'étais arrivé en avance et j'attendais devant la porte. Soudain, Gordon l'avait ouverte pour mettre Harvey dehors. Il lui a dit : « Votre pièce est une horreur, Harvey. Moi vivant, je ne vous laisserai jamais la jouer dans ma ville ! Vous faites honte à Orphea. » Et là-dessus le maire a déchiré devant tout le monde le texte de la pièce que Harvey lui avait confié.

— Le maire a dit « moi vivant » ? demanda Derek.

— Tel que je vous le dis, assura Buzz Leonard. Au point que, lorsqu'il a été assassiné, toute la troupe s'est demandé si Harvey n'y était pas mêlé. Pour ajouter au malaise, le lendemain de la mort du maire, Harvey a pris possession de la scène du Grand Théâtre en deuxième partie de soirée, après notre représentation, pour y réciter un affreux monologue.

— Qui l'a laissé faire ? s'enquit Derek.

— Il a profité de la confusion générale qui régnait après le quadruple meurtre. Il affirmait à qui voulait l'entendre que c'était prévu avec le maire Gordon et les organisateurs l'ont laissé faire.

— Pourquoi n'avez-vous jamais mentionné à la police l'échange entre le maire Gordon et Kirk Harvey ?

— À quoi bon? s'interrogea Buzz en faisant la moue. Ç'aurait été sa parole contre la mienne. Et puis, honnêtement, je voyais mal ce type avoir assassiné une famille entière. Il était tellement nul que c'en était hilarant. *Oncle Vania* terminé, alors que les spectateurs se levaient de leur siège pour quitter la salle, il courait sur la scène et hurlait : « Attention, la soirée n'est pas terminée ! Maintenant voici *Moi, Kirk Harvey*, de et avec le célèbre Kirk Harvey ! »

Anna ne put s'empêcher de pouffer.

— C'est une blague ? demanda-t-elle.

— Je suis on ne peut plus sérieux, madame, l'assura Buzz Leonard. Il démarrait aussitôt son soliloque, dont je me rappelle encore les premiers mots : « Moi Kirk Harvey, l'homme sans pièce ! » braillait-il. J'ai oublié la suite du texte, mais je me souviens que nous nous dépêchions tous de passer des coulisses au balcon de la salle pour le regarder s'égosiller. Il a tenu bon jusqu'à la fin. La salle vidée de ses spectateurs, il continuait, impassible, en la présence des seuls techniciens et des nettoyeurs. Une fois son récital terminé, il descendait de scène et disparaissait, sans que personne ne lui accorde la moindre considération. Il arrivait que les nettoyeurs finissent parfois leur travail plus rapidement et le dernier à partir interrompait Harvey en pleine déclamation. Il lui disait: «Ça suffit maintenant, monsieur! On ferme la salle, il faut partir.» Dans les secondes qui suivaient, les lumières s'éteignaient. Et pendant que Harvey s'humiliait tout seul, Alan Brown, nous ayant rejoints dans les travées, faisait la cour à Charlotte assise à côté de lui. Pardonnez-moi, mais pourquoi est-ce que vous vous intéressez à tout cela? Au téléphone, vous disiez vouloir parler d'un incident en particulier?

— C'est exact, monsieur Leonard, répondit Derek. Nous nous intéressons surtout à l'incendie d'un sèche-cheveux dans l'une des loges avant la première d'*Oncle Vania*.

— Oui, ça, je m'en souviens car un inspecteur était venu me demander si le pompier de service avait eu un comportement inhabituel.

— C'était mon collègue de l'époque, Jesse Rosenberg, précisa Derek.

— Oui, c'est cela. Rosenberg, c'était son nom. Je lui ai dit que j'avais trouvé le pompier nerveux, mais que surtout, fait étonnant, un sèche-cheveux a pris feu vers 19 heures ce soir-là et que le pompier était introuvable. Heureusement, l'un des acteurs a su trouver un extincteur et maîtriser le sinistre avant que toute la loge s'embrase. Ç'aurait pu être une catastrophe.

— D'après le rapport de l'époque, le pompier n'est réapparu que vers 19 heures 30, dit Derek.

— Oui, c'est ce dont je me souviens. Mais si vous avez lu mon témoignage, pourquoi venir me voir? C'était il y a vingt ans… Vous espérez que je vous en raconte davantage?

— Dans le rapport, vous indiquez que vous étiez dans le couloir, que vous avez vu de la fumée filtrer sous la porte d'une loge et que vous avez appelé le pompier de service qui était introuvable.

— C'est exact, confirma Buzz Leonard. J'ai ouvert la porte, j'ai vu ce sèche-cheveux qui fumait et était en train de prendre feu. Tout est allé très vite.

— Ça, je le comprends bien, dit Derek. Mais ce qui m'a frappé en relisant votre témoignage c'est pourquoi la personne dans la loge n'a pas réagi elle-même à ce début d'incendie.

— Parce que la loge était vide, réalisa soudain Buzz. Il n'y avait personne à l'intérieur.

— Mais il y avait ce sèche-cheveux allumé?

— Oui, affirma Buzz Leonard, troublé. Je ne comprends pas pourquoi ce détail ne m'a jamais frappé… J'étais tellement obnubilé par l'incendie…

— Parfois, on a quelque chose juste devant les yeux et on ne le voit pas, dit Anna en se remémorant approximativement la phrase funeste prononcée par Stephanie.

Derek poursuivit:

— Dites-moi, Buzz, qui occupait cette loge?

— Charlotte Brown, repartit aussitôt le metteur en scène.

— Comment pouvez-vous en être si sûr?

— Parce que ce sèche-cheveux défectueux était le sien. Je m'en souviens. Elle disait que si elle l'utilisait trop, il chauffait et se mettait à fumer.

— Elle l'aurait volontairement laissé trop chauffer ? s'étonna Derek. Pourquoi ?

— Non, non, assura Buzz Leonard en rassemblant ses souvenirs. Il y a eu une grosse panne d'électricité, ce soir-là. Un problème avec les plombs qui n'arrivaient pas à supporter toute la puissance électrique nécessaire. Il était environ 19 heures. Je me rappelle cela car nous étions à une heure du début de la représentation et je paniquais parce que les techniciens étaient incapables de rétablir les plombs. Cela a pris un bon moment, mais ils y sont finalement parvenus et peu après, il y a eu ce début d'incendie.

— Cela signifie que Charlotte a quitté sa loge pendant la panne, en déduisit Anna. Le sèche-cheveux était branché et s'est remis en route en son absence.

— Mais si elle n'était pas dans sa loge, où était-elle ? se demanda Derek. Ailleurs dans le théâtre ?

— Si elle avait été dans les coulisses, fit remarquer Buzz Leonard, elle aurait forcément accouru à cause du grabuge autour de l'incendie. Il y a eu des cris et de l'excitation. Mais je me souviens qu'elle est venue se plaindre à moi de la disparition de son sèche-cheveux au moins une demi-heure plus tard. Je peux l'affirmer car à ce moment-là, j'étais terrifié à l'idée de ne pas être prêt à l'heure pour le lever de rideau. La partie officielle avait déjà commencé, nous ne pouvions pas nous permettre d'être en retard. Charlotte a débarqué dans ma loge, elle m'a dit que quelqu'un lui avait pris son sèche-cheveux. Fort agacé, je lui ai dit : « Ton sèche-cheveux a cramé, il est à la poubelle ! Tu n'es pas encore coiffée ? Et pourquoi tes chaussures sont-elles mouillées ? » Je me rappelle que ses chaussures de scène étaient trempées. Comme si elle avait volontairement marché dans de l'eau. À trente minutes de rentrer sur scène. Quelle angoisse !

— Ses chaussures étaient mouillées ? répéta Derek.

— Oui. Je me rappelle bien ces détails parce que, sur le moment, je croyais que la pièce allait tourner au fiasco. Nous étions à trente minutes du lever de rideau. Entre les plombs qui avaient sauté, le début d'incendie et mon actrice principale qui n'était pas prête et s'est pointée avec ses chaussures de scène trempées, j'étais loin d'imaginer à quel triomphe nous allions avoir droit ce soir-là.

— Et ensuite la pièce s'est déroulée normalement ? poursuivit Derek.

— Parfaitement.

— Quand avez-vous appris que le maire Gordon et sa famille avaient été assassinés ?

— Il y a eu une rumeur pendant l'entracte, mais nous n'y avons pas vraiment prêté attention. Je voulais que mes acteurs se concentrent sur la pièce. J'ai noté à la reprise que quelques personnes dans le public étaient parties, dont le maire Brown, ce que j'ai remarqué parce qu'il était assis au premier rang.

— À quel moment le maire s'est-il éclipsé ?

— Ça, je ne saurais pas vous le dire. Mais si ça peut vous aider d'une quelconque façon, j'ai la cassette vidéo de la pièce ?

Buzz Leonard alla farfouiller dans une pile de reliques entassées dans la bibliothèque et revint avec une vieille cassette VHS.

— On avait fait un enregistrement vidéo de

la première de la pièce, pour avoir un souvenir. La qualité n'est pas très bonne, c'est fait avec les moyens de l'époque, mais ça vous aidera peut-être à vous replonger dans l'ambiance. Promettez-moi simplement de me la rendre, j'y tiens.

— Bien entendu, l'assura Derek. Merci de votre aide très précieuse, monsieur Leonard.

En repartant de chez Buzz Leonard, Derek semblait très préoccupé.

— Qu'est-ce qu'il y a, Derek ? lui demanda Anna en montant en voiture.

— C'est cette histoire de chaussures, répondit-il. Je me souviens que le soir des meurtres, le tuyau de l'arrosage automatique des Gordon était cassé et le gazon devant leur maison était détrempé.

— Tu penses que Charlotte pourrait être impliquée ?

— On sait maintenant qu'elle n'était pas dans le Grand Théâtre à une heure qui correspond à celle des meurtres. Si elle est partie une demi-heure, cela lui laissait largement le temps d'un aller-retour du Grand Théâtre au quartier de Penfield alors que tout le monde la croyait dans sa loge. Je repense à cette phrase de Stephanie Mailer : ce qui était sous nos yeux et que nous n'avons pas vu. Et si ce soir-là, alors que le quartier de Penfield était bouclé et que des barrages étaient dressés dans toute la région, l'auteur du quadruple meurtre était en fait sur la scène du Grand Théâtre, devant les centaines de spectateurs qui lui servaient d'alibi ?

— À ton avis, Derek, cette cassette vidéo pourra nous aider à y voir plus clair ?

— Je l'espère, Anna. Si on voit le public, on pourra peut-être relever un détail qui nous avait échappé. Je dois t'avouer qu'à l'époque de notre enquête, ce qui s'était passé durant la pièce de théâtre ne nous avait pas paru très intéressant. C'est grâce à Stephanie Mailer, si nous sommes en train de nous pencher dessus aujourd'hui.

*
* *

Au même moment, dans son bureau de la mairie, Alan Brown écoutait, agacé, les doutes de son adjoint, Peter Frogg :

— Kirk Harvey est votre joker pour le festival ? L'ancien chef de la police ? Dois-je vous rappeler sa prestation dans *Moi, Kirk Harvey* ?

— Non, Peter, mais il paraît que sa nouvelle pièce est excellente.

— Mais qu'est-ce que vous en savez ? Vous ne l'avez même pas vue ! Vous êtes fou d'avoir promis *une pièce de théâtre sensationnelle* dans la presse !

— Et qu'aurais-je dû faire ? J'étais acculé par Michael, il fallait que je trouve une issue. Peter, ça fait vingt ans que nous travaillons ensemble, est-ce que je t'ai déjà donné une occasion de douter ?

La porte du bureau s'entrouvrit : une secrétaire passa timidement la tête par l'entrebâillement.

— J'ai demandé à ne pas être dérangé ! s'agaça le maire Brown.

— Je sais bien, monsieur le maire. Mais vous avez une visite impromptue : Meta Ostrovski, le grand critique.

— Il ne manquait plus que ça ! s'épouvanta Peter Frogg.

Quelques minutes plus tard, Ostrovski, tout sourire, était vautré dans un fauteuil face au maire. Il se félicitait d'avoir quitté New York pour venir dans cette ville charmante où il se sentait respecté à sa juste valeur. Pourtant, la première question du maire le froissa :

— Monsieur Ostrovski, je n'ai pas bien compris ce que vous faites à Orphea ?

— Eh bien, charmé par votre belle invitation, je suis venu assister à votre si célèbre festival de théâtre.

— Mais vous savez que le festival ne débute que dans deux semaines ? lui fit remarquer le maire.

— Parfaitement, répondit Ostrovski.

— Mais pourquoi ? demanda le maire.

— Pourquoi quoi alors ?

— Pour quoi faire ? interrogea le maire qui commençait à perdre patience.

— Pourquoi faire quoi ? demanda Ostrovski. Exprimez-vous plus clairement, mon vieux, vous me faites tourner en bourrique.

Peter Frogg, qui percevait l'exaspération de son patron, prit le relais.

— Le maire voudrait savoir s'il y a une raison à votre venue, comment dire, si prématurée à Orphea.

— Une raison à ma venue ? M'enfin, c'est vous qui m'avez invité ici. Et quand finalement j'arrive, tout fraternel et gai, vous me demandez ce que je fais là ? Vous êtes un peu pervers narcissique sur les bords, ou je me trompe ? Si vous préférez, je rentre à New York raconter à qui veut l'entendre qu'Orphea est la terre fertile de l'arrogance et de la malhonnêteté intellectuelle !

Le maire Brown eut soudain une idée.

— N'allez nulle part, monsieur Ostrovski ! Il se trouve que j'ai besoin de vous.

— Ah, vous voyez comme j'ai bien fait de venir !

— Demain, vendredi, je dois donner une conférence de presse pour annoncer la pièce d'ouverture du festival. Ce sera une avant-première mondiale. Je voudrais que vous soyez à mes côtés et que vous déclariez que c'est la pièce la plus extraordinaire qu'il vous ait été donné de voir de toute votre carrière.

Ostrovski dévisagea le maire, stupéfait par sa demande.

— Vous voulez que je mente de façon éhontée à la presse en encensant une pièce que je n'ai jamais vue ?

— Absolument, lui confirma le maire Brown. En échange de quoi, je vous installe dès ce soir dans une suite du Palace du Lac, et ce jusqu'à la fin du festival.

— Topez là, mon vieux ! s'écria Ostrovski, enthousiaste. Pour une suite, je vous promets les plus belles louanges !

Ostrovski parti, le maire Brown chargea son adjoint Frogg d'organiser le séjour du critique.

— Une suite au Palace pendant trois semaines, Alan ? s'étrangla ce dernier. Vous n'êtes pas sérieux ? Ça va coûter une fortune.

— Ne t'en fais pas, Peter. Nous trouverons un moyen de rééquilibrer les comptes. Si le festival est un succès, ma réélection est assurée et les citoyens se ficheront bien de savoir si le budget alloué a été dépassé. Nous amputerons l'édition suivante s'il le faut.

*
* *

À New York, dans l'appartement des Eden, Dakota se reposait dans sa chambre. Couchée sur son lit, les yeux fixés au plafond, elle pleurait en silence. Elle avait finalement pu quitter l'hôpital du Mount Sinai et rentrer chez elle.

Elle ne se souvenait plus de ce qu'elle avait fait après s'être enfuie de chez elle, le samedi. Elle se rappelait vaguement avoir rejoint Leyla à une soirée, s'y être défoncée avec de la kétamine et de l'alcool, puis des errances, des lieux inconnus, un club, un appartement, un garçon qu'elle embrasse, une fille aussi. Elle se souvenait de s'être retrouvée à vider une bouteille de vodka sur le toit d'un immeuble, s'être approchée du bord pour regarder la rue qui s'agitait en dessous. Elle s'était sentie irrémédiablement attirée par le vide. Elle avait voulu sauter. Pour voir. Mais elle ne l'avait pas fait. Peut-être que c'était la raison pour laquelle elle se défonçait. Pour avoir le courage de le faire un jour. Disparaître. Être en paix. Des policiers l'avaient réveillée dans une ruelle où elle dormait, en haillons. D'après les examens gynécologiques que lui avaient fait passer les médecins, elle n'avait pas été violée.

Elle fixait le plafond. Une grosse larme roula sur sa joue jusqu'à la commissure de ses lèvres. Comment avait-elle pu en arriver là ? Elle avait été une bonne élève, douée, ambitieuse, aimée. Elle avait eu tout pour elle. Une vie facile, sans écueil, et des parents qui avaient toujours été à ses côtés. Tout ce qu'elle avait voulu, elle l'avait eu. Et puis il y avait eu Tara Scalini et la tragédie qui s'était ensuivie. Depuis cet épisode, elle se détestait. Elle avait envie de se détruire. Elle avait envie de crever une fois pour toutes. Elle avait envie de se griffer la peau jusqu'au sang, de se faire du mal et que tout le monde puisse ensuite voir à ses marques combien elle se haïssait et combien elle souffrait.

Son père Jerry avait l'oreille collée derrière la porte. Il ne l'entendait même pas respirer. Il entrouvrit la porte. Elle ferma aussitôt les paupières pour faire semblant de dormir. Il marcha jusqu'au lit, ses pas étouffés par la moquette profonde, vit ses yeux clos et ressortit de la chambre. Il traversa le vaste appartement et regagna la cuisine où Cynthia l'attendait, assise sur une chaise haute, devant le comptoir.

— Alors ? demanda-t-elle.

— Elle dort.

Il se servit un verre d'eau et s'accouda au comptoir, face à sa femme.

— Qu'est-ce qu'on va faire ? se désespéra Cynthia.

— Je n'en sais rien, soupira Jerry. Parfois je me dis qu'il n'y a plus rien à faire. C'est sans espoir.

— Jerry, je ne te reconnais plus. Elle aurait pu être violée ! Quand je t'entends parler de cette façon, j'ai l'impression que tu as renoncé à ta fille.

— Cynthia, on a essayé les thérapies individuelles, thérapies de famille, gourou, magnétiseur, médecins en tous genres, tout ! On l'a envoyée deux fois en cure de désintoxication et ça a été deux fois une catastrophe. Je ne reconnais plus ma fille. Qu'est-ce que tu veux que je te dise ?

— Tu n'as pas essayé, toi, Jerry !

— Qu'est-ce que tu veux dire ?

— Oui, tu l'as envoyée chez tous les médecins possibles, tu l'y as même accompagnée parfois, mais tu n'as pas essayé, toi, de l'aider !

— Mais qu'est-ce que je pourrais faire de plus que les médecins n'ont pas pu faire ?

— Ce que tu pourrais faire de plus ? Mais tu es son père, bon sang ! Tu n'as pas toujours été comme ça avec elle. As-tu oublié l'époque où vous étiez tellement complices ?

— Tu sais très bien ce qui s'est passé entre-temps, Cynthia !

— Je le sais, Jerry ! Justement : il faut que tu la répares. Tu es le seul à pouvoir le faire.

— Et cette petite qui est morte ? s'étrangla Jerry. Pourra-t-on jamais la réparer ?

— Arrête, Jerry ! On ne peut pas revenir en arrière. Ni toi, ni moi, ni personne. Emmène Dakota, je t'en prie, et sauve-la. New York est en train de la tuer.

— L'emmener où ?

— Là où nous étions heureux. Emmène-la à Orphea. Dakota a besoin d'un père. Pas d'un couple de parents qui se crient dessus à longueur de journée.

— On se crie dessus parce que…

Jerry avait élevé la voix et sa femme avait aussitôt posé doucement ses doigts sur sa bouche pour le faire taire.

— Sauve notre fille, Jerry. Il n'y a que toi qui puisses le faire. Elle doit quitter New York, emmène-la loin de ses fantômes. Pars, Jerry, je t'en supplie. Pars et reviens-moi. Je veux retrouver mon mari, je veux retrouver ma fille. Je veux retrouver ma famille.

Elle éclata en pleurs. Jerry acquiesça d'un air entendu, elle retira son doigt de ses lèvres, il quitta la cuisine et se dirigea d'un pas décidé vers la chambre de sa fille. Il en poussa la porte d'un geste brusque et ouvrit grand les stores.

— Hé, qu'est-ce que tu fais ? protesta Dakota en se dressant dans son lit.

— Ce que j'aurais dû faire il y a bien longtemps.

Il ouvrit un tiroir au hasard, puis un deuxième et fouilla sans ménagement à l'intérieur. Dakota bondit hors de son lit.

— Arrête ! Arrête, papa ! Le docteur Lern a dit que…

Elle voulut s'interposer entre son père et le tiroir, mais Jerry l'en empêcha en l'écartant d'un geste vigoureux qui la surprit.

— Le docteur Lern a dit que tu devais arrêter de te défoncer ! tonna Jerry en agitant un sachet rempli de poudre blanchâtre qu'il venait de trouver.

— Laisse ça ! hurla-t-elle.

— Qu'est-ce que c'est ? De la putain de kétamine ?

Sans attendre la réponse, il entra dans la salle de bains contiguë à la chambre.

— Arrête ! Arrête ! hurlait Dakota qui tentait de récupérer le sachet de la main de son père, tandis que ce dernier, de son bras musclé, la tenait à distance.

— Tu cherches quoi ? demanda-t-il en ouvrant le couvercle des toilettes. À crever ? À finir en prison ?

— Ne fais pas ça ! implora-t-elle en se mettant à pleurer sans que l'on sache s'il s'agissait de rage ou de tristesse.

Il versa la poudre dans les toilettes, tira aussitôt la chasse d'eau sous les yeux impuissants de sa fille qui finit par hurler :

— Tu as raison, je cherche à crever pour ne plus avoir à te supporter !

Son père lui lança un regard triste et lui annonça d'une voix étonnamment calme :

— Fais ta valise, nous partons demain matin à la première heure.

— Quoi ? Comment ça, *nous partons* ? Je ne vais nulle part, prévint-elle.

— Je ne te demande pas ton avis.

— Et je peux savoir où on va ?

— À Orphea.

— À Orphea ? Qu'est-ce qui te prend ? Je ne retournerai jamais là-bas ! Et de toute façon j'ai déjà fait des plans, figure-toi : Leyla a un copain qui a une maison à Montauk et…

— Oublie Montauk. Tes plans viennent de changer.

— Quoi ? hurla Dakota. Non, tu ne peux pas me faire ça ! Je ne suis plus un bébé, je fais ce que je veux !

— Non, tu ne fais pas ce que tu veux. Je t'ai laissée trop longtemps faire ce que tu voulais.

— Sors de ma chambre maintenant, laisse-moi tranquille !

— Je ne te reconnais plus, Dakota…

— Je suis une adulte, je ne suis plus ta petite fille qui te récitait l'alphabet en mangeant ses céréales !

— Tu es ma fille, tu as 19 ans, tu fais ce que je te dis. Et je te dis : fais ta valise.

— Et maman ?

— Ce sera juste toi et moi, Dakota.

— Pourquoi est-ce que je partirais avec toi ? Je veux en discuter d'abord avec le docteur Lern.

— Non, il n'y aura pas de discussion avec Lern, ni avec personne. Il est temps qu'on te mette des limites.

— Tu ne peux pas me faire ça ! Tu ne peux pas me forcer à partir avec toi !

— Si. Parce que je suis ton père et que je te l'ordonne.

— Je te déteste ! Je te déteste, tu m'entends ?

— Oh, je le sais bien, Dakota, tu n'as pas besoin de me le rappeler. Fais ta valise maintenant. Nous partons demain matin à la première heure, répéta Jerry d'un ton qui n'appelait aucune tergiversation.

Il quitta la chambre d'un pas décidé, alla se servir un scotch et l'avala en quelques gorgées, contemplant par la baie vitrée la nuit spectaculaire qui tombait sur New York.

Au même instant, Steven Bergdorf rentrait chez lui. Il puait la sueur et le sexe. Il avait assuré à sa femme qu'il assistait au vernissage d'une exposition pour le compte de la *Revue*, mais en réalité il était allé faire les boutiques avec Alice. Il avait encore cédé à des folies dépensières, elle lui avait promis qu'il pourrait la baiser ensuite et elle avait tenu parole. Il l'avait sautée comme un gorille furieux dans son petit appartement de la 100e Rue, après quoi, elle avait réclamé un week-end romantique.

— Partons demain, Stevie, passons deux jours en amoureux.

— Impossible, lui assura d'un ton navré Steven tout en remettant son slip, car non seulement il n'avait plus un kopeck, mais il avait une famille sur le dos.

— Tout est toujours impossible avec toi, Stevie! gémit Alice qui était d'humeur à jouer à l'enfant. Pourquoi n'irions-nous pas à Orphea, cette ville charmante où nous étions au printemps l'an passé?

Comment justifier d'aller là-bas? Il avait déjà joué le joker de son invitation au festival alors.

— Et que suis-je supposé dire à ma femme? demanda-t-il.

Alice vit rouge et lui envoya un coussin en pleine figure.

— Ta femme, ta femme! hurla-t-elle. Je t'interdis d'évoquer ta femme en ma présence!

Alice l'avait chassé de chez elle, et Steven était rentré chez lui.

Dans la cuisine, sa femme et les enfants terminaient de dîner. Sa femme lui adressa un sourire tendre ; il n'osa pas l'embrasser. Il empestait le sexe.

— Maman a dit qu'on allait partir pour les vacances au parc de Yellowstone, lui annonça alors son aînée.

— On va même dormir dans un camping-car, s'extasia le cadet.

— Votre maman devrait me consulter avant de faire des promesses, leur dit simplement Steven.

— Allons, Steve, objecta sa femme, on part en août. Dis oui. J'ai posé mes congés. Et ma sœur est d'accord pour nous prêter son camping-car.

— Mais enfin, s'emporta Steven, vous êtes fous ! Un parc où pullulent de dangereux grizzlys ! As-tu lu les statistiques : rien que l'année passée, il y a eu des dizaines de blessés dans le parc ! Et même une femme tuée par un bison ! Je ne vous parle pas des pumas, des loups et des sources d'eau bouillante.

— Tu exagères, Steve, désapprouva sa femme.

— *J'exagère, moi* ? Tiens, regarde !

Il sortit de sa poche un article imprimé plus tôt dans la journée et en donna lecture : *« 22 personnes sont mortes depuis 1870 dans les sources de soufre de Yellowstone. Au printemps dernier, un jeune de 20 ans, faisant fi des panneaux d'avertissement, s'est jeté dans une piscine de soufre bouillante. Il est mort sur le coup et les secours, n'ayant pu ressortir son corps que le lendemain de l'accident en raison des conditions climatiques, n'ont retrouvé que ses sandales en plastique. Tout son corps avait été dissous par le soufre. Il ne restait plus rien. »*

— Il faut vraiment être idiot pour se jeter dans une source de soufre ! s'éleva sa fille.

— À qui le dis-tu, ma chérie ! approuva la femme de Steven.

— Maman, on va mourir à Yellowstone ? s'inquiéta le fils cadet.

— Non, s'agaça la mère.

— Oui ! hurla Steven avant d'aller s'enfermer dans la salle de bains au prétexte de vouloir prendre une douche.

Il ouvrit le jet d'eau et s'assit sur la cuvette des toilettes, complètement dépité. Que devait-il dire à ses enfants ? Que leur papa avait dépensé toutes les économies de la famille parce qu'il était incapable de maîtriser ses pulsions ?

Il s'était retrouvé à renvoyer Stephanie Mailer, alors qu'elle était une journaliste talentueuse et prometteuse, puis à chasser ce pauvre Meta Ostrovski qui ne faisait de mal à personne et qui, de surcroît, était son chroniqueur vedette. Qui serait le prochain ? Probablement lui-même, quand on découvrirait qu'il avait une liaison avec une employée de la moitié de son âge et qu'il lui achetait des cadeaux aux frais de la *Revue*.

Alice était insatiable, il ne savait plus comment mettre un terme à cette spirale infernale. La quitter ? Elle menaçait de l'accuser de viol. Il voulait que tout puisse s'arrêter maintenant. Pour la première fois, il avait envie qu'Alice meure. Il trouva même que la vie était injuste : si elle était morte à la place de Stephanie, tout serait si simple.

La sonnerie de son téléphone lui annonça la réception d'un courriel. Machinalement, il regarda son écran, et soudain son visage s'illumina. Le message émanait de la mairie d'Orphea. Quelle coïncidence ! Depuis son article sur le festival, l'année précédente, il était dans la liste d'envoi de la mairie. Il ouvrit aussitôt le courriel: c'était un rappel à propos de la conférence de presse qui se tiendrait le lendemain à 11 heures à l'hôtel de ville et au cours de laquelle le maire allait « *révéler le nom de la pièce exceptionnelle qui serait jouée en avant-première mondiale en ouverture du festival de théâtre* ».

Il écrivit immédiatement un message à Alice pour lui dire qu'il l'emmenait à Orphea et qu'ils partiraient de bonne heure le lendemain matin. Il sentait son cœur battre fort dans sa poitrine. Il allait la tuer.

Il n'aurait jamais imaginé un jour être prêt à assassiner quelqu'un de sang-froid. Mais c'était un cas de force majeure. C'était la seule solution pour se débarrasser d'elle.

## *STEVEN BERGDORF*

Ma femme Tracy et moi avons toujours eu une politique très stricte quant à l'utilisation d'Internet par nos enfants: ils pouvaient s'en servir pour s'instruire et s'éduquer, mais hors de question d'y faire tout et n'importe quoi. En particulier, interdiction de s'inscrire sur des sites de discussion. Nous avions entendu trop d'histoires sordides sur des enfants abordés par des pédophiles se faisant passer pour des mômes de leur âge.

Mais au printemps 2013, quand notre fille aînée eut 10 ans, elle exigea de pouvoir s'inscrire sur Facebook.

— Pour quoi faire ? lui demandai-je.

— Toutes mes copines sont sur Facebook !

— Ce n'est pas une raison valable. Tu sais bien que ta mère et moi n'approuvons pas ce genre de sites. Internet n'a pas été conçu pour des idioties pareilles.

À cette remarque ma fille de 10 ans me répondit :

— Le Metropolitan Museum est sur Facebook, le MoMA aussi, National Geographic, le Ballet de Saint-Pétersbourg. Tout le monde est sur Facebook, sauf moi ! On vit comme des Amish dans cette maison !

Ma femme Tracy jugea qu'elle n'avait pas tort et argua que notre fille était intellectuellement très en avance sur ses camarades et qu'il était important qu'elle puisse avoir des interactions avec les enfants de son âge si elle ne voulait pas finir totalement isolée à l'école.

J'étais réticent malgré tout. J'avais lu de nombreux articles à propos de ce que les adolescents s'infligeaient à travers les réseaux sociaux : agressions écrites et visuelles, insultes en tous genres et images choquantes. Nous eûmes un conseil de famille avec ma femme et ma fille pour débattre de la question et je leur donnai lecture d'un article du *New York Times* concernant un drame récent survenu dans un lycée de Manhattan où une élève s'était suicidée après avoir été victime d'une campagne de harcèlement sur Facebook.

— Étiez-vous au courant de cette histoire ? Cela s'est passé la semaine dernière, ici, à New York : « *Violemment insultée et menacée sur Facebook où l'on avait divulgué, à son insu, un message dans lequel elle révélait son homosexualité, la jeune femme de 18 ans, en dernière année du très prestigieux lycée privé de Hayfair, s'est donné la mort chez elle.* » Vous vous rendez compte !

— Papa, je veux juste pouvoir interagir avec mes copines, me dit ma fille.

— Elle a 10 ans et elle utilise le mot *interagir*, souligna Tracy. Je crois qu'elle est suffisamment mûre pour avoir un compte Facebook.

Je finis par céder à une condition, qui fut acceptée : ouvrir moi aussi un compte Facebook afin de pouvoir suivre les activités de notre fille et m'assurer qu'elle n'était pas victime de harcèlement.

Je dois avouer ici que je n'ai jamais été très doué avec les nouvelles technologies. Peu après la création de mon compte Facebook, ayant besoin d'aide pour sa configuration, j'en parlai avec Stephanie Mailer alors que nous buvions un café à la salle de repos de la rédaction de la *Revue*. « Vous vous êtes inscrit sur Facebook, Steven ? » s'amusa Stephanie, avant de me donner un rapide cours sur les paramètres de compte et leur utilité.

Plus tard, le même jour, Alice, en entrant dans mon bureau pour m'apporter du courrier, me dit :

— Vous devriez mettre une photo de profil.

— Une photo de mon profil ? Où ça ?

Elle rit :

— Sur votre profil Facebook. Vous devriez mettre une photo de vous. Je vous ai ajouté comme ami.

— Nous sommes connectés sur Facebook ?

— Si vous acceptez ma demande d'amitié, oui.

Je le fis aussitôt. Je trouvai la démarche amusante. Quand elle fut partie, je parcourus sa page Facebook, je regardai ses photos et je dois avouer que cela fut amusant. Je ne connaissais pas Alice autrement que comme la fille qui m'apportait le courrier. Je découvrais à présent sa famille, ses lieux de prédilection, ses goûts de lecture. Je découvrais sa vie. Stephanie m'avait montré comment envoyer des messages et je décidai d'en envoyer un à Alice :

*Vous étiez en vacances au Mexique ?*

Elle me répondit :

*Oui, l'hiver passé.*

Je lui dis :

*Les photos sont chouettes.*

Elle me répondit encore :

*Merci.*

Ce fut le début d'échanges intellectuellement navrants mais je dois dire addictifs. Des conversations totalement futiles mais qui m'amusaient.

Le soir, alors que d'ordinaire je lisais ou regardais un film avec ma femme, je me mis à avoir des conversations idiotes sur Facebook avec Alice :

> MOI : *J'ai vu que tu as mis une photo d'un exemplaire du* Comte de Monte-Cristo. *Tu aimes la littérature française ?*
>
> ALICE : *J'adore la littérature française. J'ai pris des cours de français à l'université.*
>
> MOI : *Vraiment ?*
>
> ALICE : *Oui. Je rêve de devenir écrivain. Et de m'installer à Paris.*
>
> MOI : *Tu écris ?*
>
> ALICE : *Oui, je suis en train d'écrire un roman.*
>
> MOI : *J'adorerais le lire.*
>
> ALICE : *Peut-être quand je l'aurai terminé. Vous êtes encore au bureau ?*
>
> MOI : *Non, chez moi. Je viens de terminer de dîner.*

Ma femme, qui lisait dans le canapé, s'interrompit pour me demander ce que je faisais.

— Je dois terminer un article, lui répondis-je.

Elle se replongea dans son livre et moi dans mon écran :

ALICE : *Vous avez mangé quoi ?*
MOI : *De la pizza. Et toi ?*
ALICE : *Je vais aller dîner maintenant.*
MOI : *Où ça ?*
ALICE : *Je ne sais pas encore. Je sors avec des amies.*
MOI : *Alors, bonne soirée.*

L'échange s'arrêta ici, elle était probablement sortie. Mais quelques heures plus tard, alors que je m'apprêtais à aller me coucher, j'eus la curiosité d'un dernier tour sur Facebook et je vis qu'elle m'avait répondu :

ALICE : *Merci.*

J'avais envie de relancer la conversation.

MOI : *Ta soirée était bien ?*
ALICE : *Bof, ennuyeuse. J'espère que vous passez une bonne soirée.*
MOI : *Pourquoi ennuyeuse ?*
ALICE : *Je m'ennuie un peu avec les gens de mon âge. Je préfère être avec des gens plus mûrs.*

Ma femme m'appela depuis la chambre.
— Steve, tu viens te coucher ?
— J'arrive.
Mais je me laissai prendre dans la discussion, et je restai en ligne avec Alice jusqu'à 3 heures du matin.

Quelques jours plus tard, alors que je me rendais avec ma femme au vernissage d'une exposition de peinture, je tombai nez à nez avec Alice au buffet. Elle portait une robe courte et des talons: elle était magnifique.

— Alice? m'étonnai-je. Je ne savais pas que tu venais.

— Moi, je savais que vous veniez.

— Comment?

— Vous avez reçu l'invitation à cette soirée sur Facebook et vous avez répondu que vous viendriez.

— Et tu peux voir ça sur Facebook?

— Oui, on voit tout sur Facebook.

Je souris, amusé.

— Qu'est-ce que tu bois? lui demandai-je.

— Un martini.

Je passai commande pour elle, puis je demandai deux verres de vin.

— Vous êtes avec quelqu'un? s'enquit Alice.

— Avec ma femme. Elle m'attend d'ailleurs, je vais aller la rejoindre.

Alice eut une mine déçue.

— Tant pis pour moi, me dit-elle.

Ce soir-là, en rentrant du vernissage, un message m'attendait sur Facebook.

> *J'aimerais tellement pouvoir boire un verre seule avec vous.*

Après une longue hésitation, je répondis:

> *Demain à 16 heures au bar du* Plaza?

Je ne sais pas quelle idée saugrenue me prit de suggérer à la fois ce verre et le *Plaza*. Le verre, sans doute, parce que j'étais attiré par Alice et que l'idée que je puisse plaire à une belle femme de 25 ans me flattait. Le *Plaza*, certainement parce que c'était le dernier lieu à New York où j'irais prendre un verre : l'endroit n'était pas du tout mon genre et il était situé à l'opposé de mon quartier. Je ne risquais donc pas d'y croiser quelqu'un. Non pas que je m'imaginais qu'il allait se passer quoi que ce soit avec Alice, mais je ne voulais pas que les gens se l'imaginent. À 16 heures, au *Plaza*, je serais vraiment tranquille.

En pénétrant dans le bar, j'étais nerveux et excité à la fois. Elle m'attendait déjà, lovée dans un fauteuil. Je lui demandai ce qu'elle voulait et elle me répondit : « Vous, Steven. »

Une heure plus tard, complètement ivre de champagne, je lui faisais l'amour dans une chambre du *Plaza*. Ce fut un moment d'une intensité folle. Je crois que je n'avais jamais vécu ça avec ma propre femme.

Il était 22 heures lorsque je rentrai chez moi, les sens en émoi, le cœur battant, chamboulé par ce que je venais de vivre. Je gardais les images de ce corps que j'avais pénétré, de ces seins si fermes que j'avais attrapés, de cette peau qui s'était offerte à moi. Je ressentais en moi une excitation adolescente. Je n'avais jamais trompé ma femme auparavant. Je n'avais jamais imaginé tromper ma femme un jour. J'avais toujours jugé très sévèrement ceux de mes amis ou collègues qui avaient eu une aventure extraconjugale. Mais en entraînant Alice dans cette chambre d'hôtel, je n'y avais même pas pensé. Et j'en étais ressorti avec une seule idée en tête : recommencer. Je me sentais tellement bien que je trouvais qu'il n'y avait rien de mal à tromper sa femme. Je n'avais même pas l'impression d'avoir fauté. J'avais vécu. Tout simplement.

En poussant la porte de mon appartement, ma femme me tomba dessus :

— Où étais-tu, Steven ? J'étais morte d'inquiétude.

— Désolé, grosse urgence à la *Revue*, j'ai cru que je finirais plus tôt.

— Mais enfin, je t'ai laissé au moins dix messages. Tu aurais pu appeler, me reprocha-t-elle. J'étais sur le point de prévenir la police.

J'allai dans la cuisine pour fouiller le frigo. Je crevais de faim. Je trouvai une assiette de restes que je fis réchauffer et je mangeai à même le comptoir. Ma femme, elle, s'activait entre la table et l'évier, à ranger tout le petit merdier laissé par nos enfants. Je ne me sentais toujours pas coupable. Je me sentais bien.

Le lendemain matin, en débarquant dans mon bureau avec le courrier du jour, Alice, d'un air mutin, me donna du « Bonjour, monsieur Bergdorf ».

— Alice, murmurai-je, il faut absolument que je te revoie.

— J'en ai envie aussi, Steven. Tout à l'heure chez moi ?

Elle nota son adresse sur un morceau de papier et le déposa sur une pile de lettres.

— J'y serai à 18 heures. Viens quand tu veux.

Je passai la journée dans un état de surexcitation totale. Quand il fut enfin l'heure, je pris un taxi en direction de la 100$^{e}$ Rue, où elle vivait. Je m'arrêtai deux blocs avant pour trouver des fleurs de supermarché. Le bâtiment était vétuste, étriqué. L'interphone de l'entrée était cassé mais la porte ouverte. Je montai les deux étages à pied puis parcourus un couloir étroit jusqu'à trouver l'appartement. Il y avait deux noms sur la sonnette, auxquels je ne fis pas attention, mais je fus inquiet qu'il puisse y avoir quelqu'un d'autre dans l'appartement. Quand Alice m'ouvrit, à moitié nue, je compris que non.

— Tu as un colocataire ? demandai-je malgré tout, soucieux de ne pas être vu.

— On s'en fout, elle n'est pas là, me répondit Alice en m'attrapant par le bras pour me faire entrer et en refermant la porte du bout du pied.

Elle m'entraîna dans sa chambre où je restai jusque tard dans la soirée. Et je recommençai le lendemain, et le jour d'après. Je ne pensais qu'à elle, je ne voulais qu'elle. Alice, tout le temps. Alice partout.

Après une semaine, elle me proposa de la retrouver au bar du *Plaza*, comme la première fois. Je trouvai l'idée formidable : j'y réservai une chambre et je prévins ma femme que je devais aller à Washington et que j'y passerais la nuit. Elle ne se doutait de rien : tout me semblait tellement simple.

Nous nous soûlâmes au bar avec du champagne grand cru et nous dînâmes à la Palmeraie. J'ignore pourquoi, mais j'avais envie de l'impressionner. C'était peut-être l'effet du *Plaza*. Ou peut-être c'était le fait de me sentir plus libre. Avec ma femme c'était budget, budget, budget. Il fallait toujours faire attention : les courses, les sorties, les achats. La moindre dépense était soumise à délibération. Nos vacances d'été étaient d'ailleurs toujours fixées, d'année en année : nous les passions dans le pavillon en planches proche du lac Champlain que possédaient les parents de ma femme, et dans lequel nous allions nous entasser avec la famille de ma belle-sœur. J'avais souvent proposé de changer de destination, mais ma femme me disait : « Les enfants aiment aller là-bas. Ils passent du temps avec leurs cousins. On peut y aller en voiture, c'est pratique et puis on n'a pas besoin de payer pour un hôtel. Pourquoi faire des dépenses inutiles ? »

Dans ce *Plaza* qui me semblait déjà presque familier, dînant en tête à tête avec cette fille de 25 ans, je songeai que ma femme ne savait pas vivre.

— Stevie, tu m'écoutes ? me demanda Alice, en décortiquant son homard.

— Je n'écoute que toi.

Le sommelier remplit nos verres d'un vin au prix absurde. La bouteille était terminée et j'en commandai aussitôt une nouvelle. Alice me dit :

— Tu sais ce que j'aime chez toi, Stevie : tu es un homme, un vrai, avec des couilles, des responsabilités, du pognon. J'en peux plus de ces petits puceaux qui comptent leurs dollars et m'emmènent à la pizzeria. Toi, tu sais baiser, tu sais vivre, tu me rends heureuse. Tu vas voir comment je vais te remercier.

Non seulement Alice me rendait heureux, mais elle me sublimait. Je me sentais puissant à ses côtés, je me sentais homme quand je l'emmenais faire les boutiques et que je la gâtais. J'avais l'impression d'être enfin l'homme que j'avais toujours voulu être.

Je pouvais dépenser sans trop me préoccuper de mes finances : j'avais un peu d'argent de côté, un compte dont je n'avais pas parlé à ma femme et qui était crédité des remboursements de frais de la *Revue* auxquels je n'avais jamais touché et qui avaient constitué, au fil des années, un capital de quelques milliers de dollars.

*

On dit bientôt de moi que j'avais changé. J'avais l'air plus sûr, plus heureux, on me remarquait davantage. Je m'étais mis au sport, j'avais minci et j'avais utilisé cette excuse pour rajeunir un peu ma garde-robe, accompagné par Alice.

— Quand as-tu eu le temps de faire des achats ? me demanda ma femme lorsqu'elle remarqua mes nouveaux vêtements.

— Une boutique proche du bureau. J'en avais vraiment besoin, je suis ridicule dans mes pantalons trop grands.

Elle eut une moue :

— On dirait que tu veux faire jeune.

— Je n'ai pas encore 50 ans, je suis encore jeune, non ?

Ma femme ne comprenait rien. Quant à moi, je n'avais jamais vécu une histoire d'amour pareille, car c'était bien d'amour qu'il s'agissait. J'étais tellement entiché d'Alice que je songeai rapidement à divorcer de ma femme. Je ne voyais mon avenir qu'avec Alice. Elle me faisait rêver. Je m'imaginais même vivre dans son tout petit appartement, s'il le fallait. Mais ma femme ne se doutant d'absolument rien, je décidai de ne pas précipiter les choses : pourquoi me créer des complications alors que tout fonctionnait à merveille ? Je préférais consacrer mon énergie et surtout mon argent à Alice : notre train de vie commençait à me coûter cher, mais je m'en fichais complètement. Ou alors, je ne voulais pas y prêter attention. J'aimais tellement lui faire plaisir. Pour y parvenir, je dus prendre une nouvelle carte de crédit, avec un plafond de dépenses plus élevé, de même que je m'organisai pour faire passer une partie de nos dîners en notes de frais de la *Revue*.

Il n'y avait pas de problèmes, il n'y avait que des solutions.

Début mai 2013, je reçus, à la *Revue*, une lettre de la mairie d'Orphea m'offrant de venir passer un week-end dans les Hamptons à leurs frais, en échange de la publication d'un article sur le festival de théâtre dans le prochain numéro de la *Revue*, censé paraître fin juin. Soit juste à temps pour drainer encore des spectateurs. La mairie redoutait visiblement une affluence limitée, et s'engageait même à acheter trois pages de publicité dans la *Revue*.

Il y avait un moment que je songeais à organiser quelque chose de spécial pour Alice. Je rêvais de l'emmener quelque part pour un week-end romantique. Jusque-là, je voyais mal comment je pouvais le faire avec ma femme et mes enfants sur le dos, mais cette invitation changeait la donne.

Quand j'annonçai à ma femme que je devais me rendre à Orphea pour le week-end dans le cadre d'un article, elle me réclama de pouvoir m'accompagner.

— Trop compliqué, dis-je.

— Compliqué ? Je demande à ma sœur de garder les enfants. Ça fait des lustres qu'on n'a pas passé un week-end ensemble, en amoureux.

J'aurais voulu répondre que c'était justement un week-end en amoureux, mais avec une autre. Je me contentai d'une explication embrouillée :

— Tu sais bien que c'est très compliqué de mélanger le boulot et le privé. Ça va faire jaser tout le monde à la rédaction, et je ne te parle même pas du service comptabilité qui n'aime pas ça et va me faire une misère pour chaque note de frais de repas.

— Je paierai ma part, m'assura ma femme. Allez, Steven, ne sois pas si têtu, enfin !

— Non, c'est impossible. Je ne peux pas faire les choses à ma guise. Ne complique pas tout, Tracy.

— *Compliquer les choses*? Qu'est-ce que je complique ? Steven, c'est l'occasion de nous retrouver, de passer deux jours dans un bel hôtel.

— Ce n'est pas très marrant, tu sais. C'est un voyage de boulot. Crois-moi, je n'y vais pas de gaieté de cœur.

— Alors, pourquoi tiens-tu absolument à y aller? Toi qui m'as toujours soutenu que tu ne remettrais plus jamais les pieds à Orphea ? Tu n'as qu'à envoyer quelqu'un d'autre à ta place. Tu es le rédacteur en chef, après tout.

— Justement parce que je suis le rédacteur en chef. Je dois y aller.

— Tu sais, Steven, depuis quelque temps, tu n'es plus le même : tu ne me parles plus, tu ne me touches plus, je ne te vois plus, tu t'occupes à peine des enfants et même quand tu es avec nous c'est comme si tu n'étais pas là. Qu'est-ce qui se passe, Steven ?

Nous nous disputâmes un long moment. Le plus étrange pour moi était que nos disputes me laissaient à présent indifférent. Je n'avais rien à fiche de l'avis de ma femme, ni de son mécontentement. Je me sentais en position de force : elle n'avait qu'à s'en aller si elle n'était pas contente. J'avais une autre vie qui m'attendait ailleurs, avec une jeune femme dont j'étais follement épris, et je me disais souvent en parlant de mon épouse : « Si elle me fait trop chier cette conne, je divorce. »

Le lendemain soir, prétendant à ma femme devoir me rendre à Pittsburgh pour une entrevue avec un grand écrivain, je retins une chambre au *Plaza* – auquel j'avais totalement pris goût – et invitai Alice à me rejoindre pour dîner à la Palmeraie et passer la nuit ensemble. J'en profitai pour lui annoncer la bonne nouvelle de notre week-end à Orphea, ce fut une soirée magique.

Mais le jour d'après, au moment de quitter l'hôtel, le réceptionniste m'indiqua que ma carte de crédit était refusée, faute de solde suffisant. Je sentis mon ventre se nouer et des sueurs froides monter en moi. Heureusement, Alice était déjà partie à la *Revue* et n'assista pas à ce moment d'embarras. Je téléphonai immédiatement à ma banque pour obtenir des explications et, à l'autre bout du fil, l'employé m'expliqua :

— Votre carte a atteint son plafond de 10000 dollars, monsieur Bergdorf.

— Mais j'ai contracté une autre carte chez vous.

— Oui, votre carte Platinum. Le plafond est à 25000 dollars mais il est atteint aussi.

— Alors renflouez la carte avec le compte associé.

— Il est en négatif de 15000 dollars.

Je fus pris de panique.

— Êtes-vous en train de me dire que j'ai 45000 dollars de découvert chez vous ?

— 58480 dollars pour être précis, monsieur Bergdorf. Car il y a encore 10000 dollars sur votre autre carte de crédit ainsi que les intérêts dus.

— Et pourquoi ne m'avez-vous pas prévenu plus tôt ? éructai-je.

— La gestion de vos finances ne nous regarde pas, monsieur, me répondit l'employé sans se départir de son calme.

Je traitai le type d'idiot et songeai que ma femme ne m'aurait jamais laissé me mettre dans une situation pareille. C'était toujours elle qui faisait attention au budget. Je décidai de repousser le problème à plus tard : rien ne devait gâcher mon week-end avec Alice, et comme le type de la banque m'informa que j'avais droit à une nouvelle carte de crédit, j'acceptai aussitôt.

Il fallait néanmoins que je fasse attention à mes dépenses et surtout que je paie ma nuit au *Plaza*, ce que je fis en utilisant la carte de la *Revue*. Ce fut la première d'une série d'erreurs que j'allais commettre.

*Deuxième Partie*

# Vers la surface

# -4

# Secrets

---

VENDREDI 11 JUILLET - DIMANCHE 13 JUILLET 2014

## JESSE ROSENBERG

*Vendredi 11 juillet 2014*

*15 jours avant la première*

Sur la marina d'Orphea, je buvais un café avec Anna en attendant Derek.

— Donc, tu as finalement laissé Kirk Harvey en Californie ? me demanda Anna après que je lui eus raconté ce qui s'était passé à Los Angeles.

— Ce type est un menteur, dis-je.

Derek arriva finalement. Il semblait préoccupé.

— Le major McKenna est furieux contre toi, me dit-il. Après ce que tu as fait à Harvey, tu es à deux doigts de te faire virer. Tu ne dois l'approcher sous aucun prétexte.

— Je sais, répondis-je. Aucun risque, de toute façon. Kirk Harvey est à Los Angeles.

— Le maire veut nous voir, dit alors Anna. J'imagine qu'il veut nous passer un savon.

À voir le regard que me lança le maire Brown lorsque nous pénétrâmes dans son bureau, je compris qu'Anna avait raison.

— J'ai été informé de ce que vous avez fait à ce pauvre Kirk Harvey, capitaine Rosenberg. C'est indigne de votre fonction.

— Ce type voulait tous nous mener en bateau, il n'a pas la première information valable concernant l'enquête de 1994.

— Vous le savez parce qu'il n'a pas parlé sous la torture ? ironisa le maire.

— Monsieur le maire, j'ai perdu mes nerfs et je le regrette, mais…

Le maire Brown ne me laissa pas terminer.

— Vous me révulsez, Rosenberg. Et vous êtes prévenu. Si vous touchez ne serait-ce qu'un cheveu de cet homme, je vous détruirai.

À cet instant, l'assistante de Brown, par l'interphone, annonça l'entrée imminente de Kirk Harvey.

— Vous l'avez fait venir quand même ? m'étonnai-je, stupéfait.

— Sa pièce est extraordinaire, se justifia le maire.

— Mais c'est une arnaque ! m'écriai-je.

La porte du bureau s'ouvrit soudain et Kirk Harvey apparut. Aussitôt qu'il me vit, il se mit à hurler :

— Cet homme n'a pas le droit d'être ici en ma présence ! Il m'a tabassé sans raison !

— Kirk, tu n'as rien à craindre de cet homme, lui assura le maire Brown. Tu es sous ma protection. Le capitaine Rosenberg et ses collègues s'en allaient justement.

Le maire nous pria de partir et nous obéîmes, pour ne pas envenimer la situation.

Juste après notre départ, Meta Ostrovski arriva à son tour dans le bureau du maire. Pénétrant dans la pièce, il toisa Harvey un instant avant de se présenter :

— Meta Ostrovski, critique le plus craint et le plus célèbre de ce pays.

— Oh, mais je te connais, toi ! le fusilla Kirk du

regard. Poison ! Batracien ! Tu m'as rabaissé plus bas que terre il y a vingt ans.

— Ah, je n'oublierai jamais la nullité de ta pièce scélérate qui nous a cassé les oreilles tous les soirs du festival après *Oncle Vania* ! Ton spectacle était si affreux que les rares spectateurs en ont perdu la vue !

— Avale ta langue, je viens d'écrire la plus grande pièce de théâtre de ces cent dernières années !

— Comment oses-tu t'auto-congratuler ? s'éleva Ostrovski. Seul un *Critique* peut décider du bon et du mauvais. J'ai seul qualité pour décider de ce que vaut ta pièce. Et mon jugement sera implacable !

— Et vous allez dire que c'est une pièce extraordinaire ! explosa le maire Brown, rouge de colère, en s'interposant entre les deux. Dois-je vous rappeler notre accord, Ostrovski ?

— Vous m'aviez parlé d'une pièce prodigieuse, Alan ! protesta Ostrovski. Pas de la dernière horreur signée Kirk Harvey !

— Qui t'a invité, ramassis de bile gastrique ? se rebiffa Harvey.

— Comment oses-tu me parler ? s'offusqua Ostrovski, portant ses mains à sa bouche. Je peux ruiner ta carrière d'un claquement de doigts !

— Vous allez bientôt arrêter vos conneries, tous les deux ! hurla Brown. Est-ce le spectacle que vous allez offrir aux journalistes ?

Le maire avait crié tellement fort que les murs avaient tremblé. Un silence de mort régna soudain. Ostrovski comme Harvey prirent un air penaud et regardèrent leurs chaussures. Le maire rajusta le col de sa veste et, d'un ton qu'il s'efforça de vouloir apaisé, il demanda à Kirk :

— Où est le reste de la troupe ?

— Il n'y a pas encore d'acteurs, répondit Harvey.

— Comment ça, *pas encore d'acteurs* ?

— Je vais faire le casting ici, à Orphea, lui expliqua Harvey.

Brown écarquilla les yeux, atterré :

— Comment ça, *faire le casting ici* ? La première de la pièce est dans quinze jours !

— Ne t'en fais pas, Alan, le rassura Harvey. Je vais tout préparer durant le week-end. Auditions lundi, première répétition jeudi.

— Jeudi ? s'étrangla Brown. Mais cela ne te laissera que neuf jours pour monter la pièce qui doit être le fleuron de ce festival ?

— C'est plus qu'assez. J'ai répété la pièce pendant vingt ans. Fais-moi confiance, Alan, cette pièce va faire tellement de bruit qu'on parlera de ton festival merdique aux quatre coins du pays.

— Ma parole, les années t'ont rendu complètement tapé, Kirk ! hurla Brown, hors de lui. J'annule tout ! Je peux supporter l'échec, mais pas l'humiliation.

Ostrovski se mit à ricaner et Harvey sortit de sa poche une feuille de papier froissée qu'il déplia et agita sous les yeux du maire :

— Tu as signé une promesse, fils d'une effeuilleuse ! Tu es tenu de me laisser jouer !

À cet instant, une employée de la mairie ouvrit la porte de l'intérieur :

— Monsieur le maire, la salle de presse est pleine de journalistes qui commencent à s'impatienter. Ils réclament tous la grande annonce.

Brown soupira : il ne pouvait plus reculer.

*
* *

Steven Bergdorf entra dans l'hôtel de ville et s'annonça à l'accueil pour qu'on le conduise à la salle de presse. Il s'appliqua à donner son nom à l'employée, demanda s'il fallait signer un registre, s'assura que le bâtiment était équipé de caméras de sécurité qui le filmaient : cette conférence de presse serait son alibi. C'était le grand jour : il allait tuer Alice.

Ce matin-là, il était parti de chez lui comme s'il allait au travail. Il avait simplement mentionné à sa femme qu'il prenait la voiture pour se rendre à une conférence de presse en banlieue. Il était passé prendre Alice chez elle : quand il avait mis sa valise dans le coffre, elle n'avait pas remarqué qu'il n'avait pas de bagages. Elle s'était vite assoupie, et elle avait finalement dormi pendant tout le trajet, blottie contre lui. Et rapidement, les pensées meurtrières de Steven s'étaient estompées. Il l'avait trouvée tellement attendrissante dans son sommeil : comment avait-il pu même songer à la tuer ? Il finit par rire de lui-même : il ne savait même pas comment tuer quelqu'un ! À mesure qu'il avalait des kilomètres, son humeur changea : il était content d'être là, avec elle. Il l'aimait, même si ça ne marchait plus entre eux. Profitant de la route pour cogiter, il avait finalement décidé de rompre aujourd'hui même. Ils iraient se promener sur la marina, il lui expliquerait qu'ils ne pouvaient plus continuer ainsi, qu'ils devaient se séparer, et elle comprendrait. Et puis, s'il sentait, lui, que ce n'était plus comme avant entre eux, Alice le ressentait aussi forcément. Ils étaient adultes. Ce serait une séparation en bons termes. Ils retourneraient à New York en fin de journée et tout serait rentré dans l'ordre. Ah, comme il lui tardait d'être ce soir ! Il avait besoin de retrouver le calme et la stabilité de sa vie de famille. Il n'avait qu'une hâte : retrouver les vacances dans le pavillon du lac Champlain et que sa femme s'occupe des dépenses comme elle l'avait toujours fait avec tant de diligence.

Alice s'était réveillée au moment où ils arrivaient à Orphea.

— Bien dormi ? lui avait demandé gentiment Steven.

— Pas assez, je suis crevée. Je me réjouis de faire une sieste à l'hôtel. Leurs lits sont tellement confortables. J'espère qu'on aura la même chambre que l'année passée. C'était la 312. Tu leur demanderas, hein, Stevie ?

— L'hôtel ? s'était étranglé Steven.

— Bah oui ! J'espère qu'on descend au Palace du Lac. Oh, Stevie, pitié, ne me dis pas que tu as fait le vilain radin et que tu as pris un motel de plouc ! Je ne pourrais pas supporter l'idée d'un vulgaire motel.

Steven, l'estomac noué, s'était rangé sur le bas-côté et avait coupé le moteur.

— Alice, avait-il dit d'un ton déterminé, il faut qu'on parle.

— Qu'est-ce qui t'arrive, Stevie chou ? Tu es tout pâle.

Il prit une grande respiration et se lança :

— Je n'ai pas prévu de passer le week-end avec toi. Je veux rompre.

Il se sentit aussitôt beaucoup mieux de lui avoir tout avoué. Elle le regarda d'un air surpris, puis éclata de rire.

— Oh Stevie, je t'ai presque cru ! Mon Dieu, tu m'as fait peur l'espace d'un instant.

— Je ne plaisante pas, Alice, lui asséna Steven. Je n'ai même pas pris de bagages avec moi. Je suis venu ici pour rompre avec toi.

Alice se retourna sur son siège et remarqua qu'il n'y avait effectivement que sa valise dans le coffre.

— Steven, qu'est-ce qui te prend ? Et pourquoi m'avoir dit que tu m'emmenais en week-end si c'est pour rompre ?

— Parce que, hier soir, je croyais t'emmener en week-end. Mais finalement j'ai compris qu'il fallait arrêter cette relation. C'est devenu toxique.

— Toxique ? Mais de quoi tu parles, Stevie ?

— Alice, tout ce qui t'intéresse, ce sont ton livre et les cadeaux que je te fais. On fait à peine l'amour. Alice, tu as assez profité de moi.

— Alors quoi, il n'y a que le cul qui t'intéresse, Steven ?

— Alice, ma décision est prise. Ça ne sert à rien d'ergoter. D'ailleurs je n'aurais jamais dû venir jusqu'ici. Rentrons à New York.

Il redémarra et amorça un début de manœuvre pour faire demi-tour.

— L'adresse e-mail de ta femme, c'est bien tracy.bergdorf@lightmail.com ? avait alors demandé Alice d'un ton calme tout en se mettant à pianoter sur son téléphone portable.

— Comment as-tu eu son adresse ? s'écria Steven.

— Elle a le droit de savoir ce que tu m'as fait. Tout le monde saura.

— Tu ne peux rien prouver !

— Ça sera à toi de prouver que tu n'as rien fait, Stevie. Tu sais très bien comment ça marche. J'irai voir la police, je leur montrerai tes messages sur Facebook. Comment tu m'as piégée, comment tu m'as fixé rendez-vous un jour au *Plaza*, où tu m'as enivrée avant d'abuser de moi dans une chambre de l'hôtel. Je leur dirai que j'étais sous ton emprise, et que je n'ai pas osé en parler jusque-là à cause de ce que tu as fait à Stephanie Mailer ?

— Ce que j'ai fait à Stephanie ?

— Comment tu as abusé d'elle, avant de la chasser quand elle a voulu rompre !

— Mais je n'ai jamais rien fait de tel !

— Prouve-le ! avait hurlé Alice d'un regard noir. Je dirai à la police que Stephanie s'était confiée à moi, qu'elle m'avait dit ce que tu lui avais fait subir, et qu'elle avait peur de toi. Est-ce que la police n'était pas dans ton bureau, mardi, Stevie ? Oh, mon Dieu, j'espère que tu n'es pas déjà sur la liste de leurs suspects ?

Steven, pétrifié, avait posé sa tête sur le volant. Il était complètement coincé. Alice lui avait tapoté sur l'épaule de façon condescendante, avant de lui murmurer à l'oreille :

— Maintenant tu vas faire demi-tour, Stevie, et tu vas m'emmener au Palace du Lac. Chambre 312, tu te souviens ? Tu vas me faire passer un week-end de rêve, comme tu me l'as promis. Et si tu es gentil, je te laisserai peut-être dormir dans le lit et pas sur la moquette.

Steven n'avait pas eu d'autre choix que d'obéir. Il s'était rendu au Palace du Lac. Complètement à sec, il avait donné la carte de crédit de la *Revue* comme garantie pour son séjour. La chambre 312 était une suite, facturée 900 dollars par nuit. Alice avait envie de faire une sieste, et il l'avait laissée au Palace pour se rendre à la conférence de presse du maire à l'hôtel de ville. Sa présence là-bas pourrait déjà justifier l'utilisation de la carte de crédit de la *Revue*, si la comptabilité lui posait des questions. Et surtout, la police, si elle venait l'interroger une fois qu'on aurait retrouvé le corps d'Alice. Il dirait qu'il était là pour la conférence de presse – ce que tout le monde pourrait confirmer – et qu'il ignorait qu'Alice s'y trouvait aussi. Traversant les couloirs de la mairie jusqu'à la salle de presse, il essayait de trouver un bon moyen de la tuer. Pour l'instant il songeait à de la mort-aux-rats dans sa nourriture. Mais cela impliquait qu'on ne l'ait pas vu en public avec Alice, or ils étaient arrivés ensemble au Palace. Il comprit que son alibi était déjà tombé à l'eau: les employés du Palace les avaient vus arriver ensemble.

Un employé municipal lui fit un signe, l'arrachant à ses réflexions, et le fit entrer dans une salle bondée, dans laquelle des journalistes écoutaient attentivement le maire Brown terminer son introduction:

« Et c'est la raison pour laquelle je suis très heureux de vous annoncer que c'est *La Nuit noire*, la toute nouvelle création du metteur en scène Kirk Harvey, qui sera jouée en avant-première mondiale au festival d'Orphea. »

Il était assis à une longue table, face à l'auditoire. Steven remarqua, à son plus grand étonnement, que Meta Ostrovski se tenait à gauche, et à sa droite Kirk Harvey qui, la dernière fois qu'il l'avait vu, officiait en ville en qualité de chef de la police. Ce dernier prit la parole à son tour:

— Cela fait vingt ans que je prépare *La Nuit noire* et je suis très fier que le public puisse enfin découvrir ce bijou, qui suscite déjà l'enthousiasme le plus absolu parmi les plus importants critiques du pays, dont le légendaire Meta Ostrovski, ici présent pourra nous dire tout le bien qu'il pense de cette œuvre.

Ostrovski, songeant à ses vacances au Palace du Lac payées par les contribuables d'Orphea, sourit en opinant du chef à la foule des photographes qui le mitraillaient.

— Grande pièce, mes amis, très grande pièce, assura-t-il. D'une qualité rare. Et vous savez que je suis avare en compliments. Mais alors là, c'est quelque chose ! Le renouveau du théâtre mondial !

Steven se demanda ce qu'Ostrovski pouvait bien fiche ici. Sur l'estrade, Kirk Harvey, galvanisé par le bon accueil qu'on lui faisait, enchaîna :

— Si cette pièce est aussi exceptionnelle, dit-il, c'est parce qu'elle va être interprétée par des acteurs issus de la population de la région. J'ai refusé les plus grands acteurs de Broadway et d'Hollywood pour offrir leur chance aux habitants d'Orphea.

— Vous voulez dire des amateurs ? l'interrompit Michael Bird, présent dans l'assistance.

— Ne soyez pas grossier, s'agaça Kirk. Je veux dire : des acteurs vrais !

— Une troupe amateur et un metteur en scène inconnu, le maire Brown frappe fort ! répliqua sèchement Michael Bird.

Des rires fusèrent et une rumeur envahit la salle. Le maire Brown, bien décidé à sauver les meubles, déclara alors :

— Kirk Harvey propose une performance extraordinaire.

— Les performances, ça enquiquine tout le monde, lui rétorqua une journaliste d'une station de radio locale.

— La grande annonce se transforme en grande

arnaque, regretta Michael Bird. Je crois que cette pièce n'a rien de sensationnel. Le maire Brown tente par tous les moyens de sauver son festival et surtout son élection cet automne, mais personne n'est dupe !

Kirk s'écria alors :

— Si cette pièce est exceptionnelle, c'est parce qu'elle va être l'occasion de révélations fracassantes ! Toute la lumière n'a pas été faite sur le quadruple meurtre de 1994. En me laissant jouer ma pièce, le maire Brown permettra de lever le voile et de découvrir toute la vérité.

L'assemblée était désormais captivée.

— Nous avons passé un accord, Kirk et moi, expliqua le maire Brown, qui aurait préféré taire ce détail mais avait trouvé là un moyen de convaincre les journalistes. En échange de pouvoir jouer sa pièce, Kirk livrera toutes les informations en sa possession à la police.

— Le soir de la première, précisa Kirk. Je ne divulguerai rien avant, hors de question qu'une fois la police au courant, on m'interdise de jouer mon chef-d'œuvre.

— Le soir de la première, répéta Brown. J'espère que le public viendra donc nombreux pour soutenir cette pièce qui permettra le rétablissement de la vérité.

À ces mots, il y eut un instant de silence médusé, au bout duquel les journalistes, sentant qu'ils tenaient là une information de premier ordre, se mirent soudain à s'agiter bruyamment.

*
* *

Dans son bureau du commissariat d'Orphea, Anna avait fait installer une télévision et un lecteur de cassette VHS.

— On a récupéré la vidéo du spectacle de 1994 chez Buzz Leonard, m'expliqua-t-elle. On voudrait la visionner, en espérant y déceler quelque chose.

— Votre visite à Buzz Leonard a-t-elle été productive ? demandai-je.

— Très, me répondit Derek d'un ton enthousiaste. D'abord, Leonard a parlé d'une altercation entre Kirk Harvey et le maire Gordon. Harvey voulait jouer sa pièce pendant le festival et Gordon lui aurait dit : « Moi vivant, vous ne jouerez pas cette pièce. » Puis le maire Gordon a été assassiné et Harvey a pu jouer sa pièce.

— Il aurait tué le maire ? interrogeai-je.

Derek n'était pas convaincu.

— Je ne sais pas, me dit-il. Ça me semble un peu gros de tuer le maire, sa famille et une pauvre joggeuse, tout ça pour une pièce.

— Harvey était chef de la police, fit observer Anna. Meghan l'aurait forcément reconnu en le voyant sortir de chez les Gordon et il n'aurait pas eu d'autre choix que de la tuer elle aussi. Ça se tient.

— Eh quoi ! lui opposa Derek, avant de commencer sa pièce, le 26 juillet, Harvey va prendre le micro et annoncer à la salle : « Mesdames et messieurs, c'est moi qui ai massacré tout le monde. »

Je ris en imaginant cette scène.

— Kirk Harvey est suffisamment cinglé pour nous faire un coup de ce genre, dis-je.

Derek examina le tableau magnétique sur lequel nous ajoutions les éléments au fur et à mesure de l'enquête.

— On sait désormais que l'argent du maire correspondait à des pots-de-vin versés par des entrepreneurs de la région et non pas par Ted Tennenbaum, dit-il. Mais du coup, si elles n'étaient pas destinées au maire, je voudrais bien savoir à quoi correspondaient les grosses sorties d'argent de Tennenbaum.

— Par contre, poursuivis-je, il y a toujours la question de son véhicule dans la rue, plus ou moins au moment des meurtres. C'était bien sa camionnette, notre témoin était formel. Est-ce que Buzz Leonard a pu vous confirmer que Ted Tennenbaum s'était bien absenté du Grand Théâtre à l'heure des meurtres, comme nous l'avions établi à l'époque ?

— Oui, Jesse, il l'a bien confirmé. Par contre, il apparaît qu'il n'est pas le seul à avoir mystérieusement disparu l'espace d'une demi-heure. Figure-toi que Charlotte, qui jouait dans la troupe, et qui était également la petite amie de Kirk Harvey…

— La sublime petite copine qui l'a quitté ?

— Elle-même. Eh bien, Buzz Leonard assure qu'elle s'est absentée avant 19 heures et jusqu'à 19 heures 30. Soit au moment des meurtres. Elle est revenue avec les chaussures trempées.

— Tu veux dire trempées comme l'était la pelouse du maire Gordon à cause de sa conduite percée ? dis-je.

— Exactement, sourit Derek, amusé que je me souvienne de ce détail. Mais attends, ce n'est pas tout : la Charlotte en question, elle a quitté Harvey pour Alan Brown. Ça a été le grand amour et ils ont fini par se marier. Ils le sont toujours d'ailleurs.

— Ça alors ! soufflai-je.

Je contemplai les documents trouvés dans le garde-meuble de Stephanie et collés au mur. Il y avait son billet d'avion pour Los Angeles et l'inscription *Trouver Kirk Harvey*. Ça, c'était fait. Mais Harvey lui en avait-il dit plus qu'à nous ? Mon regard se posa ensuite sur la coupure d'époque de l'*Orphea Chronicle*, dont la photo à la une, cerclée de rouge, nous montrait Derek et moi, contemplant le drap recouvrant Meghan Padalin, devant la maison du maire Gordon, et juste derrière nous : Kirk Harvey et Alan Brown. Ils se dévisageaient mutuellement. Ou peut-être qu'ils se parlaient. Je regardai encore. Je remarquai alors la main d'Alan Brown. Il semblait faire le chiffre trois. Était-ce un signe pour quelqu'un ? Pour Harvey ? Et en dessous de la photo, l'écriture de Stephanie au stylo rouge qui martelait : *Ce que personne n'a vu.*

— Qu'est-ce qu'il y a ? me demanda Derek.

Je l'interrogeai :

— Quel est le point commun entre Kirk Harvey et Alan Brown ?

— Charlotte Brown, me répondit-il.

— Charlotte Brown, acquiesçai-je. Je sais qu'à l'époque, les experts assuraient qu'il s'agissait d'un homme, mais auraient-ils pu se tromper ? Une femme serait la meurtrière ? Est-ce cela que nous n'avons pas vu en 1994 ?

Nous nous consacrâmes ensuite au visionnage minutieux de la vidéo de la pièce de 1994. La qualité de l'image n'était pas très bonne et le cadrage se limitait à la scène. On ne voyait pas du tout le public. Mais la captation avait commencé au moment de la partie officielle déjà. On voit alors le maire-adjoint Alan Brown monter sur scène d'un air embarrassé et s'approcher du micro. Il y a un moment de battement. Brown semble avoir chaud. Après une hésitation, il déplie une feuille de papier qu'il a sortie de sa poche et sur laquelle on imagine qu'il a pris des notes à la va-vite depuis son fauteuil. «*Mesdames et messieurs,* dit-il, *je prends la parole à la place du maire Gordon qui est absent ce soir. Je vous avoue que je pensais qu'il serait parmi nous et je n'ai malheureusement pas pu préparer un véritable discours. Je me limiterai donc simplement à souhaiter la bienvenue à…* »

— Stop, cria soudain Anna à Derek, pour qu'il mette la cassette en pause. Regardez !

L'image se figea. On voyait Alan Brown, seul sur scène, sa feuille entre les mains. Anna se leva de sa chaise pour aller s'emparer d'une image collée au mur, trouvée également dans le garde-meuble. C'était exactement la même scène : Brown, face au micro, sa feuille entre les mains, que Stephanie avait entourée au feutre rouge.

— Cette image est tirée de la vidéo, dit Anna.

— Alors Stephanie a vu cette vidéo, murmurai-je. Qui la lui a procurée ?

— Stephanie est morte mais elle a toujours un coup d'avance, soupira Derek. Et pourquoi avoir entouré la feuille ?

Nous écoutâmes la suite du discours, mais il ne présentait aucun intérêt. Stephanie avait-elle entouré la feuille pour le discours prononcé par Brown, ou pour ce qui était écrit sur ce morceau de papier ?

*
* *

Ostrovski marchait sur Bendham Road. Il ne parvenait pas à joindre Stephanie : son téléphone était toujours éteint. Avait-elle changé de numéro ? Pourquoi ne répondait-elle pas ? Il avait décidé d'aller la trouver chez elle. Il suivit les numéros des habitations, vérifiant encore l'adresse exacte, notée dans un carnet en cuir qui ne le quittait jamais. Il arriva finalement devant l'immeuble et s'arrêta, effaré : le bâtiment semblait avoir brûlé et l'accès était barré par des bandes de police.

À cet instant, il avisa une patrouille de police qui remontait lentement la rue et fit signe au policier à l'intérieur.

Au volant du véhicule, le chef-adjoint Montagne s'arrêta et baissa sa vitre.

— Un problème, monsieur ? demanda-t-il à Ostrovski.

— Que s'est-il passé ici ?

— Un incendie. Pourquoi ?

— Je cherche quelqu'un qui vit là. Elle s'appelle Stephanie Mailer.

— Stephanie Mailer ? Mais elle a été assassinée. Vous débarquez d'où ?

Ostrovski resta interdit. Montagne remonta sa vitre et reprit sa route en direction de la rue principale. Sa radio annonça soudain une dispute de couple sur le parking de la marina. Il était tout près. Il annonça à l'opérateur qu'il se rendait immédiatement sur place et enclencha ses gyrophares et sa sirène. Une minute plus tard, il arrivait sur le parking, au milieu duquel était garée une Porsche noire, les deux portières ouvertes : une jeune fille courait vers la jetée, mollement poursuivie par un grand type en âge d'être son père. Montagne donna un coup de sirène retentissant: une nuée de mouettes s'envola et le couple se figea. La fille eut l'air amusée.

— Ah bravo, Dakota! pesta Jerry Eden. Voilà les flics qui débarquent maintenant! Ça commence bien!

— Police d'Orphea, vous ne bougez plus! lui intima Montagne. Nous avons reçu un appel pour une dispute de couple.

— De couple? répéta l'homme comme s'il tombait des nues. C'est la meilleure celle-là! C'est ma fille!

— C'est ton père? demanda Montagne à la jeune fille.

— Malheureusement oui, monsieur.

— Vous arrivez d'où?

— Manhattan, répondit Jerry.

Montagne contrôla leurs identités et demanda encore à Dakota:

— Et pourquoi est-ce que tu courais comme ça?

— Je voulais m'enfuir.

— Qu'est-ce que tu fuis?

— La vie, monsieur.

— Est-ce que ton père t'a violentée? l'interrogea Montagne.

— Moi, la violenter? s'exclama Jerry.

— Monsieur, merci de vous taire, lui ordonna sèchement Montagne. Je ne vous ai pas parlé.

Il prit Dakota à l'écart et lui posa à nouveau la question. La jeune fille se mit à pleurer:

— Non, bien sûr que non, mon père ne m'a pas touchée, dit-elle entre deux sanglots.

— Alors pourquoi es-tu dans cet état?

— Ça fait un an que je suis dans cet état.

— Pourquoi?

— Oh, ce serait beaucoup trop long à vous expliquer.

Montagne n'insista pas et les laissa repartir.

« Faites des enfants ! » gueula Jerry Eden en claquant la portière de sa voiture, avant de démarrer bruyamment et de quitter le parking. Quelques minutes plus tard, il arrivait avec Dakota au Palace du Lac, où il avait réservé une suite. Dans une longue procession rituelle, des bagagistes les installèrent dans la suite 308.

Dans la suite 310 voisine, Ostrovski, qui venait de rentrer, s'assit sur son lit, tenant un cadre dans ses mains. À l'intérieur, une photo d'une femme, radieuse. C'était Meghan Padalin. Il contempla longuement l'image, puis il murmura : « Je vais découvrir qui t'a fait ça. Je te le promets. » Puis il embrassa le verre qui les séparait.

Dans la suite 312, tandis qu'Alice était dans son bain, Steven Bergdorf, les yeux brillants, était plongé dans ses réflexions : cette histoire d'échange d'une pièce de théâtre contre des révélations policières était absolument unique dans toute l'histoire de la culture. Son instinct lui dictait de rester un peu à Orphea. Non seulement à cause de son excitation journalistique, mais également parce qu'il songeait que quelques jours supplémentaires ici lui laisseraient le temps de régler ses histoires affectives avec Alice. Il sortit sur la terrasse pour téléphoner au calme à son adjoint, Skip Nalan, à la rédaction de la *Revue*.

— Je serai absent quelques jours pour couvrir l'affaire du siècle, expliqua-t-il à Skip avant de lui détailler ce à quoi il venait d'assister. Un ancien chef de la police devenu metteur en scène joue sa pièce en échange de révélations sur une affaire criminelle vieille de vingt ans et que tout le monde croyait bouclée. Je vais te faire un reportage de l'intérieur, tout le monde s'arrachera cet article, on va tripler nos ventes.

— Prends le temps qu'il te faut, lui répondit Skip. Tu crois que c'est sérieux ?

— Si c'est sérieux ? Tu n'as pas idée. C'est énorme.

Bergdorf appela ensuite sa femme, Tracy, et lui expliqua qu'il serait absent quelques jours pour les mêmes raisons indiquées à Skip un instant plus tôt. Après un moment de silence, Tracy finit par demander, d'une voix inquiète :

— Steven, que se passe-t-il ?

— Une drôle de pièce de théâtre, ma chérie, je viens de te l'expliquer. C'est une opportunité unique pour la *Revue*, tu sais que les abonnements sont en chute libre en ce moment.

— Non, reprit-elle, je veux dire : que se passe-t-il avec toi ? Quelque chose ne tourne pas rond et je le vois bien. Tu n'es pas le même. La banque a appelé, ils disent que ton compte est à découvert.

— Mon compte ? s'étrangla-t-il.

— Oui, ton compte bancaire, répéta-t-elle.

Elle était trop calme pour savoir que le compte épargne de la famille avait été vidé également. Mais il savait que ce n'était plus qu'une question de temps pour qu'elle le découvre. Il s'efforça de rester calme.

— Oui, je sais, j'ai eu le banquier finalement. C'était une erreur de leur part dans le traitement d'une transaction. Tout va bien.

— Fais ce que tu as à faire à Orphea, Steven. J'espère qu'après, ça ira mieux.

— Ça ira beaucoup mieux, Tracy. Je te le promets.

Il raccrocha. Cette pièce de théâtre était un cadeau du ciel : il allait pouvoir tout régler calmement avec Alice. Il avait été trop brutal avant. Et surtout peu élégant : faire ça dans une voiture. Il allait prendre le temps de tout lui expliquer, et elle comprendrait. Il n'aurait pas besoin de la tuer finalement. Tout allait s'arranger.

## *STEVEN BERGDORF*

Le week-end que je passai en mai 2013 à Orphea avec Alice fut absolument merveilleux, m'inspirant au passage un article dithyrambique pour la *Revue*, dans lequel j'invitais les lecteurs à se précipiter là-bas et que j'intitulai *Le plus grand des petits festivals*.

En août, je dus abandonner Alice pour partir passer nos traditionnelles vacances familiales dans le merdique pavillon en bois du lac Champlain. Trois heures de bagnole dans les embouteillages avec mes enfants criards et ma femme de mauvaise humeur, pour découvrir avec effroi, en entrant dans la maison, qu'un écureuil s'était introduit par la cheminée et s'était retrouvé coincé à l'intérieur. Il avait causé des dégâts minimes, rongé quelques pieds de chaises ainsi que les câbles de la télévision, déféqué sur le tapis et il était finalement mort de faim dans le salon. Son petit cadavre avait engendré une puanteur épouvantable dans toute la maison.

Nos vacances avaient commencé par trois heures de ménage intensif.

— On aurait peut-être mieux fait d'aller dans *la ville où on se sent le mieux au monde* ! pesta ma femme, le front en sueur de frotter comme une diablesse le tapis crotté.

Elle m'en voulait encore pour le week-end à Orphea. Et je commençais à me demander si elle ne se doutait pas de quelque chose. J'avais beau me dire que j'étais prêt à divorcer pour Alice, la situation actuelle me convenait : j'étais avec Alice sans pour autant me farcir toutes les emmerdes qu'impliquerait un divorce. Parfois, je songeais que j'étais un lâche. Mais comme tous les hommes, au fond. Si le bon Dieu nous avait donné une paire de couilles, c'était justement parce que nous n'en avions pas.

Ces vacances furent un enfer pour moi. Alice me manquait. Tous les jours, je m'adonnais à de longues séances de « course à pied » pour m'échapper et pouvoir lui téléphoner. Je partais dans la forêt et m'arrêtais au bout d'un quart d'heure. Je m'asseyais sur une souche, face à la rivière, je l'appelais et lui parlais pendant plus d'une heure à chaque fois. Les conversations auraient pu se prolonger davantage si je ne m'étais pas senti obligé de revenir au pavillon, ne pouvant difficilement justifier plus d'une heure et demie d'exercice physique.

Par bonheur, une véritable urgence à la *Revue* me força à rentrer en bus à New York un jour avant le reste de ma famille. Je disposais d'une nuit de liberté totale avec Alice. Je la passai chez elle. Nous dînâmes de pizzas, dans son lit et fîmes quatre fois l'amour. Elle finit par s'endormir. Il était presque minuit. J'avais soif et je sortis de la chambre, uniquement vêtu d'un t-shirt trop court et de mon caleçon, pour chercher de l'eau à la cuisine. J'y tombai nez à nez avec sa colocataire dont je découvris avec effroi qu'il s'agissait de l'une de mes journalistes : Stephanie Mailer.

— Stephanie ? m'étranglai-je.
— Monsieur Bergdorf ? me dit-elle, aussi étonnée que moi.
Elle me contempla dans ma tenue ridicule et se retint de rire.
— Alors, c'est toi la colocataire ? dis-je.
— Alors, c'est vous le petit copain que j'entends à travers les murs ?
Je me sentis très embarrassé et mon visage devint rouge de honte.
— Vous inquiétez pas, monsieur Bergdorf, me promit-elle en quittant la pièce, je ne dirai rien. Ce que vous faites ne regarde que vous.
Stephanie Mailer était une femme de classe. Lorsque je la revis à la rédaction le lendemain, elle fit comme si rien ne s'était jamais passé. Elle ne le mentionna d'ailleurs plus jamais, dans aucune circonstance. En revanche, je reprochai à Alice de ne pas m'avoir prévenu.
— Quand même, tu aurais pu me dire que tu vivais en colocation avec Stephanie ! lui dis-je en fermant la porte de mon bureau pour qu'on ne nous entende pas.
— Qu'est-ce que ça aurait changé ?
— Je ne serais pas venu chez toi. Tu imagines si quelqu'un apprend pour toi et moi ?
— Eh bien quoi ? Tu as honte de moi ?
— Non, mais je suis ton supérieur hiérarchique. Je pourrais avoir de graves ennuis.
— Tu dramatises tout, Stevie.
— Non, je ne dramatise pas tout ! m'étais-je emporté. D'ailleurs je ne reviendrai plus chez toi, c'est terminé ces gamineries. Nous nous retrouverons ailleurs. Je déciderai d'où.

C'est à ce moment-là, après cinq mois de relation, que tout commença à basculer et que je découvris qu'Alice pouvait être sujette à de terribles colères.

— Comment ça, *tu ne veux plus venir chez moi*? Mais pour qui te prends-tu, Stevie ? Tu crois que c'est toi qui décides ?

Nous connûmes notre première dispute, qu'elle conclut par: «Je me suis trompée sur toi, tu n'es pas à la hauteur, Stevie. Tu as des toutes petites couilles de minable, comme tous les hommes de ton espèce.» Elle quitta mon bureau et décida de prendre sur-le-champ la quinzaine de jours de congé qu'il lui restait.

Pendant dix jours, elle ne me donna plus de nouvelles, ni ne répondit à mes appels. Cet épisode m'affecta et me rendit affreusement malheureux. Il me permit surtout de comprendre que je m'étais trompé depuis le début: j'avais l'impression qu'Alice était prête à tout pour moi et pour satisfaire mes désirs, mais c'était exactement le contraire. Elle commandait, je lui obéissais. Je croyais qu'elle était à moi, mais j'étais à elle. Depuis le premier jour, elle dominait totalement notre relation.

Ma femme remarqua que j'étais dans un drôle d'état:

— Que se passe-t-il, mon chéri? me demanda-t-elle. Tu as l'air très préoccupé.

— Rien, des histoires de boulot.

En réalité, j'étais à la fois terriblement chagriné d'avoir perdu Alice et très inquiet qu'elle me fasse une crasse en révélant notre relation à ma femme et aux collègues de la *Revue*. Moi qui, un mois plus tôt, fier comme un coq, étais prêt à tout plaquer pour elle, je faisais à présent dans mon froc: j'allais perdre ma famille et mon emploi, et me retrouver sans rien. Ma femme s'efforça de comprendre ce qui ne tournait pas rond, elle se fit tendre et douce, et plus elle était gentille avec moi, plus je songeais que je ne voulais pas la perdre.

Finalement, n'y tenant plus, je décidai de me rendre chez Alice après le travail. Je ne sais pas si c'était par besoin de l'entendre me dire qu'elle ne parlerait jamais de nous à qui que ce soit, ou si c'était l'envie de la revoir. Il était 19 heures lorsque je sonnai à l'interphone de l'immeuble. Aucune réponse. Elle était visiblement absente et je décidai de l'attendre, assis sur les marches qui menaient à la porte d'entrée. J'attendis pendant trois heures, sans bouger. Il y avait bien un petit café en face où j'aurais pu aller me réfugier mais j'avais peur de la rater. Finalement, elle arriva. Je vis sa silhouette sur le trottoir: elle portait un pantalon en cuir et des talons. Elle était sublime. Puis je remarquai qu'elle n'était pas seule: Stephanie Mailer l'accompagnait. Elles étaient sorties toutes les deux.

Les voyant approcher, je me levai. Stephanie me salua gentiment mais sans s'arrêter et passa la porte de l'immeuble pour nous laisser seuls, Alice et moi.

— Qu'est-ce que tu veux? me demanda Alice d'un ton glacial.

— Te demander pardon.

— C'est comme ça que tu demandes pardon?

Je ne sais pas ce qui me prit, mais je me mis à genoux devant elle, à même le trottoir. Elle me dit alors de sa voix amoureuse qui me faisait fondre:

— Oh, Stevie, tu es si mignon!

Elle me releva et m'embrassa langoureusement. Puis elle me conduisit à son appartement, m'entraîna dans sa chambre, et m'ordonna de lui faire l'amour.

En pleine pénétration elle me dit, griffant mes épaules avec ses ongles :

— Tu sais que je t'aime, Stevie, mais il faut que tu te fasses pardonner. Retrouve-moi demain à 17 heures au *Plaza* avec un beau cadeau. Tu sais ce que j'aime, ne sois pas radin.

Je le lui promis et le lendemain, à 17 heures, au bar du *Plaza*, tout en buvant du champagne grand cru, je lui offris un bracelet en diamants payé avec un retrait sur le compte ouvert par ma femme et moi pour nos enfants. Je savais que ma femme ne vérifiait jamais ce compte et que j'aurais le temps de rembourser la somme sans qu'elle ne remarque rien.

— C'est bien, Stevie, me dit Alice d'un ton condescendant, en mettant le bracelet à son poignet. Tu as enfin compris comment tu dois te comporter avec moi.

Elle avala le contenu de sa flûte à champagne d'un trait et se leva.

— Où vas-tu ? lui demandai-je.

— J'ai rendez-vous avec des amis. On se voit au bureau demain.

— Mais je croyais qu'on passait la nuit ensemble, m'entendis-je gémir. J'ai réservé une chambre.

— Eh bien, profites-en pour bien te reposer, Stevie.

Elle partit. Et moi, je passai ma soirée dans la chambre que je ne pouvais plus annuler, à me goinfrer de hamburgers en regardant la télévision.

Depuis le début, Alice avait donné le ton. Je n'avais simplement pas voulu m'en rendre compte. Et ce fut, pour moi, le début d'une longue descente aux enfers. Je me sentais à présent prisonnier d'Alice. Elle soufflait le chaud et le froid. Si je ne filais pas droit, elle menaçait de tout révéler et de me détruire. En plus de prévenir la *Revue* et ma femme, elle irait trouver la police. Elle dirait avoir subi des relations sexuelles forcées, sous l'emprise d'un employeur retors et tyrannique. Parfois, elle était pendant quelques jours d'une douceur exquise, qui m'affaiblissait totalement et m'empêchait de vraiment la haïr. Surtout, elle me gratifiait, mais désormais à des rythmes très occasionnels, d'extraordinaires séances de sexe que j'attendais désespérément et qui avaient tissé en moi un effroyable lien de dépendance à son égard.

C'est finalement dans le courant du mois de septembre 2013 que je réalisai bientôt que les motivations d'Alice n'étaient pas tant d'ordre pécuniaire. Je me ruinais certes en cadeaux, désormais détenteur d'une quatrième carte de crédit et ayant vidé un bon quart du compte d'épargne familial, mais elle aurait pu séduire des hommes riches et obtenir cent fois plus d'eux. Ce qui l'intéressait vraiment, c'était sa carrière d'écrivain et elle pensait que je pouvais l'aider. L'idée de devenir le prochain écrivain à la mode à New York l'obsédait. Elle était déterminée à écarter quiconque susceptible de lui faire de la concurrence. J'ai en mémoire le souvenir tout particulier du samedi 14 septembre 2013 au matin. Je faisais des courses avec ma femme et mes enfants lorsqu'elle me téléphona. Je m'éloignai quelques instants pour prendre la communication et je l'entendis me hurler dessus :

— Tu l'as mise en couverture ? Espèce de salopard !

— De quoi parles-tu, Alice ?

Elle parlait de la une du nouveau numéro d'automne de la *Revue*. Stephanie Mailer y avait écrit un texte si bon que je lui avais fait les honneurs d'une mention sur la couverture, ce qu'Alice venait de découvrir.

— Mais enfin, Alice, tu es folle ? Stephanie a écrit un texte incroyable !

— Je me fous de tes explications, Stevie ! Ça va te coûter cher ! Je veux te voir, où es-tu ?

Je m'arrangeai pour la retrouver en fin de journée au café en bas de chez elle. Craignant sa colère, je lui avais apporté un joli foulard d'une marque de luxe française. Elle débarqua hors d'elle et me jeta mon offrande au visage. Je ne l'avais jamais vue aussi furieuse.

— Tu t'occupes de sa carrière à elle, tu la mets en une de la *Revue*, et moi alors ? Moi, je reste une ridicule petite employée du courrier !

— Mais Alice, enfin, tu n'écris pas d'articles !

— Si ! J'ai mon blog d'écrivain, tu m'as dit que c'était très bien. Pourquoi est-ce que tu ne publies pas des extraits dans la *Revue* ?

— Alice, je...

Elle me fit taire d'un geste rageur, fouettant l'air avec son foulard comme si elle dressait un cheval.

— Cesse d'ergoter ! ordonna-t-elle. Tu veux m'impressionner avec ton chiffon minable ? Tu me prends pour une pute ? Tu crois que tu peux m'acheter comme ça ?

— Alice, qu'est-ce que tu veux de moi ? finis-je par me lamenter.

— Je veux que tu te débarrasses de cette idiote de Stephanie ! Je veux que tu la vires sur-le-champ !

Elle se leva de sa chaise pour me signifier qu'elle en avait terminé avec moi. Je voulus lui attraper le bras doucement pour la retenir. Elle planta ses doigts profondément dans ma chair.

— Je pourrais te crever les yeux, Stevie. Alors, écoute-moi bien : lundi matin, Stephanie Mailer sera renvoyée de la *Revue*, tu m'entends ? Sinon, lundi, tout le monde découvrira ce que tu me fais subir.

En y repensant aujourd'hui, j'aurais pu ne pas céder. J'aurais gardé Stephanie, Alice m'aurait dénoncé à la police, à ma femme, à qui elle en voulait et j'aurais payé les conséquences de mes actes. Au moins, aurais-je pris mes responsabilités. Mais j'étais trop lâche pour le faire. Ainsi, le lundi suivant, je renvoyai Stephanie Mailer de la *Revue des lettres new-yorkaises*, au prétexte de problèmes financiers. Au moment de s'en aller, elle passa par mon bureau, en pleurs, avec un carton d'effets personnels dans les bras.

— Je ne comprends pas pourquoi vous me faites ça, Steven. J'ai travaillé tellement dur pour vous.

— Je suis désolé, Stephanie. Satanée conjoncture, on a une grosse restriction de budget.

— Vous mentez, me dit-elle. Je sais qu'Alice vous manipule. Mais ne vous inquiétez pas, je ne dirai jamais rien à personne. Vous pouvez dormir tranquille, je ne vous ferai pas de tort.

Le renvoi de Stephanie apaisa Alice, qui travaillait désormais d'arrache-pied à son roman. Elle disait qu'elle avait eu l'idée du siècle et que le livre allait être vraiment très bon.

Trois mois s'écoulèrent jusqu'à décembre 2013 et la période de Noël, qui me coûta un pendentif à 1 500 dollars pour Alice et un bijou fantaisie à 150 dollars pour ma femme, qui, elle, me fit la surprise d'offrir à toute la famille une semaine de vacances au soleil. Elle nous en fit l'annonce un vendredi soir, pendant le dîner, toute rayonnante, nous montrant les prospectus: «On fait tellement attention à ce qu'on dépense, on ne se permet rien. J'économise sur mon salaire depuis Pâques pour que nous puissions passer le Nouvel an dans les Caraïbes.» Ce qu'elle appelait les Caraïbes était la Jamaïque, dans l'un de ces hôtels tout-inclus pour classe archi-moyenne qui voulait jouer les grands-ducs, avec grande piscine à l'eau insalubre et des repas de buffet infâmes. Mais dans la chaleur moite de la côte jamaïcaine, à l'abri du soleil brûlant sous des palmiers à siroter des cocktails faits avec des alcools de troisième main, loin d'Alice et de tout tracas, je me trouvai bien. Serein pour la première fois depuis très longtemps. Je compris que j'avais envie de quitter New York, de recommencer ma vie ailleurs, à zéro, et de ne plus commettre ces erreurs qui m'avaient perdu. Je finis par en parler à ma femme et lui demander:

— Tu ne voudrais pas quitter New York?

— Quoi? Pourquoi voudrais-tu quitter New York? On y est bien, non?

— Oui, mais tu vois ce que je veux dire.

— Non, justement, je ne vois pas ce que tu veux dire.

— On pourrait vivre dans une ville plus petite, pas passer notre temps dans les transports publics, à se croiser sans cesse.

— Qu'est-ce que c'est que cette nouvelle lubie, Steven?

— Ce n'est pas une lubie, c'est une idée que je partage avec toi, c'est tout.

Ma femme, comme tous les vrais New-Yorkais, ne se voyait pas vivre ailleurs et mon idée de fuite et de nouvelle vie fut vite oubliée.

*

Six mois s'écoulèrent.

Au mois de juin 2014, le compte épargne de mes enfants était vide. J'interceptai un appel de la banque pour nous prévenir qu'on ne pouvait pas conserver un compte épargne vide et je fis un virement pour effacer ce souci. Il fallait impérativement que je trouve un moyen de le renflouer et de cesser de creuser ma perte financière par la même occasion. Il fallait que je mette un terme à tout cela. Je n'en dormais plus et quand le sommeil me gagnait enfin, je faisais d'insupportables cauchemars. Cette histoire était en train de me ronger de l'intérieur.

Alice venait de terminer son roman. Elle me demanda de le lire et d'être absolument honnête avec elle. « Sois comme au lit, me dit-elle : dur mais juste. » Je lus son livre avec peine, et finis par en sauter de larges passages car elle s'impatientait d'avoir mon avis, qui était malheureusement très clair : son texte était d'une nullité affligeante. Mais je ne pouvais pas le lui dire. Et dans un restaurant sophistiqué de SoHo, nous trinquâmes au champagne à son grand succès à venir.

— Je me sens tellement heureuse que tu aies aimé, Stevie, se réjouit-elle. Tu ne me dis pas ça pour me faire plaisir, hein ?

— Non, vraiment, j'ai adoré. Comment peux-tu en douter ?

— Parce que je l'ai proposé à trois agents littéraires qui ont refusé de le défendre.

— Bah, ne te décourage pas. Si tu savais le nombre de bouquins qui ont d'abord été refusés par les agents et les éditeurs.

— Justement, je veux que tu m'aides à le faire connaître et que tu le fasses lire à Meta Ostrovski.

— Ostrovski le critique ? demandai-je inquiet.

— Oui, évidemment. Il pourrait écrire un papier dans la prochaine *Revue*. Tout le monde écoute son opinion. Il peut faire de ce livre un succès avant même sa publication en écrivant un article dithyrambique à son sujet. Les agents et les éditeurs viendront me supplier d'accepter leurs offres.

— Je ne suis pas certain que ce soit une bonne idée. Ostrovski peut se montrer très dur, voire méchant.

— Tu es son patron, non ? Tu n'as qu'à exiger qu'il écrive un bon papier.

— Ça ne fonctionne pas exactement comme ça, Alice, et tu le sais bien. Chacun est libre de…

— Ne commence pas avec ton refrain moralisateur, Stevie. J'exige qu'Ostrovski fasse un article très enthousiaste sur mon livre et il le fera. Tu feras en sorte que cela se passe ainsi.

Le serveur arriva à ce moment-là avec nos homards du Maine mais elle le renvoya en cuisine d'un geste de la main.

— Je n'ai plus faim, je passe une soirée affreuse. Je veux rentrer chez moi.

Pendant les dix jours qui suivirent, elle exigea des cadeaux que je ne pouvais plus payer. Lorsque je ne m'exécutais pas, elle me faisait vivre mille tourments. Je finis par l'apaiser en l'assurant qu'Ostrovski lirait son livre et en ferait une critique élogieuse.

Je fis parvenir le texte à Ostrovski qui me promit de le lire. Au bout d'une quinzaine de jours, sans nouvelles de sa part, je m'enquis de savoir s'il avait pu se plonger dans le roman, et il m'annonça l'avoir terminé. Alice exigea que je le convoque dans mon bureau pour qu'il me fasse son compte rendu de vive voix et nous prîmes rendez-vous pour le 30 juin. Ce jour-là, Alice se cacha dans l'armoire du bureau juste avant qu'Ostrovski n'arrive. Son jugement fut cinglant :

— Est-ce que je vous ai fait du mal malgré moi, Steven ? me demanda-t-il d'emblée en s'asseyant dans mon bureau. Si c'est le cas, je vous demande pardon.

— Non, lui répondis-je étonné. Pourquoi me dites-vous cela ?

— Parce que, pour m'infliger une lecture pareille, il fallait que vous m'en vouliez ! Et voilà que maintenant il faut que je perde encore mon temps et vienne vous en parler. Mais j'ai fini par comprendre pourquoi vous insistiez tant pour que je lise cette ignominie.

— Ah ? Et pourquoi ? demandai-je un peu inquiet.

— Parce que c'est vous qui avez écrit ce livre et vous aviez besoin d'un avis. Vous vous rêvez écrivain, Steven, c'est ça ?

— Non, je ne suis pas l'auteur de ce texte, l'assurai-je.

Mais Ostrovski ne me crut pas et me dit :

— Steven, je vais vous parler comme à un ami parce que je ne veux pas vous laisser de faux espoirs : vous n'avez aucun talent. C'est nul ! Nul, nul, nul ! Je dirais même que votre livre est une définition parfaite de la nullité. Même une guenon ferait mieux. Rendez service à l'humanité, voulez-vous ? Abandonnez cette carrière. Essayez la peinture, peut-être ? Ou le hautbois ?

Il s'en alla. À peine eut-il passé la porte de mon bureau qu'Alice bondit hors de l'armoire :

— Alice, lui dis-je pour la calmer, il ne pensait pas ce qu'il disait.

— Je veux que tu le vires !

— Que je le vire ? Mais je ne peux pas renvoyer Ostrovski. Les lecteurs l'adorent.

— Tu vas le virer, Stevie !

— Ah non, Alice, je ne peux pas faire ça ! Tu imagines ? Virer Ostrovski ?

Elle pointa un doigt menaçant vers moi.

— Je te promets le feu et l'enfer, Stevie. La ruine et la prison. Pourquoi est-ce que tu ne m'obéis pas ? Tu m'obliges à te punir ensuite !

Je ne pouvais pas renvoyer Ostrovski. Mais Alice me força à l'appeler devant elle, sur haut-parleur. À mon grand soulagement il ne répondit pas. Je décidai de laisser traîner ce dossier, espérant que la colère d'Alice s'apaiserait. Mais deux jours après, le 2 juillet, elle entrait dans mon bureau comme une furie :

— Tu n'as pas renvoyé Ostrovski ! Est-ce que tu es fou ? Tu oses me défier ?

— J'ai essayé de l'appeler devant toi, il ne m'a pas rappelé.

— Essaie encore ! Il est dans son bureau, je l'ai croisé tout à l'heure.

J'appelai sur sa ligne directe, mais il ne décrocha pas. L'appel finit par être dévié vers une secrétaire qui m'informa qu'il était en train de donner une interview par téléphone à un journal français.

Alice, rouge de colère, me chassa de ma chaise d'un geste rageur et s'installa derrière mon ordinateur.

— Alice, m'inquiétai-je en la voyant ouvrir ma boîte e-mail, qu'est-ce que tu fais ?

— Je fais ce que tu aurais dû faire, espèce de couille molle.

Elle créa un nouveau message et y écrivit :

> *Meta, comme vous ne daignez pas répondre à votre téléphone, je vous écris pour vous dire que vous êtes viré de la* Revue *avec effet immédiat. Steven Bergdorf.*

Elle cliqua sur *envoyer* et quitta mon bureau d'un air satisfait.

Je songeai à ce moment-là que cela ne pouvait plus continuer ainsi. J'étais en train de perdre le contrôle de la *Revue* et de ma vie. Entre mes cartes de crédit et la ponction totale du compte épargne familial, j'étais couvert de dettes.

## JESSE ROSENBERG

*Samedi 12 juillet 2014*

*14 jours avant la première*

Nous avions décidé de nous octroyer un week-end de congé. Nous avions besoin de souffler un peu, prendre du recul. Derek et moi devions garder le contrôle de nous-mêmes: si nous perdions les pédales avec Kirk Harvey, nous risquions gros.

Pour la deuxième semaine consécutive, je passai mon samedi dans ma cuisine, à travailler ma sauce et mes hamburgers.

Derek, lui, profitait de sa famille.

Quant à Anna, elle n'arrivait pas à se sortir notre affaire de la tête. Je crois qu'elle était notamment tracassée par les révélations de Buzz Leonard concernant Charlotte Brown. Où avait-elle disparu en 1994 le soir de la première ? Et pourquoi ? Que cachait-elle ? Alan et Charlotte Brown s'étaient tous les deux montrés très présents auprès d'Anna au moment de son emménagement à Orphea. Elle ne comptait plus le nombre de dîners auxquels ils l'avaient conviée, les propositions de promenades, d'excursions en bateau. Elle était régulièrement sortie dîner avec Charlotte, au *Café Athéna* le plus souvent, où elles étaient restées pendant des heures à bavarder. Anna lui avait fait part de ses déboires avec le chef Gulliver, et Charlotte lui avait raconté son emménagement à Orphea. À l'époque, elle venait à peine de terminer ses études. Elle avait trouvé un emploi chez un vétérinaire ronchon qui la cantonnait à des tâches de secrétariat et lui mettait la main aux fesses en ricanant. Anna voyait mal Charlotte Brown s'introduire dans une maison et massacrer une famille entière.

La veille, après avoir visionné la vidéo, nous avions téléphoné à Buzz Leonard pour lui poser deux questions d'importance : est-ce que les membres de la troupe disposaient d'une voiture ? Et qui possédait une copie de l'enregistrement vidéo de la pièce ?

Sur la question de la voiture, il fut catégorique : toute la troupe était venue ensemble, en bus. Personne n'avait de voiture. Quant à la cassette vidéo, six cents copies avaient été vendues à des habitants de la ville, à travers différents points de distribution. « Il y en avait dans les magasins de la rue principale, les épiceries, les stations-service. Les gens trouvaient que c'était un joli souvenir. Entre l'automne 1994 et l'été suivant, on a tout écoulé. »

Ceci signifiait deux choses : Stephanie avait facilement pu se procurer la cassette vidéo en seconde main – il en existait même une copie à la bibliothèque municipale. Mais surtout : pendant sa disparition d'environ trente minutes le soir des meurtres, Charlotte Brown, n'ayant pas de voiture, ne pouvait se déplacer que dans un rayon de trente minutes à pied aller-retour du Grand Théâtre. Nous avions conclu avec Derek et Anna que si elle avait pris l'un des rares taxis de la ville, ou si elle avait demandé de se faire conduire dans le quartier de Penfield, le chauffeur se serait très probablement manifesté ensuite après les tragiques évènements.

Ce matin-là, Anna décida de profiter de son jogging pour chronométrer le temps qui était nécessaire pour faire, à pied, l'aller-retour depuis le théâtre jusqu'à la maison du maire Gordon. En marchant, il lui fallut compter presque 45 minutes. Charlotte s'était absentée environ une demi-heure. Quelle était la marge d'interprétation du terme *environ* ? En courant, 25 minutes suffisaient. Un bon coureur pouvait le faire en 20, et pour quelqu'un avec des chaussures inadaptées, c'était plutôt 30 minutes. Techniquement, c'était donc faisable. Charlotte Brown aurait eu le temps de courir jusque chez les Gordon, de les assassiner, et de retourner au Grand Théâtre ensuite.

Alors qu'Anna réfléchissait, assise sur un banc dans le square face à l'ancienne maison de la famille Gordon, elle reçut un appel de Michael Bird. « Anna, dit-il d'une voix inquiète, est-ce que tu peux venir à la rédaction immédiatement ? Il vient de se passer quelque chose de très étrange. »

Dans son bureau de l'*Orphea Chronicle*, Michael raconta à Anna la visite qu'il venait de recevoir.

— Meta Ostrovski, le célèbre critique littéraire, a débarqué à la réception. Il voulait savoir ce qui était arrivé à Stephanie. Quand je lui ai parlé du meurtre, il s'est mis à crier « Pourquoi est-ce que personne ne m'a prévenu ? »

— Quel est son lien avec Stephanie ? demanda Anna.

— Je l'ignore. C'est pour ça que je t'ai appelée. Il s'est mis à me poser toutes sortes de questions. Il voulait tout savoir. Comment elle était morte, pourquoi, quelles étaient les pistes de la police.

— Que lui as-tu répondu ?

— Je me suis contenté de lui répéter ce qui est de notoriété publique et qu'il pourra trouver dans les journaux.

— Et ensuite ?

— Ensuite, il m'a demandé d'anciens numéros du journal, liés à sa disparition. Je lui ai donné ceux que j'avais encore en surplus ici. Il a insisté pour les payer. Et il est parti aussitôt.

— Parti où ?

— Il a dit qu'il allait tout étudier à son hôtel. Il a une chambre au Palace du Lac.

Après un rapide passage chez elle pour se doucher, Anna se rendit au Palace du Lac. Elle retrouva Ostrovski au bar de l'hôtel où il lui donna rendez-vous après qu'elle l'avait fait appeler dans sa chambre.

— J'ai connu Stephanie à la *Revue des lettres new-yorkaises,* lui expliqua Ostrovski. C'était une femme brillante, au talent immense. Grand écrivain en devenir.

— Comment saviez-vous qu'elle était installée à Orphea ? demanda Anna.

— Après son licenciement, nous avons gardé le contact. Quelques échanges par-ci par-là.

— Ça ne vous a pas étonné qu'elle vienne travailler dans une petite ville des Hamptons ?

— Maintenant que je suis de retour à Orphea, je trouve que son choix était très judicieux : elle disait qu'elle voulait écrire et cette ville au calme total s'y prête.

— Calme total, le reprit Anna, il faut le dire vite en ce moment… Ce n'est pas la première fois que vous venez ici, monsieur Ostrovski, si je ne me trompe pas ?

— Vos renseignements sont exacts, jeune madame

officier. Je suis venu ici il y a vingt ans, à l'occasion du tout premier festival. Je ne garde pas un souvenir impérissable de la programmation dans son ensemble, mais la ville m'avait plu.

— Et depuis 1994, vous n'étiez jamais revenu au festival ?

— Jamais, non, affirma-t-il.

— Alors pourquoi revenir soudainement après vingt ans ?

— J'ai reçu une gentille invitation du maire Brown, je me suis dit *pourquoi pas ?*

— C'était la première fois qu'on vous y réinvitait depuis 1994 ?

— Non. Mais cette année j'ai eu envie de venir.

Anna sentait qu'Ostrovski ne lui disait pas tout.

— Monsieur Ostrovski, et si vous arrêtiez de me prendre pour une imbécile ? Je sais que vous vous êtes rendu à la rédaction de l'*Orphea Chronicle* aujourd'hui et que vous avez posé des questions à propos de Stephanie. Le rédacteur en chef m'a indiqué que vous ne sembliez pas dans votre état normal. Que se passe-t-il ?

— *Que se passe-t-il* ? s'offusqua-t-il. Il se passe qu'une jeune femme que j'estimais énormément a été assassinée ! Alors pardonnez-moi de mal contenir mon émotion face à l'annonce de cette tragédie.

Sa voix craquait. Elle le sentit à bout de nerfs.

— Vous ignoriez ce qui était arrivé à Stephanie ? Personne n'en a parlé à la rédaction de la *Revue* ? C'est pourtant le genre de rumeurs qui circule rapidement autour de la machine à café, non ?

— Peut-être, dit Ostrovski d'une voix étranglée, mais je ne pouvais pas le savoir car j'ai été licencié de la *Revue*. Chassé ! Humilié ! Traité comme un moins que rien ! Du jour au lendemain, ce scélérat de Bergdorf me congédie, on me chasse avec mes affaires dans des cartons, on ne me laisse plus entrer à la rédaction, on ne me prend plus au téléphone. Moi, le grand Ostrovski, traité comme le dernier des derniers. Et figurez-vous, madame, qu'il n'y avait qu'une personne dans ce pays qui me traitait encore avec gentillesse, et cette femme était Stephanie Mailer. Au bord de la dépression, à New York, ne parvenant pas à la contacter, j'ai décidé de venir la trouver à Orphea, considérant que l'invitation du maire était une belle coïncidence et, qui sait, peut-être un signe du destin. Mais une fois arrivé, ne parvenant toujours pas à joindre mon amie, je décide de me rendre à son adresse personnelle, où un agent de la force publique m'apprend qu'elle a été assassinée. Noyée dans un lac boueux, et son corps laissé aux insectes, aux vers, aux oiseaux et aux sangsues. Voilà, madame, la raison de mon chagrin et de ma colère.

Il y eut un moment de silence. Il se moucha, essuya une larme, essaya de reprendre contenance en prenant d'amples respirations.

— Je suis vraiment désolé de la mort de votre amie, monsieur Ostrovski, finit par dire Anna.

— Je vous remercie, madame, de partager ma peine.

— Vous dites que c'est Steven Bergdorf qui vous a licencié ?

— Oui, Steven Bergdorf. Le rédacteur en chef de la *Revue*.

— Il a donc licencié Stephanie, puis vous ensuite ?

— Oui, confirma Ostrovski. Vous pensez qu'il pourrait y avoir un quelconque lien ?

— Je n'en sais rien.

Après sa conversation avec Ostrovski, Anna se rendit au *Café Athéna* pour déjeuner. Au moment où elle allait s'installer à une table, une voix l'interpella :

— Ça vous va bien, les vêtements civils, Anna.

Anna se retourna, c'était Sylvia Tennenbaum, qui lui souriait : elle semblait bien disposée.

— Je ne savais pas pour ton frère, dit Anna. J'ignorais ce qui lui était arrivé.

— Qu'est-ce que ça change ? demanda Sylvia. Tu vas me regarder différemment ?

— Je voulais dire : je suis désolée. Ça a dû être terrible pour toi. Je t'aime bien et ça me fait de la peine pour toi. C'est tout.

Sylvia eut une mine triste.

— C'est gentil. Tu permets que je me joigne à toi pour déjeuner, Anna ? C'est moi qui t'invite.

Elles s'installèrent à table, sur la terrasse, un peu à l'écart des autres clients.

— Pendant longtemps, j'ai été la sœur du monstre, confia Sylvia. Les gens ici auraient bien voulu que je m'en aille. Que je brade son restaurant et que je m'en aille.

— Comment était ton frère ?

— Un cœur d'or. Gentil, généreux. Mais trop impulsif, trop bagarreur. Ça l'a perdu. Toute sa vie, il a toujours tout gâché pour un coup de poing. À l'école déjà. Dès qu'un conflit éclatait avec un autre enfant, il ne pouvait pas s'empêcher de se bagarrer. Il n'a pas arrêté de se faire renvoyer. Les affaires de notre père étaient florissantes, et il nous avait inscrits dans les meilleures écoles privées de Manhattan, où nous vivions. Mon frère a écumé toutes les écoles, avant de finir avec un précepteur à la maison. Après quoi, il a été accepté à l'université de Stanford. Et il en a été renvoyé au bout d'une année parce qu'il s'était battu avec l'un de ses professeurs. Un professeur, vous imaginez ! De retour à New York, mon frère a trouvé un emploi. Ça a duré huit mois, puis il s'est battu avec un collègue. Et il a été renvoyé. Nous avions une maison de vacances à Ridgesport, pas très loin d'ici, et mon frère s'y est installé. Il s'est trouvé un emploi comme gérant de restaurant. Ça lui a énormément plu, le restaurant se développait très bien, mais il avait là-bas de mauvaises fréquentations. Après le boulot, il allait traîner dans un bar malfamé. Il a été arrêté pour ivresse, pour un peu de marijuana. Et puis, il y a eu une très violente bagarre sur un parking. Ted a été condamné à six mois de prison. À sa sortie, il avait envie de retourner dans les Hamptons, mais pas à Ridgesport. Il voulait tirer un trait sur son passé. Il disait qu'il voulait repartir à zéro. C'est comme ça qu'il est venu à Orphea. À cause de son passé – même bref – de détenu, il a eu beaucoup de peine à trouver un emploi. Finalement, le propriétaire du Palace du Lac l'a engagé comme bagagiste. C'était un employé modèle, il a vite gravi les échelons. Il est devenu concierge, puis sous-directeur. Il était impliqué dans la vie citoyenne. Il s'est engagé comme pompier volontaire. Tout allait bien.

Sylvia s'interrompit. Anna sentait qu'elle n'avait pas forcément envie d'en dire plus et l'y poussa.

— Que s'est-il passé ensuite ? demanda-t-elle doucement.

— Ted avait le sens des affaires, reprit Sylvia. À l'hôtel, il avait remarqué que la plupart des clients se plaignaient de ne pas pouvoir trouver un restaurant digne de ce nom à Orphea. Il a eu envie de monter sa propre affaire. Mon père, décédé entre-temps, nous avait laissé un important héritage, et Ted a pu racheter un bâtiment décrépi du centre-ville, idéalement situé, avec l'idée de le retaper et d'en faire le *Café Athéna*. Malheureusement, tout a rapidement dégénéré.

— Tu parles de l'incendie ? demanda Anna.

— Tu es au courant ?

— Oui. J'ai entendu parler de grosses tensions entre ton frère et le maire Gordon qui refusait de donner une nouvelle affectation au bâtiment. Ted aurait mis le feu pour faciliter l'octroi d'une autorisation de travaux. Mais les tensions avec le maire auraient persisté après coup…

— Tu sais, Anna, j'ai tout entendu à ce sujet. Je peux t'assurer cependant que mon frère n'a pas mis le feu au bâtiment. Il était colérique, oui. Mais ce n'était pas un escroc à la petite semaine. C'était un homme élégant. Un homme avec des valeurs. Il est vrai que des tensions ont persisté après l'incendie entre mon frère et le maire Gordon. Je sais qu'ils ont été vus par de nombreux témoins en train de se disputer violemment en pleine rue. Mais si je te raconte la raison de leur désaccord, je pense que tu ne me croiras pas.

*
* *

***Rue principale d'Orphea,***
***21 février 1994.***
***Deux semaines après l'incendie***

Lorsque Ted Tennenbaum arriva devant le bâtiment du futur *Café Athéna*, il découvrit le maire Gordon qui l'attendait dehors, faisant les cent pas sur le trottoir pour se réchauffer.

— Ted, lui dit le maire Gordon en guise de salutations, je vois que vous n'en faites qu'à votre tête.

Tennenbaum ne comprit d'abord pas ce dont il s'agissait.

— Je ne suis pas sûr de vous suivre, monsieur le maire. Que se passe-t-il ?

Gordon sortit une feuille de la poche de son manteau :

— Je vous ai donné le nom de ces entreprises pour vos travaux, et vous n'avez engagé aucune d'elles.

— C'est vrai, lui répondit Ted Tennenbaum. J'ai fait des demandes de devis et j'ai choisi celles qui faisaient les meilleurs prix. Je ne vois pas où est le problème.

Le maire Gordon monta le ton d'un cran.

— Ted, cessez d'ergoter. Si vous voulez commencer vos transformations, je vous conseille de contacter ces entreprises qui sont beaucoup plus qualifiées.

— J'ai fait appel à des entreprises de la région parfaitement compétentes. Je suis libre de faire comme bon me semble, non ?

Le maire Gordon perdit patience.

— Je ne vous autoriserai pas à travailler avec ces entreprises ! s'écria-t-il.

— Vous ne m'autoriserez pas ?

— Non. Je ferai bloquer vos travaux aussi longtemps qu'il le faudra, et par tous les moyens.

Quelques passants, intrigués par les éclats de voix, se figèrent. Ted, qui s'était rapproché du maire, s'écria :

— Je peux savoir ce que ça peut vous foutre, Gordon ?

— *Monsieur le maire*, je vous prie, le corrigea Gordon en appuyant son doigt sur son torse comme pour ponctuer son injonction.

Ted vit rouge et l'empoigna brusquement par le col, avant de relâcher son étreinte. Le maire le défia du regard :

— Alors quoi, Tennenbaum, vous croyez m'impressionner ? Essayez de vous tenir un peu correctement au lieu de vous donner en spectacle !

Une voiture de police arriva à cet instant et le chef-adjoint Gulliver en sortit précipitamment.

— Monsieur le maire, est-ce que tout va bien ? demanda le policier, la main sur sa matraque.

— Tout va très bien, chef-adjoint, je vous remercie.

*
* *

— Voilà la raison de leur désaccord, expliqua Sylvia à Anna, à la terrasse du *Café Athéna*. Le choix des entreprises pour les travaux.

— Je te crois, l'assura Anna.

Sylvia parut presque étonnée :

— Vraiment ?

— Oui, le maire se faisait verser des pots-de-vin par les entreprises à qui il accordait des marchés. J'imagine que les travaux pour la construction du *Café Athéna* impliquaient des sommes relativement importantes et que le maire Gordon voulait sa part du gâteau. Que s'est-il passé ensuite ?

— Ted a accepté. Il savait que le maire avait les moyens de bloquer les travaux et de lui causer mille tourments. Les choses se sont arrangées, le *Café*

*Athéna* a pu ouvrir une semaine avant le début du festival. Tout allait bien. Jusqu'à ce que le maire Gordon soit assassiné. Mon frère n'a pas tué le maire Gordon, j'en suis certaine.

— Sylvia, est-ce que le terme *La Nuit noire* te dit quelque chose ?

— *La Nuit noire*, répondit Sylvia en prenant le temps de la réflexion, j'ai vu ça quelque part.

Elle avisa un exemplaire de l'édition du jour de l'*Orphea Chronicle* abandonné sur une table voisine et s'en empara.

— Oui, voilà, reprit-elle en lisant la une du journal, c'est le titre de la pièce qui sera finalement jouée en ouverture du festival.

— Est-ce que l'ancien chef de la police Kirk Harvey et ton frère étaient liés ? demanda Anna.

— Pas que je sache. Pourquoi ?

— Parce que *La Nuit noire* correspond à de mystérieux messages étant apparus à travers la ville durant l'année précédant le premier festival. Cette même inscription a été retrouvée dans les décombres de l'incendie du futur *Café Athéna* en février 1994. Tu n'étais pas au courant ?

— Non, je l'ignorais. Mais n'oublie pas que je ne me suis installée ici que bien après tout ce drame. À l'époque, j'habitais à Manhattan, j'étais mariée et j'avais repris les affaires de mon père. À la mort de mon frère, j'ai hérité du *Café Athéna* et j'ai décidé de ne pas le vendre. Il y tenait tellement. J'ai engagé un gérant, puis j'ai divorcé, et j'ai décidé de vendre la compagnie de mon père. J'avais envie de renouveau. Je me suis finalement installée ici en 1998. Tout ça pour te dire qu'il me manque une partie de l'histoire, surtout à propos de cette *Nuit noire* dont tu me parles.

Je n'ai aucune idée du lien avec l'incendie, mais par contre je sais qui a mis le feu.

— Qui ? demanda Anna, le cœur battant.

— Je t'ai parlé tout à l'heure des mauvaises fréquentations de Ted à Ridgesport. Il y avait un type, Jeremiah Fold, un voyou à la petite semaine qui vivait d'extorsions, qui lui a cherché des noises. Jeremiah était un sale type, et il lui arrivait de venir avec de drôles de filles pour flamber au Palace. Il débarquait, les poches pleines de billets, monté sur une énorme moto qu'il faisait pétarader. Il était bruyant, grossier, souvent défoncé. Il régalait des tablées qui viraient à l'orgie et lançait des billets de cent dollars aux serveurs. Le propriétaire de l'hôtel n'aimait pas ça, mais il n'osait pas interdire à Jeremiah d'accéder à son établissement pour ne pas avoir d'ennuis avec lui. Un jour, Ted, qui travaillait encore à l'hôtel à l'époque, a décidé d'intervenir. Par loyauté pour le propriétaire du Palace qui lui avait donné sa chance. Après que Jeremiah fut parti de l'hôtel, Ted s'est lancé à sa poursuite en voiture. Il a fini par le forcer à s'arrêter sur le bas-côté pour avoir une explication et lui dire qu'il n'était plus le bienvenu au Palace. Mais Jeremiah avait une fille à l'arrière de sa moto. Pour l'impressionner il a essayé de frapper Ted, et Ted lui a salement cassé la gueule. Jeremiah a été terriblement humilié. Quelque temps après, il est venu trouver Ted chez lui, avec deux costauds, qui lui ont mis une dérouillée. Puis, quand Jeremiah a appris que Ted se lançait dans le projet du *Café Athéna*, il est venu exiger un « partenariat ». Il voulait une commission pour laisser les entreprises travailler tranquillement, puis un pourcentage des recettes une fois le restaurant ouvert. Il avait senti le potentiel.

— Et qu'a fait Ted ? s'enquit Anna.

— Au début, il a refusé de payer. Et un soir de février, le bâtiment du *Café Athéna* est parti en fumée.

— Un coup de ce Jeremiah Fold ?

— Oui. La nuit de l'incendie, Ted a débarqué chez moi à 3 heures du matin. C'est comme ça que j'ai appris tout ce qui se passait.

*
* *

***Nuit du 11 au 12 février 1994,***
***Appartement de Sylvia Tennenbaum, à Manhattan***

Le téléphone réveilla Sylvia. Son réveil indiquait 2 heures 45. C'était le portier de l'immeuble : son frère était là. C'était urgent.

Elle le fit monter et lorsque les portes de l'ascenseur s'ouvrirent, elle trouva Ted, livide, ne tenant plus sur ses jambes. Elle l'installa dans le salon et lui fit du thé.

— Le *Café Athéna* a cramé, lui dit Ted. J'avais tout dedans, les plans des travaux, mes dossiers, des mois de boulot partis en fumée.

— Est-ce que les architectes ont des copies ? l'interrogea Sylvia, soucieuse d'apaiser son frère.

— Non, tu ne comprends pas ! C'est très grave.

Ted sortit de sa poche une feuille de papier froissée. Une lettre anonyme. Il l'avait trouvée derrière les essuie-glaces de sa voiture lorsque, prévenu de l'incendie qui faisait rage, il s'était précipité hors de chez lui.

*La prochaine fois c'est ta maison qui crame.*

— Tu veux dire que c'était un incendie criminel ? demanda Sylvia, épouvantée.

Ted acquiesça.

— Qui a fait ça ? s'écria Sylvia.

— Jeremiah Fold.

— Qui ?

Son frère lui raconta tout. Comment il avait défendu à Jeremiah Fold de revenir au Palace, la bagarre entre eux, et les conséquences qui en découlaient à présent.

— Jeremiah veut de l'argent, expliqua Ted. Il veut beaucoup d'argent.

— Il faut aller voir la police, le supplia Sylvia.

— Impossible dans l'immédiat : connaissant Jeremiah, il a payé un type pour faire ça. La police ne remontera jamais jusqu'à lui. Du moins pas dans l'immédiat. Tout ce que ça m'apportera, ce sera de sévères représailles. C'est un cinglé, il est prêt à tout. Ça va dégénérer : au mieux il brûlera tout ce que je possède. Au pire, quelqu'un finira par être tué.

— Et tu penses que si tu le paies, il te laissera tranquille ? demanda Sylvia, livide.

— J'en suis certain, dit Ted. Il adore le fric.

— Alors paie-le pour le moment, le supplia sa sœur. On a de l'argent à ne plus savoir qu'en faire. Paie-le, le temps de calmer la situation et pouvoir prévenir la police sans être pris à la gorge.

— Je crois que tu as raison, acquiesça Ted.

*
* *

— Mon frère a donc décidé de payer, momentanément du moins, pour apaiser la situation, raconta Sylvia à Anna. Il tenait tellement à son restaurant : c'était sa fierté, sa réussite personnelle. Il a engagé les entreprises désignées par le maire Gordon, et il a régulièrement versé à Jeremiah Fold des grosses sommes d'argent pour qu'il ne sabote pas les travaux. Ainsi, le *Café Athéna* a pu ouvrir à temps.

Anna resta perplexe : ce n'était donc pas au maire Gordon que Ted Tennenbaum avait versé de l'argent entre février et juillet 1994, mais à Jeremiah Fold.

— As-tu parlé de tout cela à la police à l'époque ? demanda alors Anna.

— Non, soupira Sylvia.

— Pourquoi ?

— Mon frère a commencé à être suspecté de ces meurtres. Puis un jour il a disparu, avant d'être finalement tué lors d'une course-poursuite avec la police. Je n'avais pas envie de l'accabler davantage. Mais ce qui est sûr, c'est que s'il n'avait pas été tué j'aurais pu lui poser toutes les questions qui me tracassaient.

*
* *

Pendant qu'Anna et Sylvia Tennenbaum étaient attablées au *Café Athéna*, sur la rue principale, Alice traînait Steven Bergdorf de magasin en magasin. « Tu n'avais qu'à prendre tes affaires avec toi, au lieu de faire l'imbécile. Maintenant il faut tout racheter ! » lui martela-t-elle à chaque protestation de sa part. Au moment d'entrer dans une boutique de lingerie, il s'arrêta net sur le trottoir.

— Toi, tu as tout ce dont tu as besoin, objecta-t-il. Pas question d'entrer là-dedans.

— Un cadeau pour toi, un cadeau pour moi, exigea Alice en le poussant à l'intérieur.

Ils ratèrent de peu Kirk Harvey, qui passa devant le magasin et s'arrêta devant un mur en briques. Il sortit de son sac un pot de colle, un pinceau et placarda l'une des affiches qu'il venait de faire imprimer.

CASTING

*En vue de la représentation*
*de la célébrissime pièce de théâtre :*

La Nuit noire

*génial et immense metteur en scène très connu*

*RECHERCHE :*

ACTEURS – AVEC OU SANS EXPÉRIENCE

*Succès mondial prédit !*
*Célébrité garantie pour tout le monde !*
*Salaire exorbitant !*

*Auditions le lundi 14, 10 heures*
*au Grand Théâtre d'Orphea.*

*Attention :*

PAS DE PLACE POUR TOUT LE MONDE !!!!!

*Cadeaux et offrandes acceptés et même recommandés !*

À quelques centaines de mètres de là, Jerry et Dakota Eden, qui flânaient sur la rue principale, tombèrent sur l'une de ces affiches.

— Une audition pour une pièce de théâtre, lut Jerry à sa fille. Et si on se lançait ? Quand tu étais plus petite, tu te voyais devenir actrice.

— Certainement pas dans une pièce pour des nazes, répliqua Dakota.

— Tentons notre chance, on verra bien, répondit Jerry en s'efforçant de rester enthousiaste.

— Il est écrit que les auditions sont lundi, se lamenta Dakota. On va rester combien de temps dans ce bled pourri ?

— Je n'en sais rien, Dakota, s'agaça Jerry. Autant qu'il faut. On vient d'arriver, ne commence pas. Tu as prévu quelque chose d'autre ? Aller à l'université peut-être ? Ah non, j'oubliais, tu n'es inscrite nulle part.

Dakota bouda et reprit sa marche en avant de son père. Ils arrivèrent alors devant la librairie de Cody. Dakota y entra, et contempla les rayonnages, fascinée. Sur une table, elle avisa un dictionnaire. Elle le saisit, et le feuilleta. Un mot en entraînant un autre, elle fit défiler les définitions. Elle sentit la présence de son père derrière elle.

— Ça fait si longtemps que je n'ai pas vu un dictionnaire, lui dit-elle.

Elle attrapa le dictionnaire, puis fureta parmi les romans. Cody vint à sa rencontre.

— Tu cherches quelque chose en particulier ? lui demanda-t-il.

— Un bon roman, lui répondit Dakota. Ça fait longtemps que je n'ai rien lu.

Il remarqua le dictionnaire qu'elle tenait sous son bras.

— Ça, ce n'est pas un roman, sourit-il.

— C'est bien mieux. Je vais le prendre. Je ne me souviens pas de la dernière fois que j'ai parcouru un dictionnaire en papier. En général, je n'écris qu'à l'ordinateur et mon traitement de texte corrige mes fautes.

— Drôle de siècle, soupira Cody.

Elle acquiesça et poursuivit :

— Quand j'étais petite, je participais à des concours d'épellation. C'est mon père qui m'entraînait. On passait notre temps à épeler des mots, ça rendait ma mère complètement folle. Il y a une époque où je pouvais passer des heures à lire le dictionnaire, et à mémoriser l'orthographe des mots les plus compliqués. Allez-y, choisissez un mot au hasard.

Elle tendit le dictionnaire à Cody, amusé, qui le prit et l'ouvrit au hasard. Il parcourut la page et demanda :

— Holosystolique.

— Facile : h-o-l-o-s-y-s-t-o-l-i-q-u-e.

Il eut un sourire espiègle.

— Tu lisais vraiment le dictionnaire ?

— Oh, toute la journée.

Elle rit et un éclat de lumière se dégagea soudain d'elle.

— D'où viens-tu ? lui demanda Cody.

— New York. Je m'appelle Dakota.

— Je suis Cody.

— J'adore votre librairie, Cody. J'aurais voulu être écrivain.

Elle sembla se rembrunir soudain.

— Tu *aurais* ? répéta Cody. Qu'est-ce qui t'en empêche ? Tu ne dois même pas avoir 20 ans.

— Je n'arrive plus à écrire.

— *Plus* ? Que veux-tu dire ?

— Plus depuis que j'ai fait quelque chose de très grave.

— Qu'est-ce que tu as fait ?

— C'est trop grave pour en parler.

— Tu pourrais écrire sur ça, suggéra Cody.

— Je sais, c'est ce que me dit mon psy. Mais ça ne sort pas. Rien ne sort. Je suis toute vide à l'intérieur.

Ce soir-là, Jerry et Dakota dînèrent au *Café Athéna*. Jerry savait que Dakota avait toujours aimé cet endroit : il avait espéré lui faire plaisir en l'y emmenant. Mais elle fit la tête pendant tout le repas.

— Pourquoi tu nous traînes ici ? finit-elle par demander en remuant ses pâtes aux fruits de mer.

— Je croyais que tu aimais cet endroit, se défendit son père.

— Je parle d'Orphea. Pourquoi tu m'as traînée ici ?

— Je pensais que ça te ferait du bien.

— Tu pensais que ça me ferait du bien ? Ou est-ce que tu voulais me montrer combien je te déçois et me rappeler qu'à cause de moi tu as perdu ta maison ?

— Dakota, comment peux-tu dire des horreurs pareilles !

— Je t'ai gâché la vie, je le sais bien !

— Dakota, tu dois arrêter de t'en prendre à toi-même sans cesse, tu dois aller de l'avant, tu dois te reconstruire.

— Mais tu ne comprends donc pas ? Je ne pourrai jamais réparer ce que j'ai fait, papa ! Je hais cette ville, je hais tout, je hais la vie !

Elle n'avait pu retenir ses larmes et elle s'était réfugiée dans les toilettes pour ne pas qu'on la voie pleurer. Quand elle en sortit finalement, après vingt longues minutes, elle demanda à son père de pouvoir rentrer au Palace.

Jerry n'avait pas remarqué qu'il y avait un minibar dans chacune des deux chambres à coucher qui composaient la suite. Dakota, sans faire de bruit, ouvrit la porte du meuble, s'empara d'un verre et saisit dans le petit frigo une bouteille miniature de vodka. Elle se servit un verre dont elle but quelques gorgées. Puis, farfouillant dans le tiroir de ses sous-vêtements, elle sortit une ampoule de kétamine. Leyla disait que c'était un format plus pratique et plus discret que la poudre.

Dakota brisa l'extrémité du tube et en vida le contenu dans le verre. Elle mélangea le tout du bout du doigt et l'avala d'un trait.

Après quelques minutes, elle sentit l'apaisement monter en elle. Elle était plus légère. Plus heureuse. Elle s'allongea sur le lit et contempla le plafond dont la peinture blanche sembla se craqueler lentement pour laisser apparaître une fresque merveilleuse : elle reconnut la maison d'Orphea et eut envie de se promener à l'intérieur.

*
* *

***Orphea, dix ans plus tôt,***
***Juillet 2004***

Une agitation joyeuse régnait à la table du petit-déjeuner de la maison d'été que louait la famille Eden.

— *Acupuncture*, annonça Jerry, d'un air malicieux.

Dakota, 9 ans, retroussa le bout de son nez dans une moue mutine, ce qui engendra un sourire charmé sur le visage de sa mère qui l'observait. Puis, attrapant d'une main décidée la cuillère qui trempait dans son bol, la fillette en sonda le lait pour ressortir les céréales en forme de lettres et articula lentement :

— A-c-u-p-u-n-c-t-u-r-e.

À l'énoncé de chacune des lettres, elle avait déposé la céréale correspondante sur une assiette à côté d'elle. Elle contempla le résultat final, satisfaite.

— Bravo, ma chérie ! s'exclama son père impressionné.

Sa mère applaudit en riant.

— Comment fais-tu cela ? lui demanda-t-elle.

— J'en sais rien, maman. Je vois comme une photo du mot dans ma tête et en principe c'est juste.

— Essayons encore, proposa Jerry. *Rhododendron.*

Dakota roula des yeux, déclenchant l'hilarité de ses parents, puis elle s'essaya à l'épellation à laquelle il ne manqua que le « h ».

— Presque ! la félicita son père.

— Au moins j'ai appris un nouveau mot, philosopha Dakota. Je ne me tromperai plus maintenant. Est-ce que je peux aller à la piscine ?

— Allez, va mettre ton maillot, lui sourit sa mère.

La fillette poussa un cri de joie et quitta précipitamment la table. Jerry la regarda tendrement disparaître dans le couloir et Cynthia profita de cet instant de calme pour aller s'asseoir sur les genoux de son mari.

— Merci, mon amour, d'être un mari et un père aussi génial.

— Merci à toi d'être une femme aussi extraordinaire.

— Je n'aurais jamais pu imaginer être aussi heureuse, lui dit Cynthia les yeux brillants d'amour.

— Moi non plus. Nous avons tellement de chance, repartit Jerry.

## JESSE ROSENBERG

*Dimanche 13 juillet 2014*

*13 jours avant la première*

En ce dimanche caniculaire, Derek et Darla nous avaient conviés, Anna et moi, à venir profiter de leur petite piscine. C'était la première fois que nous nous réunissions tous ainsi, hors du cadre de l'enquête. En ce qui me concernait, c'était même la première fois que je passais un après-midi chez Derek depuis bien longtemps.

Le but premier de cette invitation était de nous relaxer en sirotant des bières. Mais Darla s'éclipsa un instant, et les enfants étant occupés dans l'eau, nous ne pûmes résister à l'envie d'aborder l'affaire.

Anna nous rapporta sa conversation avec Sylvia Tennenbaum. Elle nous détailla ensuite comment Ted était sous la pression du maire Gordon d'une part, qui voulait lui imposer les entreprises de son choix, et de Jeremiah Fold, d'autre part, un caïd notoire de la région qui s'était mis en tête de le racketter.

— *La Nuit noire*, nous expliqua-t-elle, pourrait être liée à Jeremiah Fold. C'est lui qui a mis le feu au *Café Athéna* en février 1994, pour mettre la pression sur Ted et le pousser à payer.

— *La Nuit noire* serait le nom d'une bande criminelle ? suggérai-je.

— C'est une piste à envisager, Jesse, me répondit Anna. Je n'ai pas eu le temps de passer au commissariat pour creuser davantage à propos de ce Jeremiah Fold. Ce que je sais, c'est que l'incendie a convaincu Ted de payer.

— Donc les mouvements d'argent que nous avions repérés à l'époque sur les comptes de Tennenbaum étaient en réalité destinés à ce Jeremiah ? comprit Derek.

— Oui, acquiesça Anna. Tennenbaum voulait s'assurer que Jeremiah le laisserait faire les travaux en paix et que le *Café Athéna* pourrait ouvrir à temps pour le festival. Et comme on sait maintenant que Gordon réclamait des pots-de-vin aux entreprises de construction, on comprend pourquoi il a reçu des versements à la même période. Il aura certainement exigé que les entreprises choisies pour la construction du *Café Athéna* lui versent des commissions, leur soutenant que s'ils avaient obtenu ce chantier, c'était grâce à lui.

— Et si le maire Gordon et Jeremiah Fold étaient liés ? dit alors Derek. Le maire Gordon avait peut-être des liens avec la pègre locale ?

— Aviez-vous envisagé cette piste à l'époque ? demanda Anna.

— Non, lui répondit Derek. On pensait que le maire était juste un politicien corrompu. Pas qu'il encaissait des pots-de-vin à tous les étages.

Anna poursuivit :

— Supposons que *La Nuit noire* soit le nom d'une organisation criminelle. Et si c'était l'assassinat du maire Gordon qui était la grande annonce étalée sur les murs d'Orphea les mois précédant les meurtres ? Un meurtre signé, au vu et au su de tous, mais que personne n'aurait vu.

— Ce que personne n'a vu ! s'écria Derek. Ce qui était sous nos yeux et que nous n'avons pas vu ! Qu'en penses-tu, Jesse ?

— Cela supposerait qu'à l'époque Kirk Harvey enquêtait sur cette organisation, répondis-je après un instant de réflexion. Et qu'il était au courant de tout. Ce serait la raison pour laquelle il a emporté son dossier avec lui.

— C'est ce que nous devrons essayer de creuser demain en priorité, suggéra Anna.

— Moi, ce qui me chiffonne, reprit Derek, c'est pourquoi, en 1994, Ted Tennenbaum ne nous a jamais dit qu'il se faisait racketter par ce Jeremiah Fold lorsque nous l'avons interrogé sur les mouvements d'argent.

— Peur de représailles ? s'interrogea Anna.

Derek fit une moue.

— Peut-être. Mais si nous avons raté cette histoire avec Jeremiah Fold, nous avons peut-être raté autre chose. Je voudrais aussi reprendre le contexte de l'affaire à zéro, et savoir ce qu'en disaient les journaux locaux à l'époque.

— Je peux demander à Michael Bird de nous préparer toutes les archives dont il dispose sur le quadruple meurtre.

— Bonne idée, approuva Derek.

Le soir venu, nous restâmes pour dîner. Comme tous les dimanches, Derek commanda des pizzas. Alors que nous nous installions tous dans la cuisine, Anna remarqua une photo accrochée au mur : on y voyait Darla, Derek, Natasha et moi, devant *La Petite Russie* en travaux.

— Qu'est-ce que *La Petite Russie*? demanda innocemment Anna.

— Le restaurant que je n'ai jamais ouvert, lui répondit Darla.

— Tu aimes cuisiner ? l'interrogea Anna.

— Il y a une époque où je vivais pour ça.

— Et qui est la fille avec toi, Jesse ? me demanda Anna en désignant Natasha.

— Natasha, lui répondis-je.

— Natasha, ta fiancée de l'époque ?

— Oui, acquiesçai-je.

— Tu ne m'as jamais dit ce qui s'était passé entre vous…

Darla, comprenant au flot de questions qu'Anna ignorait tout, finit par me dire en hochant la tête :

— Mon Dieu, Jesse, tu ne lui as donc rien raconté ?

*
* *

Au Palace du Lac, Steven Bergdorf et Alice venaient de s'installer sur des chaises longues au bord de la piscine. La journée était spectaculairement chaude et, parmi les baigneurs qui se rafraîchissaient, Ostrovski barbotait. Lorsque ses doigts furent totalement fripés, il sortit de l'eau et rejoignit sa chaise longue pour se sécher. C'est alors qu'il découvrit avec horreur que, sur la chaise juste à côté de la sienne, Steven Bergdorf était en train d'étaler de la crème solaire sur le dos d'une jeune créature qui n'était pas sa femme.

— Steven ! s'écria Ostrovski.

— Meta ? s'étrangla Bergdorf en voyant le critique devant lui. Qu'est-ce que vous faites ici ?

S'il avait certes aperçu Ostrovski à la conférence de presse, il n'avait jamais envisagé que ce dernier puisse loger au Palace.

— Permettez-moi de vous retourner la question, Steven. Je quitte New York pour avoir la paix, et il faut que je tombe sur vous ici !

— Je suis venu en savoir plus sur cette mystérieuse pièce qui va être jouée.

— J'étais là le premier, Steven, retournez donc à New York voir si j'y suis.

— On va où on veut, on est en démocratie, lui répondit sèchement Alice.

Ostrovski la reconnut : elle travaillait à la *Revue*.

— Eh bien, Steven, siffla-t-il, je vois que vous alliez travail et plaisir. Votre femme doit être contente.

Il ramassa ses affaires et s'en alla furieux. Steven s'empressa de le rattraper.

— Attendez, Meta…

— Ne vous inquiétez pas, Steven, dit Ostrovski en haussant les épaules, je ne dirai rien à Tracy.

— Ce n'est pas ça. Je voulais vous dire que j'étais désolé. Je regrette la façon dont je me suis comporté avec vous. Je… je ne suis pas dans mon état normal en ce moment. Je vous demande pardon.

Ostrovski eut l'impression que Bergdorf était sincère et ses excuses le touchèrent.

— Merci, Steven, dit-il.

— Je le pense, Meta. Est-ce le *New York Times* qui vous envoie ici ?

— Non, grands dieux, je n'ai plus d'emploi. Qui voudrait reprendre un critique obsolète ?

— Vous êtes un grand critique, Meta, n'importe quel journal vous engagera.

Ostrovski haussa les épaules puis soupira :

— C'est peut-être bien le problème.

— Comment ça ? demanda Bergdorf.

— Depuis hier, je suis obsédé par une idée : j'ai envie de me présenter à l'audition pour *La Nuit noire.*

— Et pourquoi pas ?

— Parce que c'est impossible ! Je suis critique littéraire et critique de théâtre ! Je ne peux donc ni écrire, ni jouer.

— Meta, je ne suis pas certain de vous suivre…

— Enfin, Steven, faites un petit effort au nom du ciel ! Expliquez-moi par quel miracle un critique de théâtre pourrait jouer dans une pièce ? Vous imaginez si les critiques littéraires se mettaient à écrire ou les écrivains à devenir critiques littéraires ? Vous imaginez Don DeLillo faisant la critique pour le *New Yorker* de la nouvelle pièce de David Mamet ? Vous imaginez si Pollock avait fait la critique de la dernière exposition de Rothko dans le *New York Times* ? Verriez-vous Jeff Koons démontant la dernière création de Damien Hirst dans le *Washington Post* ? Est-ce que vous pourriez imaginer Spielberg faire la critique du dernier Coppola dans le *LA Times* en disant : « N'allez pas voir cette merde, c'est abominable » ? Tout le monde crierait au scandale et à la partialité, et avec raison : on ne peut pas critiquer un art que l'on pratique.

Bergdorf, saisissant le cheminement intellectuel d'Ostrovski, lui fit alors remarquer :

— Techniquement, Meta, vous n'êtes plus critique puisque je vous ai licencié.

Le visage d'Ostrovski s'illumina : Bergdorf avait

raison. L'ancien critique remonta aussitôt dans sa chambre et s'empara des exemplaires de l'*Orphea Chronicle* consacrés à la disparition de Stephanie Mailer.

Et s'il était écrit quelque part que je devais passer de l'autre côté du mur ? songea Ostrovski. Et si Bergdorf, en le congédiant, lui avait en fait rendu sa liberté ? Et si depuis tout ce temps il était un créateur qui s'ignorait ?

Il découpa les articles et les disposa sur le lit. Sur la table de nuit, la photo de Meghan Padalin le regardait.

De retour au bord de la piscine, Steven fit la morale à Alice :

— Ne provoque pas Ostrovski, lui dit-il, il ne t'a rien fait.

— Et pourquoi pas ? Tu as vu avec quel dédain il me regarde ? Comme si j'étais une pute. La prochaine fois, je lui dis que c'est moi qui l'ai fait virer.

— Tu ne dois pas raconter aux gens que c'est toi qui as exigé son renvoi ! tonna Steven.

— Mais c'est la vérité, Stevie !

— Eh bien, à cause de toi je suis dans la merde.

— À cause de moi ? s'indigna Alice.

— Oui, à cause de toi et de tes stupides cadeaux ! La banque a téléphoné chez moi, ce n'est qu'une question de temps avant que ma femme ne découvre que j'ai des problèmes de fric.

— Tu as des problèmes de fric, Steven ?

— Évidemment ! aboya Bergdorf, exaspéré. Tu as vu ce qu'on dépense ? J'ai vidé mes comptes, je me suis endetté comme un con !

Alice le dévisagea d'un air attristé :

— Tu ne me l'as jamais dit, lui reprocha-t-elle.

— Jamais dit quoi ?

— Que tu n'avais pas les moyens des cadeaux que tu m'offrais.

— Et qu'est-ce que ça aurait changé ?

— Tout ! s'emporta Alice. Ça aurait tout changé ! On aurait fait attention. On ne serait pas allé dans des palaces ! Enfin, Stevie, quand même… Je te croyais habitué du *Plaza*, je te voyais continuer à acheter à tour de bras, alors je pensais que tu avais de l'argent. Je n'ai jamais imaginé que tu vivais à crédit. Pourquoi est-ce que tu ne m'en as jamais parlé ?

— Parce que j'avais honte.

— Honte ? Mais honte de quoi ? Enfin, Stevie, je ne suis ni une pute, ni une salope. Je ne suis pas avec toi pour des cadeaux, ni pour te créer des ennuis.

— Alors pourquoi es-tu avec moi ?

— Mais parce que je t'aime ! s'écria Alice.

Elle dévisagea Steven et une larme roula sur sa joue.

— Tu ne m'aimes pas ? reprit-elle en sanglots. Tu m'en veux, c'est ça ? Parce que je t'ai mis dans la merde ?

— Comme je te le disais dans la voiture hier, Alice, peut-être qu'on devrait réfléchir chacun de notre côté, faire une pause, osa suggérer Steven.

— Non, ne me quitte pas !

— Je veux dire…

— Quitte ta femme ! supplia Alice. Si tu m'aimes, quitte ta femme. Mais pas moi. Je n'ai que toi, Steven. Je n'ai personne d'autre que toi. Si tu pars, je n'ai plus personne.

Elle pleurait abondamment et ses larmes faisaient couler son mascara sur ses joues. Tous les clients autour d'eux les regardaient. Steven s'empressa de la calmer.

— Alice, enfin, tu sais combien je t'aime.

— Non, je ne sais pas ! Alors dis-le-moi, montre-le-moi ! Ne partons pas demain déjà, restons encore quelques jours ensemble ici, ce sont nos derniers. Pourquoi tu ne dirais pas à la *Revue* que nous passons les auditions pour réaliser de l'intérieur notre reportage sur la pièce ? En sous-marin dans les coulisses de la pièce dont tout le monde va parler. Tes frais seront pris en charge. S'il te plaît ! Au moins quelques jours.

— C'est d'accord, Alice, lui promit Steven. Restons encore lundi et mardi, le temps d'assister aux auditions. Nous écrirons un article ensemble pour la *Revue*.

*
* *

Après dîner, chez Derek et Darla.

La nuit avait enveloppé le quartier. Anna et Derek débarrassèrent la table. Darla était dehors, fumant une cigarette près de la piscine. Je l'y rejoignis. Il faisait encore très chaud. Les grillons chantaient.

— Regarde-moi, Jesse, me dit Darla d'un ton sarcastique. Je voulais ouvrir un restaurant et je me retrouve à commander des pizzas tous les dimanches.

Je sentis son désarroi et tentai de la réconforter :

— La pizza est une tradition.

— Non, Jesse. Et tu le sais. Je suis fatiguée. Fatiguée de cette vie, fatiguée de mon travail que je déteste. Chaque fois que je passe devant un restaurant, tu sais ce que je me dis ? « Ça aurait pu être le mien. » Au lieu de ça, je m'échine comme assistante médicale. Derek déteste son travail. Ça fait vingt ans qu'il hait son boulot. Et depuis une semaine, depuis qu'il s'est remis en selle avec toi, qu'il est retourné sur le terrain, il est gai comme un pinson.

— Sa place est sur le terrain, Darla. Derek est un flic incroyable.

— Il ne peut plus être flic, Jesse. Plus après ce qui s'est passé.

— Alors, qu'il démissionne ! Qu'il fasse autre chose. Il a droit à sa pension.

— La maison n'est pas payée.

— Alors vendez-la ! D'ici deux ans vos enfants seront partis à l'université de toute façon. Allez vous trouver un coin tranquille, loin de cette jungle urbaine.

— Et faire quoi ? demanda Darla sur un ton désespéré.

— Vivre, lui répondis-je.

Elle regarda dans le vague. Je ne voyais son visage qu'à la lumière de la piscine.

— Viens, finis-je par lui dire. Je voudrais te montrer quelque chose.

— Quoi ?

— Le projet sur lequel je travaille.

— Quel projet ?

— Ce pour quoi je vais quitter la police et dont je ne voulais pas te parler. Je n'étais pas encore prêt. Viens.

Nous laissâmes Derek et Anna et partîmes en voiture. Nous remontâmes en direction du Queens, puis de Rego Park. Quand je me garai dans la ruelle, Darla comprit. Elle descendit de voiture et regarda l'échoppe.

— Tu l'as louée ? me demanda-t-elle.

— Oui. C'était une mercerie qui était installée là et qui ne marchait plus. J'ai récupéré son pas-de-porte à bon prix. Je suis en train de commencer les travaux.

Elle regarda l'enseigne qui était couverte d'un drap.

— Ne me dis pas que…

— Si, lui répondis-je. Attends ici un instant.

Je rentrai à l'intérieur pour allumer l'enseigne et trouver une échelle, puis je ressortis et grimpai jusqu'à atteindre le drap que je retirai. Et les lettres brillèrent dans la nuit.

*LA PETITE RUSSIE*

Darla ne parlait pas. Je me sentis mal à l'aise.

— Regarde, j'ai encore le livre rouge avec toutes vos recettes, lui dis-je en lui montrant le précieux recueil que j'avais récupéré à l'intérieur en même temps que l'échelle.

Darla restait muette. Je poursuivis pour la faire réagir :

— C'est vrai, je cuisine comme un pied. Je ferai des hamburgers. C'est tout ce que je sais faire. Des hamburgers sauce Natasha. À moins que tu veuilles m'aider, Darla. Monter ce projet avec moi. Je sais que c'est un peu fou, mais…

Elle finit par s'écrier :

— Un peu fou ! C'est insensé, tu veux dire ! Tu es fou, Jesse ! Tu as perdu la tête ! Pourquoi est-ce que tu as fait une chose pareille ?

— Pour la réparation, lui répondis-je doucement.

— Mais Jesse, hurla-t-elle, on ne pourra jamais rien réparer de tout ça ! Est-ce que tu m'entends ? On ne pourra jamais réparer ce qui s'est passé !

Elle éclata en sanglots et s'enfuit dans la nuit.

# -3

# Auditions

---

LUNDI 14 JUILLET - MERCREDI 16 JUILLET 2014

## JESSE ROSENBERG

### *Lundi 14 juillet 2014*

*12 jours avant la première*

Ce matin-là, Derek et moi, dissimulés dans le restaurant du Palace du Lac, observions à distance Kirk Harvey qui venait de s'installer pour prendre son petit-déjeuner.

Ostrovski, arrivant à son tour, l'avisa et s'assit à sa table.

— Il va malheureusement y avoir des déçus, car tout le monde ne sera pas sélectionné ce matin, dit Harvey.

— Je te demande pardon, Kirk ?

— Ce n'est pas à toi que je parle, Ostrovski ! Je m'adresse aux pancakes, qui ne seront pas choisis. Le porridge ne sera pas choisi non plus. Les pommes de terre ne sont pas choisies.

— Kirk, c'est juste un petit-déjeuner.

— Non, espèce d'imbécile congénital ! C'est bien plus que cela ! Je dois me préparer à sélectionner les meilleurs acteurs d'Orphea.

Un serveur s'approcha de leur table pour prendre la commande. Ostrovski demanda un café et un œuf mollet. Le serveur se tourna ensuite vers Kirk, mais celui-ci, au lieu de parler, se contenta de le dévisager. Le serveur lui demanda alors :

— Et pour vous, monsieur ?

— Mais pour qui il se prend celui-là ? hurla Kirk. Je vous défends de m'adresser la parole directement ! Je suis un grand metteur en scène, enfin ! De quel droit le petit personnel me parle à « tu » et à « toi » ?

— Je suis désolé, monsieur, regretta le serveur, très mal à l'aise.

— Qu'on appelle le directeur ! exigea Harvey. Seul le directeur de cet hôtel peut m'adresser la parole.

Tous les clients, médusés, se turent et observèrent la scène. Le directeur, prévenu, accourut à la table.

— Le grand Kirk Harvey voudrait des œufs royaux et du caviar, expliqua Harvey.

— Le grand Kirk Harvey voudrait des œufs royaux et du caviar, répéta le directeur à l'attention de son employé.

L'employé nota, et le calme revint dans la salle.

Mon téléphone sonna. C'était Anna. Elle nous attendait au commissariat. Lorsque je lui dis où nous nous trouvions, Derek et moi, elle nous incita à nous en aller rapidement.

— Vous ne devriez pas être là, nous dit-elle. Si le maire l'apprend, nous allons tous avoir des problèmes.

— Ce Harvey est une blague ambulante, m'agaçai-je, et tout le monde le prend au sérieux.

— Raison de plus pour nous concentrer sur notre enquête, ajouta Anna.

Elle avait raison. Nous quittâmes les lieux et nous la rejoignîmes au commissariat. Nous y entreprîmes des recherches à propos de Jeremiah Fold, dont nous découvrîmes qu'il était décédé le 16 juillet 1994 dans un accident de la route, soit deux semaines avant le maire Gordon.

À notre grande surprise, Jeremiah n'avait pas de casier judiciaire. Tout ce qui apparaissait dans son dossier était une enquête ouverte de l'ATF – le bureau fédéral en charge du contrôle de l'alcool, du tabac et des armes à feu – mais qui n'avait apparemment abouti à rien. Nous contactâmes la police de Ridgesport pour essayer d'en apprendre davantage, mais le policier à qui nous parlâmes ne nous fut d'aucune aide : « Aucun dossier concernant Fold ici », nous assura-t-il. Cela signifiait que la mort de Fold n'avait pas été considérée comme suspecte.

— Si Jeremiah Fold est mort avant le massacre des Gordon, dit Derek, ça exclut une implication dans le quadruple meurtre.

— De mon côté, indiquai-je, j'ai contrôlé les fichiers du FBI : il n'y a aucune organisation criminelle du nom de *La Nuit noire*. Ce ne serait donc pas en lien avec le crime organisé, ni une revendication.

Au moins, nous pouvions écarter la piste Fold. Restait celle du commanditaire du livre de Stephanie.

Derek avait apporté des cartons remplis de journaux.

— L'annonce qui a permis à Stephanie Mailer de rencontrer le commanditaire de son livre est forcément parue dans un journal, nous expliqua-t-il à Anna et moi, puisque dans la discussion qu'elle rapporte, le commanditaire mentionne qu'il la publie depuis vingt ans.

Il nous redonna alors lecture du texte de Stephanie :

*L'annonce se trouvait entre une publicité pour un cordonnier et une autre pour un restaurant chinois qui offrait un buffet à volonté à moins de 20 dollars.*

---

VOULEZ-VOUS ÉCRIRE UN LIVRE À SUCCÈS ?
HOMME DE LETTRES RECHERCHE ÉCRIVAIN AMBITIEUX POUR TRAVAIL SÉRIEUX. RÉFÉRENCES INDISPENSABLES.

— Il s'agit donc forcément d'une publication récurrente, reprit Derek. Il apparaît que Stephanie était abonnée à un seul journal : la revue du département de lettres de l'université Notre-Dame, où elle a étudié. Du coup, nous nous sommes procuré tous les numéros de l'année écoulée.

— Elle a peut-être lu cette annonce dans un magazine trouvé par hasard, lui opposa Anna. Dans un café, sur un siège du métro, dans une salle d'attente de médecin.

— Peut-être, répondit Derek, peut-être pas. Si on retrouve l'annonce, on pourra remonter jusqu'au commanditaire et découvrir enfin qui il a vu au volant de la camionnette de Ted Tennenbaum le soir des meurtres.

*
* *

Au Grand Théâtre, une foule importante s'était pressée pour se présenter aux auditions. Celles-ci se déroulaient avec une lenteur décourageante. Kirk Harvey s'était installé derrière une table, sur la scène. Il faisait monter les candidats deux par deux pour les faire se donner la réplique de la première scène de sa pièce, qui tenait sur une misérable feuille, que les aspirants-acteurs devaient se partager.

> *C'est un matin sinistre. Il pleut. Sur une route de campagne, la circulation est paralysée: un gigantesque embouteillage s'est formé. Les automobilistes, exaspérés, klaxonnent rageusement. Une jeune femme, marchant sur le bas-côté, remonte la file des voitures immobiles. Elle avance jusqu'au barrage de police et interroge le policier en faction.*
>
> LA JEUNE FEMME : Qu'est-ce qui se passe ?
> LE POLICIER : Un homme mort. Accident de moto tragique.

Les candidats se pressaient devant la scène dans un désordre total, attendaient les consignes de Kirk Harvey pour défiler. Celui-ci leur hurlait ordres et contrordres : il fallut d'abord monter par l'escalier de droite, puis celui de gauche, puis saluer avant de monter sur la scène, puis une fois en haut ne plus saluer du tout, faute de quoi Kirk ordonnait de recommencer toute la procession de montée sur scène depuis le début. Puis les acteurs devaient jouer la scène. La sanction était immédiate : « Nul ! » criait Harvey, ce qui signifiait au candidat qu'il devait dégager illico de la vue du Maestro.

Certains protestèrent :

— Comment pouvez-vous juger les gens sur une seule ligne ?

— Oh, ne venez pas me casser les bonbons et foutez le camp ! Le metteur en scène, c'est moi.

— Est-ce qu'on peut la refaire ? demanda un aspirant malheureux.

— Non ! hurla Harvey.

— Mais ça fait des heures qu'on attend et on n'a lu qu'une seule ligne chacun.

— La gloire n'est pas pour vous, votre destin vous attend dans le caniveau de la vie ! Partez maintenant, mes yeux me piquent rien qu'à vous regarder !

*
* *

Au Palace du Lac, dans le salon de la suite 308, Dakota était vautrée sur le canapé, tandis que son père installait son ordinateur portable sur le bureau tout en lui parlant.

— On devrait aller à cette audition pour la pièce de théâtre, suggéra Jerry. Ça nous fera une activité ensemble.

— Pfft ! le théâtre c'est chiant ! lui répondit Dakota.

— Comment peux-tu dire des choses pareilles ! Et cette pièce merveilleuse que tu avais écrite et qui devait être jouée par la troupe de ton école !

— Et qui n'a jamais été jouée, rappela Dakota. Je m'en fous du théâtre désormais.

— Quand je pense à la petite fille curieuse que tu étais ! regretta Jerry. Quelle malédiction que cette génération obsédée par les téléphones et les réseaux sociaux ! Vous ne lisez plus, vous ne vous intéressez plus à rien d'autre qu'à prendre votre déjeuner en photo. La belle époque !

— Tu as bon dos de me faire la morale, répliqua Dakota. Ce sont tes émissions pourries qui rendent les gens cons !

— Ne sois pas vulgaire, Dakota, s'il te plaît.

— En tout cas ta pièce, merci bien : si on est pris, on sera coincé ici jusqu'en août.

— Qu'as-tu envie de faire, alors ?

— Rien, répondit Dakota en faisant la moue.

— Tu veux aller à la plage ?

— Non. On rentre quand à New York ?

— Je ne sais pas, Dakota, s'agaça Jerry. Je veux bien être patient, mais est-ce que tu peux faire un minimum d'efforts ? Figure-toi que moi aussi j'ai autre chose à faire qu'à être ici. Channel 14 n'a pas d'émission phare pour la rentrée et…

— Alors tirons-nous d'ici, l'interrompit Dakota. Va faire ce que tu as à faire.

— Non. Je me suis arrangé pour tout gérer depuis ici. D'ailleurs j'ai une vidéoconférence qui commence maintenant.

— Évidemment, toujours un appel, toujours du boulot ! Y a que ça qui t'intéresse.

— Dakota, c'est l'affaire de dix minutes ! Je me montre très disponible pour toi, tu pourrais au moins le reconnaître. Donne-moi juste dix minutes, après on fera ce que tu veux.

— J'ai rien envie de faire, maugréa Dakota avant d'aller s'enfermer dans sa chambre.

Jerry soupira et brancha la caméra de son ordinateur pour démarrer sa séance de travail par vidéoconférence avec ses équipes.

À 250 kilomètres de là, au cœur de Manhattan, dans une salle de réunion bondée du 53e étage de la tour de Channel 14, les participants à la réunion patientaient en papotant.

— Il est où le patron ? demanda l'un d'eux.

— Dans les Hamptons.

— Eh ben, il ne se fait pas chier pendant qu'on bosse comme des ânes ! Nous on travaille, et lui il encaisse.

— Je crois qu'il y a une histoire avec sa fille, dit une femme qui connaissait bien l'assistante de Jerry. Elle se drogue ou quelque chose du genre.

— Les mômes de riches, c'est tous les mêmes de toute façon. Moins ça a de soucis à se faire et plus ça a de problèmes.

Soudain la connexion s'établit et tout le monde se tut. Sur l'écran mural apparut leur patron et tous se tournèrent vers lui pour le saluer.

Le directeur de la création prit la parole en premier.

— Jerry, dit-il, je pense qu'on est sur la bonne piste. Nous nous sommes concentrés sur un projet qui a rapidement rencontré l'aval général : une émission de téléréalité qui suivrait le parcours d'une famille d'obèses qui essaient désespérément de perdre du poids. C'est un concept qui devrait plaire à tous les types d'audience, parce que tout le monde y trouverait son compte : on peut s'identifier à eux, s'attacher à eux, et se moquer d'eux aussi. On a interrogé un panel test, il semble que ce soit la formule gagnante.

— Ça me plaît bien ! s'enthousiasma Jerry.

Le directeur de la création passa la parole au responsable du projet :

— On a pensé que la famille d'obèses pourrait être entraînée par un coach de gym sublime et musclé de partout, dur et méchant, mais dont on découvrirait au fil des épisodes qu'il est lui-même un ex-gros qui a réussi à triompher de ses bourrelets. C'est le genre de personnage à facettes que le public aime bien.

— Il serait également l'élément conflictuel nécessaire au rythme des épisodes, précisa le directeur de la création. On a déjà prévu deux ou trois scènes qui pourraient faire parler d'elles. Par exemple, le gros, déprimé, pleure et mange un pot de glace au chocolat, pendant que le coach, tout en l'écoutant gémir, fait des pompes et des abdominaux pour être encore plus musclé et plus beau.

— Votre idée me paraît vraiment bonne, commenta Jerry, mais il faut faire attention : de ce que je vois, on va être trop dans le pathos et pas assez dans le conflit. Et le spectateur préfère le conflit. S'il y a trop de pleurnicherie, il s'ennuie.

— On a pensé à ce cas de figure, se félicita le directeur de la création qui reprit le crachoir. Pour créer davantage de conflit, on a imaginé une variante : on met deux familles dans une même maison de vacances. L'une de ces familles est super-sportive : parents et enfants sont athlétiques, sains, ne mangent que des légumes bouillis et jamais de gras. L'autre famille, ce sont les obèses et eux passent leur journée devant la télévision à avaler des pizzas. Leur mode de vie antagoniste crée des tensions terribles. Les sportifs disent aux gros : « Hé, les gars, venez faire de la gymnastique avec nous, après on ira manger du tapioca ! » Et les gros les envoient se faire voir et répondent : « Non merci, on préfère se vautrer sur le canapé en nous gavant de nachos au fromage qu'on fait passer avec du soda ! »

Tout le monde dans la salle se montra convaincu

par l'idée. Le directeur du département juridique prit alors la parole :

— Le seul hic, c'est que si on force les gros à manger comme des porcs, ils risquent de choper le diabète et on va encore devoir payer leurs soins.

Jerry balaya le problème d'un geste de la main :

— Préparez une décharge béton pour les empêcher d'intenter toute action que ce soit.

Les membres de l'équipe juridique prirent aussitôt des notes. Le directeur du marketing intervint à son tour :

— La marque de chips Grassitos est très enthousiaste et souhaite s'associer au projet. Ils seraient prêts à en financer une partie à condition qu'il se dégage des épisodes l'idée que manger des chips peut aider à perdre du poids. Ils cherchent à redorer leur blason après le fiasco des pommes empoisonnées.

— Les pommes empoisonnées ? demanda Jerry. Qu'est-ce que c'est ?

— Il y a quelques années, Grassitos, accusé d'engraisser les enfants dans les cantines, a financé des distributions de pommes dans des écoles défavorisées de la région de New York. Mais les fruits étaient pleins de pesticides et les enfants ont développé des cancers. 400 gamins malades, ça vous fout votre image en l'air.

— Ah oui, tout de même ! regretta Jerry.

— Bon, nuança le directeur du marketing, ils ont eu de la chance dans leur malheur : c'était des gamins de quartiers défavorisés et les parents n'avaient heureusement pas les moyens de lancer des poursuites en justice. Certains de ces gamins ne verront même pas la tête d'un médecin.

— Grassitos demande que les types musclés

mangent aussi des chips. Il faut qu'on puisse faire le lien entre être musclé et manger des chips. Ils aimeraient bien que le coach ou la famille de sportifs soient des latinos. C'est un marché important pour eux et ils veulent le développer. Ils ont déjà leur slogan tout trouvé : *Les latinos aiment Grassitos.*

— Ça me va très bien, dit Jerry. Par contre, il faudra d'abord évaluer quel est le budget qu'ils souhaitent investir pour que la collaboration ait du sens pour nous.

— Et pour les latinos musclés, ça vous va ? demanda le directeur du marketing.

— Oui, très bien, confirma Jerry.

— Il nous faut des latinos ! gueula le directeur de la création. Est-ce que quelqu'un note ?

Dans sa suite du Palace du Lac, Jerry, le nez sur son écran, ne remarqua pas Dakota qui était sortie de sa chambre et se tenait juste derrière lui. Elle le regarda, absorbé par sa réunion, puis s'en alla de la suite. Elle fit des allées et venues dans le couloir, ne sachant quoi faire d'elle-même. Elle passa devant la chambre 310, dans laquelle Ostrovski se préparait à rejoindre l'audition en récitant des classiques du théâtre. De la chambre 312, celle de Bergdorf et Alice, elle s'amusa de percevoir le bruit d'un coït bruyant. Finalement, elle décida de quitter le Palace. Elle réclama au voiturier la Porsche de son père, et prit la direction d'Orphea. Elle rejoignit Ocean Road. Elle longea les maisons, en direction de la plage. Elle était nerveuse. Elle arriva bientôt devant ce qui avait été leur maison de vacances, là où ils avaient été tellement heureux ensemble. Elle se gara devant le portail et resta à contempler l'inscription en fer forgé : *LE JARDIN D'EDEN.*

Elle ne put retenir ses larmes longtemps. Cramponnée au volant, elle se mit à pleurer.

*
* *

— Jesse, me sourit Michael Bird lorsqu'il me vit apparaître à la porte de son bureau, que me vaut le plaisir de votre visite ?

Pendant qu'au commissariat Anna et Derek étaient plongés dans les revues de l'université de Notre-Dame, je m'étais rendu à la rédaction de l'*Orphea Chronicle* pour récupérer les articles de l'époque consacrés au quadruple meurtre.

— J'ai besoin d'accéder aux archives du journal, expliquai-je à Michael. Est-ce que je peux vous demander un coup de main sans que des informations ne ressurgissent dans l'édition de demain ?

— Évidemment, Jesse, me promit-il. Je regrette encore d'avoir trahi votre confiance. Ce n'était pas professionnel. Vous savez, je n'arrête pas de me refaire le film dans ma tête : est-ce que j'aurais pu protéger Stephanie ?

Il avait le regard triste. Je le vis fixer le bureau de Stephanie, juste devant lui, resté tel quel.

— Il n'y avait rien que vous puissiez faire, Michael, m'efforçai-je de le réconforter.

Il haussa les épaules et me conduisit à la salle des archives au sous-sol.

Michael allait être un soutien précieux : il m'aida à faire le tri parmi les éditions de l'*Orphea Chronicle*, à trouver les articles qui semblaient pertinents et à les photocopier. Je profitai également de l'immense connaissance qu'avait Michael de la région pour l'interroger à propos de Jeremiah Fold.

— Jeremiah Fold ? répéta-t-il. Jamais entendu parler. Qui est-ce ?

— Un petit caïd de Ridgesport, lui expliquai-je. Il extorquait de l'argent à Ted Tennenbaum en le menaçant d'empêcher l'ouverture du *Café Athéna*.

Michael tomba des nues :

— Tennenbaum se faisait racketter ?

— Oui. La police d'État est passée à côté de ça en 1994.

Grâce à Michael, je pus également effectuer d'ultimes vérifications à propos de *La Nuit noire* : il contacta les autres journaux de la région, et notamment le *Ridgesport Evening Star*, le quotidien de Ridgesport, en demandant s'il dormait dans leurs archives un article contenant les mots-clés *La Nuit noire*. Mais il n'y avait rien. Les seuls éléments qui apparaissaient liés étaient ceux survenus entre l'automne 1993 et l'été 1994 à Orphea.

— Quel est le lien entre la pièce de Harvey et ces évènements ? me demanda Michael, qui n'avait jusqu'alors pas fait le parallèle.

— Je voudrais bien le savoir. Surtout maintenant qu'on sait que *La Nuit noire* ne concerne qu'Orphea.

Je ramenai toutes mes copies d'archives de l'*Orphea Chronicle* au commissariat pour me plonger dedans. Je me mis à lire, découper, surligner, jeter ou classer, tandis qu'Anna et Derek poursuivaient leur exploration minutieuse des exemplaires de la revue de Notre-Dame. Le bureau d'Anna commençait sérieusement à ressembler à un centre de tri de journaux. Soudain Derek s'écria : « Bingo ! » Il avait retrouvé l'annonce. Page 21 du numéro de l'automne

2013, entre une publicité pour un cordonnier et une autre pour un restaurant chinois qui offrait un buffet à volonté à moins de 20 dollars, il y avait ce mystérieux encart :

> VOULEZ-VOUS ÉCRIRE UN LIVRE À SUCCÈS ?
> HOMME DE LETTRES RECHERCHE ÉCRIVAIN AMBITIEUX POUR TRAVAIL SÉRIEUX. RÉFÉRENCES INDISPENSABLES.

Il ne restait plus qu'à contacter la personne en charge, au sein du journal, de la diffusion des annonces.

*
* *

Dakota était toujours garée devant le portail du *Jardin d'Eden*. Son père ne l'avait même pas appelée. Elle songea qu'il la haïssait certainement, comme tout le monde. À cause de ce qui était arrivé à la maison. À cause de ce qu'elle avait fait à Tara Scalini. Elle ne se le pardonnerait jamais.

Elle eut une nouvelle crise de larmes. Elle avait tellement mal à l'intérieur d'elle-même : elle pensait que ça n'irait jamais mieux. Elle n'avait plus envie de vivre. Les yeux embués, elle fouilla son sac, à la recherche d'une ampoule de kétamine. Elle avait besoin de se sentir mieux. Elle trouva alors parmi ses affaires une petite boîte en plastique que lui avait donnée sa copine Leyla. C'était de l'héroïne, à sniffer. Dakota n'avait encore jamais essayé. Elle disposa sur le tableau de bord une traînée de poudre blanche et se contorsionna pour en approcher son nez.

Dans la maison, Gerald Scalini, prévenu par sa femme qu'une voiture stationnait devant le portail depuis un long moment, décida d'appeler la police.

Au Grand Théâtre, le maire Brown était venu assister à la fin de la journée d'audition. Il avait été témoin des humiliations des candidats, recalés les uns après les autres, avant que Kirk Harvey ne décide de chasser tout le monde en criant « On arrête pour aujourd'hui. Revenez demain, et essayez d'être moins mauvais, au nom du ciel ! »

— De combien d'acteurs as-tu besoin ? demanda Brown à Harvey après l'avoir rejoint sur scène.

— Huit. Plus ou moins. Je ne suis pas à un rôle près, tu sais.

— Plus ou moins ? s'étrangla Brown, tu n'as pas une distribution exacte ?

— Plus ou moins, répéta Harvey.

— Et combien en as-tu retenu aujourd'hui ?

— Zéro.

Le maire poussa un long soupir désespéré.

— Kirk, lui rappela-t-il avant de s'en aller, il ne te reste qu'une journée pour boucler la distribution. Tu dois impérativement accélérer le mouvement. On ne va jamais y arriver sinon.

Plusieurs véhicules de police étaient stationnés devant *Le Jardin d'Eden*. À l'arrière de la voiture de patrouille de Montagne, Dakota, les mains menottées dans le dos, pleurait. Montagne, par la portière ouverte, la questionnait :

— Qu'est-ce que tu foutais ici ? demanda-t-il. Tu attends un client ? Tu vends cette merde ici ?

— Non, je vous promets, pleurait Dakota à moitié consciente.

— T'es trop défoncée pour répondre, idiote ! Et va pas gerber sur mes sièges, pigé ? Putain de junkie !

— Je voudrais parler à mon père, supplia Dakota.

— Mais oui, bien sûr, et puis quoi encore ? Avec ce qu'on a trouvé dans la voiture, t'es bonne pour passer devant un juge. La prochaine étape pour toi, ma jolie, c'est la case prison.

L'après-midi touchait à sa fin, et dans le quartier résidentiel tranquille où vivaient les Brown, Charlotte, tout juste rentrée de sa journée à la clinique vétérinaire, rêvassait sous le porche de sa maison. Son mari arriva du Grand Théâtre et s'installa à côté d'elle. Il paraissait épuisé. Elle passa tendrement sa main dans ses cheveux.

— Comment se passent les auditions ? demanda-t-elle.

— Très mal.

Elle alluma une cigarette.

— Alan… dit-elle.

— Oui ?

— J'ai envie d'y participer.

Il sourit.

— Tu devrais, l'encouragea-t-il.

— Je n'en sais rien… ça fait vingt ans que je ne suis plus montée sur les planches.

— Je suis certain que tu ferais un malheur.

Pour toute réponse, Charlotte soupira longuement.

— Que se passe-t-il ? demanda Alan qui voyait que quelque chose ne tournait pas rond.

— Je me dis que c'est peut-être mieux de rester discret et surtout loin de Harvey.

— Tu as peur de quoi ?

— Tu le sais très bien, Alan.

À quelques miles de là, au Palace du Lac, Jerry Eden était dans tous ses états: Dakota avait disparu. Il l'avait cherchée dans tout l'hôtel, au bar, à la piscine, à la salle de fitness, en vain. Elle ne répondait pas au téléphone et n'avait pas laissé de mot. Il avait finalement prévenu la sécurité de l'hôtel. Les enregistrements des caméras montraient Dakota sortant de sa chambre, errant un moment dans le couloir, puis descendant à la réception pour réclamer la voiture et s'en aller. Le chef de la sécurité, à court de solution, proposa de contacter la police. Jerry préférait éviter d'en arriver là, craignant d'attirer des ennuis à sa fille. Soudain, son téléphone portable sonna. Il s'empressa de décrocher.

— Dakota ?

— Jerry Eden ? lui répondit une voix grave. Ici le chef-adjoint Jasper Montagne de la police d'Orphea.

— La police ? Que se passe-t-il ?

— Votre fille Dakota est actuellement détenue au commissariat. Elle a été arrêtée en possession de drogue et sera présentée à un juge demain matin. Elle va passer la nuit en cellule.

*JERRY EDEN*

À l'été 1994, j'étais jeune directeur d'une station de radio à New York, je gagnais chichement ma vie et je venais de me marier avec Cynthia, mon amour de lycée, la seule fille qui ait jamais cru en moi.

Il fallait nous voir à cette époque : nous avions une sacrée dégaine. Nous étions amoureux, la trentaine à peine, libres comme l'air. Mon bien le plus précieux était une Corvette de deuxième main dans laquelle nous passions les week-ends à voir du pays, roulant d'une ville à l'autre, logeant dans des motels ou des pensions.

Cynthia travaillait à l'administration d'un petit théâtre. Elle avait tous les bons tuyaux et nous passions nos semaines à aller voir des pièces sur Broadway sans dépenser le premier dollar. C'était une vie avec peu de moyens financiers, mais ce que nous avions nous suffisait amplement. Nous étions heureux.

1994 était l'année de notre mariage. Cynthia et moi nous étions unis au mois de janvier et nous avions décidé de remettre aux beaux jours notre lune de miel, pour laquelle notre budget limité nous poussa à choisir des destinations à portée de Corvette. C'est Cynthia qui entendit parler du tout nouveau festival de théâtre d'Orphea. Le milieu artistique en disait beaucoup de bien et on y attendait des journalistes renommés, signe de qualité. De mon côté, j'y trouvai une ravissante pension de famille, à deux pas de l'océan, dans une maison en planches entourée d'hortensias, et il ne fit aucun doute que la dizaine de jours que nous allions y passer seraient mémorables. Ils le furent, à tout point de vue. À notre retour à New York, Cynthia se découvrit enceinte. En avril 1995, naquit notre fille unique et chérie : Dakota.

Sans atténuer le bonheur que fut l'arrivée de Dakota dans notre vie, je ne suis pas sûr que nous avions prévu d'avoir un enfant aussi vite. Les mois qui suivirent furent ceux de tous les jeunes parents dont la vie est chamboulée par la présence d'un petit être : notre vie se déclinait désormais en multiple de trois dans un monde dans lequel nous avions évolué jusque-là à bord d'une Corvette à deux places. Il fallut vendre la voiture pour en acheter une plus grande, changer d'appartement pour avoir une chambre supplémentaire et assumer les coûts des couches, layette, lingettes, lavettes, poussette et autres lolettes. Bref, il fallait faire avec.

Pour ajouter à la situation, Cynthia fut licenciée du théâtre à son retour de congé maternité. Quant à moi, la station radio fut rachetée par un grand groupe, et après avoir entendu toutes sortes de rumeurs de restructuration et avoir craint pour ma place je fus obligé d'accepter, pour un même salaire, beaucoup moins de temps d'antenne et beaucoup plus de travail administratif et de responsabilités. Nos semaines devinrent une véritable course contre la montre: le travail, la famille, Cynthia qui cherchait un emploi et ne savait pas quoi faire de Dakota, moi qui rentrais le soir épuisé. Notre couple fut mis à très rude épreuve. Aussi, quand l'été arriva, je proposai d'aller passer quelques jours à la fin juillet dans notre petite pension d'Orphea, pour nous retrouver. Et là encore, le miracle d'Orphea fonctionna.

Il allait en être ainsi pendant les années suivantes. Quoi qu'il se passât dans l'effervescence de New York, quoi que le quotidien nous infligeât, Orphea réparait tout.

Cynthia avait trouvé un emploi dans le New Jersey, à une heure de train. Elle faisait trois heures de transport en commun par jour, et il fallait jongler avec les agendas, les calendriers, amener la petite à la crèche, puis à l'école, faire les courses, enchaîner les réunions, assurer partout, au travail, à la maison, du soir au matin et tous les jours que le bon Dieu faisait. Nous étions à fleur de peau, certains jours nous nous croisions à peine. Mais une fois l'an, grâce à un cycle réparateur, toutes ces tensions, ces incompréhensions, ce stress et ces cavalcades étaient annihilés aussitôt que nous arrivions à Orphea. La ville était cathartique pour nous. L'air semblait plus pur, le ciel plus beau, la vie plus tranquille. La propriétaire de la pension, qui avait des enfants adultes, s'occupait admirablement bien de Dakota et la gardait volontiers s'il nous arrivait de vouloir aller assister à des représentations du festival.

À la fin de notre séjour, nous repartions pour New York heureux, reposés, rassérénés. Prêts à reprendre le cours de nos vies.

*

Je n'ai jamais été très ambitieux et je ne crois pas que j'aurais réussi l'ascension professionnelle qui a été la mienne sans Cynthia, ni Dakota. Car au fil des ans, à force de revenir à Orphea, de m'y sentir si bien, j'ai eu envie de leur offrir plus. Je me suis mis à vouloir mieux que la petite pension de famille, à vouloir passer plus d'une semaine par an dans les Hamptons. Je voulais que Cynthia n'ait plus à faire trois heures de transport en commun par jour pour parvenir à peine à joindre les deux bouts, je voulais que Dakota puisse aller dans une école privée et bénéficier de la meilleure éducation possible. C'est pour elles que je me suis mis à travailler encore plus dur, à viser des promotions, à réclamer de meilleures rétributions. C'est pour elles que j'ai accepté de délaisser l'antenne pour plus de responsabilités et des postes qui me passionnaient moins mais qui étaient mieux rétribués. Je me mis à gravir les échelons, saisissant toutes les opportunités qui s'offraient à moi, arrivant au bureau le premier et en repartant le dernier. En trois ans, je passai de directeur de station de radio à responsable du développement des séries télévisées de l'ensemble des chaînes du groupe.

Mon salaire doubla, tripla, et notre qualité de vie aussi. Cynthia put arrêter de travailler, et profiter de Dakota, encore toute petite. Elle consacra une partie de son temps à travailler bénévolement pour un théâtre. Nos vacances à Orphea se prolongèrent : elles durèrent trois semaines, puis un mois entier, puis tout l'été, dans une maison de location toujours plus grande et luxueuse, avec une femme de ménage une fois par semaine, puis deux fois par semaine, puis tous les jours, qui tenait la maison, faisait les lits, nous préparait à manger et ramassait tout ce que nous laissions traîner derrière nous.

C'était la belle vie. En légèrement différent de ce que j'avais imaginé : à l'époque de ma semaine de vacances dans la pension, j'étais totalement déconnecté de mon travail. Avec mes nouvelles responsabilités, je ne pouvais pas prendre plus de quelques jours à la fois : quand Cynthia et Dakota profitaient de deux mois au bord de la piscine sans avoir à se préoccuper de rien, moi je rentrais à New York à intervalles réguliers pour gérer les affaires courantes et traiter les dossiers. Cynthia regrettait que je ne puisse pas rester plus longtemps, mais tout allait bien malgré tout. De quoi pouvions-nous nous plaindre ?

Mon ascension se poursuivit. Peut-être même malgré moi, je ne sais plus. Mon salaire, que je croyais pourtant déjà astronomique, continuait de prendre l'ascenseur en même temps que ma charge de travail. Les groupes de médias se rachetaient les uns les autres pour former des conglomérats ultra-puissants. Je me retrouvais dans un grand bureau d'un gratte-ciel en verre, je pouvais mesurer mon ascension professionnelle à mes déménagements dans des bureaux plus grands et plus hauts. Ma rémunération suivait ma progression dans les étages. Mes gains décuplèrent, centuplèrent. De directeur d'une petite station de radio, je me retrouvais, dix ans plus tard, directeur général de Channel 14, la chaîne de télévision la plus regardée et la plus rentable du pays, que je dirigeais depuis le 53e et dernier étage de la tour de verre, pour un salaire, incluant les bonus, de 9 millions de dollars par an. Soit 750 000 dollars par mois. Je gagnais plus d'argent que je ne pourrais jamais en dépenser.

Tout ce que je voulus offrir à Cynthia et Dakota, je pus le faire. Vêtements de luxe, voitures de sport, appartement fabuleux, école privée, vacances de rêve. Que l'hiver new-yorkais nous donne grise mine, et nous partions en avion privé passer une semaine revitalisante à Saint-Barth. Quant à Orphea, j'y fis construire, pour une somme exorbitante, la maison de nos rêves, au bord de l'océan, que je baptisai, apposant son nom en lettres de fer forgé sur le portail, *LE JARDIN D'ÉDEN*.

Tout était devenu si simple, si facile. Si extraordinaire. Mais cela avait un coût, pas seulement pécuniaire : il impliquait que je m'offre plus encore à mon travail. Plus je voulais donner à mes deux femmes adorées, plus je devais donner à Channel 14, en temps, en énergie, en concentration.

Cynthia et Dakota passaient les étés et tous les week-ends de la belle saison dans notre maison des Hamptons. Je les rejoignais aussi souvent que possible. Je m'y étais aménagé un bureau, depuis lequel je pouvais traiter les affaires courantes et même organiser des conférences téléphoniques.

Mais plus notre existence semblait facile, plus cela devenait compliqué. Cynthia voulait que je me consacre davantage à mon couple et à ma famille, sans que je me soucie en permanence de mon travail, mais sans mon travail il ne pouvait pas y avoir de maison. C'était le serpent qui se mordait la queue. Nos vacances étaient une alternance de reproches et de scènes : « À quoi ça sert que tu viennes ici si c'est pour t'enfermer dans ton bureau ? — Mais on est ensemble… — Non, Jerry, tu es là mais tu es absent. »

Et rebelote à la plage, ou au restaurant. Parfois, lors de mes séances de course à pied, je me rendais jusqu'à la maison qui abritait la pension de famille, laquelle avait fermé à la mort de sa propriétaire. Je regardais la jolie maison en planches et je rêvais à ce qu'avaient été nos vacances, si modestes, si courtes, mais si merveilleuses. J'aurais tant voulu retourner à cette époque. Mais je ne savais plus comment faire.

Si vous me posez la question, je vous dirai que j'ai fait tout ça pour ma femme et ma fille.

Si vous posez la question à Cynthia ou à Dakota, elles vous diront que j'ai fait ça pour moi, pour mon ego, pour mon obsession du travail.

Mais peu importe à qui la faute: au fil du temps, la magie d'Orphea n'a plus fait effet. Notre couple, notre famille, ne parvenaient plus à se réparer et à se ressouder durant nos séjours là-bas. Au contraire, ils contribuaient à nous déchirer.

Et puis tout a basculé.

Il y a eu les évènements du printemps 2013, qui nous ont forcés à vendre la maison d'Orphea.

## JESSE ROSENBERG

### *Mardi 15 juillet 2014*

*11 jours avant la première*

L'annonce retrouvée dans la revue de l'université Notre-Dame ne nous permit pas de remonter à la personne qui l'avait publiée. À la rédaction du journal, la personne en charge des publicités ne disposait d'aucune information : l'annonce avait été enregistrée à l'accueil et payée directement en liquide. Mystère total. En revanche, l'employée put retrouver dans ses archives la même annonce, diffusée exactement une année plus tôt. Et l'année d'avant également. L'annonce était diffusée dans chaque numéro d'automne. J'avais demandé :

— Que se passe-t-il de particulier à l'automne ?

— C'est le numéro le plus lu, m'avait expliqué l'employée. C'est le numéro de la rentrée universitaire.

Derek émit alors une hypothèse : la rentrée marquait l'arrivée de nouveaux étudiants et donc de candidats potentiels pour écrire ce livre tant désiré par le commanditaire.

— Si j'étais cette personne, affirma Derek, je ne me limiterais pas à une seule revue, mais je diffuserais cette annonce plus largement.

Quelques appels aux rédactions des revues des facultés de lettres de plusieurs universités de New York et des environs nous permirent de vérifier cette hypothèse : une annonce similaire était diffusée dans chaque numéro d'automne depuis des années. Mais celui qui les passait ne laissait aucune trace.

Tout ce que nous savions, c'est qu'il s'agissait d'un homme, qu'il se trouvait à Orphea en 1994, qu'il détenait des informations permettant de penser que Ted Tennenbaum n'était pas le meurtrier, qu'il jugeait la situation suffisamment grave pour écrire un livre, mais qu'il ne pouvait pas écrire ce livre lui-même. C'était la question la plus étrange. Derek s'interrogea à haute voix :

— Qui voudrait écrire mais ne peut pas écrire ? Au point de chercher désespérément quelqu'un pour le faire en passant des annonces pendant des années dans des revues estudiantines ?

Anna écrivit alors au feutre noir sur le tableau magnétique ce qui ressemblait à une énigme digne du Sphinx de Thèbes :

*Je veux écrire, mais je ne peux pas écrire. Qui suis-je ?*

Faute de mieux pour le moment, il ne nous restait plus qu'à poursuivre notre plongée dans les articles de l'*Orphea Chronicle* que nous avions déjà passablement écrémés sans beaucoup de succès. Soudain, plongé dans un article, Derek s'agita et encercla de rouge un paragraphe. Il semblait circonspect et son attitude nous alerta.

— Tu as trouvé quelque chose ? lui demanda Anna.

— Écoutez ça, dit-il, incrédule, en contemplant

encore la photocopie qu'il tenait en main. Ceci est un article paru dans l'*Orphea Chronicle* le 2 août 1994. Il y est écrit ici: « *D'après une source policière, un troisième témoin se serait fait connaître. Un témoignage qui pourrait être capital pour la police qui ne dispose de presque aucune information pour le moment.* »

— Qu'est-ce que c'est que cette histoire? m'étonnai-je. Un troisième témoin? Il n'y avait que deux témoins, les deux habitants du quartier.

— Je le sais bien, Jesse, me dit Derek qui était aussi surpris que moi.

Anna contacta immédiatement Michael Bird. Il n'avait aucun souvenir de ce témoin, mais il nous rappela que trois jours après le quadruple meurtre, la ville fourmillait de rumeurs. Il était malheureusement impossible d'interroger l'auteur de l'article qui était décédé dix ans plus tôt, mais Michael nous précisa que la source policière était très certainement le chef Gulliver, qui avait toujours eu la langue bien pendue.

Gulliver n'était pas au commissariat. À son retour, il vint nous trouver dans le bureau d'Anna. Je lui expliquai que nous avions découvert une mention d'un troisième témoin et il me répondit aussitôt:

— C'était Marty Connors. Il travaillait dans une station-service proche de Penfield Crescent.

— Pourquoi n'avons-nous jamais entendu parler de lui?

— Parce que, après vérification, son témoignage ne valait rien.

— Nous aurions aimé en juger par nous-mêmes, dis-je.

— Vous savez, à l'époque, il y en a eu des dizaines du genre que nous avons scrupuleusement vérifiés avant de vous les transmettre. Les gens nous contactaient pour tout et n'importe quoi : ils avaient ressenti une présence, entendu un bruit étrange, vu une soucoupe volante. Enfin, ce genre de conneries. On était bien obligé de filtrer, sinon vous auriez été complètement noyés. Mais on a travaillé scrupuleusement.

— Je n'en doute pas. C'est vous qui l'avez interrogé ?

— Non. Je ne sais plus qui l'avait fait.

Au moment de quitter la pièce, Gulliver s'arrêta soudain sur le pas de la porte et déclara :

— Un manchot.

Nous le dévisageâmes tous les trois. Je finis par lui demander :

— De quoi parlez-vous, chef ?

— Le truc écrit sur le tableau : *Je veux écrire, mais je ne peux pas écrire. Qui suis-je ?* Réponse : Un manchot.

— Merci, chef.

Nous contactâmes la station-service dont Gulliver nous avait parlé et qui existait encore. Et coup de chance, vingt ans plus tard, Marty Connors y travaillait toujours.

— Marty est le pompiste de nuit, m'indiqua l'employée au téléphone. Il prend son poste à 23 heures.

— Et est-ce qu'il travaille ce soir ?

— Oui. Souhaitez-vous que je lui laisse un message ?

— Non, c'est gentil. Je passerai le voir directement.

*
* *

Ceux qui n'ont pas de temps à perdre pour rejoindre les Hamptons depuis Manhattan prennent la voie des airs. En partant de l'héliport à la pointe sud de l'île, vingt minutes d'hélicoptère suffisent pour relier New York à n'importe quelle autre ville de Long Island.

Sur le parking de l'aérodrome d'Orphea, Jerry Eden attendait, assis au volant de sa voiture. Un puissant bruit de moteur l'arracha à ses pensées. Il leva les yeux et vit l'hélicoptère qui arrivait. Il sortit de voiture. L'appareil se posait sur le tarmac à quelques dizaines de mètres de lui. Une fois le moteur coupé et les pales à l'arrêt, la porte latérale de l'hélicoptère s'ouvrit et Cynthia Eden en descendit, suivie par leur avocat, Benjamin Graff. Ils passèrent le grillage qui séparait le tarmac du parking et Cynthia se précipita dans les bras de son mari en sanglotant.

Jerry, tout en enlaçant sa femme, échangea une poignée de main amicale avec son avocat.

— Benjamin, lui demanda-t-il, est-ce que Dakota risque la prison ?

— Quelle quantité de drogue avait-elle sur elle ?

— Je n'en sais rien.

— Allons tout de suite au commissariat, suggéra l'avocat, il faut préparer l'audience. En temps normal, je ne serais pas inquiet, mais il y a l'antécédent de l'affaire Tara Scalini. Si le juge prépare correctement son dossier, il va tomber dessus, et il pourrait être tenté d'en tenir compte. Ce serait très problématique pour Dakota.

Jerry tremblait. Il avait les jambes complètement molles. Au point de demander à Benjamin de prendre le volant. Un quart d'heure plus tard, ils se présentaient au commissariat d'Orphea. Ils furent installés dans une salle d'interrogatoire, dans laquelle on conduisit ensuite Dakota, menottée. Lorsqu'elle aperçut ses parents, elle éclata en sanglots. Le policier lui enleva ses menottes et elle se précipita aussitôt dans leurs bras. «Mon bébé!» s'écria Cynthia en serrant sa fille contre elle aussi fort qu'elle le put.

Les policiers les laissèrent seuls dans la pièce et ils s'installèrent autour de la table en plastique. Benjamin Graff sortit un dossier et un bloc-notes de sa mallette et se mit aussitôt au travail.

— Dakota, demanda-t-il, j'ai besoin de savoir précisément ce que tu as dit aux policiers. Surtout, j'ai besoin de savoir si tu leur as parlé de Tara.

*

Au Grand Théâtre, les auditions se poursuivaient. Sur scène, le maire Brown s'était installé aux côtés de Kirk Harvey pour le pousser à boucler rapidement la distribution des rôles. Mais personne ne convenait.

— Ils sont tous nuls, répétait Kirk Harvey. C'est censé être la pièce du siècle et je ne vois défiler devant moi que le restant de la colère de Dieu.

— Fais un minimum d'efforts, Kirk! le supplia le maire.

Harvey appela les candidats suivants sur scène. Contrairement à la consigne, deux hommes se présentèrent devant lui: Ron Gulliver et Meta Ostrovski.

— Qu'est-ce que vous fichez ici tous les deux?

— Je viens auditionner! gueula Ostrovski.

— Moi aussi! brailla Gulliver.

— Les consignes étaient claires: un homme et une femme. Vous êtes disqualifiés tous les deux.

— J'étais là le premier ! protesta Ostrovski.

— Je suis de service aujourd'hui, je ne peux pas attendre mon tour. J'ai un droit de priorité.

— Ron ? s'étonna le maire Brown. Mais vous ne pouvez pas jouer dans la pièce !

— Et pourquoi pas ? se rebiffa le chef Gulliver. Je prendrai des congés. C'est une chance unique, j'ai le droit d'en profiter. Et puis, en 1994, le chef Harvey a eu le droit de jouer.

— Je vais vous laisser une chance, trancha alors Kirk. Mais l'un de vous deux devra être une femme.

Il réclama alors qu'on lui amène une perruque, ce qui interrompit l'audition pendant vingt minutes, le temps de trouver l'accessoire. Finalement, un bénévole habitué des lieux revint avec une longue tignasse artificielle blonde, trouvée dans les coulisses et qu'Ostrovski s'attribua. Ainsi coiffé, muni de la feuille sur laquelle était retranscrite la première scène, il écouta Harvey lire la didascalie.

> *C'est un matin sinistre. Il pleut. Sur une route de campagne, la circulation est paralysée : un gigantesque embouteillage s'est formé. Les automobilistes, exaspérés, klaxonnent rageusement. Une jeune femme, marchant sur le bas-côté, remonte la file des voitures immobiles. Elle avance jusqu'au barrage de police et interroge le policier en faction.*

Ostrovski s'approcha de Gulliver, faisant mine de marcher avec des talons aiguilles, et se lança dans la réplique.

Ostrovski *(hurlant comme un damné d'une voix trop aiguë)*: Qu'est-ce qui se passe ?

Le chef Gulliver *(s'y reprenant à trois fois)*: Un homme mort. Accident de moto tragique.

Ils étaient épouvantables. Mais leur prestation terminée, Kirk Harvey se leva de sa chaise et battit des mains avant de s'écrier:

— Vous êtes engagés tous les deux !

— Tu es sûr ? lui murmura le maire Brown. Ils sont diablement mauvais.

— Sûr et certain ! s'enthousiasma Harvey.

— Il y avait d'autres candidats meilleurs que tu as recalés.

— Puisque je te dis que je suis sûr de mon choix, Alan !

Il s'écria alors à l'attention de la salle et des candidats:

— Voici nos deux premiers acteurs.

Ostrovski et Gulliver descendirent de scène sous les applaudissements des autres candidats avant d'être éblouis par le flash du photographe de l'*Orphea Chronicle* et alpagués par un journaliste désireux de recueillir leurs impressions. Ostrovski était rayonnant. Il songeait: *Les metteurs en scène me réclament, les journalistes me harcèlent, me voici un artiste déjà adulé et reconnu. Ô gloire chérie, si longtemps convoitée, te voilà enfin !*

Devant le Grand Théâtre, Alice attendait dans la voiture de Steven, garée à la va-vite. Alors qu'ils étaient sur le point de rentrer à New York, il avait voulu jeter un coup d'œil aux auditions, en coup de vent, pour avoir de quoi compléter l'article qui justifierait son week-end à Orphea.

« Cinq minutes », avait-il promis à Alice qui s'était mise à bougonner. Cinq minutes plus tard, il ressortait du bâtiment. Voilà, tout était terminé avec Alice. Ils avaient parlé de cette séparation, elle avait fini par dire qu'elle comprenait et qu'elle ne ferait pas d'histoires. Mais alors que Steven s'apprêtait à remonter en voiture, il reçut un appel de Skip Nalan, son rédacteur en chef adjoint.

— À quelle heure rentres-tu aujourd'hui, Steven ? demanda Skip d'une drôle de voix. Je dois te parler, c'est très important.

Au ton de Skip, Bergdorf comprit aussitôt qu'il se passait quelque chose et préféra mentir :

— Je ne sais pas, cela dépend des auditions. C'est passionnant ce qui se passe ici. Pourquoi ?

— Steven, la comptable est venue me voir. Elle m'a montré les relevés de la carte de crédit de la *Revue* qui t'a été attribuée : il y a des transactions vraiment étranges. Des achats en tous genres, surtout dans des magasins de luxe.

— Dans des magasins de luxe ? répéta Steven comme s'il tombait des nues. Est-ce que quelqu'un aurait piraté ma carte ? Il paraît qu'en Chine…

— La carte a été utilisée à Manhattan, Steven, pas en Chine. Il y a aussi des nuits au *Plaza*, des notes de restaurant extravagantes.

— Ça alors ! dit Steven qui continuait de jouer la stupéfaction.

— Steven, est-ce que tu as quelque chose à voir avec ça ?

— Moi ? Évidemment que non, Skip. Enfin, tu m'imagines faire une chose pareille ?

— Non, effectivement. Mais il y a un débit pour un séjour au Palace du Lac, à Orphea. Et ça, ça ne peut qu'être toi.

Steven tremblait. Il s'efforça cependant de garder un ton calme.

— Ça, ce n'est pas normal, dit-il alors, et tu fais bien de me prévenir : je n'avais donné la carte de crédit que pour les extras. La mairie m'avait assuré qu'ils prenaient la chambre en charge. L'employé de la réception a dû s'emmêler les pinceaux. Je vais les appeler de ce pas.

— Tant mieux, dit Skip, ça me rassure. Je ne te cache pas que j'ai failli croire…

Steven éclata de rire :

— Tu me vois aller dîner au *Plaza*, moi ?

— Non, effectivement, s'amusa Skip. Enfin bref, la bonne nouvelle, c'est que d'après la banque, nous n'aurons probablement rien à payer car ils auraient dû détecter la fraude. Ils disent que ce genre de cas s'est déjà produit : des types identifient un numéro de carte de crédit et en fabriquent une copie.

— Ah tu vois, c'est ce que je te disais ! conclut Steven qui retrouvait de sa superbe.

— Si tu le peux, quand tu rentres aujourd'hui, il faudrait que tu passes au commissariat pour porter plainte. C'est une demande de la banque pour le remboursement. Au vu de la somme, ils veulent retrouver le faussaire. Ils sont assez certains qu'il habite New York.

Bergdorf sentit la panique l'envahir à nouveau : la banque l'identifierait en un rien de temps. Dans certains magasins, les vendeuses l'appelaient par son prénom. Il ne pouvait pas rentrer à New York aujourd'hui, il devait d'abord trouver une solution.

— J'irai porter plainte à la seconde où je reviens, assura-t-il à Skip. Mais priorité à ce qui se passe ici : cette pièce est tellement extraordinaire, le niveau des candidats est tellement élevé, le procédé de création tellement unique, que j'ai décidé de m'immerger. Je vais passer l'audition et écrire un article en sous-marin ici. La pièce vue de l'intérieur. Ça va faire un papier incroyable. Crois-en mon flair, Skip, ça va être très bon pour la *Revue*. C'est le prix Pulitzer assuré !

Le prix Pulitzer. C'est exactement ce que Steven servit ensuite à sa femme, Tracy.

— Mais combien de jours encore vas-tu rester là-bas ? s'inquiéta-t-elle.

Il sentait que Tracy ne mordait pas à l'hameçon, et il fut obligé de sortir l'artillerie lourde :

— Combien de temps, ça je n'en sais rien. Mais le plus important, c'est que la *Revue* me paie des heures supplémentaires pour ma présence ici. Et vu comme je travaille, bonjour le pactole ! Donc dès que je reviens, nous partons faire notre voyage à Yellowstone !

— Alors nous y allons ? se réjouit Tracy.

— Bien sûr, lui dit son mari. Je me réjouis tellement.

Steven raccrocha et ouvrit la portière de la voiture du côté passager.

— On ne peut pas partir, dit-il d'un ton grave.

— Pourquoi pas ? demanda Alice.

Il comprit soudain qu'il ne pouvait pas lui dire la vérité à elle non plus. Il se força alors à sourire et annonça :

— La *Revue* veut que tu participes aux auditions et que tu écrives un article en sous-marin à propos de cette pièce. Un grand article et même une photo de toi en couverture.

— Oh, Stevie, mais c'est extraordinaire ! Mon premier article !

Elle l'embrassa langoureusement et ils se précipitèrent à l'intérieur du théâtre. Ils attendirent leur tour pendant des heures. Lorsqu'ils furent enfin appelés sur scène, Harvey avait éconduit tous les candidats précédents, et le maire Brown, à côté de lui, le pressait d'en trouver d'autres. Kirk, bien que peu convaincu par la prestation d'Alice et Steven, décida de les accepter pour qu'Alan cesse de gémir.

— Avec Gulliver et Ostrovski, cela fait quatre sur huit, dit le maire, un peu soulagé. Nous sommes déjà à la moitié.

*
* *

L'après-midi commençait à décliner lorsque, dans la salle d'audience principale du palais de justice d'Orphea, après une attente interminable, Dakota Eden fut enfin présentée au juge Abe Cooperstin.

Encadrée par un policier, elle avança jusque devant le juge d'un pas tremblant, le corps épuisé par la nuit en cellule et les yeux rougis par les larmes.

— Nous avons ici le cas 23450, municipalité d'Orphea contre mademoiselle Dakota Eden, déclara le juge Cooperstin en survolant du regard le rapport qui lui était présenté. Mademoiselle Eden, je lis ici que vous avez été arrêtée hier après-midi, au volant d'une voiture, en train de vous fourrer de l'héroïne dans le nez. Est-ce que c'est vrai ?

Dakota lança un regard terrifié à l'avocat Benjamin Graff qui l'encouragea d'un geste de la tête à répondre ainsi qu'ils l'avaient préparé ensemble.

— Oui, votre honneur, répondit-elle d'une voix étranglée d'avoir trop pleuré.

— Puis-je savoir, mademoiselle, pourquoi une jeune fille mignonne comme vous consomme de la drogue ?

— J'ai commis une grave erreur, votre honneur. Je suis dans un moment difficile de ma vie. Mais je fais tout pour m'en sortir. Je vois un psychiatre à New York.

— Ce n'est donc pas la première fois que vous consommez de la drogue ?

— Non, votre honneur.

— Alors vous êtes une consommatrice régulière ?

— Non, votre honneur. Je ne dirais pas ça.

— Pourtant, la police a retrouvé une importante quantité de drogue sur vous.

Dakota baissa la tête. Jerry et Cynthia Eden sentirent leurs estomacs se nouer : si le juge savait quoi que ce fût à propos de Tara Scalini, leur fille risquait gros.

— Qu'est-ce que vous faites de votre vie ? demanda Cooperstin.

— Pour l'instant, pas grand-chose, admit Dakota.

— Et pourquoi ?

Dakota se mit à pleurer. Elle avait envie de tout lui dire, de lui parler de Tara. Elle méritait d'aller en prison. Comme elle n'arrivait pas à se reprendre, elle ne put répondre à la question, et Cooperstin poursuivit :

— Je vous avoue, mademoiselle, qu'il y a un point du rapport de police qui me tracasse.

Il y eut un instant de silence. Jerry et Cynthia sentirent leurs cœurs exploser dans leurs poitrines : le juge savait tout. C'était la prison assurée. Mais Cooperstin demanda :

— Pourquoi êtes-vous allée devant cette maison pour vous droguer ? Je veux dire, n'importe qui serait allé dans les bois, à la plage, dans un endroit discret, non ? Mais vous, vous vous arrêtez devant le portail d'une maison. Comme ça, au beau milieu du passage. Pas étonnant que les habitants aient prévenu la police. Vous avouerez que c'est étrange, non ?

Jerry et Cynthia n'y tenaient plus, la tension était trop forte.

— C'est notre ancienne maison de vacances, expliqua Dakota. Mes parents ont dû la vendre à cause de moi.

— À cause de vous ? répéta le juge, intrigué.

Jerry eut envie de se lever, ou de crier, de faire n'importe quoi pour interrompre la séance. Mais Benjamin Graff s'en chargea pour lui. Il profita de l'hésitation de Dakota pour répondre à sa place :

— Votre honneur, ma cliente ne cherche qu'à se racheter et à se réconcilier avec la vie. Son comportement d'hier était un appel à l'aide, c'est évident. Elle s'est garée devant la maison car elle savait qu'on l'y retrouverait. Elle savait que son père songerait à aller la chercher là-bas. Dakota et son père sont venus à Orphea pour se retrouver et repartir dans la vie du bon pied.

Le juge Cooperstin détourna son regard de Dakota, observa l'avocat un instant, puis revint à la prévenue.

— Est-ce que c'est vrai, jeune fille ?

— Oui, murmura-t-elle.

Le juge eut l'air satisfait de la réponse. Jerry

poussa un discret soupir de soulagement : la feinte de Benjamin Graff avait été parfaite.

— Je crois que vous méritez une seconde chance, décréta Cooperstin. Mais attention : c'est une opportunité que vous devez saisir. Est-ce que votre père est là ?

Jerry se leva aussitôt.

— Je suis ici, votre honneur. Jerry Eden, le père de Dakota.

— Monsieur Eden, tout ceci vous concerne également puisque je comprends que vous êtes venu ici avec votre fille pour vous retrouver.

— C'est le cas, votre honneur.

— Qu'aviez-vous prévu de faire à Orphea avec votre fille ?

La question prit Jerry de court. Le juge, percevant son hésitation, ajouta :

— Ne me dites pas, monsieur, que vous êtes juste venu ici pour que votre fille puisse traîner son mal-être au bord de la piscine d'un hôtel ?

— Non, votre honneur. Nous… nous voulions participer ensemble à l'audition pour la pièce de théâtre. Quand Dakota était petite, elle disait vouloir être actrice. Elle a même écrit une pièce de théâtre il y a trois ans.

Le juge s'accorda un instant de réflexion. Il observa Jerry, puis Dakota, et déclara alors :

— Très bien. Mademoiselle Eden, je suspends la peine à condition que vous participiez, avec votre père, à cette pièce de théâtre.

Jerry et Cynthia se regardèrent, soulagés.

— Merci, votre honneur, lui sourit Dakota. Je ne vous décevrai pas.

— Je l'espère bien, mademoiselle Eden. Que

l'on soit bien clairs : si vous deviez défaillir, ou si vous deviez être à nouveau arrêtée en possession de drogue, la clémence ne serait plus de mise. Votre dossier serait traité par la juridiction de l'État. Pour être tout à fait clair, cela signifie qu'en cas de récidive, vous irez directement en prison pour plusieurs années.

Dakota promit et se jeta dans les bras de ses parents. Ils retournèrent au Palace du Lac. Dakota était épuisée et s'endormit à peine assise sur le canapé de leur suite. Jerry entraîna Cynthia sur la terrasse pour parler tranquillement.

— Et si tu restais avec nous ? On pourrait passer du temps en famille.

— Tu as entendu le juge, Jerry, c'est toi et Dakota.

— Rien ne t'empêche de rester ici avec nous…

Cynthia hocha la tête :

— Non, tu ne comprends pas. Je ne peux pas passer du temps en famille, car pour le moment j'ai l'impression que nous ne sommes plus une famille. Je… je n'ai plus la force, Jerry. Je n'ai plus d'énergie. Ça fait des années que tu me laisses tout régler. Alors oui, tu paies intégralement notre train de vie, Jerry, et je t'en remercie sincèrement, ne me prends pas pour une ingrate. Mais à quand remonte la dernière fois que tu t'es investi pour cette famille, hormis pour l'aspect financier ? Toutes ces années tu m'as laissée toute seule pour tout gérer et assurer le bon fonctionnement de notre famille. Toi, tu t'es contenté d'aller travailler. Et pas une fois, Jerry, pas une fois tu ne m'as demandé comment j'allais. Comment je m'en sortais. Pas une fois, Jerry, tu ne m'as demandé si j'étais heureuse. Tu as présumé le bonheur, en pensant qu'à Saint-Barth ou dans un appartement avec vue sur Central Park on est forcément heureux. Pas une fois, Jerry, tu ne m'as posé cette foutue question.

— Et toi ? lui opposa Jerry. M'as-tu jamais demandé si j'étais heureux ? Ne t'es-tu jamais demandé si mon foutu travail, que Dakota et toi détestez tant, je ne le détestais pas moi aussi ?

— Qu'est-ce qui t'empêchait de démissionner ?

— Mais si j'ai fait tout ça, Cynthia, c'est uniquement pour vous offrir une vie de rêve. Dont vous ne voulez pas au fond.

— Oh, vraiment, Jerry ? Tu vas me dire que tu préférais la pension de famille à notre maison sur le bord de l'océan ?

— Peut-être, murmura Jerry.

— Je n'y crois pas !

Cynthia contempla un instant son mari en silence. Puis elle lui dit d'une voix étranglée :

— J'ai besoin que tu répares notre famille, Jerry. Tu as entendu le juge : la prochaine fois ce sera la prison pour Dakota. Comment vas-tu t'assurer qu'il n'y aura pas de prochaine fois, Jerry ? Comment vas-tu protéger ta fille d'elle-même et empêcher qu'elle finisse en prison ?

— Cynthia, je…

Elle ne le laissa pas parler.

— Jerry, je repars à New York. Je te laisse ici avec la mission de réparer notre fille. Ceci est un ultimatum. Sauve Dakota. Sauve-la, sinon je te quitte. Je ne peux plus vivre ainsi.

*
* *

— C'est là, Jesse, me dit Derek en m'indiquant la station-service décatie tout au bout de Penfield Road.

Je bifurquai pour m'engager sur la dalle de béton et me garai devant la boutique illuminée. Il était 23 heures 15. Il n'y avait personne aux pompes : l'endroit semblait désert.

Dehors, l'air était suffocant malgré l'heure tardive. À l'intérieur de la station, l'air conditionné soufflait une atmosphère glaciale. Nous avançâmes à travers les allées de magazines, de boissons et de chips, jusqu'au comptoir, derrière lequel, caché par un présentoir de barres chocolatées, un homme aux cheveux blancs regardait la télévision. Il me salua sans quitter l'écran des yeux.

— Quelle pompe ? demanda-t-il.

— Je ne viens pas pour de l'essence, répondis-je en brandissant ma plaque d'officier de police.

Il éteignit aussitôt le poste de télévision.

— De quoi s'agit-il ? demanda-t-il en se levant.

— Êtes-vous Marty Connors ?

— Oui, c'est moi. Que se passe-t-il ?

— Monsieur Connors, nous enquêtons sur la mort du maire Gordon.

— Le maire Gordon ? Mais c'était il y a vingt ans.

— D'après mes informations vous auriez été témoin de quelque chose ce soir-là.

— Oui, absolument. Mais j'en ai parlé à la police à l'époque, on m'a dit que ce n'était rien du tout.

— J'ai besoin de savoir ce que vous avez vu.

— Un véhicule noir qui roulait à toute vitesse. Il arrivait depuis Penfield Road et il est parti en direction de Sutton Street. Tout droit. Il fonçait sec. J'étais à la pompe, j'ai juste eu le temps de le voir filer.

— Avez-vous reconnu le modèle ?

— Évidemment. Une camionnette Ford E-150, avec un drôle de dessin à l'arrière.

Derek et moi nous regardâmes : Tennenbaum conduisait une Ford E-150 justement. Je demandai alors :

— Avez-vous pu voir qui conduisait ?

— Non, rien. Sur le moment, j'ai pensé que c'était des jeunes qui faisaient les idiots.

— Et quelle heure était-il exactement ?

— Vers 19 heures, mais l'heure exacte, ça, j'en ai aucune idée. Ça pouvait être 19 heures pile, comme 19 heures 10. Vous savez, ça s'est passé en une fraction de seconde, et je n'y ai pas vraiment prêté attention. Ce n'est que plus tard, lorsque j'ai appris ce qui s'était passé chez le maire, que je me suis dit qu'il y avait peut-être un lien. Et j'ai contacté la police.

— À qui en avez-vous parlé ? Vous vous souvenez du nom du policier ?

— Oui, bien sûr, c'est le chef de la police lui-même qui est venu m'interroger. Le chef Kirk Harvey.

— Et... ?

— Je lui ai raconté la même chose qu'à vous et il m'a dit que ça n'avait rien à voir avec l'enquête.

Lena Bellamy avait bien vu la camionnette de Ted Tennenbaum devant la maison du maire Gordon en 1994. Le témoignage de Marty Connors, qui avait identifié ce même véhicule arrivant depuis Penfield Road, nous le confirmait. Pourquoi est-ce que Kirk Harvey nous l'avait caché ?

En quittant la boutique de la station-service, nous restâmes un moment sur le parking. Derek déplia une carte de la ville et nous étudiâmes l'itinéraire que la camionnette avait pris, selon Marty Connors.

— La camionnette a pris Sutton Street, dit Derek en refaisant le même chemin sur la carte du bout du doigt, et Sutton Street mène vers le haut de la rue principale.

— Si tu te rappelles, le soir de la première du festival, l'accès à la rue principale était fermé au trafic, à l'exception d'un passage par le haut de la rue, destiné aux véhicules habilités à rejoindre le Grand Théâtre.

— *Habilités*, tu veux dire comme une autorisation de passage ou de stationnement qu'aurait reçue le pompier volontaire de garde ce soir-là ?

À l'époque, nous nous étions déjà posé la question de savoir si quelqu'un se souvenait d'avoir vu Tennenbaum passer le point de contrôle routier sur la rue principale permettant d'accéder au Grand Théâtre. Mais il était ressorti de notre enquête auprès des bénévoles et des policiers qui s'étaient relayés à cet endroit qu'il y avait régné une telle pagaille que personne n'avait rien vu. Le festival avait été victime de son succès : la rue principale était noire de monde, les parkings étaient submergés. Les équipes avaient été dépassées. Les consignes de canalisation de la foule n'avaient pas pu être maintenues longtemps : les gens s'étaient mis à se garer n'importe où et à marcher là où il y avait de la place, massacrant les plates-bandes. Alors, savoir qui était passé par le point de contrôle et à quelle heure, c'était totalement impossible.

— Tennenbaum est donc passé par Sutton Street et il est retourné au Grand Théâtre, exactement comme nous le pensions, me dit Derek.

— Mais pourquoi est-ce que Harvey ne nous l'a jamais dit ? Grâce à ce témoignage nous aurions pu confondre Tennenbaum beaucoup plus tôt. Est-ce que Harvey voulait qu'il puisse s'en sortir ?

Marty Connors apparut soudain à la porte de la boutique et se précipita vers nous :

— Une chance que vous soyez encore là, nous dit-il, je viens de me remémorer un détail : à l'époque j'ai parlé de la camionnette à l'autre type.

— Quel autre type ? demanda Derek.

— Je ne sais plus son nom. Mais je sais qu'il n'était pas d'ici. L'année qui a suivi les meurtres, il est revenu à Orphea régulièrement. Il disait qu'il menait sa propre enquête.

## JESSE ROSENBERG
### *Mercredi 16 juillet 2014*
*10 jours avant la première*

La une de l'*Orphea Chronicle*:

*La Nuit noire: premiers rôles distribués*

*C'est aujourd'hui que devraient se clôturer les auditions qui ont drainé un nombre incroyable de candidats venus de toute la région, pour le plus grand bonheur des commerçants de la ville. Le premier candidat à avoir le privilège de rejoindre la distribution n'est autre que le célèbre critique Meta Ostrovski (photo ci-contre). Il parle d'une pièce chrysalide où « celui que tous croyaient chenille se révèle papillon majestueux ».*

Anna, Derek et moi arrivâmes au Grand Théâtre juste avant le début de la troisième journée d'audition. La salle était encore déserte. Il n'y avait que Harvey sur la scène. Nous voyant débarquer, il s'écria:

— Vous n'avez pas le droit d'être ici !

Je ne pris même pas la peine de répondre. Je me jetai sur lui et l'attrapai par le col.

— Qu'est-ce que vous nous cachez, Harvey ?

Je le traînai dans les coulisses, à l'abri des regards.

— Vous saviez à l'époque que c'était bien la camionnette de Tennenbaum qui était garée devant chez les Gordon. Mais vous avez délibérément étouffé le témoignage du pompiste. Qu'est-ce que vous savez sur cette affaire ?

— Je ne dirai rien ! hurla Harvey. Comment oses-tu me rudoyer ainsi, singe coprophage ?

Je sortis mon arme et l'enfonçai dans son ventre.

— Jesse, qu'est-ce que tu fais ? s'inquiéta Anna.

— On se calme, Leonberg, négocia Harvey. Que veux-tu savoir ? Je t'accorde une question.

— Je veux savoir ce qu'est *La Nuit noire*, dis-je.

— *La Nuit noire*, c'est ma pièce, répondit Harvey. Es-tu idiot ?

— *La Nuit noire* en 1994, précisai-je. Qu'est-ce que signifie cette putain de *Nuit noire* ?

— En 1994 c'était aussi ma pièce. Enfin, pas la même pièce. J'ai dû tout réécrire à cause de cet idiot de Gordon. Mais j'ai gardé le même titre parce que je le trouvais très bon. « La Nuit noire ». Ça en jette, non ?

— Ne nous prenez pas pour des idiots, m'énervai-je. Il y a un évènement lié à *La Nuit noire*, et vous le savez très bien puisque vous étiez chef de la police à l'époque : il y a eu ces mystérieuses inscriptions qui sont apparues à travers Orphea, puis l'incendie du futur *Café Athéna*, et ce compte à rebours qui a mené jusqu'à la mort de Gordon.

— Mais tu débloques, Leonberg ! s'écria Harvey,

exaspéré. Tout ça, c'était moi ! C'était un moyen d'attirer l'attention sur ma pièce ! Au moment de commencer ces mises en scène, j'étais certain que je pourrais jouer *La Nuit noire* en ouverture du festival. Je pensais que, lorsque les gens feraient le lien entre ces mystérieuses inscriptions et l'annonce de ma pièce, cela décuplerait l'intérêt général.

— Vous avez mis le feu au futur *Café Athéna* ? lui demanda alors Derek.

— Bien sûr que non, je n'ai pas mis le feu ! J'ai été appelé sur l'incendie et je suis resté jusqu'au milieu de la nuit, jusqu'à ce que les pompiers parviennent à éteindre le feu. J'ai profité d'un moment d'inattention générale pour entrer dans les décombres et inscrire *La Nuit noire* sur les murs. C'était une occasion en or. Dès que les pompiers l'ont vue, au lever du jour, ça a fait son petit effet. Quant au compte à rebours, ce n'était pas celui de la mort de Gordon, mais la date de la première du festival, espèce de nouille ! J'étais absolument sûr que je serais choisi comme tête d'affiche et que le 30 juillet 1994 marquerait l'avènement de *La Nuit noire*, la pièce sensationnelle du grand Maestro Kirk Harvey.

— Donc tout ça n'était qu'une campagne promotionnelle idiote ?

— *Idiote, idiote*, s'offusqua Harvey, pas si idiote que ça, Leonberg, puisque vingt ans après tu m'en parles encore !

À cet instant, nous entendîmes du bruit en provenance de la salle. Les candidats étaient en train d'arriver. Je relâchai mon emprise.

— Tu ne nous as jamais vus ici, Kirk, dit Derek. Sinon, tu auras affaire à nous.

Harvey ne répondit rien. Il ajusta les pans de sa

chemise et retourna sur la scène, tandis que nous nous éclipsions par une issue de secours.

Dans la salle, la troisième journée d'audition débuta. Le premier à se présenter ne fut autre que Samuel Padalin, venu exorciser les fantômes et rendre hommage à sa femme assassinée. Harvey le sélectionna illico au motif qu'il lui faisait de la peine.

— Oh, mon pauvre ami, lui dit Kirk, si tu savais : ta femme, je l'ai ramassée sur le trottoir, toute bousillée. Un petit bout par ci, un petit bout par là !

— Oui, je sais, répondit Samuel Padalin. J'étais là aussi.

Puis, à la stupéfaction de Harvey, Charlotte Brown se présenta sur la scène. Il fut ému de la voir. Il avait longtemps songé à ce moment. Il aurait voulu se montrer dur, l'humilier devant tout le monde comme elle l'avait fait en lui préférant Brown. Il aurait voulu lui dire qu'elle n'avait pas le niveau pour rejoindre la distribution de sa pièce, mais il en fut incapable. Il suffisait d'un coup d'œil pour mesurer le magnétisme qui se dégageait d'elle. Elle était une actrice née.

— Tu n'as pas changé, finit-il par lui dire.

Elle sourit :

— Merci, Kirk. Toi non plus.

Il haussa les épaules :

— Pfft ! Moi, je suis devenu un vieux fou. Tu as envie de remonter sur les planches ?

— Je crois bien.

— Engagée, dit-il simplement.

Il nota son nom sur sa fiche.

*
* *

Le fait que Kirk Harvey ait monté cette histoire de *Nuit noire* de toutes pièces nous le faisait considérer encore plus comme un illuminé. Il n'avait qu'à jouer sa pièce et se ridiculiser, et le maire Brown avec.

Brown justement nous intriguait. Pourquoi Stephanie avait-elle collé dans le garde-meuble une image de lui prononçant son discours lors de la première du festival de 1994 ?

Dans le bureau d'Anna, nous repassâmes l'extrait vidéo. Le propos de Brown n'était pas très intéressant. Que pouvait-il y avoir d'autre ? Derek suggéra d'envoyer la cassette aux experts de la police pour qu'ils essaient d'analyser la séquence. Puis il se leva et consulta le tableau magnétique. Il en effaça les mots *La Nuit noire*, qui ne présentaient plus d'intérêt pour notre enquête puisque le mystère était levé.

— Je ne peux pas croire que tout ceci ne soit que le titre de la pièce que Harvey voulait jouer, soupira Anna. Quand je pense à toutes les hypothèses que nous avons échafaudées !

— Parfois la solution se trouve juste sous nos yeux, dit Derek en reprenant la phrase prophétique de Stephanie qui nous hantait tous les trois.

Il eut soudain l'air songeur.

— À quoi penses-tu ? lui demandai-je.

Il se tourna vers Anna.

— Anna, dit-il, tu te souviens quand nous sommes allés voir Buzz Leonard, jeudi dernier, il nous a dit que Kirk Harvey avait récité un monologue intitulé *Moi, Kirk Harvey*.

— Oui, absolument.

— Mais pourquoi ce monologue et pas *La Nuit noire* ?

C'était une bonne question. À cet instant, mon

téléphone sonna. C'était Marty Connors, le pompiste de la station-service.

— Je viens de le retrouver, me dit Marty dans le combiné.

— Qui ça ? demandai-je.

— Le type qui menait son enquête l'année après les meurtres. Je viens de voir sa photo dans l'*Orphea Chronicle* d'aujourd'hui. Il va jouer dans la pièce de théâtre. Il s'appelle Meta Ostrovski.

*
* *

Au Grand Théâtre, après un moment de flottement et quelques crises de nerfs de Kirk Harvey, Jerry et Dakota Eden montèrent sur scène pour passer l'audition à leur tour.

Harvey dévisagea Jerry.

— Comment t'appelles-tu et d'où viens-tu ? l'interrogea-t-il d'un ton martial.

— Jerry Eden, de New York. C'est le juge Cooperstin qui…

— Tu es venu depuis New York pour jouer dans la pièce ? l'interrompit Harvey.

— J'ai besoin de passer du temps avec ma fille Dakota, de vivre une expérience nouvelle avec elle.

— Pourquoi ?

— Parce que j'ai l'impression de l'avoir perdue et que je voudrais la retrouver.

Il y eut un silence. Harvey considéra l'homme qui se tenait devant lui et décréta :

— Ça me plaît. Le papa est engagé. Voyons voir ce que vaut la fille. Mets-toi dans la lumière, s'il te plaît.

Dakota obéit et se plaça dans le halo. Harvey tressaillit soudain: il se dégageait d'elle une force extraordinaire. Elle lui lança un regard puissant, presque trop fort pour être soutenu. Harvey attrapa la retranscription de la scène sur sa table et se leva pour l'apporter à Dakota, mais elle lui dit:

— Pas la peine, ça fait au moins trois heures que j'entends cette scène, je la connais.

Elle ferma les yeux et resta ainsi un moment. Tous les autres candidats dans la salle l'observèrent religieusement, saisis par le magnétisme qui se dégageait d'elle. Harvey, subjugué, restait silencieux.

Dakota rouvrit alors les yeux et elle déclama:

> *C'est un matin sinistre. Il pleut. Sur une route de campagne, la circulation est paralysée: un gigantesque embouteillage s'est formé. Les automobilistes, exaspérés, klaxonnent rageusement. Une jeune femme, marchant sur le bas-côté, remonte la file des voitures immobiles. Elle avance jusqu'au barrage de police et interroge le policier en faction.*

Puis elle fit quelques bonds sur la scène, remonta le col du manteau qu'elle ne portait pas, évita des flaques imaginaires et trotta jusqu'à Harvey comme pour éviter les gouttes de pluie qui s'abattaient.

— *Qu'est-ce qui se passe?* demanda-t-elle.

Harvey la contempla et ne répondit rien. Elle répéta:

— Alors, monsieur l'agent? Qu'est-ce qui se passe ici?

Harvey, se ressaisissant, lui donna la réplique:

— *Un homme mort,* dit-il. *Accident de moto tragique.*

Il dévisagea un instant Dakota, puis s'écria, le visage triomphant :

— Nous avons notre huitième et dernier acteur ! Demain, à la première heure, les répétitions pourront commencer.

La salle applaudit. Le maire Brown poussa un soupir de soulagement.

— Tu es extraordinaire, dit Kirk à Dakota. As-tu jamais pris des cours d'art dramatique ?

— Jamais, monsieur Harvey.

— Tu joueras le rôle principal !

Ils se regardaient encore avec une intensité hors du commun. Et Harvey lui demanda alors :

— As-tu tué quelqu'un, mon enfant ?

Elle devint blême, et se mit à trembler.

— Co... comment le savez-vous ? bégaya-t-elle, paniquée.

— C'est écrit dans tes yeux. Je n'ai jamais vu une âme aussi sombre. C'est fascinant.

Dakota, terrifiée, ne put retenir ses larmes.

— Ne t'en fais pas, ma chérie, lui dit doucement Harvey. Tu vas devenir une immense vedette.

*
* *

Il était presque 22 heures 30 devant le *Café Athéna.* Installée dans sa voiture, Anna guettait l'intérieur des lieux. Ostrovski venait de payer son addition. Au moment où il se leva, elle saisit aussitôt sa radio.

— Ostrovski va sortir, nous annonça-t-elle.

Derek et moi, en embuscade sur la terrasse, interceptâmes le critique aussitôt qu'il quitta l'établissement.

— Monsieur Ostrovski, lui dis-je en désignant la voiture de police garée sous ses yeux, si vous voulez bien nous suivre, nous avons des questions à vous poser.

Dix minutes plus tard, Ostrovski était installé dans le bureau d'Anna au commissariat en train de boire un café.

— C'est vrai, admit-il, j'ai été très intrigué par cette affaire. J'en ai fait des festivals de théâtre, mais alors le coup du massacre le soir de la première, ça, on ne me l'avait jamais fait. Comme tout être humain un peu curieux, j'ai eu envie de connaître le fin mot de cette histoire.

— D'après le pompiste, dit Derek, vous êtes revenu à Orphea durant l'année après les meurtres. Pourtant, à ce moment-là, l'enquête avait déjà été bouclée.

— De ce que je savais de cette affaire, le meurtrier, bien que sa culpabilité ne fasse aucun doute aux yeux de la police, était mort avant de passer aux aveux. Je vous avoue qu'à l'époque cela m'avait titillé. Sans aveux, je restais sur ma faim.

Derek me lança un regard circonspect. Ostrovski poursuivit :

— Alors, profitant de venir régulièrement me reposer dans cette région merveilleuse que sont les Hamptons, je suis passé à Orphea de temps en temps. J'ai posé quelques questions à gauche et à droite.

— Et qui vous a dit que le pompiste avait vu quelque chose ?

— Pur hasard. Je me suis arrêté pour prendre

de l'essence un jour. On a papoté. Il m'a dit ce qu'il avait vu. Il a ajouté qu'il en avait informé la police mais que son témoignage n'avait pas été jugé pertinent. Quant à moi, au fil du temps, ma curiosité s'est estompée.

— C'est tout ? demandai-je.

— C'est tout, capitaine Rosenberg. Je suis vraiment navré de ne pas pouvoir vous aider davantage.

Je remerciai Ostrovski de sa collaboration et lui proposai de le raccompagner quelque part.

— C'est gentil, capitaine, mais j'ai envie de marcher un peu et de profiter de cette nuit magnifique.

Il se leva, et prit congé de nous. Mais au moment de passer la porte, il se retourna. Et il nous dit :

— Un critique.

— Je vous demande pardon ?

— Votre devinette, là, sur le tableau, répondit fièrement Ostrovski. Ça fait depuis tout à l'heure que je la regarde. Et je viens de comprendre. *Qui voudrait écrire mais ne peut pas écrire ?* La réponse est : un critique.

Il nous salua d'un geste de la tête et s'en alla.

— C'est lui ! criai-je alors à Anna et Derek qui ne percutèrent pas tout de suite. Celui qui voudrait écrire mais ne le peut pas et qui se trouvait à l'intérieur du Grand Théâtre le soir des meurtres, c'est Ostrovski ! Il est le commanditaire du livre de Stephanie !

Quelques instants après, Ostrovski se retrouvait en salle d'interrogatoire pour une discussion beaucoup moins agréable que la précédente.

— Nous savons tout, Ostrovski ! tonna Derek. Depuis vingt ans, vous diffusez une annonce, à l'automne, dans les journaux des facultés de lettres de la région de New York pour trouver quelqu'un qui puisse écrire une enquête sur le quadruple meurtre.

— Pourquoi cette annonce ? demandai-je. Il faut parler maintenant.

Ostrovski me regarda comme si c'était une évidence :

— Enfin, capitaine… Vous imaginez un grand critique littéraire qui s'abaisserait à écrire un roman policier ? Vous imaginez ce que diraient les gens ?

— Quel est le problème ?

— Mais parce que dans l'ordre du respect accordé aux genres, il y a en tête de gondole le roman incompréhensible, puis le roman intellectuel, puis le roman historique, puis le roman tout-court, et seulement après, en bon avant-dernier, juste avant le roman à l'eau de rose, il y a le roman policier.

— C'est une blague ? lui dit Derek. Vous êtes en train de vous ficher de nous, c'est ça ?

— Mais non, par Belzébuth ! Non ! C'est bien le problème. Depuis le soir des meurtres, je suis prisonnier d'une géniale intrigue de roman policier mais que je ne peux pas écrire.

*
* *

*Orphea, 30 juillet 1994.*
*Le soir des meurtres*

La représentation d'*Oncle Vania* terminée, Ostrovski sortit de la salle. Mise en scène acceptable, interprétation bonne. Depuis l'entracte, il entendait les gens s'agiter dans sa rangée. Certains spectateurs n'étaient pas revenus pour la deuxième partie. Il en comprit la raison lorsqu'il traversa le foyer du Grand Théâtre, en effervescence : tout le monde parlait d'un quadruple meurtre qui venait d'être perpétré.

Depuis les marches du bâtiment, surplombant la rue, il observa la foule qui se dirigeait en un flot continu dans la même direction : celle du quartier de Penfield. Tout le monde voulait aller voir ce qui s'y était passé.

L'atmosphère était électrique, empreinte de frénésie : les gens se précipitaient dans un torrent humain qui rappela à Ostrovski la marée de rats du *Joueur de flûte* de Hamelin. En sa qualité de critique, lorsque tout le monde se précipitait quelque part, il n'y allait justement pas. Il n'aimait pas ce qui était à la mode, il conspuait ce qui était populaire, il abhorrait les mouvements d'enthousiasme général. Et pourtant, fasciné par l'atmosphère, il eut envie de se laisser porter aussi. Il comprit que c'était de la curiosité. Et il se jeta à son tour dans la rivière humaine qui dévalait la rue principale, et convergeait depuis les rues adjacentes jusqu'à rejoindre un quartier résidentiel paisible. Ostrovski, marchant d'un bon pas, arriva bientôt à proximité de Penfield Crescent. Il y avait des voitures de police partout. Les murs des maisons étaient illuminés par les lumières bleues et rouges des gyrophares. Ostrovski se fraya un passage au milieu de la foule massée contre les barrières de police. L'air de cette nuit d'été tropicale était suffocant. Les gens étaient excités, nerveux, inquiets, curieux. On disait que c'était la maison du maire. Qu'il avait été massacré avec sa femme et son fils.

Ostrovski resta longtemps à Penfield Crescent, fasciné par ce qu'il voyait : il songea que le véritable spectacle ne s'était pas joué au Grand Théâtre, mais ici. Qui s'en était pris au maire ? Pourquoi ? La curiosité le dévorait. Il se mit à échafauder mille théories.

De retour au Palace du Lac, il s'installa au bar. Malgré l'heure tardive, il était beaucoup trop excité pour dormir. Que se passait-il ? Pourquoi était-il si passionné par un simple fait divers ? Soudain, il comprit : il demanda du papier et un stylo. Pour la première fois de sa vie, il avait une trame de livre dans sa tête. L'intrigue était passionnante : alors que toute une ville est occupée à célébrer un festival de théâtre, un terrible meurtre a lieu. Comme un tour de magie : le public regarde à gauche, alors que c'est à droite que tout se passe. Ostrovski écrivit même en lettres capitales *LA PRESTIDIGITATION*. C'était le titre ! Dès le lendemain, à la première heure, il filerait à la librairie locale et achèterait tous les romans policiers qu'il trouverait. C'est alors qu'il s'interrompit soudain, saisissant la terrible réalité. S'il écrivait ce livre, tout le monde dirait qu'il s'agissait d'un roman de sous-genre : un roman policier. Sa réputation serait ruinée.

*
* *

— Je n'ai donc jamais pu écrire ce livre, nous expliqua Ostrovski, vingt ans plus tard, dans la salle d'interrogatoire du commissariat. J'en rêvais, j'y pensais sans cesse. Je voulais lire cette histoire mais je ne pouvais pas l'écrire, moi. Pas un roman policier. C'était trop risqué.

— Donc vous avez voulu recruter quelqu'un ?

— Oui. Je ne pouvais pas demander à un auteur établi. Imaginez, il aurait pu me faire chanter en menaçant de dévoiler à tout le monde ma passion secrète pour une intrigue policière. Je me dis qu'engager un étudiant serait moins risqué. Et c'est comme ça que je suis tombé sur Stephanie. Que je connaissais déjà de la *Revue* dont elle venait d'être renvoyée par cet imbécile de Steven Bergdorf. Stephanie était une plume unique, un talent pur. Elle a accepté d'écrire ce livre : elle disait qu'elle cherchait un bon sujet depuis des années. C'était la rencontre parfaite.

— Étiez-vous en contact régulier avec Stephanie ?

— Au début, oui. Elle venait souvent à New York, on se retrouvait dans le café à proximité de la *Revue*. Elle me tenait au courant de ses avancées. Elle me lisait des passages parfois. Mais il lui arrivait aussi de ne pas donner signe de vie pendant quelque temps, lorsqu'elle était plongée dans ses recherches. C'est pour ça que je ne me suis pas inquiété la semaine dernière, quand je n'ai pas réussi à la joindre. Je lui avais donné carte blanche, et 30000 dollars en liquide pour ses frais. Je lui laissais l'argent et la gloire, je voulais juste connaître le dénouement de cette histoire.

— Parce que vous pensez que ce n'était pas Ted Tennenbaum le coupable ?

— Précisément. J'ai suivi les développements de cette affaire de près et je savais que, d'après un témoin, sa camionnette avait été vue devant la maison du maire. Or, à la description qu'on m'en fit, je savais que j'avais vu cette même camionnette passer devant le Grand Théâtre, le soir des meurtres, un peu avant

19 heures. J'étais arrivé beaucoup trop tôt au Grand Théâtre et il faisait une chaleur à crever là-dedans. Je suis sorti fumer une cigarette. Pour éviter la foule, je suis allé dans la rue adjacente, qui est un cul-de-sac donnant sur l'entrée des artistes. J'ai vu alors passer ce véhicule noir qui a retenu mon attention car il y avait un drôle de dessin sur la vitre arrière. La camionnette de Tennenbaum, dont tout le monde allait parler ensuite.

— Mais ce jour-là vous avez vu le conducteur et ce n'était pas Ted Tennenbaum ?

— Exactement, dit Ostrovski.

— Alors qui était au volant, monsieur Ostrovski ? demanda Derek.

— C'était Charlotte Brown, la femme du maire, répondit-il. C'était elle qui conduisait la camionnette de Ted Tennenbaum.

# -2

# Répétitions

---

Jeudi 17 juillet - Samedi 19 juillet 2014

## JESSE ROSENBERG

*Jeudi 17 juillet 2014*

*9 jours avant la première*

La clinique vétérinaire de Charlotte Brown se trouvait dans la zone industrielle d'Orphea, à proximité de deux grands centres commerciaux. Comme tous les matins, elle arriva à 7 heures 30 au parking encore désert et se gara sur la place qui lui était réservée juste devant le cabinet. Elle sortit de voiture, son café à la main. Elle semblait de bonne humeur. Elle était tellement prise dans ses pensées que, bien que je fusse à quelques mètres d'elle, elle ne me remarqua que lorsque je l'apostrophai.

— Bonjour, madame Brown, me présentai-je, je suis le capitaine Rosenberg, de la police d'État.

Elle sursauta et tourna les yeux.

— Vous m'avez fait peur, me sourit-elle. Oui, je sais qui vous êtes.

Elle vit alors Anna, qui se tenait derrière moi, appuyée contre sa voiture de patrouille.

— Anna ? s'étonna Charlotte, avant de paniquer soudain : Oh, mon Dieu ! est-ce qu'Alan…

— Rassurez-vous, madame, lui dis-je, votre mari

va très bien. Mais nous avons besoin de vous poser quelques questions.

Anna ouvrit la portière arrière de son véhicule.

— Je ne comprends pas, articula Charlotte.

— Vous allez vite comprendre, lui assurai-je.

Nous conduisîmes Charlotte Brown au commissariat d'Orphea où nous l'autorisâmes à contacter sa secrétaire pour annuler ses rendez-vous de la journée, puis un avocat ainsi que ses droits l'y autorisaient. Plutôt qu'un avocat, elle préféra appeler son mari qui accourut. Mais tout maire de la ville qu'il fût, Alan Brown ne pouvait pas assister à l'interrogatoire de sa femme. Il tenta de faire un esclandre avant que le chef Gulliver parvienne à lui faire entendre raison. « Alan, lui dit-il, ils vous font une faveur en interrogeant Charlotte ici de façon rapide et discrète, plutôt que de la traîner au centre régional de la police d'État. »

Assise dans la salle d'interrogatoire, un café devant elle, Charlotte Brown semblait totalement fébrile.

— Madame Brown, lui dis-je, le soir du samedi 30 juillet 1994, un témoin vous a formellement identifiée quittant le Grand Théâtre un peu avant 19 heures à bord d'un véhicule appartenant à Ted Tennenbaum, et qui a été vu, quelques minutes plus tard, devant la maison du maire Gordon, au moment où lui et sa famille étaient assassinés.

Charlotte Brown baissa les yeux.

— Je n'ai pas tué les Gordon, martela-t-elle d'emblée.

— Alors, que s'est-il passé ce soir-là ?

Il y eut un moment de silence. Charlotte resta d'abord impassible avant de murmurer :

— Je savais que ce jour arriverait. Je savais que je

ne pourrais pas garder le secret jusqu'à la fin de ma vie.

— Quel secret, madame Brown ? demandai-je. Qu'est-ce que vous cachez depuis vingt ans ?

Charlotte, après une hésitation, nous confia d'une petite voix :

— Le soir de la première, j'ai effectivement pris la camionnette de Ted Tennenbaum. Je l'avais vue, garée devant l'entrée des artistes. On ne pouvait pas la rater, avec cette espèce de chouette dessinée sur la vitre arrière. Je savais que c'était la sienne parce qu'avec quelques-uns des acteurs, nous avions passé les soirs précédents au *Café Athéna* et Ted nous avait raccompagnés à l'hôtel ensuite. Alors ce jour-là, lorsqu'il a fallu que je m'absente brièvement, juste avant 19 heures, j'ai aussitôt songé à la lui emprunter. Pour gagner du temps. Personne de la troupe n'avait de voiture à Orphea. Évidemment, j'avais l'intention de lui demander la permission. Je suis allée le trouver dans sa petite loge de pompier, juste à côté des nôtres. Mais il n'était pas là. J'ai fait un rapide tour des coulisses, je ne l'ai pas trouvé. Il y avait un problème de fusibles et je pensai qu'il était occupé avec ça. J'ai vu les clés dans sa loge, posées en évidence sur une table. Je n'avais pas beaucoup de temps. La partie officielle allait débuter dans une demi-heure et Buzz, le metteur en scène, ne voulait pas que nous quittions le Grand Théâtre. Alors j'ai pris les clés. Je pensais que personne ne le remarquerait. Et puis, de toute façon, Tennenbaum était de garde pour le spectacle, il n'irait nulle part. Je suis discrètement sortie du Grand Théâtre par l'entrée des artistes et je suis partie avec sa camionnette.

— Mais qu'aviez-vous de si urgent à faire pour

devoir vous absenter à une demi-heure de la partie officielle ?

— Je devais impérativement parler au maire Gordon. Quelques minutes avant que lui et sa famille ne soient tous assassinés, je suis passée chez eux.

*
* *

*Orphea, 30 juillet 1994, 18 heures 50.*
*Le soir des meurtres*

Charlotte fit démarrer la camionnette de Tennenbaum et sortit de la rue en cul-de-sac pour rejoindre la rue principale : elle fut stupéfaite de découvrir l'agitation indescriptible qui y régnait. La rue était noire de monde, fermée à la circulation. Lorsqu'elle était arrivée avec la troupe, dans la matinée, tout était tranquille et désert. À présent, une foule compacte s'y massait.

Au carrefour, un bénévole chargé de la circulation était occupé à donner des indications à des familles visiblement perdues. Il poussa la barrière de police pour permettre à Charlotte de passer, en lui faisant signe qu'elle ne pouvait que remonter la rue, par un couloir laissé libre pour permettre l'accès aux véhicules d'urgence. Elle obtempéra : elle n'avait pas le choix de toute façon. Elle ne connaissait pas Orphea et n'avait pour s'orienter qu'une carte sommaire de la ville figurant au dos d'un fascicule édité à l'occasion du festival par l'office du tourisme. Penfield Crescent n'y apparaissait pas, mais elle vit le quartier de Penfield. Elle décida de commencer par se rendre là-bas : elle demanderait ensuite son chemin à un passant. Elle remonta donc jusqu'à Sutton Street, puis suivit la rue jusqu'à tomber sur Penfield Road, qui marquait l'entrée dans le quartier résidentiel du même nom. Mais l'endroit était labyrinthique : les rues partaient dans tous les sens. Charlotte erra, multiplia les demi-tours, se perdit même un bref moment. Les rues étaient désertes, presque fantomatiques : il n'y avait pas le moindre passant. Le temps pressait, elle devait se dépêcher. Finalement, elle reprit Penfield Road, l'artère principale, et la remonta rapidement. Elle allait bien finir par croiser quelqu'un. C'est alors qu'elle avisa une jeune femme en tenue de sport qui faisait de l'exercice dans un petit parc. Charlotte s'arrêta immédiatement sur le bas-côté, descendit de camionnette et trotta sur le gazon du parc.

— Excusez-moi, dit-elle à la jeune femme, je suis complètement perdue. Je dois me rendre à Penfield Crescent.

— Vous y êtes, lui sourit la femme. C'est cette rue en demi-cercle qui borde le parc. Quel numéro cherchez-vous ?

— Je ne connais même pas le numéro, avoua Charlotte. Je cherche la maison du maire Gordon.

— Oh, elle est juste là, indiqua la jeune femme en désignant une maison coquette de l'autre côté du parc et de la rue.

Charlotte la remercia et remonta dans la camionnette. Elle prit la bifurcation de Penfield Crescent et roula jusque devant la maison du maire, laissant le véhicule dans la rue, le moteur allumé. Le tableau de bord affichait 19 heures 04. Elle devait faire vite : le temps pressait. Elle courut jusqu'à la porte de la maison des Gordon et sonna. Pas de réponse. Elle sonna encore et colla l'oreille contre la porte. Elle crut percevoir du bruit à l'intérieur. Elle tapa du poing contre la porte. « Il y a quelqu'un ? » hurla-t-elle. Mais pas de réponse. Elle redescendit les marches du porche et vit que les rideaux tirés de l'une des fenêtres de la maison bougeaient doucement. Elle aperçut alors un garçon qui la regardait et referma aussitôt le rideau. Elle l'appela : « Hé, toi, attends... » et s'élança sur la pelouse pour rejoindre la fenêtre. Mais la pelouse était complètement inondée : Charlotte pataugea dans l'eau. Sous la fenêtre, elle appela encore le garçon, en vain. Elle n'avait pas le temps d'insister davantage. Elle devait retourner au Grand Théâtre. Elle traversa la pelouse sur la pointe des pieds pour rejoindre le trottoir. Quelle guigne ! Ses chaussures de scène étaient complètement trempées. Elle remonta dans la camionnette et s'en alla à toute vitesse. L'horloge de bord affichait 19 heures 09. Elle devait foncer.

*
* *

— Donc vous avez quitté Penfield Crescent juste avant l'arrivée du meurtrier ? demandai-je à Charlotte.

— Oui, capitaine Rosenberg, acquiesça-t-elle. Si j'étais restée une minute de plus, je me faisais tuer moi aussi.

— Il était peut-être déjà là, quelque part, suggéra Derek, et il attendait que vous partiez.

— Peut-être, répondit Charlotte.

— Avez-vous remarqué quelque chose ? l'interrogeai-je encore.

— Non, rien du tout. Je suis retournée au Grand Théâtre aussi vite que j'ai pu. Il y avait tellement de monde dans la rue principale, tout était bloqué, j'ai cru que je n'arriverais jamais à temps pour la pièce. Je serais allée plus vite à pied mais je ne pouvais pas abandonner la camionnette de Tennenbaum. Finalement, je suis arrivée au Grand Théâtre à 19 heures 30, la partie officielle avait déjà commencé. J'ai remis les clés de la camionnette à leur place, je me suis précipitée dans ma loge.

— Et Tennenbaum ne vous a pas vue ?

— Non, je ne lui ai d'ailleurs rien dit ensuite. Mais de toute façon, ma petite fugue avait été un fiasco total : je n'avais pas vu Gordon et Buzz, le metteur en scène, avait découvert mon absence à cause de mon sèche-cheveux qui avait pris feu. Enfin, bref, il ne m'en a pas tenu rigueur : on était sur le point de commencer, il était surtout soulagé de me voir en coulisses et la pièce a été un énorme succès. Nous n'en avons jamais reparlé.

— Charlotte, lui dis-je alors pour savoir enfin ce qui nous intéressait tous : pourquoi deviez-vous parler au maire Gordon ?

— Je devais récupérer la pièce de Harvey, *La Nuit noire*.

*
* *

À la terrasse du *Café Athéna*, Steven Bergdorf et Alice terminaient leur petit-déjeuner en silence. Alice fusillait Steven du regard. Il n'osait même pas lever les yeux sur elle et fixait son assiette de pommes de terre sautées.

— Quand je pense à cet hôtel minable où tu me forces à dormir ! finit-elle par dire.

Privé de la carte de crédit de la *Revue*, Steven avait été obligé de prendre une chambre dans un motel sordide à quelques miles d'Orphea.

— Tu m'as pourtant dit que le luxe ne t'importait pas, se défendit Steven.

— Quand même, Stevie, il y a des limites ! Je ne suis pas une bergère !

Il était l'heure d'y aller. Steven régla l'addition, puis, alors qu'ils traversaient la rue pour rejoindre le Grand Théâtre, Alice gémit :

— Je ne comprends pas ce qu'on fiche ici, Stevie.

— Tu veux la couverture de la *Revue*, non ? Alors, mets-y un peu du tien. On doit faire un article sur cette pièce de théâtre.

— Mais tout le monde s'en fout de cette pièce ridicule. On ne peut pas faire un article sur un sujet différent qui n'implique pas de vivre dans un hôtel plein de punaises de lit et avoir la couverture quand même ?

Tandis que Steven et Alice gravissaient les marches du Grand Théâtre, Jerry et Dakota sortaient de leur voiture, garée devant le bâtiment, et le chef Gulliver, qui avait pu finalement quitter le commissariat, arrivait à son tour à bord de sa voiture de patrouille.

Dans la salle, Samuel Padalin et Ostrovski étaient déjà assis face à la scène, sur laquelle trônait Kirk Harvey, rayonnant. C'était le grand jour.

*
* *

Au commissariat, Charlotte Brown nous racontait comment et pourquoi, en 1994, Kirk Harvey lui avait confié la mission de récupérer le texte de *La Nuit noire* auprès du maire Gordon.

— Ça faisait des jours qu'il me harcelait à ce sujet, nous dit-elle. Il affirmait que le maire avait sa pièce et qu'il ne voulait pas la lui rendre. Le jour de la première, il est venu me casser les pieds dans ma loge.

— À ce moment-là, Harvey était encore votre petit copain, c'est exact ? demandai-je.

— Oui et non, capitaine Rosenberg. J'avais déjà une liaison avec Alan et j'avais rompu avec Harvey, mais il refusait de lâcher prise. Il me rendait la vie infernale.

*
* *

***Orphea, 30 juillet 1994, 10 heures 10.***
***Neuf heures avant les meurtres***

Charlotte entra dans sa loge et sursauta en trouvant Kirk Harvey, en uniforme, vautré sur le canapé.

— Kirk, qu'est-ce que tu fais là ?

— Si tu me quittes, Charlotte, je me suicide.

— Oh, je t'en supplie, arrête ton cirque !

— Mon cirque ? s'écria Kirk.

Il bondit du canapé, attrapa son arme et se l'enfonça dans la bouche.

— Kirk, arrête, au nom du ciel ! hurla Charlotte, paniquée.

Il obtempéra et remit son arme à sa ceinture.

— Tu vois, dit-il, je ne plaisante pas.

— Je sais, Kirk. Mais tu dois accepter que ce soit fini entre nous.

— Qu'est-ce qu'Alan Brown a de plus que moi ?

— Tout.

Il soupira et se rassit.

— Kirk, c'est le jour de la première, tu ne devrais pas être au commissariat ? Vous devez être débordés.

— Je n'ai rien osé te dire, Charlotte, mais ça va mal au boulot. Très mal. Justement, j'ai besoin de soutien moral. Tu ne peux pas me quitter maintenant.

— C'est fini, Kirk. Un point c'est tout.

— Charlotte, plus rien ne va dans ma vie. Ce soir, j'aurais dû briller avec ma pièce. Je t'aurais donné le premier rôle ! Si cet abruti de Joseph Gordon m'avait laissé jouer…

— Kirk, ta pièce n'était pas très bonne.

— Tu veux vraiment que je me foute en l'air, hein ?

— Non, mais j'essaie de t'ouvrir les yeux. Réécris ta pièce, améliore-la, tu pourras certainement la jouer l'année prochaine.

— Tu accepteras le premier rôle ? demanda Harvey qui retrouvait espoir.

— Évidemment, lui mentit Charlotte qui voulait qu'il s'en aille de sa loge.

— Alors aide-moi ! supplia Harvey en se jetant à genoux. Aide-moi, Charlotte, sinon je vais devenir fou !

— T'aider à quoi ?

— Le maire Gordon a le texte de ma pièce, il refuse de me le rendre. Aide-moi à le récupérer.

— Comment ça, *Gordon a ta pièce* ? Tu n'en as pas une copie ?

— Eh bien, il y a environ deux semaines, il y a eu un petit malentendu avec les gars, au commissariat. En représailles, ils ont saccagé mon bureau. Ils ont détruit tous mes textes. J'avais tout là-bas, Charlotte. Tout ce que j'avais de *La Nuit noire* a disparu. Il ne reste qu'une copie en possession de Gordon. S'il ne me la rend pas, je ne réponds plus de rien !

Charlotte considéra l'homme abattu, à ses pieds, malheureux, et qu'elle avait un jour aimé. Elle savait combien il avait travaillé dur pour cette pièce.

— Kirk, lui dit-elle, si je récupère le texte des mains de Gordon, tu me promets que tu nous laisseras tranquilles, Alan et moi ?

— Oh, Charlotte, tu as ma parole !

— Où habite le maire Gordon ? J'irai chez lui demain.

— Sur Penfield Crescent. Mais il faut que tu y ailles aujourd'hui.

— Kirk, c'est impossible, on va répéter au moins jusqu'à 18 heures 30.

— Charlotte, je t'en supplie. Avec un peu de chance je pourrai essayer de monter sur scène après votre représentation, je ferai une lecture de la pièce, les gens resteront j'en suis sûr. Je reviendrai te voir à l'entracte, pour récupérer ma pièce. Promets-moi que tu iras voir Gordon aujourd'hui même.

Charlotte soupira. Harvey lui faisait pitié. Elle savait que ce festival, c'était toute sa vie.

— Je te le promets, Kirk. Reviens me voir ici à l'entracte. Vers 21 heures. J'aurai ta pièce.

*
* *

Dans la salle d'interrogatoire du commissariat, Derek interrompit le récit de Charlotte :

— Donc c'est bien *La Nuit noire* que Harvey voulait jouer ?

— Oui, acquiesça Charlotte. Pourquoi ?

— Parce que Buzz Leonard nous a parlé d'un monologue, *Moi, Kirk Harvey.*

— Non, expliqua Charlotte. Le maire Gordon assassiné, Kirk n'a jamais pu récupérer sa pièce. Il a alors interprété dès le lendemain soir une improvisation sans queue ni tête intitulée *Moi, Kirk Harvey*, et qui commençait ainsi : « Moi Kirk Harvey, l'homme sans pièce. »

— Sans pièce parce qu'il avait perdu tous ses exemplaires de *La Nuit noire*, comprit Derek.

La scène entre Kirk Harvey et le maire Gordon, dont Buzz Leonard avait été témoin en 1994, concernait en fait *La Nuit noire.* C'est ce texte que le maire avait déchiré. Qu'est-ce qui pouvait pousser Kirk à croire que Gordon détenait le dernier exemplaire de son texte ? Charlotte n'en avait aucune idée. Je l'interrogeai alors :

— Pourquoi ne pas avoir dit que c'était vous, à l'époque, dans la camionnette ?

— Parce que le lien avec la camionnette de Tennenbaum a été fait après le festival seulement et je n'en ai pas eu connaissance immédiatement : j'étais retournée brièvement à Albany, avant d'entamer un stage de quelques mois chez un vétérinaire de

Pittsburgh. Je ne suis revenue à Orphea que six mois plus tard, pour m'installer avec Alan, et ce n'est qu'à ce moment-là que j'ai appris tout ce qui s'était passé. De toute façon, Tennenbaum avait été confondu. C'était bien lui le meurtrier, non ?

Nous ne répondîmes rien. Puis je lui demandai :

— Et Harvey ? Il vous en a parlé ?

— Non. Après le festival, je n'ai plus jamais eu de nouvelles de Kirk Harvey. Quand je suis venue m'installer à Orphea, en janvier 1995, on m'a informée qu'il avait mystérieusement disparu. Personne n'a jamais su pourquoi.

— Je crois que Harvey est parti parce qu'il vous croyait coupable des meurtres, Charlotte.

— Quoi ? s'étonna-t-elle. Il pensait que j'avais vu le maire, qu'il avait refusé de me donner la pièce et que j'avais tué tout le monde en représailles ?

— Je ne peux pas être aussi affirmatif, lui dis-je, mais ce que je sais, c'est qu'Ostrovski, le critique, vous a vue quitter le Grand Théâtre au volant de la camionnette de Tennenbaum juste avant les meurtres. Il nous a expliqué hier soir que, quand il a appris que Tennenbaum avait été incriminé à cause de sa camionnette justement, il est allé voir le chef Harvey pour lui en parler. C'était en octobre 1994. Je crois que Kirk a été tellement bouleversé qu'il a préféré disparaître.

Charlotte Brown était donc hors de cause. Après avoir quitté le commissariat, elle rejoignit aussitôt le Grand Théâtre. Nous le sûmes grâce à Michael Bird qui s'y trouvait et nous rapporta la scène.

Lorsque Charlotte apparut dans la salle de théâtre, Harvey s'écria, enjoué :

— Charlotte est en avance ! se réjouit-il. Cette journée ne pouvait pas mieux se dérouler. Nous avons déjà attribué le rôle du cadavre et celui du policier.

Charlotte s'avança en silence.

— Est-ce que tout va bien, Charlotte ? lui demanda Harvey. Tu fais une drôle de tête.

Elle le dévisagea longuement, avant de murmurer :

— Est-ce que tu t'es enfui d'Orphea à cause de moi, Kirk ?

Il ne répondit rien. Elle reprit :

— Tu savais que c'était moi qui conduisais la camionnette de Tennenbaum et tu as cru que j'avais tué tout le monde ?

— Peu importe ce que je pense, Charlotte. Seul compte ce que je sais. Je l'ai promis à ton mari : s'il me laisse jouer ma pièce, alors il saura tout.

— Kirk, une jeune femme est morte. Et son meurtrier est certainement le meurtrier de la famille Gordon. On ne peut pas attendre le 26 juillet, il faut tout nous dire maintenant.

— Le soir de la première, vous saurez tout, répéta Harvey.

— Mais c'est insensé, Kirk ! Pourquoi est-ce que tu te comportes de la sorte ? Des gens sont morts, tu comprends ?

— Et moi je suis mort avec ! s'écria Harvey.

Il y eut un long silence. Tous les regards étaient braqués sur Kirk et Charlotte.

— Alors quoi, finit par s'exaspérer Charlotte, au bord des larmes, samedi prochain, la police devra attendre gentiment la fin de la représentation pour que tu daignes révéler ce que tu sais ?

Harvey la regarda avec étonnement.

— La fin de la représentation ? Non, ce sera plutôt vers le milieu.

— Le milieu ? Le milieu de quoi ? Kirk, je ne comprends plus rien !

Elle semblait perdue. Kirk, le regard noir, déclara alors :

— J'ai dit que vous saurez tout le soir de la première, Charlotte : cela signifie que la réponse est dans la pièce. *La Nuit noire* est la révélation de cette affaire. Ce sont les acteurs qui vont tout expliquer, pas moi.

## *DEREK SCOTT*

Premiers jours de septembre 1994.

Un mois après le quadruple meurtre, Jesse et moi n'avions désormais plus de doute sur la culpabilité de Ted Tennenbaum. L'affaire était presque bouclée.

Tennenbaum avait tué le maire Gordon parce qu'il l'avait fait chanter pour pouvoir continuer les travaux du *Café Athéna*. Les sommes d'argent échangées correspondaient à des retraits et des versements chez l'un comme chez l'autre, un témoin affirmait qu'il avait déserté son poste au Grand Théâtre au moment même des meurtres et sa camionnette avait été vue devant la maison du maire. Sans compter qu'il avait été établi qu'il était un tireur émérite.

D'autres flics auraient certainement déjà mis Tennenbaum en détention préventive et laissé l'instruction judiciaire terminer le travail. Il y avait largement de quoi retenir une accusation de quadruple meurtre au premier degré et ouvrir la voie à un procès, mais c'était bien là le problème: connaissant Tennenbaum et son diable d'avocat, ils risquaient de parvenir à convaincre un jury populaire de l'existence d'un doute raisonnable qui devait profiter à l'accusé. Et Tennenbaum serait acquitté.

Nous ne voulions donc pas précipiter son arrestation : nos avancées avaient mis le major de notre côté, et nous avions désormais décidé de patienter un peu. Le temps jouait en notre faveur. Tennenbaum allait finir par relâcher sa garde et commettre une erreur. De notre patience allait dépendre notre réputation à Jesse et moi. Nos collègues et nos supérieurs nous observaient de près et nous le savions. Nous voulions être les jeunes flics increvables qui avaient envoyé en prison un quadruple meurtrier, et pas les amateurs humiliés par un acquittement avec dommages et intérêts versés par l'État à Tennenbaum à la clé.

Et il y avait un pan de l'enquête qui restait encore inexploité : l'arme du crime. Un Beretta au numéro de série limé. Une arme de voyou. C'est ce qui nous intriguait justement : comment un homme issu d'une famille notable de Manhattan s'était-il procuré ce genre d'armes ?

Cette question nous conduisit à sillonner les Hamptons, en toute discrétion. Et notamment un bar malfamé de Ridgesport, devant lequel Tennenbaum s'était fait arrêter quelques années plus tôt pour une violente bagarre. Nous nous mîmes à planquer devant l'établissement pendant des jours, en espérant que Tennenbaum s'y pointerait. Mais pour cette initiative nous finîmes convoqués dans le bureau du major McKenna, un matin de bonne heure. En plus de McKenna, nous y trouvâmes un type qui se mit à aboyer :

— Je suis l'agent spécial Grace, de l'ATF[1]. Donc c'est vous les deux connards qui êtes en train de saborder une enquête fédérale.

---

[1] Agence fédérale de lutte contre le trafic d'armes à feu.

— Bonjour, charmant monsieur, me présentai-je. Je suis le sergent Derek Scott et voici…

— Je sais qui vous êtes, les guignols ! m'interrompit Grace.

Le major nous expliqua la situation de façon plus diplomatique :

— L'ATF a remarqué votre présence devant un bar de Ridgesport qu'ils sont déjà en train de surveiller.

— On a loué une maison en face du bar. Ça fait des mois qu'on est là.

— Agent spécial Grace, on peut savoir ce que vous savez sur ce bar ? interrogea Jesse.

— On est remonté jusque-là quand un type, pincé après avoir braqué une banque à Long Island en février, s'est mis à table en échange d'une remise de peine. Il a expliqué s'être procuré son arme dans ce bar. En menant l'enquête, on a compris qu'il pourrait s'agir d'un lieu de revente d'armes volées à l'armée. Et volées de l'intérieur, si vous voyez ce que je veux dire. C'est-à-dire que des militaires sont impliqués. Donc vous ne m'en voudrez pas si je ne vous en dis pas davantage, mais c'est assez sensible.

— Est-ce que vous pourriez au moins nous dire de quel genre d'armes il s'agit ? demanda encore Jesse.

— Des Beretta, avec les numéros de série limés.

Jesse me lança un regard interloqué : nous étions peut-être sur le point de frapper notre balle de match. C'était dans ce bar que le meurtrier s'était procuré l'arme du quadruple meurtre.

## JESSE ROSENBERG

### *Vendredi 18 juillet 2014*

*8 jours avant la première*

L'annonce faite par Kirk Harvey la veille au Grand Théâtre, selon laquelle le nom du véritable meurtrier de 1994 serait révélé au cours de sa pièce, était en train d'agiter toute la région. Orphea, en particulier, était en ébullition. Pour moi, Kirk bluffait. Il ne savait rien, il voulait simplement faire parler de lui.

Un point cependant nous tracassait: *La Nuit noire*. Comment le maire Gordon, dont on savait qu'il avait déchiré son exemplaire, aurait encore été en possession du texte? Pour essayer de répondre à cette question, Anna, Derek et moi étions à bord du ferry qui reliait Port Jefferson, dans les Hamptons, à Bridgeport dans l'État du Connecticut. Nous allions à New Haven pour interroger le frère du maire Gordon, Ernest Gordon, qui était professeur de biologie à Yale. La famille de son frère décimée, il avait hérité de tout. C'était lui qui avait fait le tri dans les affaires de son frère à l'époque, il avait peut-être vu cette pièce quelque part. Il était notre dernier espoir.

Ernest Gordon avait aujourd'hui 70 ans. Il était le frère aîné de Joseph. Il nous reçut dans sa cuisine où il avait préparé à notre attention des biscuits et du café. Sa femme était présente également. Elle semblait nerveuse.

— Au téléphone vous disiez avoir du nouveau sur le meurtre de mon frère et sa famille ? nous interrogea Ernest Gordon.

Sa femme n'arrivait pas à rester assise.

— Effectivement, monsieur Gordon, lui répondis-je. Pour être honnêtes avec vous, nous avons découvert des éléments récents qui nous obligent à considérer que nous avons pu nous tromper il y a vingt ans au sujet de Ted Tennenbaum.

— Vous voulez dire qu'il n'était pas le meurtrier ?

— C'est ce que je veux dire. Monsieur Gordon, est-ce que vous avez le souvenir d'une pièce de théâtre dont votre frère aurait été en possession ? Elle est intitulée *La Nuit noire.*

Ernest Gordon soupira :

— Mon frère avait une paperasse incroyable chez lui. J'ai bien essayé de trier un peu, mais il y en avait trop. J'ai fini par presque tout jeter.

— J'ai l'impression que cette pièce de théâtre avait une certaine importance. Il ne voulait apparemment pas la rendre à son auteur. Ceci pourrait nous faire penser qu'il l'avait mise en sécurité. En un lieu inhabituel. Un endroit où personne ne serait allé la chercher.

Ernest Gordon nous dévisagea. Il y eut un silence pesant. C'est sa femme qui parla finalement. Elle dit :

— Ernie, il faut tout raconter. Ça peut être très grave.

Le frère Gordon soupira :

— Après la mort de mon frère, un notaire m'a contacté. Joseph avait rédigé un testament, ce qui m'a surpris parce qu'il n'avait pas de biens à part sa maison. Or le testament faisait état d'un coffre dans une banque.

— Nous n'avons jamais entendu parler de ce coffre à l'époque, releva Derek.

— Je n'en ai pas fait mention à la police, nous avoua Ernest Gordon.

— Mais pourquoi ?

— Parce que, dans ce coffre, il y avait de l'argent en liquide. Beaucoup de liquide. De quoi envoyer nos trois enfants à l'université. J'ai donc décidé de garder l'argent et d'en cacher l'existence.

— C'était les pots-de-vin que Gordon n'avait pas réussi à faire transférer dans le Montana, comprit Derek.

— Qu'y avait-il d'autre dans ce coffre ? demandai-je.

— Des documents, capitaine Rosenberg. Mais je vous avoue que je n'ai pas regardé ce que c'était.

— Merde, pesta Derek, j'imagine que vous avez tout jeté !

— À vrai dire, nous expliqua Ernest Gordon, je n'ai pas annoncé le décès de mon frère à la banque, et j'ai donné au notaire de quoi payer la location du coffre jusqu'à ma mort. Je me doutais que l'argent qui s'y trouvait n'était pas très propre et j'ai pensé que le meilleur moyen de garder secrète l'existence de ce coffre était de ne surtout pas m'en mêler. Je me suis dit que si je commençais à faire les démarches auprès de la banque, pour le fermer…

Derek ne le laissa pas terminer :

— Quelle banque était-ce, monsieur Gordon ?

— Je vais tout rembourser, assura Gordon, je le promets…

— Nous nous fichons de cet argent, nous n'avons pas l'intention de vous embêter avec ça. Mais nous devons impérativement aller voir quels sont les documents que votre frère cachait dans ce coffre.

*

Quelques heures plus tard, Anna, Derek et moi pénétrions dans la salle des coffres d'une petite banque privée de Manhattan. Un employé nous ouvrit le coffre et en sortit une boîte que nous nous empressâmes d'ouvrir.

À l'intérieur, nous y découvrîmes un amas de pages reliées, dont la couverture indiquait :

*LA NUIT NOIRE*
*par Kirk Harvey*

— Ça alors, s'étonna Anna, pourquoi le maire Gordon avait-il mis ce texte dans le coffre d'une banque ?

— Et quel est le lien entre les meurtres et cette pièce ? s'interrogea Derek.

Le coffre contenait également des documents bancaires. Derek les feuilleta et parut intrigué.

— Qu'est-ce que tu as trouvé, Derek ? lui demandai-je.

— Ce sont des relevés de compte, avec de gros versements. Sans doute des pots-de-vin. Il y a des retraits aussi. Je crois que ça correspond à l'argent que Gordon s'est envoyé dans le Montana avant de s'enfuir.

— On savait déjà que Gordon était corrompu, rappelai-je à Derek car je ne comprenais pas pourquoi il semblait aussi interloqué.

Il me répondit alors:

— Le compte est au nom de Joseph Gordon et Alan Brown.

Brown était donc mouillé aussi. Et nous n'étions pas au bout de nos surprises. Après la banque, nous nous rendîmes au centre régional de la police d'État pour chercher les résultats de l'analyse de la vidéo du discours d'Alan Brown le soir du premier festival.

Les experts en imagerie avaient identifié un infime moment de la séquence vidéo où le contre-jour avec les spots du théâtre sur la feuille que tenait Alan Brown révélait en transparence le texte qui s'y trouvait. Leur rapport indiquait sommairement: *« Des quelques mots qu'on peut y apercevoir, le texte prononcé par l'orateur semble correspondre à ce qui est inscrit sur sa feuille. »*

En regardant l'agrandissement je restai bouche bée.

— Où est le problème, Jesse? me demanda alors Derek. Tu viens de me dire que le texte de la feuille correspond au discours de Brown, non?

— Le problème, lui répondis-je en lui montrant l'image, c'est que le texte est tapé à la machine. Le soir des meurtres, contrairement à ses affirmations, Alan Brown n'a pas improvisé son discours. Il l'avait écrit à l'avance. Il savait que le maire Gordon ne viendrait pas. Il avait tout préparé.

## JESSE ROSENBERG
*Samedi 19 juillet 2014*

*7 jours avant la première*

Les documents bancaires découverts dans le coffre de Gordon étaient authentiques. Le compte sur lequel avait transité l'argent de la corruption avait été ouvert par Gordon et Brown. Ensemble. Ce dernier avait lui-même signé les documents d'ouverture.

Aux premières heures du matin, dans la plus grande discrétion, nous sonnâmes au domicile d'Alan et Charlotte Brown et les conduisîmes tous deux au centre régional de la police d'État pour les interroger. Charlotte était forcément au courant de l'implication d'Alan dans la corruption endémique qui gangrenait Orphea en 1994.

Malgré nos efforts pour ne pas nous faire remarquer au moment d'embarquer les Brown, une voisine matinale, rivée à la fenêtre de sa cuisine, les avait vus monter dans deux voitures de la police d'État. L'information passa de maison en maison, à la vitesse exponentielle des messages électroniques. Certains, incrédules, poussèrent la curiosité jusqu'à aller sonner à la porte des Brown, et parmi eux,

Michael Bird qui voulait vérifier l'authenticité de la rumeur. L'onde de choc toucha bientôt les rédactions locales : le maire d'Orphea et sa femme auraient été arrêtés par la police. Peter Frogg, l'adjoint au maire, harcelé au téléphone, s'enferma chez lui. Le chef Gulliver, lui, répondait volontiers à tout le monde, mais il ignorait tout. Un scandale couvait lentement.

Lorsque Kirk Harvey arriva au Grand Théâtre, peu avant l'heure où devaient commencer les répétitions, il y trouva des journalistes qui faisaient le pied de grue. Ils l'attendaient.

— Kirk Harvey, est-ce qu'il y a un lien entre votre pièce et l'arrestation de Charlotte Brown ?

Harvey eut une seconde d'hésitation avant de répondre. Puis il dit finalement :

— Il faudra venir voir la pièce. Tout est dedans.

Les journalistes redoublèrent d'excitation et Harvey sourit. Tout le monde commençait à parler de *La Nuit noire*.

*

Au centre régional de la police d'État, nous interrogeâmes Alan et Charlotte Brown dans deux salles séparées. C'est Charlotte qui craqua la première, lorsque Anna montra les extraits bancaires trouvés dans le coffre du maire Gordon. En découvrant les documents, Charlotte blêmit.

— Se faire verser des pots-de-vin ? s'offusqua-t-elle. Jamais Alan n'aurait fait une chose pareille ! Il n'y a pas plus honnête que lui !

— Les preuves sont là, Charlotte, lui dit Anna. Tu reconnais bien sa signature ?

— Oui, je suis d'accord, c'est bien sa signature, mais il y a une autre explication. J'en suis certaine. Qu'a-t-il dit ?

— Il nie tout pour le moment, lui confia Anna. S'il ne nous aide pas, nous ne pourrons pas l'aider en retour. Il sera déféré devant le procureur et mis en détention provisoire.

Charlotte éclata en sanglots :

— Oh, Anna, je te jure que je ne suis au courant de rien de tout ça !…

Anna posa une main compatissante sur la sienne et lui demanda :

— Charlotte, est-ce que tu nous as tout raconté l'autre jour ?

— Il y a un détail que j'ai omis, Anna, avoua alors Charlotte, en reprenant difficilement sa respiration. Alan savait que les Gordon allaient s'enfuir.

— Il le savait ? s'étonna Anna.

— Oui, il savait que la nuit de la première du festival, ils allaient quitter la ville en catimini.

*
* *

*Orphea, 30 juillet 1994, 11 heures 30.*
*Huit heures avant le quadruple meurtre*

Sur la scène du Grand Théâtre, Buzz Leonard donnait les dernières indications à ses acteurs réunis autour de lui. Il voulait encore parfaire quelques détails. Charlotte profita d'une scène où elle ne jouait pas pour aller aux toilettes. Dans le foyer, elle tomba sur Alan et se jeta dans ses bras, radieuse.

Il l'entraîna à l'abri des regards et ils s'embrassèrent langoureusement.

— Tu es venu me voir? l'interrogea-t-elle malicieusement.

Ses yeux à elle pétillaient. Mais lui, semblait tracassé.

— Est-ce que tout se passe bien? lui demanda-t-il alors.

— Très bien, Alan.

— Pas de nouvelles de ce cinglé de Harvey?

— Si, justement. Une plutôt bonne nouvelle: il a dit qu'il était prêt à me fiche la paix. Plus de menaces de suicide, plus de scènes. Il va se tenir correctement désormais. Il veut juste que je l'aide à récupérer le texte de sa pièce de théâtre.

— Qu'est-ce que c'est que ce chantage? s'agaça Alan.

— Non, Al', je veux bien l'aider. Il a bossé tellement dur sur sa pièce. Apparemment, il n'en reste qu'un exemplaire et c'est le maire Gordon qui l'a. Peux-tu lui demander de le lui rendre? Ou de te le donner et on le transmettra à Kirk?

Alan se braqua aussitôt.

— Oublie cette histoire de pièce, Charlotte.

— Pourquoi?

— Parce que je te le demande. Harvey n'a qu'à aller se faire voir.

— Alan, pourquoi est-ce que tu réagis comme ça? Je ne te reconnais pas. Harvey est étrange, d'accord. Mais il mérite de récupérer son texte. Tu sais ce que ça représente comme somme de travail?

— Écoute, Charlotte, je respecte Harvey, en tant que flic et en tant que metteur en scène, mais oublie sa pièce. Oublie Gordon.

Elle insista :

— Enfin, Alan, tu peux bien me rendre ce service. Tu ne sais pas ce que c'est que d'avoir Kirk qui menace sans cesse de se foutre en l'air.

— Eh bien, qu'il se foute en l'air ! s'écria Brown, visiblement exaspéré.

— Je ne te savais pas aussi con, Alan, regretta Charlotte. Je me suis trompée sur toi.

Elle se détourna de lui et se dirigea vers la salle. Il l'attrapa par le bras.

— Attends, Charlotte. Excuse-moi, je suis vraiment désolé. Je voudrais vraiment pouvoir aider Kirk, mais c'est impossible.

— Mais pourquoi ?

Alan eut une seconde d'hésitation puis il lui avoua :

— Parce que le maire Gordon est sur le point de quitter Orphea. Pour toujours.

— Quoi ? Ce soir ?

— Oui, Charlotte. La famille Gordon s'apprête à disparaître.

*
* *

— Pourquoi les Gordon devaient-ils s'en aller ? demanda Anna à Charlotte, vingt ans après cette scène.

— Je l'ignore, répondit-elle. Je ne voulais même pas le savoir. Le maire Gordon m'avait toujours fait l'impression d'un type étrange. Tout ce que je voulais, c'était récupérer le texte de la pièce et le rendre à Harvey. Mais il me fut impossible de quitter le théâtre de toute la journée. Buzz Leonard insistait pour répéter encore certaines scènes, puis il demanda une italienne, et voulut s'entretenir avec chacun de nous. L'enjeu de la pièce le rendait très nerveux. Ce n'est qu'en toute fin de journée que j'ai finalement eu un moment de libre pour me rendre chez le maire, et je m'y suis précipitée. Sans même savoir s'ils étaient encore là, ou s'ils étaient déjà partis. Je savais que c'était ma dernière chance de récupérer le texte.

— Et ensuite ? demanda Anna.

— Quand j'ai appris que les Gordon avaient été assassinés, j'ai voulu en parler à la police mais Alan m'en a dissuadée. Il m'a dit qu'il pourrait avoir de graves ennuis. Et moi aussi, pour m'être pointée chez eux quelques instants avant leur massacre. Quand j'ai dit à Alan qu'une femme qui faisait sa gymnastique dans le parc m'avait vue, il m'a dit avec un air terrifié : « Elle est morte, elle aussi. Tous ceux qui ont vu quelque chose sont morts. Je crois qu'il vaut mieux n'en parler à personne. »

Anna alla ensuite trouver Alan dans la pièce adjacente. Elle ne lui mentionna pas sa conversation avec Charlotte et se contenta de lui dire :

— Alan, vous saviez que le maire ne viendrait pas à la cérémonie d'ouverture. Votre prétendu discours improvisé avait été tapé à la machine.

Il baissa les yeux.

— Je t'assure que je ne suis pour rien dans la mort de la famille Gordon.

Anna déposa sur la table les documents bancaires.

— Alan, vous avez ouvert un compte joint avec Joseph Gordon en 1992, sur lequel a été versé plus d'un demi-million de dollars en deux ans, qui provenaient de pots-de-vin liés aux travaux de rénovation des bâtiments publics d'Orphea.

— Où avez-vous trouvé cela ? demanda Alan.
— Dans un coffre appartenant à Joseph Gordon.
— Anna, je te jure que je ne suis pas corrompu.
— Alors expliquez-moi tout ceci, Alan ! Parce que, pour le moment, vous vous contentez de nier en bloc, ce qui ne sert pas votre cause.

Après une dernière hésitation, le maire Brown se lança finalement :

— Au début de l'année 1994, j'ai découvert que Gordon était corrompu.
— Comment ?
— J'ai reçu un appel anonyme. C'était vers la fin février. Une voix de femme. Elle me disait de me pencher sur la comptabilité des entreprises engagées par la mairie pour les travaux publics, et de comparer, pour un même contrat, la facturation interne des entreprises et la facturation reçue à la mairie. Il y avait une différence importante. Toutes les entreprises surfacturaient systématiquement : quelqu'un à la mairie se servait au passage. Quelqu'un en position de prendre la décision finale pour l'attribution des contrats, c'est-à-dire soit Gordon, soit moi. Et je savais que ce n'était pas moi.
— Qu'avez-vous fait ?
— Je suis immédiatement allé voir Gordon pour lui demander des explications. Je t'avoue que, sur le moment, je lui laissai encore le bénéfice du doute. Mais ce à quoi je ne m'attendais pas fut sa contre-offensive.

*
* *

*Orphea, 25 février 1994.*
*Bureau du maire Gordon*

Le maire Gordon étudia rapidement les documents que lui avait apportés Alan Brown, qui se tenait face à lui. Ce dernier, mal à l'aise devant le manque de réaction de Gordon, finit par lui dire :

— Joseph, rassurez-moi, vous n'êtes pas mêlé à un scandale de corruption ? Vous n'avez pas demandé de l'argent en échange de l'attribution de contrats ?

Le maire Gordon ouvrit un tiroir et en sortit des documents qu'il tendit à Alan, en lui disant d'un ton désolé :

— Alan, nous ne sommes que deux petites crapules sans envergure.

— Qu'est-ce que c'est ? demanda Alan en parcourant les documents. Et pourquoi est-ce qu'il y a mon nom sur ce relevé de compte ?

— Parce que nous avons ouvert ce compte ensemble, il y a deux ans. Vous vous souvenez ?

— Nous avons ouvert un compte pour la mairie, Joseph ! Vous disiez que ça faciliterait la comptabilité, notamment pour les notes de frais. Je vois ici qu'il s'agit d'un compte personnel, sans lien avec la mairie.

— Il fallait lire attentivement avant de signer.

— Mais j'avais confiance en vous, Joseph ! Vous m'avez piégé ? Oh, mon Dieu… Je vous ai même donné mon passeport pour m'authentifier auprès de la banque…

— Oui, et je vous remercie pour votre collaboration. Cela signifie que, si je tombe, vous tombez aussi, Alan. Cet argent est à nous deux.

N'essayez pas de jouer les justiciers, n'allez pas voir la police, n'allez pas farfouiller dans ce compte. Tout est en nos deux noms. Alors, à moins que vous ne souhaitiez que nous partagions la même cellule dans une prison fédérale pour corruption, il vaut mieux que vous oubliiez toute cette histoire.

— Mais tout ça va forcément se savoir, Joseph ! Ne serait-ce que parce que tous les entrepreneurs de la ville savent que vous êtes corrompu !

— Cessez de gémir comme une mauviette, Alan. Les entrepreneurs sont tous coincés, comme vous. Ils ne diront rien car ils sont aussi coupables que moi. Vous pouvez être tranquille. Et puis, ça fait un moment que ça dure et tout le monde est content : les entrepreneurs sont assurés de travailler, ils ne vont pas tout mettre en péril juste pour jouer les chevaliers blancs.

— Joseph, vous ne comprenez pas : quelqu'un est au courant de vos manigances et est prêt à en parler. J'ai reçu un appel anonyme. C'est comme ça que j'ai tout découvert.

Pour la première fois, le maire Gordon sembla paniquer.

— Quoi ? Qui ?

— Je n'en sais rien, Joseph. Je vous le répète : c'était un appel anonyme.

*
* *

Dans la salle d'interrogatoire du centre régional de la police d'État, Alan fixa Anna en silence.

— J'étais complètement coincé, Anna, lui dit-il.

Je savais qu'il me serait impossible de prouver que je n'étais pas mêlé à cette affaire de corruption généralisée. Le compte était aussi à mon nom. Gordon était le diable, il avait tout prévu. Il semblait parfois un peu mou, pataud, mais en réalité, il savait exactement ce qu'il faisait. J'étais à sa merci.

— Que s'est-il passé ensuite ?

— Gordon a commencé à paniquer à cause de cette histoire d'appel anonyme. Il était tellement sûr que tout le monde tiendrait sa langue qu'il n'avait pas vu venir une telle éventualité. J'en ai déduit que les ramifications de sa pourriture étaient plus étendues encore que ce que je savais, et qu'il risquait très gros. Les mois qui suivirent furent très compliqués. Nos relations étaient délétères mais nous devions sauver la face. Gordon n'était pas homme à rester les bras ballants et je me doutais qu'il était en train de chercher une issue à cette situation. En avril, effectivement, il me donna rendez-vous un soir sur le parking de la marina. « Je vais prochainement quitter la ville, m'annonça-t-il. — Où allez-vous, Joseph ? — Peu importe. — Quand ? demandai-je encore. — Aussitôt que j'aurai terminé de nettoyer ce merdier. » Il s'écoula encore deux mois qui me parurent une éternité. Fin juin 1994, il me convoqua à nouveau sur le parking de la marina et m'annonça qu'il partirait à la fin de l'été : « J'annoncerai après le festival que je ne me représente pas aux élections municipales de septembre. Je déménagerai dans la foulée. — Pourquoi ne partez-vous pas avant ? lui demandai-je. Pourquoi attendre encore deux mois ? — Je suis en train de vider le compte bancaire petit à petit depuis mars. Je ne peux que faire des virements limités pour ne pas éveiller les soupçons. À ce rythme, il sera vide à la fin de l'été. Le timing est idéal. Nous fermerons alors le compte. Il n'existera plus. Vous ne serez jamais inquiété. Et la ville sera à vous. C'est ce dont vous aviez toujours rêvé, non? — Et d'ici là? m'inquiétai-je. Cette affaire peut nous exploser au visage à tout moment. Et même si vous fermez le compte, il existera quelque part les traces des transactions. On ne peut pas tout effacer d'un coup d'éponge, Joseph! — Ne paniquez pas, Alan. Je me suis occupé de tout. Comme toujours.»

— Le maire Gordon a dit: *«Je me suis occupé de tout»*? répéta Anna.

— Oui, ce sont ses mots exacts. Je n'oublierai jamais son visage, glacial, terrifiant, lorsqu'il les a prononcés. Après tout ce temps à le côtoyer, je n'avais jamais compris que Joseph Gordon n'était pas homme à laisser qui que ce soit se mettre en travers de sa route.

Anna acquiesça tout en prenant des notes. Elle leva les yeux sur Brown et lui demanda alors:

— Mais si Gordon avait prévu de partir après le festival, pourquoi a-t-il changé ses plans et décidé de partir le soir de la première du festival?

Alan eut une moue.

— C'est Charlotte qui vous en a parlé, hein? dit-il. Ça ne peut être qu'elle, elle était la seule à le savoir. À l'approche du festival, j'ai très mal supporté que Gordon s'en octroie tout le mérite alors qu'il n'avait participé en rien à sa création, ni à son organisation. Tout ce qu'il avait fait, c'était se mettre encore de l'argent dans les poches, en donnant des accréditations pour des stands itinérants sur la rue principale. Je n'en pouvais plus. Il avait poussé le culot jusqu'à faire éditer un petit livre à sa gloire. Tout le monde le félicitait, quelle imposture ! La veille du festival, je suis allé le trouver dans son bureau et j'ai exigé qu'il parte d'ici au lendemain matin. Je ne voulais pas qu'il récolte tous les lauriers de cette manifestation, qu'il prononce le discours d'ouverture. Il comptait quitter Orphea tranquillement, après avoir eu tous les honneurs, et laisser le souvenir impérissable d'un homme politique hors du commun, alors que c'était moi qui avais tout fait. C'était intolérable à mes yeux. Je voulais que Gordon s'enfuie comme un chien, qu'il parte comme un minable. J'ai donc exigé de lui qu'il disparaisse dans la nuit du 29 juillet. Mais il a refusé. Le matin du 30 juillet 1994, je le retrouvai en train de me provoquer, se pavanant dans la rue principale, à faire semblant de s'assurer que tout se passait bien. Je lui ai dit que j'allais immédiatement chez lui, parler à sa femme. J'ai sauté dans ma voiture, j'ai foncé à Penfield Crescent. Au moment où sa femme, Leslie, ouvrait la porte de la maison et me saluait amicalement, j'ai entendu Gordon qui arrivait à mes trousses à toute vitesse. Leslie Gordon était déjà au courant de tout. Dans leur cuisine, je leur ai dit : « Si vous n'avez pas quitté Orphea d'ici ce soir, je révélerai à tout le monde, sur la scène du Grand Théâtre, que Joseph Gordon est corrompu. Je déballe tout ! Je n'ai pas peur des conséquences pour moi. Aujourd'hui est votre unique chance de fuir. » Joseph et Leslie Gordon ont compris que je ne bluffais pas. J'étais sur le point d'exploser. Ils m'ont promis qu'ils disparaîtraient de la ville au plus tard le soir même. En repartant de chez eux, je me suis rendu au Grand Théâtre. C'était la fin de la matinée. J'ai vu Charlotte qui s'était mis en tête de récupérer un document en possession de Gordon, une foutue pièce de théâtre que Harvey avait écrite. Elle insistait tellement que je lui ai confié que Gordon s'apprêtait à disparaître dans les heures qui venaient.

— Donc seuls vous et Charlotte saviez que les Gordon allaient s'enfuir le jour même ? demanda Anna.

— Oui, nous étions les deux seuls à le savoir. Je peux vous l'assurer. Connaissant Gordon, il n'est certainement pas allé le raconter à qui que ce soit. Il n'aimait pas les imprévus, il avait l'habitude de tout contrôler. C'est pour ça que je ne m'explique pas qu'il ait été tué chez lui. Qui pouvait savoir qu'il s'y trouvait ? Officiellement, à cette heure-là, il était censé être au Grand Théâtre, avec moi, à serrer des mains. C'était écrit sur le programme : *19 heures-19 heures 30, accueil officiel dans le foyer du Grand Théâtre par le maire Joseph Gordon.*

— Et qu'est-il advenu du compte en banque ? interrogea encore Anna.

— Il est resté ouvert. Il n'avait jamais été déclaré au fisc, c'est comme s'il n'existait pas. Je n'y ai jamais touché, il me semblait que c'était la meilleure façon d'enterrer cette histoire. Il reste encore certainement pas mal d'argent dessus.

— Et ce fameux appel anonyme ? Avez-vous finalement découvert de qui il s'agissait ?

— Jamais, Anna.

*
* *

Ce soir-là, Anna, nous invita, Derek et moi, à dîner chez elle.

Le repas fut arrosé de quelques bouteilles d'un très bon bordeaux et alors que nous prenions un pousse-café dans son salon, Anna nous dit :

— Vous pouvez dormir ici, si vous voulez. Le lit de la chambre d'amis est très confortable. J'ai aussi une brosse à dents neuve pour chacun d'entre vous et un lot de vieux t-shirts de mon ex-mari que j'ai gardés, je ne sais pas trop pourquoi, et qui vous iront à merveille.

— En voilà une bonne idée, décréta alors Derek. On pourra en profiter pour se raconter nos vies. Anna nous parlera de son ex-mari, moi de ma vie atroce au service administratif de la police et Jesse de son projet de restaurant.

— Tu projettes d'ouvrir un restaurant, Jesse ? me demanda Anna, intriguée.

— N'écoute pas ce qu'il raconte, Anna, ce pauvre garçon a beaucoup trop bu.

Derek remarqua sur la table basse une copie de *La Nuit noire* qu'Anna avait emportée chez elle pour la lire. Il prit le texte.

— Tu n'arrêtes vraiment jamais de bosser, lui dit-il.

L'atmosphère redevint soudain sérieuse.

— Je ne comprends pas pourquoi cette pièce de théâtre était aussi précieuse aux yeux de Gordon, dit Anna.

— Précieuse au point de la mettre dans un coffre de banque, précisa Derek.

— Avec les documents bancaires incriminant le maire Brown, ajoutai-je. C'est-à-dire qu'il gardait peut-être cette pièce comme garantie pour se protéger de quelqu'un ?

— Tu penses à Kirk Harvey, Jesse ? me demanda Anna.

— Je ne sais pas, répondis-je. En tout cas, le texte de la pièce lui-même ne présente aucun intérêt concret. Et le maire Brown affirme qu'il n'a jamais entendu Gordon parler de cette pièce.

— Est-ce qu'on peut croire Alan Brown ? s'interrogea Derek. Après tout ce qu'il nous a caché…

— Il n'aurait pas de raison de nous mentir, fis-je remarquer. Et puis, on sait depuis le début qu'au moment des meurtres, il était dans le foyer du Grand Théâtre en train de serrer des mains à des dizaines de personnes.

Derek et moi avions tous les deux lu la pièce de Harvey, mais sans doute à cause de la fatigue, nous n'avions pas vu ce qu'Anna avait relevé.

— Et si c'était en lien avec les mots soulignés ? suggéra-t-elle.

— Les mots soulignés ? m'étonnai-je. De quoi parles-tu ?

— Dans le texte, il y a une dizaine de mots soulignés au crayon.

— Je pensais qu'il s'agissait de notes prises par Harvey, dit Derek. Des modifications qu'il voulait apporter à sa pièce.

— Non, répondit Anna, je crois que c'est autre chose.

Nous nous installâmes autour de la table. Derek reprit le texte et Anna nota les mots soulignés à mesure qu'il les énonçait. Il en ressortit d'abord le charabia suivant :

*Jamais en retourne et monter intérêt arrogant horizontal fournaise orage la destinée.*

— Qu'est-ce que ça peut bien signifier ? m'interrogeai-je.

— Est-ce un code ? suggéra Derek.

Anna se pencha alors sur sa feuille.

Elle semblait avoir une idée en tête. Elle réécrit alors la phrase :

*Jamais En Retourne Et Monter Intérêt Arrogant Horizontal Fournaise Orage La Destinée*

*J E R E M I A H F O L D*

## *DEREK SCOTT*

Mi-septembre 1994. Six semaines après le quadruple meurtre.

Si les informations de l'agent spécial Grace de l'ATF se révélaient exactes, nous avions bel et bien remonté la source de l'arme du quadruple meurtre : le bar de Ridgesport, derrière le comptoir duquel on pouvait se procurer des Beretta de l'armée dont le numéro de série avait été limé.

À la demande de l'ATF, et en signe de bonne volonté, Jesse et moi levâmes immédiatement notre planque à Ridgesport. Nous n'avions plus qu'à attendre que l'ATF se décide à perquisitionner, période que nous consacrâmes à d'autres dossiers. Notre patience et notre diplomatie payèrent : par une fin d'après-midi de la mi-septembre, l'agent spécial Grace nous convia, Jesse et moi, à nous joindre à la gigantesque descente de police qu'ils effectuèrent dans le bar. Ils y saisirent des armes et des munitions, et parmi elles les derniers Beretta de la cargaison volée, et arrêtèrent un caporal de l'infanterie qui répondait au nom de Ziggy, dont la sagacité toute relative laissait à penser qu'il était plus un rouage que la tête pensante d'un trafic d'armes.

Dans cette affaire, chacun avait un intérêt : l'ATF ainsi que la police militaire, qui s'était jointe au dossier, considéraient que Ziggy n'avait pas pu se procurer les armes seul. Quant à nous, nous avions besoin de savoir à qui il avait vendu ses Beretta. Nous finîmes par trouver un arrangement commun. L'ATF nous laissait interroger Ziggy, et nous, nous faisions signer un accord au caporal : il livrait à l'ATF le nom de ses comparses, et obtenait en échange une remise de peine. Tout le monde était content.

Nous présentâmes à Ziggy un lot de photos, dont l'une était celle de Ted Tennenbaum.

— Ziggy, on voudrait beaucoup que tu nous aides, lui dit Jesse.

— Je ne me souviens vraiment plus d'aucun visage, je vous le promets.

Jesse déposa alors devant Ziggy la photo d'une chaise électrique.

— Ça, Ziggy, lui dit-il d'une voix calme, c'est ce qui t'attend si tu ne parles pas.

— Comment ça ? s'étrangla Ziggy.

— L'une de tes armes a servi à tuer quatre personnes. Tu vas être accusé de leurs meurtres.

— Mais j'ai rien fait ! s'époumona Ziggy.

— Ça, tu te débrouilleras avec le juge.

— À moins que la mémoire te revienne, ma gentille Zigounette, lui expliqua Jesse.

— Montrez-moi les photos encore une fois, supplia le caporal. J'ai mal regardé.

— Tu veux te mettre près de la fenêtre pour avoir plus de lumière, peut-être ? lui suggéra Jesse.

— Oui, j'avais pas assez de lumière, acquiesça Ziggy.

— Ah oui, c'est important une bonne luminosité.

Le caporal s'approcha de la fenêtre et observa chacune des photos que nous lui avions apportées.

— J'ai vendu un flingue à ce type, nous affirma-t-il.

Le cliché qu'il nous tendit était celui de Ted Tennenbaum.

— Tu en es sûr ? demandai-je.

— Certain.

— Et quand lui as-tu vendu cette arme ?

— En février. Je l'avais déjà vu au bar, mais c'était il y a des années de cela. Il avait besoin d'une arme. Il avait le liquide sur lui. Je lui ai vendu un Beretta et des munitions. Je ne l'ai plus jamais revu ensuite.

Jesse et moi échangeâmes un regard victorieux : Ted Tennenbaum était désormais bel et bien coincé.

## -1

# *Dies iræ*: Jour de colère

---

LUNDI 21 JUILLET - VENDREDI 25 JUILLET 2014

## JESSE ROSENBERG

*Lundi 21 juillet 2014*

*5 jours avant la première*

Orphea était en ébullition. La nouvelle qu'une pièce de théâtre allait dévoiler l'identité d'un meurtrier impuni s'était répandue à travers le pays comme une traînée de poudre. En l'espace d'un week-end, les médias avaient débarqué en masse, en même temps que des hordes de touristes en quête de sensationnel, qui se mêlaient aux habitants, eux aussi dévorés par la curiosité. La rue principale, noire de monde, était prise d'assaut par des vendeurs itinérants qui avaient saisi l'occasion de venir vendre des boissons, de la nourriture, et même des t-shirts sur lesquels avaient été imprimés des slogans: *J'étais à Orphea*, *Je sais ce qui s'est passé en 1994*. Une cohue sans nom régnait autour du Grand Théâtre, dont l'accès avait été complètement bloqué par la police, et devant lequel des dizaines de journalistes de télévision étaient alignés, apparaissant à l'antenne en direct pour des comptes rendus réguliers:

«Qui a tué la famille Gordon, une joggeuse ainsi qu'une journaliste sur le point de tout découvrir? Réponse dans 5 jours, ici à Orphea, dans l'État de New York...»

« … Dans 5 jours, l'une des plus extraordinaires pièces jouées depuis longtemps va nous livrer les secrets… »

« … Un tueur rôde dans une paisible ville des Hamptons, et c'est une pièce de théâtre qui dévoilera son nom… »

« … La réalité dépasse la fiction ici à Orphea où les autorités municipales ont annoncé que la ville serait bouclée le soir de la première. Des renforts de la région sont attendus, tandis que le Grand Théâtre, où se tiennent en ce moment les répétitions de la pièce, est surveillé 24 heures sur 24… »

La police locale était complètement débordée par la charge de travail. Pour ne rien arranger, comme Gulliver était occupé à répéter la pièce, c'est Montagne qui assurait le commandement, épaulé par des renforts venus des polices locales de la région et de la police d'État.

Pour ajouter à cette ambiance irréelle, l'agitation était aussi politique : suite aux dernières révélations, Sylvia Tennenbaum exigeait que son frère soit officiellement innocenté. Elle avait réuni un comité de soutien qui s'agitait devant les caméras de télévision avec des pancartes *JUSTICE POUR TED*. Sylvia Tennenbaum réclamait en outre la démission du maire Brown et la tenue d'élections municipales anticipées, auxquelles elle indiqua qu'elle se présenterait. Elle répétait aux médias, dès qu'ils lui accordaient un peu d'attention : « Le maire Brown a été interrogé par la police dans le cadre du quadruple meurtre de 1994. Il a perdu tout crédit. »

Mais le maire Brown, en animal politique qu'il était, n'avait aucune intention d'abandonner son poste. Et l'agitation qui régnait servait sa cause : Orphea avait plus que jamais besoin d'une tête dirigeante. Malgré les questionnements qu'avait soulevés son audition par la police, Brown conservait un capital de confiance encore élevé, et ceux des citoyens qui s'inquiétaient de la situation ne voulaient surtout pas perdre leur maire dans un moment de crise. Quant aux commerçants de la ville, ils ne pouvaient pas être plus heureux : restaurants et hôtels étaient bondés, les magasins de souvenirs parlaient déjà de rupture de stock, on pressentait des records de chiffres d'affaires pour cette édition du festival.

Ce que tout le monde ignorait, c'est que dans le secret du Grand Théâtre, auquel plus personne en dehors de la troupe de théâtre n'avait accès, la pièce de Kirk Harvey virait au grand n'importe quoi. On était très loin des révélations extraordinaires auxquelles s'attendait le public. Nous le sûmes grâce à Michael Bird, devenu un allié indispensable dans cette enquête. Michael, parce qu'il avait la confiance de Kirk Harvey, était la seule personne externe à la troupe à pouvoir accéder à l'intérieur du Grand Théâtre. En échange de la promesse de ne rien dévoiler du contenu de sa pièce avant la première, Harvey lui avait octroyé une accréditation spéciale. « Il est indispensable qu'un journaliste puisse un jour témoigner de ce qui s'est passé à Orphea », avait expliqué Kirk à Michael. Nous avions alors chargé ce dernier d'être nos yeux à l'intérieur de la salle et de filmer pour nous le déroulement des répétitions. Ce matin-là, il nous convia chez lui pour partager avec nous les séquences captées la veille.

Il habitait avec sa famille une très jolie maison en dehors d'Orphea, sur la route de Bridgehampton.

— C'est avec son salaire de rédacteur en chef d'un

journal local qu'il peut se payer ça ? demanda Derek à Anna alors que nous arrivions devant la maison.

— Le père de sa femme a de l'argent, nous expliqua-t-elle. Clive Davis, vous connaissez peut-être. Il a été candidat à la mairie de New York il y a quelques années.

C'est la femme de Michael, justement, qui nous accueillit. Une très belle blonde, qui devait avoir moins de quarante ans, donc nettement plus jeune que son mari. Elle nous proposa du café et nous conduisit dans le salon où nous trouvâmes Michael en train de manipuler les câbles de sa télévision pour la relier à un ordinateur.

— Merci d'être venus, nous dit-il.

Il semblait tracassé.

— Que se passe-t-il, Michael ? demandai-je.

— Je crois que Kirk est complètement fou.

Il manipula son ordinateur et nous vîmes soudain à l'écran la scène du Grand Théâtre, sur laquelle Samuel Padalin jouait le cadavre, et Jerry, le policier. Harvey les observait, tenant un large livret relié entre ses mains.

— C'est bien, cria Harvey en apparaissant à l'écran, imprégnez-vous de votre personnage ! Samuel, tu es un mort mort. Jerry, tu es un policier fier !

Harvey ouvrit un document et se mit à lire :

> *C'est un matin sinistre. Il pleut. Sur une route de campagne, la circulation est paralysée : un gigantesque embouteillage s'est formé.*

— Qu'est-ce que c'est que ce paquet de feuilles qu'il tient ? demandai-je à Michael.

— Sa pièce en entier. Apparemment, tout est là-dedans. J'ai bien essayé de jeter un coup d'œil, mais Harvey ne la quitte pas. Il dit que le contenu de ce texte est tellement sensible qu'il distribuera les scènes au compte-gouttes. Même si les acteurs doivent les lire le soir de la première, faute d'avoir eu le temps d'apprendre leur texte.

HARVEY : *Les automobilistes, exaspérés, klaxonnent rageusement.*

Alice et Steven mimèrent les conducteurs excédés pris dans les bouchons.

Soudain, Dakota apparut.

HARVEY : *Une jeune femme, marchant sur le bas-côté, remonte la file des voitures immobiles. Elle avance jusqu'au barrage de police et interroge le policier en faction.*

DAKOTA *(la femme)* : Qu'est-ce qui se passe ?

JERRY *(le policier)* : Un homme mort. Accident de moto tragique.

DAKOTA : Accident de moto ?

JERRY : Oui, il a percuté un arbre à pleine vitesse. Il n'en reste que de la bouillie.

— Ils en sont toujours à la même scène, constata Anna.

— Attendez, nous prévint Michael, le meilleur est à venir.

À l'écran, Harvey hurla soudain : *« Et maintenant, la Danse des morts ! »* Tous les acteurs se mirent à crier : *« Danse des morts ! Danse des morts ! »* et soudain Ostrovski et Ron Gulliver apparurent en slip.

— Qu'est-ce que c'est que ce cirque ? s'épouvanta Derek.

Ostrovski et Gulliver coururent jusqu'au devant de la scène. Gulliver tenait un animal empaillé. Il le contempla un instant puis l'interrogea : *« Carcajou, mon beau carcajou, sauve-nous de la fin si proche ! »* Il embrassa l'animal et se jeta au sol où il effectua une roulade pitoyable. Ostrovski, ouvrant grand les bras, contempla les rangées vides et s'écria alors :

*Dies iræ, dies illa,*
*Solvet sæclum in favílla !*

Je n'en croyais pas mes yeux.

— Du latin maintenant ? m'offusquai-je.

— C'est grotesque, dit Derek.

— La partie en latin, nous expliqua Michael qui avait eu le temps de faire des recherches, est un texte apocalyptique médiéval. Cela parle du *Jour de colère*.

Il nous donna lecture de la traduction de ce passage :

*Jour de colère que ce jour-là*
*Il réduira le monde en cendres !*

— Ça sonne comme une menace, fit remarquer Anna.

— Comme les inscriptions laissées par Harvey à travers la ville en 1994, rappela Derek. *Le Jour de colère* serait *La Nuit noire* ?

— Ce qui me tracasse, dis-je, c'est que la pièce ne sera selon toute évidence jamais prête à temps.

Harvey essaie de leurrer tout le monde. Pourquoi ? Qu'est-ce qu'il a derrière la tête ?

Il nous était impossible d'interroger Harvey, qui était sous la protection du major McKenna, du maire et de la police d'Orphea. Notre seule piste était Jeremiah Fold. Nous mentionnâmes ce nom à Michael Bird, mais cela ne lui évoqua rien.

Je demandai à Anna :

— Est-ce que tu penses que ça pourrait être un autre mot que *Jeremiah Fold* ?

— J'en doute, Jesse, me répondit-elle. J'ai passé ma journée d'hier à relire *La Nuit noire*. J'ai essayé toutes les combinaisons possibles et de ce que j'ai pu voir, il n'y en a aucune autre pertinente.

Pourquoi un code avait-il été dissimulé dans le texte de *La Nuit noire* ? Et par qui ? Kirk Harvey ? Que savait-il vraiment, Harvey ? À quel jeu jouait-il avec nous et avec toute la ville d'Orphea ?

À cet instant, le portable d'Anna sonna. C'était Montagne.

— Anna, on te cherche partout. Il faut que tu te rendes d'urgence au commissariat, ton bureau a été cambriolé cette nuit.

Lorsque nous arrivâmes au commissariat, les collègues d'Anna étaient tous agglutinés sur le pas de la porte de son bureau, considérant les débris de verre au sol et le store défoncé, et essayant de comprendre ce qui s'était passé. La réponse était pourtant simple. Le commissariat était de plain-pied sur la rue. Tous les bureaux se trouvaient à l'arrière du bâtiment et donnaient sur une parcelle de gazon, entourée d'une barrière en planches. Il y avait des caméras de sécurité uniquement dans le parking et aux portes d'accès.

L'intrus n'avait eu certainement aucune peine à franchir la barrière et il lui avait suffi de traverser la pelouse pour atteindre la fenêtre du bureau. Il avait ensuite relevé de force les stores, cassé la vitre pour ouvrir la fenêtre et il avait pu pénétrer dans la pièce. C'est un policier qui, en entrant dans le bureau d'Anna pour y déposer du courrier, avait découvert l'effraction.

Un autre était passé la veille, dans l'après-midi, et tout était intact. Cela s'était donc produit durant la nuit.

— Comment personne ne s'est-il rendu compte de ce qui se passait ? demandai-je.

— Si tous les agents sont en patrouille en même temps, il n'y a personne au commissariat, m'expliqua Anna. Ça arrive parfois.

— Et le bruit ? s'interrogea Derek. Ça fait un bruit énorme de remonter ces stores. Personne n'a rien entendu ?

Tous les bâtiments alentour étaient des bureaux ou des entrepôts municipaux. Les seuls témoins potentiels étaient les pompiers de la caserne voisine. Mais lorsqu'un policier nous informa que durant la nuit, vers 1 heure du matin, un important accident de la route avait nécessité l'intervention de toutes les patrouilles et des pompiers de la caserne voisine, nous comprîmes que l'intrus avait eu le champ libre.

— Il était caché quelque part, affirma Anna, il a attendu le meilleur moment pour agir. Ça fait peut-être même plusieurs soirs qu'il attendait.

Le visionnage des enregistrements des caméras de sécurité internes du commissariat nous permit d'établir qu'il n'y avait eu aucune intrusion dans le bâtiment. Il y avait une caméra dans le couloir justement, dont l'angle de vue donnait directement sur la porte du bureau d'Anna. Elle était restée close. Celui qui avait pénétré dans le bureau y était resté. C'était donc cette pièce qui avait été ciblée.

— Je ne comprends pas. Il n'y a vraiment rien à voler, nous dit Anna. Rien n'a disparu, d'ailleurs.

— Il n'y a rien à voler, mais il y a à voir, répondis-je en désignant le tableau magnétique et les murs couverts de documents liés à l'affaire. Celui qui s'est introduit ici voulait savoir où en était l'enquête. Et il a eu accès au travail de Stephanie et au nôtre.

— Notre meurtrier prend des risques, dit alors Derek. Il commence à paniquer. Il s'expose. Qui sait que ton bureau se situe ici, Anna ?

Anna haussa les épaules.

— Tout le monde. Je veux dire, ce n'est pas un secret. Même les gens qui viennent au commissariat déposer plainte traversent ce couloir et voient mon bureau. Il y a mon nom sur la porte.

Derek nous entraîna alors à l'écart avant de chuchoter, d'un ton grave :

— Celui qui s'est introduit ici n'a pas pris ce risque en vain. Il savait très bien ce qui se trouvait dans ce bureau. C'est quelqu'un de la maison.

— Oh mon Dieu, dit Anna, ce serait un flic ?

— Si c'était un flic, objectai-je, il n'aurait eu qu'à entrer dans le bureau quand tu n'y étais pas, Anna.

— Il se serait fait prendre, me fit remarquer Derek. Son passage aurait été filmé par la caméra du couloir. S'il se pense surveillé, il ne va surtout pas commettre cette erreur. Par contre, en entrant par effraction, il brouille les pistes. Il y a peut-être un élément pourri au sein de ce commissariat.

Nous n'étions plus en sécurité dans le commissariat. Mais où aller ? Je n'avais plus de bureau au centre régional de la police d'État et celui de Derek se trouvait dans un espace ouvert. Il nous fallait un endroit où personne ne viendrait nous chercher. J'eus alors l'idée de la salle des archives de l'*Orphea Chronicle*, à laquelle nous pouvions accéder sans être vus en passant directement par la porte arrière de la rédaction.

Michael Bird nous y accueillit avec plaisir.

— Personne ne saura que vous êtes ici, nous assura-t-il. Les journalistes ne viennent jamais au sous-sol. Je vous laisse la clé de la salle ainsi que le double, vous serez donc les seuls à y avoir accès. Et aussi la clé de la porte arrière, afin que vous puissiez aller et venir à toute heure du jour et de la nuit.

Quelques heures plus tard, dans le plus grand secret, nous y avions reconstitué notre mur d'enquête à l'identique.

*

Ce soir-là, Anna avait rendez-vous pour dîner avec Lauren et Paul. Ils étaient de retour dans leur maison de Southampton pour la semaine et ils avaient prévu de se retrouver au *Café Athéna* pour rattraper la soirée catastrophique du 26 juin dernier.

De retour chez elle pour se changer, Anna repensa soudain à la discussion qu'elle avait eue avec Cody à propos du livre écrit par Bergdorf sur le festival de théâtre. Cody lui avait indiqué qu'au printemps 1994 il avait décidé de consacrer un espace dans sa librairie aux auteurs de la région. Et si Harvey y avait mis sa pièce en vente ? Avant de partir pour son dîner, elle fit un rapide saut chez Cody. Elle le trouva sous le porche, qui profitait de la douceur de ce début de soirée en buvant un whisky.

— Oui, Anna, lui dit-il, nous avions consacré aux auteurs locaux une pièce au fond du magasin. Un débarras un peu lugubre, qui était devenu une annexe de la librairie sous le nom de « La pièce des auteurs ». Ça a été un succès immédiat. Plus important que ce que j'aurais pu imaginer : les touristes raffolent des récits locaux. Cette section existe toujours d'ailleurs. Au même endroit. Mais j'ai fait tomber un mur de la pièce depuis, afin de l'incorporer au reste du magasin. Pourquoi est-ce que cela t'intéresse ?

— Simple curiosité, répondit Anna qui préférait rester évasive. Je me demandais si tu te souvenais des auteurs qui t'avaient confié leur texte à l'époque.

Cody s'amusa de la question :

— Il y en avait tellement ! Je crois que tu surestimes ma mémoire. Mais je me souviens qu'il y avait eu un article dans l'*Orphea Chronicle* au début de l'été 1994. Je dois en avoir une copie à la librairie, voudrais-tu que j'aille te la chercher ? Tu y trouveras peut-être des informations utiles.

— Non, Cody, merci beaucoup. Ne te dérange pas pour ça. Je passerai au magasin demain.

— Tu es sûre, Anna ?

— Sûre, merci.

Anna se mit en route pour rejoindre Lauren et Paul. Mais en arrivant dans la rue principale, elle décida de faire un saut à la rédaction de l'*Orphea Chronicle*. Son dîner pouvait bien souffrir un léger retard. Elle fit le tour du bâtiment et entra par la porte arrière avant de rejoindre la salle des archives. Elle s'installa devant l'ordinateur qui servait de moteur de recherche. Les mots-clés « Cody Illinois », « librairie » et « auteurs locaux » lui permirent de trouver facilement un article daté de la fin juin 1994.

*DANS LA LIBRAIRIE D'ORPHEA,*
*LES AUTEURS DES HAMPTONS À L'HONNEUR*

*Depuis quinze jours, la librairie d'Orphea s'est agrandie d'une petite pièce consacrée exclusivement aux auteurs locaux. Cette initiative a remporté un succès immédiat auprès des auteurs qui se pressent pour y laisser leur création dans l'espoir de se faire connaître. Au point que le propriétaire des lieux, Cody Illinois, s'est vu obligé de n'autoriser qu'un seul exemplaire de chaque ouvrage pour laisser de la place à tout le monde.*

L'article était illustré par une photo de Cody dans son magasin, posant fièrement dans l'encadrement de la porte de ce qui avait été un débarras et à l'entrée duquel une plaque en bois pyrogravé indiquait : *AUTEURS DE CHEZ NOUS*. On pouvait distinguer l'intérieur de la pièce dont les murs étaient couverts de livres et de textes reliés. Anna se saisit d'une loupe et se pencha attentivement sur chaque ouvrage : elle distingua alors, au milieu de l'image, une brochure reliée dont la couverture affichait en lettres capitales « *LA NUIT NOIRE*, PAR KIRK HARVEY ». Elle venait de comprendre : c'était à la librairie de Cody que le maire Gordon s'était procuré le texte de la pièce de théâtre.

*
* *

Au Palace du Lac, Ostrovski rentrait d'une promenade nocturne dans le parc. La nuit était douce. Voyant le critique traverser le lobby de l'hôtel, un employé de la réception vint à sa rencontre :

— Monsieur Ostrovski, cela fait plusieurs jours que le panneau *NE PAS DÉRANGER* est accroché à votre porte. Je voulais m'assurer que tout allait bien.

— C'est volontaire, expliqua Ostrovski, je suis en pleine création artistique. Je ne dois être dérangé sous aucun prétexte. L'art est un concept inconcevable !

— Certainement, monsieur. Souhaitez-vous que nous vous apportions des serviettes de bain ? Avez-vous besoin de produits cosmétiques ?

— Rien du tout, mon ami. Soyez remercié de votre sollicitude.

Ostrovski remonta dans sa chambre. Il aimait être un artiste. Il se sentait enfin à sa place. C'était comme s'il avait trouvé sa véritable peau. En poussant la porte de sa suite, il répétait « *Dies iræ... dies iræ...* » Il alluma la lumière : il avait retapissé tout un mur des articles sur la disparition de Stephanie. Il les étudia longuement. En ajouta encore. Puis il s'assit à son bureau, recouvert de feuilles de notes, et regarda la photo de Meghan qui y trônait. Il embrassa la vitre du cadre et dit : « Je suis un écrivain maintenant, ma chérie. » Il attrapa son stylo et il se mit à écrire : *Dies iræ, Jour de colère.*

À quelques kilomètres de là, dans une chambre du Motel 17, où logeaient désormais Alice et Steven, une violente dispute venait d'éclater : Alice voulait s'en aller.

— Je veux retourner à New York, avec ou sans toi. Je ne veux plus de cet hôtel miteux et de cette vie minable. Tu es un minable, Stevie. Je le savais depuis le début.

— Eh bien, va-t'en, Alice ! répliqua Steven, penché sur son ordinateur portable car il devait impérativement rendre un premier article destiné au site Internet de la *Revue*.

Alice s'agaça qu'il la laisse s'en aller si facilement.

— Pourquoi ne rentres-tu pas à New York ? demanda-t-elle.

— Je veux couvrir cette pièce. C'est un moment unique de création.

— Tu mens, Stevie ! Cette pièce est nulle ! Ostrovski qui déambule en slip, tu appelles ça du théâtre, toi ?

— Va-t'en, Alice.

— Je prends ta voiture.

— Non ! Tu prends le bus ! Tu te démerdes !

— Comment oses-tu me parler sur ce ton, Stevie ? Je ne suis pas un animal ! Qu'est-ce qui t'arrive, hein ? Dire qu'il y a peu, tu me traitais comme une reine.

— Écoute, Alice. J'ai beaucoup d'emmerdes. Je risque ma place à la *Revue* à cause de l'histoire de la carte de crédit.

— Il n'y a que le fric qui t'intéresse, Stevie ! Tu ne connais rien à l'amour !

— C'est ça.

— Je vais tout raconter, Stevie. Si tu me laisses partir à New York toute seule, je vais révéler à Skip Nalan toute la vérité sur toi. Sur ta façon de traiter les femmes. Je vais parler des agressions que tu m'as fait subir.

Steven ne réagit pas. Alice, avisant alors les clés de voiture sur la table à côté de lui, décida de s'en emparer et de s'enfuir. Elle se précipita sur les clés et cria : « Je vais te détruire, Steven ! » Mais elle n'eut pas le temps de passer la porte de la chambre. Steven la rattrapa par les cheveux et la tira en arrière. Elle poussa un hurlement de douleur. Il la lança contre le mur puis se jeta sur elle et lui assena une gifle monumentale. « Tu ne vas nulle part ! hurla-t-il. Tu m'as mis dans la merde, tu vas y rester avec moi ! »

Elle le regarda, terrifiée. Elle était en pleurs. Soudain, il lui prit le visage délicatement. « Pardon, Alice, murmura-t-il d'une voix doucereuse. Pardonne-moi, je ne sais plus ce que je fais. Toute cette histoire me rend fou. Je vais te trouver un meilleur hôtel, je te le promets. Je vais tout arranger. Pardonne-moi, mon amour. »

À ce même instant, passant devant le parking sinistre du Motel 17, une Porsche filait en direction de l'océan. Au volant, Dakota, qui avait dit à son père qu'elle allait à la salle de gym de l'hôtel et qui se retrouvait à s'enfuir en voiture. Elle ne savait pas si elle lui avait sciemment menti ou si ses jambes avaient refusé de lui obéir. Elle bifurqua sur Ocean Road, puis elle continua son pèlerinage jusque devant la maison qui avait été celle de ses parents, *Le Jardin d'Eden*. Elle observa la sonnette du portail. Là où il avait été écrit *FAMILLE EDEN*, il était désormais écrit *FAMILLE SCALINI*. Elle longea la haie de la propriété, observant les lieux à travers le feuillage. Elle voyait de la lumière. Elle finit par trouver un passage. Elle enjamba la barrière et traversa la haie. Les branchages lui griffèrent légèrement les joues. Elle foula le gazon, marcha jusqu'à la piscine. Il n'y avait personne. Elle pleurait en silence.

Elle sortit de son sac une bouteille en plastique dans laquelle elle avait mélangé de la kétamine avec de la vodka. Elle avala le liquide d'un trait. Se coucha sur une chaise longue à côté de la piscine. Elle écouta le clapotis apaisant de l'eau et ferma les yeux. Elle pensa à Tara Scalini.

## *DAKOTA EDEN*

Je me souviens de la première fois que j'ai rencontré Tara Scalini, en mars 2004. J'avais 9 ans. Nous nous étions retrouvées toutes les deux finalistes d'un concours d'épellation, à New York. Nous avions eu un coup de foudre amical. Ce jour-là, aucune de nous deux ne voulait gagner. Nous étions à égalité : l'une après l'autre, nous nous trompions volontairement dans l'épellation du mot que le juge de la compétition nous soumettait. Il répétait tour à tour à chacune de nous : « Si vous épelez correctement le prochain mot, vous remportez le concours ! »

Mais c'était sans fin. Et finalement, après une heure à tourner en rond, le juge finit par nous déclarer toutes les deux vainqueurs. *Ex aequo*.

Ce fut le début d'une merveilleuse amitié. Nous devînmes inséparables. Dès que nous le pouvions, nous étions fourrées l'une chez l'autre.

Le père de Tara, Gerald Scalini, travaillait dans un fonds de placement. Toute la famille habitait dans un immense appartement sur Central Park. Leur train de vie était phénoménal : chauffeur, cuisinier, maison dans les Hamptons.

À cette époque, mon père n'était pas encore à la

tête de Channel 14 et n'avait pas les mêmes moyens. Nous vivions agréablement, mais nous étions à des années-lumière du train de vie des Scalini. Du haut de mes 9 ans, je trouvais Gerald Scalini très gentil avec nous. Il aimait nous recevoir chez lui, il envoyait son chauffeur me chercher pour que je vienne jouer avec Tara. L'été, quand nous étions à Orphea, il nous invitait à déjeuner chez eux, dans leur maison d'East Hampton.

Mais, malgré mon âge, il ne me fallut pas très longtemps pour comprendre que les invitations de Gerald Scalini n'étaient pas de la générosité mais de la condescendance. Il aimait en mettre plein la vue.

Il adorait nous inviter dans son duplex de 600 mètres carrés sur Central Park, pour pouvoir ensuite venir chez nous et dire: « Vous avez joliment arrangé votre appartement. » C'était pour lui un régal de nous accueillir dans son incroyable propriété d'East Hampton, puis de venir prendre un café dans la modeste maison que louaient mes parents à Orphea et dire: « Sympa, votre bicoque. »

Je crois que mes parents fréquentaient les Scalini surtout pour me faire plaisir. Tara et moi, nous nous adorions. Nous nous ressemblions énormément toutes les deux: très bonnes élèves, particulièrement douées en littérature, dévoreuses de livres et rêvant de devenir écrivains. Nous passions nos journées à concocter des histoires ensemble, et à les rédiger en partie sur des feuilles volantes, en partie sur l'ordinateur familial.

Quatre ans plus tard, au printemps 2008, Tara et moi allions sur nos 13 ans. La carrière de mon père avait fait un bond spectaculaire. Il avait enchaîné les promotions importantes, on avait parlé de lui dans les journaux spécialisés et il avait finalement été nommé à la tête de Channel 14. Notre vie avait rapidement changé. Nous habitions désormais nous aussi dans un appartement sur Central Park, mes parents étaient en train de faire construire une maison de vacances à Orphea, et pour mon plus grand bonheur, j'avais intégré Hayfair, la prestigieuse école privée que fréquentait Tara.

Je crois que Gerald Scalini a commencé à se sentir un peu menacé par mon père. J'ignore ce qui se racontait dans la cuisine des Scalini, mais il me sembla que Tara adoptait bientôt un comportement différent avec moi.

Depuis longtemps, je disais à Tara que je rêvais d'avoir un ordinateur portable. Je rêvais d'un ordinateur à moi, de pouvoir y rédiger mes textes dans le secret de ma chambre. Mais mes parents s'y refusaient. Ils me disaient qu'il y avait un ordinateur dans le petit salon – nous avions désormais un grand et un petit salon – et que je pouvais l'utiliser autant que je voulais.

— Je préférerais écrire dans ma chambre.

— Le salon c'est très bien, me répondaient mes parents, intransigeants.

Ce printemps-là, Tara reçut un ordinateur portable. Exactement le modèle que je voulais. Il ne m'avait pas semblé qu'elle eût jamais émis ce souhait. Et voilà que, désormais, elle se pavanait à l'école avec son nouveau jouet.

Je m'efforçai de ne pas y prêter attention. J'avais surtout plus important en tête : l'école organisait un concours d'écriture et j'avais l'intention d'y présenter un texte. Tara également, et nous travaillions ensemble à la bibliothèque de l'école. Elle sur son ordinateur portable, et moi contrainte d'écrire dans un cahier, avant de devoir tout retranscrire, le soir, sur l'ordinateur du petit salon.

Tara disait que ses parents trouvaient son texte extraordinaire. Ils avaient même demandé à l'un de leurs amis, apparemment un écrivain connu à New York, de le relire et de l'aider un peu. Quand mon texte fut prêt, je le lui fis lire avant de le soumettre au concours. Elle me dit que c'était « pas mal ». Au ton qu'elle avait employé, j'eus l'impression d'entendre son père. Quand son texte fut terminé, en revanche, elle refusa de me le montrer. « Je ne voudrais pas que tu me copies », m'expliqua-t-elle.

Au début du mois de juin 2008, lors d'une grande cérémonie organisée dans l'auditorium de l'école, le nom du lauréat du concours fut annoncé en grande pompe. À ma grande surprise, je remportai le premier prix.

Une semaine plus tard, Tara se plaignit en classe qu'on lui avait volé son ordinateur. Nous disposions tous de casiers individuels dans le couloir, fermés par un cadenas à code et le principal de l'école décréta que les sacs et les casiers de tous les élèves de la classe seraient inspectés. Quand ce fut mon tour d'ouvrir mon casier, devant le principal et le vice-principal, je découvris horrifiée, à l'intérieur, l'ordinateur de Tara.

L'affaire fit un scandale énorme. Je fus convoquée, ainsi que mes parents, par le principal. J'eus beau jurer que je n'y étais pour rien, les preuves étaient accablantes. Il y eut une deuxième réunion avec les Scalini, qui se déclarèrent effarés. J'eus beau protester encore et clamer mon innocence, je dus passer devant le conseil de discipline. Je fus exclue de l'école pendant une semaine et astreinte à des travaux d'intérêt général.

Le pire fut que mes amis me tournèrent le dos : ils n'avaient plus confiance. On me surnommait désormais *la voleuse*. Tara, elle, racontait à qui voulait l'entendre qu'elle me pardonnait. Que si je le lui avais demandé, elle m'aurait prêté son ordinateur. Je savais qu'elle mentait. Une seule autre personne que moi avait le code du cadenas de mon casier : c'était Tara justement.

Je me retrouvai très seule. Très troublée. Mais cet épisode, plutôt que de m'affaiblir, allait me pousser à écrire davantage. Les mots devinrent mon refuge. J'allais souvent m'isoler à la bibliothèque de l'école pour écrire.

Pour les Scalini, le vent allait tourner quelques mois plus tard.

En octobre 2008, la terrible crise financière toucha directement Gerald Scalini, qui perdit une grande partie de sa fortune.

## JESSE ROSENBERG

*Mardi 22 juillet 2014*

*4 jours avant la première*

Ce matin-là, lorsque Derek et moi retrouvâmes Anna à la salle des archives de l'*Orphea Chronicle*, elle affichait un sourire triomphant. Je la dévisageai, amusé, et lui tendis le café que je lui avais apporté.

— Toi, tu as trouvé une piste, lui dis-je.

Anna acquiesça d'un air mystérieux et nous montra un article consacré à la librairie de Cody, daté du 15 juin 1994.

— Regardez sur la photo, nous indiqua-t-elle. Au fond à droite, sur le rayonnage, on distingue un exemplaire de *La Nuit noire*. C'est donc très probablement à la librairie que le maire Gordon s'est procuré le texte.

— Donc début juin, récapitula Derek, le maire Gordon déchire la pièce de Kirk. Puis, il va ensuite récupérer ce même texte à la librairie. Pourquoi ?

— Ça, je l'ignore, répondit Anna. Par contre, j'ai trouvé un lien avec la pièce que prépare Kirk Harvey en ce moment au Grand Théâtre et Jeremiah Fold. En rentrant d'un dîner hier soir, je me suis arrêtée au commissariat et j'ai passé une partie de la nuit à fouiller les bases de données. Jeremiah Fold a eu un fils qui est né juste avant sa mort. J'ai pu retrouver le nom de la mère, elle s'appelle Virginia Parker.

— Et… ? demanda Derek. Ce nom devrait nous dire quelque chose ?

— Non, mais je lui ai parlé. Et elle m'a raconté comment Jeremiah est mort.

— Accident de la route, rappela Derek qui ne voyait pas où Anna voulait en venir. On le sait déjà.

— Accident de moto, précisa Anna. Il s'est écrasé à moto contre un arbre.

— Tu veux dire exactement comme au début de la pièce de Harvey ? dis-je.

— Exactement, Jesse, me répondit Anna.

— Il faut immédiatement interpeller Kirk Harvey, décrétai-je. On va le forcer à nous raconter ce qu'il sait.

— Le major ne te laissera pas bouger le petit doigt, Jesse, me fit remarquer Derek. Si tu touches à Harvey, tu seras démis de tes fonctions et l'enquête te sera retirée. Essayons de procéder avec méthode. Et commençons par comprendre pourquoi la police de Ridgesport n'avait même pas le dossier de l'accident quand nous l'avons contactée ?

— Parce que c'est la police de l'autoroute de l'État de New York qui est en charge des accidents mortels, répondit Anna.

— Alors contactons immédiatement la police de l'autoroute pour obtenir une copie du rapport.

Anna nous tendit un paquet de feuilles.

— Déjà fait, messieurs. Le voici.

Derek et moi nous plongeâmes aussitôt dans sa lecture. L'accident avait eu lieu dans la nuit du 15 au 16 juillet 1994. Le procès-verbal de la police était très succinct: «*Monsieur Fold a perdu le contrôle de sa moto. Il roulait sans casque. Des témoins l'ont vu quitter le Ridge's Club vers minuit. Il a été retrouvé par un automobiliste vers 7 heures du matin. Inconscient mais en vie. Il est mort à l'hôpital.*» Des photos de la moto accompagnaient le dossier: il ne restait qu'un amas de métal et de débris éparpillés au bas d'un petit ravin. Il était indiqué également que le dossier était envoyé en copie, à sa demande, à l'agent spécial Grace de l'ATF.

— L'agent spécial Grace est celui qui nous a permis de remonter à Ted Tennenbaum en arrêtant l'homme qui lui avait fourni l'arme du crime, expliqua Derek à Anna.

— Il faut absolument le contacter, dis-je. Il n'est certainement plus policier, il devait avoir 50 ans à l'époque.

— En attendant, nous devrions aller interroger cette Virginia Parker, l'ancienne compagne de Jeremiah Fold, suggéra Derek. Elle pourra peut-être nous en apprendre davantage.

— Elle nous attend chez elle, nous annonça alors Anna qui avait décidément un coup d'avance. En route.

Virginia Parker habitait une petite maison mal entretenue à l'entrée de Ridgesport. C'était une femme de 50 ans, qui avait dû être belle mais qui ne l'était plus.

— Jeremiah était un sale type, nous expliqua-t-elle dans le salon où elle nous reçut. La seule chose de bien qu'il ait faite, c'est son gamin. Notre fils est un bon garçon, il bosse dans une entreprise de jardinage, il est très apprécié.

— Comment avez-vous connu Jeremiah ? demandai-je.

Avant de répondre, elle alluma une cigarette et aspira longuement. Elle avait de longs doigts fins qui se terminaient par des ongles acérés rouge sang. Ce n'est qu'une fois qu'elle eut craché un long nuage blanc qu'elle nous dit :

— J'étais chanteuse au Ridge's Club. Un club à la mode à l'époque, aujourd'hui ringard. Miss Parker. C'était mon nom de scène. J'y chante encore parfois. À l'époque, j'étais un peu comme une vedette là-bas. J'avais tous les hommes à mes pieds. Jeremiah était l'un des propriétaires. Plutôt beau garçon. Son genre dur à cuire me plaisait bien au début. J'étais attirée par son côté dangereux. Ce n'est qu'une fois enceinte de lui que j'ai compris qui était vraiment Jeremiah.

*
* *

*Ridgesport, juin 1993.*
*18 heures*

Terrassée par des nausées toute la journée, Virginia était étendue sur le canapé lorsqu'on frappa à la porte de sa maison. Elle pensait que c'était Jeremiah qui s'inquiétait de son état. Elle lui avait laissé un message au Club vingt minutes plus tôt pour lui annoncer qu'elle n'était pas en état de venir chanter ce soir.

— Entre, cria-t-elle, la porte est ouverte.

Le visiteur obéit. Ce n'était pas Jeremiah mais Costico, son homme de main. Une armoire à glace, avec des mains comme des battoirs. Elle le détestait autant qu'elle le redoutait.

— Qu'est-ce que tu fous ici, Costico ? demanda Virginia. Jeremiah n'est pas là.

— Je le sais bien, c'est lui qui m'envoie. Tu dois venir au Club.

— Je ne peux pas, j'ai vomi toute la journée.

— Dépêche-toi, Virginia. Je ne t'ai pas demandé ton avis.

— Costico, regarde-moi, je ne suis pas en état de chanter.

— Bouge-toi, Virginia. Les clients viennent au Club pour t'entendre chanter. Ce n'est pas parce que tu te fais défoncer le cul par Jeremiah que tu as droit à des faveurs.

— Comme tu peux le voir à mon ventre, répliqua Virginia, il ne me prend pas que par-derrière.

— La ferme, lui intima Costico, et ramène-toi ! Je t'attends dans la voiture.

*
* *

— Et vous y êtes allée ? demanda Anna.

— Évidemment. Je n'avais pas le choix. Ma grossesse a été un enfer. J'ai été obligée de chanter au Club jusqu'à la veille de mon accouchement.

— Est-ce que Jeremiah vous battait ?

— Non, c'était pire que ça. Et c'était toute la perversité de Jeremiah. Il ne se considérait pas comme un criminel, mais comme « un entrepreneur ». Costico, son homme de main, était « son associé ». L'arrière-salle dans laquelle il faisait ses magouilles s'appelait le *bureau*. Jeremiah se croyait plus malin que tout le monde. Il disait que, pour être intouchable par la justice, il ne fallait laisser aucune trace. Il n'avait aucun cahier de comptes, possédait une arme légalement et ne donnait jamais d'ordre écrit. Ses extorsions, ses petits trafics de drogue ou d'armes, il les faisait assurer par « le service après-vente ». C'est ainsi qu'il désignait un groupe de quelques *larbins* qui étaient à sa merci. C'étaient pour l'essentiel des pères de famille, contre lesquels il avait des preuves compromettantes qui pouvaient ruiner leur vie : photographies avec des prostituées dans des positions gênantes, par exemple. En échange de son silence, les *larbins* devaient lui rendre des services. Il les envoyait récupérer l'argent chez les gens qu'il extorquait, ou effectuer des livraisons de drogues à des dealers et venir chercher sa part ensuite : tout cela était assuré par ces braves types insoupçonnables. Jeremiah n'était jamais en première ligne. Ses *larbins* venaient ensuite au Club, comme s'ils étaient des clients, et laissaient une enveloppe au barman à l'attention de Jeremiah. Il n'y avait jamais de contacts directs. Le Club servait ensuite de lessiveuse à Jeremiah pour y blanchir tout son argent sale. Là encore, il le faisait dans les règles de l'art : il réinjectait tout dans le Club. Tout était noyé dans la comptabilité et comme le Club marchait du tonnerre, il était impossible de détecter quoi que ce soit. Jeremiah payait ensuite de gros impôts là-dessus. Il était intouchable. Il pouvait flamber tant qu'il voulait : tout était déclaré au fisc. Je sais que la police a essayé d'enquêter sur lui, mais sans jamais rien trouver. Les seuls qui auraient pu le faire plonger étaient ses *larbins*, mais ils savaient à quoi ils s'exposaient s'ils le dénonçaient : au mieux, leur vie sociale et professionnelle serait détruite. Sans compter qu'ils risquaient eux aussi la prison pour avoir pris part à des affaires criminelles. Et puis, les récalcitrants subissaient une correction qui les remettait dans le droit chemin. De nouveau, sans laisser de traces.

*
* *

*Ridgesport, 1993.*
*Arrière-salle du Club*

Jeremiah venait de remplir une grande bassine d'eau lorsque la porte du *bureau* s'ouvrit. Il leva les yeux et Costico poussa un homme frêle, en costume-cravate, à l'intérieur de la pièce.

— Ah bonjour, Everett ! le salua cordialement Jeremiah. Content de te voir.

— Bonjour, Jeremiah, répondit l'homme qui tremblait comme une feuille.

Everett était un père de famille modèle qui avait été filmé par Costico avec une prostituée mineure.

— Alors, Everett, lui dit gentiment Jeremiah, on me dit que tu ne veux plus travailler au sein de mon entreprise ?

— Écoute, Jeremiah, je peux plus prendre ces risques. C'est de la folie. Si je me fais coincer, je vais aller en prison pour plusieurs années.

— Pas beaucoup plus que ce que tu risques pour avoir sauté une fille de 15 ans, lui expliqua Jeremiah.

— J'étais certain qu'elle était majeure, se défendit mollement Everett.

— Écoute, Everett, tu es une petite merde qui saute des fillettes. Tant que je le déciderai, tu bosseras pour moi, à moins que tu préfères finir en prison avec des types qui te retailleront la bite au rasoir.

Avant qu'Everett ne puisse répondre, Costico l'attrapa d'un geste puissant, le plia en deux et lui plongea la tête dans la bassine d'eau glacée. Après l'avoir maintenue une vingtaine de secondes, il ressortit sa tête de l'eau. Everett prit une immense bouffée d'air.

— Tu bosses pour moi, Everett, lui murmura Jeremiah, tu comprends ?

Costico replongea la tête du malheureux dans l'eau, et le supplice dura jusqu'à ce qu'Everett promette d'être fidèle.

*
* *

— Jeremiah noyait les gens ? demandai-je à Virginia en faisant aussitôt le parallèle avec la façon dont Stephanie avait été tuée.

— Oui, capitaine Rosenberg, acquiesça Virginia. Lui et Costico avaient fait de ces simulations de noyade leur spécialité. Ils ne s'en prenaient qu'à des gars ordinaires, impressionnables et corvéables à merci. Mais au Club, quand je voyais un pauvre gars sortir du *bureau*, la tête trempée et en larmes, je savais ce qui s'était passé. Je vous le dis, Jeremiah massacrait les gens de l'intérieur, sans jamais laisser de traces visibles.

— Est-ce que Jeremiah a tué des gens de cette façon ?

— Probablement. Il était capable de tout. Je sais que des gens ont disparu sans laisser de traces. Ont-ils été noyés ? Brûlés ? Enterrés ? Donnés en pâture à des cochons ? Je n'en sais rien. Jeremiah n'avait peur de rien, sauf d'aller en prison. C'est pour ça qu'il était aussi prudent.

— Que s'est-il passé ensuite ?

— J'ai accouché en janvier 1994. Ça n'a rien changé entre Jeremiah et moi. Il n'a jamais été question de mariage, ou de vivre ensemble. Mais il me donnait de l'argent pour le bébé. Attention, jamais du liquide vulgaire. Il me faisait des chèques ou des versements bancaires. Officiel. Ça a duré jusqu'en juillet. Jusqu'à sa mort.

— Que s'est-il passé, le soir de sa mort ?

— Je crois que Jeremiah craignait la prison parce qu'il était claustrophobe. Il disait que l'idée d'être enfermé lui était insupportable. Autant qu'il le pouvait, il se déplaçait sur une énorme moto plutôt qu'en voiture et ne mettait jamais de casque. Tous les soirs, il faisait le même trajet : il partait du Club vers minuit, rarement plus tard, et rentrait chez lui par la route 34, qui est quasiment droite jusque chez lui. Il roulait toujours comme un fou. Il se croyait libre, invincible. Il était le plus souvent ivre. J'ai toujours pensé qu'il finirait par se tuer à moto. Je n'aurais jamais imaginé qu'il se casse la figure tout seul, et crève comme un chien, au bord de la route, à agoniser pendant des heures. À l'hôpital, les médecins ont dit que, si on l'avait trouvé plus tôt, il aurait peut-être pu s'en sortir. Je ne me suis jamais sentie aussi soulagée que lorsqu'ils m'ont annoncé sa mort.

— Est-ce que le nom de Joseph Gordon vous

dit quelque chose? demandai-je. Il était le maire d'Orphea jusqu'en juillet 1994.

— Joseph Gordon? répéta Virginia. Non, ça ne me dit rien, capitaine. Pourquoi?

— C'était un maire corrompu, et je me demande s'il était en lien avec Jeremiah.

— Je ne me mêlais jamais de ses affaires, vous savez. Moins j'en savais et mieux je me portais.

— Et qu'avez-vous fait après la mort de Jeremiah?

— La seule chose que je savais faire: j'ai continué à chanter au Ridge's Club. C'était bien payé. Cet idiot de Costico y est encore.

— Il a repris les affaires?

— Il a repris le Club. Les affaires de Jeremiah se sont arrêtées à sa mort. Costico est un type sans envergure, pas intelligent. Tous les employés piquent dans la caisse, il est le seul à ne pas le savoir. Il a même fini par faire de la prison pour des petits trafics.

Après notre visite à Virginia Parker, nous nous rendîmes au Ridge's Club. L'établissement n'ouvrait qu'en fin de journée mais, à l'intérieur, des employés étaient en train de faire le ménage sans conviction. C'était un club en sous-sol, à l'ancienne. À sa seule décoration, on comprenait bien comment l'endroit avait pu être branché en 1994 et ringard en 2014. À côté du comptoir, nous avisâmes un homme, baraqué, dans la soixantaine, genre costaud ayant mal vieilli, qui réceptionnait des caisses d'alcool.

— Qui vous a laissé entrer? s'agaça-t-il en nous apercevant. On n'ouvre qu'à 18 heures.

— Ouverture spéciale poulets, lui dit Derek en montrant son badge de policier. C'est vous Costico?

Nous comprîmes que c'était bien lui car il détala

comme un diable. Il traversa la salle et s'engouffra dans un couloir qui menait vers une issue de secours. Il courait vite. Anna et moi nous lançâmes à sa poursuite, tandis que Derek optait pour les escaliers principaux. Costico, après avoir gravi une volée de marches serrées, franchit une porte qui donnait sur l'extérieur et disparut dans la lumière aveuglante du jour.

Lorsque Anna et moi arrivâmes à notre tour dehors, Derek avait déjà immobilisé le gros Costico sur le parking et lui passait les menottes.

— Eh ben, Derek, lui dis-je, on dirait que tu as retrouvé tous tes bons réflexes !

Il sourit. Il me sembla soudain radieux.

— Ça fait du bien d'être de retour sur le terrain, Jesse.

Costico s'appelait Costa Suarez. Il avait fait de la prison pour trafic de drogue, et la raison de sa fuite était un gros sachet de cocaïne justement, qu'il gardait dans sa veste. À en juger par la quantité, il continuait visiblement d'en revendre. Mais ce n'était pas ce qui nous intéressait. Nous voulions profiter de l'effet de surprise pour l'interroger, et nous le fîmes dans son club. Il y avait une arrière-salle dont la porte portait une plaque avec la mention *BUREAU*. La pièce était telle que Virginia nous l'avait décrite : froide, sans fenêtres. Dans un coin, un lavabo et en dessous une vieille bassine en cuivre.

C'est Derek qui mena l'interrogatoire.

— On se fout de ce que tu trafiques dans ton club, Costico. On a des questions à propos de Jeremiah Fold.

Costico parut surpris :

— Ça fait vingt ans qu'on ne m'a plus parlé de lui.

— Tu gardes pourtant des souvenirs de lui, répliqua Derek. Alors, c'est ici que vous faisiez vos saloperies ?

— C'était Jeremiah qui aimait ces conneries. Si ça n'avait tenu qu'à moi, ça aurait été de bons coups de poing bien sentis.

Costico nous montra ses épaisses phalanges armées de lourdes bagues chromées aux arêtes pointues. Il n'était effectivement pas un type qui respirait l'intelligence. Mais il avait suffisamment de bon sens pour préférer nous raconter ce que nous voulions savoir, plutôt que de se faire embarquer pour détention de drogue. Et il apparut que Costico n'avait jamais entendu parler du maire Gordon.

— Le maire Gordon ? Ce nom ne me dit rien du tout, nous assura-t-il.

Comme Costico nous expliqua n'avoir pas la mémoire des noms, nous lui montrâmes une photo du maire. Mais il persista.

— Je peux vous jurer que ce gars n'a jamais mis les pieds ici. Je n'oublie pas un visage. Croyez-moi, si j'avais croisé ce type, je m'en souviendrais.

— Donc il n'y a aucun lien avec Jeremiah Fold ?

— Sûr que non. À l'époque, j'étais au courant de tout. Jeremiah ne faisait rien en direct. Tout le monde a beau dire derrière mon dos que je suis un crétin, à l'époque Jeremiah me faisait confiance.

— Est-ce que Joseph Gordon, s'il n'a pas fait affaire avec vous, aurait pu être un de vos *larbins* ?

— Non, c'est impossible. Je me souviendrais de son visage. J'ai une mémoire d'éléphant, je vous dis. C'est pour ça que Jeremiah m'appréciait : il ne voulait jamais laisser de traces écrites. Rien de rien. Mais moi je retenais tout : les consignes, les visages, les chiffres. Et puis, de toute façon, Orphea, ce n'était pas du tout notre territoire.

— Vous rackettiez pourtant Ted Tennenbaum, le propriétaire du *Café Athéna*.

Costico sembla surpris d'entendre ce nom resurgir. Il acquiesça :

— Ted Tennenbaum, c'était un dur à cuire. Pas du tout le genre de profil à qui Jeremiah s'en prenait. Jeremiah était du genre prudent. Il ne ciblait que les gars qui se pissaient dessus en me voyant arriver. Mais Tennenbaum, c'était différent : une histoire personnelle. Ce gars lui avait mis une raclée devant une fille, et Jeremiah voulait se venger. On était bien allé cogner Tennenbaum chez lui mais ce n'était pas assez pour Jeremiah et il a décidé de lui extorquer de l'argent. Mais en dehors de cette exception, Jeremiah restait sur son territoire. Il avait le contrôle de Ridgesport, il y connaissait tout le monde.

— Est-ce que vous vous souvenez de qui a mis le feu au futur restaurant de Ted Tennenbaum ?

— Là, vous m'en demandez beaucoup. C'était forcément l'un de nos *larbins*. Ils faisaient tout, ces gars-là. Nous, on ne se mouillait jamais directement. À moins d'un problème à régler. Mais sinon, toutes les tâches mineures, c'étaient eux. Ils réceptionnaient de la drogue, l'apportaient aux revendeurs, rapportaient le fric à Jeremiah. Nous, on donnait les ordres.

— Et où trouviez-vous ces types ?

— C'était tous des amateurs de putes. Il y avait un motel crado sur la route 16 dont la moitié des chambres étaient louées par des putes pour des passes. Tout le monde le savait dans la région. Je connaissais le patron et les putes, et on avait un accord. On leur foutait la paix, en échange de quoi, on pouvait utiliser une chambre tranquillement. Quand Jeremiah avait besoin de *larbins*, il envoyait une fille mineure faire le tapin. J'avais trouvé une fille très belle. Elle savait exactement quel genre de clients choisir. Des pères de famille, impressionnables. Elle les emmenait dans la chambre, elle disait au client: «Je suis mineure, je suis encore au lycée, ça t'excite?» Le gars répondait oui, et la fille lui réclamait alors des trucs indécents. Moi j'étais caché quelque part dans la chambre, en général derrière un rideau, avec une caméra. Quand c'était le bon moment, j'apparaissais alors en criant «Surprise!», braquant ma caméra sur le gars. Le type faisait une tronche, vous ne pouvez pas imaginer! J'adorais ça, moi. Je me fendais la gueule. Je disais à la fille de sortir, puis je regardais le gars, tout nu, tout laid, qui tremblait. Je commençais par menacer de le tabasser, puis je lui disais qu'on pouvait trouver un arrangement. Je ramassais son pantalon et j'en sortais son porte-monnaie. J'examinais ses cartes de crédit, son permis de conduite, les photos de sa femme et de ses enfants. Je confisquais tout, puis je lui expliquais: soit il travaillait pour nous, soit j'apportais l'enregistrement à sa femme et à son patron. Je fixais rendez-vous au gars au Club pour le lendemain. Et les jours qui suivaient, il me voyait posté tous les matins et tous les soirs devant sa maison. Les gars étaient terrorisés. Ils filaient droit.

— Donc vous aviez une liste avec tous ces types sous votre emprise?

— Non. Je leur faisais croire que je gardais tout, mais je me débarrassais rapidement de leur porte-monnaie. De même qu'il n'y avait jamais de bandes dans la caméra, pour ne pas risquer de nous incriminer. Jeremiah disait qu'il ne fallait surtout aucune preuve. J'avais mon petit réseau de gars, que je sollicitais par alternance pour ne pas éveiller les soupçons. En tous les cas, une chose est sûre et certaine: votre type, Gordon, il n'a jamais eu affaire de près ou de loin à Jeremiah.

*
* *

Au Grand Théâtre, la répétition du jour se passait plutôt mal. Alice faisait une tête d'enterrement, Dakota avait une mine de déterrée.

— Que se passe-t-il? finit par hurler Kirk Harvey, exaspéré. La première est dans quatre jours et vous me faites l'impression de mollusques cuits. Vous n'êtes pas à votre affaire! Je vous remplace tous s'il le faut!

Il voulut reprendre la première scène encore une fois, mais Dakota ne suivait pas.

— Dakota, qu'est-ce qui t'arrive? demanda Harvey.

— Je ne sais pas, Kirk. Je n'y arrive pas.

Elle éclata en sanglots. Elle semblait dépassée.

— Oh, mais quel enfer! gueula encore Harvey en tournant les pages de son texte. Bon, passons à la scène 2 alors. C'est ta grande scène, Charlotte. J'espère que tu es en forme.

Charlotte Brown, qui attendait sur un siège de la première rangée, rejoignit Kirk sur scène.

— Je suis prête, assura-t-elle. Qu'est-ce que c'est comme scène?

— Une scène dans un bar, expliqua Harvey. Tu joues une chanteuse.

On installa un nouveau décor : quelques chaises, un rideau rouge au fond. Jerry jouait un client, assis devant la scène en sirotant un cocktail. Samuel Padalin, cette fois, jouait le propriétaire du bar, qui observait sa chanteuse, debout, en retrait.

Une musique de piano-bar se fit entendre.

— Très bien, approuva Harvey. Le décor va bien. Mais il faudra travailler la rapidité du changement. Alors, Charlotte, on te mettra un micro sur pied, tu apparais et tu chantes. Tu chantes comme une déesse, tous les clients du bar sont fous de toi.

— D'accord, acquiesça Charlotte. Mais qu'est-ce que je dois chanter ?

— Voici ton texte, lui dit Harvey, en lui tendant un feuillet.

Charlotte lut et ouvrit de larges yeux incrédules en découvrant le texte. Puis elle hurla :

— *« Je suis la putain du maire-adjoint »* ? C'est ça ta chanson ?

— Absolument.

— Je ne vais pas chanter ça. Tu es tombé sur la tête ?

— Alors je te chasse, idiote ! répliqua Harvey.

— Je t'interdis de me parler sur ce ton ! lui intima Charlotte. Tu te venges de nous tous, c'est ça ? C'est donc ça, ta prétendue grande pièce ? Tu règles tes comptes d'une vie passée à ressasser tes aigreurs ? Contre Ostrovski, contre Gulliver, contre moi.

— Je ne vois pas de quoi tu parles, Charlotte !

— La *Danse du carcajou* ? La *Putain du maire-adjoint* ? Vraiment ?

— Fous le camp, Charlotte, si tu n'es pas contente !

C'est Michael Bird qui nous prévint de la situation, alors qu'Anna, Derek et moi étions en train de rentrer de Ridgesport. Nous le retrouvâmes à la salle des archives de l'*Orphea Chronicle*.

— Charlotte a essayé de convaincre toute la troupe de renoncer à *La Nuit noire*, nous expliqua Michael. Finalement, il y a eu un vote et tous les autres acteurs ont voulu rester.

— Et Charlotte ? demanda Anna.

— Elle reste aussi. Kirk a accepté d'enlever la phrase *« Je suis la putain du maire-adjoint »*.

— Ce n'est pas possible, dit Derek. Entre ça et la *Danse des morts*, on pourrait croire que Kirk Harvey n'a monté cette pièce que pour se venger de ceux qui l'ont humilié à l'époque.

Mais Michael nous montra alors la deuxième scène, discrètement filmée plus tôt dans la journée, dans laquelle Charlotte interprète une chanteuse dont tous les clients sont épris.

— Ça ne peut pas être une coïncidence, s'écria Derek. C'est le Ridge's Club !

— Le Ridge's Club ? demanda Michael.

— C'était la boîte que possédait Jeremiah Fold.

L'accident de la route, puis le Club. Tout cela n'était ni une invention, ni un hasard. De surcroît, de ce que nous pouvions voir, le même acteur jouait le cadavre dans la scène 1, puis le patron du bar dans la scène 2.

— La scène 2 est un flash-back, me murmura Derek. Ce personnage, c'est Jeremiah Fold.

— Alors la réponse à l'enquête est vraiment dans cette pièce ? murmura Michael.

— Michael, dis-je alors, je ne sais pas ce qui est en train de se passer mais, surtout, ne quittez pas Harvey d'une semelle.

Nous voulions parler avec Cody du texte de *La Nuit noire* en vente dans sa librairie en 1994. Anna ne parvenant pas à le joindre sur son téléphone, nous nous rendîmes à son magasin. Mais l'employée nous indiqua qu'elle n'avait pas vu son patron de la journée.

C'était très étrange. Anna suggéra que nous passions à son domicile. En arrivant devant sa maison, elle remarqua immédiatement sa voiture garée devant. Cody devait être chez lui. Pourtant, malgré nos sonneries insistantes, il ne vint pas nous ouvrir la porte. Anna appuya sur la poignée : c'était ouvert. Je ressentis à cet instant une impression de déjà-vu.

Nous pénétrâmes dans la maison. Il régnait un silence glacial. Les lumières étaient allumées alors qu'il faisait grand jour.

C'est dans le salon que nous le découvrîmes.

Effondré contre sa table basse, baignant dans une mare de sang.

Cody avait été assassiné.

## *DEREK SCOTT*

Fin novembre 1994. Quatre mois après le quadruple meurtre.

Jesse ne voulait voir personne.

Je passais chez lui tous les jours, je frappais longuement, je le suppliais de m'ouvrir. En vain. J'attendais parfois des heures derrière la porte. Mais il n'y avait rien à faire.

Il finit par me laisser entrer lorsque je menaçai de faire sauter la serrure et que je me mis à bourrer la porte de coups de pied. Je vis alors un fantôme devant moi : sale, les cheveux en bataille, les joues envahies de barbe, le regard noir et lugubre. Son appartement était un capharnaüm.

— Tu veux quoi ? me demanda-t-il d'un ton désagréable.

— M'assurer que tu vas bien, Jesse.

Il éclata d'un rire cynique.

— Je vais bien, Derek, je vais tellement bien ! Je ne me suis jamais porté aussi bien.

Il finit par me chasser de chez lui.

Deux jours plus tard, le major McKenna vint me chercher dans mon bureau.

— Derek, il faut que tu ailles au commissariat du 54e District, dans le Queens. Ton copain Jesse a fait des siennes, il a été arrêté par la police de New York cette nuit.

— Arrêté ? Mais où ça ? Ça fait des semaines qu'il n'est pas sorti de chez lui.

— Eh bien, il a certainement dû avoir envie de se défouler parce qu'il a saccagé un restaurant en construction. Un endroit appelé *La Petite Russie*. Ça te dit quelque chose ? Enfin bref, trouve le propriétaire et arrange-moi ce merdier. Et raisonne-le, Derek. Sinon il ne pourra jamais réintégrer la police.

— Je vais m'en occuper, acquiesçai-je.

Le major McKenna me dévisagea.

— Tu as une sale mine, Derek.

— Ça ne va pas fort.

— T'es allé voir la psy ?

Je haussai les épaules.

— Je viens ici machinalement tous les matins, major. Mais je crois que je n'ai plus ma place au sein de la police. Pas après ce qui s'est passé.

— Mais Derek, bon sang, tu es un héros ! Tu lui as sauvé la vie ! N'oublie jamais ceci : sans toi, Jesse serait mort aujourd'hui. Tu lui as sauvé la vie !

## JESSE ROSENBERG

*Mercredi 23 juillet 2014*

*3 jours avant la première*

Orphea était en état de choc. Cody Illinois, gentil libraire sans histoire, avait été assassiné.

La nuit avait été courte, pour la police comme pour les habitants de la ville. La nouvelle d'un second meurtre avait drainé les journalistes et les curieux vers la maison de Cody. Les gens étaient fascinés et terrifiés à la fois. D'abord Stephanie Mailer, maintenant Cody Illinois. On commençait à parler de tueur en série. Des patrouilles citoyennes étaient en train de s'organiser. Dans cette atmosphère d'inquiétude générale, il fallait avant tout éviter les scènes de panique. La police d'État et toutes les polices locales de la région s'étaient mises à la disposition du maire Brown pour assurer la sécurité de la ville.

Anna, Derek et moi avions passé la moitié de la nuit debout, à essayer de comprendre ce qui avait pu se passer. Nous avions assisté aux premières constatations du docteur Ranjit Singh, le médecin légiste dépêché sur les lieux. Cody était mort de coups reçus à l'arrière du crâne, portés avec une grosse lampe en métal, retrouvée à côté du cadavre et couverte de sang. En outre, le corps était dans une drôle de position, comme si Cody avait été à genoux, les mains contre le visage, comme s'il avait voulu se cacher les yeux ou se les frotter.

— Est-ce qu'il était en train de supplier son assassin ? avait demandé Anna.

— Je ne pense pas, avait répondu le docteur Ranjit. Il aurait été frappé de face, pas par-derrière. Et puis à ce que je vois, pour que le crâne soit brisé de cette façon, le meurtrier était beaucoup plus haut que lui.

— Beaucoup plus haut? s'était interrogé Derek. Que voulez-vous dire ?

Le docteur Singh avait son idée et il avait improvisé une petite reconstitution :

— Cody ouvre à son meurtrier. Il le connaît peut-être. En tous les cas, il est en confiance car il n'y a pas de traces de lutte. Je pense qu'il l'accueille et le précède dans le salon. Ça ressemble à une visite. Mais là, Cody se retourne et il est aveuglé. Il porte les mains à ses yeux et tombe sur les genoux. Le meurtrier attrape cette lampe sur le meuble et l'abat de toutes ses forces sur la tête de sa victime. Cody est tué sur le coup, mais il est encore frappé à plusieurs reprises, comme si le meurtrier voulait être certain de le tuer.

— Attendez, doc, l'avait interrompu Derek, que voulez-vous dire par « aveuglé » ?

— Je pense que la victime a été neutralisée avec une bombe lacrymogène. Ce qui expliquerait les traces de larmes et de mucus sur son visage.

— Une bombe lacrymogène? répéta Anna. Comme l'agression de Jesse dans l'appartement de Stephanie Mailer ?

— Oui, confirma le docteur Singh.

J'étais intervenu à mon tour:

— Et vous dites que le meurtrier veut être certain de tuer, mais en même temps il vient ici sans arme et utilise une lampe ? Quel genre de meurtrier procède de la sorte ?

— Quelqu'un qui ne souhaite pas tuer mais qui n'a pas le choix, avait répondu Singh.

— Il efface les traces du passé ? avait murmuré Derek.

— Je le pense, avait confirmé Singh. Quelqu'un, dans cette ville, est prêt à tout pour protéger son secret et vous empêcher de mener votre enquête jusqu'au bout.

Que savait Cody ? Quel lien y avait-il entre lui et toute cette affaire ? Nous avions fouillé sa maison, nous avions inspecté sa librairie. En vain. Nous n'y avions rien trouvé.

Ce matin-là, Orphea, l'État de New York et bientôt le pays entier se réveillèrent au son des bulletins d'information qui annonçaient le meurtre de Cody. Plus que la mort d'un libraire, c'était surtout l'enchaînement des évènements qui passionnait les gens. Les médias nationaux en parlaient tous désormais, et il fallait s'attendre à un déferlement de curieux sans précédent à Orphea.

Pour parer à la situation, une réunion d'urgence se tint à l'hôtel de ville avec le maire Brown, le major McKenna de la police d'État, des représentants des villes avoisinantes, le chef Gulliver, Montagne, Anna, Derek et moi.

La première question à laquelle il fallait répondre était de savoir si l'on maintenait le festival. Pendant la nuit, il avait d'ores et déjà été décidé de mettre sous protection policière tous les membres de la troupe.

— Je pense qu'il faut annuler la représentation, dis-je. Ça ne fait qu'envenimer la situation.

— Votre avis ne compte pas, capitaine, me dit Brown d'un ton désagréable. Pour une raison que j'ignore, vous avez une dent contre ce brave Harvey.

— *Ce brave Harvey*? répétai-je d'un ton ironique. Vous disiez aussi ça de lui il y a vingt ans quand vous lui avez piqué sa copine?

— Capitaine Rosenberg, éructa le maire, votre ton et votre insolence sont inacceptables!

— Jesse, me recadra le major McKenna, je propose que tu gardes pour toi tes opinions personnelles. Est-ce que tu penses que Kirk Harvey sait vraiment quelque chose à propos du quadruple meurtre?

— Nous pensons qu'il pourrait y avoir un lien entre sa pièce et l'affaire.

— Tu *penses*? *Pourrait*? soupira le major. Jesse, est-ce que tu as des éléments concrets et indubitables?

— Non, ce ne sont que des suppositions, mais relativement avérées.

— Capitaine Rosenberg, intervint le maire Brown, tout le monde dit que vous êtes un grand enquêteur et j'ai du respect pour vous. Mais il me semble que depuis que vous avez débarqué dans cette ville, vous semez le chaos derrière vous, sans pour autant progresser dans votre affaire.

— C'est justement parce que l'étau se resserre autour du meurtrier que celui-ci s'agite.

— Oh, vous me voyez ravi d'avoir une explication

au bordel qui règne à Orphea ! ironisa le maire. En tout cas, je maintiendrai cette pièce.

— Monsieur le maire, intervint Derek, je pense que Harvey se moque de vous et qu'il ne révélera pas le nom du meurtrier.

— Lui non, sa pièce oui !

— Ne jouez pas sur les mots, monsieur le maire. Je suis convaincu que Kirk Harvey n'a aucune idée de l'identité du meurtrier. On ne devrait pas prendre le risque de laisser jouer cette pièce. Je ne sais pas comment le meurtrier réagira s'il pense que son nom va être révélé.

— Exactement, dit le maire Brown. C'est du jamais-vu. Regardez donc les caméras de télévision et les curieux dehors : Orphea est le centre de l'attention. Le pays entier a oublié les jeux vidéo et les programmes de télé idiots et retient son souffle pour une pièce de théâtre ! C'est extraordinaire ! Ce qui est en train de se passer, ici et maintenant, est tout simplement unique !

Le major McKenna se tourna vers le chef Gulliver :

— Quel est votre avis sur le maintien de la pièce, chef Gulliver ?

— Je démissionne, lui répondit Gulliver.

— Comment ça, *vous démissionnez* ? s'étrangla le maire Brown.

— Je quitte mes fonctions avec effet immédiat, Alan. Je veux jouer cette pièce. Elle est extraordinaire ! Et puis, je suis le centre de l'attention moi aussi. Je n'ai jamais éprouvé un pareil sentiment d'accomplissement personnel. Enfin j'existe !

Le maire Brown décréta alors :

— Chef-adjoint Montagne, je vous nomme chef de la police par intérim.

Montagne eut un sourire victorieux. Anna s'efforça de rester imperturbable : ce n'était pas le moment de faire une scène. Le maire se tourna vers le major McKenna et lui demanda à son tour :

— Et vous, major, qu'en pensez-vous ?

— C'est votre ville, maire Brown. Donc votre décision. En tous les cas, je pense que même si vous annulez tout, ça ne résoudra pas le problème de la sécurité. La ville restera envahie de médias et de curieux. Mais si vous maintenez la représentation, il faudra prendre des mesures drastiques.

Le maire prit un temps de réflexion, puis il déclara d'une voix ferme :

— On boucle totalement la ville et on maintient la pièce.

McKenna énuméra alors les mesures de sécurité à prendre. Tous les accès à la ville seraient contrôlés. La rue principale fermée à la circulation. La troupe de théâtre serait installée au Palace du Lac qui serait mis sous haute surveillance policière. Un convoi spécial assurerait l'escorte quotidienne vers et depuis le Grand Théâtre.

Lorsque la réunion fut finalement levée, Anna coinça le maire Brown dans un couloir.

— Merde, Alan, explosa-t-elle, comment avez-vous pu nommer Montagne à la place de Gulliver ? Vous m'avez fait venir à Orphea pour que je reprenne les rênes de la police, non ?

— C'est provisoire, Anna. J'ai besoin que tu te concentres sur l'enquête.

— Vous m'en voulez parce que vous avez été interrogé dans le cadre de l'enquête ? C'est ça ?

— Tu aurais pu me prévenir, Anna, au lieu de m'embarquer comme un bandit.

— Si vous aviez révélé tout ce que vous saviez, vous ne seriez pas apparu comme un suspect dans cette enquête.

— Anna, s'agaça Brown qui n'était pas d'humeur à parlementer, si cette affaire me coûte la mairie, tu pourras faire tes bagages de toute façon. Prouve-moi ce dont tu es capable et mets la main sur celui qui est en train de terroriser cette ville.

*
* *

Le Palace du Lac s'était transformé en camp retranché. Toute la troupe des acteurs avait été conduite dans un salon dont l'accès était gardé par la police.

Les médias et les curieux se pressaient sur le parvis de l'établissement, cuisant sous le soleil de la mi-journée, espérant voir Harvey et les acteurs. L'excitation redoubla lorsqu'un minibus et des voitures de police arrivèrent : la troupe allait se déplacer au Grand Théâtre pour commencer les répétitions. Après une longue attente, les acteurs apparurent enfin, entourés de policiers. Derrière les barrières de sécurité, on les acclama, on cria leurs noms. Les badauds réclamaient des photos et des autographes, les journalistes voulaient une déclaration.

Ostrovski, le premier, se précipita pour répondre aux sollicitations. Il fut rapidement imité par les autres. Emportés par ce bain de foule enthousiaste, ceux qui s'inquiétaient encore des risques pris à jouer dans *La Nuit noire* finirent d'être convaincus. Ils étaient sur le point de devenir des vedettes. En direct sur les écrans de télévision, l'Amérique tout entière découvrait les visages de cette troupe amateur qui faisait sensation.

«Je vous l'avais dit, que vous deviendriez des vedettes», se félicita Harvey, rayonnant de bonheur.

À quelques miles de là, dans leur maison du bord de l'océan, Gerald Scalini et sa femme découvrirent, abasourdis, le visage de Dakota Eden sur leur écran de télévision.

À New York, Tracy Bergdorf, la femme de Steven, prévenue par ses collègues, découvrit, stupéfaite, son mari qui jouait les vedettes hollywoodiennes.

À Los Angeles, au *Beluga Bar*, les anciens acteurs de Kirk Harvey regardaient, médusés, leur metteur en scène qui apparaissait sur toutes les chaînes d'information en continu, devenu soudain célèbre. Le pays entier parlait de *La Nuit noire*. Ils avaient manqué leur chance.

*
* *

La seule piste qu'Anna, Derek et moi pouvions envisager à ce stade était que Cody ait été lié à Jeremiah Fold et ses petites entreprises crapuleuses. Nous décidâmes donc de retourner interroger Costico au Ridge's Club. Mais lorsque nous lui montrâmes une photo du libraire, ce dernier assura ne l'avoir jamais vu.

— C'est qui encore celui-là ? demanda-t-il.

— Un homme qui s'est fait assassiner cette nuit, lui répondis-je.

— Oh, bon Dieu, gémit Costico, vous n'allez quand même pas venir me voir chaque fois que vous trouvez un macchabée ?

— Donc vous n'avez jamais vu cet homme au Club ? Ni dans l'entourage de Jeremiah ?

— Jamais, je vous dis. Qu'est-ce qui vous fait penser qu'il y a un lien ?

— Tout laisse à penser que le maire Gordon, que vous ne connaissez pas, s'était procuré le texte d'une pièce de théâtre intitulée *La Nuit noire* chez ce Cody que vous ne connaissez pas, et dans laquelle, de façon codée, apparaissait le nom de Jeremiah Fold.

— Est-ce que j'ai une gueule à faire du théâtre ? répliqua Costico.

Costico était trop idiot pour savoir bien mentir : on pouvait donc le croire lorsqu'il affirmait n'avoir jamais entendu parler ni de Gordon, ni de Cody.

Est-ce que Gordon était mêlé à des trafics ? La librairie de Cody aurait-elle pu servir de couverture ? Et si toute cette histoire d'auteurs locaux avait été un leurre pour couvrir une entreprise criminelle ? Les hypothèses se bousculaient dans notre esprit. Une fois encore, nous manquions d'éléments concrets.

Faute de mieux, nous décidâmes de nous rendre au motel où Costico nous avait raconté qu'il coinçait ses *larbins*. En y arrivant, nous comprîmes que l'établissement n'avait guère changé avec les années. Et lorsque nous descendîmes de voiture, l'uniforme d'Anna et les plaques de police à nos ceintures déclenchèrent un petit mouvement de panique parmi la faune présente sur le parking.

Nous interceptâmes toutes les prostituées qui avaient dans les 50 ans ou plus. Parmi elles, l'une qui avait des airs de mère maquerelle, et se faisait d'ailleurs appeler Regina, nous déclara faire régner l'ordre sur ce parking depuis le milieu des années 1980.

Elle nous invita à la suivre dans la chambre qui lui servait de bureau pour que nous soyons tranquilles et surtout hors de la vue des clients que nous faisions fuir.

— Que se passe-t-il ? demanda-t-elle en nous faisant asseoir sur un canapé en similicuir. Vous n'avez pas l'air d'être de la brigade des mœurs, je ne vous ai jamais vus.

— Brigade criminelle, expliquai-je, on ne vient pas vous chercher des ennuis. On a des questions à propos de Jeremiah Fold.

— Jeremiah Fold ? répéta Regina comme si nous évoquions un fantôme.

J'acquiesçai.

— Si je vous parle des *larbins* de Jeremiah Fold, ça vous dit quelque chose ? l'interrogeai-je.

— Évidemment, mon mignon, me répondit-elle.

— Et est-ce que vous connaissez ces deux hommes ? demandai-je encore en lui montrant des photos de Gordon et Cody.

— Jamais vu ces gars.

— J'ai besoin de savoir s'ils étaient liés à Jeremiah Fold.

— Liés à Fold ? Ça, j'en sais rien.

— Auraient-ils pu être ses *larbins* ?

— C'est possible. Je n'en ai honnêtement aucune idée. Jeremiah attrapait ses *larbins* parmi les clients occasionnels. Les réguliers fréquentaient en général les mêmes filles et savaient qu'il ne fallait pas toucher Mylla.

— Qui est Mylla ? demanda Derek. La fille qui servait d'appât ?

— Oui. Elle n'a pas été la seule, mais c'est celle qui a duré le plus longtemps. Deux ans. Jusqu'à la mort de Jeremiah. Les autres ne faisaient pas trois mois.

— Pourquoi ?

— Elles se droguaient toutes. Elles finissaient par ne plus être présentables. Jeremiah s'en débarrassait.

— Comment ?

— Overdose. La police ne se doutait de rien. Il abandonnait le corps quelque part et les flics considéraient que ça faisait une junkie en moins.

— Mais cette Mylla ne se droguait pas ?

— Non. Jamais touché à ces saloperies. C'était une fille intelligente, très bien éduquée, qui s'était retrouvée coincée dans les griffes de Jeremiah. Il la préservait parce qu'il devait en être un peu amoureux. Elle était vraiment belle. Je veux dire, les filles dehors, ce sont des putes. Elle, elle avait quelque chose en plus. Comme une princesse.

— Et comment est-ce qu'elle attrapait les *larbins* ?

— Elle tapinait sur le bord de la route, les ramenait dans la chambre et là, ils se faisaient piéger par Costico. Vous connaissez Costico ?

— Oui, dit Anna, nous lui avons parlé. Mais je ne comprends pas pourquoi aucun de ces hommes piégés ne s'est rebellé.

— Oh, il fallait voir Costico il y a vingt ans. Un monstre de muscles. Et cruel. Terrible. Incontrôlable parfois. Je l'ai vu en casser des genoux et des bras pour se faire obéir. Un jour il s'est introduit chez un *larbin*, l'a réveillé dans son lit avec sa femme terrorisée et lui a mis une raclée devant elle. Que voulez-vous que le type fasse ensuite ? Qu'il porte plainte auprès de la police alors qu'il faisait la mule pour du transport de drogue ? Il aurait fini dans un pénitencier fédéral.

— Donc vous laissiez faire ?

— Ce n'est pas mon parking, ni mon motel, se défendit Regina. Et puis, Jeremiah nous foutait la paix. Personne ne voulait avoir d'ennuis avec lui. J'ai vu une seule fois un type remettre Costico à sa place, c'était amusant à voir.

— Que s'est-il passé ?

— C'était en janvier 1994, je m'en souviens car il y avait eu les grandes neiges. Le type sort de la chambre de Mylla, à poil. Il a juste ses clés de bagnole. Costico lui court derrière. Le type ouvre sa portière et sort une bombe lacrymogène. Il arrose Costico qui se met à gueuler comme une fillette. C'était hilarant. Le type monte en voiture, et se tire. À poil ! Dans la neige ! Ah, quelle scène !

Regina rit à cette évocation.

— Une bombe lacrymogène, vous dites ? demandai-je, intrigué.

— Oui, pourquoi ?

— Nous cherchons un homme, peut-être lié à Jeremiah Fold, qui utilise une bombe lacrymogène.

— Ça, mon chou, j'en ai aucune idée. J'ai vu que son cul, c'était il y a vingt ans.

— Un signe distinctif ?

— Un joli cul, sourit Regina. Peut-être que Costico s'en souvient. Le type avait laissé son pantalon avec son portefeuille dans la chambre et j'imagine que Costico ne l'a pas raté.

Je n'insistai pas et demandai alors :

— Qu'est devenue Mylla ?

— À la mort de Jeremiah, elle a disparu. Tant

mieux pour elle. J'espère qu'elle s'est refait une vie quelque part.

— Avez-vous une idée de son vrai nom ?

— Pas la moindre.

Anna, qui sentit que Regina ne nous disait pas tout, lui dit :

— Nous avons besoin de parler à cette femme. C'est très important. Il y a un type qui est train de semer la terreur et de tuer des innocents pour protéger son secret. Ce type pourrait être lié à Jeremiah Fold. Comment s'appelait Mylla ? Si vous le savez, il faut nous le dire.

Regina, après nous avoir dévisagés, se leva et s'en alla farfouiller dans une boîte pleine de souvenirs. Elle sortit une vieille coupure de journal.

— J'ai trouvé ça dans la chambre de Mylla après son départ.

Elle nous tendit le morceau de papier. C'était un avis de disparition tiré du *New York Times*, datant de 1992. La fille d'un homme d'affaires et politicien de Manhattan avait fugué et était introuvable. Elle s'appelait Miranda Davis. Illustrant l'avis, la photo d'une jeune fille de 17 ans, que je reconnus aussitôt. C'était Miranda, la femme de Michael Bird.

## *DAKOTA EDEN*

Quand j'étais petite, mes parents me disaient qu'il ne fallait pas juger trop vite les gens et qu'il fallait toujours leur laisser une seconde chance. Je me suis efforcée de pardonner à Tara, j'ai tout fait pour remettre en selle notre amitié.

Suite à la crise boursière de 2008, Gerald Scalini, qui avait perdu énormément d'argent, avait dû renoncer à son appartement sur Central Park, à sa maison dans les Hamptons et à son train de vie. Comparés à une grande majorité d'Américains, les Scalini n'étaient pas à plaindre : ils déménagèrent dans un joli appartement de l'Upper East Side, et Gerald s'arrangea pour que Tara puisse rester dans la même école privée, ce qui n'était pas rien. Mais ce n'était plus leur vie d'avant avec chauffeur, cuisinier, et week-end à la campagne.

Gerald Scalini s'efforçait de donner le change, mais la mère de Tara disait à qui voulait l'entendre : « On a tout perdu. Je fais l'esclave maintenant, je dois courir au pressing, puis chercher ma fille à l'école, et faire à manger pour tout le monde. »

À l'été 2009, nous inaugurâmes *Le Jardin d'Eden*, notre extraordinaire maison à Orphea. Je dis « extraordinaire » sans prétention : il se dégageait de cet endroit un esprit merveilleux. Tout avait été construit et décoré avec goût. Tous les matins de cet été-là, je pris mon petit-déjeuner face à l'océan. Je passais mes journées à lire, et surtout à écrire. Je trouvais que cette maison était une maison d'écrivain comme dans les livres.

Vers la fin de l'été, ma mère me persuada d'inviter Tara à passer quelques jours à Orphea. Je n'en avais aucune envie.

— La pauvre, elle est coincée à New York tout l'été, plaida ma mère.

— Elle n'est pas à plaindre, maman.

— Chérie, il faut savoir partager. Et se montrer patient avec ses amis.

— Elle m'agace, expliquai-je. Elle joue la madame-je-sais-tout.

— Peut-être parce qu'elle se sent menacée, après tout. Il faut cultiver ses amitiés.

— Elle n'est plus mon amie, dis-je.

— Tu connais le dicton : un ami, c'est quelqu'un qu'on connaît bien et qu'on aime quand même. Et puis, tu étais bien contente quand elle t'invitait chez elle à East Hampton.

Je finis par inviter Tara. Ma mère avait raison : nos retrouvailles nous firent du bien. Je retrouvais cette énergie des débuts de notre amitié. Nous passâmes des soirées entières, étendues sur la pelouse, à discuter. Un soir, en pleurs, elle m'avoua avoir manigancé le vol de son ordinateur pour que je sois accusée. Elle m'avoua qu'elle avait été jalouse de mon texte, que cela ne se reproduirait plus, qu'elle m'aimait plus que tout. Elle me supplia de lui pardonner et je lui pardonnai. Toutes ces histoires étaient désormais oubliées.

Notre amitié repartie, les liens entre nos parents, qui s'étaient effilochés en même temps que les nôtres, se renforcèrent à nouveau. Les Scalini furent même invités au *Jardin d'Eden* pour un week-end, pendant lequel Gerald, toujours aussi insupportable, n'eut de cesse de critiquer les choix de mes parents: «Oh, c'est dommage d'avoir choisi ce matériau!» ou encore: «Je n'aurais vraiment pas fait ça de cette façon!» Tara et moi redevînmes inséparables, passant notre temps chez l'une ou chez l'autre. Nous nous remîmes également à écrire ensemble. Cette période coïncida avec ma découverte du théâtre. J'adorais ça: je lisais des pièces avidement. Je songeai même à en écrire une. Tara disait qu'on pourrait essayer de le faire ensemble. Par son travail à Channel 14, mon père recevait des invitations pour toutes les avant-premières. Nous allions donc constamment au théâtre.

Au printemps 2010, mes parents m'offrirent l'ordinateur portable dont j'avais tant rêvé. Je ne pouvais pas être plus heureuse. Je passai tout l'été à écrire, sur la terrasse de notre maison d'Orphea. Mes parents s'en inquiétèrent.

— Tu ne veux pas aller à la plage, Dakota? Ou en ville? me demandèrent-ils.

— J'écris, leur expliquai-je, je suis très occupée.

Pour la première fois, j'écrivais une pièce de théâtre, que j'avais intitulée *Monsieur Constantin*, et dont la trame était la suivante: monsieur Constantin est un vieil homme qui vit seul dans une immense maison des Hamptons, où ses enfants ne viennent jamais lui rendre visite. Un jour, las de se sentir abandonné, il leur fait croire qu'il est mourant: les enfants, chacun espérant hériter de la maison, se précipitent à son chevet et cèdent à tous ses caprices.

C'était une pièce comique. J'étais passionnée: j'y consacrai une année entière. Mes parents me voyaient sans cesse derrière mon ordinateur.

— Tu travailles trop! me disaient-ils.

— Je ne travaille pas, je m'amuse, expliquai-je.

— Alors, tu t'amuses trop!

Je profitai de l'été 2011 pour terminer *Monsieur Constantin*, et à la rentrée scolaire de septembre, je la fis lire à mon professeur de littérature, que j'admirais beaucoup. Sa première réaction, une fois sa lecture terminée, fut de me convoquer avec mes parents.

— Avez-vous lu le texte de votre fille? demanda-t-elle à mes parents.

— Non, répondirent-ils. Elle voulait vous le faire lire d'abord. Est-ce qu'il y a un problème?

— Un problème? Vous voulez rire: c'est magnifique! Quel texte extraordinaire! Je crois que votre fille a un don. C'est la raison pour laquelle je voulais vous voir: comme vous le savez peut-être, je suis impliquée dans le club de théâtre de l'école. Chaque année, au mois de juin, nous jouons une pièce, et je voudrais que cette année ce soit celle de Dakota.

Je ne pouvais pas y croire: ma pièce allait être jouée. À l'école, on ne parla bientôt plus que de ça. Moi qui étais une élève plutôt discrète, ma cote de popularité explosa.

Les répétitions commenceraient en janvier. Il me restait quelques mois pour peaufiner mon texte. Je ne fis plus que cela, y compris durant les vacances d'hiver. Je tenais vraiment à ce que ce soit parfait. Tara venait chez moi tous les jours: nous nous enfermions dans ma chambre. Assise à mon bureau, scotchée à l'écran de mon ordinateur, je lisais les répliques à haute voix. Tara, étendue sur mon lit, écoutait attentivement et me donnait son avis.

Tout bascula le dernier dimanche des vacances. La veille du jour où je devais rendre mon texte. Tara était chez moi, comme tous les jours qui avaient précédé. C'était la fin de l'après-midi. Elle me dit avoir soif, et j'allai à la cuisine lui chercher de l'eau. Lorsque je revins dans la chambre, elle s'apprêtait à partir.

— Tu t'en vas déjà ? lui demandai-je.

— Oui, je n'ai pas vu l'heure. Je dois rentrer.

Elle me parut soudain étrange.

— Tout va bien, Tara ? lui demandai-je.

— Oui, tout va bien, m'assura-t-elle. On se voit à l'école demain.

Je la raccompagnai à la porte. Lorsque je retournai à mon ordinateur, le texte n'était plus à l'écran. Je pensai à un problème informatique, mais en voulant rouvrir le document, je m'aperçus qu'il avait disparu. Je crus alors que je regardais dans le mauvais dossier. Mais je me rendis vite compte que mon texte était introuvable. Et lorsque je voulus regarder dans la poubelle de l'ordinateur et que je vis que celle-ci venait d'être vidée, je compris aussitôt: Tara avait effacé ma pièce de théâtre, et il n'y avait plus aucun moyen de la récupérer.

Je fondis en larmes, avant de faire une crise de nerfs. Mes parents accoururent dans ma chambre.

— Rassure-moi, me dit mon père: tu as une copie quelque part ?

— Non ! hurlai-je, tout était là ! J'ai tout perdu.

— Dakota, commença-t-il à me sermonner, je t'avais pourtant…

— Jerry, l'interrompit ma mère qui avait saisi la gravité de la situation, je crois que ce n'est pas le moment.

J'expliquai à mes parents ce qui s'était passé : Tara qui m'avait réclamé de l'eau, moi qui m'étais absentée un instant, puis son départ précipité et la pièce qui n'était plus là. Ma pièce de théâtre n'avait pas pu subitement s'envoler. Ça ne pouvait être que Tara.

— Mais pourquoi aurait-elle fait une chose pareille ? s'interrogea ma mère, qui voulait à tout prix essayer de comprendre.

Elle téléphona aux Scalini, leur expliqua la situation. Ils défendirent leur fille, jurèrent qu'elle n'aurait jamais fait une chose pareille, et blâmèrent ma mère de lancer des accusations sans preuves.

— Gerald, dit ma mère au téléphone, cette pièce ne s'est pas effacée toute seule. Est-ce que je peux parler à Tara, s'il te plaît ?

Mais Tara ne voulait parler à personne.

Mon dernier espoir fut la copie imprimée de la pièce que j'avais donnée au mois de septembre à mon professeur de littérature. Mais elle ne la retrouva plus. Mon père apporta mon ordinateur à l'un des spécialistes informatiques de Channel 14, mais ce dernier s'avoua impuissant. « Quand la poubelle est vidée, elle est vidée, dit-il à mon père. Vous n'aviez jamais fait de copie du document ? »

Ma pièce n'existait plus. Une année de travail volée. Une année de travail partie en fumée. C'était un sentiment indescriptible. Comme si quelque chose s'était éteint en moi.

Mes parents et mon professeur de littérature n'avaient que des solutions stupides à proposer: «Essaie de réécrire ta pièce sur la base de tes souvenirs. Tu la connaissais par cœur.» On voyait bien qu'ils n'avaient jamais écrit. C'était impossible de faire rejaillir en quelques jours une année de création. On me proposa d'écrire une nouvelle pièce pour l'année suivante. Mais je n'avais plus envie d'écrire de toute façon. J'étais déprimée.

Des mois suivants je ne me souviens que d'un sentiment d'amertume. Une douleur au fond de mon âme: celle d'une injustice profonde. Tara devait payer les conséquences. Je ne voulais même pas savoir pourquoi elle avait fait ça, je voulais juste une réparation. J'avais envie qu'elle souffre comme je souffrais.

Mes parents allèrent voir le principal de l'école, mais celui-ci se dégagea de toute responsabilité:

— De ce que je comprends, expliqua-t-il, ceci s'est produit en dehors du cadre scolaire, je ne peux donc pas intervenir. Il faut régler ce petit différend directement avec les parents de Tara Scalini.

— Petit différend? s'agaça ma mère. Tara a bousillé une année de travail de ma fille! Elles sont toutes les deux élèves ici, vous devez prendre des mesures.

— Écoutez, madame Eden, peut-être que ces deux-là ont besoin de s'éloigner l'une de l'autre, elles n'arrêtent pas de se faire des crasses. D'abord Dakota qui vole l'ordinateur de Tara…

— Elle n'a pas volé cet ordinateur! s'emporta ma mère. Tara avait tout manigancé!

Le principal soupira:

— Madame Eden… Réglez ça directement avec les parents de Tara. C'est mieux.

Les parents de Tara ne voulurent rien entendre. Ils défendirent leur fille bec et ongles, me traitèrent d'affabulatrice.

Les mois s'écoulèrent.

Tout le monde oublia cet incident, sauf moi. J'avais cette blessure qui me zébrait le cœur, une entaille profonde qui ne voulait pas se refermer. J'en parlais sans cesse, mais mes parents finirent par me dire que je devais arrêter de ressasser cette histoire, que je devais aller de l'avant.

En juin, le club de théâtre de l'école joua finalement une adaptation de Jack London. Je refusai d'assister à la première. Ce soir-là, je restai enfermée dans ma chambre, à pleurer. Mais ma mère, au lieu de me réconforter, me dit: «Dakota, ça fait six mois maintenant, il faut aller de l'avant.»

Mais je n'y arrivais pas. Je restais plantée devant mon écran d'ordinateur sans savoir quoi écrire. Je me sentais vidée. Vidée de toute envie et de toute inspiration.

Je m'ennuyais ferme. Je réclamais de l'attention à mes parents, mais mon père était occupé avec son travail et ma mère n'était jamais là. Je ne m'étais jamais vraiment rendu compte à quel point ils étaient occupés.

Au *Jardin d'Eden*, cet été-là, je passai mon temps sur Internet. Je consacrais mes journées à réseauter sur Facebook notamment. C'était ça ou l'ennui. Je pris conscience qu'en dehors de Tara, je n'avais pas noué beaucoup d'amitiés ces derniers temps. J'avais sans doute été trop occupée à écrire. Désormais, j'essayais de rattraper le temps perdu de façon virtuelle.

Plusieurs fois par jour, j'allais fouiner sur la page Facebook de Tara. Je voulais savoir ce qu'elle faisait, qui elle voyait. Depuis ce dimanche de janvier où elle était venue chez moi pour la dernière fois, nous ne nous étions plus adressé la parole. Néanmoins, je l'espionnais à travers son compte Facebook, et je haïssais tout ce qu'elle y diffusait. C'était peut-être ma façon d'exorciser toute la peine qu'elle m'avait faite. Ou alors étais-je en train de cultiver ce ressentiment ?

En novembre 2012, il y avait dix mois que nous ne nous adressions plus la parole. Un soir, alors que j'étais enfermée dans ma chambre à dialoguer avec diverses personnes sur Facebook, je reçus un message de Tara. C'était une très longue lettre.

Je compris rapidement que c'était une lettre d'amour.

Tara m'y racontait sa souffrance, qui durait depuis des années. Qu'elle ne se pardonnait pas ce qu'elle m'avait fait. Qu'elle voyait depuis le printemps un psychiatre qui l'aidait à y voir plus clair. Elle disait qu'il était temps qu'elle s'accepte telle qu'elle était. Elle me révélait alors son homosexualité et m'annonçait qu'elle m'aimait. Qu'elle me l'avait dit à de nombreuses reprises mais que je n'avais jamais compris. Elle m'expliqua qu'elle avait fini par être jalouse de la pièce que j'écrivais, parce qu'elle était sur mon lit, qu'elle s'offrait à moi mais que moi je n'avais d'yeux que pour mon texte. Elle me confia sa difficulté à exprimer sa véritable identité, me demandait pardon pour son comportement. Elle disait vouloir tout réparer, et qu'elle espérait que l'aveu de ses sentiments me permettrait de comprendre son geste insensé pour lequel elle disait se haïr tous les jours. Elle regrettait que cet amour pour moi, trop fort, trop encombrant, et dont elle n'avait jamais osé se confier, lui eût fait perdre les pédales.

Je relus la lettre plusieurs fois. J'étais troublée, mal à l'aise. Je n'avais pas envie de lui pardonner. Je crois que j'avais trop entretenu cette colère en moi pour qu'elle puisse se dissiper d'un coup. Alors, après une courte hésitation, je transférai via la messagerie de Facebook la lettre de Tara à toutes mes camarades de classe.

Le lendemain matin, toute l'école avait lu la lettre. Tara était désormais *Tara la lesbienne*, avec tous les dérivés péjoratifs du terme que l'on puisse imaginer. Je ne crois pas que c'était ce que j'avais initialement voulu, mais je me rendis compte que cela me faisait du bien de voir Tara ainsi clouée au pilori. Et puis, surtout, elle avouait avoir détruit mon texte. Enfin, la vérité éclatait au grand jour. La coupable était confondue et la victime un peu réconfortée. Mais ce que tout le monde retint de la lettre que j'avais dévoilée, c'était l'orientation sexuelle de Tara.

Le soir même, Tara m'écrivit à nouveau sur Facebook : *« Pourquoi tu m'as fait ça ? »* Je lui répondis du tac au tac : *« Parce que je te hais. »* Je crois qu'à ce moment-là je ressentais vraiment de la haine. Et cette haine me consumait. Tara fut bientôt l'objet de toutes les moqueries et de tous les quolibets et, en la croisant dans les couloirs de l'école, je me disais que c'était bien fait pour elle. Je restais obsédée par ce soir de janvier où elle avait effacé mon texte. Ce soir où elle m'avait volé ma pièce de théâtre.

C'est à cette période que je me liai avec Leyla. Elle était dans une classe parallèle à la mienne : c'était la fille que tout le monde regardait, charismatique et toujours bien habillée. Elle vint me trouver un jour à la cafétéria. Elle me dit qu'elle avait trouvé génial que je diffuse la lettre de Tara. Elle l'avait toujours trouvée prétentieuse. « Tu fais quoi samedi soir ? me demanda Leyla. Tu veux venir traîner chez moi ? »

Les samedis chez Leyla devinrent un rituel immuable. On s'y retrouvait à plusieurs filles de l'école, on s'enfermait dans sa chambre, on buvait de l'alcool qu'elle piquait à son père, on fumait des cigarettes dans la salle de bains, et on écrivait à Tara des messages d'insultes sur Facebook. *Salope, pute, bouffeuse de gazon.* Tout y passait. On lui disait qu'on la haïssait, on la traitait de tous les noms. On adorait ça. *On va te crever, pute. Pétasse. Pute.*

Voilà quel genre de fille j'étais devenue. Un an plus tôt, mes parents me poussaient à sortir, à me faire des amies, mais moi je préférais passer mes week-ends à écrire. À présent, j'allais picoler dans la chambre de Leyla et je passais mes soirées à insulter Tara. Plus je m'en prenais à elle, plus j'avais l'impression de la voir rapetisser. Moi qui l'avais tellement admirée, je jouissais désormais de la dominer. Dans les couloirs de l'école, je me mis à la bousculer. Un jour, Leyla et moi la traînâmes dans les toilettes et lui collâmes une raclée. Je n'avais jamais frappé personne. Au moment de la première gifle, j'avais eu peur de sa réaction, qu'elle se défende, qu'elle me maîtrise. Mais elle s'était laissé battre. Je m'étais sentie forte à la voir pleurer, supplier que j'arrête de la cogner. J'avais aimé ça. Ce sentiment de puissance. La voir misérable. Les corrections reprirent chaque fois que nous en avions l'occasion. Un jour, pendant que je la tapais, elle s'était pissée dessus. Et le soir sur Facebook, je l'inondais d'insultes encore. *Tu ferais mieux de crever, pute. C'est ce qui peut t'arriver de mieux.*

Cela a duré trois mois.

Un matin de la mi-février, il y avait des voitures de police devant l'école. Tara s'était pendue dans sa chambre.

*

Il n'a pas fallu très longtemps pour que la police remonte jusqu'à moi.

Quelques jours après le drame, alors que je m'apprêtais à partir à l'école, des inspecteurs sont venus me chercher à la maison. Ils m'ont montré des dizaines de pages imprimées des messages que j'avais envoyés à Tara. Papa a prévenu son avocat, Benjamin Graff. Quand les policiers sont partis, il a dit que nous pouvions être tranquilles, que la police ne parviendrait pas à prouver le lien de causalité entre mes messages sur Facebook et le suicide de Tara. Je me souviens qu'il a eu une phrase du genre :

— Heureusement que la petite Scalini n'a pas laissé une lettre d'adieu expliquant son geste, sinon Dakota aurait été très mal barrée.

— *Heureusement* ? hurla ma mère. Mais tu te rends compte de ce que tu dis, Benjamin ? Vous me donnez tous envie de vomir !

— J'essaie juste de faire mon boulot, se justifia Benjamin Graff, et d'éviter que Dakota ne finisse en prison.

Mais elle avait bien laissé une lettre, que ses parents retrouvèrent quelques jours plus tard en mettant de l'ordre dans sa chambre. Tara y expliquait longuement qu'elle préférait mourir plutôt que de continuer à être quotidiennement humiliée par moi.

Les parents Scalini portèrent plainte.

La police encore. C'est à ce moment-là que j'ai vraiment pris conscience de ce que j'avais fait. J'avais tué Tara. Les menottes. Le commissariat. La salle d'interrogatoire.

Benjamin Graff, lorsqu'il débarqua, avait perdu de sa superbe. Il était même inquiet. Il disait que le procureur voulait faire un exemple et envoyer un signal fort à ceux qui terrorisaient leurs camarades par Internet. Selon l'approche qui en était faite, l'incitation au suicide pouvait même être considérée comme un homicide.

— Tu pourrais être jugée comme une adulte, me rappela Graff. Si c'est le cas, tu risques sept à quinze ans de prison. À moins de trouver un arrangement avec la famille de Tara et qu'ils retirent leur plainte.

— Un arrangement ? demanda ma mère.

— De l'argent, précisa Graff. En échange de quoi ils renonceraient à poursuivre Dakota en justice. Il n'y aurait pas de procès.

Mon père chargea Graff d'approcher l'avocat des Scalini. Et Graff revint avec leur demande.

— Ils veulent votre maison d'Orphea, expliqua-t-il à mes parents.

— Notre maison ? répéta mon père incrédule.

— Oui, confirma Graff.

— Elle est à eux alors, dit mon père. Appelle son avocat immédiatement et assure-lui que, si les Scalini renoncent aux poursuites, je suis demain à la première heure chez le notaire.

## JESSE ROSENBERG

### *Jeudi 24 juillet 2014*

*2 jours avant la première*

L'ancien agent spécial Grace de l'ATF, qui avait désormais 72 ans, coulait une retraite paisible à Portland, dans l'État du Maine. Quand je l'avais contacté par téléphone, il s'était montré immédiatement intéressé par mon affaire: «Pourrions-nous nous rencontrer? avait-il demandé. Je dois absolument vous montrer quelque chose.»

Pour nous éviter de devoir rouler jusque dans le Maine, nous convînmes de nous retrouver à mi-chemin à Worcester, dans le Massachusetts. Grace nous donna l'adresse d'un petit restaurant qu'il affectionnait et où nous serions tranquilles. Lorsque nous y arrivâmes, il était déjà attablé devant une pile de pancakes. Il avait minci, son visage s'était ridé, il avait vieilli, mais il n'avait pas beaucoup changé.

— Rosenberg et Scott, les deux terreurs de 1994, sourit Grace en nous voyant. Je m'étais toujours dit que nos chemins se recroiseraient.

Nous nous installâmes face à lui. En le retrouvant, j'avais l'impression de faire un saut dans le passé.

— Alors comme ça, vous vous intéressez à Jeremiah Fold? demanda-t-il.

Je lui fis un résumé détaillé de la situation, puis il nous dit :

— Comme je vous le disais au téléphone hier, capitaine Rosenberg, Jeremiah était une anguille. Glissant, intouchable, rapide, électrique. Tout ce qu'un flic peut détester.

— Pourquoi est-ce que l'ATF s'intéressait à lui à l'époque ?

— Pour être honnête, on ne s'y intéressait que très indirectement. Pour nous, la vraie grosse affaire, c'était ces stocks d'armes volées à l'armée et revendues dans la région de Ridgesport. Avant de comprendre que tout se passait dans ce bar sportif où nos chemins se sont croisés en 1994, il nous a fallu des mois d'enquête. L'une des pistes envisagées était Jeremiah Fold justement, dont on savait par des informateurs qu'il menait divers trafics. J'ai vite compris que ce n'était pas notre homme, mais les quelques semaines d'observation que nous avions menées sur lui m'avaient laissé pantois : ce gars était un maniaque, redoutablement organisé. On a fini par se désintéresser complètement de lui. Et un matin de juillet 1994, son nom est soudain réapparu.

*
* *

*Planque de l'ATF, Ridgesport.*
*Matin du 16 juillet 1994*

Il était 7 heures du matin lorsque l'agent Riggs arriva à la planque de l'ATF pour relever Grace qui y avait passé la nuit.

— Je suis passé par la route 16 pour venir ici, dit Riggs, il y a eu un sale accident. Un motard qui s'est tué. Tu ne devineras jamais de qui il s'agit.

— Le motard ? J'en sais rien, répondit Grace, fatigué, qui n'était pas d'humeur à jouer aux devinettes.

— Jeremiah Fold.

L'agent Grace resta stupéfait.

— Jeremiah Fold est mort ?

— Presque. D'après les policiers, il va y rester. Il est dans un état pitoyable. Apparemment, cet idiot roulait sans casque.

Grace était intrigué. Jeremiah Fold était un homme prudent et méticuleux. Pas le genre à se tuer bêtement. Quelque chose ne collait pas. En repartant de la planque, Grace décida de faire un saut sur la route 16. Deux véhicules de la police de l'autoroute et une dépanneuse étaient encore sur place.

— Le gars a perdu le contrôle de sa moto, expliqua l'un des policiers présents à Grace. Il est parti dans le décor et il a percuté un arbre de plein fouet. Il a passé des heures à agoniser. Les ambulanciers ont dit qu'il était foutu.

— Et vous pensez qu'il a perdu le contrôle de sa moto tout seul ? demanda Grace.

— Oui. Il n'y a de traces de freinage à aucun endroit de la route. En quoi ça intéresse l'ATF ?

— Ce gars était un caïd local. Un type méticuleux. Je le vois mal se tuer tout seul.

— En tout cas, pas assez méticuleux pour mettre un casque, considéra le policier, pragmatique. Vous pensez à un règlement de compte ?

— J'en sais rien, répondit Grace. Il y a quelque chose qui me chiffonne, mais je ne sais pas quoi.

— Si on avait voulu tuer ce type, on l'aurait fait. Je veux dire : on l'aurait écrasé, tiré dessus. Là, le gars est resté des heures à agoniser dans le fossé. Si on l'avait trouvé plus tôt, il aurait pu être sauvé. On est loin du crime parfait.

Grace acquiesça et tendit une carte de visite au policier.

— Envoyez-moi une copie de votre rapport, s'il vous plaît.

— Très bien, agent spécial Grace. Comptez sur moi.

Grace passa encore un long moment à inspecter le bord de la route. Les policiers de la brigade de l'autoroute étaient déjà partis lorsque son attention fut attirée par un morceau de plastique mat et quelques éclats transparents, enfouis dans les herbes. Il les ramassa : c'était un morceau de pare-chocs et des éclats de phares.

*
* *

— Il y avait juste ces quelques morceaux-là, nous expliqua Grace entre deux bouchées de pancakes. Rien d'autre. Ce qui signifiait que soit ces débris étaient là depuis un moment, soit quelqu'un avait fait le ménage pendant la nuit.

— Quelqu'un qui aurait volontairement percuté Jeremiah Fold ? dit Derek.

— Oui. Ce qui expliquerait qu'il n'y avait pas de traces de freins. Ça a dû faire un sacré choc. La personne au volant a pu ensuite ramasser le gros des pièces pour ne pas laisser de traces, avant de s'enfuir avec une voiture au capot complètement défoncé mais en état de rouler. Après ça, cette personne aura expliqué à son garagiste avoir percuté un cerf pour justifier l'état de la voiture. On ne lui aura pas posé plus de questions.

— Avez-vous creusé cette piste ? demandai-je alors.

— Non, capitaine Rosenberg, me répondit Grace. J'ai appris par la suite que Jeremiah Fold ne mettait pas de casque, il était claustrophobe. Il y avait donc bien quelques exceptions à ses règles de prudence. Et puis, de toute façon, cette histoire n'était pas du ressort de l'ATF. J'avais déjà assez de travail, pour ne pas encore me mêler des accidents de la route. Mais j'ai toujours eu ce doute en moi.

— Donc vous n'avez pas poussé l'enquête plus loin ? s'enquit Derek.

— Non. Bien que trois mois plus tard, vers la fin octobre 1994, j'aie été contacté par le chef de la police d'Orphea, qui s'était posé la même question que moi.

— Kirk Harvey est venu vous trouver ? m'étonnai-je.

— Kirk Harvey, c'est son nom. Oui, nous avons brièvement échangé sur ce dossier. Il m'a dit qu'il me recontacterait, mais il ne l'a jamais fait. J'en ai déduit qu'il avait laissé tomber. Le temps a passé, et j'ai renoncé aussi.

— Donc vous n'avez jamais fait analyser les débris de phares ? en conclut Derek.

— Non, mais vous pouvez le faire. Parce que je les ai conservés.

Grace eut une lueur malicieuse dans le regard. Après s'être essuyé la bouche avec une serviette en papier, il nous tendit un sac en plastique. À l'intérieur, il y avait un large morceau de pare-chocs noir et des éclats de phares. Il sourit et nous dit :

— À vous de jouer, messieurs.

La journée de route consacrée à notre aller-retour dans le Massachusetts allait en valoir la peine : si Jeremiah Fold avait été assassiné, nous tenions peut-être notre lien avec la mort du maire Gordon.

*
* *

Dans le secret du Grand Théâtre, cerné par la foule et gardé comme une forteresse, les répétitions se poursuivaient mais sans avancer vraiment.

— Pour des raisons de sécurité évidentes, je ne peux pas vous en dire plus, expliqua Kirk Harvey à ses acteurs. Je vous donnerai vos textes le soir de la première, scène après scène.

— Est-ce que la *Danse des morts* va être maintenue ? s'inquiéta Gulliver.

— Bien évidemment, répondit Kirk, c'est un des clous du spectacle.

Pendant que Harvey répondait aux questions de la troupe, Alice se glissa discrètement hors de la salle. Elle avait envie de fumer une cigarette. Elle rejoignit l'entrée des artistes qui donnait sur une ruelle en cul-de-sac, interdite d'accès à la presse et aux curieux. Elle y serait tranquille.

Elle alluma sa cigarette, assise sur le bord du trottoir. C'est alors qu'elle vit un homme apparaître, une carte de presse officielle autour du cou.

— Frank Vannan, *New York Times*, se présenta-t-il.

— Comment êtes-vous arrivé jusqu'ici ? demanda Alice.

— L'art du journalisme, c'est de mettre les pieds là où on ne vous veut pas. Vous jouez dans la pièce ?

— Alice Filmore, se présenta Alice. Oui, je suis l'une des actrices.

— Quel rôle jouez-vous ?

— Ce n'est pas très clair. Harvey, le metteur en scène, est resté très flou sur le contenu de la pièce pour éviter les fuites.

Le journaliste sortit un calepin et prit quelques notes.

— Écrivez ce que vous voulez, lui dit Alice, mais ne me citez pas, s'il vous plaît.

— Pas de problème, Alice. Donc vous ne savez pas vous-même ce que cette pièce va révéler ?

— Vous savez, Frank, c'est une pièce à propos d'un secret. Et un secret, au fond, a plus d'importance dans ce qu'il cache que dans ce qu'il révèle.

— Que voulez-vous dire ?

— Penchez-vous sur la troupe, Frank. Chacun des acteurs cache quelque chose. Harvey, metteur en scène hystérique à la vie sentimentale ratée, Dakota Eden, dévorée par un mal de vivre destructeur, ou encore Charlotte Brown, mêlée de près ou de loin à cette histoire, qui est arrêtée, puis relâchée, et qui continue de venir jouer cette pièce coûte que coûte. Pourquoi ? Et je ne vous parle pas d'Ostrovski et de Gulliver, prêts à se faire humilier pour toucher du bout du doigt une gloire fantasmée pendant toute une vie. Sans oublier le directeur d'une prestigieuse revue littéraire new-yorkaise qui couche avec une de ses employées et qui se cache de sa femme en venant ici. Si vous voulez mon avis, Frank, la question n'est pas tant de découvrir ce que va révéler cette pièce, que de savoir ce qu'elle cache.

Alice se retourna pour passer la porte, qu'elle avait maintenue ouverte avec une brique trouvée par terre.

— Entrez si vous voulez, dit-elle au journaliste. Ça vaut le coup d'œil. Mais surtout ne dites à personne que c'est moi qui vous ai ouvert la porte.

— Vous pouvez être tranquille, Alice, personne ne remontera jusqu'à vous. Ce n'est qu'une porte de théâtre, n'importe qui peut l'avoir ouverte pour moi.

Alice le corrigea aussitôt :

— C'est la porte de l'Enfer.

*
* *

Le même jour, pendant que Derek et moi faisions notre aller-retour dans le Massachusetts, Anna alla trouver Miranda Bird, la femme de Michael Bird, anciennement Miranda Davis, qui avait servi d'appât à Jeremiah Fold et Costico.

Miranda tenait un magasin de vêtements sur la rue principale de Bridgehampton, appelé *Keith & Danee* et situé juste à côté du café Golden Pear. Elle était seule dans la boutique lorsque Anna entra. Elle la reconnut aussitôt et lui sourit, bien qu'intriguée par sa visite.

— Bonjour, Anna, vous cherchez Michael ?

Anna lui sourit en retour, avec douceur.

— C'est vous que je cherche, Miranda.

Elle lui montra l'avis de disparition qu'elle tenait entre les mains. Le visage de Miranda se décomposa.

— Ne vous inquiétez pas, voulut la rassurer Anna, j'ai juste besoin de vous parler.

Mais Miranda était livide.

— Sortons d'ici, proposa-t-elle, allons faire un tour, je ne veux pas que des clients me voient comme ça.

Elles fermèrent la boutique et prirent la voiture d'Anna. Elles roulèrent brièvement en direction d'East Hampton, puis empruntèrent un chemin de terre jusqu'à ce qu'elles soient seules, à l'orée de la forêt, au bord d'un champ fleuri. Miranda sortit de voiture, comme si elle avait la nausée, s'agenouilla dans l'herbe et éclata en sanglots. Anna s'accroupit près d'elle, s'efforça de la calmer. Ce n'est qu'après un long quart d'heure que Miranda put parler, avec peine.

— Mon mari, mes enfants… ils ne sont pas au courant. Ne me détruisez pas, Anna. Je vous en supplie, ne me détruisez pas.

À l'idée que son secret soit découvert par sa famille, Miranda fut à nouveau prise de sanglots incontrôlables.

— Ne vous inquiétez pas, Miranda, personne ne saura rien. Mais j'ai impérativement besoin que vous me parliez de Jeremiah Fold.

— Jeremiah Fold ? Oh, mon Dieu, j'espérais ne plus jamais entendre ce nom. Pourquoi lui ?

— Parce qu'il semblerait qu'il soit mêlé d'une façon ou d'une autre au quadruple meurtre de 1994.

— Jeremiah ?

— Oui, je sais que ça peut paraître étrange, puisqu'il est mort avant le quadruple meurtre, mais son nom est ressorti.

— Que voulez-vous savoir ? demanda Miranda.

— D'abord, comment vous êtes-vous retrouvée à la merci de Jeremiah Fold ?

Miranda regarda tristement Anna. Après un long silence, elle lui confia :

— Je suis née le 3 janvier 1975. Mais j'ai commencé à vivre le 16 juillet 1994. Le jour où j'ai appris que Jeremiah Fold était mort. Jeremiah était à la fois le type le plus charismatique et le plus cruel que j'aie connu. Un type d'une perversité rare. Rien à voir avec l'idée qu'on peut se faire d'un voyou froid et brutal : il était bien pire que ça. C'était une véritable force du mal. Je l'ai connu en 1992, après avoir fugué de chez mes parents. À cette époque, j'avais 17 ans et j'en voulais à la terre entière pour des raisons que je ne m'explique plus aujourd'hui. J'étais en guerre avec mes parents, et un soir je me suis tirée. C'était l'été, il faisait bon dehors. J'ai passé quelques nuits à la belle étoile, puis je me suis laissé convaincre par des types rencontrés au hasard de rejoindre un squat. Une vieille maison abandonnée devenue communauté du genre hippie. J'aimais bien cette vie insouciante. Et puis j'avais un peu d'argent avec moi, ce qui me permettait de manger et de vivre. Jusqu'au soir où des gars du squat ont compris que j'avais de l'argent. Ils ont voulu me voler, ils se sont mis à me frapper. Je me suis enfuie jusqu'à la route et là, j'ai manqué de me faire percuter par un type qui arrivait à moto. Il ne portait pas de casque : il était assez jeune, très beau, vêtu d'un costume bien coupé et de jolies chaussures. Il a vu mon air affolé et m'a demandé ce qui se passait. Puis il a vu les trois types qui arrivaient à ma poursuite, et il les a cognés tous les trois. Pour moi, je venais de rencontrer mon ange gardien. Il m'a emmenée chez lui, à l'arrière de sa moto, il a roulé doucement, parce que je n'avais « pas de casque et que c'était dangereux », disait-il. C'était un homme infiniment précautionneux.

*
* *

*Août 1992*

— Où est-ce que je te ramène ? demanda Jeremiah à Miranda.

— Je n'ai nulle part où aller, lui répondit-elle. Est-ce que tu pourrais m'héberger quelques jours ?

Jeremiah conduisit Miranda chez lui et l'installa dans sa chambre d'amis. Elle n'avait pas dormi dans un vrai lit depuis des semaines. Le lendemain, ils parlèrent longuement.

— Miranda, lui dit Jeremiah, tu n'as que 17 ans. Je dois te ramener chez tes parents.

— Je t'en supplie, laisse-moi rester un peu. Je me ferai toute petite, je te le promets.

Jeremiah finit par accepter. Il lui concéda deux jours qui se prolongèrent indéfiniment. Il permit à Miranda de l'accompagner dans le club qu'il tenait, mais il refusa qu'on lui serve de l'alcool. Puis, comme elle demandait à pouvoir travailler pour lui, il l'engagea au Club comme hôtesse d'accueil. Miranda aurait préféré être dans la salle, assurer le service, mais Jeremiah ne voulait pas : « Tu n'as légalement pas le droit de servir de l'alcool, Miranda. » Cet homme la fascinait. Un soir, elle essaya de l'embrasser mais il l'interrompit dans son élan. Il lui dit : « Miranda, tu as 17 ans. Je pourrais avoir des ennuis. »

Puis, étrangement, il se mit à l'appeler Mylla. Elle ne savait pas pourquoi, mais elle aimait bien qu'il lui ait donné un petit nom. Elle avait l'impression d'un lien plus privilégié avec lui. Puis il lui demanda de lui rendre des services. Elle devait apporter des paquets à des gens qu'elle ne connaissait pas, aller dans des restaurants pour qu'on lui donne d'épaisses enveloppes qu'elle devait rapporter à Jeremiah. Un jour, elle comprit ce que Jeremiah faisait vraiment : elle transportait pour lui de la drogue, de l'argent, et Dieu sait quoi. Elle alla aussitôt le trouver, inquiète :

— Je pensais que tu étais un type bien, Jeremiah.

— Je suis un type bien !

— Les gens disent que tu fais du trafic de drogue. J'ai ouvert l'un des paquets…

— Tu n'aurais pas dû, Mylla.

— Je ne m'appelle pas Mylla !

Sur le moment, il lui fit croire qu'elle n'aurait plus à faire ça. Mais le lendemain déjà, il la sonnait comme un chien. « Mylla ! Mylla, va apporter ce paquet à Untel ! » Elle eut peur. Elle décida de s'enfuir. Elle prit le paquet, ainsi qu'il le lui demandait, mais elle ne se rendit pas à la destination indiquée. Elle jeta le paquet dans une poubelle, puis elle prit le train. Elle voulait retourner chez ses parents, à New York. Elle voulait retrouver la douceur d'un foyer. Avec l'argent qui lui restait, elle termina son trajet en taxi. Et lorsque le taxi la déposa devant la maison de ses parents, elle sentit un profond bonheur l'envahir. Il était minuit. C'était une belle nuit d'automne. La rue était paisible, déserte et endormie. Soudain elle le vit. Assis sur les marches du porche de la maison. Jeremiah. Il la fusilla du regard. Elle voulut crier, s'enfuir, mais Costico, l'homme de main de Jeremiah, apparut derrière elle. Jeremiah fit signe à Miranda de se taire. Ils l'emmenèrent en voiture jusqu'au Ridge's Club. Pour la première fois, ils la conduisirent dans la pièce qu'ils appelaient le *bureau*. Jeremiah voulait savoir où était le paquet. Miranda pleurait. Elle lui avoua aussitôt l'avoir jeté. Elle était désolée, elle promit de ne plus jamais recommencer. Jeremiah lui répétait: « Tu ne me quittes pas, Mylla, tu comprends? Tu m'appartiens! » Elle pleurait, elle se mit à genoux, terrifiée et confuse. Jeremiah finit par lui dire: « Je vais te punir mais je ne vais pas t'amocher. » Miranda d'abord ne comprit pas. Puis Jeremiah l'attrapa par les cheveux et la traîna jusqu'à une bassine d'eau. Il lui plongea la tête à l'intérieur, pendant de longues secondes. Elle crut mourir. Quand il eut terminé, alors qu'elle gisait au sol, pleurant et tremblant, Costico lui lança au visage des photos de famille de ses parents. « Si tu désobéis, lui dit-il, si tu fais quoi que ce soit de stupide, je les tuerai tous. »

*
* *

Miranda interrompit un instant son récit.

— Je suis vraiment désolée de vous faire revivre tout ça, lui dit doucement Anna en posant sa main sur les siennes. Que s'est-il passé ensuite?

— Ça a été le début d'une nouvelle vie, au service de Jeremiah. Il m'a installée dans une chambre d'un motel dégueulasse, au bord de la route 16. Un endroit essentiellement occupé par des putes.

*
* *

*Septembre 1992*

— Voilà ta nouvelle maison, dit Jeremiah à Miranda en entrant dans la chambre du motel. Tu seras mieux ici, tu pourras aller et venir à ta guise.

Miranda s'assit sur le lit.

— J'ai envie de rentrer chez moi, Jeremiah.

— Tu n'es pas bien ici ?

Il avait parlé d'une voix douce. C'était toute la perversité de Jeremiah : un jour il maltraitait Miranda, le lendemain il l'emmenait faire des achats et se montrait gentil comme il l'avait été aux premiers jours.

— J'aimerais partir, répéta Miranda.

— Tu peux t'en aller si tu veux. La porte est grande ouverte. Mais je n'aimerais pas qu'il arrive quelque chose à tes parents.

À ces mots Jeremiah s'en alla. Miranda regarda longuement la porte de la chambre. Il lui suffisait de la franchir et d'aller prendre le bus pour rentrer à New York. Pourtant c'était impossible. Elle se sentait totalement prisonnière de Jeremiah.

Ce dernier la força à reprendre la livraison de ses paquets. Puis il resserra son emprise sur elle en l'impliquant dans son processus de recrutement des *larbins*. Il la convoqua un jour dans son *bureau*. Elle y pénétra en tremblant, pensant qu'elle aurait droit à la bassine. Mais Jeremiah semblait de bonne humeur :

— J'ai besoin d'une nouvelle directrice des ressources humaines, lui dit-il. La dernière vient de faire une overdose.

Miranda sentait son cœur battre la chamade. Qu'est-ce que Jeremiah lui voulait ? Celui-ci poursuivit :

— On va coincer des pervers qui veulent se taper une fille mineure. Et la fille mineure, ce sera toi. Ne t'inquiète pas, personne ne te fera rien.

Le plan était simple: Miranda devrait faire le tapin sur le parking du motel et lorsqu'un client se présenterait elle le conduirait dans sa chambre. Elle lui demanderait de se déshabiller, elle-même en ferait autant, avant d'avouer à l'homme qu'elle était mineure. Celui-ci dirait certainement que cela ne lui posait pas de problème, au contraire, et à cet instant Costico sortirait d'une cachette et s'occuperait du reste.

Et il en fut ainsi. Miranda accepta non seulement parce qu'elle n'avait pas le choix, mais parce que Jeremiah lui promit qu'aussitôt qu'elle aurait permis de prendre au piège trois larbins elle serait libre de s'en aller.

Sa part du contrat remplie, Miranda alla trouver Jeremiah et exigea qu'il la laisse partir. Elle termina dans son *bureau*, la tête dans la bassine. «Tu es une criminelle, Mylla, lui dit-il tandis qu'elle essayait de reprendre sa respiration. Tu coinces des types et tu les fais chanter! Ils t'ont tous vue et ils connaissent même ton vrai nom. Tu ne vas nulle part, Mylla, tu restes avec moi.»

La vie de Miranda devint un enfer. Quand elle n'était pas en train d'assurer des livraisons de paquets, elle servait d'appât sur le parking du motel et tous les soirs elle était à l'accueil du Ridge's Club où les clients l'appréciaient particulièrement.

*
* *

— Combien de gars avez-vous coincé comme ça ? demanda Anna.

— Je ne sais pas. Durant les deux ans que ça a duré, sans doute des dizaines. Jeremiah renouvelait souvent son stock de *larbins*. Il ne voulait pas les utiliser trop longtemps, de peur qu'ils ne soient identifiés par la police. Il aimait brouiller les pistes. Moi, j'avais peur, j'étais déprimée, malheureuse. Je ne savais pas ce qui allait m'arriver. Les filles du parking disaient que celles qui avaient servi d'appât avant moi avaient toutes fini par crever d'overdose ou s'étaient suicidées.

— Une fille du motel nous a parlé d'une altercation entre Costico et un *larbin* avec qui ça n'avait pas marché en janvier 1994. Un type qui ne voulait pas se laisser faire.

— Oui, je me rappelle à peu près, dit Miranda.

— Nous aurions besoin de retrouver sa trace.

Miranda ouvrit de grands yeux.

— C'était il y a vingt ans, je ne m'en souviens plus très bien. Quel est le lien avec votre enquête ?

— Cet homme aurait aspergé Costico avec une bombe lacrymogène. Or l'homme que nous recherchons serait justement un aficionado de la bombe lacrymogène. J'ai l'impression qu'à ce stade, ça ne peut pas être une coïncidence. Je dois retrouver cet homme.

— Malheureusement, il ne m'a jamais dit son nom et je crains de ne plus me rappeler son visage. C'était il y a vingt ans.

— D'après mes informations, cet homme se serait enfui nu. Est-ce que vous avez remarqué un signe distinctif sur son corps ? Quelque chose qui vous aurait marqué ?

Miranda ferma les yeux, comme pour mieux

fouiller sa mémoire. Elle fut soudain frappée par un souvenir.

— Il avait un large tatouage le long des omoplates. Un aigle en vol.

Anna nota aussitôt.

— Merci, Miranda. Voilà une information qui pourrait être très précieuse. J'ai une dernière question.

Elle montra à Miranda des photos du maire Gordon, de Ted Tennenbaum et de Cody Illinois, puis elle s'enquit :

— L'un de ces hommes était-il un *larbin* ?

— Non, affirma Miranda. Et surtout pas Cody ! Quel homme délicieux c'était.

Anna demanda encore :

— Qu'avez-vous fait après la mort de Jeremiah ?

— J'ai pu rentrer chez mes parents, à New York. J'ai terminé mon lycée, je suis allée à l'université. Je me suis reconstruite peu à peu. Puis j'ai rencontré Michael, quelques années plus tard. C'est grâce à lui que j'ai véritablement retrouvé la force de vivre. C'est un homme hors du commun.

— C'est vrai, acquiesça Anna. Je l'aime beaucoup.

Les deux femmes retournèrent ensuite à Bridgehampton. Au moment où Miranda descendait de voiture, Anna lui demanda :

— Vous êtes sûre que ça va aller ?

— Certaine, merci.

— Miranda, il faudra parler de tout cela à votre mari un jour. Les secrets finissent toujours par être découverts.

— Je sais, acquiesça tristement Miranda.

## JESSE ROSENBERG

### *Vendredi 25 juillet 2014*

*La veille de la première*

Nous étions à vingt-quatre heures de la première. Nous progressions, mais nous étions loin d'avoir bouclé notre enquête. Durant les dernières vingt-quatre heures, nous avions découvert que Jeremiah Fold n'était peut-être pas mort accidentellement, mais qu'il avait pu être assassiné. Les morceaux de pare-chocs et de phares ramassés à l'époque par l'agent spécial Grace étaient désormais entre les mains de la brigade scientifique pour des analyses poussées.

Nous disposions également, grâce au récit de Miranda Bird, dont nous avions promis de garder le secret absolu sur le passé, du signalement de cet homme au tatouage d'aigle sur les omoplates. D'après nos renseignements, ni Ted Tennenbaum, ni le maire Gordon ne portaient un tel tatouage. Et Cody Illinois non plus.

Costico, qui était le seul à pouvoir nous mener à l'homme à la bombe lacrymogène, était introuvable depuis la veille. Ni au Club, ni chez lui. Sa voiture était pourtant garée devant sa maison, sa porte n'était pas fermée à clé, et en pénétrant à l'intérieur, nous avions trouvé la télévision allumée. Comme si Costico était parti de chez lui précipitamment. Ou qu'il lui était arrivé quelque chose.

Et comme si tout cela ne suffisait pas, il nous fallut encore aller prêter main-forte à Michael Bird, accusé par le maire Brown d'avoir transmis des informations sur la pièce au *New York Times*, qui avait publié un article le matin même dont tout le monde parlait et qui décrivait en termes peu élogieux les membres de la troupe ainsi que la qualité de la pièce.

Brown avait convoqué une réunion d'urgence dans son bureau. Lorsque nous nous y présentâmes, Montagne, le major McKenna et Michael s'y trouvaient déjà.

— Est-ce que vous pouvez m'expliquer ce bordel ? hurlait le maire Brown au visage de ce pauvre Michael tout en agitant un exemplaire du *New York Times*.

J'intervins.

— Vous vous inquiétez des mauvaises critiques, monsieur le maire ? demandai-je.

— Je m'inquiète que n'importe qui puisse accéder au Grand Théâtre, capitaine ! aboya-t-il. C'est quand même extraordinaire ! Il y a des dizaines de flics qui contrôlent l'accès au bâtiment : comment ce type a-t-il pu s'introduire à l'intérieur ?

— C'est Montagne qui est en charge de la sécurité de la ville désormais, rappela Anna au maire.

— Mon dispositif est très rigoureux, se défendit Montagne.

— Rigoureux, mon œil ! s'agaça Brown.

— Quelqu'un a forcément laissé entrer ce journaliste à l'intérieur, protesta alors Montagne.

Peut-être un confrère ? suggéra-t-il en se tournant vers Michael.

— Je n'y suis pour rien ! s'offusqua Michael. Je ne comprends même pas ce que je fais dans ce bureau. Vous m'imaginez ouvrant la porte à un type du *New York Times* ? Pourquoi saborderais-je mon exclusivité ? J'ai promis de ne rien révéler avant la première, je suis un homme de parole ! Si quelqu'un a introduit ce crétin du *New York Times* dans la salle, c'est un acteur !

Le major McKenna s'efforça de calmer les esprits :

— Allons, allons, il ne sert à rien de s'écharper. Mais il faut prendre des mesures pour que cela ne se reproduise plus. À partir de ce soir, le Grand Théâtre sera considéré comme zone totalement hermétique. Tous les accès seront bouclés et gardés. Demain matin, fouille complète de la salle avec des chiens détecteurs de bombes. Au moment d'entrer dans le bâtiment demain soir, les spectateurs seront systématiquement fouillés et passés au détecteur de métaux. Y compris les personnes accréditées, et cela inclut les membres de la troupe de théâtre. Faites passer l'information : en dehors de petits sacs à main, les sacs sont strictement interdits. Vous pouvez être rassuré, maire Brown, il ne pourra rien se passer demain soir au Grand Théâtre.

*

Au Palace du Lac, à l'étage totalement sécurisé par la police d'État où se trouvaient les chambres des acteurs, l'agitation était à son comble. Les exemplaires du *New York Times* étaient passés d'une chambre à l'autre, suscitant des cris de rage et de désespoir.

Dans le couloir, Harvey et Ostrovski en lisaient des passages à haute voix.

— On me traite de *maniaque* et *d'illuminé* ! s'offusqua Harvey. Il y est dit que la pièce ne vaut rien ! Comment ont-ils osé me faire ça ?

— Il est écrit que la *Danse des morts* est une *abomination*, s'épouvanta Ostrovski. Mais pour qui se prend-il, ce journaliste, à assassiner sans remords le travail d'un honnête artiste ? Ah, c'est facile de critiquer, assis dans son fauteuil ! Qu'il essaie d'écrire une pièce de théâtre, il verra comme c'est un art complexe !

Dakota, enfermée dans la salle de bains, pleurait toutes les larmes de son corps, tandis que son père, derrière la porte, essayait de la calmer. « *Dans le rôle-titre de la pièce, Dakota Eden, fille de Jerry Eden, le président de Channel 14, qui a poussé l'année dernière l'une de ses camarades de classe au suicide, après l'avoir harcelée sur Facebook.* »

Dans la suite d'à côté, Steven Bergdorf tambourinait lui aussi à la porte de la salle de bains.

— Ouvre-moi, Alice ! Est-ce que c'est toi qui as parlé au *New York Times* ? Évidemment que c'est toi ! Comment auraient-ils pu savoir que le directeur de la *Revue des lettres new-yorkaises* trompe sa femme ? Alice, ouvre cette porte maintenant ! Il faut que tu arranges ça. J'ai eu ma femme au téléphone tout à l'heure, elle est hystérique, il faut que tu lui parles, que tu fasses quelque chose, je ne sais pas quoi, mais sors-moi de cette merde, NOM DE DIEU !

La porte s'ouvrit soudain et Bergdorf manqua de tomber par terre.

— Ta femme ! hurla Alice en larmes. Ta femme ? Mais va te faire foutre avec ta femme !

Elle lui lança un objet au visage avant de crier:

— Je suis enceinte de toi, Steven! Est-ce que je dois le dire aussi à ta femme?

Steven ramassa l'objet. C'était un test de grossesse. Il resta effaré. Ce n'était pas possible! Comment avait-il pu en arriver là? Il fallait que tout ceci s'arrête. Il devait faire ce qu'il avait prévu en arrivant ici. Il devait la tuer.

*

Après notre passage à la mairie, nous retournâmes à notre bureau de la salle des archives de l'*Orphea Chronicle*. Nous consultâmes tous les éléments récoltés et collés contre les murs. Derek, soudain, détacha l'article sur lequel Stephanie avait écrit au feutre rouge: *Ce qui était sous nos yeux et que personne n'a vu.*

Il répéta à haute voix «Qu'est-ce qui est sous nos yeux et que nous ne voyons pas?» Il regarda la photographie illustrant l'article. Puis il dit: «Allons là-bas.»

Dix minutes plus tard, nous étions à Penfield Crescent, là où tout avait commencé vingt ans plus tôt, le soir du 30 juillet 1994. Nous nous garâmes dans la rue tranquille et observâmes pendant un long moment la maison qui avait été celle des Gordon. Nous la comparâmes avec la photographie de l'article: rien ne semblait avoir changé depuis 1994, si ce n'est la peinture des maisons de la rue qui avait été rafraîchie.

Les nouveaux propriétaires de la maison de la famille Gordon étaient un couple sympathique, aujourd'hui à la retraite, qui l'avait achetée en 1997.

— Nous savions évidemment ce qui s'était passé ici, nous expliqua le mari. Je ne vous cache pas que nous avons beaucoup hésité, mais le prix était très attractif. Nous n'aurions jamais eu les moyens d'acheter une maison de cette taille s'il avait fallu payer le prix fort. C'était une occasion à saisir.

Je demandai alors au mari :

— L'aménagement de la maison est-il aujourd'hui tel qu'à l'époque ?

— Oui, capitaine, me répondit-il. Nous avons refait entièrement la cuisine, mais la disposition des pièces était exactement comme vous les voyez.

— Est-ce que vous nous autorisez à faire un tour ?

— Je vous en prie.

Nous commençâmes par l'entrée, suivant la reconstitution du dossier de police. Anna lut le rapport.

— Le meurtrier fracasse la porte d'un coup de pied, dit-elle. Il tombe sur Leslie Gordon dans ce couloir et il l'abat, puis se tourne sur sa droite et voit le fils dans cette pièce qui sert de salon et lui tire dessus. Puis il se dirige vers la cuisine où il abat le maire avant de repartir par la porte principale.

Nous refîmes le parcours du salon à la cuisine, puis de la cuisine jusque sur le perron de la maison. Anna reprit :

— Au moment où il sort, il tombe sur Meghan Padalin qui tente de s'enfuir en courant mais reçoit deux balles dans le dos, avant d'être achevée d'une balle dans la tête.

Nous savions à présent que le meurtrier n'était pas venu à bord de la camionnette de Tennenbaum comme nous le pensions, mais soit à bord d'un autre véhicule, soit à pied. Anna regarda encore le jardin et dit soudain :

— Eh bien, quelque chose ne colle pas.

— Qu'est-ce qui ne colle pas ? demandai-je.

— Le meurtrier veut profiter du fait que tout le monde est au festival pour agir. Il se veut invisible, silencieux, furtif. La logique voudrait qu'il rôde autour de la maison, qu'il se glisse dans le jardin, qu'il observe l'intérieur de la maison par une vitre.

— Il l'a peut-être fait, suggéra Derek.

Anna fronça les sourcils.

— Vous m'avez dit que ce jour-là, il y avait une fuite d'une conduite d'arrosage automatique. Tous ceux qui ont mis les pieds sur le gazon ont eu les chaussures trempées. Si le meurtrier était passé par le jardin avant de défoncer la porte, il aurait apporté de l'eau dans la maison. Or le rapport ne mentionne aucune trace de pas humides. Il aurait dû y en avoir, non ?

— C'est un bon point, acquiesça, Derek. Je n'avais pas pensé à ça.

— Et aussi, poursuivit Anna, pourquoi le meurtrier passe-t-il par la porte d'entrée et pas par la porte de la cuisine, à l'arrière de la maison ? C'est une porte vitrée. Une simple vitre. Pourquoi ne pénètre-t-il pas dans la maison par là ? Probablement parce qu'il ignorait l'existence de cette porte vitrée. Son mode opératoire est rapide, violent, brutal. Il a défoncé la porte et massacré tout le monde.

— D'accord, dis-je, mais où veux-tu en venir, Anna ?

— Je ne crois pas que le maire était visé, Jesse. Si le meurtrier avait voulu tuer le maire, pourquoi se ruer sur la porte d'entrée, il avait de meilleures options.

— Tu penses à quoi ? À un cambriolage ? Mais rien n'a été volé.

— Je sais, répondit Anna, mais il y a un détail qui cloche.

Derek réfléchit à son tour et regarda le parc près de la maison. Il s'y dirigea et s'assit sur le gazon. Puis il dit :

— Charlotte Brown a affirmé que, quand elle est arrivée, Meghan Padalin était dans ce parc en train de faire sa gym. On sait par la chronologie des évènements que le meurtrier est arrivé dans cette même rue une minute après qu'elle en est partie. Donc Meghan était toujours dans le parc. Si le meurtrier sort de son véhicule pour aller défoncer la porte des Gordon et les massacrer, pourquoi est-ce que Meghan s'enfuit en direction de la maison ? Ça n'a aucun sens. Elle aurait dû fuir dans l'autre sens.

— Oh, mon Dieu ! m'écriai-je.

Je venais de comprendre. Ce n'était pas la famille Gordon qui était visée en 1994. C'était Meghan Padalin.

Le meurtrier connaissait ses habitudes, il était venu la tuer, elle. Peut-être l'avait-il déjà agressée dans le parc et qu'elle avait tenté de s'enfuir. Il s'était alors posté dans la rue et l'avait abattue. Il était certain que les Gordon étaient absents ce jour-là. Toute la ville était au Grand Théâtre. Mais soudain, il avait vu le fils Gordon à la fenêtre, que Charlotte avait vu, elle aussi, quelques instants plus tôt. Il avait alors défoncé la porte de la maison et il avait massacré tous les témoins.

Voilà ce qui était sous les yeux des enquêteurs depuis le début et que personne n'avait vu : le cadavre de Meghan Padalin, devant la maison. C'était elle qui était visée. Les Gordon étaient des victimes collatérales.

## *DEREK SCOTT*

Mi-septembre 1994. Un mois et demi après le quadruple meurtre et un mois avant le drame qui allait nous frapper, Jesse et moi.

Ted Tennenbaum était coincé.

L'après-midi même de l'interrogatoire du caporal Ziggy, qui nous avoua avoir vendu à Tennenbaum un Beretta au numéro de série limé, nous nous rendîmes à Orphea pour procéder à son arrestation. Pour nous assurer de ne pas le rater, nous intervînmes avec deux équipes de la police d'État : la première, emmenée par Jesse, pour investir sa maison, et la seconde, conduite par moi-même au *Café Athéna*. Mais nous fîmes chou blanc : Tennenbaum n'était pas chez lui. Et le manager de son restaurant ne l'avait pas vu depuis la veille.

— Il est parti en vacances, nous expliqua ce dernier.

— En vacances, m'étonnai-je, où ça ?

— Je ne sais pas. Il a pris quelques jours de congé. Il devrait être de retour lundi.

La perquisition de la maison de Tennenbaum ne donna rien. Celle de son bureau du *Café Athéna* non plus. Nous ne pouvions pas attendre tranquillement qu'il daigne revenir à Orphea. D'après nos informations, il n'avait pas pris l'avion, du moins pas sous sa véritable identité. Ses proches ne l'avaient pas vu. Et sa camionnette n'était pas là. Nous lançâmes un large plan de recherches : son signalement fut donné dans les aéroports, aux frontières, ses plaques d'immatriculation transmises à toutes les polices du pays. Sa photo fut distribuée dans tous les commerces de la région d'Orphea et dans de nombreuses stations-service de l'État de New York.

Jesse et moi nous relayions entre notre bureau du centre régional de la police d'État, cœur des opérations, et Orphea, où nous planquions devant la maison de Tennenbaum, dormant dans notre voiture. Nous étions persuadés qu'il se cachait dans la région : il connaissait les lieux comme sa poche, disposait de nombreux soutiens. Nous obtînmes même de pouvoir mettre sur écoute la ligne téléphonique de sa sœur, Sylvia Tennenbaum, qui vivait à Manhattan, ainsi que celle du restaurant. Mais en vain. Après trois semaines, les écoutes furent levées pour des questions de coût. Les policiers que le major nous avait alloués pour nous aider furent réaffectés à des missions plus prioritaires.

— Plus prioritaires que l'arrestation d'un quadruple meurtrier ? protestai-je auprès du major McKenna.

— Derek, me répondit le major, je t'ai donné des moyens illimités pendant trois semaines. Tu sais que cette histoire peut durer des mois. Il faut se montrer patients, il va finir par se faire attraper.

Ted Tennenbaum nous avait glissé des mains, et il était en train de nous échapper. Jesse et moi n'en dormions presque plus : nous voulions le retrouver, l'arrêter, pour pouvoir boucler cette enquête.

Tandis que nos recherches s'enfonçaient, les travaux de *La Petite Russie* avançaient bon train. Darla et Natasha considéraient qu'elles pourraient certainement ouvrir à la fin de l'année.

Mais depuis peu, des tensions étaient apparues entre elles. À l'origine de celles-ci, un article publié dans un journal du Queens. Les habitants du quartier étaient tous très intrigués par l'enseigne du restaurant, et les passants venus poser des questions étaient tombés sous le charme des deux propriétaires. Bientôt, tout le monde parla de *La Petite Russie*. L'affaire avait intéressé un journaliste qui avait demandé à pouvoir faire un article. Il était venu avec un photographe, qui avait pris une série de photos, dont une de Natasha et Darla, ensemble devant l'enseigne. Mais lorsque l'article parut, quelques jours plus tard, celles-ci découvrirent, consternées, qu'il n'était illustré que d'une photo de Natasha, seule, vêtue d'un tablier frappé du logo du restaurant, et accompagnée de la légende suivante : *Natasha Darrinski, propriétaire de LA PETITE RUSSIE.*

Bien que Natasha n'y fût pour rien, Darla fut terriblement blessée par cet épisode, qui illustrait bien la fascination que Natasha pouvait exercer sur les gens. Quand elle était dans une pièce, on ne voyait qu'elle.

Alors que tout s'était tellement bien passé jusque-là, ce fut le début de désaccords terribles. Chaque fois que leurs avis divergeaient, Darla ne pouvait s'empêcher de dire :

— De toute façon, Natasha, on fera comme tu veux, toi. C'est toi qui décides de tout, madame la patronne !

— Darla, est-ce que je vais devoir m'excuser encore longtemps pour ce foutu article ? Je n'y suis pour rien. Je ne voulais même pas le faire, je disais qu'il valait mieux attendre que le restaurant ouvre, que ça ferait de la publicité.

— Ah donc, c'est de ma faute ?

— Je n'ai pas dit ça, Darla.

Le soir, lorsque nous les retrouvions l'une ou l'autre, elles étaient démoralisées, éteintes. Jesse et moi sentions bien que *La Petite Russie* était en train de prendre l'eau.

Darla ne voulait pas d'un projet où elle serait éclipsée par Natasha.

Quant à Natasha, elle souffrait d'être Natasha, la fille qui, malgré elle, attirait tous les regards.

C'était tellement dommage. Elles avaient tout pour réussir un merveilleux projet dont elles rêvaient depuis maintenant dix ans et pour lequel elles avaient travaillé tellement dur. Ces heures passées à trimer au *Blue Lagoon*, à mettre de côté chaque dollar gagné pour le projet, ces années passées à concevoir un endroit à leur image, tout cela était en train de s'effondrer.

Jesse et moi ne voulions surtout pas nous en mêler. Notre dernier moment passé tous les quatre ensemble avait été un désastre. Réunis dans la cuisine de Natasha pour goûter les plats finalement choisis pour figurer sur la carte de *La Petite Russie*, j'avais commis la pire des gaffes. En goûtant à nouveau à ce fameux sandwich au bœuf agrémenté de cette sauce si particulière, je m'étais extasié et j'avais eu le malheur de parler de « la sauce Natasha ». Darla avait aussitôt fait une scène :

— *La sauce Natasha* ? Alors c'est comme ça qu'on l'appelle ? Pourquoi est-ce qu'on ne rebaptiserait pas le restaurant *Chez Natasha* ?

— Ce n'est pas la sauce Natasha, avait essayé de la calmer cette dernière. C'est notre restaurant, à toutes les deux, et tu le sais bien.

— Non, je ne le sais pas bien, Natasha ! Car j'ai surtout l'impression d'être juste une employée à tes ordres, Madame-je-décide-de-tout.

Elle était partie en claquant la porte.

Aussi, lorsque quelques semaines plus tard elles nous proposèrent de les accompagner chez l'imprimeur pour décider de la typographie des menus du restaurant, Jesse et moi déclinâmes. J'ignore si elles voulaient vraiment notre avis, ou simplement que nous jouions les pacificateurs, mais ni Jesse ni moi n'avions l'intention de nous en mêler.

Ce jour-là était le jeudi 13 octobre 1994. Et ce fut le jour où tout bascula.

C'était le début de l'après-midi. Jesse et moi étions dans notre bureau, à avaler des sandwichs, lorsque le téléphone de Jesse sonna. C'était Natasha, elle était en pleurs. Elle appelait depuis un magasin de chasse et pêche de Long Island.

— Darla et moi, on s'est disputées dans la voiture en allant chez l'imprimeur, lui expliqua-t-elle. Elle s'est soudain arrêtée sur le bas-côté et m'a mise dehors. J'ai oublié mon sac à main à l'intérieur, je suis perdue, sans argent.

Jesse lui dit de ne pas bouger, qu'il allait venir la chercher. Je décidai de l'accompagner. Nous récupérâmes la pauvre Natasha en larmes. Nous nous efforçâmes de la réconforter, nous lui promîmes que tout finirait par s'arranger, mais elle répétait que pour elle le restaurant, c'était fini, qu'elle ne voulait plus en entendre parler.

Nous manquâmes de peu Darla, qui avait fait demi-tour pour récupérer son amie : elle se haïssait pour ce qu'elle venait de faire, elle était prête à tout pour se faire pardonner. Ne trouvant pas Natasha, elle s'arrêta devant le magasin de chasse et pêche, planté au bord de cette route déserte. Le propriétaire des lieux lui indiqua qu'il avait bien vu une jeune femme en pleurs, qu'il lui avait prêté le téléphone et que deux hommes étaient venus la chercher. « Ils viennent à peine de s'en aller, dit-il, ça ne fait même pas une minute. »

Je crois qu'à quelques instants près, Darla nous aurait vus devant le magasin de chasse et pêche. Et tout aurait été différent.

Nous étions en route pour raccompagner Natasha chez elle, lorsque soudain notre radio se mit à crépiter. Ted Tennenbaum venait d'être repéré dans une station-service toute proche.

J'attrapai le micro de la radio et m'annonçai à la centrale. Jesse se saisit du gyrophare et le plaça sur le toit, avant d'enclencher la sirène.

# 0

# Le soir de la première

---

SAMEDI 26 JUILLET 2014

## JESSE ROSENBERG

*Samedi 26 juillet 2014*

*Le jour de la première*

Le jour où tout bascula.

Il était 17 heures 30. Les portes du Grand Théâtre allaient bientôt ouvrir. La rue principale, bouclée par la police, était noire de monde. Il y régnait une agitation complètement folle. Au milieu des journalistes, des badauds et des vendeurs ambulants de souvenirs, les détenteurs de billets s'entassaient contre les barrières de sécurité qui empêchaient encore l'accès au Grand Théâtre. Des déçus, qui n'avaient pu obtenir le sésame pour la première, arpentaient la foule avec des panneaux de leur fabrication, promettant des sommes folles contre un billet.

Un peu plus tôt, les chaînes télévisées d'information en continu avaient diffusé en direct l'arrivée au Grand Théâtre du convoi des acteurs, sous très haute protection. Avant de franchir la porte de l'entrée des artistes, chacun avait été minutieusement fouillé et passé au détecteur de métaux.

Aux entrées principales du Grand Théâtre, des policiers terminaient l'installation des portiques de détection. Le public ne tenait plus en place. Dans un peu plus de deux heures, la première représentation de *La Nuit noire* allait commencer. L'identité de l'auteur du quadruple meurtre de 1994 serait enfin révélée.

Dans la salle des archives de l'*Orphea Chronicle*, Derek, Anna et moi nous préparions à rejoindre à notre tour le Grand Théâtre. Condamnés à assister au triomphe ridicule de Kirk Harvey. La veille, le major McKenna nous avait mis en garde et nous avait ordonné de nous tenir loin de lui. « Au lieu de vous en prendre à Harvey, avait-il dit à Derek et moi, vous feriez mieux de boucler votre enquête et de découvrir la vérité. » C'était injuste. Nous avions travaillé sans relâche, jusqu'à la dernière minute, mais malheureusement sans beaucoup de succès. Pourquoi Meghan Padalin avait-elle été tuée ? Qui aurait eu une bonne raison de vouloir éliminer cette femme sans histoire ?

Michael Bird nous avait apporté une aide précieuse, passant quasiment une nuit blanche à nos côtés. Il avait réuni tout ce qu'il pouvait sur Meghan, pour que nous puissions reconstituer sa biographie. Elle était née à Pittsburgh, et avait étudié la littérature dans une petite université de l'État de New York. Elle avait brièvement vécu à New York avant de s'installer à Orphea en 1990, avec son mari, Samuel, qui travaillait comme ingénieur dans une usine de la région. Elle avait été rapidement engagée par Cody dans sa librairie.

Et que dire du mari, Samuel Padalin, qui avait soudain resurgi à Orphea pour participer à la pièce de théâtre ? Depuis l'assassinat de sa femme, il avait déménagé à Southampton et s'était remarié.

Samuel Padalin semblait lui aussi être un homme sans histoire. Il n'avait pas de casier judiciaire et s'était engagé en tant que bénévole dans diverses associations. Sa nouvelle femme, Kelly Padalin, était médecin. Ils avaient deux enfants, de 10 et 12 ans.

Pouvait-il alors y avoir un lien entre Meghan Padalin et Jeremiah Fold ? Ou même entre Samuel Padalin et Jeremiah ?

Nous avions téléphoné à l'ancien agent spécial Grace de l'ATF, mais le nom de Padalin ne lui disait rien. Impossible de questionner Costico, qui demeurait introuvable. Nous avions interrogé alors Virginia Parker, la chanteuse du Club qui avait eu un enfant avec Jeremiah Fold, mais elle assurait n'avoir jamais entendu parler de Samuel ni de Meghan Padalin.

Personne n'avait de lien avec personne. C'était presque invraisemblable. À l'heure où les portes du théâtre allaient ouvrir, nous en étions même à nous demander s'il ne s'agissait pas de deux enquêtes distinctes.

— Le meurtre de Meghan d'un côté, et les embrouilles de Gordon avec Jeremiah Fold de l'autre, songea Derek.

— Sauf que Gordon n'a apparemment aucun lien avec Jeremiah Fold non plus, fis-je remarquer.

— Mais la pièce de Harvey semble bien parler de Jeremiah Fold, nous rappela Anna. Je crois que tout est lié.

— Donc si je comprends bien, résuma Michael, tout est lié mais rien n'est lié. C'est un peu un casse-tête chinois, votre histoire.

— À qui le dis-tu ! soupira Anna. À cela s'ajoute le meurtrier de Stephanie. Pourrait-il s'agir d'une seule et même personne ?

Derek, pour essayer de sortir de cette confusion, rassembla ses esprits.

— Essayons de nous mettre à la place du tueur. Si j'étais lui, que ferais-je aujourd'hui ?

— Soit je serais déjà parti très loin, répondis-je, au Venezuela, ou dans n'importe quel autre pays qui n'extrade pas. Soit je tenterais d'empêcher la représentation.

— Empêcher la représentation ? s'étonna Derek. Mais la salle a été fouillée avec des chiens et toute personne voulant y accéder sera fouillée.

— Je crois qu'il sera là, dis-je. Je crois que le meurtrier sera dans la salle, parmi nous.

Nous décidâmes de nous rendre au Grand Théâtre et d'observer les spectateurs au moment où ils entreraient dans le bâtiment. Peut-être qu'un comportement particulier nous alerterait ? Ou que nous reconnaîtrions un visage. Mais nous voulions aussi en savoir davantage sur ce que mijotait Kirk Harvey. Si nous pouvions avoir le nom du tueur avant qu'il le fasse prononcer par un acteur, cela nous donnerait une longueur d'avance.

Le seul moyen de lire dans la tête de Harvey était de pouvoir accéder à son matériel créatif. Et notamment au dossier d'enquête qu'il cachait quelque part. Nous envoyâmes Michael Bird au Palace du Lac pour fouiller sa chambre en son absence.

— Ce que je pourrais découvrir n'aura jamais valeur de preuve, nous rappela Michael.

— On n'a pas besoin de preuve, dit Derek. On a besoin d'un nom.

— Et comment pourrai-je accéder aux étages ? demanda-t-il. Il y a des flics partout dans l'hôtel.

— Montrez-leur votre accréditation pour la pièce et

dites que c'est Kirk Harvey qui vous envoie récupérer des affaires. Je vais les prévenir de votre arrivée.

Si les policiers se montrèrent prêts à laisser Michael accéder à l'étage, le directeur de l'hôtel fut réticent à lui donner un double de la clé de la chambre.

— Monsieur Harvey a donné des consignes très claires, expliqua-t-il à Michael, personne ne doit accéder à sa chambre.

Mais comme Michael insistait, expliquant que c'était Harvey lui-même qui l'envoyait chercher un cahier de notes, le directeur décida de l'accompagner dans la suite.

La chambre était dans un ordre parfait. En pénétrant à l'intérieur, sous le regard soupçonneux du directeur, Michael ne vit aucun document. Pas un livre, pas une feuille de notes. Rien. Il vérifia le bureau, les tiroirs et même la table de nuit. Mais il n'y avait rien. Il jeta un coup d'œil dans la salle de bains. «Je ne crois pas que monsieur Harvey range ses cahiers dans la salle de bains», lui fit remarquer le directeur, agacé.

— Il n'y a rien dans la chambre de Harvey, nous informa Michael en nous retrouvant dans le foyer du Grand Théâtre, après avoir passé les interminables contrôles de sécurité.

Il était 19 heures 30. La pièce allait débuter dans une demi-heure. Nous n'avions pas réussi à doubler Harvey. Nous allions devoir apprendre le nom du meurtrier de la bouche de ses acteurs, comme tous les autres spectateurs. Et nous étions inquiets de savoir comment le meurtrier, s'il était dans la salle, allait réagir.

*

19 heures 58. Dans les coulisses du théâtre, à quelques minutes de monter sur les planches, Harvey avait réuni ses acteurs dans le couloir qui menait des loges à la scène. Face à lui se tenaient Charlotte Brown, Dakota et Jerry Eden, Samuel Padalin, Ron Gulliver, Meta Ostrovski, Steven Bergdorf et Alice Filmore.

— Mes amis, leur dit-il, j'espère que vous êtes prêts à découvrir le frisson de la gloire et du triomphe. Votre prestation, absolument unique dans toute l'histoire du théâtre, va bouleverser la nation tout entière.

*

20 heures.

La salle fut plongée dans le noir. Le brouhaha des spectateurs cessa aussitôt. La tension était palpable. Le spectacle allait commencer. Derek, Anna et moi nous tenions au dernier rang, debout, chacun à l'une des portes de la salle.

Le maire Brown apparut sur scène pour son discours d'ouverture. Je repensai à l'arrêt sur image de la vidéo de cette même séquence, mais vingt ans plus tôt, que Stephanie Mailer avait entourée d'un coup de feutre.

Après quelques propos convenus, le maire conclut son discours par « C'est un festival qui va marquer les mémoires. Que le spectacle commence ». Il descendit de scène pour s'asseoir au premier rang. Le rideau se leva. Le public frissonna.

Sur scène, Samuel Padalin, qui joue le mort, et à côté, Jerry en policier. Dans un coin, Steven et Alice, chacun un volant entre les mains, jouent les automobilistes excédés. Dakota avance doucement. Harvey annonce alors :

> *C'est un matin sinistre. Il pleut. Sur une route de campagne, la circulation est paralysée : un gigantesque embouteillage s'est formé. Les automobilistes, exaspérés, klaxonnent rageusement.*

On ne peut pas les entendre, mais tout en mimant des coups donnés sur leur klaxon, Steven et Alice se disputent. « Alice, tu dois avorter ! — Jamais, Steven ! C'est ton enfant et tu devras assumer. »

Harvey continue :

> *Une jeune femme, marchant sur le bas-côté, remonte la file des voitures immobiles.*

> LA JEUNE FEMME *(Dakota)* : Qu'est-ce qui se passe ?
>
> LE POLICIER *(Jerry)* : Un homme mort. Accident de moto tragique.
>
> LA JEUNE FEMME : Accident de moto ?
>
> LE POLICIER : Oui, il a percuté un arbre à pleine vitesse. Il n'en reste que de la bouillie.

Le public est médusé. Puis Harvey hurle : « *La Danse des morts !* » Et tous les acteurs s'écrient :

*« La Danse des morts ! La Danse des morts ! »* Ostrovski et Ron Gulliver apparaissent en slip et le public éclate de rire.

Gulliver tient son carcajou empaillé contre lui et déclame : *« Carcajou, mon beau carcajou, sauve-nous de la fin si proche ! »* Il embrasse l'animal et se jette au sol. Ostrovski, ouvrant grand les bras, et essayant surtout de ne pas se laisser déconcentrer par les rires du public qui le troublent, déclame alors :

*Dies iræ, dies illa,*
*Solvet sæclum in favílla !*

C'est à cet instant que je m'aperçus qu'Harvey n'avait pas ses feuilles en main. Je rejoignis Derek.

— Harvey avait dit qu'il donnerait ses feuillets aux acteurs au fur et à mesure, mais il n'a rien en main.

— Qu'est-ce que ça signifie ?

Tandis que sur scène démarrait la séquence dans le Club où Charlotte chante, Derek et moi nous précipitâmes aussitôt hors de la salle pour rejoindre les coulisses. Nous trouvâmes la loge de Harvey, elle était fermée à clé. Nous l'ouvrîmes d'un coup de pied. Sur une table, nous vîmes aussitôt le dossier de police, mais surtout sa fameuse pile de feuilles. Nous fîmes défiler les pages. Il y avait bien les premières scènes qui venaient d'être jouées, puis venait, après celle du bar, une apparition de la jeune femme, seule, qui déclarait :

*L'heure de vérité est venue. Le nom de l'assassin est…*

La phrase s'arrêtait sur trois points de suspension. Il n'y avait plus rien ensuite. Que des pages blanches.

Derek, après un instant de stupéfaction, s'écria soudain :

— Oh, mon Dieu, Jesse, tu avais raison ! Harvey n'a aucune idée de l'identité de l'assassin : il attend qu'il se démasque lui-même en interrompant le spectacle.

Au même instant, Dakota s'avançait seule sur la scène. Elle annonça alors d'un ton prophétique : *« L'heure de vérité est venue. »*

Derek et moi nous précipitâmes hors de la loge : il fallait arrêter le spectacle avant qu'il ne se passe quelque chose de grave. Mais il était trop tard. La salle était plongée dans l'obscurité totale. La nuit noire. Seule la scène était éclairée. Alors que nous arrivions à hauteur de la scène, Dakota commençait sa phrase : *« Le nom de l'assassin est… »*

Soudain deux coups de feu retentirent. Dakota s'effondra au sol.

La foule se mit à hurler. Derek et moi dégainâmes nos armes et nous précipitâmes sur la scène en hurlant à la radio : *« Coup de feu, coup de feu ! »* Les lumières de la salle s'allumèrent, une scène de panique générale éclata. Les spectateurs, terrifiés, essayaient de fuir par tous les moyens. C'était une cohue totale. Nous n'avions pas vu le tireur. Anna non plus. Et nous ne pouvions plus arrêter ce flot humain qui se déversait par les issues de secours. Le tireur s'était mêlé à la foule. Il était peut-être déjà loin.

Dakota gisait au sol, prise de convulsions, il y avait du sang partout. Jerry, Charlotte et Harvey s'étaient précipités autour d'elle. Jerry hurlait. J'appuyai sur ses plaies pour freiner l'hémorragie, tandis que Derek s'époumonait à la radio : « On a un blessé par balles ! Envoyez des secours sur la scène ! »

Le flot de spectateurs se déversa dans la rue principale, déclenchant un gigantesque mouvement de panique que la police ne pouvait pas contenir. Les gens hurlaient. On parlait d'un attentat.

Steven courut avec Alice jusqu'à se retrouver dans un petit parc désert. Ils s'y arrêtèrent pour reprendre leur souffle.

— Mais que s'est-il passé ? demanda Alice, paniquée.

— Je n'en sais rien, répondit Steven.

Alice observa la rue. Il n'y avait personne. Tout était désert. Ils avaient couru longtemps. Steven comprit que c'était le moment ou jamais. Alice lui tournait le dos. Il ramassa une pierre par terre et asséna un coup d'une violence inouïe sur le crâne d'Alice, qui se brisa aussitôt. Elle s'écroula par terre. Morte.

Steven, terrifié par ce qu'il venait de faire, lâcha la pierre et recula, contemplant le corps inerte. Il eut envie de vomir. Il observa autour de lui, paniqué. Il n'y avait personne. On ne l'avait pas vu. Il traîna le corps d'Alice dans un fourré et s'enfuit à toutes jambes en direction du Palace du Lac.

De la rue principale, on entendait des cris et des sirènes. Des véhicules d'urgence affluaient.

C'était le chaos total.

C'était la Nuit noire.

## *ANNA KANNER*

Vendredi 21 septembre 2012. Le jour où tout bascula.

Jusque-là, tout allait bien. Dans ma vie professionnelle et dans ma vie amoureuse avec Mark. J'étais inspectrice au commissariat du 55e district. Mark, avocat dans le cabinet de mon père, développait avec succès une clientèle d'affaires qui lui assurait d'importants revenus. Nous nous aimions. Nous étions un couple heureux. Au travail et à la maison. Des jeunes mariés heureux. J'avais même l'impression que nous étions plus heureux et épanouis que la plupart des autres couples que nous connaissions et auxquels je me comparais souvent.

Je crois que le premier écueil dans notre relation fut mon changement d'affectation au sein de la police. Ayant rapidement fait mes preuves sur le terrain, je fus proposée par mes supérieurs pour rejoindre en qualité de négociatrice une unité d'intervention en cas de prise d'otages. Je réussis brillamment les tests pour ce nouveau poste.

Mark ne comprit d'abord pas très bien ce qu'impliquait ma nouvelle affectation. Jusqu'à ce que je passe malgré moi à la télévision, lors d'une prise d'otages dans un supermarché du Queens au début de l'année 2012. On me vit à l'écran dans ma tenue noire, harnachée de mon gilet pare-balles, un casque balistique entre les mains. Les images firent le tour de la famille et de nos amis.

— Je croyais que tu étais négociatrice, dit Mark, effaré, après avoir regardé la séquence en boucle.

— C'est le cas, lui assurai-je.

— À voir ta tenue, on croirait que tu es plus dans l'action que dans la réflexion.

— Mark, c'est une unité qui gère des prises d'otages. On ne fait pas du yoga pour régler ce genre de problèmes.

Il resta silencieux un moment, tracassé. Se servit un verre, fuma quelques cigarettes, puis vint me prévenir :

— Je ne sais pas si je pourrai supporter que tu fasses ce boulot.

— Tu connaissais les risques de mon métier en m'épousant, lui rappelai-je.

— Non, quand je t'ai connue, tu étais inspectrice. Tu ne faisais pas ce genre d'idioties.

— Des idioties ? Mark, je sauve des vies.

Les tensions s'aggravèrent après qu'un détraqué abattit à bout portant deux policiers qui buvaient un café dans leur voiture, garée dans une rue de Brooklyn, la fenêtre ouverte.

Mark était inquiet. Quand je partais le matin, il me disait : « J'espère que je te retrouverai ce soir. » Les mois s'écoulèrent. Peu à peu, les allusions ne suffirent plus : Mark se montra plus insistant et en vint à me suggérer une reconversion professionnelle.

— Pourquoi tu ne viendrais pas travailler avec moi au cabinet d'avocats, Anna ? Tu pourrais m'aider sur les gros dossiers.

— T'aider ? Tu voudrais que je sois ton assistante ? Tu penses que je ne suis pas capable d'avoir mes propres dossiers ? Dois-je te rappeler que je suis avocate diplômée, comme toi ?

— Ne me fais pas dire ce que je n'ai pas dit. Mais je pense que tu devrais penser plus loin que ton futur immédiat, et envisager un travail à temps partiel.

— Partiel ? Pourquoi un temps partiel ?

— Anna, quand on aura des enfants, tu ne vas quand même pas passer tes journées loin d'eux ?

Mark avait des parents carriéristes qui s'étaient très peu occupés de lui lorsqu'il était enfant. Il en avait gardé une blessure qu'il réparait en travaillant d'arrache-pied dans l'idée de subvenir seul aux besoins du ménage et de permettre à sa femme de rester à la maison.

— Je ne serai jamais une femme au foyer, Mark. Ça aussi, tu le savais avant de m'épouser.

— Mais tu n'as plus besoin de travailler, Anna, je gagne suffisamment d'argent !

— J'aime mon métier, Mark. Je regrette que ça te déplaise tant.

— Promets-moi au moins d'y réfléchir.

— C'est non, Mark ! Mais ne t'inquiète pas, nous ne serons pas comme tes parents.

— Ne mêle pas mes parents à ça, Anna !

Lui pourtant y mêla mon père en se confiant à lui. Et ce dernier m'en parla un jour que nous nous retrouvions tous les deux. C'était ce fameux vendredi 21 septembre. Je me souviens que c'était une magnifique journée d'été indien : un soleil éclatant inondait New York, le thermomètre dépassait les vingt degrés Celsius. Je ne travaillais pas ce jour-là et je retrouvai mon père pour déjeuner sur la terrasse d'un petit restaurant italien que nous adorions tous les deux. L'établissement n'était pas proche du cabinet de mon père et je songeai que s'il m'y donnait rendez-vous un jour de semaine, c'est qu'il voulait me parler de quelque chose d'important.

Effectivement, à peine fûmes-nous installés à table qu'il me dit :

— Anna, ma chérie, je sais que tu as des problèmes de couple.

Je manquai de recracher l'eau que j'étais en train de boire.

— On peut savoir qui t'a raconté ça, papa ? demandai-je.

— Ton mari. Il a peur pour toi, tu sais.

— Je faisais déjà ce métier quand il m'a rencontrée, papa.

— Alors, tu vas tout sacrifier pour ton boulot de flic ?

— J'adore mon travail. Est-ce que quelqu'un peut respecter cela ?

— Tu risques ta peau tous les jours !

— Mais enfin, papa, je peux aussi bien mourir happée par un bus en sortant de ce restaurant.

— Ne joue pas sur les mots, Anna. Mark est un garçon fantastique, ne fais pas l'idiote avec lui.

Le soir même, Mark et moi eûmes une violente dispute.

— Je ne peux pas croire que tu sois allé pleurnicher auprès de mon père ! lui reprochai-je, furieuse. Nos histoires de couple ne concernent personne d'autre que nous !

— J'espérais que ton père pourrait te raisonner. Il est la seule personne à avoir un peu d'influence sur toi. Mais au fond, tu ne penses à rien d'autre qu'à ton petit bonheur à toi. Tu es tellement égoïste, Anna.

— J'aime mon métier, Mark ! Je suis une bonne policière ! Est-ce si difficile à comprendre ?

— Et toi, est-ce que tu peux comprendre que je n'en peux plus d'avoir peur pour toi ? De tressaillir quand ton téléphone sonne au milieu de la nuit et que tu disparais pour une urgence ?

— Ne sois pas de mauvaise foi : ça n'arrive vraiment pas si souvent.

— Mais ça arrive. Franchement, Anna, c'est trop dangereux ! Ce n'est plus un métier pour toi !

— Et comment sais-tu ce qui est un métier pour moi ?

— Je le sais, c'est tout.

— Je me demande comment tu peux être aussi con…

— Ton père est d'accord avec moi !

— Mais je ne me suis pas mariée avec mon père, Mark ! Je me fous de ce qu'il pense !

Mon téléphone sonna à cet instant. Je vis sur l'écran que c'était mon chef. À une heure pareille, ce ne pouvait être qu'une urgence et Mark le comprit aussitôt.

— Anna, s'il te plaît, ne prends pas cet appel.

— Mark, c'est mon chef.

— Tu es en congé.

— Justement, Mark. S'il appelle, c'est que c'est important.

— Mais bordel, tu n'es pas la seule flic de cette ville, non ?

J'eus un instant d'hésitation. Puis je répondis.

— Anna, me dit mon chef à l'autre bout du fil, il y a une prise d'otages dans une bijouterie à l'angle de Madison Avenue et de la 57e Rue. Le quartier est bouclé. On a besoin d'une négociatrice.

— Très bien, dis-je en notant l'adresse sur un morceau de papier. Comment s'appelle la bijouterie ?

— Bijouterie Sabar.

Je raccrochai et j'attrapai mon sac avec mes affaires, toujours prêt à côté de la porte. Je voulus embrasser Mark mais il avait disparu dans la cuisine. Je soupirai tristement, et m'en allai. En sortant de notre maison, je vis nos voisins, par la fenêtre de leur salle à manger, qui terminaient de dîner. Ils avaient l'air heureux. Pour la première fois, je songeai que les autres couples étaient sans doute plus épanouis que le nôtre.

Je montai dans ma voiture banalisée, enclenchai les gyrophares et je partis dans la nuit.

## *DEREK SCOTT*

Jeudi 13 octobre 1994. Le jour où tout bascula.

Nous arrivâmes à toute allure à la station-service. Il ne fallait pas que Tennenbaum nous échappe.

Nous étions tellement absorbés par notre poursuite que j'en avais oublié Natasha, sur la banquette arrière, qui se cramponnait. Jesse, suivant les indications données à la radio, me guidait.

Nous prîmes la route 101, puis la 107. Tennenbaum avait été pris en chasse par deux patrouilles de police, qu'il tentait de semer par tous les moyens.

— Continue tout droit, puis prends la route 94, m'ordonna Jesse, on va lui barrer le chemin et monter un barrage.

J'accélérai encore pour gagner du terrain et m'engageai sur la route 94. Mais alors que nous atteignions la 107, la camionnette noire de Tennenbaum, avec son logo peint sur la vitre arrière, nous coupa la route. J'eus juste le temps de l'apercevoir au volant.

Je filai à ses trousses. Il avait réussi à distancer les patrouilles. J'étais décidé à ne pas le lâcher. Nous vîmes bientôt devant nous le grand pont qui franchissait la rivière du Serpent. Nous étions quasiment pare-chocs contre pare-chocs. Je parvins à accélérer encore pour me mettre presque à sa hauteur. Il n'y avait personne venant en face.

— Je vais essayer de le coincer contre la rambarde sur le pont.

— Très bien, me dit Jesse. Vas-y.

Au moment où nous nous engagions sur le pont, je donnai un coup de volant et heurtai l'arrière de la camionnette de Tennenbaum qui en perdit le contrôle et percuta la rambarde. Mais celle-ci, au lieu de le retenir, céda et il partit dans le décor. Je n'eus pas le temps de freiner.

La camionnette de Ted Tennenbaum plongea dans la rivière et notre voiture aussi.

*Troisième Partie*

# Élévation

# 1

# Natasha

---

JEUDI 13 OCTOBRE 1994

## JESSE ROSENBERG

*Jeudi 13 octobre 1994*

Ce jour-là, lorsque, à la poursuite de Ted Tennenbaum, Derek perd le contrôle de la voiture et que la rambarde du pont a volé en éclats, je nous vois plonger dans la rivière au ralenti. Comme si, soudain, le temps s'était arrêté. Je vois l'étendue d'eau se rapprocher du pare-brise. La chute me semble se prolonger pendant des dizaines de minutes: elle ne dure en réalité que quelques secondes.

Au moment où la voiture va toucher l'eau, je m'aperçois que je n'ai pas attaché ma ceinture. Sous l'impact, ma tête heurte la boîte à gants. C'est le trou noir. Ma vie défile sous mes yeux. Je retrouve les années écoulées.

Je me revois à la fin des années 1970, lorsque j'avais neuf ans et que, après le décès de mon père, ma mère et moi avions déménagé à Rego Park pour être plus proches de mes grands-parents. Ma mère avait dû augmenter ses horaires de travail pour pouvoir joindre les deux bouts et comme elle ne voulait pas que je reste trop longtemps seul après l'école, je devais, à la fin des classes, aller chez mes grands-parents qui habitaient à une rue de mon école primaire, et j'y restais jusqu'au retour de ma mère.

Mes grands-parents étaient des êtres objectivement affreux, mais à qui, pour des raisons sentimentales, je vouais une profonde affection. Ils n'étaient ni doux ni gentils et, surtout, ils étaient incapables de se tenir correctement en toutes circonstances. La phrase préférée de mon grand-père était « Bande de petits cons ! » Celle de ma grand-mère était « C'est de la merde ! » Ils répétaient leurs jurons à longueur de journée, comme deux perroquets rabougris.

Dans la rue, ils houspillaient les enfants et insultaient les passants. « Bande de petits cons ! » entendait-on d'abord. Puis ma grand-mère : « C'est de la merde ! »

Dans les magasins, ils malmenaient les employés. « Bande de petits cons ! » décrétait Grand-père. « C'est de la merde ! » surenchérissait Grand-mère.

À la caisse du supermarché, ils doublaient tout le monde sans aucune gêne. Quand les clients protestaient, Grand-père leur disait : « Bande de petits cons ! » Quand ces mêmes clients restaient muets par respect pour les aînés, Grand-père leur disait : « Bande de petits cons ! » Puis le caissier, ayant scanné les codes-barres de leurs produits sur sa caisse enregistreuse, leur annonçait la somme totale et Grand-mère lui disait : « C'est de la merde ! »

À Halloween, les enfants qui avaient la mauvaise idée de sonner à leur porte pour réclamer des bonbons, voyaient mon grand-père ouvrir avec fracas et hurler « Bande de petits cons ! », avant que ma grand-mère ne surgisse et leur jette un seau d'eau glacée au visage pour les chasser en hurlant « C'est de la merde ! » On voyait les petits corps déguisés s'enfuir en pleurant, trempés jusqu'aux os, dans les rues glaciales de l'automne new-yorkais, et condamnés au mieux à une grippe, au pire à une pneumonie.

Mes grands-parents avaient les réflexes de ceux qui avaient connu la faim. Au restaurant, Grand-mère vidait systématiquement le panier de pain dans son sac à main. Grand-père demandait aussitôt au serveur qu'il le remplisse, et Grand-mère poursuivait son entreprise de stockage. Avez-vous eu des grands-parents à qui, au restaurant, le serveur disait : « À partir de maintenant, nous allons devoir vous facturer le pain si vous en demandez encore » ? Moi, oui. Et la scène qui s'ensuivait était encore plus gênante. « C'est de la merde ! » lui assénait Grand-mère de sa bouche sans dents. « Bande de petits cons ! » surenchérissait Grand-père en lui lançant des tranches de pain au visage.

L'essentiel des conversations que ma mère avait avec ses parents consistait en des « Arrêtez maintenant ! » ou « Tenez-vous correctement ! » ou des « Je vous en supplie, ne me faites pas honte ! » ou encore « Faites au moins un effort devant Jesse ! » Souvent, quand nous rentrions de chez eux, maman me disait qu'elle avait honte de ses parents. Moi je ne trouvais rien à leur reprocher.

Notre déménagement à Rego Park avait impliqué que je change d'école. Quelques semaines après mon arrivée dans le nouvel établissement scolaire, un de mes camarades de classe décréta : « Tu t'appelles Jesse… comme Jessica ! » Il ne fallut pas un quart d'heure pour que mon nouveau surnom se propage. Et toute la journée, je dus endurer des sobriquets tels que « Jesse la fille ! » ou « Jessica la nana ! ».

Ce jour-là, meurtri par les humiliations, je rentrai de l'école en pleurant.

— Pourquoi tu pleures ? me demanda sèchement Grand-père en me voyant franchir l'entrée de sa maison. Les hommes qui pleurent, ce sont des filles.

— Mes copains d'école m'appellent Jessica, me lamentai-je.

— Eh bien tu vois, ils ont raison.

Grand-père me conduisit à la cuisine où Grand-mère était en train de préparer mon goûter.

— Pourquoi il pleurniche celui-là ? demanda Grand-mère à Grand-père.

— Parce que ses copains le traitent de fillette, expliqua Grand-père.

— Pfft ! les hommes qui pleurent, c'est des filles, décréta Grand-mère.

— Ah ! tu vois ! me dit Grand-père. Au moins tout le monde est d'accord.

Comme mon désarroi ne passait pas, mes grands-parents me firent alors part de quelques-unes de leurs bonnes suggestions :

— Frappe-les ! me conseilla Grand-mère. Ne te laisse pas faire !

— Ouais, frappe-les ! approuva Grand-père en fouillant dans le frigidaire.

— Maman m'interdit de me battre, précisai-je pour qu'ils envisagent une riposte plus digne. Peut-être que vous pourriez aller parler à ma maîtresse ?

— Parler, c'est de la merde ! trancha Grand-mère.

— Bande de petits cons ! ajouta Grand-père qui avait déniché de la viande fumée dans le frigo.

— Frappe ton grand-père dans le bide, m'ordonna alors Grand-mère.

— Ouais, viens me frapper dans le bide ! s'enthousiasma Grand-père, postillonnant des morceaux de la viande froide qu'il mâchait goulûment.

Je refusai catégoriquement.

— Si tu ne le fais pas, c'est que t'es une fillette ! me prévint Grand-père.

— Tu préfères frapper Grand-père ou être une fillette ? me demanda Grand-mère.

Face à un tel choix, j'avais dit préférer être une fillette plutôt que faire du mal à Grand-père, et mes grands-parents se mirent à m'appeler « Fillette » pour le reste de l'après-midi.

Le lendemain, de retour chez eux, un cadeau m'attendait sur la table de la cuisine. *Pour Jessica*, était-il écrit sur un autocollant rose. Je défis l'emballage et trouvai une perruque blonde de petite fille.

— Désormais, tu porteras cette perruque et nous t'appellerons Jessica, m'expliqua Grand-mère, hilare.

— Je ne veux pas être une fillette, protestai-je tandis que Grand-père me la mettait sur la tête.

— Alors prouve-le, me défia Grand-mère. Si tu n'es pas une fillette, tu seras capable de sortir les commissions du coffre de la voiture et de les ranger dans le frigo.

Je m'empressai de m'exécuter. Mais une fois que ce fut fait, réclamant de pouvoir enlever ma perruque et retrouver ma dignité de garçon, Grand-mère considéra que ce n'était pas assez. Il lui fallait une autre preuve. Je demandai aussitôt un autre défi, que je relevai brillamment encore, mais à nouveau, Grand-mère ne fut pas convaincue. Ce n'est qu'après deux jours passés à ranger le garage, préparer le semainier de Grand-père, ramener les vêtements du pressing – que je dus payer avec mon argent de poche –, faire la vaisselle qui traînait et cirer toutes les chaussures de la maison que je compris que Jessica n'était qu'une petite fille prisonnière, esclave de ma grand-mère.

La délivrance vint d'un épisode qui se déroula au supermarché où nous nous rendîmes dans la voiture de mes grands-parents. En arrivant sur le parking, Grand-père, qui conduisait comme un pied, emboutit sans gravité le pare-chocs d'une voiture qui reculait. Lui et Grand-mère sortirent constater les dégâts, pendant que je restais sur la banquette arrière.

— Bande de petits cons ! hurla Grand-père à la conductrice du véhicule qu'il venait d'emboutir et à son mari qui en inspectait sa carrosserie.

— Surveillez votre langage, s'agaça la conductrice, sinon j'appelle les flics.

— C'est de la merde ! intervint Grand-mère qui avait le sens de l'à-propos.

La femme au volant redoubla d'excitation, et s'en prit à son mari qui ne disait rien et se contentait de passer un doigt mollasson sur la griffure zébrant le pare-chocs pour voir s'il était abîmé ou s'il s'agissait d'une salissure.

— Alors, Robert, l'apostropha-t-elle, dis quelque chose, bon sang !

Des curieux s'arrêtèrent avec leurs caddies pour observer la scène tandis que le Robert en question regardait sa femme sans prononcer le moindre mot.

— Madame, suggéra Grand-père à la conductrice, regardez donc dans la boîte à gants si vous n'y trouvez pas les couilles de votre mari.

Le Robert se redressa et, levant un poing menaçant :

— Pas de couilles ? Moi, pas de couilles ? gueula-t-il.

Le voyant prêt à frapper mon grand-père, je descendis illico de la voiture, toujours avec ma perruque sur la tête. « Touchez pas à mon grand-père ! » ordonnai-je à Robert, qui, dans l'agitation, se laissa abuser par ma tignasse blonde et me répondit :

— Elle veut quoi, la petite fille ?

C'en était trop. Allaient-ils comprendre enfin que je n'étais pas une petite fille ?

— Tiens, voilà tes couilles ! lui criai-je de ma voix d'enfant en lui envoyant un sublime coup de poing bien placé qui le fit s'effondrer par terre.

Grand-mère m'attrapa, me jeta sur la banquette arrière de notre voiture et s'y engouffra avec moi, tandis que Grand-père, déjà installé sur le siège conducteur, démarrait en trombe. « Bande de petits cons ! », « C'est de la merde ! » entendirent encore les témoins qui relevèrent l'immatriculation de la voiture de Grand-père avant d'appeler la police.

Cet incident eut plusieurs mérites. L'un d'entre eux fut l'arrivée d'Ephram et Becky Jenson dans ma vie. Ils étaient les voisins de mes grands-parents et je les avais aperçus occasionnellement. Je savais que Becky faisait parfois des courses pour Grand-mère et qu'Ephram rendait de menus services à Grand-père quand, par exemple, le changement d'une ampoule impliquait des exercices d'équilibriste. Je savais aussi qu'ils n'avaient pas d'enfants parce qu'un jour Grand-mère leur avait demandé :

— Vous n'avez pas d'enfants ?

— Non, avait répondu Becky.

— C'est de la merde ! lui avait dit Grand-mère, compatissante.

— Je suis bien d'accord avec vous.

Mais c'est peu après l'incident des couilles de Robert et notre retour précipité du supermarché, que ma relation avec eux débuta pour de bon, lorsque la police frappa à la porte de mes grands-parents.

— Quelqu'un est mort ? demanda Grand-père aux deux policiers sur le palier de la porte.

— Non, monsieur. Par contre, il semblerait que vous et une petite fille ayez été impliqués dans un incident sur le parking du centre commercial de Rego.

— Sur le parking du centre commercial ? répéta Grand-père d'un ton outré. Je n'ai jamais mis les pieds là-bas de toute ma vie !

— Monsieur, une voiture immatriculée à votre nom et correspondant à celle garée devant votre maison a été formellement identifiée par plusieurs témoins après qu'un homme a été agressé par une petite fille blonde.

— Il n'y a pas de petite fille blonde ici, assura Grand-père.

N'étant pas au courant de ce qui se passait, je vins à la porte pour voir à qui parlait Grand-père, avec ma perruque sur la tête.

— Voilà la petite fille ! s'écria le collègue du policier qui parlait.

— Je ne suis pas une petite fille ! m'écriai-je en prenant une grosse voix.

— Touchez pas à ma Jessica ! hurla Grand-père en faisant bloc de son corps dans l'encadrement de la porte.

C'est à ce moment-là que le voisin de mes grands-parents, Ephram Jenson, entra en scène. Alerté par les cris, il rappliqua aussitôt et brandit une plaque de policier. Je ne saisis pas ce qu'il raconta aux deux autres agents, mais je compris qu'Ephram était un policier important. Il lui suffit d'une phrase pour que ses confrères présentent leurs excuses à Grand-père et s'en aillent.

À partir de ce jour-là, Grand-mère, qui avait une certaine peur de l'autorité et des uniformes depuis Odessa, éleva Ephram au rang de Juste. Et, pour le remercier, elle confectionna chaque vendredi après-midi un délicieux gâteau au fromage dont elle avait le secret, qui parfumait la cuisine à mon retour de l'école mais dont je savais que je n'aurais pas droit à la moindre part. Le gâteau prêt et emballé, Grand-mère me disait : « Va vite le leur porter, Jesse. Cet homme, c'est notre Raoul Wallenberg ! » Je me présentais chez les Jenson et, en leur tendant le gâteau, je devais impérativement leur dire : « Mes grands-parents vous remercient de nous avoir sauvé la vie. »

À force d'aller chez les Jenson chaque semaine, ils se mirent à m'inviter à entrer et à rester un peu. Becky me disait que le gâteau était énorme et qu'ils n'étaient que deux, et malgré mes protestations, elle en découpait une part que je mangeais dans leur cuisine avec un verre de lait. Je les aimais beaucoup : Ephram me fascinait et je trouvais en Becky l'amour d'une mère qui me manquait, ne voyant pas assez la mienne. Puis Becky et Ephram me proposèrent bientôt de les accompagner les week-ends à Manhattan, pour nous promener, ou visiter des expositions. Ils me sortaient de chez mes grands-parents. Quand ils sonnaient à la porte et qu'ils demandaient à ma grand-mère si je pouvais les accompagner, j'étais traversé par un immense sentiment de joie.

Quant à la petite fille blonde qui donnait des coups de poing dans les coucougnettes, on ne la retrouva jamais. C'est ainsi que Jessica disparut pour toujours et que je n'eus plus besoin de porter cette affreuse perruque. Parfois, dans des moments d'égarement, Jessica resurgissait dans l'esprit de Grand-mère. En plein repas de famille, alors que nous étions une vingtaine autour de la table, elle déclarait soudain :

— Jessica est morte sur un parking de supermarché.

Il s'ensuivait en général un long silence. Puis un cousin osait demander :

— Qui était Jessica ?

— Sûrement une histoire de la guerre, murmurait un autre.

Tout le monde prenait alors un ton grave et un long silence planait dans la pièce, parce qu'on ne parlait jamais d'Odessa.

Après l'affaire des couilles de Robert, Grand-père considéra que j'étais désormais bel et bien un garçon, et même un garçon courageux et, pour me féliciter, il m'emmena une après-midi dans l'arrière-boutique d'une boucherie casher où un vieillard originaire de Bratislava donnait des cours de boxe. Le vieux était l'ancien boucher – le magasin était désormais tenu par ses fils – et il occupait ses journées en donnant aux petits-enfants de ses amis des leçons gratuites de pugilat, qui consistaient essentiellement à nous faire cogner sur des carcasses rassies au rythme du récit, dans une langue teintée d'un accent lointain, de la finale du championnat de boxe de Tchécoslovaquie en 1931.

C'est ainsi que je découvris que tous les après-midi, à Rego Park, une poignée de vieux bonshommes, sous le prétexte fallacieux de vouloir passer du temps avec leurs petits-enfants, s'enfuyaient du foyer conjugal pour venir à la boucherie. Ils s'installaient sur des chaises en plastique, emmitouflés dans leurs manteaux, buvant du café noir et fumant, pendant qu'une horde d'enfants un peu apeurés tapaient dans des quartiers de viande suspendus au plafond. Et lorsque nous n'en pouvions plus, nous écoutions, assis par terre, les histoires du vieillard de Bratislava.

Pendant des mois, je passai mes fins de journée à boxer à la boucherie, et ce dans le plus grand secret. Il se disait que j'avais peut-être un don pour la boxe et la rumeur rameutait chaque jour une horde de vieux grands-pères aux mille odeurs qui s'agglutinaient dans le froid de la salle pour m'observer, partageant des conserves de produits de l'Est qu'ils se tartinaient sur du pain noir. Je les entendais m'encourager: « Vas-y, mon gars ! », « Cognes-y ! Cognes-y fort ! », et Grand-père, débordant de fierté, répétait à qui voulait l'entendre: « C'est mon petit-fils. »

Grand-père m'avait fortement conseillé de ne rien dire à ma mère de notre nouvelle occupation, et je savais qu'il avait raison. Il avait remplacé la perruque par une tenue de sport flambant neuve que je gardais chez lui et que Grand-mère me lavait tous les soirs pour qu'elle soit propre le lendemain.

Pendant des mois, ma mère ne se douta de rien. Jusqu'à cet après-midi d'avril qui vit le service d'hygiène de la ville ainsi que la police faire une descente dans l'insalubre boucherie après une vague d'intoxications. Je me souviens de la tête incrédule des inspecteurs en débarquant dans l'arrière-boutique, où les dévisageaient une bande de gamins en tenue de boxe et une horde de vieillards, fumant et toussant, le tout dans une odeur âcre de transpiration mêlée à celle des cigarettes.

— Vous vendez la viande après que les gamins ont tapé dessus ? interrogea l'un des policiers qui ne pouvait pas y croire.

— Ben ouais, répondit naturellement le vieillard de Bratislava. C'est bon pour la bidoche, ça l'attendrit. Et attention : ils se lavent les mains avant leur cours.

— C'est pas vrai, pleurnicha un enfant, on ne se lave pas les mains avant !

— Toi, tu es viré du club de boxe ! cria sèchement le vieillard de Bratislava.

— C'est un club de boxe ou une boucherie ? demanda en se grattant le crâne un flic qui n'y comprenait rien.

— Un peu des deux, répondit le vieillard de Bratislava.

— La pièce n'est même pas réfrigérée, se scandalisait un contrôleur du service d'hygiène en prenant des notes.

— Il fait froid dehors et on garde les fenêtres ouvertes, s'entendit-il répondre.

La police avait prévenu ma mère. Mais celle-ci, coincée à son travail, avait appelé le voisin Ephram, qui avait débarqué aussitôt et m'avait ramené à la maison.

— Je vais rester avec toi jusqu'au retour de ta mère, m'avait-il dit.

— Qu'est-ce que tu es comme policier ? lui avais-je alors demandé.

— Je suis inspecteur à la Criminelle.

— Un inspecteur important ?

— Oui. Je suis capitaine.

J'en avais été très impressionné. Puis je lui avais fait part de mon inquiétude :

— J'espère que Grand-père n'aura pas d'ennuis avec la police.

— Avec la police, non, me répondit-il d'un sourire réconfortant. Par contre, avec ta mère…

Ainsi que l'avait pressenti Ephram, maman passa des jours entiers à crier contre Grand-père au téléphone : « Papa, tu deviens complètement fou ! » Elle lui disait que j'aurais pu me blesser, ou m'intoxiquer. Ou je ne sais quoi. Moi, j'étais enchanté : Grand-père, de mémoire bénie, m'avait emmené sur le chemin de la vie. Et il n'allait pas s'arrêter là puisque, après m'avoir initié à la boxe, il allait faire surgir dans ma vie, tel un magicien, Natasha.

Cela se produisit quelques années plus tard, alors que je venais d'avoir dix-sept ans. J'avais, à cette époque, transformé la grande chambre du sous-sol de chez mes grands-parents en une salle de musculation où j'avais entassé des haltères et accroché un sac de sable. Je m'y entraînais tous les jours. Un jour, au milieu des vacances d'été, Grand-mère m'annonça : « Débarrasse ta merde du sous-sol. On a besoin de la place. » Comme je demandais les raisons de mon éviction, Grand-mère m'expliqua qu'ils accueillaient généreusement une cousine éloignée venue du Canada. Généreusement, mon œil ! Ils lui réclamaient certainement un loyer. En guise de compensation, ils me proposèrent de me réinstaller dans le garage où je pourrais continuer mes séances de gymnastique dans les odeurs d'huile et la poussière. Je maudis pendant les jours qui suivirent cette vieille cousine grosse et puante qui me volait mon espace et que j'imaginais déjà le menton poilu, les sourcils épais, les dents jaunâtres, la bouche malodorante, et vêtue de fripes datant de l'époque soviétique. Pire encore : le jour de son arrivée, je dus aller la chercher à la gare de Jamaica, dans le Queens, où elle arrivait de Toronto par le train.

Grand-père me força à emporter une pancarte à son nom, en cyrillique.

— Je ne suis pas son chauffeur ! m'énervai-je. Tu ne veux pas que je mette une casquette tant que tu y es ?

— Sans pancarte, tu ne la retrouveras jamais !

Je partis furieux, avec la pancarte malgré tout, mais en jurant que je ne l'utiliserais pas.

Arrivé dans le hall de la gare de Jamaica, noyé dans la foule des voyageurs, et après avoir abordé quelques vieilles affolées qui n'étaient pas la cousine dégueulasse, je fus bien obligé de m'en remettre à mon ridicule morceau de carton.

Je me souviens du moment où je la vis. Cette fille aux yeux rieurs, dans la vingtaine, aux fines boucles sublimes et aux dents éclatantes qui se planta devant moi et lut mon panneau.

— Tu tiens ton panneau à l'envers, me dit-elle.

Je haussai les épaules.

— Qu'est-ce que ça peut te foutre ? T'es la police des panneaux ?

— Tu ne parles pas russe ?

— Non, répondis-je en tournant le panneau dans le bon sens.

— *Krassavtchik*, me nargua la fille.

— T'es qui, toi ? finis-je par demander, énervé.

— Je suis Natasha, me sourit-elle. C'est mon nom sur ton panneau.

Natasha venait d'entrer dans ma vie.

*

À partir du jour où Natasha débarqua chez mes grands-parents, c'est notre existence à tous qui fut chamboulée. Celle que j'avais imaginée vieille et affreuse se révélait être une jeune femme fascinante et merveilleuse, venue suivre une école de cuisine à New York.

Elle bouscula nos habitudes. Elle annexa le salon où personne ne mettait les pieds et s'y installait après ses cours, pour lire ou réviser ses cours. Elle se lovait dans le canapé avec une tasse de thé, allumait des bougies parfumées qui donnaient à l'air une odeur délicieuse. Cette pièce jusqu'alors lugubre devint celle où tout le monde voulait être. Quand je rentrais du lycée, j'y trouvais Natasha, le nez dans ses classeurs, et, installés dans des fauteuils face à elle, Grand-mère et Grand-père qui buvaient du thé et la contemplaient en totale admiration.

Quand elle n'était pas dans le salon, elle cuisinait. La maison s'emplissait d'odeurs que je n'avais jamais connues. Il y avait sans cesse des plats en préparation, le frigo ne désemplissait plus. Et quand Natasha cuisinait, mes grands-parents, assis à leur petite table, l'observaient avec passion en se gavant des plats qu'elle déposait devant eux.

De la pièce du sous-sol qui devint sa chambre, elle fit un petit palais confortable, tapissé de couleurs chaudes et dans lequel brûlait en permanence de l'encens. Elle y passait ses week-ends à dévorer des montagnes de livres. Je descendais souvent jusqu'à sa porte, intrigué par ce qui se passait à l'intérieur de la pièce, mais sans jamais oser frapper. C'est finalement Grand-mère qui me rudoyait, me voyant traîner dans la maison : « Ne reste pas là à ne rien faire, me disait-elle en me mettant entre les mains un plateau chargé d'un samovar fumant et de biscuits à peine sortis du four. Sois accueillant avec notre invitée et porte-lui ça, veux-tu ? »

Je m'empressais de descendre avec mon précieux chargement et Grand-mère me regardait faire en souriant, attendrie, sans que j'aie remarqué qu'elle avait mis deux tasses sur le plateau.

Je frappais à la porte de sa chambre et, en entendant la voix de Natasha qui me disait d'entrer, mon cœur doublait sa cadence.

— Grand-mère t'a préparé du thé, disais-je timidement en entrouvrant sa porte.

— Merci, *Krassavtchik*, me souriait-elle.

Elle était le plus souvent sur son lit à avaler des piles de livres. Après avoir docilement déposé le plateau sur une table basse devant un petit canapé, je restais en général debout, un peu emprunté.

— Tu rentres ou tu sors ? me demandait-elle alors.

Dans ma poitrine, mon cœur battait la chamade.

— Je rentre.

Je m'installais à côté d'elle. Elle nous servait le thé, puis elle roulait un joint et je regardais avec fascination ses doigts aux ongles vernis faire rouler le papier à cigarette dont elle léchait ensuite le bord de la pointe de sa langue pour le coller.

Sa beauté m'aveuglait, sa douceur me faisait fondre, son intelligence me subjuguait. Il n'y avait pas un sujet dont elle ne pouvait parler, pas un livre qu'elle n'ait lu. Elle connaissait tout sur tout. Et surtout, pour mon plus grand bonheur et contrairement à ce qu'affirmaient mes grands-parents, elle n'était pas vraiment une cousine, ou alors fallait-il remonter un bon siècle en arrière pour nous trouver un ancêtre commun.

Au fil des semaines puis des mois, la présence de Natasha fit naître une animation totalement nouvelle dans la maison de mes grands-parents. Elle jouait aux échecs avec Grand-père, avait avec lui d'interminables conversations sur la politique et devint la mascotte de la bande des vieillards de la boucherie, désormais exilée dans un café de Queens Boulevard, avec qui elle s'exprimait directement en russe. Elle accompagnait Grand-mère faire des courses, l'aidait à la maison. Elles cuisinaient ensemble, et Natasha s'avéra une cuisinière hors pair.

La maison s'animait souvent des conversations téléphoniques que Natasha avait avec ses cousines – des vraies – disséminées à travers le globe. Elle me disait parfois: «Nous sommes comme les pétales d'un pissenlit, rond et magnifique, et le vent a soufflé chacun de nous sur des coins différents de la terre.» Elle était pendue au téléphone, que ce soit celui de sa chambre, celui du hall ou celui de la cuisine avec son cordon extensible, et elle babillait dans le combiné pendant des heures, dans toutes sortes de langues et à toute heure du jour et de la nuit, décalage horaire oblige. Il y avait la cousine de Paris, celle de Zürich, celle de Tel-Aviv, celle de Buenos Aires. Elle parlait tantôt anglais, tantôt français, tantôt hébreu, tantôt allemand, mais la plupart du temps c'était le russe qui prenait le dessus.

Les appels devaient coûter des sommes astronomiques mais Grand-père ne disait rien. Au contraire. Souvent, sans qu'elle le sache, il décrochait le combiné dans une autre pièce et écoutait, passionné, la conversation. Je m'installais à côté de lui et il me traduisait à voix basse. C'est ainsi que je compris qu'elle parlait souvent de moi à ses cousines, elle disait que j'étais beau et merveilleux et que mes yeux brillaient. « *Krassavtchik*, m'expliqua un jour Grand-père après l'avoir entendue m'interpeller ainsi, ça veut dire *beau garçon.* »

Puis ce fut Halloween.

Ce soir-là, lorsque le premier groupe d'enfants sonna à la porte pour réclamer des bonbons et que Grand-mère se précipita pour ouvrir avec un seau d'eau glacée, Natasha tonna :

— Que fais-tu, Grand-mère ?

— Rien, répondit piteusement Grand-mère, stoppée dans son élan, avant de ramener son seau à la cuisine.

Natasha, qui avait préparé des saladiers remplis de bonbons multicolores, en donna un à chacun de mes grands-parents et les envoya ouvrir la porte. Les enfants, heureux, poussant des cris excités, se servirent à pleines mains avant de disparaître dans la nuit. Et mes grands-parents, les regardant détaler, s'écrièrent gentiment : « Joyeux Halloween, les enfants ! »

À Rego Park, Natasha était comme une tornade d'ondes positives et de créativité. Quand elle n'était pas en cours ni en train de cuisiner, elle faisait des photos dans le quartier, ou allait à la bibliothèque municipale. Elle laissait sans cesse des mots derrière elle pour avertir mes grands-parents de ce qu'elle faisait. Elle laissait parfois un mot sans raison, juste pour dire bonjour.

Un jour que je rentrais du lycée, ma grand-mère, me voyant franchir la porte de la maison, s'écria en me pointant d'un doigt menaçant :

— Où étais-tu, Jessica ?

Grand-mère, quand elle était très fâchée contre moi, m'appelait parfois Jessica.

— Au lycée, Grand-mère, répondis-je. Comme tous les jours.

— Tu n'as pas laissé de mot!

— Pourquoi j'aurais laissé un mot?

— Natasha laisse toujours un mot.

— Mais vous savez que les jours de semaine je suis au lycée! Où voulez-vous que je sois?

— Bande de petits cons! déclara Grand-père qui passait la porte de la cuisine en tenant un pot de concombres en saumure.

— C'est de la merde! lui répondit Grand-mère.

L'un des grands bouleversements provoqués par la présence de Natasha était que Grand-père et Grand-mère avaient cessé de jurer, du moins en sa présence. Grand-père avait également arrêté de fumer ses ignobles cigarettes roulées pendant les repas et je découvris même que mes grands-parents pouvaient se tenir convenablement à table et y avoir des conversations intéressantes. Pour la première fois, je vis Grand-père avec des chemises neuves. («C'est Natasha qui les a achetées, elle dit que les miennes étaient trouées»). Et je vis même Grand-mère avec des barrettes dans les cheveux («C'est Natasha qui m'a coiffée. Elle m'a dit que j'étais jolie»).

Quant à moi, Natasha m'initia à ce que je n'avais jamais connu: la littérature, l'art. Elle m'ouvrit les yeux sur le monde. Nos sorties, c'étaient les librairies, les musées, les galeries. Souvent, le dimanche, nous prenions le métro jusqu'à Manhattan: nous allions visiter un musée, le Met, le MoMA, le Muséum d'histoire naturelle, le Whitney. Ou alors nous allions dans des cinémas déserts et décrépis voir des films dans des langues que je ne comprenais pas. Mais je m'en fichais : je ne regardais pas l'écran, je la regardais, elle. Je la dévorais des yeux, infiniment troublé par ce bout de femme, totalement excentrique, totalement extraordinaire, totalement érotique. Elle vivait les films : elle s'emportait contre les acteurs, pleurait, s'agaçait, pleurait encore. Et la séance terminée, elle me disait : « C'était beau, hein ? » et moi je répondais que je n'avais rien compris. Elle riait, elle disait qu'elle allait tout m'expliquer. Et elle m'emmenait alors dans le café le plus proche, considérant que je ne pouvais rester sur une incompréhension, et me racontait le film depuis le début. En général, je ne l'écoutais pas. J'étais comme suspendu à ses lèvres. J'étais en adoration devant elle.

Puis nous allions dans les librairies – c'était une époque où les librairies fleurissaient encore à New York – et Natasha y achetait des piles de livres, puis nous retournions dans sa chambre, chez mes grands-parents. Elle me forçait à lire, elle s'allongeait contre moi, roulait un joint et fumait tranquillement.

Un soir de décembre, alors qu'elle avait la tête posée sur mon torse pendant que je devais lire un essai sur l'histoire de la Russie pour avoir osé lui poser une question sur le partage des anciennes Républiques soviétiques, elle tâta mes abdominaux.

— Comment ton corps peut-il être si dur ? me demanda-t-elle en se redressant.

— J'en sais rien, répondis-je. J'aime faire du sport.

Elle tira longuement sur son joint avant de le déposer dans un cendrier.

— Enlève ton t-shirt ! m'ordonna-t-elle soudain. J'ai envie de te voir pour de vrai.

Je lui obéis sans réfléchir. Je sentais mon cœur

résonner dans tout mon corps. Je me tins torse nu devant elle, elle scruta dans la pénombre mon corps sculpté, posa une main sur mes pectoraux et la fit glisser le long de mon torse, m'effleurant du bout des doigts.

— Je crois que j'ai jamais vu quelqu'un d'aussi beau, me dit Natasha.

— Moi ? Je suis beau ?

Elle éclata de rire :

— Évidemment, idiot !

Je lui dis alors :

— Je ne me trouve pas très beau.

Elle eut ce sourire magnifique, et cette phrase, qui reste aujourd'hui encore gravée dans ma mémoire :

— Les gens beaux ne se trouvent jamais beaux, Jesse.

Elle me contempla en souriant. J'étais fasciné par elle et paralysé par l'indécision. Finalement, au comble de la nervosité et me sentant obligé de briser le silence, je bredouillai :

— Tu n'as pas un petit copain ?

Elle fronça les sourcils d'un air malicieux et me répondit :

— Je pensais que c'était toi mon petit copain…

Elle approcha son visage du mien et effleura brièvement mes lèvres avec les siennes, puis elle m'embrassa comme je n'avais jamais été embrassé. Sa langue se mêla à la mienne avec un tel érotisme que je me sentis traversé d'une sensation et d'une émotion que je n'avais pas vécues jusqu'alors.

Ce fut le début de notre histoire. À partir de ce soir-là, et pendant les années qui allaient suivre, je n'allais plus quitter Natasha.

Elle allait être le centre de ma vie, le centre de mes

pensées, le centre de mes attentions, le centre de mes préoccupations, le centre de mon amour total. Et elle allait en faire autant vis-à-vis de moi. J'allais aimer et être aimé comme peu ont été aimés. Au cinéma, dans le métro, au théâtre, à la bibliothèque, à la table de mes grands-parents, ma place à ses côtés était le paradis. Et les nuits devinrent notre royaume.

À côté de ses études, pour gagner un peu d'argent, Natasha avait trouvé un emploi de serveuse chez *Katz*, le restaurant où mes grands-parents aimaient aller. C'est là-bas qu'elle fit la connaissance d'une fille de son âge qui y travaillait aussi, et qui se prénommait Darla.

De mon côté, mon lycée terminé, grâce à mes très bons résultats scolaires, je fus reçu à l'université de New York. J'aimais les études, je m'étais longtemps imaginé devenir professeur, ou avocat. Mais sur les bancs de l'université, je compris enfin le sens d'une phrase si souvent prononcée par mes grands-parents : « *Deviens quelqu'un d'important.* » Que signifiait être important ? Pour moi, la seule image qui me venait alors à l'esprit était celle du voisin Ephram Jenson, le fier capitaine de police. Le réparateur. Le protecteur. Personne n'avait été traité avec plus de respect et de déférence par mes grands-parents. Je voulais devenir flic. Comme lui.

Après quatre ans d'études et un diplôme en poche, je fus reçu à l'académie de la police d'État, terminai major de ma promotion, fis mes preuves sur le terrain, fus rapidement promu inspecteur et intégré au centre régional de la police d'État où j'allais faire toute ma carrière. Je me souviens de mon premier jour là-bas, lorsque je me retrouvai dans le bureau du major

McKenna, assis à côté d'un jeune homme un peu plus âgé que moi.

— Inspecteur Jesse Rosenberg, major de ta promotion, tu crois que tu m'impressionnes avec tes recommandations ? gueula McKenna.

— Non, major, répondis-je.

Il se tourna vers l'autre jeune homme.

— Et toi, Derek Scott, le plus jeune sergent de l'histoire de la police d'État, tu crois que ça m'épate ?

— Non, major.

McKenna nous scruta tous les deux.

— Vous savez ce qu'ils disent au quartier général ? Ils disent que vous êtes deux as. Alors on va vous mettre ensemble et on va voir si vous faites des étincelles.

Nous acquiesçâmes d'un même mouvement de tête.

— Bien, dit McKenna. On va trouver deux bureaux face à face et vous confier les enquêtes sur les mamies qui ont perdu leur chat. On verra déjà comment vous vous débrouillez avec ça.

Natasha et Darla, restées toutes les deux très proches depuis leur rencontre chez *Katz*, n'avaient pas réussi à faire décoller leur carrière. Après quelques expériences peu concluantes, elles venaient d'être engagées au *Blue Lagoon,* soi-disant comme commis de cuisine, mais le patron les avait finalement mises au service au motif qu'il manquait de personnel.

— Vous devriez démissionner, dis-je à Natasha un soir. Il n'a pas le droit de vous faire ça.

— Bah, me répondit-elle, c'est bien payé. Ça paie les factures et je peux même mettre de l'argent de côté. D'ailleurs à ce propos, Darla et moi on a eu une idée : on va ouvrir notre restaurant.

— C'est génial ! m'écriai-je. Vous allez avoir un succès fou ! Quel genre de restaurant ? Vous avez déjà trouvé un local ?

Natasha éclata de rire :

— Ne t'emballe pas, Jesse. On n'y est pas encore. On doit commencer par mettre de l'argent de côté. Et réfléchir au concept. Mais c'est une bonne idée, non ?

— C'est une idée fantastique.

— Ce serait mon rêve, sourit-elle. Jesse, promets-moi que nous aurons un restaurant un jour.

— Je te le promets.

— Promets bien. Dis-moi qu'un jour nous aurons un restaurant dans un endroit tranquille. Plus de flic, plus de New York, plus rien que le calme et la vie.

— Je te le promets.

## 2

# Désolation

---

DIMANCHE 27 JUILLET - MERCREDI 30 JUILLET 2014

## JESSE ROSENBERG
*Dimanche 27 juillet 2014*
*Le lendemain de la première*

7 heures du matin. Le jour se levait sur Orphea. Personne n'avait dormi de la nuit.

Le centre-ville n'était plus que désolation. La rue principale restait totalement bouclée, encore encombrée de véhicules d'urgence, parcourue de policiers et jonchée de monceaux d'objets en tous genres qu'avait abandonnés le public dans le gigantesque mouvement de panique qui avait suivi les coups de feu tirés dans le Grand Théâtre.

Il y avait d'abord eu le temps de l'action. Jusqu'au cœur de la nuit, les équipes d'intervention de la police avaient longuement bouclé la zone à la recherche du tireur. En vain. Il avait également fallu sécuriser la ville afin d'éviter que des magasins soient pillés dans la cohue. Des tentes de premiers secours avaient été déployées en dehors du périmètre de sécurité pour traiter les blessés légers, pour la plupart victimes de bousculades, et les gens en état de choc. Quant à Dakota Eden, elle avait été héliportée dans un état désespéré vers un hôpital de Manhattan.

Le jour nouveau qui pointait annonçait le retour

au calme. Il fallait comprendre ce qui s'était passé au Grand Théâtre. Qui était le tireur ? Et comment avait-il pu y introduire une arme malgré toutes les mesures de sécurité qui avaient été prises ?

Au commissariat d'Orphea, où l'agitation et l'effervescence n'étaient pas retombées, Anna, Derek et moi nous apprêtions à interroger toute la troupe des acteurs, qui avaient été les témoins les plus directs des évènements. Pris dans le mouvement de panique, ils s'étaient tous dispersés à travers la ville : les retrouver et les récupérer n'avait pas été une mince affaire. Ils étaient à présent installés dans une salle de réunion, en train de dormir sur le sol, ou vautrés sur la table centrale, en attendant d'être entendus tour à tour. Il ne manquait que Jerry Eden, parti avec Dakota dans l'hélicoptère, et Alice Filmore, qui était introuvable pour le moment.

Le premier à être interrogé fut Kirk Harvey, et notre discussion allait prendre une tournure que nous étions loin d'envisager. Kirk n'avait plus personne pour le protéger et nous commençâmes par le traiter sans ménagement.

— Que savez-vous, nom d'un chien ! hurlait Derek en secouant Harvey comme un prunier. Je veux un nom immédiatement, sinon je vous casse les dents. Je veux un nom ! Et tout de suite !

— Mais je n'en ai aucune idée, gémissait Kirk, je le jure.

Derek, d'un geste rageur, finit par l'envoyer valser contre le mur de la salle. Harvey s'effondra par terre. Je le relevai et l'assis sur une chaise.

— Il faut parler, maintenant, Kirk, lui intimai-je, il faut tout nous dire. Cette histoire est allée beaucoup trop loin.

Kirk se décomposa, il était au bord des larmes.

— Comment va Dakota ? demanda-t-il d'une voix étranglée.

— Mal ! cria Derek. À cause de vous !

Harvey se prit la tête à deux mains et je lui dis, d'une voix ferme mais sans agressivité :

— Il faut tout nous raconter, Kirk. Pourquoi cette pièce ? Que savez-vous ?

— Ma pièce est une arnaque, murmura-t-il. Je n'ai jamais eu la moindre idée sur l'identité de l'auteur du quadruple meurtre.

— Mais vous saviez que c'était Meghan Padalin qui était visée le soir du 30 juillet 1994, et non le maire Gordon ?

Il acquiesça.

— En octobre 1994, dit-il, quand la police d'État a annoncé que Ted Tennenbaum était bien l'auteur du quadruple meurtre, j'avais eu un doute malgré tout. Parce que Ostrovski m'avait dit avoir vu Charlotte au volant de la camionnette de Tennenbaum, ce que je ne m'expliquais pas. Mais je n'aurais pas creusé plus loin si quelques jours plus tard, les voisins directs des Gordon ne m'avaient appelé : ils venaient de découvrir deux impacts de balles logés dans un montant de la porte de leur garage. Les traces n'étaient pas évidentes : ils ne les avaient remarquées que parce qu'ils avaient voulu refaire la peinture. Je me suis rendu sur place, j'ai extrait les deux balles du mur, puis j'ai directement demandé à la brigade scientifique de la police d'État de faire une comparaison avec les balles relevées sur les victimes du quadruple meurtre : elles provenaient de la même arme. À en juger par la trajectoire des balles, elles avaient été tirées depuis le parc : c'est à ce moment-là que j'ai tout compris : c'était Meghan qui avait été visée. Son meurtrier l'avait ratée dans le parc, elle s'était enfuie dans la direction de la maison du maire, sans doute pour chercher de l'aide, mais elle avait été rattrapée et abattue. Puis les Gordon avaient été tués à leur tour parce qu'ils avaient été témoins du meurtre.

Je me rendis compte que Harvey était un policier diablement perspicace.

— Pourquoi ne l'avons-nous pas su ? demanda Derek.

— J'ai désespérément essayé de vous contacter à l'époque, se défendit Harvey. Je vous ai appelés en vain, toi et Rosenberg, au centre de la police d'État. On m'a dit que vous aviez eu un accident et que vous étiez en arrêt pour quelque temps. Quand j'ai dit que ça concernait le quadruple meurtre, on m'a alors expliqué que l'enquête était bouclée. Alors je suis allé chez chacun de vous. Chez toi, Derek, je me suis fait éconduire par une jeune femme qui m'a prié de ne pas revenir et de te laisser tranquille, surtout si c'était pour parler de cette affaire. Puis je suis allé sonner chez Jesse, plusieurs fois, mais personne n'a jamais répondu !

Derek et moi nous dévisageâmes, comprenant combien nous étions passés à côté de l'affaire à l'époque.

— Qu'avez-vous fait ensuite ? interrogea Derek.

— Pfft ! c'était un sacré bordel ! expliqua Kirk Harvey. Si je résume : Charlotte Brown avait été vue au volant de la camionnette de Ted Tennenbaum au moment des meurtres, mais Tennenbaum était le coupable officiel selon la police d'État, alors que j'étais convaincu qu'il y avait eu erreur sur les victimes principales. Pour ne rien arranger, je ne pouvais en parler à personne : mes collègues à la police d'Orphea ne m'adressaient plus la parole depuis que j'avais inventé un cancer à mon père pour prendre des jours de congé, et les deux policiers d'État en charge de l'enquête – c'est-à-dire vous – étaient introuvables. Pour un bordel, c'était un bordel. J'ai alors essayé de démêler cette affaire seul : je me suis penché sur les autres meurtres survenus récemment dans la région. Il n'y en avait aucun. La seule mort suspecte était un type qui s'était tué tout seul à moto sur une ligne droite à Ridgesport. Ça valait le coup de se renseigner. J'ai contacté la police de l'autoroute, et en interrogeant le policier en charge de l'accident, j'apprends qu'un agent de l'ATF était venu lui poser des questions. J'ai donc contacté l'agent de l'ATF qui m'a dit que le motard mort était un caïd insaisissable et qu'il pensait qu'il ne s'était pas tué tout seul. À ce moment-là, j'ai eu peur de mettre le nez dans une sale histoire avec des connexions mafieuses, et j'ai voulu en parler à Lewis Erban, un de mes collègues. Mais Lewis n'est jamais venu au rendez-vous que je lui ai fixé. J'étais plus seul que jamais face à une affaire qui me dépassait. Alors j'ai décidé de disparaître.

— Parce que vous aviez peur de ce que vous étiez en train de découvrir ?

— Non, parce que j'étais tout seul ! Tout seul, vous comprenez ? Et que je n'en pouvais plus de cette solitude. Je me suis dit que les gens s'inquiéteraient de ne plus me voir. Ou voudraient savoir pourquoi j'avais soudain démissionné de la police. Vous savez où j'étais pendant les deux premières semaines de ma « disparition » ? J'étais chez moi ! Dans ma maison. À attendre que quelqu'un vienne sonner et prendre de mes nouvelles. Mais personne n'est venu. Même pas les voisins. Per-son-ne. Je n'ai pas bougé de chez moi, je n'ai pas fait de courses, je n'ai pas quitté ma maison. Pas un coup de fil. La seule visite fut celle de mon père, venu m'apporter quelques commissions. Il est resté assis avec moi dans le canapé du salon pendant plusieurs heures. En silence. Puis il m'a demandé : « Qu'est-ce qu'on attend ? » J'ai répondu : « Quelqu'un mais je ne sais pas qui. » Finalement, j'ai décidé de partir m'installer à l'autre bout du pays et recommencer ma vie. Je me suis dit que c'était l'occasion de me consacrer pleinement à l'écriture d'une pièce. Et quel meilleur sujet que cette affaire criminelle qui restait non résolue à mes yeux ? Une nuit, avant de m'en aller définitivement, je me suis introduit en secret dans le commissariat, dont j'avais gardé les clés, et j'ai récupéré le dossier d'enquête sur le quadruple meurtre.

— Mais pourquoi avoir laissé ce mot à la place : *« Ici commence LA NUIT NOIRE » ?* demanda Anna.

— Parce que je partais dans l'idée de revenir un jour à Orphea, une fois l'enquête résolue, et de faire éclater la vérité. Tout raconter sous la forme d'une pièce de théâtre au succès spectaculaire. J'avais quitté Orphea comme un misérable, j'étais bien décidé à y revenir en héros, et pouvoir jouer *La Nuit noire*.

— Pourquoi avoir repris le titre ? demanda Anna.

— Parce que ça devait être l'ultime pied de nez à tous ceux qui m'avaient humilié. *La Nuit noire*, sous sa forme originale, n'existait plus : mes collègues avaient détruit tous mes brouillons et mes manuscrits que je gardais précieusement au commissariat en représailles du faux cancer de mon père, et le seul exemplaire rescapé, que j'avais laissé en dépôt à la librairie, était entre les mains du maire Gordon.

— Comment le saviez-vous ? demandai-je.

— Meghan Padalin, justement, qui travaillait à la librairie, me l'avait dit. C'était elle qui m'avait suggéré de laisser un exemplaire de la pièce dans la section des auteurs locaux. Il y avait parfois des célébrités d'Hollywood qui venaient, et qui sait, elle aurait pu être lue et appréciée par quelqu'un d'important. Mais voilà qu'à la mi-juillet 1994, après la crasse de mes collègues, en voulant récupérer mon texte à la librairie, Meghan me dit que le maire Gordon venait de l'acheter. Je suis donc allé lui demander de me la rendre mais il prétendait ne plus l'avoir. J'ai pensé qu'il voulait me nuire : il avait déjà lu la pièce, il l'avait détestée ! Il l'avait même déchirée devant moi ! Pourquoi la racheter à la librairie sinon pour vouloir me causer du tort ? Alors, en partant d'Orphea, je voulais prouver que rien ne peut empêcher l'accomplissement de l'art. Vous pouvez brûler, huer, interdire, censurer : tout renaît. Vous pensiez me détruire ? Eh bien, me revoilà plus fort que jamais. Voilà ce que j'avais imaginé. Alors j'ai confié à mon père la tâche de vendre ma maison, et moi je me suis installé en Californie. Avec l'argent de la vente, j'avais de quoi voir venir pendant quelque temps. Je me suis replongé dans le dossier de l'enquête. Mais je me suis retrouvé complètement coincé : je tournais en rond. Et moins j'avançais, plus cette affaire m'obsédait.

— Et donc vous ressassez ça depuis vingt ans ? demanda Derek.

— Oui.

— Et quelles ont été vos conclusions ?

— Aucune. D'un côté, l'accident de moto et, de l'autre, Meghan. C'est tout ce que j'avais.

— Vous pensez que Meghan enquêtait sur

l'accident de moto de Jeremiah Fold et aurait été tuée pour cela ?

— Je n'en sais rien. J'ai inventé ça pour la pièce. Je me disais que ça faisait une bonne première scène. Est-ce qu'il y a vraiment un lien entre Meghan et l'accident ?

— C'est bien le problème, répondis-je. Nous sommes persuadés comme vous qu'il y a un lien entre la mort de Meghan et la mort de Jeremiah Fold, mais il semble qu'il n'y ait aucun lien entre Meghan et Jeremiah.

— Vous voyez, soupira Kirk, il y a vraiment quelque chose de bizarre.

Kirk Harvey était loin d'être le metteur en scène déjanté et insupportable de ces deux dernières semaines. Pourquoi alors avoir endossé ce rôle ? Pourquoi cette pièce sans queue ni tête ? Pourquoi ces extravagances ? Comme je lui posais la question, il me répondit, comme si c'était une évidence :

— Mais pour exister, Rosenberg ! Pour exister ! Pour attirer l'attention ! Pour qu'on me regarde enfin ! Je me suis dit que je ne trouverais jamais la solution à cette enquête. J'étais au fond du trou. Vivant dans une caravane, sans famille, sans amis. N'impressionnant que des acteurs désespérés en leur faisant miroiter une gloire qui ne viendrait jamais. Qu'allais-je devenir ? Quand Stephanie Mailer est venue me voir à Los Angeles en juin, j'ai eu l'espoir de terminer ma pièce. Je lui ai raconté tout ce que je savais, pensant qu'elle ferait de même.

— Stephanie savait donc que c'était Meghan Padalin qui était visée ?

— Oui. Ça, c'est moi qui le lui ai révélé.

— Alors, que savait-elle ?

— Je l'ignore. Quand elle a compris que je ne connaissais pas le coupable, elle a voulu repartir aussitôt. Elle m'a dit: «Je n'ai pas de temps à perdre.» J'ai exigé d'elle qu'elle partage au moins les informations en sa possession, mais elle a refusé. Nous avons eu une petite dispute au *Beluga Bar*. En voulant la retenir j'ai attrapé son sac qui s'est vidé par terre. Ses documents d'enquête, son briquet, son porte-clés avec cette grosse boule jaune ridicule. Je l'ai aidée à ramasser ses affaires, essayant d'en profiter pour lire ses notes. Mais sans succès. Et puis, tu es venu à ton tour, gentil Rosenberg. J'avais d'abord l'intention de ne rien te révéler: je n'allais pas me faire avoir deux fois. Et puis je me suis dit que c'était peut-être ma dernière chance de retourner à Orphea et jouer en ouverture du festival.

— Sans véritable pièce de théâtre ?

— Je voulais juste mon quart d'heure de gloire. C'était tout ce qui comptait. Et je l'ai eu. Pendant deux semaines on a parlé de moi. J'étais le centre de l'attention, j'étais dans les journaux, j'ai dirigé des acteurs dont j'ai fait ce que j'ai voulu. J'ai mis le grand critique Ostrovski en slip et je l'ai fait hurler en latin, lui qui avait dit tant de mal de ma prestation en 1994. Puis j'ai fait pareil avec cette ordure de Gulliver, qui m'avait tant humilié en 1994. Il fallait le voir lui aussi, à moitié nu avec un carcajou empaillé entre les mains. Je me suis vengé, j'ai été respecté. J'ai vécu.

— Mais expliquez-moi, Kirk: la fin du spectacle, ce n'était que des pages blanches. Pourquoi ?

— Je n'étais pas inquiet. Je pensais que vous alliez trouver le coupable avant la première. Je comptais sur vous. Je me serais contenté d'annoncer son identité déjà connue et je me serais plaint de ce que vous ayez tout gâché.

— Mais nous ne l'avons pas retrouvé.

— J'avais donc prévu que Dakota reste en suspens, et j'aurais fait la *Danse des morts* encore. J'aurais humilié Ostrovski et Gulliver pendant des heures. Ça aurait même pu être une pièce sans fin, qui aurait duré jusqu'au milieu de la nuit. J'étais prêt à tout.

— Mais vous seriez passé pour un idiot, fit remarquer Anna.

— Pas autant que le maire Brown. Son festival serait tombé à l'eau, les gens auraient exigé le remboursement de leurs billets. Il aurait perdu la face, et sa réélection aurait été compromise.

— Donc tout ça c'était pour lui faire du tort ?

— Tout ça, c'était pour ne plus être seul. Parce qu'au fond, *La Nuit noire*, c'est ma solitude abyssale. Mais tout ce que j'ai réussi à faire, c'est nuire à des gens. Et maintenant, à cause de moi, cette merveilleuse jeune Dakota est entre la vie et la mort.

Il y eut un instant de silence. Je finis par dire à Kirk :

— Vous aviez raison sur toute la ligne. Nous avons retrouvé votre pièce de théâtre. Le maire Gordon la gardait dans un coffre à la banque. À l'intérieur, sous forme de code, est écrit le nom de Jeremiah Fold, l'homme mort à moto. Il y a donc bien un lien entre Jeremiah, le maire Gordon et Meghan Padalin. Vous aviez tout compris, Kirk. Vous aviez toutes les pièces du puzzle en main. À présent, il faut simplement les emboîter ensemble.

— Laissez-moi vous aider, supplia Kirk. Ce sera ma réparation.

J'acquiesçai.

— À condition de vous tenir correctement.

— C'est promis, Jesse.

Nous voulions d'abord comprendre ce qui avait pu se passer la veille au soir au Grand Théâtre.

— J'étais à côté de la scène, je regardais Dakota, nous dit Kirk. Il y avait Alice Filmore et Jerry Eden à côté de moi. Soudain il y a eu les coups de feu. Dakota s'est effondrée. Jerry et moi nous sommes précipités vers elle, bientôt rejoints par Charlotte.

— Avez-vous vu d'où les coups de feu sont partis ? demanda Derek. Du premier rang ? Du bord de la scène ?

— Aucune idée. La salle était plongée dans l'obscurité et nous avions les projecteurs braqués sur nous. En tout cas, le tireur était côté public, c'est certain, puisque Dakota a été touchée au niveau de la poitrine et qu'elle faisait face à la salle. Ce que je ne m'explique pas, c'est qu'une arme ait pu être introduite dans la salle. Les mesures de sécurité étaient tellement drastiques.

Pour tenter de répondre à cette question, et avant d'interroger les autres membres de la troupe, nous nous réunîmes avec le major McKenna, Montagne et le maire Brown dans une salle de conférences pour faire un premier point de la situation.

À ce stade, nous n'avions absolument aucune indication sur le tireur. Aucun indice. Il n'y avait pas de caméras dans le Grand Théâtre et les spectateurs interrogés n'avaient rien vu. Tous avaient répété la même litanie : la salle était plongée dans l'obscurité totale au moment des tirs. « C'était la nuit noire là-dedans, avaient-ils dit. Il y a eu les deux détonations, la fille s'est écroulée, puis ça a été la panique générale. Comment va cette pauvre actrice ? »

Nous n'avions aucune nouvelle.

McKenna nous informa que l'arme n'avait été retrouvée ni dans la salle ni dans les rues alentour.

— Le tireur aura profité de la panique pour s'enfuir du Grand Théâtre et se débarrasser de l'arme quelque part, nous dit McKenna.

— Il nous était impossible d'empêcher les gens de sortir, ajouta Montagne comme s'il voulait se dédouaner. Ils se seraient piétinés les uns les autres, il y aurait eu des morts. Personne n'aurait pu imaginer que le danger vienne de l'intérieur, la salle était complètement sécurisée.

C'était justement sur ce point-là que, malgré l'absence d'indice concret, nous allions pouvoir marquer une avancée solide dans l'enquête.

— Comment une personne armée a-t-elle pu pénétrer à l'intérieur du Grand Théâtre ? demandai-je.

— Je ne me l'explique pas, répondit McKenna, les gars en charge des accès ont l'habitude d'évènements très sensibles. Ils sécurisent des conférences internationales, des parades, des déplacements du chef d'État à New York. La procédure est très stricte : la salle a été fouillée au préalable par des chiens détecteurs d'explosifs et d'armes à feu, avant d'être placée sous surveillance totale. Personne n'a pu s'introduire pendant la nuit. Ensuite, le public et la troupe sont tous passés sous des détecteurs de métaux au moment de pénétrer dans la salle.

Quelque chose nous échappait forcément. Nous devions comprendre comment une arme s'était retrouvée dans la salle. Afin d'y voir plus clair, McKenna fit venir l'officier de la police d'État responsable de la sécurisation de la salle. Ce dernier nous répéta mot pour mot la procédure telle que le major l'avait expliquée.

— Après la fouille, la salle était sécurisée et elle l'est restée, nous dit l'officier. J'aurais laissé rentrer le président des États-Unis là-dedans.

— Et tout le monde a été contrôlé ensuite ? demanda Derek.

— Tout le monde sans exception, assura l'officier.

— Nous n'avons pas été contrôlés, fit remarquer Anna.

— Les policiers sur présentation de leur badge n'ont pas été fouillés, admit l'officier.

— Beaucoup ont accédé à la salle ? m'enquis-je.

— Non, capitaine, une poignée de flics en civil, quelques gars de chez nous. Surtout quelques allées et venues entre la salle et l'extérieur pour s'assurer que tout se passait bien.

— Jesse, s'inquiéta le major McKenna, ne me dis pas que maintenant tu soupçonnes un policier.

— J'aimerais comprendre, c'est tout, répondis-je, avant de demander à l'officier de me détailler tout le processus de la fouille.

Pour répondre le plus exactement possible, celui-ci fit venir le responsable des maîtres-chiens qui nous expliqua comment ils avaient procédé.

— On avait trois zones, expliqua le responsable des maîtres-chiens. Le foyer, la salle, la partie coulisses, incluant les loges. On procède toujours une zone après l'autre, pour être certains de ne pas se mélanger les pinceaux. Il y avait les acteurs qui répétaient dans la salle, donc on a commencé par les coulisses et les loges. C'était le plus gros morceau parce qu'il y a un sous-sol assez vaste. Une fois que ça a été fait, on a demandé aux acteurs d'interrompre leur répétition le temps qu'on fouille la salle, pour que les chiens ne soient pas distraits.

— Et où sont allés les acteurs à ce moment-là ? demandai-je.

— Dans les coulisses. Ils ont pu réintégrer la salle mais ils ont dû d'abord se soumettre au détecteur de métaux pour garantir que la zone reste sécurisée. Ils pouvaient donc passer d'une zone à l'autre sans problème.

Derek se tapa le front :

— Est-ce que les acteurs ont été fouillés en arrivant ce jour-là au Grand Théâtre ? demanda-t-il.

— Non. Mais tous leurs sacs ont été reniflés par les chiens dans les loges, et ensuite ils sont passés au détecteur de métaux.

— Mais, dit alors Derek, si un acteur était arrivé avec l'arme sur lui au Grand Théâtre, et l'avait gardée pendant les répétitions, alors que vous, vous fouilliez les loges, il aurait ensuite regagné sa loge déjà fouillée pour vous laisser contrôler la salle, et il aurait alors laissé l'arme dans sa loge, considérée comme une zone sûre. Il aurait pu ensuite rejoindre la salle et passer sans encombre au détecteur de métaux.

— Dans un cas comme ça, alors oui, les chiens seraient passés à côté. Nous ne les avons pas fait renifler les acteurs.

— Donc voilà comment l'arme a été introduite, dis-je. Tout a été fait la veille. Les mesures de sécurité avaient été annoncées dans la presse, le tireur a eu le temps de tout prévoir. L'arme était déjà dans le Grand Théâtre. Le tireur n'a plus eu qu'à la récupérer dans sa loge hier, avant le début du spectacle.

— Alors le tireur serait l'un des acteurs de la troupe ? demanda le maire Brown d'un air épouvanté.

— Ça ne fait plus le moindre doute, acquiesça Derek.

Le tireur était là, dans la pièce voisine. Juste sous nos yeux.

Nous fîmes d'abord passer à chacun des acteurs un test de poudre : mais aucun n'avait de trace sur ses mains ni sur ses vêtements. Nous testâmes également les costumes de scène, nous envoyâmes des équipes fouiller les loges, les chambres d'hôtel et les domiciles de chacun. Mais en vain également. Pour autant, le port de gants ou même d'un manteau au moment du tir pouvait expliquer qu'on ne trouve rien. Et puis, le tireur avait eu le temps de se débarrasser de l'arme, de se changer, de se doucher.

Kirk disait être avec Alice et Jerry au moment des coups de feu. Nous pûmes joindre Jerry Eden par téléphone : Dakota était au bloc depuis des heures. Il n'avait aucune nouvelle. Mais il confirma qu'Alice et Kirk étaient avec lui au moment où sa fille s'était fait tirer dessus. Nous pouvions nous appuyer sur le témoignage de Jerry Eden, considéré comme totalement fiable : il n'avait aucun lien avec les évènements de 1994 et on l'imaginait mal vouloir s'en prendre à sa fille. Cela permettait d'exclure d'emblée Kirk et Alice Filmore de la liste des suspects.

Nous passâmes ensuite la journée à interroger tous les autres acteurs. Mais sans succès. Personne n'avait rien vu. Quant à savoir où chacun se trouvait au moment des tirs, ils étaient quelque part dans les coulisses, à proximité de Kirk Harvey, affirmaient-ils tous. Mais personne n'avait le souvenir d'avoir vu personne. C'était un véritable casse-tête.

À la fin de l'après-midi, nous n'avions toujours pas avancé.

— Comment ça, *vous n'avez rien* ? s'agaça le major McKenna lorsque nous l'informâmes de la situation.

— Aucune trace de poudre sur personne. Et personne n'a rien vu, expliquai-je.

— Mais puisqu'on sait que c'est probablement l'un d'eux qui est le tireur !

— J'en suis conscient, major. Mais il n'y a aucun élément à charge. Pas le moindre indice. C'est comme s'ils se couvraient les uns les autres.

— Et vous les avez tous interrogés ? demanda encore le major.

— Tous, à l'exception d'Alice Filmore.

— Et où est-elle, celle-là ?

— Elle est tout simplement introuvable, répondit Derek. Son téléphone est coupé. Steven Bergdorf dit qu'ils ont quitté le théâtre ensemble et qu'elle semblait totalement paniquée. Apparemment, elle parlait de rentrer à New York. Mais elle a été mise hors de cause par Jerry Eden. Ils étaient ensemble avec Harvey au moment des tirs. Voulez-vous qu'on contacte la NYPD quand même ?

— Non, dit le major, ce n'est pas nécessaire puisqu'elle est hors de cause. Vous avez déjà assez à faire avec ceux qui sont en cause justement.

— Mais que fait-on du reste de la troupe ? demandai-je. Ça fait douze heures qu'on les retient ici.

— Si vous n'avez pas d'éléments contre eux, laissez les partir. On n'a pas d'autre choix. Mais dites-leur de ne pas quitter l'État de New York.

— Avez-vous des nouvelles de Dakota, major ? s'enquit alors Anna.

— L'opération est terminée. Les chirurgiens ont extrait les deux balles de son corps et ont essayé de réparer les dégâts sur les organes. Mais elle a fait une grosse hémorragie et a dû être placée en coma artificiel. Les médecins craignent qu'elle ne passe pas la nuit.

— Pouvez-vous demander que les balles soient analysées, major ? demandai-je.

— Je le ferai si tu veux. Pourquoi ?

— Je me demande si ça peut provenir d'une arme de flic ?

Il y eut un long silence. Puis le major se leva de sa chaise et mit fin à la réunion.

— Allez vous reposer, dit-il. Vous avez des têtes de morts-vivants.

Anna, en arrivant chez elle, eut la mauvaise surprise de découvrir Mark, son ex-mari, assis sous son porche.

— Mark ? Mais qu'est-ce que tu fous là ?

— On est tous morts d'inquiétude, Anna. À la télévision, ils ne parlent que de la fusillade du Grand Théâtre. Tu n'as répondu ni à nos appels, ni à nos messages.

— Il ne manquait plus que toi, Mark. Je vais bien, merci. Tu peux rentrer chez toi.

— Quand j'ai appris ce qui s'était passé ici, ça m'a fait penser à la bijouterie Sabar.

— Oh, je t'en prie, ne commence pas !

— Ta mère a dit la même chose que moi !

— Eh bien, tu devrais te marier avec elle, vous avez l'air d'être drôlement connectés tous les deux.

Mark resta assis, pour signifier qu'il n'avait pas l'intention de partir. Anna, épuisée, s'effondra à côté de lui.

— Je croyais que tu étais venue à Orphea pour le bonheur d'être dans une ville où il ne se passait rien, dit-il.

— C'est vrai, répondit Anna.

Il eut un air amer.

— C'est à croire qu'à l'époque tu avais rejoint

cette unité d'intervention à New York juste pour me faire chier.

— Arrête de toujours jouer la victime, Mark. Je te rappelle que j'étais déjà flic quand tu m'as connue.

— C'est vrai, admit Mark. Et je dois même dire que ça faisait partie de ce qui me plaisait chez toi. Mais ne t'est-il jamais arrivé de te mettre à ma place l'espace d'un instant ? Moi qui rencontre un jour une femme extraordinaire : brillante, belle comme le jour, drôle. Je finis même par connaître le bonheur de l'épouser. Mais voilà que cette femme sublime enfile tous les matins un gilet pare-balles pour aller travailler. Et quand elle passe la porte de l'appartement, son pistolet semi-automatique à la ceinture, je me demande si je la reverrai en vie. Et à chaque sirène, chaque alerte, chaque fois que la télévision annonce une fusillade ou une situation d'urgence, je me demande si elle est prise au milieu de tout ça. Et quand on sonne à la porte : est-ce un voisin venu emprunter du sel ? Est-ce elle qui a oublié ses clés ? Ou est-ce un officier en uniforme venu m'annoncer que ma femme est morte dans l'exercice de ses fonctions ? Et l'angoisse qui monte quand elle tarde à rentrer ! Et l'inquiétude qui me ronge quand elle ne me rappelle pas alors que je lui ai déjà laissé plusieurs messages ! Et les horaires irréguliers et décalés, qui la font se coucher quand je me lève et me font vivre à l'envers ! Et les appels nocturnes et les départs au milieu de la nuit ! Et les heures supplémentaires ! Et les week-ends annulés ! Voilà quelle a été ma vie avec toi, Anna.

— Ça suffit, Mark !

Mais il n'avait pas l'intention d'en rester là.

— Je te le demande, Anna. Est-ce qu'au moment de me quitter, tu as pris quelques instants pour te mettre à ma place ? Et essayer de comprendre ce que j'ai pu vivre ? Quand nous devions nous retrouver au restaurant pour dîner après le travail et que, parce que *Madame* avait une urgence de dernière minute, j'ai attendu pendant des heures, avant de rentrer me coucher sans avoir mangé. Et le nombre de fois où tu m'as dit *« J'arrive »* et où tu n'es finalement jamais venue parce qu'une affaire s'était prolongée. Mais au nom du ciel, sur les milliers de flics qui composent cette putain de NYPD, ne pouvais-tu jamais, exceptionnellement, confier l'affaire à l'un de tes collègues et me rejoindre pour dîner ? Parce que moi, pendant que madame Anna sauvait tout le monde, sur les huit millions d'habitants de New York, je me sentais comme le huit millionième, celui dont on s'occupe en dernier ! La police m'avait pris ma femme !

— Non, Mark, objecta Anna, c'est toi qui m'as perdue. C'est toi qui n'as pas su me garder !

— Donne-moi une autre chance, je t'en supplie.

Anna hésita longuement avant de lui répondre :

— J'ai rencontré quelqu'un. Quelqu'un de bien. Je crois que je suis amoureuse. Je suis désolée.

Mark la dévisagea longuement, dans un silence total et glaçant. Il semblait décomposé. Il finit par dire, amer :

— Tu as peut-être raison, Anna. Mais n'oublie pas qu'après ce qui s'est passé à la bijouterie Sabar, tu n'étais plus la même. Et on aurait pu éviter ça ! Ce soir-là, je ne voulais pas que tu y ailles ! Je t'ai demandé de ne pas répondre à ton putain de téléphone, tu te souviens ?

— Je m'en souviens.

— Si tu n'étais pas allée à cette bijouterie, si, pour une seule fois, tu m'avais écouté, on serait encore ensemble aujourd'hui.

## *ANNA KANNER*

C'était le soir du 21 septembre 2012.

Le soir où tout bascula.

Le soir du braquage de la bijouterie Sabar.

Je remontai Manhattan à bord de ma voiture banalisée, roulant à tombeau ouvert, jusqu'à la 57e Rue où se trouvait la bijouterie. Le quartier était totalement bouclé.

Mon chef me fit venir dans le camion servant de poste de commandement.

— Il y a un seul braqueur, m'expliqua-t-il, et il est déchaîné.

— Un seul ? m'étonnai-je. C'est rare.

— Oui. Et il semble nerveux. Apparemment, il est allé cueillir le bijoutier et ses deux filles de 10 et 12 ans à leur domicile. Ils habitent un appartement de l'immeuble. Il les a traînés à la bijouterie, espérant sans doute qu'on ne les trouverait que le lendemain. Mais une patrouille de policiers à pied qui passait par là et qui s'est étonnée de voir de la lumière à l'intérieur a donné l'alerte. Ils ont eu le nez creux.

— Donc on a un preneur d'otages et trois otages ?

— Oui, me confirma mon chef. Aucune idée de l'identité du braqueur. On sait juste qu'il s'agit d'un homme.

— Ça dure depuis combien de temps ? demandai-je.

— Depuis trois heures maintenant. La situation commence à devenir critique. Le preneur d'otages exige que nous nous tenions en retrait, nous n'avons aucun visuel, et le négociateur engagé n'arrive à rien. Pas même un contact téléphonique. C'est la raison pour laquelle je t'ai demandé de venir. Je me suis dit que tu arriverais peut-être à quelque chose. Je suis désolé de t'avoir dérangée en congé.

— Vous en faites pas, chef, je suis là pour ça.

— Ton mari va vraiment me détester.

— Bah, ça lui passera. Comment voulez-vous procéder ?

Il n'y avait pas mille options : en l'absence d'une liaison téléphonique, je devais aller nouer le contact en personne en m'approchant de la bijouterie. Je n'avais encore jamais rien fait de tel.

— Je sais que c'est une première pour toi, Anna, me dit mon chef. Si tu ne te sens pas capable de le faire, je comprendrais très bien.

— Je vais le faire, lui assurai-je.

— Tu seras nos yeux, Anna. Tout le monde est branché sur ton canal. Il y a des tireurs d'élite dans les étages du bâtiment d'en face. Si tu vois quelque chose, dis-le pour qu'ils puissent modifier leur position si besoin.

— Très bien, répondis-je en ajustant mon gilet pare-balles.

Mon chef voulait que je mette mon casque balistique, mais je refusai. On ne pouvait pas nouer le contact avec un casque sur la tête. Je sentais l'adrénaline faire accélérer mon cœur. J'avais peur. J'avais envie d'appeler Mark mais je me retins. Je voulais juste entendre sa voix, pas entendre des commentaires désobligeants.

Je passai un cordon de sécurité et m'avançai seule, un mégaphone à la main, dans la rue déserte. Un silence total régnait. Je m'arrêtai à une dizaine de mètres de la bijouterie. Je m'annonçai à travers le haut-parleur.

Après quelques instants, un homme en veste de cuir noir, une cagoule sur la tête, apparut à la porte : il tenait en joue l'une des filles avec un revolver. Elle avait les yeux bandés et du ruban adhésif sur la bouche.

Il exigea que tout le monde dégage et qu'on le laisse partir. Il faisait corps avec son otage et bougeait sans cesse de façon à compliquer le travail des tireurs d'élite. J'entendais dans mon oreillette mon chef donner l'autorisation de l'abattre, mais les tireurs d'élite ne parvenaient pas à verrouiller leur cible. Le braqueur observa rapidement la rue et les alentours, sans doute pour examiner ses options de fuite, puis disparut à l'intérieur de la bijouterie.

Quelque chose clochait, mais ça ne me frappa pas tout de suite. Pourquoi s'était-il montré ? Il était seul : pourquoi prendre le risque de se faire tirer dessus au lieu de donner ses exigences par téléphone ?

Il s'écoula encore une vingtaine de minutes, lorsque soudain la porte de la bijouterie s'ouvrit brusquement : la fille apparut alors à nouveau, les yeux bandés et bâillonnée. Aveugle, elle avançait pas à pas, en tâtonnant du bout du pied, je pouvais entendre ses gémissements. Je voulus m'approcher d'elle mais soudain, le braqueur en veste de cuir et cagoulé apparut dans l'encadrement de la porte, avec une arme dans chaque main.

Je lâchai mon mégaphone et dégainai mon arme pour braquer l'homme.

— Posez vos armes ! lui intimai-je.

Caché par le renfoncement de la vitrine, il n'était pas encore visible des tireurs d'élite.

— Anna, que se passe-t-il ? me demanda mon chef à la radio.

— Il est en train de sortir, répondis-je. Abattez-le, si vous l'avez en visuel.

Les tireurs m'annoncèrent n'avoir encore aucun visuel. Je continuai de le braquer avec mon arme, le viseur dans l'axe de sa tête. La fille se tenait à quelques mètres de lui. Je ne comprenais pas ce qu'il fabriquait. Soudain il se mit à remuer avec ses deux armes et fit un mouvement brusque dans ma direction. J'appuyai sur la détente. La balle atteignit l'homme en pleine tête et il s'effondra.

La détonation résonna dans mes oreilles. Mon champ de vision se rétrécit. Ma radio se mit à crépiter. Aussitôt des équipes d'intervention surgirent derrière moi. Je repris mes esprits. La fille fut immédiatement mise à l'abri, tandis que je pénétrais dans la bijouterie à la suite d'une colonne d'agents casqués et armés jusqu'aux dents. Nous découvrîmes la deuxième fille étendue au sol, ligotée, bâillonnée, un bandeau sur les yeux, mais saine et sauve. Nous l'évacuâmes à son tour, avant de poursuivre notre fouille des lieux à la recherche du bijoutier. Nous le découvrîmes enfermé dans son bureau, après que nous en eûmes défoncé la porte. Il était étendu au sol : les mains liées par un collier de serrage en plastique de type Serflex, du ruban adhésif sur la bouche et les yeux. Je le délivrai et il se contorsionna en se tenant le bras gauche. Je crus d'abord qu'il était blessé mais je compris qu'il était en train de faire une crise cardiaque. Je fis venir immédiatement des secours et dans les minutes qui suivirent le bijoutier fut emmené à l'hôpital, tandis que de leur côté les filles étaient prises en charge par des médecins.

Devant la bijouterie, des policiers s'activaient autour du corps étendu sur le bitume. Je les rejoignis. Et j'entendis soudain l'un de mes collègues s'étonner :

— Est-ce que je rêve ou il a les revolvers scotchés à ses mains ?

— Mais... ce sont des armes factices, ajouta l'un d'eux.

Nous retirâmes la cagoule qui lui masquait le visage : un épais morceau de ruban adhésif était collé sur sa bouche.

— Qu'est-ce que cela signifie ? m'écriai-je.

En proie à un doute terrible, j'attrapai mon téléphone et tapai le nom du bijoutier dans le moteur de recherche. La photo qui s'afficha sur mon écran me laissa totalement atterrée.

— Putain, me dit l'un de mes collègues en regardant mon écran, il ressemble drôlement au bijoutier.

— Mais c'est le bijoutier ! hurlai-je.

L'un des policiers me demanda alors :

— Si ce type est le bijoutier, où est le preneur d'otages ?

Voilà pourquoi le braqueur avait pris le risque de sortir se montrer. Pour que je l'associe à une cagoule et à une veste en cuir. Il avait ensuite forcé le bijoutier Sabar à les mettre, lui avait collé les armes aux mains avec du ruban adhésif et l'avait obligé à sortir, le menaçant de s'en prendre à sa deuxième fille. Puis il s'était précipité dans le bureau, et s'y était enfermé, avant de se passer les mains dans le collier de serrage, et de se coller du ruban adhésif sur la bouche et les yeux, pour qu'on le prenne pour le bijoutier, puis d'être évacué, les poches pleines de bijoux, vers un hôpital.

Son plan avait marché à la perfection : lorsque nous débarquâmes en force à l'hôpital où il venait d'être conduit pour sa prétendue crise cardiaque, il avait mystérieusement disparu de la salle d'examen. Les deux policiers qui l'avaient accompagné aux urgences, attendaient dans le couloir en discutant distraitement et n'avaient aucune idée d'où il était passé.

Le braqueur ne fut jamais ni identifié, ni retrouvé. Moi, j'avais abattu un innocent. J'avais commis le pire pour un membre d'une unité spéciale : j'avais tué un otage.

Tout le monde m'assura que je n'avais pas fait d'erreur, qu'ils auraient agi exactement de la même façon. Pourtant, je ne pouvais pas m'empêcher de rejouer cette scène dans ma tête.

— Il ne pouvait pas parler, me répéta mon chef, il ne pouvait pas faire un geste sans agiter ses armes de façon menaçante : il ne pouvait rien faire. Il était condamné.

— Je pense qu'au moment où il s'est agité, c'était pour se mettre au sol en signe de reddition. Si j'avais attendu une seconde de plus avant de tirer, il aurait pu le faire. Il ne serait pas mort aujourd'hui.

— Anna, si ce gars avait été le vrai braqueur devant toi et que tu avais attendu une seconde de plus, tu aurais certainement reçu une balle en pleine tête.

Ce qui m'affectait le plus, c'est que Mark n'arrivait ni à comprendre, ni à compatir. Ne sachant pas comment gérer ma détresse, il se contentait de refaire l'histoire et de répéter: « Bon Dieu, Anna, si tu n'étais pas partie ce soir-là… Tu étais en congé ! Tu n'avais même pas à répondre à ton téléphone ! Mais il faut toujours que tu fasses du zèle… » Je crois qu'il s'en voulait de ne pas m'avoir retenue. Il me voyait triste et désemparée et lui était en colère. J'eus droit à une période de congé, mais je ne savais pas quoi en faire. Je restais chez moi, à broyer du noir. Je me sentais déprimée. Et Mark essayait bien de me changer les idées, il me proposait d'aller me promener, d'aller courir, d'aller au musée. Mais il ne parvenait pas à surmonter cette colère qui le rongeait. À la cafétéria du Metropolitan Museum, alors que nous buvions un cappuccino après une visite, je lui dis :

— Chaque fois que je ferme les yeux, je vois cet homme devant moi, avec ses deux armes à la main. Je ne remarque pas le ruban adhésif autour de ses mains, je ne vois que ses yeux. J'ai l'impression qu'il est terrorisé. Mais il n'obtempère pas. Il y a la fille, devant lui, les yeux bandés…

— Anna, pas ici, on est venus se changer les idées. Comment tu peux passer à autre chose si tu en parles tout le temps ?

— Mais merde, Mark, m'écriai-je, parce que c'est ma réalité !

Non seulement j'avais élevé la voix, mais dans un geste brusque, j'avais renversé ma tasse. Les clients aux tables alentour nous dévisagèrent. J'étais fatiguée.

— Je vais t'en chercher une autre, me dit Mark d'un ton conciliant.

— Non, ce n'est pas la peine… Je crois que j'ai besoin de marcher. J'ai besoin d'être un peu seule. Je vais aller faire un tour dans le parc, je te retrouverai à la maison.

Je comprends avec le recul que le problème de Mark est qu'il ne voulait pas en parler. Mais je ne cherchais ni son avis, ni son approbation : je voulais simplement que quelqu'un m'écoute alors que lui voulait faire comme s'il ne s'était rien passé, ou alors comme si tout était oublié.

Il fallait que je puisse parler librement. Sur les conseils de la psychologue de la brigade, j'en parlai avec mes collègues. Ils se montrèrent tous très attentifs : j'allai boire un verre avec certains, d'autres m'invitèrent à dîner chez eux. Ces sorties me firent du bien, mais malheureusement Mark se mit en tête que j'avais une aventure avec l'un de mes coéquipiers.

— C'est marrant, me dit-il, tu es toujours de bonne humeur quand tu rentres de tes soirées. Ça change de la tête que tu tires quand tu es avec moi.

— Mark, t'es pas sérieux, je suis juste allée boire un café avec un collègue. Il est marié et père de deux enfants.

— Ah, ça me rassure de savoir qu'il est marié ! Parce que les hommes mariés ne trompent jamais leur femme ?

— Mark, ne me dis pas que tu es jaloux ?

— Anna, tu fais la tête toute la journée quand tu es avec moi. Tu ne souris que quand tu sors toute seule. Et je ne te parle même pas de la dernière fois qu'on a baisé ensemble !

Je n'ai pas su expliquer à Mark qu'il se faisait des films. Ou alors, ne lui ai-je pas assez dit que je l'aimais ? En tous les cas, je suis coupable de l'avoir négligé, d'avoir trop pensé à ce qui m'encombrait l'esprit et de l'avoir délaissé. Il a fini par aller chercher l'attention dont il manquait auprès de l'une de ses collègues, qui n'attendait que ça. Tout le bureau l'a su, et donc moi aussi. Le jour où je l'ai appris, je suis partie vivre chez Lauren.

Puis il y eut la période des regrets de Mark, de ses justifications, de ses supplications. Il fit amende honorable auprès de mes parents, qui se mirent à plaider sa cause après qu'il eut déballé toute notre vie dans leur salon.

— Anna, quand même, me dit ma mère, quatre mois sans relations sexuelles.

— Mark t'a parlé de ça ? demandai-je horrifiée.

— Oui, et il a pleuré.

Je crois que le plus difficile n'était pas l'égarement de Mark. Mais que, dans mon esprit, l'homme séduisant et protecteur, celui qui sauvait des vies dans les restaurants et charmait les assemblées, était désormais un pleurnichard qui se plaignait auprès de ma mère de la rareté de nos rapports. Je savais que quelque chose s'était brisé, et finalement, courant juin 2013, il finit par accepter de divorcer.

J'étais fatiguée de New York, fatiguée par la ville, sa chaleur, sa taille, son bruit incessant et ses lumières qui ne s'éteignaient jamais. J'avais envie d'aller m'établir ailleurs, j'avais envie de changement, et le hasard voulut alors que je tombe dans la *Revue des lettres new-yorkaises*, à laquelle j'étais abonnée, sur un article consacré à Orphea :

*LE PLUS GRAND DES PETITS FESTIVALS DE THÉÂTRE*
*par Steven Bergdorf*

*Connaissez-vous ce joyau nommé Orphea, niché dans les Hamptons ? Petite ville paradisiaque où l'air semble plus pur et la vie plus douce que nulle part ailleurs, et qui accueille chaque année un festival de théâtre dont la production principale est toujours pointue et de qualité. [...]*

*La ville elle-même vaut le déplacement. La rue principale est un bijou de quiétude. Ses cafés et ses restaurants sont délicieux et attirants, les commerces attrayants. Tout ici est dynamique et plaisant. [...] Si vous le pouvez, logez au Palace du Lac, sublimissime hôtel légèrement en dehors de la ville, bordé par un lac somptueux et une forêt enchanteresse. On se croirait dans un décor de film. Le personnel est aux petits soins, les chambres spacieuses et décorées avec goût, le restaurant raffiné. Difficile de quitter cet endroit une fois qu'on y a goûté.*

Je pris quelques jours de congé au moment du festival, je réservai une chambre au Palace du Lac et je me rendis à Orphea. L'article n'avait pas menti : j'y découvris, aux portes de New York, un monde merveilleux et protégé. Je me serais bien vu y habiter. Je me laissai charmer par ses petites rues, son cinéma, sa librairie. Orphea me paraissait l'endroit rêvé pour changer de vie et de décor.

Un matin, alors que j'étais assise sur un banc de la marina, contemplant l'océan, il me sembla apercevoir au loin le souffle d'une baleine remontée à la surface. Je ressentis le besoin de partager ce moment avec quelqu'un, je pris pour témoin un joggeur qui passait par là.

— Que se passe-t-il ? me demanda-t-il.

— Une baleine, il y a une baleine là-bas !

C'était un bel homme, dans la cinquantaine.

— On en voit souvent, me dit-il, visiblement amusé de mon excitation.

— C'est la première fois que je viens ici, lui expliquai-je.

— D'où venez-vous ?

— New York.

— Ce n'est pas très loin, me fit-il remarquer.

— Si près et pourtant si loin, lui répondis-je.

Il me sourit et nous passâmes un petit moment à bavarder. Il s'appelait Alan Brown et c'était le maire de la ville. Je lui racontai brièvement la situation personnelle délicate que je traversais et mon envie d'un nouveau départ.

— Anna, me dit alors Alan, ne vous méprenez pas sur la demande que je vais vous faire car je suis marié et je ne suis pas en train de vous draguer. Mais voudriez-vous venir dîner chez nous ce soir? Il y a quelque chose dont je voudrais vous parler.

C'est ainsi que je dînai ce soir-là avec le maire Brown et sa femme Charlotte, dans leur coquette maison. Ils formaient un beau couple. Elle devait être un peu plus jeune que lui. Elle était vétérinaire et avait ouvert une petite clinique qui marchait bien. Ils n'avaient pas d'enfant et je ne posai pas de questions à ce sujet.

Le maire ne me dévoila la véritable raison de son invitation que lorsque nous passâmes au dessert :

— Anna, mon chef de la police part à la retraite dans un an. Son adjoint est un type assez bête qui ne me plaît qu'à moitié. J'ai des ambitions pour cette ville et je voudrais quelqu'un de confiance pour reprendre ce poste. J'ai l'impression que vous êtes la candidate idéale.

Alors que je prenais un instant de réflexion, le maire ajouta :

— Je dois vous prévenir que c'est une ville calme. Ce n'est pas New York…

— Tant mieux, répondis-je. J'ai justement besoin de calme.

Le lendemain, j'acceptai l'offre du maire Brown. Et c'est ainsi qu'un jour de septembre 2013, je m'installai à Orphea. Dans l'espoir de repartir du bon pied. Et surtout de me retrouver.

## JESSE ROSENBERG

*Lundi 28 juillet 2014*

*2 jours après la première*

Trente-six heures après le fiasco de la première, le festival de théâtre d'Orphea était officiellement annulé et les médias du pays entier se déchaînaient, accusant notamment la police de n'avoir pas su protéger la population. Après le meurtre de Stephanie Mailer et de Cody Illinois, la fusillade du Grand Théâtre était le drame de trop : un tueur terrorisait les Hamptons, la population était en émoi. Dans toute la région, les hôtels se vidaient, les réservations étaient annulées à la chaîne, les vacanciers renonçaient à venir. C'était la panique générale.

Le gouverneur de l'État de New York était furieux et avait fait publiquement savoir son mécontentement. Le maire Brown était lâché par la population, et le major McKenna et le procureur s'étaient fait tirer les oreilles par leur hiérarchie. Sous le feu des critiques, ils avaient décidé de monter au front en tenant une conférence de presse à l'hôtel de ville ce matin-là. Je considérais que c'était la pire idée : nous n'avions aucune réponse à donner aux médias pour le moment. Pourquoi nous exposer davantage ?

Jusqu'à la dernière minute, dans les couloirs de la mairie, Derek, Anna et moi essayâmes de les convaincre de renoncer à une déclaration publique à ce stade, mais en vain.

— Le problème, c'est que pour l'instant vous n'avez rien de concret à annoncer aux journalistes, expliquai-je.

— Parce que vous n'avez pas été foutus de trouver quoi que ce soit ! tonna le procureur adjoint. Depuis le début de cette enquête !

— Nous avons encore besoin d'un peu de temps, me défendis-je.

— Du temps, vous en avez eu plus qu'assez ! répliqua le procureur adjoint, et tout ce que je vois c'est un désastre, des morts, une population affolée. Vous êtes des incapables, voilà ce que nous allons dire à la presse !

Je me tournai alors vers le major McKenna, espérant trouver du soutien.

— Major, vous ne pouvez pas nous mettre toute la responsabilité sur les épaules, protestai-je. La sécurité du théâtre et de la ville était de votre ressort et de celui du chef-adjoint Montagne.

À cette remarque maladroite, le major vit rouge.

— Ne sois pas impertinent, Jesse ! s'écria-t-il. Pas avec moi qui t'ai couvert depuis le début de cette enquête. J'ai les oreilles qui sifflent encore des cris du gouverneur qui m'a téléphoné hier soir ! Il veut une conférence de presse, il l'aura.

— Je suis désolé, major.

— Je me fous que tu sois désolé, Jesse. Derek et toi avez ouvert cette boîte de pandore, vous allez vous démerder pour la refermer.

— Enfin, major, vous auriez préféré qu'on étouffe tout et qu'on reste dans le mensonge ?

Le major soupira :

— Je crois que tu ne te rends pas compte de l'incendie que tu as déclenché en rouvrant cette enquête. À présent, le pays tout entier parle de cette affaire. Des têtes vont sauter, Jesse, et ça ne sera pas la mienne ! Pourquoi n'as-tu pas pris ta foutue retraite comme prévu, hein ? Pourquoi n'es-tu pas parti mener ta petite vie après avoir reçu les honneurs de toute la profession ?

— Parce que je suis un vrai flic, major.

— Ou un vrai imbécile, Jesse. Je vous laisse, à Derek et toi, jusqu'à la fin de la semaine pour boucler cette affaire. Si lundi matin je n'ai pas le meurtrier assis dans mon bureau, alors je te fais virer de la police sans pension, Jesse. Et toi aussi, Derek. Maintenant, allez faire votre travail et laissez nous faire le nôtre. Les journalistes nous attendent.

Le major et le procureur adjoint se dirigèrent vers la salle de presse. Le maire Brown, avant de leur emboîter le pas, se tourna vers Anna et lui dit :

— Je préfère que tu l'apprennes ici, Anna : je vais annoncer la nomination officielle de Jasper Montagne comme nouveau chef de la police d'Orphea.

Anna blêmit :

— Quoi ? s'étrangla-t-elle. Mais vous aviez dit qu'il ne serait que chef par intérim, le temps que je termine l'enquête.

— Avec l'agitation qui règne à Orphea, je dois remplacer officiellement Gulliver. Et mon choix s'est porté sur Montagne.

Anna était au bord des larmes.

— Vous ne pouvez pas me faire ça, Alan !

— Bien sûr que je le peux, et c'est ce que je vais faire.

— Mais vous m'aviez promis que je remplacerais Gulliver, c'est la raison pour laquelle je suis venue à Orphea.

— Il s'est passé bien des choses entre-temps. Je suis désolé, Anna.

Je voulus défendre Anna :

— Monsieur le maire, vous faites une grave erreur. Le chef-adjoint Kanner est l'un des meilleurs flics que j'ai vus depuis très longtemps.

— De quoi je me mêle, capitaine Rosenberg ! me répondit sèchement Brown. Consacrez-vous plutôt à votre enquête au lieu de vous mêler de ce qui ne vous regarde pas.

Le maire tourna les talons et se dirigea vers la salle de presse.

*
* *

Au Palace du Lac, comme dans tous les établissements de la région, c'était la débandade. Les clients s'en allaient tous, et le directeur de l'hôtel, prêt à tout pour stopper cette hémorragie, les suppliait de rester, promettant des rabais exceptionnels. Mais personne ne voulait rester à Orphea, en dehors de Kirk Harvey, déterminé à assumer ses responsabilités et à contribuer au bouclage de l'enquête, et qui saisit l'occasion de garder, pour un prix sacrifié, sa suite qui n'était désormais plus prise en charge par la mairie. Ostrovski fit de même, obtenant même un triple surclassement dans la suite royale pour une bouchée de pain.

Charlotte Brown, Samuel Padalin et Ron Gulliver avaient déjà regagné leur domicile la veille.

Dans la chambre 312, Steven Bergdorf bouclait sa valise, sous le regard de sa femme, Tracy. Elle était arrivée la veille. Elle avait confié ses enfants à une amie et était venue en bus jusque dans les Hamptons pour soutenir son mari. Elle était prête à lui pardonner ses écarts. Elle voulait juste que tout rentre dans l'ordre.

— Tu es sûr que tu peux partir ? demanda-t-elle.

— Oui, oui. La police dit que je dois simplement rester dans l'État de New York. La ville de New York est dans l'État de New York, non ?

— Effectivement, acquiesça Tracy.

— Alors, tout va bien. En route. J'ai hâte de retrouver notre chez-nous.

Steven attrapa sa valise et la tira derrière lui.

— Ta valise semble lourde, dit Tracy, je vais appeler un bagagiste, il va la mettre directement dans la voiture.

— Surtout pas ! s'écria Steven.

— Pourquoi pas ?

— Je peux tirer ma valise tout seul.

— Comme tu veux.

Ils sortirent de la chambre. Dans le couloir, Tracy Bergdorf enlaça soudain son mari.

— J'ai eu si peur, murmura-t-elle. Je t'aime.

— Moi aussi, je t'aime, Tracy, ma chérie. Tu m'as terriblement manqué.

— Je te pardonne tout ! dit alors Tracy.

— De quoi parles-tu ? demanda Steven.

— Cette fille qui était avec toi. Celle dont parle l'article dans le *New York Times*.

— Oh, mon Dieu, tu n'y as pas réellement cru ? Tracy, enfin, il n'y a jamais eu de fille, ce sont des inventions.

— Vraiment ?

— Mais évidemment ! Comme tu sais, j'ai dû virer Ostrovski. Pour se venger de moi, il a raconté des bobards au *New York Times*.

— Quel sale type ! s'agaça Tracy.

— À qui le dis-tu ? C'est affreux ce que les gens sont mesquins.

Tracy enlaça encore son mari. Elle était tellement soulagée que tout cela ne soit pas vrai.

— On pourrait passer une nuit ici, suggéra-t-elle. Les chambres sont bradées. Ça nous permettrait de nous retrouver un peu.

— Je veux rentrer, dit Steven, voir mes enfants, mes petits poussins chéris.

— Tu as raison. Tu veux déjeuner ?

— Non, je préfère y aller directement.

Ils s'engouffrèrent dans l'ascenseur et traversèrent le lobby de l'hôtel, où régnait la cohue des départs précipités. Steven se dirigea d'un pas décidé vers la sortie, évitant de croiser le regard des employés de la réception. Il partait sans régler la note. Il devait s'enfuir, vite, sans qu'on lui pose des questions sur Alice. Surtout pas devant sa femme.

La voiture attendait sur le parking. Steven avait refusé de donner la clé au voiturier.

— Puis-je vous aider ? demanda un employé en voulant prendre sa valise.

— Surtout pas, refusa Steven en accélérant le pas, suivi par sa femme.

Il ouvrit la voiture et jeta sa valise sur la banquette arrière.

— Mets plutôt ta valise dans le coffre, lui suggéra sa femme.

— Souhaitez-vous que je mette votre valise

dans le coffre ? demanda l'employé qui les avait escortés.

— Surtout pas, répéta Steven en s'installant au volant. Au revoir, et merci pour tout.

Sa femme s'installa sur le siège passager, il fit démarrer la voiture et ils s'en allèrent. Lorsqu'ils franchirent les limites de la ville, Steven poussa un soupir de soulagement. Jusqu'alors, personne n'avait rien remarqué. Et le cadavre d'Alice, dans le coffre, ne dégageait pas encore d'odeur. Il l'avait soigneusement emballé avec du film alimentaire et il se félicita de cette initiative.

Tracy alluma la radio. Elle se sentait sereine, heureuse. Bientôt, elle s'endormit.

Il faisait une chaleur terrible dehors. *J'espère qu'elle ne va pas cuire, là-dedans*, songea Steven, accroché au volant. Tout s'était passé si vite, il n'avait pas eu le temps de beaucoup réfléchir. Après avoir tué Alice et dissimulé son cadavre dans les buissons, il avait trotté jusqu'au Palace du Lac récupérer sa voiture avant de retourner sur les lieux du crime. Il avait soulevé avec peine le corps d'Alice et l'avait jeté dans le coffre. Sa chemise était couverte de sang. Mais qu'importe, personne ne l'avait vu. C'était la débandade à Orphea, tous les policiers étaient occupés au centre-ville. Il avait ensuite roulé jusqu'à un supermarché ouvert jour et nuit, y avait acheté des quantités industrielles de film alimentaire puis il avait trouvé un coin isolé, à l'orée d'une forêt. Il avait alors soigneusement emballé tout le corps déjà froid et raide. Il savait qu'il ne pouvait pas s'en débarrasser à Orphea. Il devait le transporter ailleurs et éviter que les odeurs ne le trahissent. Il espérait que son stratagème lui permettrait de gagner un peu de temps.

De retour au Palace du Lac avec Alice dans le coffre, il avait passé un vieux pull oublié dans sa voiture pour masquer sa chemise et rejoindre sa chambre sans qu'on puisse soupçonner quoi que ce soit. Il avait alors pris une longue douche et mis des vêtements propres similaires à ceux qu'il portait déjà ce soir-là. Il avait finalement dormi un peu. Avant de se réveiller en sursaut. Il devait se débarrasser des affaires d'Alice. Il avait alors ramassé sa valise à elle, l'avait remplie de tous ses effets, et était reparti de l'hôtel, espérant qu'on ne remarquerait pas ses allées et venues. Mais il régnait une telle effervescence que personne n'avait rien vu. Il avait repris sa voiture, et était allé disséminer les affaires d'Alice dans diverses poubelles des villes voisines, y compris ses vêtements, avant d'abandonner finalement la valise vide au bord de la route. Il avait senti son cœur exploser dans sa poitrine, son estomac se nouer : qu'un policier, remarquant son étrange manège, l'arrête et lui fasse ouvrir le coffre de la voiture, et il était cuit !

Finalement, à 5 heures du matin, il était dans sa suite du Palace du Lac, nettoyée de toute trace d'Alice. Il avait dormi une demi-heure, jusqu'à ce que des coups sur la porte le réveillent. C'était la police. Il avait eu envie de se jeter par la fenêtre. Il était pris ! Il avait ouvert, en caleçon, tremblant de tout son corps. Devant lui se tenaient deux policiers en uniforme.

— Monsieur Steven Bergdorf ? avait demandé l'un d'eux.

— C'est moi-même.

— On est vraiment désolé de venir à une heure pareille, mais le capitaine Rosenberg nous envoie chercher tous les membres de la troupe de théâtre.

Il voudrait vous interroger à propos de ce qui s'est passé hier soir au Grand Théâtre.

— Je vous accompagne volontiers, avait répondu Steven, en s'efforçant de rester calme.

À la police qui lui avait demandé s'il avait vu Alice, il avait dit l'avoir perdue de vue en sortant du théâtre. Depuis, on ne lui avait plus posé de questions.

Pendant tout le trajet jusqu'à New York, il réfléchit à ce qu'il allait faire d'Alice. Lorsqu'il vit la silhouette des gratte-ciel de Manhattan apparaître, il avait déjà échafaudé tout un plan. Tout allait s'arranger. Personne ne retrouverait jamais Alice. Il suffisait qu'il puisse rejoindre le parc national de Yellowstone.

À quelques miles de là, face à Central Park, à l'hôpital Mount Sinai, Jerry et Cynthia Eden veillaient leur fille, placée dans une unité de soins intensifs. Le médecin passa les réconforter.

— Monsieur et madame Eden, vous devriez aller vous reposer un peu. Nous allons la maintenir en coma artificiel pour le moment.

— Mais comment va-t-elle ? demanda Cynthia, effondrée.

— C'est impossible à dire pour le moment. Elle a supporté l'opération, c'est un signe encourageant. Mais nous ignorons encore si elle gardera des séquelles physiques ou neurologiques. Les balles ont causé des lésions très importantes. Un poumon a été perforé, la rate a été touchée.

— Docteur, s'inquiéta Jerry, est-ce que notre fille va se réveiller ?

— Je n'en sais rien. Je suis vraiment désolé. Il y a des chances qu'elle ne survive pas.

*
* *

Anna, Derek et moi remontions en voiture la rue principale, toujours fermée au public. Tout était désert, malgré le soleil éclatant. Personne sur les trottoirs, personne sur la marina. Il flottait une étrange impression de ville fantôme.

Devant le Grand Théâtre, quelques policiers montaient la garde, tandis que des employés municipaux ramassaient les derniers déchets, dont des souvenirs des stands des marchands ambulants, ultimes témoignages de la cohue qui avait eu lieu ici.

Anna ramassa un t-shirt portant l'inscription *J'étais à Orphea le 26 juillet 2014*.

— J'aurais préféré ne pas y être, dit-elle.

— Moi aussi, soupira Derek.

Nous pénétrâmes à l'intérieur du bâtiment et gagnâmes la salle, déserte et silencieuse. Sur la scène, une immense tache de sang séché, des compresses médicales et des emballages de matériel stérile abandonnés par les secours. Un seul mot me venait en tête : désolation.

D'après le rapport envoyé par le médecin qui avait opéré Dakota, les balles l'avaient atteinte du haut vers le bas, à un angle de 60 degrés. L'information allait nous permettre de déterminer la position du tireur dans la salle. Nous procédâmes à une petite reconstitution des faits.

— Donc Dakota est au milieu de la scène, rappela Derek. Kirk est à sa gauche, avec Jerry et Alice.

Je me plaçai au milieu de la scène, comme si j'étais Dakota. Anna dit alors :

— Je ne vois pas comment depuis les sièges, ou même depuis le fond de la salle qui est la partie la plus élevée, les balles peuvent entrer à un angle de 60 degrés du haut vers le bas.

Elle se promena au milieu des rangées, songeuse. Je levai alors les yeux et je vis au-dessus de moi une passerelle technique, pour accéder à la rampe de projecteurs.

— Le tireur était là-haut ! m'écriai-je.

Derek et Anna cherchèrent l'accès à la passerelle, et trouvèrent un petit escalier qui partait du fond des coulisses, à proximité des loges. La passerelle serpentait ensuite tout autour de la scène, au fil des éclairages. Une fois au-dessus de moi, Derek me braqua avec ses doigts. L'angle de tir correspondait parfaitement. Et c'était une distance relativement proche : pas besoin d'être un tireur d'élite pour faire un carton.

— La salle était plongée dans l'obscurité et Dakota avait les projecteurs en plein visage. Elle ne voyait rien, le tireur voyait tout. Il n'y avait aucun bénévole, et pas de technicien à part celui de la régie lumière : il a donc eu tout le loisir de monter là-haut sans être vu, de tirer sur Dakota au moment propice et de s'enfuir ensuite par une issue de secours.

— Pour accéder à cette passerelle, il faut donc passer par les coulisses, releva Anna. Et seules pouvaient accéder aux coulisses les personnes accréditées. L'accès était contrôlé.

— Donc c'est bien un membre de la troupe, dit Derek. Ce qui signifie que nous avons cinq suspects : Steven Bergdorf, Meta Ostrovski, Ron Gulliver, Samuel Padalin et Charlotte Brown.

— Charlotte était auprès de Dakota après les tirs, fis-je remarquer.

— Ça ne l'exclut pas de la liste des suspects, considéra Derek. Elle tire depuis la passerelle, et redescend pour porter secours à Dakota, quel bon scénario !

Au même instant, je reçus un appel sur mon téléphone portable.

— Merde, soupirai-je, qu'est-ce qu'il me veut encore ?

Je décrochai :

— Bonjour, major. Nous sommes au Grand Théâtre. Nous avons découvert l'endroit où s'est placé le tireur. Une passerelle dont l'accès ne peut se faire que par les coulisses, ce qui signifie que…

— Jesse, m'interrompit le major, c'est justement pour cela que je t'appelle. J'ai reçu l'analyse balistique. L'arme employée contre Dakota Eden était un pistolet Beretta.

— Un Beretta ? Mais c'est justement un Beretta qui a été utilisé pour tuer Meghan Padalin et les Gordon ! m'exclamai-je.

— J'y ai pensé aussi, me dit le major, et j'ai donc demandé une comparaison. Accroche-toi bien, Jesse : c'est la même arme qui a été utilisée en 1994 et avant-hier soir.

Derek, me voyant blême, me demanda ce qui se passait. Je lui dis :

— Il est là, il est parmi nous. C'est l'assassin des Gordon et de Meghan qui a tiré sur Dakota. Le meurtrier est en liberté depuis vingt ans.

Derek devint livide à son tour.

— C'est à croire que tout est maudit, murmura-t-il.

## *DEREK SCOTT*

12 novembre 1994. Un mois après notre terrifiant accident de voiture, je recevais la médaille du courage. Dans le gymnase du centre régional de la police, devant un parterre de policiers, d'officiels, de journalistes et d'invités, j'étais décoré par le chef de la police d'État en personne, qui avait fait le déplacement pour l'occasion.

Debout sur l'estrade, un bras en écharpe, je gardais la tête basse. Je ne voulais ni de cette médaille, ni de cette cérémonie, mais le major McKenna m'avait assuré qu'un refus de ma part serait terriblement mal perçu par la hiérarchie.

Jesse était au fond de la salle. En retrait. Il ne voulait pas rejoindre la place qui lui était réservée au premier rang. Il avait la mine défaite. Je n'arrivais même pas à le regarder.

Après un long discours, le chef de la police s'approcha de moi et me passa solennellement une médaille autour du cou en déclarant: «Sergent Derek Scott, pour votre courage dans l'exercice de votre mission, et pour avoir sauvé une vie au péril de la vôtre, je vous remets cette décoration. Vous êtes un exemple pour la police.»

La médaille remise, le chef de la police m'adressa un salut militaire appuyé, avant que la fanfare n'entame une marche triomphale.

Je restai impassible, le regard fixe. Soudain, je vis que Jesse pleurait et je ne pus moi non plus retenir mes larmes. Je descendis de l'estrade et me précipitai vers une porte dérobée donnant sur les vestiaires. J'arrachai la médaille de mon cou et la jetai au sol dans un geste rageur. Puis je m'écroulai sur un banc et j'éclatai en sanglots.

## JESSE ROSENBERG

*Mardi 29 juillet 2014*

*3 jours après la première*

C'était le dernier grand tournant de l'affaire.

Voilà que l'arme du crime de 1994, qui n'avait pas été retrouvée à l'époque, resurgissait. Et cette même arme qui avait été utilisée pour assassiner la famille Gordon et Meghan Padalin était celle qui avait été utilisée pour faire taire Dakota. Ceci signifiait que Stephanie avait raison depuis le début : Ted Tennenbaum n'avait assassiné ni la famille Gordon ni Meghan Padalin.

Ce matin-là, au centre régional de la police d'État, le major nous convoqua, Derek et moi, en présence du procureur adjoint.

— Je vais devoir avertir Sylvia Tennenbaum de la situation, nous dit-il. Le bureau du procureur va ouvrir une procédure. Je voulais que vous soyez prévenus.

— Merci, major, lui dis-je. Nous comprenons.

— Sylvia Tennenbaum pourrait envisager non seulement des poursuites contre la police, expliqua le procureur adjoint, mais également des poursuites contre vous.

— Qu'il soit coupable ou pas d'un quadruple meurtre, Ted Tennenbaum avait engagé une course-poursuite avec la police. Rien de tout cela ne serait jamais arrivé s'il avait obtempéré.

— Mais Derek a volontairement heurté son véhicule et l'a précipité par-dessus le pont, condamna le procureur adjoint.

— Nous essayions de l'intercepter ! s'éleva Derek.

— Il y avait d'autres moyens, objecta le procureur adjoint.

— Ah bon ? s'agaça Derek. Lesquels ? Vous me semblez expert en poursuite ?

— Nous ne sommes pas là pour vous accabler, assura le major. J'ai repris le dossier : tout menait à Ted Tennenbaum. Il y avait la camionnette de Tennenbaum vue sur les lieux du crime quelques instants avant les meurtres, le mobile du chantage opéré par le maire, corroboré par les transactions bancaires, l'acquisition par Tennenbaum d'une arme de même type que celle employée pour les meurtres et le fait qu'il était un tireur entraîné. Ça ne pouvait être que lui !

— Et pourtant, soupirai-je, chacune de ces preuves a été démontée depuis.

— Je le sais bien, Jesse, regretta le major. Mais n'importe qui se serait planté. Vous n'êtes coupables de rien. Malheureusement, je crains que Sylvia Tennenbaum ne se contente pas de cette explication et enclenche toutes les procédures possibles pour obtenir réparation.

Pour notre enquête, en revanche, cela signifiait aussi que la boucle était en train de se boucler. En 1994, l'assassin de Meghan Padalin avait également éliminé les Gordon, témoins malheureux. Parce que

Derek et moi avions suivi la piste erronée des Gordon, avant qu'un faisceau de preuves nous convainquent de la culpabilité de Ted Tennenbaum, le véritable meurtrier avait pu dormir sur ses deux oreilles pendant vingt ans. Jusqu'à ce que Stephanie rouvre l'enquête, poussée par Ostrovski, qui avait un doute depuis toujours puisqu'il avait vu que ce n'était pas Tennenbaum qui était au volant de sa camionnette. À présent que les pistes convergeaient vers lui, le meurtrier éliminait ceux qui pourraient le démasquer. Il avait commencé avec les Gordon, il avait ensuite éliminé Stephanie, puis Cody, puis il avait voulu faire taire Dakota. Le meurtrier était là, sous nos yeux, à portée de main. Il nous fallait agir intelligemment et vite.

Notre entretien avec le major McKenna terminé, nous profitâmes d'être au centre régional de la police d'État pour faire un crochet par le bureau du docteur Ranjit Singh, le médecin légiste, qui était également un expert en profils criminels. Il s'était penché sur le dossier d'enquête, pour nous aider à mieux cerner la personnalité du meurtrier.

— J'ai pu minutieusement étudier les différents éléments de l'enquête, nous dit le docteur Singh. Tout d'abord, je pense que vous avez affaire à un individu de sexe masculin. D'abord statistiquement, puisqu'on estime la probabilité du meurtre d'une femme par une autre femme à 2 % seulement. Mais dans notre cas, il y a également des éléments plus concrets : ce côté impulsif, cette porte défoncée chez les Gordon, puis cette famille assassinée sans scrupule. Et puis Stephanie Mailer noyée dans le lac, et Cody Illinois dont le crâne est brisé avec une grande brutalité. Il y a une forme de violence plutôt masculine. D'ailleurs, j'ai vu dans le dossier qu'à l'époque, mes collègues penchaient également pour un homme.

— Donc ça ne peut pas être une femme ? demandai-je.

— Je ne peux rien exclure, capitaine, me répondit le docteur Singh. Il y a déjà eu des cas où des profils de type masculin cachaient en fait un coupable féminin. Mais mon impression du dossier me ferait pencher pour un homme. D'ailleurs, c'est un cas intéressant. Ce n'est pas un profil commun. En général, c'est un psychopathe ou un criminel endurci qui tue autant. Mais si c'était un psychopathe, il n'y aurait pas de causes rationnelles. Or, dans votre affaire, il s'agit de tuer pour des raisons très claires : empêcher la manifestation de la vérité. Ce n'est certainement pas non plus un criminel endurci car quand le meurtrier doit tuer Meghan Padalin, il la rate d'abord. Il est donc nerveux. Finalement il l'abat de plusieurs balles puis lui en tire encore une dans la tête. Il n'est pas dans la maîtrise, il perd le contrôle de lui-même. Et quand il comprend que les Gordon ont pu le voir, il massacre tout le monde. Il casse la porte alors qu'elle est ouverte et tue à bout portant.

— C'est un bon tireur malgré tout, précisa Derek.

— Oui, c'est certainement un tireur entraîné. Pour moi, c'est quelqu'un qui s'est probablement entraîné à tirer pour l'occasion. Il est méticuleux. Mais il perd ses moyens au moment de passer à l'action. Donc pas un tueur de sang froid, mais une personne qui tuerait malgré elle.

— Malgré elle ? m'étonnai-je.

— Oui, quelqu'un qui n'aurait jamais envisagé de tuer, ou qui réprouverait socialement le meurtre, mais qui a dû s'y résoudre, peut-être pour protéger sa réputation, son statut ou éviter la prison.

— Tout de même, il faut détenir ou se procurer une arme, s'entraîner à tirer, il y a toute une préparation.

— Je n'ai pas dit qu'il n'y avait pas de préméditation, nuança le docteur Singh. Je dis que le meurtrier devait tuer Meghan à tout prix. Ce n'est pas un motif crapuleux, comme un vol. Peut-être savait-elle quelque chose sur lui et qu'il devait la faire taire. Quant au choix du pistolet, c'est justement l'arme par excellence pour quelqu'un qui ne sait pas comment tuer. Il y a une forme de distance, une assurance de tuer. Un seul coup et tout est terminé. Un couteau ne permettrait pas cela, à moins d'égorger la victime, mais ce meurtrier-là n'en serait pas capable. On voit souvent cela dans les suicides: beaucoup de gens trouvent qu'il est plus facile d'utiliser l'arme à feu que de se tailler les veines, se jeter d'un toit d'immeuble ou même prendre des médicaments dont on ne sait pas très bien quel effet ils feront.

Derek demanda alors:

— Si c'est la même personne qui a tué les Gordon, Meghan Padalin, Stephanie et Cody, et qui a également essayé d'assassiner Dakota Eden, alors pourquoi avoir utilisé une arme différente contre Stephanie et Cody?

— Parce que le meurtrier s'est efforcé jusque-là de brouiller les pistes, expliqua le docteur Singh qui semblait sûr de lui. Le meurtrier a justement voulu qu'on ne puisse pas faire le lien avec les meurtres de 1994. Surtout après avoir réussi à berner tout le monde pendant vingt ans. Je vous le répète: pour moi, vous avez affaire à quelqu'un qui n'aime pas tuer. Il a tué déjà six fois parce qu'il a été pris dans un engrenage, mais ce n'est pas un meurtrier de sang froid, ce n'est pas un tueur en série. C'est un type qui essaie de sauver sa peau au prix de celle des autres. Un assassin malgré lui.

— Mais s'il tue malgré lui, alors pourquoi ne s'est-il pas enfui loin d'Orphea ?

— C'est une option qu'il va envisager, aussitôt qu'il le pourra. Il a vécu pendant vingt ans en pensant que personne ne découvrirait son secret. Il a baissé sa garde. C'est probablement la raison pour laquelle il a pris des risques considérables pour protéger son identité jusqu'à maintenant. Il ne peut donc pas fuir du jour au lendemain : cela le trahirait. Il va essayer de gagner du temps, et trouver une excuse pour quitter la région de façon définitive sans éveiller les soupçons. Un nouvel emploi, ou alors un parent malade. Il faut agir vite. Vous êtes face à un homme intelligent et méticuleux. La seule piste qui puisse vous faire remonter jusqu'à lui est de découvrir qui avait une bonne raison de tuer Meghan Padalin en 1994.

*Qui avait une bonne raison de tuer Meghan Padalin ?* inscrivit Derek sur le tableau magnétique installé dans la salle des archives de l'*Orphea Chronicle*, qui était devenue le seul endroit où nous nous sentions suffisamment au calme pour poursuivre notre traque, et où Anna nous avait rejoints. Dans la pièce avec nous, Kirk Harvey – ses déductions de 1994 laissaient penser qu'il était un flic au flair redoutable –, ainsi que Michael Bird, qui ne comptait pas ses heures pour nous aider dans nos recherches et qui était de ce fait un appui précieux.

Nous reprîmes tous ensemble les éléments de notre enquête :

— Donc Ted Tennenbaum n'est pas le meurtrier, dit Anna, mais je croyais que vous aviez la preuve qu'il s'était procuré l'arme du crime en 1994 ?

— L'arme venait d'un stock volé à l'armée et a été revendue sous le manteau par un militaire véreux dans un bar de Ridgesport, expliqua Derek. Théoriquement, on pourrait imaginer que dans le même laps de temps, Ted Tennenbaum et le meurtrier se soient tous les deux procuré une arme au même endroit. C'était certainement une filière connue à l'époque pour quiconque cherchait à se procurer un pistolet.

— Ça ferait vraiment une sacrée coïncidence, dit Anna. D'abord la camionnette de Tennenbaum sur les lieux du meurtre, mais il n'est pas au volant. Puis l'arme du crime qui aurait été achetée à l'endroit où Tennenbaum aurait acquis un Beretta. Il n'y a pas quelque chose de louche pour vous ?

— Pardonnez ma question, intervint Michael, mais pourquoi est-ce que Ted Tennenbaum aurait acheté une arme illégalement s'il n'avait pas l'intention de s'en servir ?

— Tennenbaum se faisait racketter par un caïd de la région, Jeremiah Fold, qui avait mis le feu à son restaurant. Il aurait pu vouloir une arme pour se protéger.

— Jeremiah Fold dont le nom était dans le texte de ma pièce de théâtre retrouvée chez le maire Gordon ? demanda Harvey.

— Exactement, lui répondis-je. Et dont nous pensons tous qu'il a peut-être été volontairement percuté.

— Concentrons-nous sur Meghan, suggéra Derek en tapant de la main sur la phrase qu'il avait inscrite au tableau: *Qui avait une bonne raison de tuer Meghan Padalin?*

— Justement, dis-je, pourrait-on imaginer que Meghan ait percuté Jeremiah Fold? Et que quelqu'un lié à Jeremiah - peut-être Costico - ait voulu se venger?

— Mais nous avons établi qu'il n'y avait pas de lien entre Meghan Padalin et Jeremiah Fold, rappela Derek. Et puis ça ne colle pas du tout avec le profil de Meghan d'aller écraser un caïd à moto.

— À ce propos, demandai-je, où en sont les analyses des pièces de voiture retrouvées par Grace, l'ancien agent spécial de l'ATF?

— Encore en cours, regretta Derek. J'espère avoir du nouveau demain.

Anna, qui s'était saisie d'éléments du dossier, dit alors, en reprenant un procès-verbal d'audition:

— Je crois avoir trouvé quelque chose. Lorsque nous avons interrogé le maire Brown, la semaine dernière, il a indiqué avoir reçu en 1994 un appel téléphonique anonyme. *« Au début de l'année 1994, j'ai découvert que Gordon était corrompu. — Comment? — J'ai reçu un appel anonyme. C'était vers la fin février. Une voix de femme. »*

— Une voix de femme, répéta Derek, est-ce que c'était Meghan Padalin?

— Et pourquoi pas? dis-je. C'est une piste qui pourrait tenir la route.

— Le maire Brown aurait tué Meghan et les Gordon? demanda Michael.

— Non, expliquai-je, en 1994, au moment du quadruple meurtre, Alan Brown était en train de serrer des mains dans le foyer du Grand Théâtre. Il est hors de cause.

— Mais c'est cet appel qui a décidé le maire Gordon à s'en aller d'Orphea, reprit Anna. Il s'est mis à transférer son argent dans le Montana, puis s'est rendu à Bozeman pour y trouver une maison.

— Le maire Gordon aurait donc eu un très bon mobile pour tuer Meghan Padalin, et son profil correspondrait à ce dont nous parlait l'expert tout à l'heure: un homme qui n'aurait pas eu de velléités meurtrières mais qui, se sentant acculé ou pour protéger son honneur, aurait tué malgré lui. On imagine assez Gordon coller à cette description.

— Sauf que tu oublies que Gordon fait lui aussi partie des victimes, rappelai-je à Derek. C'est bien là que quelque chose cloche.

Kirk prit la parole à son tour:

— Je me souviens que ce qui m'avait frappé à l'époque, c'était la connaissance que le meurtrier avait des habitudes de Meghan Padalin. Il savait qu'elle faisait son jogging à la même heure, qu'elle s'arrêtait dans le petit parc de Penfield Crescent. Vous me direz qu'il l'avait peut-être longuement observée. Mais il y a un détail que le meurtrier ne pouvait pas connaître sur la seule base de ses observations: le fait que Meghan ne se mêle pas aux célébrations de la première du festival de théâtre. Quelqu'un qui savait que le quartier serait désert et que Meghan se retrouverait seule dans le parc. Sans témoin. C'était une opportunité unique.

— Ce serait donc quelqu'un de son entourage? demanda Michael.

De la même façon que nous nous étions d'abord demandé qui pouvait savoir que le maire Gordon n'assisterait pas à la première du festival, il fallait se demander qui pouvait savoir que Meghan se trouverait dans le parc ce jour-là.

Nous nous reportâmes à la liste des suspects inscrite au feutre sur le tableau magnétique :

Meta Ostrovski,
Ron Gulliver,
Steven Bergdorf,
Charlotte Brown,
Samuel Padalin.

— Procédons par élimination, suggéra Derek. En partant du principe qu'il s'agit d'un homme, cela exclut pour le moment Charlotte Brown. De surcroît, elle ne vivait pas à Orphea à l'époque, n'avait pas de lien avec Meghan Padalin, et encore moins l'occasion de l'espionner pour connaître ses habitudes.

— En se basant sur les propos de l'expert en profils criminels, ajouta ensuite Anna, le meurtrier n'aurait eu aucun intérêt à ce que l'enquête de 1994 soit remise en question. On pourrait donc exclure également Ostrovski. Pourquoi aurait-il demandé à Stephanie de faire la lumière sur ce crime, si c'était pour la tuer ensuite ? Et puis, lui non plus ne vivait pas à Orphea, ni n'avait de lien avec Meghan Padalin.

— Alors il reste Ron Gulliver, Steven Bergdorf et Samuel Padalin, dis-je.

— Gulliver qui vient de démissionner de la police alors qu'il est à deux mois de la retraite, rappela Anna avant d'expliquer à Kirk et Michael que l'expert avait soulevé l'hypothèse d'une fuite du meurtrier maquillée en départ légitime. Va-t-il nous annoncer demain qu'il part profiter de sa retraite dans un pays qui n'extrade pas ?

— Et Steven Bergdorf ? interrogea Derek. En 1994, juste après les meurtres, il part s'installer à New

York, avant de réapparaître soudainement à Orphea et de se faire enrôler pour jouer dans la pièce censée révéler le nom du criminel.

— Et que sait-on de Samuel Padalin ? demandai-je ensuite. À l'époque, il était dans le rôle du veuf éploré, je n'ai jamais imaginé qu'il ait pu tuer sa femme. Mais avant de l'exclure de la liste, il faudrait en savoir plus sur lui, et sur les raisons qui l'ont poussé à rejoindre la distribution de la pièce. Parce que s'il y a quelqu'un qui connaissait bien les habitudes de Meghan et qui savait qu'elle n'irait pas au festival le soir de la première, c'est bien lui.

Michael Bird avait justement effectué quelques recherches à propos de Samuel Padalin et nous en fit part :

— C'était un couple sympathique, apprécié et sans histoire. J'ai interrogé certains de leurs voisins de l'époque : ils sont unanimes. Jamais de cris, jamais de dispute entre eux. Tous les décrivent comme des gens charmants, visiblement heureux. Apparemment, Samuel Padalin a été terriblement affecté par la mort de sa femme. L'un des voisins affirme même avoir craint qu'il se suicide à un moment donné. Puis il a remonté la pente, et s'est remarié.

— Oui, dit Kirk, tout cela confirme bien mon impression de l'époque.

— En tous les cas, repris-je, ni Ron Gulliver, ni Steven Bergdorf, ni Samuel Padalin ne semblent avoir un motif pour vouloir tuer Meghan. Nous en revenons donc à notre question initiale. Pourquoi vouloir la tuer ? Répondre à cette question, c'est découvrir son meurtrier.

Nous avions besoin d'en savoir davantage sur Meghan. Nous décidâmes de nous rendre chez Samuel

Padalin, dans l'espoir qu'il puisse nous éclairer un peu plus au sujet de sa première femme.

*
* *

À New York, dans leur appartement de Brooklyn, Steven Bergdorf s'efforçait de convaincre sa femme du bien-fondé de leur voyage à Yellowstone.

— Comment ça, *tu ne veux plus partir* ? s'agaça-t-il.

— Mais enfin, Steven, lui dit Tracy, la police t'a ordonné de rester dans l'État de New York. Pourquoi est-ce qu'on n'irait pas au lac Champlain dans la maison de mes parents ?

— Parce que, pour une fois qu'on a prévu des vacances juste toi, moi et les enfants, j'ai envie qu'on s'y tienne.

— Dois-je te rappeler qu'il y a trois semaines, tu ne voulais pas entendre parler de Yellowstone ?

— Eh bien, j'ai justement envie de te faire plaisir, à toi et aux enfants, Tracy. Pardonne-moi d'être à l'écoute de vos désirs.

— On ira à Yellowstone l'été prochain, Steven. C'est mieux de respecter les instructions de la police et de ne pas quitter l'État.

— Mais de quoi as-tu peur, Tracy ? Tu crois que je suis un tueur, c'est ça ?

— Non, évidemment.

— Alors, explique-moi pourquoi la police aurait besoin de me contacter de nouveau. Tu sais, tu es vraiment pénible. Un jour tu veux, un jour tu ne veux plus. Alors, va chez ta sœur si tu veux, et moi je reste ici puisque tu ne veux pas de notre voyage en famille.

Après une hésitation, Tracy finit par accepter. Elle sentait qu'elle avait besoin de passer un moment privilégié avec son mari et de se reconnecter avec lui.

— D'accord, mon chéri, dit-elle doucement, faisons ce voyage.

— Formidable ! hurla Steven. Alors, fais les valises. Je vais vite passer au journal pour déposer mon article et régler deux ou trois petites choses. Puis j'irai chez ta sœur chercher le camping-car. Demain à la première heure nous partons pour le Midwest !

Tracy fronça les sourcils :

— Pourquoi te compliques-tu la vie, Steven ? Nous devrions mettre toutes nos affaires dans la voiture et aller tous ensemble chez ma sœur demain et partir ensuite.

— Impossible, dit Steven, avec les enfants à l'arrière de la voiture, il n'y aura pas la place de mettre nos valises.

— Mais on met les valises dans le coffre, Steven. On a justement acheté cette voiture pour la taille de son coffre.

— Le coffre est bloqué. Il ne s'ouvre plus.

— Ah bon ! Que s'est-il passé ? demanda Tracy.

— Aucune idée. Il s'est soudainement bloqué.

— Je vais aller y jeter un coup d'œil.

— Je n'ai pas le temps, dit Steven, je dois partir pour le journal.

— En voiture ? Depuis quand tu y vas en voiture ?

— Je veux l'entendre rouler, il y a un drôle de bruit dans le moteur.

— Raison de plus pour que tu me laisses la voiture, Steven, dit Tracy. Je vais l'emmener au garage pour faire contrôler ce bruit et réparer ce coffre qui ne s'ouvre plus.

— Pas de garage ! tonna Steven. De toute façon, on prendra la voiture avec nous et on la tirera derrière le camping-car.

— Steven, ne sois pas ridicule, on ne va pas s'encombrer de notre voiture jusqu'à Yellowstone.

— Évidemment que si ! C'est beaucoup plus pratique. On laissera le camping-car au camping et on visitera le parc ou la région en voiture. On ne va pas se trimballer partout avec ce mastodonte quand même.

— Mais, Steven…

— Il n'y a pas de *mais*. Tout le monde fait ça, là-bas.

— Bon, très bien, finit par obtempérer Tracy.

— Je file au journal. Fais les valises et dis à ta sœur que je passerai à 7 heures 30 demain. À 9 heures nous serons sur la route du Midwest.

Steven s'en alla et récupéra la voiture garée dans la rue. Il lui sembla que la puanteur du corps d'Alice s'échappait déjà du coffre. Ou alors était-ce son esprit ? Il se rendit à la rédaction de la *Revue* où il fut accueilli en héros. Mais il était ailleurs. Il n'entendait pas les gens qui lui parlaient. Il avait l'impression que tout tournait autour de lui. Il se sentait nauséeux. Être de retour dans les locaux de la *Revue* faisait ressortir d'un coup toutes ses émotions. Il avait tué. Il n'en prenait conscience que maintenant.

Après s'être longuement passé le visage sous l'eau dans les toilettes, Steven s'enferma dans son bureau avec Skip Nalan, son rédacteur en chef adjoint.

— Ça va, Steven ? lui demanda Skip. Tu n'as pas l'air bien. Tu transpires et tu es tout pâle.

— Un coup de fatigue. Je crois que j'ai besoin de me reposer. Je vais t'envoyer mon article sur le festival par courriel. Fais-moi tes éventuelles remarques.

— Tu ne reviens pas ? demanda Skip.

— Non, je pars demain pour quelques jours avec ma femme et les enfants. Après tous ces évènements, on a besoin de se retrouver un peu.

— Je comprends tout à fait, assura Skip. Est-ce qu'Alice vient aujourd'hui ?

Bergdorf déglutit péniblement.

— C'est justement de ça dont il faut que je te parle, Skip.

Steven arborait un air très grave et Skip s'en inquiéta :

— Que se passe-t-il ?

— C'est Alice qui a volé ma carte de crédit. C'est elle qui a tout manigancé. Elle s'est enfuie après avoir tout avoué.

— Ça alors, dit Skip, je n'en reviens pas. C'est vrai qu'elle était bizarre ces derniers temps. Je vais déposer plainte tout à l'heure, je ne t'embêterai pas avec ça.

Steven remercia son adjoint, puis il prit le temps de signer quelques lettres en attente et envoya son article par courriel. Profitant d'être connecté à Internet, il fit une recherche rapide sur la décomposition des corps. Il avait peur que l'odeur ne le trahisse. Il devait tenir trois jours. D'après ses calculs, en partant demain mercredi, il serait à Yellowstone d'ici samedi. Il pourrait se débarrasser du corps de façon à ce que personne ne le retrouve jamais. Il savait exactement comment il allait faire.

Il effaça son historique de navigation, éteignit son ordinateur et s'en alla. Une fois dans la rue, il sortit de sa poche le téléphone d'Alice qu'il avait emporté avec lui. Il l'alluma et, parcourant le répertoire de ses contacts, il envoya un message à ses parents et à quelques amis dont il connaissait le nom. *J'ai besoin de faire le vide, je pars quelque temps prendre un peu l'air. Je vous appelle bientôt. Alice.* Personne ne la rechercherait avant un bon moment. Il jeta le téléphone dans une poubelle.

Il lui restait encore un dernier détail à régler. Il se rendit chez Alice dont il avait pris les clés de l'appartement et y récupéra les bijoux et tous les objets de valeur qu'il lui avait offerts. Puis il se rendit chez un prêteur sur gage et revendit tout. Voilà qui rembourserait une partie de sa dette.

*
* *

À Southampton Anna, Derek et moi, dans le salon de la maison de Samuel Padalin, venions de révéler à ce dernier que c'était Meghan qui était visée en 1994 et non pas les Gordon.

— Meghan ? répéta-t-il, incrédule. Mais qu'est-ce que vous me racontez ?

Nous essayions de jauger sa réaction, et jusque-là elle semblait sincère : Samuel était bouleversé.

— La vérité, monsieur Padalin, lui dit Derek. Nous nous sommes trompés de victime à l'époque. C'est votre femme qui faisait l'objet de cet assassinat, les Gordon étaient des victimes collatérales.

— Mais pourquoi Meghan ?

— C'est ce que nous aimerions comprendre, lui dis-je.

— Ça n'a aucun sens. Meghan était tout ce qu'il y a de plus gentil. C'était une libraire aimée de sa clientèle, une voisine attentionnée.

— Et pourtant, répondis-je, quelqu'un lui en voulait suffisamment pour la tuer.

Samuel resta muet de stupéfaction.

— Monsieur Padalin, reprit Derek, cette question est très importante : avez-vous été menacé ? Ou avez-vous eu affaire à des gens dangereux ? Des gens qui auraient pu vouloir s'en prendre à votre femme.

— Mais pas du tout ! s'offusqua Samuel. C'est vraiment mal nous connaître.

— Est-ce que le nom de Jeremiah Fold vous dit quelque chose ?

— Non, rien du tout. Vous m'avez déjà posé cette question hier.

— Est-ce que Meghan était soucieuse dans les semaines qui ont précédé sa mort ? Vous aurait-elle fait part d'inquiétudes ?

— Non, non. Elle aimait lire, écrire et faire sa course à pied.

— Monsieur Padalin, dit Anna, qui pouvait savoir que vous et Meghan n'alliez pas participer aux célébrations liées à la première du festival ? Le meurtrier savait que ce soir-là votre femme allait faire son jogging comme d'habitude, alors que la plupart des habitants se trouvaient sur la rue principale.

Samuel Padalin prit un instant de réflexion.

— Tout le monde parlait de ce festival, répondit-il finalement. Avec nos voisins, en faisant nos courses, avec les clients de la librairie. Les conversations tournaient autour d'un seul sujet : qui avait des billets pour la première et qui se mêlerait simplement à la foule sur la rue principale. Je sais que Meghan expliquait à tous ceux qui lui posaient la question que nous n'avions pas réussi à avoir de billets et qu'elle ne comptait pas se mêler à la cohue du centre-ville. Elle disait, sur le ton de ceux qui ne célèbrent pas le réveillon et en profitent pour se coucher de bonne heure : « Je vais lire sur ma terrasse, ce sera la soirée la plus calme depuis longtemps. » Vous voyez l'ironie.

Samuel semblait complètement désemparé.

— Vous disiez que Meghan aimait écrire, dit alors Anna. Qu'est-ce qu'elle écrivait ?

— Tout et rien. Elle avait toujours voulu écrire un roman, mais elle n'avait jamais réussi à trouver la bonne intrigue, disait-elle. Elle tenait un journal par contre, assez assidûment.

— L'avez-vous gardé ? demanda Anna.

— Je *les* ai gardés. Il y a au moins quinze volumes.

Samuel Padalin s'absenta un instant et revint avec un carton poussiéreux vraisemblablement exhumé de sa cave. Une bonne vingtaine de carnets, tous de la même marque.

Anna en ouvrit un au hasard : il était rempli jusqu'à la dernière page d'une écriture fine et serrée. Il y en avait pour des heures de lecture.

— Est-ce que nous pouvons les emporter ? demanda-t-elle à Samuel.

— Si vous voulez. Mais je doute que vous trouviez quelque chose d'intéressant.

— Vous les avez lus ?

— Certains, répondit-il. En partie. Après la mort de ma femme, j'avais l'impression de la retrouver en lisant ses pensées. Mais je me suis rapidement rendu compte qu'elle s'ennuyait. Vous verrez, elle décrit ses journées et sa vie : ma femme s'ennuyait au quotidien, elle s'ennuyait avec moi. Elle parlait de sa vie de libraire, de qui achetait quel genre de livre. J'ai honte de vous dire cela, mais j'ai trouvé qu'il y avait un côté pathétique. J'ai vite arrêté ma lecture, c'était une impression assez désagréable.

Ceci expliquait pourquoi les carnets avaient été relégués à la cave.

Au moment de partir, emportant le carton avec nous, nous remarquâmes des valises dans l'entrée.

— Vous partez ? demanda Derek à Samuel Padalin.

— Ma femme. Elle emmène les enfants chez ses parents, dans le Connecticut. Elle a pris peur avec les derniers évènements survenus à Orphea. Je les rejoindrai sans doute plus tard. Enfin, quand j'aurai la permission de quitter l'État.

Derek et moi devions retourner au centre régional de la police d'État pour y retrouver le major.

Le major McKenna voulait nous voir pour un point de la situation. Anna proposa de se charger de lire les carnets de Meghan Padalin.

— Tu ne veux pas qu'on se partage le travail ? suggérai-je.

— Non, je suis contente de le faire, ça va m'occuper la tête. J'en ai besoin.

— Je suis désolé pour le poste de chef de la police.

— C'est comme ça, répondit Anna qui se faisait violence pour ne pas craquer devant nous.

Derek et moi prîmes la route du centre régional de la police d'État.

De retour à Orphea, Anna fit un arrêt au commissariat. Tous les policiers étaient réunis dans la salle de repos où Montagne improvisait un petit discours de prise de fonction dans son rôle de nouveau chef.

Anna n'eut pas le cœur de rester et décida de rentrer chez elle pour se plonger dans les carnets de Meghan. En passant la porte du commissariat, elle tomba sur le maire Brown.

Elle le dévisagea un instant en silence, puis elle demanda :

— Pourquoi m'avez-vous fait ça, Alan ?

— Regarde ce merdier dans lequel nous sommes, Anna, dont je te rappelle que tu es pour partie responsable. Tu voulais tellement t'occuper de cette enquête, il est temps que tu en assumes les conséquences.

— Vous me punissez parce que j'ai fait mon boulot ? Oui, j'ai été obligée de vous interroger, ainsi que votre femme, mais parce que l'enquête le réclamait. Vous n'avez pas eu de passe-droits, Alan, et cela fait de moi un bon flic justement. Quant à la pièce de Harvey, si c'est ça que vous appelez *merdier*, je vous rappelle que c'est vous qui l'avez fait venir ici. Vous n'assumez pas vos erreurs, Alan. Vous ne valez pas mieux que Gulliver et Montagne. Vous pensiez être un philosophe-roi, vous n'êtes qu'un petit despote sans envergure.

— Rentre chez toi, Anna. Tu peux démissionner de la police si tu n'es pas contente.

Anna retourna chez elle, bouillonnant de rage. À peine eut-elle franchi la porte de sa maison qu'elle s'effondra dans le hall d'entrée, en pleurs. Elle resta longtemps assise à même le sol, blottie contre la commode, à sangloter. Elle ne savait plus quoi faire. Ni qui appeler. Lauren ? Elle lui dirait qu'elle l'avait prévenue que sa vie n'était pas à Orphea. Sa mère ? Elle lui infligerait une énième leçon de morale.

Quand finalement elle se fut calmée, son regard

se posa sur le carton rempli des carnets de Meghan Padalin qu'elle avait emporté avec elle. Elle décida de se plonger dedans. Elle se servit un verre de vin, s'installa dans un fauteuil et entreprit sa lecture.

Elle commença directement par le milieu de l'année 1993 et suivit le cours des douze derniers mois de Meghan, jusqu'à juillet 1994.

Anna fut d'abord terrassée d'ennui par la description fastidieuse que Meghan Padalin faisait de sa vie. Elle comprenait ce que son mari avait pu ressentir s'il avait lu ces lignes.

Mais voilà qu'en date du 1er janvier 1994, Meghan mentionnait le gala du Nouvel an, à l'hôtel de la *Rose du Nord*, à Bridgehampton, où elle avait rencontré « un homme qui n'était pas de la région » et qui l'avait particulièrement subjuguée.

Puis Anna passa au mois de février 1994. Ce qu'elle y découvrit la laissa totalement stupéfaite.

## *MEGHAN PADALIN*
## EXTRAITS DE SES CARNETS

*1er janvier 1994*

Bonne année à moi. Hier nous sommes allés au gala du Nouvel an à l'hôtel de la *Rose du Nord* à Bridgehampton. J'ai fait une rencontre. Un homme qui n'est pas de la région. Je n'ai jamais ressenti rien de tel avant lui. Depuis hier, je ressens des picotements dans mon ventre.

*25 février 1994*

Aujourd'hui j'ai appelé à la mairie. Appel anonyme. J'ai parlé au maire-adjoint, Alan Brown. Je pense que c'est un type bien. Je lui ai dit que je savais tout à propos de Gordon. On verra bien ce qui se passe.

J'ai raconté ensuite à Felicity ce que j'avais fait. Elle a pris la mouche. Elle a dit que ça allait se retourner contre elle. Elle n'avait qu'à ne pas m'en parler, après tout. Le maire Gordon est une ordure, il faut que tout le monde le sache.

*8 mars 1994*

Je l'ai revu. Nous nous retrouvons chaque semaine désormais. Il me rend tellement heureuse.

*1er avril 1994*

J'ai vu le maire Gordon aujourd'hui. Il est venu à la librairie. On était seuls dans le magasin. Je lui ai tout déballé : que je savais tout, et qu'il était un criminel. C'est sorti d'un coup. Deux mois que je rumine ça. Il a nié évidemment. Il doit savoir ce qui s'est passé à cause de lui. Je voudrais avertir les journaux mais Felicity me l'a défendu.

*2 avril 1994*

Depuis hier, je me sens mieux. Felicity m'a crié dessus au téléphone. Je sais que j'ai eu raison de le faire.

*3 avril 1994*

Hier, en faisant mon jogging, je suis allée jusqu'à Penfield Crescent. Je suis tombée sur le maire qui rentrait chez lui. Je lui ai dit : « Honte à vous de ce que vous avez fait. » Je n'ai pas eu peur. Lui par contre semblait drôlement mal à l'aise. Je me sens comme l'œil qui poursuit Caïn. Tous les jours, j'irai l'attendre à son retour du travail et je lui rappellerai sa culpabilité.

*7 avril 1994*

Journée merveilleuse avec lui dans les Springs. Il me fascine. Je suis amoureuse. Samuel ne se doute absolument de rien. Tout va bien.

*2 mai 1994*

Bu un café avec Kate. Elle est la seule à savoir pour lui. Elle dit que je ne devrais pas risquer mon mariage si c'est une passade. Ou alors me décider et quitter Samuel. Je ne sais pas si je suis assez courageuse pour me décider. La situation me convient bien.

*25 juin 1994*

Pas grand-chose à raconter. La librairie marche bien. Un nouveau restaurant est sur le point d'ouvrir sur la rue principale. Le *Café Athéna*. Ça a l'air sympathique. C'est Ted Tennenbaum qui l'ouvre. C'est un client de la librairie. Je l'aime bien.

*1er juillet 1994*

Le maire Gordon, qui ne met plus les pieds à la librairie depuis qu'il sait que je sais, est longuement venu aujourd'hui. Il m'a fait un cirque assez étrange. Il voulait un livre d'un auteur de la région, il a passé un long moment dans la pièce des auteurs. Je ne sais pas trop ce qu'il a fabriqué. Il y avait des clients, et je ne voyais pas bien. Finalement, il a acheté la pièce de

Kirk Harvey, *La Nuit noire*. Après son départ, je suis allée jeter un coup d'œil dans la pièce des auteurs: j'ai remarqué que ce porc avait salement corné le livre de Bergdorf sur le festival. Je suis certaine qu'il veut vérifier si le stock qu'il nous a laissé se vend et contrôler ensuite qu'on lui reverse bien sa part. Il a peur qu'on le vole ? Alors que c'est lui le voleur.

*18 juillet 1994*

Kirk Harvey est venu à la librairie pour récupérer sa pièce. Je lui ai dit qu'on l'avait vendue. Je pensais qu'il serait content, mais il était furieux. Il voulait savoir qui l'avait achetée, je lui ai dit que c'était Gordon. Il n'a même pas voulu des 10 dollars qui lui revenaient.

*20 juillet 1994*

Kirk Harvey est revenu. Il dit que Gordon affirme que ce n'est pas lui qui a acheté sa pièce. Moi, je sais que c'est lui. Je l'ai répété à Kirk. Je l'ai même noté. Voir ma note du 1er juillet 1994.

## JESSE ROSENBERG

### *Mercredi 30 juillet 2014*

*4 jours après la première*

Ce matin-là, lorsque Derek et moi arrivâmes à la salle des archives de l'*Orphea Chronicle*, Anna avait affiché sur un mur des photocopies du journal de Meghan Padalin.

— Meghan est bien l'auteur de l'appel anonyme reçu par Alan Brown en 1994, l'informant que le maire Gordon était corrompu, nous expliqua-t-elle. De ce que je comprends, elle-même l'a appris d'une certaine Felicity. J'ignore ce dont cette dernière lui a parlé, mais Meghan en voulait terriblement au maire Gordon. Environ deux mois après l'appel anonyme, le 1er avril 1994, alors qu'elle est seule à la librairie, elle finit par affronter Gordon venu acheter un livre. Elle lui dit qu'elle sait tout, elle le traite de criminel.

— Est-ce qu'elle parle bien des affaires de corruption ? s'interrogea Derek.

— C'est la question que je me suis posée, répondit Anna en passant à la page suivante. Parce que deux jours plus tard, alors qu'elle fait son jogging, Meghan tombe par hasard sur Gordon, devant chez lui, et l'invective de nouveau. Elle écrit dans son journal: *« Je suis comme l'œil qui poursuit Caïn. »*

— L'œil poursuit Caïn parce qu'il a tué, relevai-je. Est-ce que le maire aurait tué quelqu'un ?

— C'est exactement ce que je me demande, dit Anna. Pendant les mois qui ont suivi et jusqu'à sa mort, Meghan allait courir tous les jours jusque devant chez le maire Gordon en fin de journée. Elle guettait son retour depuis le parc et, lorsqu'elle le voyait, elle s'en prenait à lui, lui rappelant son forfait.

— Donc le maire aurait eu une bonne raison de tuer Meghan, dit Derek.

— Le coupable tout trouvé, acquiesça Anna. S'il n'était pas mort dans la même fusillade.

— Est-ce qu'on en sait plus sur cette Felicity ? demandai-je.

— Felicity Daniels, répondit Anna avec un petit sourire satisfait. Il m'a suffi d'un appel à Samuel Padalin pour remonter jusqu'à elle. Elle vit aujourd'hui à Coram et elle nous attend. En route.

Felicity Daniels avait 60 ans et travaillait dans une boutique d'appareils électroménagers du centre commercial de Coram, où nous la rejoignîmes. Elle nous avait attendus pour prendre sa pause et nous nous installâmes dans un café voisin.

— Ça vous dérange si je me prends un sandwich ? demanda-t-elle. Sinon je n'aurai pas le temps de déjeuner.

— Je vous en prie, lui répondit Anna.

Elle passa commande au serveur. Je lui trouvai un air triste et fatigué.

— Vous disiez vouloir parler de Meghan ? s'enquit Felicity.

— Oui, madame, lui répondit Anna. Comme vous le savez peut-être, nous avons rouvert l'enquête concernant son meurtre ainsi que ceux de la famille Gordon. Meghan était une de vos amies, c'est cela ?

— Oui. Nous nous sommes rencontrées au club de tennis et nous avons sympathisé. Elle était plus jeune que moi, nous avions environ dix ans d'écart. Mais nous avions le même niveau de tennis. Je ne dirais pas que nous étions très liées mais à force de prendre un verre ensemble après nos matchs, nous avons appris à bien nous connaître.

— Comment la décririez-vous ?

— C'était une romantique. Un peu rêveuse, un peu naïve. Très fleur bleue.

— Vous habitez depuis longtemps à Coram ?

— Plus de vingt ans. Je suis venue ici avec les enfants peu après le décès de mon mari. Il est mort le 16 novembre 1993, le jour de son anniversaire.

— Avez-vous revu Meghan entre votre déménagement et sa mort ?

— Oui, elle venait régulièrement à Coram, pour me dire bonjour. Elle m'apportait des plats cuisinés, un bon livre de temps en temps. À vrai dire, je ne lui demandais rien, elle s'imposait un peu. Mais ça partait d'un bon sentiment.

— Meghan était-elle une femme heureuse ?

— Oui, elle avait tout pour elle. Elle plaisait beaucoup aux hommes, tout le monde tombait en pâmoison devant elle. Les mauvaises langues diront que c'est grâce à elle si la librairie d'Orphea marchait si bien à l'époque.

— Donc elle trompait souvent son mari ?

— Ce n'est pas ce que j'ai dit. D'ailleurs, ce n'était pas le genre à avoir une aventure.

— Pourquoi pas ?

Felicity Daniels fit la moue :

— Je ne sais pas. Peut-être parce qu'elle n'était pas assez courageuse. Pas le genre à vivre dangereusement.

— Pourtant, répliqua Anna, d'après son journal intime, Meghan avait une liaison avec un homme durant les derniers mois de sa vie.

— Vraiment ? s'étonna Felicity.

— Oui, un homme rencontré le soir du 31 décembre 1993 à l'hôtel de la *Rose du Nord* à Bridgehampton. Meghan mentionne des rendez-vous réguliers avec lui jusqu'à début juin 1994. Ensuite, plus rien. Elle ne vous en a jamais parlé ?

— Jamais, affirma Felicity Daniels. Qui était-ce ?

— Je l'ignore, répondit Anna. J'espérais que vous pourriez m'en dire plus. Est-ce que Meghan ne vous a jamais dit se sentir menacée ?

— Menacée ? Non, mon Dieu ! Vous savez, il y a sûrement des gens qui la connaissaient mieux que moi. Pourquoi me posez-vous toutes ces questions ?

— Parce que selon le journal intime de Meghan, en février 1994, vous lui avez fait une confidence concernant le maire d'Orphea, Joseph Gordon, qui semble l'avoir passablement troublée.

— Oh, mon Dieu ! murmura Felicity Daniels en posant une main sur sa bouche.

— De quoi s'agissait-il ? demanda Anna.

— De Luke, mon mari, répondit Felicity d'un filet de voix. Je n'aurais jamais dû en parler à Meghan.

— Que s'est-il passé avec votre mari ?

— Luke était couvert de dettes. Il avait une entreprise de climatisation qui était en faillite. Il devait licencier tous ses employés. Il était acculé de toutes parts. Pendant des mois, il n'avait rien dit à personne. Je n'ai tout découvert que la veille de sa mort. Après il a fallu vendre la maison pour payer les traites. J'ai quitté Orphea avec les enfants, et j'ai trouvé cet emploi de vendeuse.

— Madame Daniels, de quoi votre mari est-il mort ?

— Il s'est suicidé. Pendu dans notre chambre, le soir de son anniversaire.

*
* *

*3 février 1994*

C'était le début de soirée dans l'appartement meublé que louait Felicity Daniels à Coram. Meghan était passée en fin d'après-midi pour lui apporter un plat de lasagnes et l'avait trouvée dans un état de désespoir total. Les enfants se disputaient, refusaient de faire leurs devoirs, le salon était en désordre, Felicity pleurait, effondrée dans le canapé, ne trouvant plus la force de reprendre la situation en main.

Meghan était intervenue: elle avait rappelé les enfants à l'ordre, les avait aidés à finir leurs devoirs, puis envoyés se doucher, dîner et mis au lit. Puis elle avait ouvert la bouteille de vin qu'elle avait apportée et en avait servi un grand verre à Felicity.

Felicity n'avait personne à qui se confier et s'était ouverte à Meghan.

— Je n'en peux plus, Meg. Si tu savais ce que les gens disent sur Luke. Le lâche qui s'est pendu le jour de son anniversaire dans sa chambre pendant que sa femme et ses enfants s'apprêtaient à le fêter au rez-de-chaussée. Je vois comment les autres parents d'élèves me regardent. Je ne peux plus supporter ce mélange de réprobation et de condescendance.

— Je suis désolée, dit Meghan.

Felicity haussa les épaules. Elle se resservit de vin et avala son verre d'un trait. L'alcool aidant, après un silence empli de tristesse, elle finit par dire :

— Luke a toujours été trop honnête. Voilà où ça l'a mené.

— Que veux-tu dire ? demanda Meghan.

— Rien.

— Ah non, Felicity. Tu m'en as trop dit ou pas assez !

— Meghan, si je t'en parle, tu dois me promettre de n'en parler à personne.

— Évidemment, tu peux avoir toute confiance en moi.

— L'entreprise de Luke marchait bien ces dernières années. Tout allait bien pour nous. Jusqu'au jour où le maire Gordon lui a fixé rendez-vous dans son bureau. C'était juste avant le lancement des travaux de réfection des bâtiments municipaux. Gordon a expliqué à Luke qu'il lui donnerait les marchés pour tous les systèmes de ventilation en échange d'une contrepartie financière.

— Tu veux dire un pot-de-vin ? demanda Meghan.

— Oui, acquiesça Felicity. Et Luke a refusé. Il disait que la comptabilité le remarquerait, qu'il risquait de tout perdre. Gordon l'a menacé de le détruire. Il lui a dit que la pratique était courante dans toute la ville. Mais Luke n'a pas plié. Il n'a donc pas eu les contrats municipaux. Ni les suivants. Et pour le punir de lui avoir résisté, le maire Gordon l'a brisé. Il lui a mis des bâtons dans les roues, lui a fait de la mauvaise publicité, s'est efforcé de dissuader les gens de travailler avec lui. Et bientôt Luke a perdu tous ses clients. Mais il n'a jamais rien voulu me dire, pour ne pas m'inquiéter. Je n'ai su tout cela que la veille de sa mort. Le comptable de la société est venu me parler de la faillite imminente, des employés au chômage technique, et moi, pauvre idiote, je n'étais au courant de rien. J'ai interrogé Luke ce soir-là, il m'a tout raconté. Je lui ai assuré qu'on allait se battre, et il m'a répondu qu'on ne pouvait rien contre le maire. Je lui ai dit qu'il fallait porter plainte. Il a eu ce regard de défaite: « Tu ne comprends pas, Felicity, toute la ville est impliquée dans cette affaire de pots-de-vin. Tous nos amis. Ton frère également. Comment crois-tu qu'il ait eu tous ces contrats ces deux dernières années ? Ils vont tout perdre si on les dénonce. Ils iront en prison. On ne peut rien dire, tout le monde est pieds et poings liés. » Le lendemain soir, il se pendait.

— Oh, mon Dieu, Felicity ! s'exclama Meghan, épouvantée. Tout est la faute de Gordon ?

— Tu ne dois en parler à personne, Meghan.

— Il faut que tout le monde sache que le maire Gordon est un criminel.

— Jure-moi de ne rien dire, Meghan ! Les entreprises seront fermées, les dirigeants condamnés, les employés au chômage…

— Alors, on va laisser le maire agir en toute impunité ?

— Gordon est très fort. Beaucoup plus qu'il n'y paraît.

— Il ne me fait pas peur !

— Meghan, promets-moi de n'en parler à personne. J'ai déjà assez de soucis comme ça.

*
* *

— Mais elle en a parlé, dit Anna à Felicity Daniels.

— Oui, elle a passé un coup de fil anonyme au maire-adjoint Brown pour le prévenir. Ça m'a rendue folle de rage.

— Pourquoi ?

— Des gens que j'aimais risquaient gros en cas d'enquête de police. J'ai vu ce que ça fait de tout perdre. Je ne souhaiterais pas cela à mon pire ennemi. Meghan a promis de ne plus jamais en parler. Mais voilà que, deux mois plus tard, elle m'appelle pour me dire qu'elle a affronté le maire Gordon à la librairie. Je lui ai crié dessus comme je n'avais jamais crié sur personne. Ça a été mon dernier contact avec Meghan. Après ça, j'ai cessé de lui adresser la parole. J'étais trop en colère contre elle. Les véritables amies ne trahissent pas vos secrets.

— Je crois qu'elle voulait vous défendre, objecta Anna. Elle voulait qu'une forme de justice soit rendue. Elle est allée tous les jours rappeler au maire qu'à cause de lui, votre mari s'était suicidé. Elle voulait rendre justice à votre mari. Vous dites que Meghan n'était pas très courageuse ? Je crois qu'elle l'était, au contraire. Elle n'a pas eu peur d'affronter Gordon. Elle fut la seule à oser le faire. Elle a été plus courageuse que toute la ville réunie. Elle l'a payé de sa vie.

— Vous voulez dire que c'est Meghan qui était visée ? demanda Felicity, abasourdie.

— Nous pensons que oui, répondit Derek.

— Mais qui aurait pu faire ça ? s'interrogea Felicity. Le maire Gordon ? Il est mort avec elle. Ça n'a aucun sens.

— C'est ce que nous essayons de comprendre, soupira Derek.

— Madame Daniels, demanda alors Anna, connaîtriez-vous le nom d'une autre amie de Meghan qui pourrait nous parler d'elle ? Dans son journal, j'ai vu la mention d'une certaine Kate.

— Oui, Kate Grand. Elle était membre du club de tennis également. Je crois que c'était une amie proche de Meghan.

Au moment de quitter le centre commercial de Coram, Derek reçut un appel téléphonique de l'expert de la brigade routière.

— J'ai pu analyser les débris de voiture que tu m'as confiés, dit-il à Derek.

— Et quelles sont tes conclusions ?

— Tu as vu juste. C'est un morceau de pare-chocs latéral droit. Avec de la peinture bleue autour, la couleur de la voiture donc. J'ai également trouvé dessus des éclats de peinture grise, c'est-à-dire, d'après le dossier de police que tu m'as fait suivre, de la même couleur que la moto impliquée dans l'accident mortel du 16 juillet 1994.

— Donc la moto aurait été percutée à pleine vitesse et serait partie s'écraser dans le décor ? demanda Derek.

— Exactement, confirma l'expert. Percutée par une voiture de couleur bleue.

*
* *

À New York, devant leur immeuble de Brooklyn, les Bergdorf venaient de monter dans le camping-car.

— Et voilà, c'est parti ! gueula Steven en démarrant l'engin.

À côté de lui sa femme, Tracy, bouclait sa ceinture. Elle se tourna vers les enfants, assis derrière :

— Tout va bien, mes chéris ?

— Oui, maman, répondit la fille.

— Pourquoi on a la voiture derrière ?

— Parce que c'est pratique ! répondit Steven.

— Pratique ? répliqua Tracy, le coffre ne s'ouvre pas.

— Pour aller visiter le plus beau parc national du monde, on n'a pas besoin du coffre. À moins que tu veuilles mettre les enfants dedans.

Il ricana.

— Papa va nous enfermer dans le coffre ? s'inquiéta la fille.

— Personne ne va aller dans le coffre, la rassura sa mère.

Le camping-car prit la direction du Manhattan Bridge.

— On arrivera quand à Yellowstone ? demanda le fils.

— Très très vite, assura Steven.

— On va prendre le temps de visiter un peu le pays ! s'agaça Tracy.

Puis s'adressant à son fils :

— Dans beaucoup de dodos, mon chéri. Il faudra être patient.

— Vous êtes à bord de l'*Amérique Express* ! prévint Steven. Personne n'aura jamais rallié aussi vite Yellowstone depuis New York !

— Youpi, on va rouler très vite ! s'écria le garçon.

— Non, on ne va pas rouler très vite ! hurla Tracy qui perdait patience.

Ils traversèrent l'île de Manhattan pour gagner le Holland Tunnel et rejoindre le New Jersey, avant de prendre l'autoroute 78 vers l'ouest.

À l'hôpital Mount Sinai, Cynthia Eden sortit en trombe de la chambre de Dakota et appela une infirmière.

— Appelez le docteur ! hurla Cynthia. Elle a ouvert les yeux ! Ma fille a ouvert les yeux !

*
* *

Dans la salle des archives, épaulés par Kirk et Michael, nous étudiions les scénarios possibles de l'accident de Jeremiah.

— Selon l'expert, expliqua Derek, et à en juger par l'impact, la voiture s'est probablement placée à hauteur de la moto et l'a heurtée pour l'envoyer dans le décor.

— Jeremiah Fold a donc bien été assassiné, dit Michael.

— Assassiné si on veut, nuança Anna. Il a été laissé pour mort. Celui qui l'a percuté était un amateur total.

— Un meurtrier malgré lui ! s'exclama Derek. Le même profil que celui que le docteur Singh a dressé de notre tueur. Il ne veut pas tuer, mais il doit le faire.

— Il y avait beaucoup de gens qui devaient avoir envie de tuer Jeremiah Fold, fis-je remarquer.

— Et si le nom de Jeremiah Fold retrouvé dans *La Nuit noire* était un ordre de tuer ? suggéra Kirk.

Derek pointa une photo du dossier de police montrant l'intérieur du garage des Gordon. Il y avait une voiture rouge avec le coffre ouvert et des valises à l'intérieur.

— Le maire Gordon avait une voiture rouge, constata Derek.

— C'est drôle, dit Kirk Harvey, dans mon souvenir, il conduisait une décapotable bleue justement.

À ces mots je fus frappé par un souvenir et je me précipitai sur le dossier d'enquête de 1994.

— Nous avions vu cela à l'époque ! m'écriai-je. Je me souviens d'une photo du maire Gordon et de sa voiture.

Je parcourus frénétiquement les rapports, les clichés, les comptes rendus des auditions de témoins, les relevés bancaires. Soudain, je tombai dessus. Une photo prise à la volée par l'agent immobilier dans le Montana, sur laquelle on voyait le maire Gordon décharger des cartons du coffre d'une décapotable bleue devant la maison qu'il avait louée à Bozeman.

— L'agent immobilier dans le Montana se méfiait de Gordon, se souvint Derek. Il l'avait photographié devant sa voiture pour garder la trace de sa plaque et de son visage.

— Donc le maire conduisait bien une voiture bleue, dit Michael.

Kirk s'était approché de la photo du garage des Gordon et observait de près la voiture.

— Regardez sur la vitre arrière, dit-il en pointant la photo du doigt. Il y a le nom du concessionnaire. Il existe peut-être toujours.

Vérification faite, c'était bien le cas. Un garage-concessionnaire situé sur la route de Montauk et installé là depuis quarante ans. Nous nous y rendîmes immédiatement et fûmes reçus par le propriétaire dans son bureau, encombré et insalubre.

— Que me veut la police ? nous demanda-t-il gentiment.

— Nous cherchons des renseignements sur une voiture achetée chez vous vraisemblablement en 1994.

Il ricana :

— 1994 ? Je ne peux vraiment pas vous aider. Vous avez vu le désordre qui règne ici.

— Jetez un coup d'œil au modèle d'abord, lui suggéra Derek en lui montrant la photo.

Le garagiste y jeta un coup d'œil rapide.

— J'en ai vendu des tas de ce modèle. Vous avez peut-être le nom du client ?

— C'était Joseph Gordon, le maire d'Orphea.

Le concessionnaire devint livide.

— Ça, c'est une vente que je n'oublierai pas, dit-il d'un ton soudain grave. Deux semaines après avoir acheté sa voiture, le pauvre gars était assassiné avec toute sa famille.

— Donc il l'a achetée à la mi-juillet ? demandai-je.

— Oui, à peu près. En arrivant au garage pour l'ouverture, je l'ai trouvé devant la porte. Il avait la tête du gars qui n'a pas dormi de la nuit. Il puait l'alcool. Sa voiture avait le côté droit complètement abîmé. Il m'a dit qu'il avait heurté un cerf et qu'il voulait changer de voiture. Il en voulait une nouvelle tout de suite. J'avais trois Dodge rouges en stock, il en a pris une sans discuter. Il a payé en liquide. Il m'a dit qu'il avait roulé ivre, abîmé un bâtiment municipal et que cela pourrait compromettre sa réélection en septembre. Il a fait une rallonge de cinq mille dollars pour m'être agréable et que je conduise illico sa bagnole à la casse. Il est parti avec sa nouvelle voiture et tout le monde était content.

— Ça ne vous a pas paru bizarre ?

— Oui et non. Des histoires comme ça, j'en vois tout le temps. Vous savez quel est le secret de mon succès commercial et de ma longévité ?

— Non ?

— Je ferme ma gueule et tout le monde le sait dans la région.

Le maire Gordon avait toutes les raisons de tuer Meghan, mais il avait tué Jeremiah Fold, avec lequel il n'avait aucun lien. Pourquoi ?

En repartant d'Orphea ce soir-là, Derek et moi avions des questions plein la tête. Nous fîmes le trajet du retour en silence, perdus dans nos pensées. Lorsque je m'arrêtai devant chez lui, il ne descendit pas de la voiture. Il resta assis sur son siège.

— Que se passe-t-il ? lui demandai-je.

— Depuis que j'ai repris cette enquête avec toi, Jesse, c'est comme une nouvelle vie pour moi. Il y a longtemps que je n'ai pas été si heureux et épanoui. Mais les fantômes du passé resurgissent. Depuis deux semaines, quand je ferme les yeux la nuit, je me retrouve dans cette voiture avec toi et Natasha.

— J'aurais pu conduire cette voiture, moi aussi. Rien de ce qui est arrivé n'est de ta faute.

— C'était toi ou elle, Jesse ! J'ai dû choisir entre toi ou elle.

— Tu m'as sauvé la vie, Derek.

— Et j'ai brisé la sienne en même temps, Jesse. Regarde-toi vingt ans plus tard, toujours seul, toujours à porter le deuil.

— Derek, tu n'y es pour rien.

— Qu'aurais-tu fait à ma place, Jesse, hein ? C'est la question que je me pose sans cesse.

Je ne répondis rien. Nous fumâmes ensemble une cigarette, en silence. Puis nous échangeâmes une accolade fraternelle et Derek rentra chez lui.

Je n'avais pas envie de rentrer chez moi tout de suite. J'avais envie de la retrouver, elle. Je me rendis jusqu'au cimetière. À cette heure-là, il était fermé. J'escaladai le muret d'enceinte sans difficulté et déambulai dans les allées paisibles. Je me promenai entre les tombes, le gazon épais avalait mes pas. Tout était calme et beau. Je passai saluer mes grands-parents, qui dormaient paisiblement, puis j'arrivai devant sa tombe. Je m'assis et je restai longtemps ainsi. Soudain, j'entendis des pas derrière moi. C'était Darla.

— Comment savais-tu que je serais ici ? lui demandai-je.

Elle sourit :

— Tu n'es pas le seul à escalader le mur pour venir la voir.

Je souris à mon tour. Puis je lui dis :

— Je suis désolé pour le restaurant, Darla. C'était une initiative stupide.

— Non, Jesse, ton idée était merveilleuse. C'est moi qui suis désolée de ma réaction.

Elle s'assit à côté de moi.

— Je n'aurais jamais dû la prendre dans notre voiture ce jour-là, regrettai-je. Tout est ma faute.

— Et moi alors, Jesse ? Je n'aurais jamais dû la faire descendre de voiture. Nous n'aurions jamais dû avoir cette stupide dispute, elle et moi.

— Donc nous nous sentons tous coupables, murmurai-je.

Darla acquiesça d'un mouvement de la tête. Je poursuivis :

— Parfois j'ai l'impression qu'elle est là, avec moi. Quand je rentre à la maison le soir, je me surprends à espérer l'y retrouver.

— Oh, Jesse… elle nous manque à tous. Tous les jours. Mais tu dois aller de l'avant. Tu ne dois plus vivre dans le passé.

— Je ne sais pas si je pourrai un jour réparer cette fissure en moi, Darla.

— Justement, Jesse, la vie sera la réparation.

Darla posa la tête sur mon épaule. Nous restâmes ainsi longtemps à contempler la pierre tombale devant nous.

*NATASHA DARRINSKI*

*02/04/1968 - 13/10/1994*

## *DEREK SCOTT*

13 octobre 1994.

Notre voiture pulvérise la rambarde de sécurité du pont et s'abîme dans la rivière. Au moment de l'impact, tout va très vite. J'ai le réflexe de me détacher et d'ouvrir ma fenêtre, comme on nous l'a appris à l'école de police. Natasha, sur la banquette, crie, terrifiée. Jesse, qui n'avait pas mis sa ceinture, s'est assommé quand sa tête a heurté la boîte à gants.

En quelques secondes, la voiture est envahie d'eau. Je hurle à Natasha de se détacher et de sortir par sa fenêtre. Je comprends que sa ceinture est bloquée. Je me penche sur elle, j'essaie de l'aider. Je n'ai rien pour trancher la ceinture, il faut l'arracher de son socle. Je tire dessus comme un fou. En vain. Nous avons de l'eau aux épaules.

— Occupe-toi de Jesse ! me crie Natasha, je vais y arriver.

J'ai une seconde d'hésitation. Elle crie de nouveau :

— Derek ! Sors Jesse.

L'eau nous arrive au menton. Je m'extrais de l'habitacle par la fenêtre, puis j'attrape Jesse et parviens à le tirer avec moi.

Nous nous enfonçons dans l'eau à présent, la

voiture coule vers le fond de la rivière, je retiens ma respiration autant que possible, je regarde par la fenêtre. Natasha, complètement immergée, n'a pas réussi à se détacher. Elle est prisonnière de la voiture. Je n'ai plus d'air. Le poids du corps de Jesse m'entraîne vers le fond. Natasha et moi échangeons un dernier regard. Je n'oublierai jamais ses yeux de l'autre côté de la vitre.

À court d'oxygène, avec l'énergie du désespoir, je parviens à remonter à la surface avec Jesse. Je nage péniblement jusqu'au rivage. Des patrouilles de police arrivent, je vois des policiers qui descendent le long de la berge. Je parviens à les rejoindre, leur confie Jesse, inerte. Je veux retourner chercher Natasha, je repars à la nage vers le milieu de la rivière. Je ne sais même plus à quel endroit exact a coulé la voiture. Je ne vois plus rien, l'eau est boueuse. Je suis en détresse totale. J'entends des sirènes au loin. J'essaie de replonger encore. Je revois les yeux de Natasha, ce regard qui va me hanter toute ma vie.

Et cette question qui allait me poursuivre : si j'avais essayé encore de tirer sur cette ceinture pour l'arracher à son socle au lieu de m'occuper de Jesse comme elle me l'avait demandé, aurais-je pu la sauver ?

# 3

# L'échange

---

JEUDI 31 JUILLET - VENDREDI 1er AOÛT 2014

## JESSE ROSENBERG

### *Jeudi 31 juillet 2014*

*5 jours après la première*

Il nous restait trois jours pour résoudre cette enquête. Le temps était compté et pourtant, ce matin-là, Anna nous donna rendez-vous au *Café Athéna.*

— C'est vraiment pas le moment de traîner au petit-déjeuner ! pesta Derek, sur la route vers Orphea.

— Je ne sais pas ce qu'elle veut, dis-je.

— Elle n'a rien dit de plus ?

— Rien.

— Et le *Café Athéna* de surcroît ? C'est vraiment le dernier endroit où j'ai envie de mettre les pieds, vu les circonstances.

Je souris.

— Qu'est-ce qu'il y a ? demanda Derek.

— T'es de mauvaise humeur.

— Non, je ne suis pas de mauvaise humeur.

— Je te connais comme si je t'avais fait, Derek. Tu es d'une humeur de merde.

— Allez, allez, me pressa-t-il, roule plus vite, je veux savoir ce qu'Anna a derrière la tête.

Il enclencha les gyrophares pour me faire accélérer davantage. J'éclatai de rire.

Lorsque nous arrivâmes enfin au *Café Athéna*, nous trouvâmes Anna installée à une grande table du fond. Des tasses de café nous attendaient déjà.

— Ah, vous voilà ! s'impatienta-t-elle en nous voyant, comme si nous avions traîné.

— Que se passe-t-il ? demandai-je.

— Je n'ai pas arrêté d'y réfléchir.

— À quoi ?

— À Meghan. C'est clair que le maire voulait se débarrasser d'elle. Elle en savait trop. Peut-être Gordon espérait-il pouvoir rester à Orphea et ne pas avoir à fuir dans le Montana. J'ai essayé de joindre cette Kate Grand, l'amie de Meghan. Elle est en vacances. J'ai laissé un message à son hôtel, j'attends qu'elle me rappelle. Mais peu importe : il n'y a aucun doute, le maire voulait éliminer Meghan, et il l'a fait.

— Sauf qu'il a tué Jeremiah Fold et pas Meghan, rappela Derek, qui ne comprenait pas où Anna voulait en venir.

— Il a fait un échange, dit alors Anna. Il a tué Jeremiah Fold pour le compte d'un autre. Et cet autre a tué Meghan pour lui. Ils ont croisé les meurtres. Et qui avait tout intérêt à tuer Jeremiah Fold ? Ted Tennenbaum, qui ne supportait plus de se faire racketter par lui.

— Mais nous venons de déterminer que Ted Tennenbaum n'était pas coupable, s'agaça Derek. Le bureau du procureur a entamé une procédure officielle pour le réhabiliter.

Anna ne se laissa pas déstabiliser :

— Dans son journal, Meghan raconte que le 1er juillet 1994, le maire Gordon, qui ne met plus les pieds à la librairie, vient pourtant y acheter une pièce de théâtre, dont on sait qu'il l'a déjà lue et qu'il l'a détestée. Ce n'est donc pas lui qui a choisi ce texte, c'est le commanditaire du meurtre de Jeremiah Fold qui a inscrit, en utilisant un code simple, le nom de la victime.

— Pourquoi faire ça ? Ils peuvent aussi se rencontrer.

— Peut-être parce qu'ils ne se connaissent pas. Ou qu'ils ne veulent avoir aucun lien visible. Ils ne veulent pas que la police puisse ensuite remonter jusqu'à eux. Je vous rappelle que Ted Tennenbaum et le maire se détestaient, ça colle donc parfaitement au niveau de l'alibi. Personne n'aurait pu les soupçonner d'être de mèche.

— Et même si tu avais raison, Anna, concéda Derek, comment le maire aurait-il identifié le texte contenant le code ?

— Il aura parcouru les différents livres, répondit Anna qui avait réfléchi à cette question. Ou alors, il l'a corné pour le signaler.

— Tu veux dire *corné* comme le maire Gordon l'a fait ce jour-là avec le livre de Steven Bergdorf ? demandai-je en me souvenant de la mention que Meghan avait faite dans son journal.

— Exactement, dit Anna.

— Alors il faut impérativement retrouver ce livre, décrétai-je.

Anna acquiesça :

— C'est la raison pour laquelle je vous ai donné rendez-vous ici.

Au même instant, la porte du *Café Athéna* s'ouvrit : Sylvia Tennenbaum apparut. Elle nous lança, à Derek et moi, un regard furieux.

— Qu'est-ce que ça veut dire ? demanda-t-elle à Anna. Tu ne m'as pas précisé qu'ils seraient là.

— Sylvia, lui répondit Anna d'une voix douce, il faut que nous parlions.

— Il n'y a rien à dire, répliqua sèchement Sylvia Tennenbaum. Mon avocat est sur le point de lancer des poursuites contre la police d'État.

— Sylvia, poursuivit Anna, je pense que ton frère est mêlé au meurtre de Meghan et de la famille Gordon. Et je crois que la preuve se trouve chez toi.

Sylvia resta sonnée par ce qu'elle venait d'entendre.

— Anna, s'offusqua-t-elle, tu ne vas pas t'y mettre, toi aussi ?

— Est-ce que nous pouvons discuter tranquillement, Sylvia ? Il y a quelque chose que je voudrais te montrer.

Sylvia, troublée, accepta de s'asseoir parmi nous. Anna lui fit un résumé de la situation et lui montra les extraits du journal de Meghan Padalin. Elle lui dit ensuite :

— Je sais que tu as repris la maison de ton frère, Sylvia. Si Ted est impliqué, ce livre pourrait s'y trouver et nous avons besoin de mettre la main dessus.

— J'ai fait pas mal de travaux, murmura Sylvia d'un filet de voix. Mais j'ai gardé sa bibliothèque intacte.

— Est-ce que nous pourrions y jeter un coup d'œil ? demanda Anna. Si nous trouvons ce livre, nous aurons la réponse à la question qui nous ronge tous.

Sylvia, après une hésitation qui dura le temps d'une cigarette fumée sur le trottoir, finit par accepter. Nous nous rendîmes donc chez elle. Derek et moi revenions pour la première fois dans la maison de Tennenbaum perquisitionnée vingt ans plus tôt. À l'époque nous n'y avions rien trouvé. La preuve pourtant se trouvait sous nos yeux. Et nous ne l'avions pas vue. Le livre sur le festival. Dont la couverture était toujours cornée.

Il était sagement rangé sur un rayonnage, au milieu des grands auteurs américains. Il n'en avait pas bougé depuis tout ce temps.

C'est Anna qui mit la main dessus. Nous nous rapprochâmes autour d'elle et elle en parcourut lentement les pages, qui révélaient des mots soulignés d'un coup de feutre. Comme dans le texte de la pièce de Kirk Harvey retrouvée chez le maire, mises bout à bout, les premières lettres de chacun des mots soulignés formaient un nom :

*MEGHAN PADALIN*

*
* *

À l'hôpital Mount Sinai de New York, Dakota, réveillée depuis la veille, montrait des signes de récupération spectaculaires. Le médecin, venu contrôler son état, la trouva en train de dévorer un hamburger apporté par son père.

— Doucement, lui dit-il en souriant, prenez le temps de mâcher.

— J'ai tellement faim, lui répondit Dakota, la bouche pleine.

— Je suis heureux de vous voir comme ça.

— Merci, docteur, il paraît que c'est à vous que je dois d'être encore en vie.

Le médecin haussa les épaules :

— Vous ne le devez qu'à vous-même, Dakota. Vous êtes une battante. Vous vouliez vivre.

Elle baissa les yeux. Le médecin contrôla le

pansement sur sa poitrine. On lui avait fait une dizaine de points de suture.

— Ne vous inquiétez pas, lui dit le médecin. Nous pourrons certainement faire de la chirurgie réparatrice et gommer la cicatrice.

— Surtout pas, lui murmura Dakota. C'est ma réparation.

À 2000 kilomètres de là, le camping-car des Bergdorf, lancé sur l'autoroute 94, achevait de traverser l'État du Wisconsin. Ils se trouvaient à proximité de Minneapolis lorsque Steven s'arrêta dans une station-service pour faire le plein.

Les enfants firent quelques pas autour du véhicule pour se dégourdir les jambes. Tracy descendit à son tour et rejoignit son mari.

— Allons visiter Minneapolis, proposa-t-elle.

— Ah non, s'agaça Steven, tu ne vas pas commencer à changer tout le programme !

— Quel programme ? Je voudrais profiter du voyage pour montrer quelques villes aux enfants. Tu as refusé de t'arrêter à Chicago hier, et maintenant tu ne veux pas aller à Minneapolis. Quel est le but de ce voyage, Steven, si on ne s'arrête nulle part ?

— Nous allons au parc de Yellowstone, ma chérie ! Si on commence à s'arrêter tout le temps, on ne va jamais y arriver.

— Tu es pressé ?

— Non, mais on a dit Yellowstone, on n'a pas dit Chicago, ou Minneapolis, ou je ne sais quel bled. J'ai hâte de voir cette nature unique. Les enfants seront drôlement déçus si on traîne.

Les enfants justement accoururent vers leurs parents en hurlant :

— Papa, maman, la voiture pue ! cria l'aînée en se tenant le nez.

Steven se précipita vers la voiture, terrifié. Les relents d'une odeur épouvantable commençaient effectivement à s'échapper du coffre.

— Une mouffette ! s'écria-t-il. Ça alors, on a écrasé une mouffette ! Ah, mais putain de merde !

— Ne sois pas si vulgaire, Steven, le réprimanda Tracy. Ce n'est pas très grave.

— Putain de merde ! répéta le fils amusé.

— Toi, tu vas en prendre une ! hurla sa mère, excédée.

— Allez, tout le monde à l'intérieur du camping-car, dit Steven en rangeant le pistolet de la pompe à essence alors que le plein n'était pas terminé. Les enfants, ne vous approchez plus de la voiture, c'est compris ? Il peut y avoir plein de maladies. L'odeur peut durer des jours et des jours. Ça va puer comme jamais. Ah, c'est affreux ce que ça pue, comme une odeur de mort ! Saloperie de mouffette !

*
* *

À Orphea, nous nous rendîmes à la librairie de Cody afin de reconstituer ce qui avait pu s'y passer le 1er juillet 1994, selon le journal de Meghan. Nous avions proposé à Michael et Kirk de se joindre à nous : ils pourraient nous aider à y voir plus clair.

Anna se plaça derrière le comptoir, comme si elle était Meghan. Kirk, Michael et moi jouâmes le rôle des clients. Derek, lui, se mit devant le présentoir des livres de la région, qui se trouvait dans une partie légèrement à l'écart du magasin. Anna avait pris avec elle l'article de l'*Orphea Chronicle* de la fin juin 1994, qu'elle avait retrouvé la veille de la mort de Cody. Elle étudia la photo de Cody devant le présentoir et nous dit :

— À l'époque, le présentoir se trouvait dans un débarras séparé par une cloison. Cody appelait même ça « la pièce des auteurs locaux ». Ce n'est que plus tard que Cody a fait abattre le mur pour gagner de l'espace.

— Donc à l'époque, depuis le comptoir, personne ne pouvait voir ce qui se passait dans la salle, constata Derek.

— Exactement, lui répondit Anna. Personne n'aurait dû remarquer ce qui se manigançait dans cette salle le 1er juillet 1994. Mais Meghan épiait les faits et gestes du maire. Elle devait se méfier de sa présence ici, lui qui n'avait pas remis les pieds dans la librairie depuis des mois, et elle l'a gardé à l'œil, remarquant ainsi son manège.

— Donc ce jour-là, dit Kirk Harvey, dans le secret de l'arrière-boutique, Tennenbaum et le maire Gordon ont chacun noté le nom de celui dont ils voulaient se débarrasser.

— Deux ordres d'exécution, murmura Michael.

— Voilà pourquoi Cody a été tué, dit Anna. Il avait sans doute côtoyé le meurtrier à la librairie et aurait fini par l'identifier. Le meurtrier a peut-être eu peur que Meghan lui ait parlé à l'époque de l'étrange scène dont elle avait été témoin.

Je considérai que l'hypothèse tenait parfaitement la route. Mais Derek, lui, était encore dubitatif.

— Quelle est la suite de ta théorie, Anna ? demanda-t-il.

— L'échange a lieu le 1er juillet. Jeremiah est tué le 16 juillet. Pendant deux semaines, Gordon a espionné ses habitudes. Il a compris qu'il rentrait tous les soirs du Ridge's Club par la même route. Finalement, il passe à l'action. Mais c'est un pied nickelé. Il ne tue pas de sang-froid, il percute Jeremiah, et le laisse sur le bord de la route alors qu'il n'est même pas mort. Il ramasse ce qu'il peut, il s'enfuit, il panique, il se débarrasse de sa voiture le lendemain, prenant le risque d'être dénoncé par le garagiste. C'est une improvisation totale. Le maire Gordon ne tue Jeremiah que parce qu'il veut éliminer Meghan avant qu'elle le dénonce et le fasse plonger. C'est un meurtrier malgré lui.

Il y eut un instant de silence.

— Soit, dit Derek. Partons du principe que tout cela tient la route et que le maire Gordon a tué Jeremiah Fold. Qu'en est-il de Meghan ?

— Ted Tennenbaum venait l'espionner à la librairie, poursuivit Anna. Elle mentionne ses passages dans son journal. C'est un client régulier. Il aura entendu lors d'un de ses passages qu'elle n'irait pas à la première du festival et il a décidé de la tuer pendant son jogging, alors que toute la ville serait massée sur la rue principale. Sans témoin.

— Il y a un problème dans ton hypothèse, rappela Derek : Ted Tennenbaum n'a pas tué Meghan Padalin. Sans oublier qu'il est mort noyé dans la rivière après notre poursuite et l'arme n'a jamais été retrouvée, jusqu'à ce qu'elle soit réutilisée samedi dernier en plein Grand Théâtre.

— Alors il y a un troisième homme, considéra Anna. Tennenbaum s'est chargé de faire passer le message pour que Jeremiah Fold soit tué, mais cela servait l'intérêt d'une autre personne également. Qui se retrouve aujourd'hui à effacer les traces.

— Le type à la bombe lacrymogène et au tatouage d'aigle, suggérai-je.

— Quel serait son mobile ? demanda Kirk.

— Costico le retrouve grâce à son portefeuille laissé dans la chambre. Et il lui fait passer un très sale moment. Imaginez : Costico devait être furieux de s'être fait humilier sur le parking, devant toutes les prostituées. Il aura voulu se venger de l'homme, en menaçant sa famille et en le transformant en *larbin*. Mais l'homme au tatouage n'était pas du genre à se laisser faire : il savait que pour retrouver sa liberté, il devait éliminer non pas Costico, mais Jeremiah Fold.

Il fallait à tout prix mettre la main sur Costico. Mais nous avions perdu sa trace. Les avis de recherche n'avaient rien donné. Des collègues de la police d'État avaient interrogé son entourage, mais personne ne s'expliquait qu'il se soit volatilisé, laissant derrière lui argent, téléphone et toutes ses affaires.

— Je crois que votre Costico est mort, dit alors Kirk. Comme Stephanie, comme Cody, comme tous ceux qui auraient pu mener au meurtrier.

— Alors la disparition de Costico est la preuve qu'il est en lien avec le meurtrier. C'est bien l'homme au tatouage d'aigle que nous recherchons.

— C'est vague pour retrouver notre homme, constata Michael. Que sait-on d'autre ?

— C'est un client de la librairie, dit Derek.

— Un habitant d'Orphea, ajoutai-je. Du moins l'était-il à l'époque.

— Il était lié à Ted Tennenbaum, ajouta Anna.

— S'il était autant lié à Tennenbaum que Tennenbaum l'était au maire, dit Kirk, alors on peut ratisser large. À l'époque, tout le monde connaissait tout le monde à Orphea.

— Et il était dans le Grand Théâtre samedi soir, rappelai-je. Voilà le détail qui permettra de le coincer. On a parlé d'un acteur. Ça peut être quelqu'un avec un accès privilégié.

— Alors reprenons la liste à zéro, suggéra Anna en attrapant une feuille de papier.

Elle nota les noms des membres de la troupe.

Charlotte Brown
Dakota Eden
Alice Filmore
Steven Bergdorf
Jerry Eden
Ron Gulliver
Meta Ostrovski
Samuel Padalin

— Tu dois me rajouter, ainsi que Kirk, lui dit Michael. Nous étions là nous aussi. Même si, pour ma part, je n'ai pas un tatouage d'aigle.

Il releva son t-shirt pour découvrir son dos et nous le présenter.

— Moi non plus, je n'ai pas de tatouage! beugla Harvey qui retira carrément sa chemise.

— Nous avions déjà éliminé Charlotte de la liste des suspects car on recherche un homme, poursuivit Derek. Ainsi qu'Alice et Jerry Eden.

La liste se réduisait donc à quatre noms:

Meta Ostrovski
Ron Gulliver
Samuel Padalin
Steven Bergdorf

— On pourrait également exclure Ostrovski, suggéra Anna. Il n'avait aucun lien avec Orphea, il n'y était venu que pour le festival.

J'acquiesçai :

— Surtout que nous savons, pour les avoir vus en slip, que ni lui ni Gulliver n'ont un tatouage d'aigle dans le dos.

— Alors ils ne sont plus que deux, dit Derek. Samuel Padalin et Steven Bergdorf.

L'étau était en train de se resserrer. Implacablement. Cet après-midi-là, Anna fut contactée par Kate Grand, l'amie de Meghan, qui lui téléphonait depuis son hôtel en Caroline du Nord.

— En lisant le journal de Meghan, lui expliqua Anna, j'ai découvert qu'elle avait eu une liaison avec un homme au début de l'année 1994. Elle dit vous en avoir parlé. Vous souvenez-vous de quelque chose ?

— Meghan a effectivement eu une aventure passionnée. Je n'ai jamais rencontré l'homme en question, mais je me souviens de la façon dont ça s'est terminé : mal.

— C'est-à-dire ?

— Son mari, Samuel, a tout découvert et lui a donné une sacrée raclée. Ce jour-là, elle a débarqué chez moi en chemise de nuit, les joues marquées, la bouche encore en sang. Je l'ai hébergée pour la nuit.

— Samuel Padalin était violent avec Meghan ?

— En tout cas, il l'a été ce jour-là. Elle m'a dit qu'elle avait eu la peur de sa vie. Je lui ai conseillé de porter plainte, mais elle n'en a rien fait. Elle a quitté son amant pour retourner auprès de son mari.

— Samuel l'aurait forcée à rompre et rester avec lui ?

— C'est possible. Après cet épisode, elle s'est

montrée distante avec moi. Elle disait que Samuel ne voulait plus qu'elle me fréquente.

— Et elle lui obéissait ?

— Oui.

— Madame Grand, pardonnez-moi cette question un peu abrupte, mais pensez-vous que Samuel Padalin ait pu tuer sa femme ?

Kate Grand resta un instant silencieuse, puis elle dit :

— Je me suis toujours étonnée que la police ne se soit pas penchée sur son assurance-vie.

— Quelle assurance-vie ? demanda Anna.

— Un mois avant la mort de sa femme, Samuel avait contracté une importante assurance-vie pour elle et pour lui. Il y en avait pour un montant d'un million de dollars. Je le sais car c'est mon mari qui s'est occupé de tout ça. Il est courtier.

— Et Samuel Padalin a touché l'argent ?

— Évidemment. Comment croyez-vous qu'il a pu payer sa maison de Southampton ?

## *DEREK SCOTT*

Premiers jours de décembre 1994, au centre régional de la police d'État.

Dans son bureau, le major McKenna lit la lettre que je viens de lui apporter.

— Une demande de mutation, Derek ? Mais enfin, où veux-tu aller ?

— Vous n'avez qu'à me mettre à la brigade administrative, lui suggérai-je.

— Un travail de bureau ? s'étrangla le major.

— Je ne veux plus mettre les pieds sur le terrain.

— Enfin, Derek, tu es l'un des meilleurs flics que j'ai connus ! Ne compromets pas ta carrière sur un coup de tête.

— Ma carrière ? m'emportai-je. Mais quelle carrière, major ?

— Écoute, Derek, me dit gentiment le major, je comprends que tu sois bouleversé. Pourquoi tu n'irais pas voir la psy ? Ou pourquoi ne pas prendre quelques semaines de congé ?

— Je n'en peux plus d'être en congé, major, je passe mon temps à ressasser les mêmes images en boucle.

— Derek, me dit le major, je ne peux pas

t'envoyer à la brigade administrative, ce serait du gâchis.

Le major et moi nous dévisageâmes un instant, puis je lui dis :

— Vous avez raison, major. Oubliez cette lettre de mutation.

— Ah, j'aime mieux ça, Derek !

— Je vais démissionner.

— Ah non, pas ça ! Écoute, va pour la brigade administrative. Mais juste pour quelque temps. Ensuite, tu reviens à la brigade d'enquêtes criminelles.

Le major imaginait qu'après quelques semaines d'ennui, je reviendrais sur ma décision et demanderais à réintégrer mon poste.

Au moment où je quittai son bureau, il me demanda :

— Des nouvelles de Jesse ?

— Il ne veut voir personne, major.

Chez lui, Jesse était occupé à trier les affaires de Natasha.

Il n'avait jamais imaginé vivre un jour sans elle, et face à ce vide abyssal qu'il était incapable de combler, il alternait les phases de débarras et de collection. Une partie de lui voulait tourner la page, tout de suite, tout jeter et tout oublier : dans ces moments-là, il se mettait à remplir frénétiquement des cartons de tous les objets qui avaient un rapport à elle, les destinant à la poubelle. Puis il suffisait d'un instant d'arrêt et d'un objet qui attire son attention, pour que tout vacille et qu'il passe à la phase de collection : un cadre de photo, un stylo sans encre, un vieux bout de papier. Il le prenait en main, l'observait longuement. Il se disait qu'il n'allait tout de même pas tout jeter, qu'il voulait garder quelques souvenirs, se remémorer tout ce bonheur, et il déposait l'objet sur une table en vue de le conserver. Puis il se mettait à ressortir du carton tout ce qu'il y avait mis. *Tu ne vas pas jeter ça non plus ?* se disait-il à lui-même. *Ni ça, quand même ? Ah non, tu ne vas pas te séparer de la tasse achetée au MoMA dans laquelle elle buvait son thé !* Jesse finissait par tout ressortir des cartons. Et le salon, un instant plus tôt débarrassé de tous ces objets, prenait l'aspect d'un musée consacré à Natasha. Assis sur le canapé, ses grands-parents le regardaient, les yeux débordant de larmes, et murmuraient : « C'est de la merde. »

*

À la mi-décembre, Darla avait fait vider toute *La Petite Russie*. L'enseigne lumineuse avait été démontée et détruite, tout le mobilier revendu pour payer les derniers mois de loyer et permettre la résiliation immédiate du bail.

Les déménageurs emportaient les dernières chaises pour les livrer à un restaurant qui les avait rachetées, sous le regard de Darla, assise sur le trottoir, dans le froid. L'un des déménageurs vint lui apporter un carton.

— On a trouvé ça dans un coin de la cuisine, on s'est dit que vous vouliez peut-être le garder.

Darla examina le contenu du carton. Il y avait des notes prises par Natasha, des idées de menus, ses recettes de cuisine et tous les souvenirs de ce qu'elles avaient été. Il y avait aussi une photo de Jesse, Natasha, Derek et elle. Elle prit le cliché entre ses doigts et le regarda longuement.

— Je vais garder la photo, dit-elle au déménageur. Merci. Vous pouvez jeter le reste.

— Vraiment ?

— Oui.

Le déménageur acquiesça et s'en alla vers son camion. Darla, dévastée, éclata en sanglots.

Il fallait tout oublier.

## JESSE ROSENBERG

*Vendredi 1er août 2014*

*6 jours après la première*

Meghan avait-elle voulu quitter Samuel Padalin ? Celui-ci ne l'avait pas supporté et l'avait tuée, empochant l'assurance-vie de sa femme au passage.

Samuel était absent de chez lui lorsque nous y débarquâmes ce matin-là. Nous décidâmes d'aller le trouver sur son lieu de travail. Prévenu de notre arrivée par la réceptionniste, il nous conduisit sans un mot à son bureau et attendit d'avoir refermé la porte derrière nous pour exploser :

— Vous êtes fous de débarquer à l'improviste ici ? Vous voulez que je perde mon emploi ?

Il semblait furieux. Anna lui demanda alors :

— Êtes-vous coléreux, Samuel ?

— Pourquoi cette question ? répliqua-t-il.

— Parce que vous battiez votre femme.

Samuel Padalin resta abasourdi.

— Mais qu'est-ce que vous racontez ?

— Nous faites pas le numéro du grand étonné, tonna Anna, on est au courant de tout !

— Je voudrais savoir qui vous a raconté ça ?

— Peu importe, dit Anna.

— Écoutez, environ un mois avant sa mort Meghan et moi avons eu une très grosse dispute, c'est vrai. Je l'ai giflée, je n'aurais jamais dû. J'ai dérapé. Je n'ai aucune excuse. Mais ça a été la seule fois. Je ne battais pas Meghan !

— Quel était le sujet de votre dispute ?

— J'ai découvert que Meghan me trompait. J'ai voulu la quitter.

*
* *

*Lundi 6 juin 1994*

Ce matin-là, alors que Samuel Padalin terminait son café et s'apprêtait à partir au travail, il vit sa femme le rejoindre en robe de chambre.

— Tu ne vas pas travailler aujourd'hui ? lui demanda-t-il.

— J'ai de la fièvre, je ne me sens pas bien. Je viens d'appeler Cody pour lui dire que je ne viendrais pas à la librairie.

— Tu as raison, dit Samuel en terminant son café d'un trait. Va te recoucher.

Il déposa sa tasse dans l'évier, embrassa sa femme sur le front et s'en alla au travail.

Il n'aurait sans doute jamais rien su, s'il n'avait pas dû revenir chez lui, une heure plus tard, pour récupérer un dossier qu'il avait emporté pour l'étudier durant le week-end et qu'il avait oublié sur la table du salon.

Alors qu'il arrivait dans sa rue, il vit Meghan sortir de la maison. Elle portait une magnifique robe d'été et des sandales élégantes. Elle semblait radieuse et de bonne humeur, rien à voir avec la femme qu'il avait vue une heure auparavant. Il s'arrêta et la regarda monter dans sa voiture. Elle ne l'avait pas vu. Il décida de la suivre.

Meghan roula jusqu'à Bridgehampton sans se rendre compte de la présence de son mari, quelques voitures derrière elle. Après avoir traversé la rue principale de la ville, elle prit la route vers Sag Harbor puis bifurqua après deux cents mètres dans la somptueuse propriété de l'hôtel de la *Rose du Nord*. C'était un petit hôtel très coté mais très discret, prisé des célébrités de New York. Arrivée devant le majestueux bâtiment tout en colonnades, elle confia son véhicule au voiturier et s'engouffra dans l'établissement. Samuel l'imita mais en laissant un peu d'avance à sa femme pour ne pas se faire voir. Une fois dans l'hôtel, il ne la trouva ni au bar ni au restaurant. Elle était montée directement dans les étages. Rejoindre quelqu'un dans une chambre.

Ce jour-là, Samuel Padalin ne retourna pas travailler. Il guetta sa femme depuis le parking de l'hôtel pendant des heures. Ne la voyant pas réapparaître, il rentra chez eux et se précipita sur ses carnets. Il découvrit avec effroi qu'elle retrouvait ce type à l'hôtel de la *Rose du Nord* depuis des mois. Qui était-il ? Elle disait l'avoir rencontré au gala du Nouvel an. Ils y étaient allés ensemble. Il l'avait donc vu. Peut-être même le connaissait-il. Il eut envie de vomir. Il s'enfuit en voiture et roula longuement, ne sachant plus ce qu'il devait faire.

Quand il retourna finalement à la maison, Meghan était rentrée. Il la trouva alitée, en chemise de nuit, jouant les malades.

— Ma pauvre chérie, lui dit-il d'une voix qu'il s'efforça de garder calme, ça ne va pas mieux ?

— Non, lui répondit-elle d'une toute petite voix, je n'ai pas pu quitter le lit de la journée.

Samuel ne put se contenir plus longtemps. Il explosa. Il lui dit qu'il savait tout, qu'elle était allée à la *Rose du Nord*, qu'elle y avait rejoint un homme dans une chambre. Meghan ne nia pas.

— Dégage, hurla Samuel, tu me dégoûtes !

Elle éclata en sanglots.

— Pardonne-moi, Samuel ! supplia-t-elle, livide.

— Fous le camp d'ici ! Fous le camp de la maison. Prends tes affaires et dégage, je ne veux plus te voir !

— Samuel, ne me fais pas ça, je t'en supplie ! Je ne veux pas te perdre. Tu es le seul que j'aime.

— Il fallait y penser avant d'aller coucher avec le premier venu !

— C'est la plus grosse erreur de ma vie, Samuel ! Je ne ressens rien pour lui !

— Tu me donnes envie de vomir. J'ai vu tes carnets, j'ai vu ce que tu écris sur lui. J'ai vu toutes les fois où tu l'as retrouvé à la *Rose du Nord* !

Elle s'écria alors :

— Tu ne t'occupes pas de moi, Samuel ! Je ne me sens pas importante ! Je ne me sens pas regardée. Quand cet homme a commencé à me faire du charme, j'ai trouvé ça agréable. Oui, je l'ai rencontré régulièrement ! Oui, nous avons flirté ! Mais je n'ai jamais couché avec lui !

— Oh alors, c'est de ma faute, maintenant ?

— Non, je dis simplement que je me sens parfois seule avec toi.

— J'ai lu que tu l'as rencontré à la soirée du

Nouvel an. Alors tu as fait tout ça sous mes yeux ! Ça veut dire que je connais ce type ? Qui est-il ?

— Peu importe, sanglota Meghan qui ne savait plus si elle devait parler ou se taire.

— *Peu importe* ? Non, mais je rêve !

— Samuel, ne me quitte pas ! Je t'en supplie.

Le ton se mit à monter. Meghan reprocha à son mari son manque de romantisme et d'attention, et ce dernier, excédé, finit par lui dire :

— Je ne te fais pas rêver ? Mais tu crois que tu me fais rêver, toi ? Tu n'as pas de vie, tu n'as rien à raconter, à part tes pauvres petites histoires de libraire et tous les films que tu te fais dans ta tête.

À ces mots, blessée au cœur, Meghan cracha au visage de son mari qui, d'un geste réflexe, la gifla violemment en retour. Sous l'effet de surprise, Meghan se mordit sévèrement la langue. Elle sentit du sang envahir sa bouche. Elle était totalement hébétée. Elle attrapa ses clés de voiture et s'enfuit en chemise de nuit.

*
* *

— Meghan est revenue à la maison le lendemain, nous expliqua Samuel Padalin dans son bureau. Elle m'a supplié de ne pas la quitter, elle m'a juré que ce type n'était qu'une terrible erreur, et que cela lui avait permis de se rendre compte combien elle m'aimait. J'ai décidé de donner à mon mariage une deuxième chance. Et vous savez quoi ? Ça nous a fait un bien fou. J'ai commencé à faire beaucoup plus attention à elle, elle s'est sentie plus heureuse. Ça a transformé notre couple. Nous avons été en phase comme jamais. Nous avons vécu deux mois merveilleux, nous fourmillions soudain de projets.

— Et l'amant ? demanda Anna. Qu'est-il devenu ?

— Aucune idée. Meghan m'avait juré avoir coupé les ponts avec lui.

— Comment a-t-il pris cette rupture ?

— Je l'ignore, nous dit Samuel.

— Et vous n'avez donc jamais su qui il était ?

— Non, jamais. Je ne l'ai même jamais vu physiquement.

Il y eut un instant de silence.

— Alors c'est surtout pour cela que vous n'avez jamais relu ses journaux ? dit Anna. Et que vous les avez gardés au fond de votre cave. Parce que ça vous rappelait cet épisode douloureux.

Samuel Padalin acquiesça sans plus pouvoir parler. Il avait la gorge trop nouée pour qu'un son puisse en sortir.

— Une dernière question, monsieur Padalin, demanda Derek. Avez-vous un tatouage sur le corps ?

— Non, murmura-t-il.

— Puis-je vous demander de relever votre chemise ? Ce n'est qu'une vérification de routine.

Samuel Padalin obtempéra en silence et retira sa chemise. Pas de tatouage d'aigle.

Et si l'amant éconduit, ne supportant pas de perdre Meghan, l'avait tuée ?

Il ne fallait négliger aucune piste. Après notre visite à Samuel Padalin, nous nous rendîmes à l'hôtel de la *Rose du Nord*, à Bridgehampton. Évidemment, lorsque nous expliquâmes au réceptionniste que nous cherchions à identifier un homme ayant loué une chambre le 6 juin 1994, il nous rit au nez.

— Donnez-nous le relevé de toutes les réservations du 5 au 7 juin et nous étudierons les noms nous-mêmes, lui dis-je.

— Monsieur, vous ne comprenez pas, me répondit-il. Vous me parlez de 1994. On avait encore des fiches écrites à la main à cette époque-là. Il n'y a aucune base informatique que je puisse utiliser pour pouvoir vous aider.

Pendant que je parlementais avec l'employé, Derek faisait les cent pas dans le lobby de l'hôtel. Il posa son regard sur le mur d'honneur, auquel étaient accrochées des photographies des clients célèbres, acteurs, écrivains, metteurs en scène. Soudain, Derek attrapa un cadre.

— Monsieur, que faites-vous ? demanda le réceptionniste, vous ne pouvez pas…

— Jesse ! Anna ! cria Derek, venez voir !

Nous accourûmes à ses côtés et nous découvrîmes une photo de Meta Ostrovski, vingt ans plus jeune, en costume de soirée, qui posait, tout sourire, aux côtés de Meghan Padalin.

— Où a été prise cette photo ? demandai-je à l'employé.

— Lors de la soirée du Nouvel an 1994, répondit-il. Cet homme est le critique Ostrovski et…

— Ostrovski était l'amant de Meghan Padalin ! s'écria Anna.

Nous nous rendîmes immédiatement au Palace du Lac. En pénétrant dans le lobby de l'hôtel, nous tombâmes sur le directeur.

— Déjà ? s'étonna-t-il en nous voyant. Mais je viens à peine d'appeler.

— Appeler qui ? demanda Derek.

— Eh bien, la police, répondit le directeur. C'est à propos de Meta Ostrovski : il vient de quitter l'hôtel, apparemment une urgence à New York. Ce sont les femmes de chambre qui m'ont prévenu.

— Mais de quoi, bon sang ? s'impatienta Derek.

— Venez, suivez-moi.

Le directeur nous conduisit jusqu'à la suite 310 qu'avait occupée Ostrovski et ouvrit la porte au moyen de son passe. Nous pénétrâmes dans la chambre et nous découvrîmes alors, collés au mur, une multitude d'articles concernant le quadruple meurtre, la disparition de Stephanie, notre enquête, et partout des photos de Meghan Padalin.

# 4

# La Disparition de Stephanie Mailer

---

Samedi 2 août - Lundi 4 août 2014

## JESSE ROSENBERG

## *Samedi 2 août 2014*

*7 jours après la première*

Ostrovski était-il le fameux troisième homme ?

Nous avions perdu sa trace depuis la veille. Nous savions seulement qu'il était retourné à New York : les caméras de surveillance de la NYPD l'avaient filmé à bord de sa voiture, passant le Manhattan Bridge. Mais il n'était pas rentré chez lui. Son appartement était désert. Son portable était coupé, rendant impossible toute localisation, et il avait pour toute famille une vieille sœur, elle aussi introuvable et injoignable. Derek et moi étions donc en planque devant son immeuble depuis presque vingt-quatre heures. C'était tout ce que nous pouvions faire pour le moment.

Toutes les pistes menaient à lui : il avait été l'amant de Meghan Padalin de janvier à juin 1994. L'hôtel de la *Rose du Nord* avait pu nous confirmer qu'il avait séjourné très régulièrement dans la région pendant tout le semestre. Cette année-là, il n'était pas venu dans les Hamptons uniquement à l'occasion du festival de théâtre d'Orphea. Il était là depuis des mois. Certainement pour Meghan. Aussi n'avait-il pas supporté qu'elle le quitte. Il l'avait tuée le soir de la première, ainsi que la famille Gordon, témoins malheureux du meurtre. Il avait eu le temps de faire l'aller-retour à pied et d'être dans la salle de spectacle pour le début de la pièce. Il avait pu ensuite donner son avis après la représentation dans les journaux pour que tout le monde sache qu'il était au Grand Théâtre ce soir-là. L'alibi était parfait.

Un peu plus tôt dans la journée, Anna était allée montrer une photo d'Ostrovski à Miranda Bird dans l'espoir qu'elle l'identifierait, mais cette dernière n'avait aucune certitude :

— Ça pourrait bien être lui, avait-elle dit, mais c'est difficile de l'affirmer vingt ans plus tard.

— Êtes-vous certaine qu'il avait un tatouage ? avait demandé Anna. Parce que Ostrovski n'en a jamais eu.

— Je ne sais plus, avait avoué Miranda. Est-ce que je confondrais ?

Pendant que nous traquions Ostrovski à New York, à Orphea, Anna, dans la salle des archives de l'*Orphea Chronicle*, avait repris tous les éléments du dossier avec Kirk Harvey et Michael Bird. Ils voulaient s'assurer qu'ils ne passaient à côté de rien. Ils étaient fatigués, affamés. Ils n'avaient quasiment rien mangé de la journée à part des bonbons et des chocolats que Michael allait, à intervalles réguliers, chercher à l'étage dans le tiroir de son bureau qui en était rempli.

Kirk ne quittait pas des yeux le mur couvert d'annotations, d'images et de coupures de presse. Il finit par dire à Anna :

— Pourquoi est-ce que le nom de la femme qui

pourrait identifier le meurtrier n'apparaît pas ? Il est juste inscrit parmi les témoins : « la femme du motel de la route 16 ». Les autres sont nommés.

— C'est vrai ça, releva à son tour Michael. Comment s'appelle-t-elle ? Ça peut être important.

— C'est Jesse qui s'en est occupé, répondit Anna. Il faudra lui demander. De toute façon elle ne se souvient de rien. Ne perdons pas de temps avec cela.

Mais Kirk ne lâcha pas le morceau.

— J'ai regardé dans le dossier de la police d'État de 1994 : ce témoin n'y apparaît pas. C'est donc un élément nouveau ?

— Il faudra demander à Jesse, répéta Anna.

Comme Kirk insistait encore, Anna réclama gentiment quelques chocolats à Michael, qui s'éclipsa. Elle en profita pour résumer rapidement la situation à Kirk, espérant qu'il comprendrait l'importance de ne plus mentionner ce témoin devant Michael.

— Oh, mon Dieu, chuchota Kirk, je ne peux pas y croire : la femme de Michael jouait les prostituées pour Jeremiah Fold ?

— La ferme, Kirk ! lui ordonna Anna. Bouclez-la ! Si vous l'ouvrez, je vous jure que je vous tire dessus.

Anna regrettait déjà de lui en avoir parlé. Elle pressentait qu'il allait gaffer. Michael revint dans la salle avec un sac de bonbons.

— Alors ce témoin ? demanda-t-il.

— On est déjà au point suivant, lui sourit Anna. Nous parlions d'Ostrovski.

— Je ne vois pas tellement Ostrovski massacrer une famille entière, dit alors Michael.

— Oh, tu sais, il ne faut pas se fier aux apparences, lui fit remarquer Kirk. Parfois on croit connaître les gens et on découvre des secrets étonnants sur eux.

— Peu importe, intervint Anna en fusillant Kirk du regard, on verra bien ce qu'il en est une fois que Jesse et Derek auront mis la main sur Ostrovski.

— Des nouvelles d'eux ? demanda Michael.

— Aucune.

*

Il était 20 heures 30 à New York, devant l'immeuble d'Ostrovski.

Derek et moi étions sur le point de renoncer à notre planque, lorsque nous vîmes Ostrovski arriver sur le trottoir, marchant d'un pas tranquille. Nous bondîmes de notre voiture, revolver en main, et nous ruâmes sur lui pour l'intercepter.

— Mais vous êtes complètement fou, Jesse, gémit Ostrovski, tandis que je le plaquais contre un mur pour lui passer les menottes.

— On sait tout, Ostrovski ! m'écriai-je. C'est terminé !

— Que savez-vous ?

— Vous avez tué Meghan Padalin et les Gordon. Ainsi que Stephanie Mailer et Cody Illinois.

— Quoi ? hurla Ostrovski. Mais vous êtes malades !

Un attroupement de badauds était en train de se former autour de nous. Certains filmaient la scène avec leur téléphone portable.

— Au secours ! les apostropha Ostrovski, ces deux types ne sont pas policiers ! Ce sont des cinglés !

Nous fûmes obligés de nous identifier auprès de la foule en montrant nos plaques et nous entraînâmes Ostrovski à l'intérieur de l'immeuble pour être au calme.

— Je voudrais bien que vous m'expliquiez quelle mouche vous a piqués de penser que j'ai tué tous ces pauvres gens, exigea de savoir Ostrovski.

— Nous avons vu le mur de votre suite, Ostrovski, avec les coupures de journaux et les photos de Meghan.

— La preuve que je n'ai tué personne ! J'essaie de comprendre depuis vingt ans ce qui s'est passé.

— Ou alors vous essayez de couvrir vos traces depuis vingt ans, rétorqua Derek. C'est pour ça que vous avez mandaté Stephanie, hein ? Vous vouliez voir si on pouvait remonter jusqu'à vous, et comme elle était en train d'aboutir, vous l'avez tuée.

— Mais non, enfin ! J'essayais de faire le boulot que vous auriez dû faire en 1994 !

— Ne nous prenez pas pour des imbéciles. Vous étiez le *larbin* de Jeremiah Fold ! C'est pour ça que vous avez demandé au maire Gordon de vous en débarrasser.

— Je ne suis le larbin de personne ! protesta Ostrovski.

— Arrêtez vos salades, dit Derek. Pourquoi êtes-vous parti si soudainement d'Orphea si vous n'avez rien à vous reprocher ?

— Ma sœur a fait un accident vasculaire cérébral hier. Elle a été opérée en urgence. Je voulais être à son chevet. J'y ai passé la nuit et la journée. Elle est la seule famille qui me reste.

— Quel hôpital ?

— New York Presbyterian.

Derek contacta l'hôpital pour vérifier. Les affirmations d'Ostrovski étaient exactes : il ne nous mentait pas. Je lui ôtai aussitôt ses menottes et lui demandai :

— Pourquoi ce crime vous obsède donc tant ?

— Parce que j'aimais Meghan, bon sang! s'écria Ostrovski. Est-ce si difficile à comprendre? Je l'aimais et on me l'a arrachée! Vous ne pouvez pas savoir ce que ça fait de perdre l'amour de sa vie!

Je le dévisageai longuement. Ses yeux avaient un éclat terriblement triste. Je finis par dire:

— Je ne le sais que trop bien.

Ostrovski était hors de cause. Nous avions perdu un temps et une énergie précieux: il nous restait vingt-quatre heures pour résoudre cette enquête. Si nous ne livrions pas le coupable d'ici lundi matin au major McKenna, c'était la fin de nos carrières de policiers.

Il nous restait deux options: Ron Gulliver et Steven Bergdorf. Puisque nous étions à New York, nous décidâmes de commencer par Steven Bergdorf. Les éléments à charge étaient nombreux: il était l'ancien rédacteur en chef de l'*Orphea Chronicle*, l'ancien patron de Stephanie, et avait quitté Orphea le lendemain du quadruple meurtre avant de subitement revenir pour participer à la pièce de théâtre censée révéler le nom du coupable. Nous nous rendîmes à son appartement de Brooklyn. Nous tambourinâmes longuement contre sa porte. Personne. Au moment où nous envisagions de la défoncer, le voisin de palier apparut et nous dit:

— Ça sert à rien de taper comme ça, les Bergdorf sont partis.

— Partis? m'étonnai-je. Quand ça?

— Avant-hier. Je les ai vus depuis ma fenêtre monter dans un camping-car.

— Steven Bergdorf aussi?

— Oui, Steven aussi. Avec toute sa famille.

— Mais il n'a pas le droit de quitter l'État de New York, dit Derek.

— Ça, ce n'est pas mon problème, répondit le voisin, pragmatique. Ils sont peut-être allés dans la vallée de l'Hudson.

*

21 heures au parc national de Yellowstone.

Les Bergdorf étaient arrivés une heure plus tôt et s'installaient dans un camping à l'est du parc. La nuit tombait, il faisait doux. Les enfants jouaient dehors, tandis que Tracy, à l'intérieur du camping-car, avait mis de l'eau à bouillir pour faire cuire des pâtes. Mais elle ne retrouvait pas les spaghettis qu'elle savait avoir achetés.

— Je ne comprends pas, dit-elle à Steven, agacée, il me semble avoir vu quatre paquets hier ?

— Bah, ce n'est pas grave, ma chérie. Je file en acheter, il y a un magasin sur le bord de la route, pas très loin.

— On va bouger le camping-car maintenant ?

— Non, je prends la voiture. Tu vois comme on a bien fait de prendre la voiture. D'ailleurs, je veux voir si je trouve un produit qui puisse nous débarrasser de l'odeur de mouffette écrasée.

— Oh oui, je t'en supplie ! l'y incita Tracy. L'odeur est affreuse. Je ne savais pas qu'une mouffette pouvait puer à ce point.

— Oh, ce sont des animaux terribles ! On se demande pourquoi Dieu les a créés, si ce n'est pour nous enquiquiner.

Steven laissa sa femme et ses enfants et rejoignit la voiture, qu'il avait garée à l'écart. Il sortit du camping et suivit la route principale jusqu'au magasin d'alimentation. Mais il ne s'y arrêta pas. Il poursuivit son chemin en direction des sources de soufre de Badger.

Lorsqu'il arriva sur le parking, tout était désert. Il faisait sombre mais suffisamment clair pour voir où il mettait les pieds. Les sources se trouvaient à quelques dizaines de mètres après un petit pont en bois.

Il s'assura que personne n'arrivait. Aucun phare de voiture à l'horizon. Il ouvrit alors le coffre de sa voiture. Une odeur épouvantable le saisit aussitôt. Il ne put se retenir de vomir. La puanteur était insoutenable. Il se retint de respirer par le nez et remonta son t-shirt pour se couvrir la bouche. Il dut se faire violence pour garder sa contenance et se saisir du corps d'Alice emballé dans le plastique. Il le traîna péniblement jusqu'aux sources bouillonnantes. Encore un dernier effort. Quand il fut à proximité de l'eau, il le jeta au sol, puis il le poussa avec le pied jusqu'à le faire dévaler la berge et tomber dans l'eau brûlante et acide. Il vit le corps couler lentement vers les profondeurs de la source et disparaître bientôt vers le fond obscur.

*Au revoir, Alice*, dit-il. Il éclata soudain de rire, puis il se mit à pleurer et vomit encore. À cet instant, il sentit une lumière puissante se braquer sur lui.

— Hé, vous là-bas ! l'interpella une voix d'homme autoritaire. Que faites-vous ici ?

C'était un ranger du parc. Steven sentit son cœur exploser dans sa poitrine. Il voulut répondre qu'il s'était égaré, mais dans la panique il bégaya quelques syllabes incompréhensibles.

— Approchez, ordonna le ranger, en continuant de

l'aveugler avec sa lampe torche. Je vous ai demandé ce que vous fichiez ici.

— Rien, monsieur, répondit Bergdorf qui parvint à retrouver un minimum de contenance. Je me promène.

Le ranger s'approcha de lui, soupçonneux.

— À une heure pareille ? Ici ? interrogea-t-il. L'accès est interdit le soir. Vous n'avez pas vu les panneaux ?

— Non, monsieur, je regrette, l'assura Steven qui se décomposait.

— Vous êtes sûr que ça va ? Vous avez une drôle de tête.

— Sûr de sûr ! Tout va bien !

Le ranger pensa n'avoir affaire qu'à un touriste imprudent et se contenta de sermonner Steven :

— Il fait trop sombre pour se promener ici. Vous savez, si vous tombez là-dedans, demain il ne reste rien de vous. Même pas les os.

— Vraiment ? demanda Steven.

— Vraiment. Vous n'avez pas entendu cette histoire terrible aux informations l'année passée ? Tout le monde en a parlé pourtant. Un type est tombé dans une source de soufre, ici même, à Badger, sous les yeux de sa sœur. Le temps que les secours puissent intervenir, on n'a rien retrouvé de lui, à part ses sandales.

*

Derek et moi, après avoir envoyé un avis de recherche à l'encontre de Steven Bergdorf, décidâmes de retourner à Orphea. Je prévins Anna et nous nous mîmes en route.

À la salle des archives, Anna raccrocha.

— C'était Jesse, dit-elle à Michael et Kirk. Apparemment, Ostrovski n'a rien à voir avec tout ça.

— C'est bien ce que je pensais, dit Michael. Qu'est-ce qu'on fait alors ?

— On devrait aller manger quelque chose, la nuit promet d'être longue.

— Allons au *Kodiak Grill* ! suggéra Michael.

— Génial, approuva Kirk. Je rêve d'un bon steak.

— Non, ce sera sans vous, Kirk, lui dit alors Anna, qui craignait qu'il ne fasse une gaffe. Il faut que quelqu'un reste ici de permanence.

— De permanence ? s'étonna Kirk. Permanence de quoi ?

— Vous restez ici, un point c'est tout ! lui ordonna Anna.

Elle et Michael quittèrent la rédaction par la porte arrière et la petite ruelle, et montèrent à bord de la voiture d'Anna.

Kirk pesta de se retrouver une fois de plus tout seul. Il se remémora ses mois de « chef-tout-seul », passés enfermé dans le sous-sol du commissariat. Il fouilla dans les documents éparpillés sur la table devant lui et se plongea dans le dossier de police. Il fit main basse sur les derniers chocolats et les mit tous dans sa bouche.

Anna et Michael remontaient la rue principale.

— Est-ce que ça t'embête si on fait d'abord un saut chez moi ? demanda Michael. J'ai envie d'embrasser mes filles avant qu'elles ne se couchent. Ça fait une semaine que je ne les vois quasiment pas.

— Avec plaisir, dit Anna, en prenant la direction de Bridgehampton.

Lorsqu'ils arrivèrent devant la maison des Bird, Anna constata que tout était éteint.

— Tiens, il n'y a personne ? s'étonna Michael.

Anna se gara devant la maison.

— Ta femme est peut-être sortie avec les enfants ?

— Elles sont certainement allées manger une pizza. Je vais les appeler.

Michael sortit son téléphone portable de sa poche et pesta en voyant l'écran : pas de réseau.

— Ça fait un moment qu'on capte mal ici, s'agaça-t-il.

— Je n'ai pas de réseau non plus, constata Anna.

— Attends-moi un instant ici, je vais vite à l'intérieur appeler ma femme depuis la ligne fixe.

— Est-ce que j'ose en profiter pour utiliser tes toilettes ? demanda Anna.

— Évidemment. Viens.

Ils entrèrent dans la maison. Michael indiqua les toilettes à Anna puis se saisit du téléphone.

*

Derek et moi approchions d'Orphea lorsque nous reçûmes un appel radio. L'opérateur nous informait qu'un homme du nom de Kirk Harvey essayait désespérément de nous joindre mais n'avait pas nos numéros de téléphone. L'appel nous fut transmis par radio et nous entendîmes soudain la voix de Kirk résonner dans l'habitacle.

— Jesse, ce sont les clés ! hurla-t-il paniqué.

— Quoi, les clés ?

— Je suis dans le bureau de Michael Bird, à la rédaction du journal. Je les ai trouvées.

Nous ne comprenions rien à ce que Kirk racontait.

— Qu'avez-vous trouvé, Kirk ? Exprimez-vous clairement !

— J'ai trouvé les clés de Stephanie Mailer !

Kirk m'expliqua être remonté dans le bureau de Michael Bird pour chercher du chocolat. En fouillant un tiroir, il était tombé sur un trousseau de clés orné d'une boule de plastique jaune. Il l'avait déjà vu quelque part. Convoquant ses souvenirs, il s'était soudain revu au *Beluga Bar* avec Stephanie, au moment où elle s'en allait et que voulant la retenir il l'avait attrapée par son sac à main. Le contenu de celui-ci s'était répandu sur le sol. Il avait ramassé ses clés pour les lui rendre. Il se souvenait parfaitement de ce porte-clés.

— Vous êtes certain que ce sont les clés de Stephanie ? demandai-je.

— Oui, d'ailleurs il y a une clé de voiture dessus, indiqua Kirk. Une Mazda. Quelle voiture Stephanie conduisait ?

— Une Mazda, répondis-je. Ce sont ses clés. Surtout, ne dites rien et retenez Michael à la rédaction par tous les moyens.

— Il est parti. Il est avec Anna.

*

Dans la maison des Bird, Anna sortit des toilettes. Tout était silencieux. Elle traversa le salon : pas de trace de Michael. Son regard s'arrêta sur des cadres-photos disposés sur une commode. Des photos de la famille Bird, à différentes époques. La naissance des filles, les vacances. Anna remarqua alors un cliché sur lequel Miranda Bird paraissait particulièrement jeune. Elle était avec Michael, c'était la période de Noël.

En arrière-plan un sapin décoré, et par la fenêtre on voyait de la neige dehors. En bas à droite de l'image, la date apparaissait, comme c'était le cas à l'époque lors du développement de photos en magasin. Anna approcha son visage : *23 décembre 1994.* Elle sentit son rythme cardiaque s'accélérer : Miranda lui avait affirmé avoir rencontré Michael plusieurs années après la mort de Jeremiah. Elle lui avait donc menti.

Anna regarda autour d'elle. Il n'y avait plus un bruit. Où était Michael ? L'inquiétude la saisit. Elle posa la main sur la crosse de son arme et se dirigea prudemment vers la cuisine : personne. Tout semblait soudain désert. Elle dégaina son arme et s'engagea dans un couloir sombre. Elle appuya sur l'interrupteur, mais la lumière ne se fit pas. Soudain elle reçut un coup en travers du dos qui la projeta au sol et elle lâcha son arme. Elle voulut se retourner mais se fit aussitôt arroser le visage de produit incapacitant. Elle hurla de douleur. Ses yeux la brûlaient. Elle reçut alors un coup sur la tête, qui l'assomma.

Ce fut le trou noir.

*

Derek et moi avions lancé une alerte générale. Montagne avait dépêché des hommes au *Kodiak Grill* et au domicile des Bird. Mais Anna et Michael étaient introuvables. Lorsque nous arrivâmes finalement à notre tour chez les Bird, les policiers sur place nous montrèrent des traces de sang toutes fraîches.

À cet instant, Miranda Bird rentra de la pizzeria avec ses filles.

— Que se passe-t-il ? demanda-t-elle à la vue des policiers.

Je m'écriai :

— Où est Michael ?

— Michael, mais je n'en sais rien. Je l'ai eu au téléphone tout à l'heure. Il a dit qu'il était ici avec Anna.

— Et vous, où étiez-vous ?

— Avec mes filles, nous sommes allées manger une pizza. Enfin, capitaine, que se passe-t-il ?

Lorsque Anna reprit conscience, elle avait les mains menottées dans le dos et un sac sur la tête qui l'empêchait de voir. Elle s'efforça de ne pas paniquer. Aux sons et aux vibrations qu'elle perçut, elle comprit qu'elle était étendue sur la banquette arrière d'une voiture en marche.

Aux sensations qu'elle éprouvait, elle déduisit que la voiture roulait sur un chemin non goudronné, sans doute en terre ou en gravier. Soudain, le véhicule s'arrêta net. Anna perçut du bruit. La portière arrière s'ouvrit brusquement. Elle fut saisie et traînée au sol. Elle ne voyait rien. Elle ne savait pas où elle était. Mais elle entendait des grenouilles : elle était près d'un lac.

*

Dans le salon des Bird, Miranda ne croyait pas que son mari puisse être mêlé aux meurtres :

— Comment pouvez-vous imaginer que Michael soit impliqué dans cette affaire ? C'est peut-être son sang qu'on a retrouvé ici !

— Les clés de Stephanie Mailer étaient dans son bureau, lui dis-je.

Miranda ne voulait pas y croire :

— Vous faites erreur. Vous perdez un temps précieux. Michael est peut-être en danger.

Je rejoignis Derek dans une pièce voisine. Il avait une carte de la région dépliée devant lui, et le docteur Ranjit Singh au téléphone.

— Le meurtrier est intelligent et méthodique, nous dit Singh à travers le haut-parleur. Il sait qu'il ne peut pas aller très loin avec Anna, il ne veut pas risquer de croiser des patrouilles de police. C'est quelqu'un de très prudent. Il veut limiter les risques et éviter à tout prix un affrontement.

— Donc il est resté dans la région d'Orphea ? demandai-je.

— J'en suis sûr. Dans un périmètre qu'il connaît bien. Un lieu où il se sent en sécurité.

— Est-ce qu'il aurait déjà fait ça avec Stephanie ? demanda Derek en étudiant le plan.

— Probablement, répondit Singh.

Derek encercla au feutre la plage à proximité de laquelle la voiture de Stephanie avait été retrouvée.

— Si le meurtrier avait fixé rendez-vous à Stephanie à cet endroit, considéra Derek, c'est qu'il prévoyait de l'emmener dans un lieu proche.

Je suivis du doigt le tracé de la route 22 jusqu'au lac des Cerfs que j'entourai de rouge. Puis j'emportai la carte pour la montrer à Miranda.

— Avez-vous une autre maison dans la région ? lui demandai-je. Une maison de famille, un cabanon, un endroit où votre mari pourrait se sentir à l'abri ?

— Mon mari ? Mais…

— Répondez à ma question !

Miranda observa le plan. Elle regarda le lac des Cerfs et du doigt pointa l'étendue d'eau voisine : le lac des Castors.

— Michael aime aller là-bas, dit-elle. Il y a un ponton avec une barque. On peut rejoindre un îlot charmant. Nous allons souvent y pique-niquer avec les filles. Il n'y a jamais personne. Michael dit qu'on y est seuls au monde.

Derek et moi nous dévisageâmes, et sans avoir besoin de parler, nous nous précipitâmes vers notre voiture.

*

Anna venait d'être jetée dans ce qu'elle pensait être une barque. Elle faisait semblant d'être encore inconsciente. Elle sentit le mouvement de l'eau et perçut un bruit de rames. On l'emmenait quelque part, mais où ?

Derek et moi roulions à tombeau ouvert sur la route 56. Nous eûmes bientôt le lac des Cerfs en vue.

— Il y aura une bifurcation sur ta droite, me prévint Derek en coupant la sirène. Un petit chemin de terre.

Nous le repérâmes de justesse. Je m'y engageai et accélérai comme un fou. Je vis bientôt la voiture d'Anna garée au bord de l'eau, juste à côté d'un ponton. J'écrasai la pédale de frein et nous sortîmes de voiture. Malgré l'obscurité, nous distinguâmes une barque sur le lac qui tentait de rejoindre l'îlot. Nous dégainâmes nos armes. « Halte ! Police ! » m'écriai-je avant de tirer un coup de sommation.

Nous entendîmes en réponse la voix d'Anna dans la barque, qui appela à l'aide. La silhouette qui tenait les rames lui asséna un coup. Anna cria de plus belle. Derek et moi plongeâmes dans le lac. Nous eûmes juste le temps de voir Anna être jetée par-dessus bord. Elle coula d'abord à pic, avant de tenter, à la force de ses seules jambes, de remonter à la surface pour respirer.

Derek et moi nagions aussi vite que nous le pouvions. Dans l'obscurité, impossible de distinguer clairement la silhouette sur la barque qui retournait vers les voitures en nous contournant. Nous ne pouvions pas l'arrêter : nous devions sauver Anna. Nous rassemblâmes nos dernières forces pour la rejoindre, mais Anna, épuisée, se laissa couler au fond du lac.

Derek s'élança vers le fond. Je l'imitai. Tout était opaque autour de nous. Finalement, il sentit le corps d'Anna. Il l'attrapa et parvint à le remonter à la surface. Je lui vins en aide et nous réussîmes à traîner Anna jusqu'à la berge de l'îlot proche et à la hisser sur la terre ferme. Elle toussa, cracha de l'eau. Elle était en vie.

Sur l'autre rive la barque venait d'accoster au ponton. Nous vîmes la silhouette monter à bord de la voiture d'Anna et s'enfuir.

*

Deux heures plus tard, l'employé d'une station-service isolée vit entrer dans le magasin un homme ensanglanté et paniqué. C'était Michael Bird, les mains liées au moyen d'une corde. « Appelez la police ! supplia-t-il. Il arrive, il me poursuit ! »

## JESSE ROSENBERG
### *Dimanche 3 août 2014*
*8 jours après la première*

Dans sa chambre d'hôpital, où il avait passé la nuit en observation, Michael nous raconta avoir été agressé en sortant de sa maison :

— J'étais dans la cuisine. Je venais de téléphoner à ma femme. Soudain j'ai entendu un bruit dehors. Anna était aux toilettes, ça ne pouvait pas être elle. Je suis sorti pour voir ce qui se passait, et je me suis fait aussitôt asperger de gaz lacrymogène avant de recevoir un coup violent en plein visage. Ça a été le trou noir. Quand j'ai repris mes esprits, j'étais dans le coffre d'une voiture, les mains liées. Le coffre s'est soudain ouvert. J'ai fait semblant d'être inconscient. On m'a traîné par terre. Je sentais une odeur de terre et de végétaux. J'ai entendu du bruit, comme si quelqu'un creusait. J'ai fini par entrouvrir les yeux : j'étais en pleine forêt. À quelques mètres de moi, il y avait un type, encagoulé, qui creusait un trou. C'était ma tombe. J'ai pensé à ma femme, à mes filles, je ne voulais pas mourir comme ça. Dans l'énergie du désespoir, je me suis dressé et je me suis mis à courir. J'ai dévalé une pente, j'ai couru aussi vite que j'ai pu à travers la forêt. Je l'entendais derrière moi, qui me poursuivait. J'ai réussi à le distancer. Puis je suis arrivé à une route. Je l'ai suivie en espérant croiser une voiture, mais j'ai finalement aperçu une station-service.

Derek, après avoir écouté attentivement le récit de Michael, lui dit alors :

— Arrêtez vos histoires. Nous avons retrouvé les clés de Stephanie Mailer dans un tiroir de votre bureau.

Michael eut l'air abasourdi.

— Les clés de Stephanie Mailer ? Qu'est-ce que vous racontez ? C'est totalement absurde.

— C'est pourtant la vérité. Un trousseau avec les clés de son appartement, du journal, de sa voiture et d'un garde-meuble.

— C'est tout simplement impossible, dit Michael qui semblait réellement tomber des nues.

— Est-ce que c'est vous, Michael ? demandai-je. Vous avez tué Stephanie ? Et tous ces gens ?

— Non ! Évidemment que non, Jesse ! Enfin, c'est complètement ridicule ! Qui a trouvé ces clés dans mon bureau ?

Nous aurions préféré qu'il ne pose pas la question : les clés n'ayant pas été retrouvées par un policier dans le cadre d'une perquisition, elles n'avaient aucune valeur de preuve. Je n'eus d'autre choix que de dire la vérité :

— C'est Kirk Harvey.

— Kirk Harvey ? Kirk Harvey est venu fouiller dans mon bureau et comme par miracle il y a trouvé les clés de Stephanie ? Ça n'a aucun sens ! Il était seul ?

— Oui.

— Écoutez, je ne sais pas ce que tout cela signifie,

mais je crois que Kirk Harvey est en train de vous mener en bateau. Exactement comme il l'a fait avec sa pièce de théâtre. Qu'est-ce qui se passe enfin ? Est-ce que je suis en état d'arrestation ?

— Non, lui répondis-je.

Les clés de Stephanie Mailer ne constituaient pas une preuve valable. Kirk les avait-il réellement trouvées dans le bureau de Michael comme il l'affirmait ? Ou les avait-il avec lui depuis le début ? À moins que ce soit Michael qui essayait de nous mener en bateau et qui avait mis en scène son agression ? C'était la parole de Kirk contre celle de Michael. L'un des deux nous mentait. Mais lequel ?

La blessure au visage de Michael était sérieuse et avait nécessité plusieurs points de suture. On avait retrouvé du sang sur les marches de son perron. Son histoire se tenait. Le fait qu'Anna ait été jetée sur la banquette arrière de sa voiture était également cohérent avec la version de Michael, qui affirmait avoir été mis dans le coffre. En outre, nous avions perquisitionné son domicile ainsi que toute la rédaction de l'*Orphea Chronicle*, mais nous n'y avions absolument rien trouvé.

Après notre visite à Michael, Derek et moi allâmes retrouver Anna dans une chambre voisine. Elle avait, elle aussi, passé la nuit à l'hôpital. Elle s'en tirait plutôt bien : un vilain hématome sur le front et un œil au beurre noir. Elle avait échappé au pire : on avait retrouvé, enterré sur l'îlot, le corps de Costico, tué par balles.

Anna n'avait pas vu son agresseur. Ni entendu le son de sa voix. Elle ne se souvenait que du gaz lacrymogène qui l'avait aveuglée et des coups qui lui avaient fait perdre connaissance. Quand elle avait repris ses esprits, elle avait un sac en toile sur la tête. Quant à sa voiture, dans laquelle on pourrait relever d'éventuelles empreintes, elle n'avait toujours pas été retrouvée.

Anna était prête à s'en aller et nous proposâmes de la ramener chez elle. Dans le couloir de l'hôpital, alors que nous lui rapportions la version de Michael, elle se montra dubitative :

— L'agresseur l'aurait laissé dans le coffre de la voiture pendant qu'il me traînait sur cette île ? Pourquoi ?

— La barque n'aurait pas supporté le poids de trois corps adultes, suggérai-je. Il aurait prévu de faire deux trajets.

— Et en arrivant au lac des Castors, demanda Anna, vous n'avez rien vu ?

— Non, lui répondis-je. On s'est immédiatement jetés à l'eau.

— Alors, on ne peut rien faire contre Michael ?

— Rien sans une preuve irréfutable.

— Si Michael n'a rien à se reprocher, s'interrogea encore Anna, pourquoi Miranda m'a-t-elle menti ? Elle m'a raconté avoir rencontré Michael quelques années après la mort de Jeremiah Fold. Mais j'ai vu dans leur salon une photo datée de Noël 1994. Soit seulement six mois plus tard. À ce moment-là, elle était rentrée chez ses parents à New York. Elle n'a donc pu rencontrer Michael que lorsqu'elle était prisonnière de Jeremiah.

— Tu penses que Michael pourrait être l'homme du motel ? demandai-je.

— Oui, acquiesça Anna. Et que Miranda a inventé une histoire de tatouage pour brouiller les pistes.

À cet instant, nous tombâmes justement sur

Miranda Bird qui arrivait à l'hôpital pour rendre visite à son mari.

— Mon Dieu, Anna, votre visage ! dit-elle. Je suis désolée de ce qui vous est arrivé. Comment vous sentez-vous ?

— Ça va.

Miranda se tourna vers nous :

— Vous voyez bien que Michael n'y était pour rien. Le pauvre, dans quel état il se trouve ?

— On a retrouvé Anna à l'endroit que vous nous avez indiqué, fis-je remarquer.

— Ça peut être n'importe qui, enfin ! Le lac des Castors est connu de tout le monde dans la région. Avez-vous des preuves ?

Nous n'avions aucune preuve concrète. J'avais l'impression de revivre l'enquête de Tennenbaum en 1994.

— Vous m'avez menti, Miranda, dit alors Anna. Vous m'avez dit avoir rencontré Michael plusieurs années après la mort de Jeremiah Fold, mais ce n'est pas vrai. Vous l'avez connu lorsque vous étiez à Ridgesport.

Miranda resta muette. Elle semblait décontenancée. Derek avisa une salle d'attente déserte et nous invita à tous y entrer. Nous fîmes asseoir Miranda sur un canapé et Anna insista :

— Quand avez-vous rencontré Michael ?

— Je ne sais plus, répondit Miranda.

Anna demanda alors :

— Est-ce que Michael était l'homme du motel, celui qui s'est défendu contre Costico ?

— Anna, je…

— Répondez à ma question, Miranda. Ne m'obligez pas à vous emmener au poste.

Miranda avait le visage décomposé.

— Oui, finit-elle par répondre. Je ne sais pas comment vous avez été au courant de cet incident au motel, mais c'était bien Michael. Je l'ai rencontré lorsque j'étais hôtesse au Club, à la fin de l'année 1993. Costico a voulu que je le piège au motel, comme tous les autres. Mais Michael ne s'est pas laissé faire.

— Donc quand je vous en ai parlé, dit Anna, vous avez inventé cette histoire de tatouage pour nous mettre sur une fausse piste ? Pourquoi ?

— Pour protéger Michael. Si vous aviez su qu'il était l'homme du motel…

Miranda s'interrompit, prenant conscience qu'elle en disait trop.

— Parlez, Miranda, s'agaça Anna. Si nous avions su qu'il était l'homme du motel, qu'aurions-nous découvert ?

Une larme coula sur la joue de Miranda.

— Vous auriez découvert que Michael a tué Jeremiah Fold.

Nous revenions de nouveau au même point : Jeremiah Fold, dont nous savions désormais qu'il avait été tué par le maire Gordon.

— Michael n'a pas tué Jeremiah Fold, dit Anna. Nous en sommes certains. C'est le maire Gordon qui l'a tué.

Le visage de Miranda s'éclaira.

— Ce n'était pas Michael ? se réjouit-elle comme si toute cette histoire n'était qu'un cauchemar.

— Miranda, pourquoi pensiez-vous que Michael avait tué Jeremiah Fold ?

— Après l'incident avec Costico, j'ai revu Michael plusieurs fois. Nous sommes tombés très amoureux. Et Michael s'est mis en tête de me libérer de Jeremiah

Fold. Pendant toutes ces années, j'ai cru que… Oh, mon Dieu, je suis tellement soulagée !

— Vous n'en avez jamais parlé avec Michael ?

— Après la mort de Jeremiah Fold, nous n'avons plus jamais parlé de ce qui s'était passé à Ridgesport. Il fallait tout oublier. C'était le seul moyen de nous réparer. Nous avons tout effacé de notre mémoire et nous nous sommes tournés vers l'avenir. Ça nous a réussi. Regardez-nous, nous sommes tellement heureux.

*

Nous passâmes la journée chez Anna à essayer de reprendre tous les éléments de l'affaire.

Plus nous y pensions, plus il était évident que toutes les pistes menaient à Michael Bird : il était proche de Stephanie Mailer, il avait eu un accès privilégié au Grand Théâtre et avait pu y cacher l'arme, il avait suivi notre enquête de près depuis la salle des archives de l'*Orphea Chronicle* qu'il avait spontanément mise à notre disposition, ce qui lui avait permis d'éliminer au fur et à mesure tous ceux qui pouvaient le confondre. Malgré ce faisceau d'indices convergents, sans preuve concrète nous ne pouvions rien contre lui. Un bon avocat le ferait facilement libérer.

En fin d'après-midi, nous eûmes la surprise de voir le major McKenna débarquer chez Anna. Il nous rappela la menace qui planait sur Derek et moi depuis le début de la semaine :

— Si l'enquête n'est pas bouclée d'ici demain matin, je serai obligé de vous demander votre démission. C'est une volonté du gouverneur. Tout ça est allé trop loin.

— Tout indique que Michael Bird pourrait être notre homme, expliquai-je.

— Il ne faut pas simplement des indications, il faut des preuves ! tonna le major. Et des preuves solides ! Dois-je vous rappeler le fiasco de Ted Tennenbaum !

— On a retrouvé les clés…

— Oublie les clés, Jesse, m'interrompit McKenna. Elles ne constituent pas une preuve légale, et tu le sais très bien. Aucun tribunal n'en tiendra compte. Le procureur veut un dossier béton, personne ne veut prendre de risques. Si vous ne bouclez pas cette enquête, elle sera classée. Ce dossier est devenu pire que la peste. Si vous pensez que c'est Michael Bird le coupable, alors faites-le parler. Il vous faut des aveux à tout prix.

— Mais comment ? demandai-je.

— Il faut lui mettre la pression, conseilla le major. Trouvez sa corde sensible.

Derek nous dit alors :

— Si Miranda pensait que Michael avait tué Jeremiah Fold pour la libérer, c'est qu'il est prêt à tout pour protéger sa femme.

— Où veux-tu en venir ? lui demandai-je.

— Ce n'est pas à Michael qu'il faut s'en prendre, mais à Miranda. Et je crois que j'ai une idée.

## JESSE ROSENBERG
### *Lundi 4 août 2014*
*9 jours après la première*

À 7 heures du matin, nous débarquâmes dans la maison des Bird. Michael avait finalement pu rentrer chez lui la veille au soir.

C'est Miranda qui nous ouvrit la porte et Derek lui passa aussitôt les menottes.

— Miranda Bird, lui dis-je, vous êtes en état d'arrestation pour avoir menti à un officier de police et fait obstruction à l'avancée d'une enquête criminelle.

Michael accourut de la cuisine, suivi de ses enfants.

— Vous êtes fous ! s'écria-t-il en tentant de s'interposer.

Les enfants se mirent à pleurer. Je n'aimais pas agir de la sorte, mais nous n'avions plus le choix. Je rassurai les enfants tout en maintenant Michael à l'écart, pendant que Derek emmenait Miranda.

— La situation est sérieuse, expliquai-je à Michael sur le ton de la confession. Les mensonges de Miranda ont eu des conséquences graves. Le procureur est furieux. Elle n'échappera pas à une peine de prison ferme.

— Mais c'est un cauchemar ! s'écria Michael.

Laissez-moi parler au procureur, il s'agit forcément d'un malentendu.

— Je regrette, Michael. Malheureusement, il n'y a rien que vous puissiez faire. Il faudra que vous soyez fort. Pour vos enfants.

Je sortis de la maison pour rejoindre Derek à notre voiture. Michael s'élança alors à notre suite.

— Libérez-la ! s'écria-t-il. Libérez ma femme, et j'avouerai tout.

— Qu'avez-vous à avouer ? lui demandai-je.

— Je vous le dirai si vous promettez de laisser ma femme tranquille.

— Marché conclu, lui répondis-je.

Derek défit les menottes qui entravaient les poignets de Miranda.

— Je veux un accord écrit du procureur, précisa Bird. Une garantie que Miranda ne risque rien.

— Je peux arranger ça, lui assurai-je.

Une heure plus tard, dans une salle d'interrogatoire du centre régional de la police d'État, Michael Bird relisait une lettre signée du procureur qui protégeait sa femme de toute poursuite pour nous avoir volontairement induits en erreur dans notre enquête. Il la signa et nous avoua, d'un ton presque soulagé :

— J'ai tué Meghan Padalin. Et la famille Gordon. Et Stephanie. Et Cody. Et Costico. Je les ai tous tués.

Il y eut un long silence. Vingt ans plus tard, nous obtenions enfin une confession. J'incitai Michael à nous en dire davantage.

— Pourquoi avez-vous fait ça ? lui demandai-je.

Il haussa les épaules.

— J'ai avoué, c'est tout ce qui compte, non ?

— Nous voulons comprendre. Vous n'avez pas le profil d'un tueur, Michael. Vous êtes un gentil père de famille. Comment un homme comme vous se retrouve-t-il à tuer sept personnes ?

Il eut un instant d'hésitation.

— Je ne sais même pas par où commencer, murmura-t-il.

— Commencez par le début, suggérai-je.

Il se plongea dans ses souvenirs et il dit :

— Tout a commencé un soir de la fin de l'année 1993.

*
* *

*Début décembre 1993*

C'était la première fois que Michael Bird se rendait au Ridge's Club. Ce n'était d'ailleurs pas du tout son genre de lieu de sortie. Mais l'un de ses amis avait lourdement insisté pour qu'il l'y accompagne. « Il y a une chanteuse à la voix extraordinaire », lui avait-il assuré. Mais sur place, ce n'est pas la chanteuse qui avait subjugué Michael, mais l'hôtesse, à l'entrée. C'était Miranda. Ce fut un coup de foudre immédiat. Michael était envoûté. Il se mit à aller régulièrement au Ridge's Club, juste pour la voir. Il était fou amoureux.

Miranda avait d'abord repoussé les avances de Michael. Elle lui avait fait comprendre qu'il ne devait pas l'approcher. Il avait pensé à un jeu de séduction. Il n'avait pas vu le danger. Costico finit par le repérer et obligea Miranda à le piéger au motel. Elle commença par refuser. Mais une séance de bassine la força à accepter. Un soir de janvier, elle finit par donner rendez-vous à Michael au motel. Il l'y rejoignit le lendemain après-midi. Ils se déshabillèrent tous les deux, et là, Miranda, nue sur le lit, lui dit: «Je suis mineure, je suis encore au lycée, ça t'excite?» Michael resta interdit: «Tu m'avais dit avoir 19 ans. Tu es folle de m'avoir menti. Je ne peux pas être dans cette chambre avec toi.» Il voulut se rhabiller mais il remarqua alors un gros type derrière le rideau: c'était Costico. Il y eut une bousculade, Michael parvint à s'enfuir de la chambre, nu, mais en ayant ramassé ses clés de voiture. Costico se lança à sa poursuite sur le parking, mais Michael eut le temps d'ouvrir la portière de sa voiture et de se saisir d'une bombe lacrymogène. Il neutralisa Costico et s'enfuit. Mais Costico le retrouva sans difficulté et il lui administra un tabassage en règle, chez lui, avant de le conduire de force, au milieu de la nuit, jusqu'au Ridge's Club, qui avait déjà fermé. Michael se retrouva dans le *bureau*. Avec Jeremiah. Miranda était là aussi. Jeremiah expliqua à Michael qu'il devait travailler pour lui désormais. Qu'il était son *larbin*. Il lui dit: «Aussi longtemps que tu feras ce qu'on te dit, ta petite copine restera au sec.» À ce moment-là, Costico attrapa Miranda par les cheveux et la traîna jusqu'à la bassine. Il lui plongea la tête dans l'eau pendant de longues secondes, et il recommença jusqu'à ce que Michael promette de coopérer.

*
* *

— Et donc vous êtes devenu l'un des *larbins* de Jeremiah Fold, dis-je.

— Oui, Jesse, me répondit Michael. Et même son *larbin* préféré. Je ne pouvais rien lui refuser. Dès que je me montrais réticent, il s'en prenait à Miranda.

— Et vous n'avez pas essayé de prévenir la police ?

— C'était trop risqué. Jeremiah avait des photos de toute ma famille. Un jour, je suis allé chez mes parents, et il était dans leur salon, en train de boire le thé. Et j'avais peur pour Miranda aussi. J'étais totalement fou d'elle. Et c'était réciproque. La nuit, je venais la retrouver dans sa chambre du motel. Je voulais la convaincre de fuir avec moi, mais elle avait trop peur. Elle disait que Jeremiah nous retrouverait. Elle disait : « Si Jeremiah sait qu'on se parle, il nous tuera tous les deux. Il nous fera disparaître, personne ne retrouvera nos corps. » Je lui ai promis de la tirer de là. Mais les choses se compliquaient pour moi. Jeremiah avait jeté son dévolu sur le *Café Athéna*.

— Il s'était mis à faire chanter Ted Tennenbaum.

— Exactement. Et devinez à qui il avait confié la mission d'aller récupérer l'argent toutes les semaines ? À moi. Je connaissais un peu Ted. Tout le monde connaît tout le monde à Orphea. Quand je suis venu lui dire que c'était Jeremiah qui m'envoyait, il a sorti un flingue et m'a collé le canon contre le front. J'ai cru qu'il allait me tuer. Je lui ai tout expliqué. Je lui ai dit que la vie de la femme que j'aimais dépendait de ma coopération. Ça a été la seule erreur que Jeremiah Fold ait commise. Lui qui était si minutieux, si attentif au détail, il n'avait pas imaginé que Ted et moi pourrions nous liguer contre lui.

— Vous avez décidé de le tuer, dit Derek.

— Oui, mais c'était compliqué. Nous ne savions pas comment nous y prendre. Ted était assez bagarreur, mais ce n'était pas un meurtrier. Et puis, il fallait que Jeremiah soit seul. Nous ne pouvions pas nous en prendre à lui devant Costico, ni personne d'autre. Nous avons alors décidé d'étudier ses habitudes : partait-il se promener seul parfois ? Aimait-il la course à pied dans la forêt ? Il fallait trouver le meilleur moment pour le tuer et se débarrasser de son corps. Mais nous allions découvrir que Jeremiah était intouchable. Il était encore plus puissant que tout ce que Ted et moi avions pu imaginer. Ses *larbins* s'espionnaient les uns les autres, il avait un réseau de renseignement impressionnant, il était de mèche avec la police. Il était au courant de tout.

*
* *

*Mai 1994*

Michael était en planque depuis deux jours à proximité de la maison de Jeremiah, caché dans sa voiture, à l'observer, lorsque soudain la portière s'ouvrit : avant de pouvoir réagir, il reçut un coup de poing en plein visage. C'était Costico. Ce dernier, après l'avoir extrait de force hors de l'habitacle, le traîna au Club. Jeremiah et Miranda attendaient dans le *bureau*. Jeremiah avait l'air furieux : « Tu m'espionnes, dit-il à Michael. Tu as l'intention d'aller voir les flics ? » Michael jura que non, mais Jeremiah ne voulut rien entendre. Il ordonna à Costico de le tabasser. Quand ils en eurent terminé avec lui, ils s'en prirent à Miranda. Un supplice interminable. Miranda fut amochée au point de ne plus pouvoir sortir pendant des semaines.

Après cet épisode, craignant d'être surveillés, Michael et Ted Tennenbaum continuèrent à se retrouver mais dans le plus grand secret, dans des endroits improbables, loin d'Orphea, pour ne pas risquer d'être vus ensemble. Ted confia à Michael :

— Impossible de tuer Jeremiah nous-mêmes. Il faut trouver quelqu'un qui ignore tout de lui et le convaincre de le tuer.

— Qui accepterait de faire une chose pareille ?

— Quelqu'un qui a besoin d'un service du même genre. On tuera quelqu'un en retour. Quelqu'un qu'on ne connaît pas non plus. La police ne remontera jamais jusqu'à nous.

— Quelqu'un qui ne nous a rien fait ? demanda Michael.

— Crois-moi, répondit Tennenbaum, je ne propose pas cela de gaîté de cœur, mais je ne vois pas d'autre solution.

Après réflexion, Michael considéra que c'était probablement la seule solution pour sauver Miranda. Il était prêt à tout pour elle.

Le problème était de trouver un partenaire, quelqu'un sans lien avec eux. Comment faire ? Ils ne pouvaient pas passer une petite annonce.

Six semaines s'écoulèrent. Alors qu'ils désespéraient de trouver quelqu'un, à la mi-juin Ted contacta Michael et lui dit :

— Je crois que j'ai trouvé notre homme.

— Qui ça ?

— Il vaut mieux que tu n'en saches rien.

*
* *

— Donc vous ignoriez qui était le partenaire trouvé par Tennenbaum ? demanda Derek.

— Oui, répondit Michael. Ted Tennenbaum était l'intermédiaire, le seul à savoir qui étaient les deux exécutants. Ainsi toutes les pistes seraient brouillées. La police ne pouvait pas remonter jusqu'à nous puisque nous ignorions nous-mêmes l'identité de l'autre. À part Tennenbaum, mais il avait du cran. Pour être certain que nous n'ayons aucun contact, Tennenbaum était convenu avec le partenaire d'une méthode d'échange des noms de nos victimes. Il lui avait dit quelque chose du genre : « Il ne faut plus nous parler, plus nous rencontrer. Le 1er juillet, vous irez à la librairie. Il y a une pièce où personne ne va, avec des livres des écrivains locaux. Choisissez-en un, et écrivez le nom de la personne dedans. Pas directement. Entourez des mots dont la première lettre correspond à une lettre de son prénom et de son nom. Ensuite, cornez le livre. Ce sera le signal. »

— Et vous avez inscrit le nom de Jeremiah Fold, intervint Anna.

— Exactement, dans la pièce de Kirk Harvey. Notre partenaire avait, lui, choisi un livre sur le festival de théâtre. Il y avait inscrit le nom de Meghan Padalin. La gentille libraire. C'était donc elle que nous devions tuer. Nous nous mîmes à observer ses habitudes. Elle allait courir tous les jours jusqu'au parc de Penfield Crescent. Nous pensions l'écraser en voiture. Restait à savoir quand le faire. Notre partenaire eut visiblement la même idée que nous : le 16 juillet Jeremiah mourait dans un accident de la route. Mais on avait frôlé le désastre : il avait agonisé, il aurait pu être sauvé. C'était le genre d'écueil que nous devions éviter. Ted et moi étions tous les deux de bons tireurs. Pour ma part, mon père m'avait entraîné à la carabine dès mon plus jeune âge. Il me disait que j'avais un vrai talent. Nous décidâmes donc de tuer Meghan par balles. C'était plus sûr.

*
* *

*20 juillet 1994*

Ted retrouva Michael sur un parking désert.

— On doit le faire, mon vieux. On doit tuer cette fille.

— Est-ce qu'on ne pourrait pas laisser tomber? grimaça Michael. On a eu ce qu'on voulait.

— Je voudrais bien, mais il faut aller jusqu'au bout du pacte. Si notre partenaire pense qu'on s'est foutus de lui, il pourrait s'en prendre à nous. J'ai entendu Meghan à la librairie. Elle n'ira pas à l'inauguration du festival. Elle ira faire son jogging comme tous les soirs et le quartier sera désert. C'est une occasion en or.

— Alors ce sera le soir de l'inauguration, murmura Michael.

— Oui, dit Tennenbaum en lui glissant discrètement dans la main un Beretta. Tiens, prends ça. Le numéro de série est limé. Personne ne pourra remonter jusqu'à toi.

— Pourquoi moi ? Pourquoi tu ne le ferais pas toi ?

— Parce que je connais l'identité de l'autre type. Il faut que ce soit toi, c'est le seul moyen de brouiller toutes les pistes. Même si la police t'interroge, tu seras incapable de leur dire quoi que ce soit. Crois-moi, le plan est parfait. Et puis, tu m'as dit que tu étais un très bon tireur, non ? Il suffit de tuer cette fille et on sera libres de tout. Enfin.

*
* *

— Donc le 30 juillet 1994, vous êtes passé à l'action, dit Derek.

— Oui. Tennenbaum m'a dit qu'il m'accompagnerait et m'a demandé de venir le chercher au Grand Théâtre. Il était le pompier de service ce soir-là. Il avait garé sa camionnette devant l'entrée des artistes pour que tout le monde la remarque et que cela lui serve d'alibi. Nous avons rejoint ensemble le quartier de Penfield. Tout était désert. Meghan était déjà dans le parc. Je me souviens avoir regardé l'heure : 19 heures 10. *30 juillet 1994, 19 heures 10*, j'allais ôter la vie à un être humain. J'ai pris une grande inspiration, puis je me suis précipité comme un fou sur Meghan. Elle n'a pas compris ce qui lui arrivait. J'ai tiré deux coups. Je l'ai manquée. Elle s'est enfuie vers la maison du maire. Je me suis mis en position, j'ai attendu qu'elle soit bien dans le viseur et j'ai tiré encore. Elle s'est écroulée. Je me suis approché et je lui ai tiré dans la tête. Pour être certain qu'elle était morte. Je me suis senti presque soulagé. C'était irréel. À cet instant, j'ai vu le fils du maire qui me regardait, derrière le rideau du salon. Que faisait-il là ? Pourquoi n'était-il pas au Grand Théâtre avec ses parents ? Tout s'est passé en une fraction de seconde. Je n'ai pas réfléchi. J'ai couru jusqu'à la maison, en état de panique totale. L'adrénaline décuplant mes forces, j'ai défoncé la porte d'un coup de pied. Je me suis retrouvé face à la femme du maire, Leslie, qui préparait une valise. Le coup est parti tout seul. Elle s'est effondrée. Puis j'ai visé le fils qui courait se cacher. J'ai tiré plusieurs fois, et sur la mère encore, pour être sûr qu'ils étaient morts. Puis, j'ai entendu du bruit dans la cuisine. C'était le maire Gordon qui essayait de fuir par-derrière. Que devais-je faire à part l'abattre lui aussi ? Quand je suis ressorti, Ted s'était enfui. Je suis allé au Grand Théâtre pour me mêler à la première du festival et être vu. J'ai gardé l'arme sur moi, je ne savais où ni comment m'en débarrasser.

Il y eut un instant de silence.

— Et ensuite ? demanda Derek. Que s'est-il passé ?

— Je n'ai plus eu aucun contact avec Ted. Selon la police, c'était le maire qui était visé, Meghan n'était qu'une victime collatérale. L'enquête partait dans une autre direction. Nous étions à l'abri. Il n'y avait aucun moyen de remonter jusqu'à nous.

— Si ce n'est que Charlotte avait emprunté sans lui demander la camionnette de Ted pour aller voir le maire Gordon, juste avant que vous n'arriviez.

— Nous avons dû la rater de peu et arriver juste après elle. Ce n'est que lorsqu'un témoin eut reconnu le véhicule devant le *Café Athéna* que tout a dégénéré. Ted s'est mis à paniquer. Il m'a recontacté. Il m'a dit : « Pourquoi as-tu tué tous ces gens ? » Je lui ai répondu : « Parce qu'ils m'avaient vu. » Et là Ted m'a dit : « Le maire Gordon était notre partenaire ! C'est lui qui a tué Jeremiah ! C'est lui qui voulait qu'on tue Meghan ! Ni lui ni sa famille n'auraient jamais parlé ! » Ted m'a raconté alors comment, à la mi-juin, le maire était devenu son allié.

*
* *

*Mi-juin 1994*

Ce jour-là, Ted Tennenbaum se rendit chez le maire Gordon pour lui parler du *Café Athéna*. Il voulait enterrer la hache de guerre. Il ne pouvait plus supporter les tensions permanentes. Le maire Gordon le reçut dans son salon. C'était la fin d'après-midi. Par la fenêtre, Gordon vit quelqu'un dans le parc. D'où il se trouvait, Ted ne put pas voir de qui il s'agissait. Le maire dit alors d'un air sombre :

— Certaines personnes ne devraient pas vivre.

— Qui ça ?

— Peu importe.

Ted sentit à cet instant que Gordon pourrait être le genre d'homme qu'il recherchait. Il décida de lui parler de son projet.

*
* *

Au centre régional de la police d'État Michael nous dit :

— Sans le savoir, j'avais tué notre partenaire. Notre plan génial avait tourné au fiasco. Mais j'étais persuadé que la police ne pourrait pas coincer Ted puisqu'il n'était pas le meurtrier. C'était sans penser qu'ils remonteraient jusqu'au revendeur de l'arme. Puis jusqu'à Ted. Il s'est caché quelque temps chez moi. Il ne m'a pas laissé le choix. Sa camionnette était dans mon garage. On allait finir par le découvrir. J'étais mort de peur : si la police le trouvait, j'étais cuit aussi. J'ai fini par le mettre dehors sous la menace de l'arme que j'avais gardée. Il s'est enfui et, une demi-heure plus tard, il était pris en chasse par la police. Il est mort ce jour-là. La police l'a considéré comme le meurtrier. J'étais à l'abri. Pour toujours. J'ai retrouvé Miranda, et nous ne nous sommes plus jamais quittés. Personne n'a jamais rien su de son passé. Pour sa famille, elle est restée deux ans dans un squat avant de revenir à la maison.

— Est-ce que Miranda savait que vous aviez tué Meghan et la famille Gordon ?

— Non, elle n'était au courant de rien. Mais elle pensait que j'avais éliminé Jeremiah.

— C'est la raison pour laquelle elle m'a menti quand je l'ai interrogée l'autre jour, comprit Anna.

— Oui, elle a inventé cette histoire de tatouage pour me protéger. Elle savait que l'enquête concernait Jeremiah Fold aussi, et elle avait peur que vous remontiez jusqu'à moi.

— Et Stephanie Mailer ? demanda Derek.

— Ostrovski l'avait mandatée pour mener une enquête. Elle débarqua un jour à Orphea pour m'en parler et se plonger dans les archives du journal. Je lui ai proposé un poste à l'*Orphea Chronicle* pour pouvoir la surveiller. J'espérais qu'elle ne découvrirait rien. Pendant plusieurs mois, elle a stagné. J'ai essayé de faire diversion en lui passant des appels anonymes depuis des cabines téléphoniques. Je l'ai dirigée vers les bénévoles et le festival, qui était une fausse piste. Je lui fixais des rendez-vous au *Kodiak Grill* auxquels je ne venais pas, pour gagner du temps.

— Et vous avez essayé de nous aiguiller nous aussi sur la piste du festival, lui fis-je remarquer.

— Oui, reconnut-il. Mais Stephanie a retrouvé la trace de Kirk Harvey, qui lui a dit que c'était Meghan qui était visée et pas Gordon. Elle s'en est ouverte à moi. Elle voulait en parler à la police d'État, mais pas avant d'avoir eu accès au dossier d'enquête. Je devais faire quelque chose, elle allait tout découvrir. Je lui ai passé un dernier appel anonyme, lui annonçant une grande révélation pour le 23 juin, en lui donnant rendez-vous au *Kodiak Grill*.

— Le jour où elle est venue au centre régional de la police d'État, dis-je.

— Je ne savais pas ce que j'allais faire ce soir-là. Je ne savais pas si je devais lui parler, m'enfuir. Mais je savais que je ne voulais pas tout perdre. Elle est venue au *Kodiak Grill* à 18 heures, comme convenu. J'étais assis en retrait à une table du fond. Je l'ai observée toute la soirée. Finalement, à 22 heures, elle est partie. Je devais faire quelque chose. Je l'ai appelée depuis la cabine. Je lui ai donné rendez-vous sur le parking de la plage.

— Et vous y êtes allé.

— Oui, elle m'a reconnu. J'ai dit que j'allais tout lui expliquer, que j'allais lui montrer quelque chose de très important. Elle est montée dans ma voiture.

— Vous vouliez la conduire sur l'îlot du lac des Castors et la tuer ?

— Oui, personne ne l'aurait retrouvée là-bas. Mais elle a compris ce que je m'apprêtais à faire alors que nous arrivions au lac des Cerfs. Je ne sais pas comment elle a su. L'instinct sans doute. Elle s'est éjectée de la voiture, elle a couru à travers la forêt, je l'ai poursuivie et je l'ai rattrapée sur la berge. Je l'ai noyée. J'ai poussé le corps dans l'eau, il a coulé à pic. Je suis retourné à ma voiture. Un automobiliste est passé sur la route à ce moment-là. J'ai paniqué, je me suis enfui. Elle avait laissé son sac à main dans la voiture. Il y avait ses clés. Je suis allé chez elle pour fouiller son appartement.

— Vous vouliez mettre la main sur son enquête, comprit Derek. Mais vous n'avez rien trouvé. Alors vous vous êtes envoyé un message à vous-même avec le téléphone de Stephanie pour faire croire qu'elle s'était absentée et gagner du temps. Puis vous avez simulé le cambriolage du journal pour prendre son ordinateur, ce qui n'a été découvert que quelques jours plus tard.

— Oui, acquiesça Michael. Ce soir-là, je me suis débarrassé de son sac à main et de son téléphone. J'ai gardé ses clés qui pourraient m'être utiles. Ensuite, quand vous avez débarqué à Orphea trois jours plus tard, Jesse, j'ai paniqué. Ce soir-là, je suis retourné à l'appartement de Stephanie, je l'ai fouillé de fond en comble. Mais voilà que vous êtes arrivé, alors que je pensais que vous aviez quitté la ville. Je n'ai pas eu d'autre choix que de vous agresser avec une bombe lacrymogène pour m'enfuir.

— Et ensuite, vous vous êtes arrangé pour être au plus près de la pièce et de l'enquête, dit Derek.

— Oui. Et j'ai été obligé de tuer Cody. Je savais qu'il vous avait parlé du livre de Bergdorf. C'était justement dans un exemplaire de ce livre que le maire Gordon avait inscrit le nom de Meghan. J'ai commencé à imaginer que tout le monde savait ce que j'avais fait en 1994.

— Et puis, vous avez tué Costico aussi, car il risquait de nous conduire à vous.

— Oui. Quand Miranda m'a dit que vous l'aviez interrogée, j'ai pensé que vous iriez parler à Costico. Je ne savais pas s'il se souviendrait de mon nom, mais je ne pouvais pas prendre de risques. Je l'ai suivi du Club jusque chez lui, pour connaître son adresse. J'ai sonné, je l'ai menacé avec mon arme. J'ai attendu la nuit, avant de l'obliger à me conduire jusqu'au lac des Castors, et à ramer jusqu'à l'îlot. Puis je lui ai tiré dessus et je l'ai enterré là-bas.

— Et ensuite il y a eu la première de la pièce de théâtre, dit Derek. Vous pensiez que Kirk Harvey connaissait votre identité ?

— Je voulais parer à toute éventualité. J'ai introduit une arme dans le Grand Théâtre la veille de la première. Avant la fouille. Puis j'ai assisté à la représentation, caché sur la passerelle au-dessus de la scène, prêt à tirer sur les acteurs.

— Vous avez tiré sur Dakota, en pensant qu'elle allait révéler votre nom.

— Je suis devenu paranoïaque. Je n'étais plus moi-même.

— Et moi ? demanda Anna.

— Samedi soir, quand nous sommes allés chez moi, je voulais vraiment voir mes filles. Je t'ai vue sortir de la salle de bains et regarder cette photo. J'ai aussitôt deviné que tu avais compris quelque chose. Après avoir réussi à m'échapper au lac des Castors j'ai laissé ta voiture dans la forêt. Je me suis frappé le crâne avec une pierre et je me suis lié les mains avec un bout de corde que j'avais trouvé.

— Alors vous avez fait tout ça pour protéger votre secret ? dis-je.

Michael me fixa dans les yeux.

— Quand vous avez tué une fois, vous pouvez tuer

deux fois. Et quand vous avez tué deux fois, vous pouvez tuer l'humanité tout entière. Il n'y a plus de limites.

*

— Vous aviez raison depuis le début, nous dit McKenna en sortant de la salle d'interrogatoire. Ted Tennenbaum était bien coupable. Mais il n'était pas le seul coupable. Bravo !

— Merci, major, répondis-je.

— Jesse, pouvons-nous espérer que vous restiez un peu plus longtemps dans la police ? demanda le major. J'ai fait libérer ton bureau. Quant à toi, Derek, si tu veux revenir à la brigade criminelle, une place t'y attend.

Derek et moi promîmes d'y réfléchir.

Alors que nous quittions le centre régional de la police d'État, Derek nous proposa, à Anna et moi :

— Vous voulez venir dîner chez moi ce soir ? Darla fait du rôti. On pourrait célébrer la fin de notre enquête.

— C'est gentil, dit Anna, mais j'ai promis à ma copine Lauren de dîner avec elle.

— Dommage, regretta Derek. Et, toi Jesse ?

Je souris :

— Moi, j'ai un rancard ce soir.

— Vraiment ? s'étonna Derek.

— Avec qui ? exigea de savoir Anna.

— Je vous en parlerai une autre fois.

— Petit cachottier, s'amusa Derek.

Je les saluai et montai dans ma voiture pour rentrer chez moi.

*

Ce soir-là, je me rendis dans un petit restaurant français de Sag Harbor que j'aimais particulièrement. Je l'attendis dehors, avec des fleurs. Puis je la vis arriver. Anna. Elle était radieuse. Elle m'enlaça. D'un geste plein de tendresse, je posai la main sur le pansement qu'elle avait sur le visage. Elle me sourit et nous nous embrassâmes longuement. Puis elle me demanda :

— Tu crois que Derek se doute de quelque chose ?

— Je ne pense pas, répondis-je, amusé.

Et je l'embrassai encore.

# 2016

# Deux ans après les évènements

À l'automne 2016, un petit théâtre de New York joua une pièce intitulée *La Nuit noire de Stephanie Mailer.* Écrite par Meta Ostrovski et mise en scène par Kirk Harvey, la pièce ne connut absolument aucun succès. Ostrovski en fut enchanté. «Ce qui n'a pas de succès est forcément très bon, parole de critique», assura-t-il à Harvey, qui se réjouit de cette bonne nouvelle. Les deux hommes sont actuellement en tournée à travers le pays et sont très contents d'eux-mêmes.

Steven Bergdorf, durant l'année qui suivit son funeste voyage à Yellowstone, resta poursuivi par l'image d'Alice. Il la voyait partout. Il croyait l'entendre. Elle surgissait dans le métro, dans son bureau, dans sa salle de bains.

Pour soulager sa conscience, il décida de tout avouer à sa femme. Ne sachant comment le lui annoncer, il écrivit sa confession. Il raconta tout dans les moindres détails, de l'hôtel *Plaza* jusqu'au parc national de Yellowstone.

Il termina le texte, un soir, chez lui, et se précipita

vers sa femme pour qu'elle le lise. Mais celle-ci s'apprêtait à partir dîner avec des amies.

— Qu'est-ce que c'est ? demanda-t-elle en regardant le paquet de pages que lui tendait son mari.

— Tu dois le lire. Tout de suite.

— Je suis en retard pour mon dîner, je le lirai tout à l'heure.

— Commence-le maintenant. Tu comprendras.

Intriguée, Tracy Bergdorf se plongea dans la première page de la confession, debout dans le couloir. Puis elle entama la seconde page, avant d'enlever son manteau et ses chaussures, et de s'installer sur le canapé du salon. Elle n'en bougea plus de la soirée. Elle ne pouvait pas quitter le texte des yeux. Elle lut d'une traite, oubliant son dîner. Depuis le moment où elle avait commencé sa lecture, elle n'avait plus prononcé un mot. Steven était parti dans la chambre à coucher. Il était assis sur le lit conjugal, prostré. Il ne se sentait pas capable d'affronter la réaction de sa femme. Il finit par ouvrir la fenêtre et se pencha au-dessus du vide. Il était au onzième étage. Il mourrait sur le coup. Il fallait sauter. Maintenant.

Il s'apprêtait à enjamber la balustrade, lorsque brusquement la porte de la chambre s'ouvrit. C'était Tracy.

— Steven, lui dit-elle d'un ton émerveillé, ton roman est génial ! Je ne savais pas que tu écrivais un roman policier.

— Un roman ? bredouilla Steven.

— C'est le meilleur roman policier que j'aie lu depuis longtemps.

— Mais ce n'est pas…

Tracy était tellement emballée qu'elle n'écoutait même pas son mari.

— Je vais le donner immédiatement à Victoria. Tu sais, elle travaille dans une agence littéraire.

— Non, je ne crois pas que…

— Steven, il faut publier ce livre !

Contre l'avis de son mari, Tracy confia le texte de Steven à son amie Victoria, qui le fit parvenir à son patron : celui-ci fut époustouflé par sa lecture et contacta aussitôt les plus prestigieuses maisons d'éditions new-yorkaises.

Le livre parut une année plus tard et connut un immense succès. Il est en cours d'adaptation cinématographique.

Alan Brown ne s'est pas représenté aux élections municipales de septembre 2014. Il est parti avec Charlotte pour Washington, où il a intégré le cabinet d'un sénateur.

Sylvia Tennenbaum, elle, a été élue maire d'Orphea. Elle est très appréciée des habitants. Depuis une année elle a lancé, au printemps, un festival littéraire qui connaît un succès grandissant.

Dakota Eden a entamé des études de lettres à l'université de New York. Jerry Eden a démissionné de son poste. Avec sa femme Cynthia, ils ont quitté Manhattan et se sont installés à Orphea, où ils ont repris la librairie du regretté Cody. Ils l'ont baptisée *Le Monde de Dakota*. C'est désormais un endroit connu de tous les Hamptons.

Quant à Jesse, Derek et Anna, après la résolution de leur enquête sur la disparition de Stephanie Mailer, ils ont été décorés par le gouverneur.

Derek, à sa demande, a été muté de la brigade administrative vers la brigade criminelle.

Anna a quitté la police d'Orphea et a rejoint la police d'État au grade de sergent.

Jesse, lui, après avoir décidé de prolonger sa carrière au sein de la police, s'est vu proposer de devenir major, mais il a refusé. À la place, il a demandé à pouvoir travailler à trois, avec Anna et Derek. À ce jour, ils sont la seule équipe de la police d'État à pouvoir fonctionner ainsi. Depuis, ils ont résolu toutes les enquêtes qui leur ont été confiées. Leurs collègues les appellent *l'équipe 100 %*. On les met en priorité sur les enquêtes les plus délicates.

Quand ils ne sont pas sur le terrain, ils sont à Orphea, où ils habitent tous les trois désormais. Si vous avez besoin d'eux, vous les trouverez certainement dans ce charmant restaurant, 77 Bendham Road, là où se trouvait une quincaillerie jusqu'à un certain incendie de la fin du mois de juin 2014. L'endroit s'appelle *Chez Natasha*, il est tenu par Darla Scott.

Si vous vous y rendez, dites que vous venez voir *l'équipe 100 %*. Ça les amusera. Ils sont toujours à la même table, au fond de l'établissement, juste en dessous d'une photo des deux grands-parents, et d'un large portrait de Natasha, sublime pour l'éternité, et dont les esprits veillent sur les lieux et sur les clients.

C'est un endroit où la vie semble plus douce.

## LISTE DES PRINCIPAUX PERSONNAGES

JESSE ROSENBERG : capitaine de la police d'État de New York
DEREK SCOTT : sergent à la police d'État et ancien coéquipier de Jesse
ANNA KANNER : chef-adjoint de la police d'Orphea

DARLA SCOTT : femme de Derek Scott
NATASHA DARRINSKI : fiancée de Jesse
LES GRANDS-PARENTS DE JESSE

ALAN BROWN : le maire d'Orphea
CHARLOTTE BROWN : la femme d'Alan Brown

RON GULLIVER : actuel chef de la police d'Orphea
JASPER MONTAGNE : chef-adjoint de la police d'Orphea

MEGHAN PADALIN : victime du quadruple meurtre de 1994
SAMUEL PADALIN : mari de Meghan Padalin.

JOSEPH GORDON : maire d'Orphea en 1994.
LESLIE GORDON : femme de Joseph Gordon

BUZZ LEONARD : metteur en scène d'*Oncle Vania* en 1994

TED TENNENBAUM : ancien propriétaire du *Café Athéna*
SYLVIA TENNENBAUM : actuelle propriétaire du *Café Athéna*, sœur de Ted Tennenbaum.

MICHAEL BIRD : rédacteur en chef de l'*Orphea Chronicle*
MIRANDA BIRD : femme de Michael Bird

STEVEN BERGDORF : rédacteur en chef de la *Revue des lettres new-yorkaises*
TRACY BERGDORF : femme de Steven Bergdorf
SKIP NALAN : rédacteur en chef adjoint de la *Revue des lettres new-yorkaises*
ALICE FILMORE : employée de la *Revue des lettres new-yorkaises*

META OSTROVSKI : critique à la *Revue des lettres new-yorkaises*
KIRK HARVEY : ancien chef de la police d'Orphea

JERRY EDEN : président-directeur général de Channel 14
CYNTHIA EDEN : femme de Jerry Eden
DAKOTA EDEN : fille de Jerry et Cynthia Eden

TARA SCALINI : amie d'enfance de Dakota Eden
GERALD SCALINI : père de Tara

# TABLE

Joël Dicker
Les derniers jours
de nos pères
De Fallois
Poche

Joël
Dicker
La Vérité
sur l'Affaire
Harry Quebert
De Fallois
Poche

Joël Dicker
Le Livre des
Baltimore
De Fallois
Poche

Joël Dicker
La Disparition
de Stephanie Mailer
De Fallois
Poche

*Imprimé en France par*
CPI en avril 2019
3032916 - N° d'édition 881 - dépôt légal : avril 2019